中国国际私法与比较法年刊

CHINESE YEARBOOK OF PRIVATE INTERNATIONAL LAW AND COMPARATIVE LAW

2022

（第三十一卷）

中国国际私法学会
武汉大学国际法研究所 主办

黄进 肖永平 刘仁山 主编

法律出版社
LAW PRESS·CHINA
北京

图书在版编目(CIP)数据

中国国际私法与比较法年刊. 第三十一卷，2022 / 黄进，肖永平，刘仁山主编. -- 北京：法律出版社，2023

ISBN 978 - 7 - 5197 - 7939 - 9

Ⅰ. ①中… Ⅱ. ①黄… ②肖… ③刘… Ⅲ. ①国际私法 - 中国 - 2022 - 年刊②比较法 - 中国 - 2022 - 年刊 Ⅳ. ①D997 - 54

中国国家版本馆 CIP 数据核字(2023)第 086943 号

中国国际私法与比较法年刊(2022·第三十一卷)
ZHONGGUO GUOJI SIFA YU BIJIAOFA NIANKAN
(2022·DI - SANSHIYI JUAN)

黄　进
肖永平　主编
刘仁山

策划编辑 沈小英
责任编辑 刘晓萌
装帧设计 李　瞻

出版发行 法律出版社
编辑统筹 法治与经济出版分社
责任校对 晁明慧
责任印制 吕亚莉
经　　销 新华书店

开本 710 毫米×1000 毫米　1/16
印张 27.5　**字数** 507 千
版本 2023 年 8 月第 1 版
印次 2023 年 8 月第 1 次印刷
印刷 北京虎彩文化传播有限公司

地址:北京市丰台区莲花池西里 7 号(100073)
网址:www.lawpress.com.cn
投稿邮箱:info@lawpress.com.cn
举报盗版邮箱:jbwq@lawpress.com.cn

销售电话:010 - 83938349
客服电话:010 - 83938350
咨询电话:010 - 63939796

书号:ISBN 978 - 7 - 5197 - 7939 - 9　**定价**:220.00 元

凡购买本社图书,如有印装错误,我社负责退换。电话:010 - 83938349

《中国国际私法与比较法年刊》编辑委员会名单

目　　录

跨境数据流动研究

冲突法研究

国际民事诉讼研究

国际投资仲裁研究

争议解决机制研究

体育法研究

比较法研究

信息与资料

Contents

Studies on the Cross-border Data Flow

Studies on the Conflict of Laws

Studies on International Civil Procedure

Studies on International Investment Arbitration

Studies on the Disputes Resolution Mechanism

Studies on Sports Law

Comparative Law Studies

Information and Materials

跨境数据流动研究

论数据跨境流动中的数据管辖权与本地主义倾向*

徐冬根**

在国际私法的语境下,具有地域性特征的"数据来源地"标准、"数据存储地"标准与具有属人性特征的"数据控制者"标准成为各国在行使数据管辖权中的重要连结因素。从行使数据管辖权的法律依据来看,在施雷姆斯(Schrems)案、海外抖音(TikTok)案和滴滴案三个国际私法领域数据跨境流动的典型案例中,欧盟、美国和中国三方均呈现以"数据来源地"标准作为管辖依据,表现出本地主义倾向。但在行使数据管辖权的政策目标方面,欧盟、美国和中国三方却分别体现出三种不同的法律治理架构,反映了三种不同的价值诉求。各方后续应以共建共治共享为原则,加强彼此之间在数据管辖领域的国际数据治理合作,逐步达成共识,才能更好地满足数字时代国际社会对统一国际私法制度的诉求。

数据跨境流动,是指数据在位于不同国家或地区的服务器之间进行的传输。例如,当欧盟境内的社交媒体应用平台公司发送欧盟个人数据或使欧盟以外的接收者可以访问欧盟个人数据时,包括美国境内的社交媒体应用平台公司在欧盟以外的服务器中接收和存储数据,或者其工程和数据分析团队在欧盟以外分析欧盟的个人数据时,就会发生跨境数据传输问题。① 这种跨境性使数据跨境流动的法律问题从一开始就成为国际私法领域的议题,国际私法法学界应予以关注并从理论上给予积极

---

* 本文系国家社会科学基金重点项目"资本市场对外开放的外源性风险及其法律对策研究"(项目编号:20AFX021)的阶段性研究成果。

** 上海交通大学凯原法学院教授、博士研究生导师,中国国际私法学会副会长。

① See W. Gregory Voss, *Cross-Border Data Flows, the GDPR, and Data Governance*, Washington International Law Journal 29, 2020, p.485.

的回应。①

一、数据管辖权的国际法解读

在国际私法领域,国家数据管辖权与数据安全除了要面对来自传统领域的威胁外,还要面临数据跨境流动、数据霸权主义等导致的新问题。我国已经将国际私法领域的数据跨境流动问题提升到国家安全和国家公共利益的高度,以顺应全球数字经济的严格监管趋势,有助于全力捍卫国家数据管辖权与国家数据安全。

数据管辖权是数字化时代国家主权在数据领域中的一种新的表现形式,是各国在大数据时代维护国家利益,反对数据垄断和霸权主义的必然要求。数据管辖权包括数据立法管辖权、数据司法管辖权和数据执法管辖权。未来,对国家来说,谁拥有对数据开发、传播和控制的主导权,谁就拥有数据管辖权的主动权,从而在大国博弈中获得竞争优势。数据管辖权同时是国家主权在数字空间中的自然延伸和表现。在这种情况下,数据管辖权意味着什么?本文认为,数据管辖权意味着国家在其全部疆域内部对数据享有充分的管辖权,且国家对数据的管辖独立于其他国家。这些特征可以通过多种不同的方式映射到全球互联网与数据的概念上。互联网与数据管辖权的一个关键问题是国家如何在互联网与数据上施加控制。国家是否对其领土内的互联网与数据拥有最高控制权而将其他国家排除在外?② 印度2000年的《信息技术法》第69条规定:如果监管机构确信为了印度的主权或领土完整、国家安全、与外国的友好关系或公共秩序,或为了防止煽动犯下任何可认定的罪行,出于书面或命令记录的原因,有必要或适宜这样做,指示政府任何机构拦截通过任何计算机资源传输的任何信息。这是数据管辖权在印度立法中的具体体现。③

数据管辖权原则是我国维护国家数据安全和利益、参与数据国际治理与合作所坚持的重要原则。国家数据管辖权代表着国家对数据的绝对管辖和治理。作为国家主权的重要内容之一,数据管辖权对内体现为国家对数据的最高管辖权,对外体现为国家在网络数据上的独立自管辖权与合作权。④ 数据管辖权中凝聚着重大的国

---

① 参见徐冬根:《国际私法理念、逻辑与方法》,法律出版社2022年版,第2页。

② See Andrew Keane Woods, *Litigating Data Sovereignty*, Yale Law Journal 128, 2018, p. 328, 360 - 262.

③ See Sasha Segall, *Jurisdictional Challenges in the United States Government's Move to Cloud Computing Technology*, Fordham Intellectual Property, Media & Entertainment Law Journal 23, 2013, p. 1105, 1131.

④ 参见孙南翔、张晓君:《论数据主权——基于虚拟空间博弈与合作的考察》,载《太平洋学报》2015年第2期。

家利益,反映了数字化时代国家管辖权回归网络空间的现实。① 在我们这个时代,有可以建立的新边界,也有永远无法跨越的新边界。② 数字化时代,国家管辖权的空间范围,不但从单纯的领土范畴延伸至网络空间,涵盖所有的数据空间,而且随着社会和科学技术的发展,国家管辖权的空间范围还会不断地向外拓展和延伸。③

在国际法层面,数据管辖权是指国家以符合数据所在国法律、法规、规章和制度的方式管理数据的权利和权力,也指国家采取一系列方法控制在本国互联网基础设施中生成或通过本国互联网基础设施生成的数据,并将数据流置于国家管辖范围内的权利和权力。④ 以欧盟这个国际法主体为例,欧盟为推动 2030 年欧洲数字化转型,在欧盟境内建立一个单一的数据市场,欧盟委员会继《数据治理法》(Data Governance Act, DGA)之后,于 2022 年 2 月 23 日公布了《数据法》(Data Act)草案,⑤为欧盟在其境内广泛行使数据管辖权提供了法律依据。

基于数据管辖权,国家有能力通过对本地网络数据基础设施进行物理控制等方式对网络和数据进行管辖,国家可以让跨国网络公司服从东道国法律规范,从而实现对数据的管辖。跨国网络公司为了在他国开展业务,面临着一个严峻的选择:要么将公司架构的物理组件(数据中心和加密密钥等)存储在该国,要么完全离开该国。例如,苹果公司宣布将根据中国的数据本地化法律和法规建立一个中国数据中心,从而使这些数据受中国的管辖。苹果公司承诺不会另设"后门"并且将保留对存储在美国的加密密钥的控制权。一年后,苹果公司再次宣布,为了满足中国政府对数据的监管要求,决定将其中国 iCloud 账户的密钥转移到中国境内。谷歌和脸书为进入广阔的中国市场,也开始努力遵守中国法律,接受中国政府的数据管辖。⑥

数据管辖权表现为国家对本国数据与公民数据的保护权、管理权和控制权。⑦

---

① 参见朱雅妮:《数据主权及其在〈数据安全法〉的体现》,载《浙江工业大学学报(社会科学版)》2021 年第 4 期。

② See Joanna Kulesza and Roy Balleste, *Signs and Portents in Cyberspace: The Rise of Jus Internet as a New Order in International Law*, Fordham Intellectual Property, Media & Entertainment Law Journal 23, 2013, p. 1311, 1319.

③ 参见徐冬根、杨潇:《论当代国际私法的管辖中心主义新范式——以域外管辖权扩张为分析视角》,载《中国国际私法与比较法年刊》第 28 卷,法律出版社 2022 年版。

④ 参见冉从敬:《数据主权治理的全球态势与中国应对》,载《人民论坛》2022 年第 4 期。

⑤ 参见杨垠红:《欧盟〈数据法案〉规范使用者权利和义务》,载《中国社会科学报》2022 年 4 月 11 日,第 7 版。

⑥ See Andrew Keane Woods, *Litigating Data Sovereignty*, Yale Law Journal 128, 2018, p. 328, 362 - 263.

⑦ 参见杜雁芸:《大数据时代国家数据主权问题研究》,载《国际观察》2016 年第 3 期。

数据保护权,即国家对管辖范围内的数据资源进行保护的权力。① 数据管理权,即国家对其管辖地域内的数据享有的数据生成、收集、存储、传播、处理和使用等数据活动行为进行管理的权力,以及就数据领域发生的纠纷所享有的司法管辖权。对数据跨国流通的管理和控制是数据管辖权的重要内容。② 根据数据管辖权原则,数据资源的跨境转移必须经数据所在国相关部门审核批准。

二、数据跨境流动中各国行使数据管辖权的可选择法律依据

在国际私法的语境下,具有地域性特征的"数据来源地"标准与"数据存储地"标准,以及具有属人性特征的"数据控制者"标准成为目前各国在行使数据管辖权中的重要连接因素,③并成为各国在行使数据管辖权的可选择法律依据。

(一)具有地域性特征的"数据来源地"连结因素

"原本用以客观记录过去事实的数据转变成为评估当下可能性和预测未来趋势的战略资源。"④事实上,数据不仅是战略资产,而且是国家行使数据管辖权、进行数据治理和实现风险管控的重要场域和媒介。⑤ 正如《数据资本》一书作者维克托·迈尔-舍恩伯格所言:"在今天的数据时代,数据的全面收集与分析,为我们提供了一个前所未有的看待现实的新视角。"⑥借助于互联网、大数据、云计算、人工智能、区块链等技术的突飞猛进,尤其是各种视频监控、风险监测、数据采集终端以及超级计算机的广泛应用,⑦数据控制者对大数据进行收集、存储、传输、计算、分析、整合的新型数据治理模式正在逐步形成。数据生产理论将数据价值的实现过程分为原始数据生产(收集)、数据集生产(汇集性处理)和数据分析(分析性处理)三种行为。⑧ 在实现数据价值的过程中,数据的来源起到了基础性作用,"数据来源地"与国家关系密切。数据所涉及的国家安全与公共利益主要是数据来源地国家的国家安全和

---

① 参见朱雅妮:《数据主权及其在〈数据安全法〉的体现》,载《浙江工业大学学报(社会科学版)》2021年第4期。

② 参见齐爱民、盘佳:《数据权、数据主权的确立与大数据保护的基本原则》,载《苏州大学学报(哲学社会科学版)》2015年第1期。

③ 有关不同连接因素在各国国际私法立法中的运用,参见邹国勇译注:《外国单行国际私法立法选译》,武汉大学出版社2022年版。

④ 张凌寒:《专题导读:数据权力的扩张与规制》,载《交大法学》2022年第2期。

⑤ 参见王真平、彭箫剑:《政府数据采集的法治路径》,载《图书馆》2021年第12期。

⑥ [奥]维克托·迈尔-舍恩伯格、[德]托马斯·拉姆什:《数据资本时代》,李晓霞、周涛译,中信出版集团股份有限公司2018年版,中文版序言。

⑦ 参见丁大尉:《大数据技术带来科学知识生产新模式》,载《中国社会科学报》2022年7月26日,第4版。

⑧ 参见高富平:《数据生产理论——数据资源权利配置的基础理论》,载《交大法学》2019年第4期。

公共利益,数据所涉及个人隐私也主要是数据来源地国家的公民的个人隐私。因此,数据来源地国家和政府主管部门基于本国的数据安全法等国内立法,以“数据来源地”作为确定数据管辖权的连结因素,具有明显的正当性和合法性。

(二)具有地域性特征的“数据存储地”连结因素

事实上,只要国家控制了境内网络架构(光纤、服务器和计算机)的物理组件,国家就可以对互联网及其数据进行相当程度的控制。①

当代有关数据管辖权与数据控制的讨论,涉及对法律空间与公共领域结构转型等法律问题的挑战。② 这种全面互联的信息网络和数据在全球的迅速高频跨境流动深刻改变了传统的国家和社会模式,在这一背景下,当代法律与数据的边界也随之改变。国家与社会的边界正在被打破,契约和组织的区别逐渐淡化,资本和资产的地理分布趋于分散。社交网络平台公司与数据平台公司进入了一个去中心化的全球协作网络之中。如果说传统工业时代的法律媒介是主体性与叙事性的,信息时代的法律媒介则是讯息性与沟通性的,它以去疆域化的方式重新实现再疆域化。③ 所以,从这个意义上看,数据管辖权是在数据跨境流动语境下需要重塑的一个国际私法概念。国家对互联网及其数据进行控制的最基本手段是对网络架构(光纤、服务器和计算机)的物理控制,这些网络架构所在地与数据存储地构成了互联网及其数据在国际私法上的重要连结点。

网络架构所在地与数据存储地,赋予了国家对互联网和数据进行内容审查和在线活动监控的权力来源的正当性基础。

(三)具有属人性特征的“数据控制者”连结因素

国家通过具有属地性特征的“数据存储地标准”路径对网络节点的物理控制,只是互联网上国家数据权力的最基本形式,互联网服务市场也促进了这一点。今天尤其如此,因为社交网络大平台科技公司主导着互联网。从数据监视到言论管控的一系列问题上,国家能够利用市场和企业中介机构的强大力量来实现其目标。近年

---

① 有关网络架构在网络空间中的控制作用,参见徐冬根:《二元共治视角下代码之治的正当性与合法性分析》,载《东方法学》2023 年第 1 期。

② 配置和重新配置互联网的控制工具路由器的权力、通过域名系统制定和改变互联网逻辑属性的权力、开发新的跨国服务和监督管理手段的权力,这些新的数字权力都对国际私法提出了挑战。参见[美]丹·席勒:《信息拜物教:批判与解构》,邢立军等译,中国社会科学文献出版社 2008 年版,第 144 页。

③ 拉什对此作出准确概括:“强化流动的无中介化却导致了一套再中介化,去地域化导致了一套再地域化,着根的旧式中介被不着根的新式中介所取代。”参见[英]斯各特·拉什:《信息批判》,杨德睿译,北京大学出版社 2009 年版,第 326 ~327 页。

来,社交网络大平台科技公司已经成为数据的实际控制者。在数据跨境流动的浪潮中,阿里巴巴、腾讯、谷歌、脸书等全球社交网络大平台波澜迭起,数据滥用、侵害公民个人数据和隐私等问题时有发生,①给国际私法领域的学术研究带来了许多新的研究课题。社交网络大平台科技公司在决定某项金融服务时,目标是将现有核心业务货币化并为客户提供整体服务,而不是金融服务本身。② 大平台科技公司可以捆绑金融服务以加强生态系统在其核心市场(如电子商务和社交媒体)中的价值主张。大平台科技公司通过为其核心业务增加流量而从客户数据中产生的价值可能高于金融服务费收入。③ 其还经常选择与现有金融机构合作提供这些服务,这样就可以专注于自己的核心市场。大平台科技公司可能会将人工智能与收集和处理大数据的能力结合起来。显然,加强平台数据监管与治理,防止平台数据异化成为摆在全球各国面前的共同议题。社交网络大平台科技公司的一些在数据方面的不法行为和不当行为已经引起了各国政府主管部门的关注。如德国竞争监管机构卡特尔局(Bundeskartellamt)2019 年发布的关于脸书处理用户数据的决定,以及最近由欧盟委员会和英国竞争与市场管理局针对同一平台发起的调查。2017 年,欧盟以操纵线上购物搜索结果帮助附属公司谋利为由,对谷歌处以 27 亿美元的罚款。④ 但社群登录也确立了脸书对数据的控制权,令脸书可以获得超出其平台范围的数据并设置竞争障碍。⑤ 和脸书一样长期占据数据中心地位的公司和所有垄断机构都试图抬高价格,延缓创新。⑥ 又如,在 2017 年 2 月命令雅虎和谷歌遵守美国《存储通信法》(Stored Communications Act, SCA)搜查令时,威斯康星州东区的法官托马斯·达芬(Thomas Duffin)表示:服务提供商受法院管辖,法院可以合法地命令服务提供商根据《存储通信法》披露其在美国境内可以访问和交付的内容,并且服务提供商选择存

---

① 参见范如国:《平台技术赋能、公共博弈与复杂适应性治理》,载《中国社会科学》2021 年第 12 期。

② See The Joint Report, *Published by Oliver Wyman and the International Banking Federation in* 2020, *is titled*, *Big Banks*, *Bigger Techs*?, Accessed December 21, 2022, www. oliverwyman. com.

③ See Erik Feyen et al., *FinTech and the Digital Transformation of Financial Services*: *Implications for Market Structure and Public Policy*, *Paper No.* 117 *of Bank for International Settlements* 1, 23 (July 13, 2021), Accessed December 21, 2022, https://www. bis. org/publ/bppdf/bispap117. htm.

④ See Mark Scott, *Google Fined Record $ 2. 7 Billion in E. U. Antitrust Ruling*, New York Times (June 27, 2017).

⑤ See Julie E. Cohen, *Law for the Platform Economy*, *U. C.* Davis Law Review 51, 2017, p. 133.

⑥ See Kevin Werbach, *Trust*, *but Verify*: *Why the Blockchain Needs the Law*, Berkeley Technology Law Journal 33, 2018, p. 509.

储其客户数据的位置无关紧要,重要的是服务提供商的位置(*location of the service provider*)。[①] 在中国互联网第三方支付领域,微信支付和支付宝支付占据了绝对地位,相关的数据问题也同样值得我们高度关注。

国家通过具有属人性特征的"数据控制者"路径对社交网络大平台科技公司行使数据管辖权,也是国家数据管辖权力在互联网领域的重要表现方式。中国、欧盟和美国这些拥有广阔数据市场和丰厚数据业务利润空间的国家,可以要求社交网络大平台科技公司遵守当地法律,以此作为进入这些数据市场的代价。

社交网络大平台科技公司控制着互联网的数据,是实际的"数据控制者"。国家通过对"数据控制者"社交网络大平台科技公司行使数据管辖权,通过对本国社交网络大平台科技公司的属人的管辖与法律适用,以及进入本国市场的外国社交网络大平台科技公司的属地管辖与法律适用,来实现国家对数据的管辖权力。《中华人民共和国网络安全法》(以下简称《网络安全法》)第 2 条明确规定该法适用于我国境内网络以及网络安全的监督管理。这是我国法律适用的属地性标准的一种体现,同时是国家数据管辖权对"数据控制者"实施管辖的具体体现。

三、国家对数据跨境流动行使管辖权的底层逻辑与数据本地主义倾向

数据跨境流动是一把"双刃剑",其对全球经济合作和贸易发展有一定的促进作用,但也会带来一定的负面作用,尤其是对发展中国家。为此,各国都非常重视对数据跨境流动进行必要的法律规制。

(一)国家对数据跨境流动行使数据管辖权的底层逻辑

首先,国家对数据跨境流动行使数据管辖权是为了维护国家安全。数据安全直接牵涉国家安全,是国家安全的重要组成部分。党的二十大报告十分重视国家安全,多次提到国家安全的重要性。

2013 年爱德华·斯诺登披露的"棱镜门事件"暴露了美国当局对美国公民和外国公民进行侵入性监控的令人震惊的证据,证实美国当局通过非法侵入方式进入他国互联网系统,擅自获取储存在别国境内的重要数据,并随意将数据进行跨境转移,对其他国家的国家安全造成了严重的威胁与侵害。"棱镜门事件"激发了各国政府对于数据保护领域国家安全和数据本地化的重新认识。[②] 欧盟《非个人数据在欧盟境内自由流动框架条例》(Regulation on a Framework for the Free Flow of Non-

---

① See e. g., In re: Info, *Associated with One Yahoo Email Address that is Stored at Premises Controlled by Yahoo*, No. 17 – M – 1234, 2017 WL 706307, at 3 E. D. Wis. (Feb. 21, 2017).

② See Edward Snowden: *Leaks that Exposed US Spy Programme*, BBC (Jan. 17, 2014).

Personal Data in the European Union)也将"公共安全原因"作为禁止或限制数据跨境流动的法律依据。在实践操作中,美国经常以金融安全、国防、核不扩散目标等国家安全为由禁止或限制数据出境。

其次,国家对数据跨境流动行使数据管辖权是为了防范个人隐私泄露,包含个人隐私的数据是数据的重要组成部分。欧盟法院所受理的马克斯·施雷姆斯案(Max Schrems)揭示了一旦涉及数据跨境流动问题,必然会产生个人隐私在境外得不到充分保护的法律问题。而个人隐私在境外得不到充分保护,或者被滥用,或者接收方的政府当局能够随意获取数据转移国公民的个人数据,就可能侵犯数据转移国公民的个人隐私权,并由此造成新的法律问题。例如,脸书不但存储美国公民的个人数据,还搜集存储着全球其他国家公民的个人数据,全球数以亿计的用户个人数据遭到泄露,并被非法用于政治选举分析等。[①] 为此,欧盟以《欧洲人权公约》为基础,逐渐将个人数据受保护权上升为基本人权,成为限制数据跨境流动的核心理由。2013 年,亚太经济合作组织《跨境隐私规则体系》同样将"个人信息的隐私与安全建立有意义的保护"作为数据跨境流通的前提。很多国家都将防范个人隐私泄露风险作为规制数据跨境流动的重要内容,如澳大利亚 2012 年通过了《个人控制电子健康记录法》(Personally Controlled Electronic Health Records Act),其中第 77 条禁止将健康记录转移到澳大利亚境外。[②]

最后,国家对数据跨境流动行使数据管辖权是为了保护商业利益。在"大数据就是新石油"的新理念激励下,数据已经成为推动本国经济发展的重要资源,通过对数据跨境流动行使国家数据管辖权来推动本国数据产业繁荣的"数据重商主义"思潮开始出现。以印度为例,促进创新和经济增长是对数据跨境流动行使国家数据管辖权的首要目标。《保护隐私、赋能印度的自由公平数字经济》的官方报告指出,限制数据跨境流动有助于增加对数字基础设施的外国直接投资,利用数据中心本地市场的溢出效应,创造就业机会,建立印度的人工智能生态系统。2011 年 4 月,印度通信和技术部发布了隐私规则,规定敏感的个人数据或信息只有符合两种情况之一时才能出境:具有出境必要性或者经过数据主体明确同意。[③] 同样地,在全球电子商务

---

① 参见张欢等:《从 Facebook 数据滥用事件谈个人信息法律保护》,载《重庆邮电大学学报(社会科学版)》2018 年第 6 期。

② See Anupam Chander and Uyen P. Le, *Data Nationalism*, Emory Law Journal 64, 2015, p. 677, 683.

③ See Anupam Chander and Uyen P. Le, *Data Nationalism*, Emory Law Journal 64, 2015, p. 694.

谈判中，南非 WTO 代表认为，数据跨境流动自由化妨碍了南非本地企业发展，进而主张政府应采取灵活的数据本地化措施，在数据保护方面应拥有一定的自管辖权以抵御发达国家对本国数字产业的侵蚀。①

（二）数据跨境流动的管辖措施与数据本地主义倾向

数据本地主义表征了数据管辖国要求将被收集、采集的本国公民的个人数据储存在本国境内，并只能由本国境内的机构对本国公民的个人数据进行管理和使用，未经数据管辖国同意，不得将本国公民的个人上述数据传输到境外。近年来，世界各国正在开始制定不同程度的数据限制性法规，以限制其数据向境外流动。欧盟通过属地原则，注重在欧盟境内所采取的数据与欧盟地域之间的关联关系，以此来强化对欧盟公民个人数据的有效管辖。数据本地主义倾向是国家数据管辖权在数据治理领域的突出表现。欧盟的数据本地主义是指欧盟当局通过公共政策，强调在欧盟司法管辖范围内采集和获得的欧盟公民的个人数据，必须保存在欧盟司法管辖的辖区之内。从法律视角看，数据本地主义是对数据在全球范围内流动的法律限制，包括数据服务器本地化、数据提供者本地化、本地内容策略以及数据传输的同意授权等相关法律措施和法律要求。过去 10 年中，越来越多的国家实施强制将数据保存在本国境内的规则，数据本地主义倾向日趋增强。② 数据本地主义旨在达到将本国公民个人数据留存在本国境内的政策目标，但并不意味着绝对限制本国公民个人数据在国际范围内合理流动。

四、国家数据管辖权与数据本地主义倾向的代表性案件分析

下面我们将通过几个典型案例，来分析欧盟、美国和中国在行使数据管辖权方面的不同政策目标与价值诉求。③

（一）施雷姆斯案与基于“数据来源地”标准的欧盟数据管辖权

截至 2020 年 10 月，社交媒体应用平台脸书在全球拥有 27 亿活跃用户，其中 4.1 亿位于欧洲。④ 脸书对个人数据和隐私的影响有据可查，美国联邦贸易委员会（U. S. Federal Trade Commission，FTC）对其因不当管理和使用个人数据曾开出 50

---

① 参见方元欣：《数据本地化政策的全球博弈分析》，载《中国信息化》2019 年第 12 期。

② See Kaitlyn Tsai, *Current Developments* 2020 – 2021: *Regulation of Data Localization and How the Legal Profession Can Play a Role*, Georgetown Journal of Legal Ethics 34, 2021, p. 1355, 1356.

③ 关于国际案例研究与国家政策目标与价值诉求的关系，参见徐冬根编著：《国际私法案例百选》，高等教育出版社 2019 年版，第 2 ~ 3 页。

④ See H. Tankovska, *Facebook's Monthly Active Users (MAU) in Europe from 4th Quarter 2012 to 4th Quarter 2020*, Statista (Feb. 2, 2021).

亿美元的罚款。① 最近的一项调查发现,85%的(受访)美国人认为社交媒体应用平台公司正在监视他们。在该调查中,68%的受访者认为脸书是一家监视其用户的公司。② 欧洲人对脸书的担忧与此类似。从2010年开始,脸书开始建设数据中心来管理其收集和存储的大量数据。第一个数据中心位于俄勒冈州的普林维尔(Prineville, Oregon)。脸书现在拥有更复杂的数据中心基础设施。截至2020年9月,脸书在美国有7个数据中心,并计划再建3个。该公司还在瑞典、丹麦和爱尔兰运营3个数据中心,并且在美国、欧洲和新加坡租赁数据中心容量(data center capacity)。③ 然而,即使数据中心位于欧洲,脸书也通过将数据从欧盟跨境传输到美国境内开展业务。④ 欧洲公民对这些数据传输表示担忧,特别是关于美国法律允许美国政府和监管机构能够随时访问脸书持有的欧洲公民个人数据并应用高级分析程序来推断有关欧盟个人的信息和欧洲事务。⑤ 正是对社交媒体应用平台脸书所持有数据安全和可信任度的担忧,引发了欧洲公民施雷姆斯(Schrems)对脸书诉讼。2012年,施雷姆斯根据奥地利隐私法向脸书提交请求,要求获取脸书所持有的关于他个人的数据。为此脸书向施雷姆斯发送了一份1200页的报告,其中包含与他有关的所有数据:他曾经交过朋友和解除朋友关系的每个人,他曾经被邀请参加的每一个活动(以及他是如何回应的),他曾经收到的每一次"点赞"的历史记录,还有谁和他在同一台电脑上登录脸书的记录,以及他所浏览过的所有消息和聊天,包括一些删除了注释的消息。⑥ 施雷姆斯表示,斯诺登的披露对他产生了重大影响,因为他意识到美国国家安全局可以访问脸书拥有的关于他和欧盟其他人的信息。受到爱德华·斯诺登的启发,施雷姆斯认为脸书向美国传输个人数据不符合欧洲法律,⑦尤

---

① See Lesley Fair, *FTC's $ 5 Billion Facebook Settlement: Record-breaking and History-making*, FTC (July 24, 2019).

② See Angelo Ilumba, *Most Americans Think Big Tech Is Spying on Them*, Whistleout (Sept. 24, 2020).

③ See Yevgeniy Sverdlik, *Facebook Plans Huge Expansion of Already Massive Georgia Data Center*, Datacenter Knowledge (Sept. 17, 2020).

④ See Facebook EU Data Transfer Addendum, Facebook (Aug. 31, 2020).

⑤ See David A. Hoffman, *Schrems II and Tiktok: Two Sides of the Same Coin*, North Carolina Journal of Law & Technology 22, 2021, p.573, 577-578.

⑥ See Kashmir Hill, Max Schrems: *The Austrian Thorn in Facebook's Side*, *Forbes* (Feb. 7, 2012).

⑦ See David A. Hoffman, *Schrems II and Tiktok: Two Sides of the Same Coin*, North Carolina Journal of Law & Technology 22, 2021, p.573, 580-581.

其是不符合《欧盟个人数据保护指令》(EU Data Protection Directive, 95/46/EC)。[①] 欧盟法院(Court of Justice of the European Union, CJEU)基于"数据来源地"连结因素行使数据司法管辖权,在施雷姆斯案中对脸书在数据跨境流动中的不当行为作出判决,表明了欧盟对数据跨境流动的属地性司法管辖态度。

施雷姆斯案映射出欧盟的数据保护主义管辖模式。欧盟致力于数据跨境流动单一市场的建设,确立了内外有别的数字发展战略:对内通过法律手段尽力清除各国对数据的欧盟境内自由流动的各种障碍;对外则确立个人数据隐私保护的法律原则,对数据的跨境流出设立一系列高标准,在客观上有效地遏制数据跨境流出,为欧盟内部数字经济发展赢得主动权。[②] 欧盟通过在欧洲以及世界各地颁布具有影响力的法律、法规和政策,全力推进欧盟数据管辖权战略的构建。欧盟推进数据跨境流动单一市场主要涉及一系列标志性的法律文件。一是 1995 年欧盟发布的《欧盟个人数据保护指令》提出了"充分保护"(adequate protections)原则,只有当数据转移目的国达到欧盟所认可的充分保护水平的条件下,[③]才可以进行数据转移,[④]但同时对内禁止以数据保护名义进行数据本地化,这个指令确立了欧盟在电子商务和社交通信中的个人隐私保护规范。[⑤] 二是 2016 年 4 月欧洲议会和欧盟理事会通过的《通用数据保护条例》(General Data Protection Regulation, GDPR)。《通用数据保护条例》是欧盟现行的个人数据保护条例,不仅在成员国国内具有直接约束力,而且谋求更大的域外效力。在数据跨境流通问题上,《通用数据保护条例》增加了更多可实现个人数据跨境转移的条件,并再次强调欧盟不允许将其公民的个人数据转移至那些不能提供充分保护的地区和国家。[⑥] 三是 2018 年 10 月 4 日通过的《非个人数据自由流动条例》。该条例与《通用数据保护条例》一起构筑了完整的欧盟数据跨境流动

① The Directive 95/46/EC of the European Parliament and of the Council of 24 October 1995 on the Protection of Individuals with Regard to the Processing of Personal Data and on the Free Movement of Such Data.

② 参见朱雅妮:《数据主权及其在〈数据安全法〉的体现》,载《浙江工业大学学报(社会科学版)》2021 年第 4 期。

③ 欧盟承认的具有充分数据保护能力的国家仅包括加拿大、瑞士、阿根廷等 12 个。

④ Directive 95/46/EC, of the European Parliament and of the Council of 24 Oct. 1995 on the Protection of Individuals with Regard to the Processing of Personal Data and on the Free Movement of Such Data, Art. 25, 26, 1995 O. J. (L 281) 31, 33.

⑤ See Julia M. Fromholz, *The European Union Data Privacy Directive*, Berkely Technology Law Journal 15, 2000, p. 461.

⑥ See Peter Swire & DeBrae Kennedy-Mayo, *How Both the EU and the U. S. Are Stricter than Each Other for the Privacy of Government Requests for Information*, Emory Law Journal 66, 2017, p. 617, 633.

治理法律机制。[①]

建立在政策导向之上的欧盟严格地限制欧盟公民个人数据的跨境流动,将个人数据权利保护提高到人权保护的高度,并作为人权不可或缺的重要组成部分。全球很多跨国平台公司为了进入欧盟市场,需要主动或被动地将其数据保护措施提升至欧盟标准。欧盟对数据跨境流动的管辖模式对世界各国以及跨国平台公司的数据管辖措施产生了极大影响。

(二)海外版抖音(TikTok)案与美国数据管辖权的本地主义倾向

社交媒体应用平台 TikTok 已成为许多人,尤其是青年人生活的重要组成部分。在 2020 年 8 月发布的新闻稿中,TikTok 宣布其在美国拥有超过 1 亿个活跃用户。[②]行业分析师报告称,Google Play 和 Apple App Store 的 TikTok 应用下载量已达 26 亿次。[③] TikTok 案成为美国行使国家数据管辖权与美国数据本地化法律规制的标志性案例,对数据跨境流动现象产生了重大的影响。

TikTok 的母公司字节跳动(ByteDance)是一家在开曼群岛注册的有限责任公司。字节跳动购买了另一家在开曼群岛注册的 Musical. ly 公司,然后将字节跳动所拥有的 TikTok 业务并入 Musical. ly 之中。2020 年 8 月 6 日,时任美国总统特朗普基于《国际紧急经济权力法》(International Emergency Economic Powers Act, IEEPA)发布了一项行政命令(以下简称 IEEPA Order),认为 TikTok 自动从美国公民个人用户那里获取大量个人数据和信息,包括美国公民个人在网络上的浏览和搜索历史记录,个人所处的位置数据等。基于上述法律,特朗普在 2020 年 8 月 14 日发布了美国外国投资委员会令(Committee on Foreign Investment in the United States Order, CFIUS Order),要求字节跳动剥离自己的 TikTok 在美国的运营以及 TikTok 或 Musical. ly 美国用户提供的任何数据。[④] 美国外国投资委员会是根据 1950 年《国防生产法》(Defense Production Act)第 721 条成立的,然后通过实施 2018 年《外国投资风险审查现代化法》(Foreign Investment Risk Review Modernization Act)得到加强。[⑤]

① See Kenneth A. Bamberger, *Privacy in Europe: Initial Data on Governance Choices and Corporate Practices*, George Washington Law Review 81, 2013, p. 1529, 1529.

② See *Why We Are Suing the Administration*, Tiktok (Aug. 24, 2020).

③ See Stephanie Chan, *TikTok Was the Best-Rated of 2020's Top U. S. iOS Apps*, Sensortower, Inc. (Dec. 17, 2020).

④ See *Order Regarding the Acquisition of Musical. ly by ByteDance Ltd.*, 85 Fed. Reg. 51, 297 (Aug. 19, 2020).

⑤ See 31 C. F. R. § 800 (2020); *The Committee on Foreign Investment in the United States (CFIUS)*, Department of Treasury.

美国外国投资委员会成立了一个跨机构委员会(interagency committee)来审查涉及外国在美国投资的交易。美国公司无论是否参与交易,只要其中一方在美国参与可能损害国家安全的州际贸易活动,即可被纳入规制的范畴。如果一家公司在交易中没有事先获得美国外国投资委员会的批准,法律允许委员会对该公司实施制裁,包括要求事后解除交易合同。①

2020 年 9 月 18 日,美国商务部基于"数据来源地"连结因素行使数据执法管辖权,发布了一份声明,描述了根据 IEEPA Order 所详细列举的与 TikTok 相关的各种交易,其中包括禁止在线应用商店允许用户下载 TikTok 应用程序或软件更新到之前下载的应用程序版本。此外,美国商务部禁止其他合作伙伴给 TikTok 提供协助或服务,包括互联网托管、内容交付服务以及中转和对等连接等服务。② 为此,字节跳动被给予 90 天(并可能再延长 30 天)的期限剥离业务和数据,以满足美国政府要求将 TikTok 用户数据存储在美国的要求。③ 最终,Oracle 和沃尔玛同意持有 TikTok 的少数股权,Oracle 赢得了向 TikTok 出售云服务的权利,满足了美国政府要求将 TikTok 用户数据存储在美国境内的要求。④ TikTok 案体现了美国对数据管辖中的本地主义倾向。

TikTok 案映射出美国数据霸权主义的管辖模式。近年来,美国接连出台《国家网络战略》《澄清境外数据的合法使用法》《消费者隐私法》等相关法规、政策,谋求继续主导网络空间国际治理规则。⑤ 一些州,如加利福尼亚州,已经通过了管理这些州居民数据使用的隐私法。⑥ 在与数据跨境流动相关的法律制度和政策导向上,美国声称让市场主导数据跨境流动事宜,主张数据在国际范围内自由流动。例如,奥巴马政府将数字贸易问题作为主要焦点,并敦促各国努力避免对电子信息跨境流动

---

① See David A. Hoffman, *Schrems II and Tiktok: Two Sides of the Same Coin*, North Carolina Journal of Law & Technology 22, 2021, p. 573, 602 - 603.

② See Peter Jeydel, et al., *US Commerce Department Identifies Prohibited Transactions Involving WeChat and TikTok*, Steptoe (Sept. 20, 2020).

③ See Jordan Novet, Spencer Kimball & Alex Sherman, *Trump Agrees to TikTok Deal with Oracle and Walmart, Allowing App's U. S. Operations to Continue*, CNBC (Sep. 19, 2020).

④ See Kaitlyn Tsai, *Regulation of Data Localization and How the Legal Profession Can Play a Role*, Georgetown Journal of Legal Ethics 34, 2021, p. 1355, 1358.

⑤ 参见冉从敬:《数据主权治理的全球态势与中国应对》,载《人民论坛》2022 年第 4 期。

⑥ See Paul T. Clark et al., 2022 *GTDT: Fintech United States*, Law Business Research Ltd., July 2021.

施加或维持不必要的障碍。① 美国是数据自由流动的最大受益者。美国表面上号称促进全球数据的自由流动,但实际上是实施有利于自身的数据流动和不利于他国的全面封锁,推行的是数据霸权主义。

第一,通过国际协定手段,促进数据向美国流动。美国在全球数据领域占有优势,拥有数量最多的全球跨国社交网络平台公司。美国公司所采集的数据在全球占据重要份额,促进数据向美国流动有利于增强美国市场的活力。因此,美国在法律和政策上积极促进数据跨境流动。美国通过双边或多边协定强化数据跨境规制,和欧盟先后签订了两个双边协定,使企业获得了数据跨境传输的资格。② 2016 年 6 月,美国和欧盟结束了《保护伞协定》(Umbrella Agreement)的谈判,为美国和欧盟之间交换个人数据提供了数据保护框架,用于预防、侦查、调查和起诉犯罪行为,③协定明确将恐怖主义纳入其涵盖的罪行。《保护伞协定》未授权数据传输,但确实为执法目的共享数据提供了商定的保障措施,解决了欧盟之前对缺乏商定保障措施的担忧。④ 美国还通过国际协议的方式推广数据跨境流动监管模式,争取更多话语权。最具典型的是亚太经济合作组织(Asia-Pacific Economic Cooperation, APEC)在2004年和2013 年分别通过的《隐私框架》(APEC Privacy Framework)和《跨境隐私规则体系》(Cross-Border Privacy Rules, CBPRs)。美国在其主导的《跨太平洋伙伴关系协定》(Trans-Pacific Partnership Agreement, TPP)中进一步提出"商业信息跨境自由传输条款",即在保护个人信息等合法公共政策目标得到保障的前提下,确保全球信息和数据自由流动,以驱动互联网和数字经济。⑤

第二,对不同主体分别采取有利于美国的双重标准。对于如脸书、谷歌、亚马逊等拥有大量全球各国公民的个人数据的美国跨国社交网络平台公司,主张有利于美国的"数据控制者"标准,有助于美国牢牢把控全球各国公民的个人数据。例

---

① See Susan A. Aaronson and Patrick Leblond, *Another Digital Divide: The Rise of Data Realms, and Its Implications for the WTO*, Journal of International Economic Law 21, 2018, p. 245, 255.

② 参见许多奇:《个人数据跨境流动规制的国际格局及中国应对》,载《法学论坛》2018 年第3 期;张生:《国际投资法制框架下的跨境数据流动:保护、例外和挑战》,载《当代法学》2019 年第5 期。

③ Agreement between the United States of America and the European Union on the Protection of Personal Information Relating to the Prevention, Investigation, Detection, and Prosecution of Criminal Offenses, Arts. 3, 10, 16.

④ See Peter Swire & DeBrae Kennedy-Mayo, *How Both the EU and the U. S. Are Stricter than Each Other for the Privacy of Government Requests for Information*, Emory Law Journal 66, 2017, p. 617, 634 – 635.

⑤ See Asta Tubaite-Stalauskiene, *Data Protection Post-Mortem*, International Comparative Jurisprudence 4, 2008, p. 97, 100.

如,在微软爱尔兰案(In re Warrant to Search a Certain E-mail Account Controlled & Maintained by Microsoft Corp.)中,[①]美国联邦执法人员向微软公司发出了一份搜查令,要求微软公司提供其用户基于 Web 的电子邮件账户相关的信息,政府寻求的电子邮件位于爱尔兰都柏林的一个数据存储中心。因此,微软公司拒绝交出这些电子邮件。政府以及治安法官和地区法院不同意微软公司的观点,理由是政府行使数据执法管辖权的相关连结因素是“数据控制者”(在本例中为微软公司)的位置,而不是数据的位置。[②] 美国积极推销“数据控制者”标准,并且通过立法来强制推行“数据控制者”标准,强迫他国接受美国的主张和法律制度。[③] 而对在美国境外注册的 TikTok 等外国社交网络平台公司,美国又主张“数据来源地”标准来行使数据执法管辖权。在数据调取的场景下,美国利用技术优势和网络霸权实现跨地域的全球监控。而外国政府或者企业想要调取或者查阅储存在美国境内的数据,则需要经过复杂的程序和烦琐的手续,需要首先由美国国会认定该外国政府属于“符合资格的外国政府”,然后才能向位于美国国内的数据平台发出数据调取指令。

第三,美国将“长臂管辖”的法律手段渗透到数据管辖领域。[④] 美国对其他国家或地区的数据管辖权进行强硬干涉,破坏其他国家对本国境内数据的管辖和治理。美国通过“长臂管辖”强化美国对境外数据的管制力,而且,强化美国对其掌控数据的绝对控制,以维持其在数据跨境流动的主导地位。[⑤] 美国对中国的金融科技公司,如阿里巴巴、百度、腾讯和其他云服务提供商,进行“长臂管辖”。[⑥]

(三)滴滴案与国家数据管辖权在中国数据安全维度中的体现

近年来,我国明显加大了数据管辖方面的立法和规制。中国人民银行发布的《金融科技发展规划(2022—2025 年)》明确提出了要做好数据安全保护工作,严格落实数据安全保护法律法规、标准规范,明确数据安全负责人和管理机构,明确原始数据和衍生数据收集目的、加工方式和使用范围,确保在用户充分知情、明确授权的前提下规范开展数据收集使用,避免数据过度收集、误用、滥用,切实保障用户数据

① 5 F. Supp. 3d 466 (S.D.N.Y. 2014).

② See Jennifer Daskal, *The Un-Territoriality of Data*, Yale Law Journal 125, 2015, p.326, 328.

③ 参见朱雅妮:《数据主权及其在〈数据安全法〉的体现》载《浙江工业大学学报(社会科学版)》2021 年第 4 期。

④ See Si Chen, *Application of U.S. Long-Arm Jurisdiction in Cross-Border Data Flows and China's Response*, US-China Law Review 19, 2022, p.65.

⑤ 参见陈家宁、张建文:《跨境数据流动治理的中国方案——以〈数据安全法(草案)〉为视角》,载《长春理工大学学报(社会科学版)》2021 年第 2 期。

⑥ 参见冉从敬:《数据主权治理的全球态势与中国应对》,载《人民论坛》2022 年第 4 期。

安全。[①] 基于对数据安全理论和特征的正确认知,构建符合我国国情的数据安全规则,有利于维护我国在数据领域的国家数据管辖权。

数据安全与网络安全密切相关,所有数据均存在于网络系统之中,随着数据作用的提升,数据安全和网络安全将成为金融业面临的最紧迫挑战之一,将不可避免地越来越受到金融行业从业者的重视。随着技术和技术威胁在金融业的运营中发挥着更大的作用,金融网络安全不可避免地对该行业的从业人员变得越来越重要。网络安全将是未来几年金融业最紧迫的挑战之一。[②] 金融网络安全之所以如此具有挑战性,部分原因是金融系统在主要由私人持有的技术基础设施中运行,由不同的金融中介机构控制。因为私人金融公司控制着如此多的技术和网络基础设施的协调,而随着企业将短期利润和其他优先事项(如保密)置于金融网络安全之上,加强安全措施可能会变得尤为困难。对于个别金融公司而言,降低网络安全投资的优先级在短期内可能是有意义的,但个别公司的这种明智的短视可能给整个行业带来更大的网络安全风险。由于现代金融的关联性和中介性,一家公司仅自己拥有强大的金融网络安全是不够的,其供应商和交易对手也需要拥有强大的金融网络安全,以更好地防范金融市场中的众多威胁。[③] 2021 年 6 月《中华人民共和国数据安全法》(以下简称《数据安全法》)的出台恰逢其时,既是对当前错综复杂的数据形势的有效回应,也是数据安全发展的有力保障,更重要的是该法进一步确立了我国数据治理的理念、原则、机制等顶层设计。

2021 年 7 月 2 日,国家网信办基于"数据来源地"连结因素行使数据执法管辖权,发布针对滴滴出行启动网络安全审查的通告,依据《网络安全法》第 9 条的规定认为,滴滴出行泄露地理位置信息到境外,涉嫌威胁国家安全。于是,刚刚在美股上市的"独角兽"企业滴滴出行,被监管机构启动网络审查下架,停止新用户注册。[④] 2022 年 7 月 21 日,"国家互联网信息办公室依据《网络安全法》《数据安全法》《个人信息保护法》《行政处罚法》等法律法规,对滴滴全球股份有限公司处人民币 80.26 亿元罚款,对滴滴全球股份有限公司董事长兼 CEO 程维、总裁柳青各处人民币 100

---

① 参见中国人民银行:《金融科技发展规划(2022—2025 年)》,第 10 页。

② See Hanmiao, Donggen Xu, *Sandbox Approach to Fintech Regulation the Case Study of China*, Revista Chilena de Derecho 49, 2022, p. 193, 197.

③ See Tom C. W. Lin, *Compliance, Technology, and Modern Finance*, Brooklyn Journal of Corporate, Financial & Commercial Law 11, 2016, p. 159, 175 - 177.

④ 参见冉从敬:《数据主权治理的全球态势与中国应对》,载《人民论坛》2022 年第 4 期。

万元罚款”。[①] 滴滴案充分体现了国家数据管辖权在数据安全维度层面的严格执法。《数据安全法》体现了总体国家安全观的立法目标,聚焦数据安全领域的突出问题,确立了数据分类分级管理制度,建立了数据安全风险评估、监测预警、应急处置制度,构建了数据安全审查等基本制度,[②]明确强化了国家对数据的管辖权。

滴滴案体现了注重数据跨境流动安全评估的中国数据管辖模式,凸显了我国在数据跨境流动法律规制领域的制度优势。我国将国家安全作为数据立法的核心价值。基于国家安全价值观的数据管辖与治理政策不但注重数据对于国家社会与经济发展的积极作用,也关注数字化时代数据对于国家整体安全的意义。[③]

第一,我国积极倡导以安全为保障的数据合理自由流动。在第七届世界互联网大会上,中国官方智库发布的《网络主权:理论与实践(2.0 版)》强调:“倡导与实践网络主权……并不否定网络空间的互联互通性、必要秩序基础上的信息自由流动性和创新性。”在制度层面,我国于 2019 年签署《G20 大阪数字经济宣言》,积极回应了其中“基于信任的数据自由流动”(Data Free Flow with Trust)的倡议。2020 年,我国促成并签署的《区域全面经济伙伴关系协定》第 15 条声明:“不得阻止基于商业行为而进行的数据跨境传输。”但是,数据自由流动并不是无条件的。我国将安全原则作为数据合理自由流动的基础条件。因此,对安全原则的准确把握成为数据自由流动的前提条件。[④] 在严格执行数据本地化存储与扩大跨国数字基础设施建设的双重战略部署下,我国既控制了国家重要数据的流动,加强了数据管辖权的安全保障,又在全球范围内稳固了作为新兴经济强国的地位。

第二,注重数据本地化与跨境流动安全评估。我国于 2016 年颁布的《网络安全法》创建了广泛的数据保护框架,数据隐私保护在该框架下适用于几乎所有的公共和私人实体。出于安全考虑,法规中包含了对个人信息和“重要数据”的数据本地化要求。我国的数据管辖政策要求数据原则上数据存储与数据处理必须在我国境内进行。如果需要将数据向境外传送,必须首先经过我国主管部门的严格的安全审核与评估,符合法律和法规的要求,才能进行跨境流动。

第三,确立数据域外管辖权与阻断境外机构调取境内数据相结合的法律保障机

---

① 陆涵之:《滴滴被罚 80.26 亿元》,载《第一财经日报》2022 年 7 月 22 日,A04 版。

② 参见王春晖:《营造良好数字生态的三大法治基石》,载《中国电信业》2021 年第 11 期。

③ 参见徐冬根:《论法律语境下的金融科技与监管科技——以融合与创新为中心展开》,载《东方法学》2019 年第 6 期。

④ 参见许可:《自由与安全:数据跨境流动的中国方案》,载《环球法律评论》2021 年第 1 期。

制。《数据安全法》第2条明确规定了《数据安全法》对在中国境外开展的数据处理活动具有管辖权,实现了管辖权属地原则和效果原则的有机结合,拓展了我国数据立法的域外适用效力,为数据安全、有效地跨境流动增加了新的法律保障。[①] 在此基础上,《数据安全法》第36条规定,非经中华人民共和国主管机关批准,境内的组织、个人不得向外国司法或者执法机构提供存储于中华人民共和国境内的数据。我国已经可以基于法律和相关法规的规定,理直气壮地对无论是境外司法机关还是境外执法机关提出获取中国境内数据的不当要求进行合法阻断。

五、结语

跨境性使数据跨境流动法律问题从一开始就成为国际私法领域的议题。目前,各国均注重对于网络空间和数据跨境流动的管辖,综合行使包括数据立法管辖权、数据司法管辖权和数据执法管辖权在内的数据管辖权。但是,由于指导管辖权与法律适用的价值观与立法理念的差异,导致欧盟、美国与中国在对于网络空间和数据跨境流动的管辖权和法律适用方面形成了三种不同的模式。后续三种不同模式之间应以共建共治共享为原则,加强彼此之间的融合,以适应数字时代国际社会的发展要求。

① 参见朱雅妮:《数据主权及其在〈数据安全法〉的体现》,载《浙江工业大学学报(社会科学版)》2021年第4期。

数字时代下跨境电商数据流动规制：现状、困境与对策

张 泳* 闫芊伊**

数字经济时代，数据跨境流动对经济发展的作用日益凸显，而对数据跨境流动的监管更是经济持续健康发展的重要保障。作为数字经济产业的重要组成部分，跨境电商无论是在新冠疫情期间的逆势增长，还是其“重数据资产”特征，均彰显了完善其数据跨境流动规制的重要性及迫切性。本文立足于跨境电商日常数据出境的业务场景，结合欧盟、美国及中国三大独立法域的数据跨境流动规制，包括主张数据跨境自由流动、严格限制本国数据出境及争夺全球数据跨境规则制定话语权，运用比较法梳理并分析了跨境电商企业开展数据跨境活动存在的数据体量大且分类难、数据保护规则不统一且持续变化及数据跨境责任主体识别困难等问题。在此基础上，本文创新性地提出了多元治理模式，即在国家层面，完善数据跨境流动规则及积极参与国际治理规则的制定；在社会层面，运用技术驱动数据跨境流动；在企业层面，做好当前阶段的区域合规管理。集合国家、社会及企业的力量，以实现后疫情时代经济的快速复苏。

一、问题的提出

在新冠疫情的影响下，电子商务产业特有的“免接触”特征充分迎合了消费者的需求，加速了全球消费者线上消费习惯的养成。正因如此，电子商务成为全球多数消费者的主要消费渠道。eMarketer 发布的《全球电商销售额增长率(2023～2027年)》[Global Ecommerce Sales Growth (2023－2027)]显示，2023 年全球电商销售额增长率将达到 8.9%，销售额将达到 5.8 万亿美元。同时，销售额将保持一个相对平

---

* 珠海市横琴粤澳深度合作区研究院特聘研究员，澳门大学法学院博士研究生。

** 澳门大学科技学院硕士研究生。

稳的速度增长,预计2027年销售额增长率将达到7.6%,销售额将首次突破8万亿美元。(见图1)①

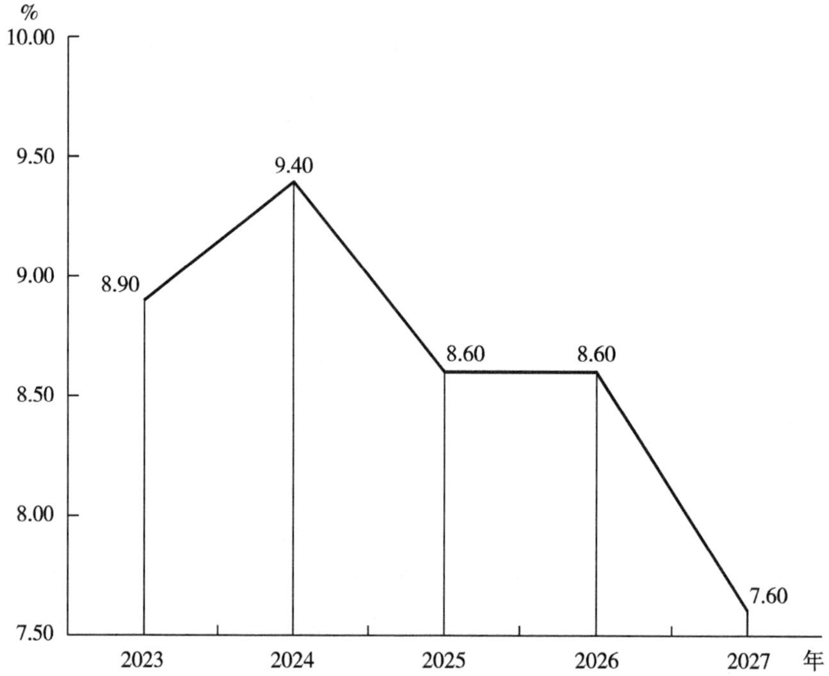

图1 2023~2027年全球电商销售额增长率

同时,网经社电子商务研究中心于2023年8月7日发布的《2023年(上)中国跨境电商市场数据报告》显示,2023年上半年国内跨境电商市场规模达8.2万亿元,同比增长15.49%,预计2023全年市场规模将达17.48万亿元。另外,2017年至2022年期间,市场规模(增速)分别为8.06万亿元(20.29%)、9万亿元(11.66%)、10.5万亿元(16.66%)、12.5万亿元(19.04%)、14.2万亿元(13.6%)、15.7万亿元(10.56%),见图2。② 由此可见,跨境电商产业在众多行业因新冠疫情影响而持续低迷的情况下实现了逆增长,并成为中国在后疫情时代实现经济复苏的一大助力。

① See eMarketer, GLOBAL ECOMMERCE SALES GROWTH (2023 - 2027), available at https://www.oberlo.com/statistics/global-ecommerce-sales-growth, accessed on August 12,2023.

② 参见网经社电子商务研究中心:《2023年(上)中国跨境电商市场数据报告》,载网经社网,https://www.100ec.cn/zt/2023Skjdsscbg/,2023年8月12日访问。

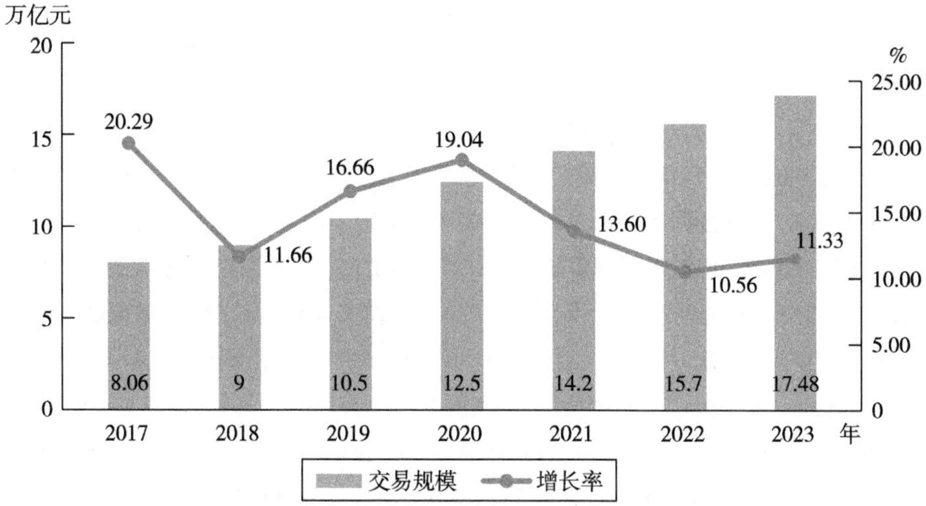

图 2 中国跨境电商市场规模及预测(2017~2023 年)

此外,随着《区域全面经济伙伴关系协定》的推进及国家持续出台利好政策,跨境电商行业发展迅速,前景一片光明。① 值得一提的是,在整个跨境电商活动的周期中,众多主体之间形成了复杂的数据交互关系。比如,跨境电商企业、平台企业及境内外消费者等主体在线上与线下交易场景的深度交织。正因如此,在跨境电商企业运营过程中往往会随着数据跨境流动。② 在此背景下,美国及欧盟等众多国家和地区纷纷通过颁布政策法规等措施强化数据安全保护,同时,争夺制定全球数据跨境流动规则领域的国际话语权。③ 而国家和跨境电商企业也必须充分正视企业运营过程中对数据跨境的需求,以及不同数据跨境流动规则对企业运营的巨大冲击。鉴于此,明晰当下数据跨境流动的相关规则,制定国内、国际相关数据跨境流动的法律法规,已成为保障数据跨境合法、有序、高效流动,以及跨境电商企业持续健康发展的当务之急。

---

① 例如,2021 年 11 月,商务部发布的《"十四五"对外贸易高质量发展规划》中提到,"积极扩大进口、优化出口,推动对外贸易高质量发展",支持加快发展贸易新业态,包括促进跨境电商持续健康发展、发挥外贸综合服务企业带动作用、加快海外仓发展等。

② 主要表现为以下三个方面:一是全球化经营的互联网平台的商业活动离不开数据的跨境流动。抖音运营国际版 Tiktok、淘宝开通全球购、速卖通服务等全球化经营活动都需要数据跨国传输的辅助支持,以进行统筹管理;二是其他开展全球化经营的跨国公司在其人力、财务管理和经营事务中需要进行数据跨境传输,传输与其提供的有形商品或服务相关的数据、记录和通信;三是制造商、医疗保健提供商等传统企业的业务开展离不开数据跨境流动。例如,跨国医疗设备制造商需要通过数据传输来达成维护、维修精密医疗设备的目的。

③ 下文将详细阐述美国及欧盟在数据跨境流动领域制定的相关法律法规。

从理论研究现状来看,研究数据跨境规制的国内外学者众多,但其中研究跨境电商中数据跨境流动规制的较少。并且,在研究跨境电商数据跨境流动的规制问题时,大多数学者从某一国家或地区已有的相关法律法规出发,论证现有制度的不足。例如,朱晓娟、赵骏、向丽对已有的个人数据立法进行了梳理,并分别提出了制定统一的个人数据保护法,规定明晰、可操作的跨境数据流动规则的建议。① 西塔农赛(Sithanonxay)对东盟国家的数据跨境法律制度进行了剖析,并提出了构建东盟国家之间可信任数据跨境流动的保障措施。② 诚然,相关法律制度是跨境电商中数据跨境流动规制研究必不可少的一部分,但作为一个交叉学科的议题,跨境电商的相关背景知识也不可或缺。例如,结合跨境电商中数据跨境的主要业务场景,针对性地梳理、分析该具体场景中数据出境的具体情况与主要问题。另外,在应对策略层面,大多数国内学者专注于国家立法层面,而忽略了企业的重要作用。值得一提的是,该议题涉及国家、社会及企业多个主体,应当将其视为一个系统性问题,集合不同主体之力量,齐头并进,方能迅捷、有效地处理。因此,本文创造性地从法律视角出发,同时借助经济学、科技的综合视角进行深入剖析,并在应对策略部分提出了多元治理模式。

二、跨境电商数据出境主要业务场景

在整个跨境电商活动周期中,跨境电商企业掌握了海量的个人数据、企业数据及国家数据,如境内外消费者的消费记录,经营者的交易信息与研发数据,以及国家金融数据、国民消费数据与产业市场态势等国家数据。作为数字经济时代中对数据依赖性强的企业,跨境电商企业可以充分运用数据以达到相应的商业目的,如用于销售管理环节的精准营销。③ 因此,识别出数据出境的主要业务场景,有利于分析该具体环节中数据出境的具体情形与主要问题。而在跨境电商企业运营过程中,数据出境经历了数据收集、使用、管理、流转等环节。其中,因数字经济的迅速发展及数据处理者的数据出境需求的日渐增长,数据跨境流转环节显得尤为频繁。基于前述,可以将跨境电商中涉及数据出境的主要业务场景概括为以下五种:

一是设立跨境电商独立站。境内跨境电商在境外设立独立站,而境外独立站处

---

① 参见朱晓娟:《论跨境电商中个人信息保护的制度构建与完善》,载《法学杂志》2021 年第 2 期;赵骏、向丽:《跨境电子商务建设视角下个人信息跨境流动的隐私权保护研究》,载《浙江大学学报(人文社会科学版)》2019 年第 2 期。

② See Sithanonxay Suvannaphakdy, *Enabling Domestic Data Flows for E-Commerce in ASEAN Countries*, ISEAS Perspective 32, 2022, p. 11 – 12.

③ 比如,谷歌公司获取数据后,有专门的数据公司进行处理,几乎覆盖了全球所有的商业模式。之所以欧洲始终都在打击谷歌的数据商业模式,就是因为它掌控了所有未来潜在的电子商务模式的发展趋势。

理电商平台的用户订单、物流信息等。在此场景下,境内跨境电商将经营过程中收集到的平台用户姓名、电话号码及收货地址等个人数据存放在境外的服务器中。二是跨境电商企业供应链管理。跨境电商企业在中国的境内子公司供应商采购、国际货运及仓储等环节,境内子公司将收集的供应商、仓库对接人等的姓名、联系方式及收发地址等个人数据上传到母公司供应商部门进行管理。三是跨境企业市场销售管理。跨境电商企业中国的境内子公司在进行本土市场调研、客户关系维护等过程中,将收集、使用、维护客户的信息上传到母公司进行管理、开发,如客户或者潜在客户的姓名、电子邮箱及电话号码等个人数据。四是委外数据分析。境内跨境电商企业将平台用户姓名等个人数据处理业务外包给境外公司,委托境外的服务商分析其用户数据。五是品牌管理。境内企业在境外组织开展品牌宣传、展会等活动,需要采集参会者的姓名、电话号码及电子邮箱等个人数据,并传输到组织方所在的境内。

三、跨境电商数据跨境流动规制

基于上述分析,可以初步得出结论:跨境电商企业运营过程中涉及出境的数据主要是个人数据,[1]且跨境电商涉及数据出境的业务场景往往涉及两个或者两个以上法域。因此,在分析相关的法律规制时,不仅要关注国内有关数据跨境的法律法规,更要重视数据主体、数据控制者及数据处理者等所在国家或者地区的法律。另外,海关总署数据显示,中国跨境电商企业出口目的地比较集中,主要分布在北美、亚洲及欧洲等地(见图3)。[2] 基于此,本部分立足于欧盟、美国及中国数据跨境流动的法律法规,从比较法的角度分析跨境电商数据跨境流动的具体规制。

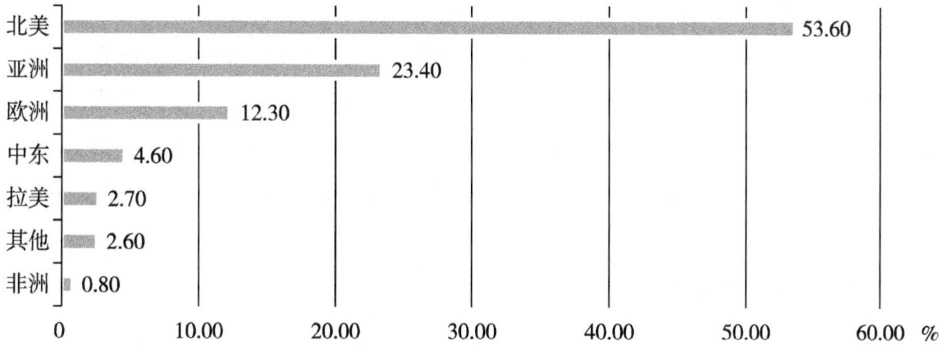

图3 2021年中国跨境电商出口目的地分布情况

① 从主体层面,数据可以分为个人数据、企业数据和政府数据。参见何波:《数据权属界定面临的问题困境与破解思路》,载《大数据》2021年第4期。

② 数据来源:根据中华人民共和国海关总署公开数据资料整理。

(一)主张数据跨境自由流动

为将成员国的市场统一成一个单一化的数字市场,欧盟早在 2015 年就实施了《数字化单一市场战略》。[①] 之后,欧盟分别于 2016 年、2018 通过的《通用数据保护条例》(General Data Protection Regulation,GDPR)[②]和《非个人数据在欧盟境内自由流动框架条例》(Regulation on A Framework for the Free Flow of Non-personal Data in the European Union)[③]更是为数据在欧盟成员国之间自由流动提供了充分保证。为促进欧盟真正单一数据市场的形成,2020 年通过了《欧洲数据战略》(A European Strategy for Data)。[④] 并且,为了落实《欧洲数据战略》,欧盟陆续颁布了《数据治理法》(Data Governance Act)、《数据法》(Data Act)、《数字市场法》(Digital Markets Act)及《数字服务法》(Digital Service Act)。

基于在信息通信产业和数字经济上的优势,美国无论是在双边还是多边的国际贸易协定中均主张数据跨境自由流动,明确反对相关国家或者地区的数据本地化储存,以便其采集全球数据资源,助力其数字经济的发展。比如,2020 年年底公布的 WTO 电子商务谈判合并文本中,美国提出了"一项措施不满足第五段规定的情形,如果该措施仅因为数据跨境传输,就对该传输给予区别对待,从而改变竞争条件,损害了另一缔约方的服务提供者"。[⑤] 也就是说,美国要求 WTO 成员同等对待数据跨境流动与境内流动,《美国—墨西哥—加拿大协定》(United States-Mexico-Canada Agreement)第 19.11 条、《跨太平洋伙伴关系协定》(The Trans-Pacific Partnership)第 14 章第 11 条等均有相关的规定。

(二)严格限制本国数据出境

欧洲历来非常注重保护公民隐私权,并制定了一系列高标准的个人数据跨境流动的管控制度。作为世界上首部有关数据保护的国际公约,1981 年《个人数据自动化处理中的个人保护公约》(Convention for the Protection of Individuals with Regard to Automatic Processing of Personal Data)第 12 条明确规定,成员国之间的数据跨境

---

① See A Digital Single Market Strategy for Europe, Art. 4.

② GDPR 第 5 章明确了个人数据在成员国之间的自由流动。See GDPR, Chapter 5.

③ 《非个人数据在欧盟境内自由流动框架条例》第 4 条明确了非个人数据在成员国之间自由流动的规则,禁止成员国数据本地化。See Regulation (EU) 2018/1807 of the European Parliament and of the Council of 14 November 2018 on a framework for the free flow of non-personal data in the European Union, Article 4.

④ See European Data Strategy, Chapter 2.

⑤ See WTO Electronic Commerce Negotiations Consolidated Negotiating Text-December 2020, (Aug. 15, 2022), https://www.bilaterals.org/IMG/pdf/wto_plurilateral_ecommerce_draft_consolidated_text.pdf.

流动应以达到公约规定的个人数据保护水平为前提;1995 年《关于涉及个人数据处理的个人保护以及此类数据自由流通的第 95/46/EC/号指令》(The Data Protection Directive)第 25 条及第 26 条明确规定,第三国能为个人数据提供充分保护是成员国向第三国转移个人数据的必要条件;作为最严格的隐私法,GDPR 将个人数据保护的监管水平提高到了前所未有的高度。自此,欧洲的数据保护立法由“指令”(Directive)提升为“条例”(Regulation)。[①] GDPR 第 5 章明确了数据出境以“充分性认定”或“遵守适当保护措施”为前提。

美国对其国内数据的出境,设定了众多的要求和限制,尤其是重要技术数据。例如,《2018 年出口管制改革法》(Export Control Reform Act)规定,民用和军民两用科技数据出境应当符合一定条件,包括通过最小占比计算、获得授权许可或许可例外等。而对于国防数据、联邦税务数据,则通过立法要求这些重要数据仅在美国领土内存储。[②] 为了保护国家安全,2018 年美国通过了《外国投资风险审查现代化法》(Risk Review Modernization Act),将涉及“关键基础设施”“关键技术”的公司及外国人对保存或收集美国公民敏感个人数据的公司的非控制性、非被动性投资纳入美国外国投资委员会的管辖范围,极大地扩大了其审查范围。[③] 根据美国《出口管理条例》(Export Administration Regulations),美国的出口管制范围,由原来的硬件扩大至具体的技术数据。也就是说,受管制的技术数据传输到美国境外的服务器,需要得到美国商务部产业与安全局的出口允许。[④]

中国对国内数据出境的规制主要表现为两个方面:一方面是本地化限制。根据《中华人民共和国网络安全法》(以下简称《网络安全法》)第 37 条、《中华人民共和国个人信息保护法》(以下简称《个人信息保护法》)第 40 条、《个人信息和重要数据出境安全评估办法(征求意见稿)》第 2 条及《中华人民共和国数据安全法》(以下简称《数据安全法》)第 31 条等,本地化限制更多是对关键信息基础设施运营者提出的,要求其在境内运营过程中产生和收集的个人信息和重要数据均要在境内储存。此外,对部分行业敏感数据也有类似的规定,如《征信业管理条例》第 24 条、《网络预约出租汽车经营服务管理暂行办法》第 27 条、《汽车数据安全管理若干规定(试

---

① GDPR 生效的两年后,《关于涉及个人数据处理的个人保护以及此类数据自由流通的第 95/46/EC/号指令》就被废止。

② See Export Control Reform Act of 2018, Section 104.

③ See Foreign Investment Risk Review Modernization Act of 2018, Section 308.

④ See 15 C. F. R. § 730. 5(c).

行)》第 12 条及《地图管理条例》第 34 条等。另一方面是限制性数据跨境。根据我国《个人信息保护法》第 38 条及《数据安全法》第 18 条,我国对数据出境活动主要采取的就是限制性规范,即要求数据控制者在数据出境前须满足以下任意一个条件:(1)符合法律规定的条件;(2)完成安全评估;(3)完成保护认证。目前,《数据出境安全评估办法》详细地规定了数据出境安全评估的触发条件、评估要点及流程①(见图 4)。

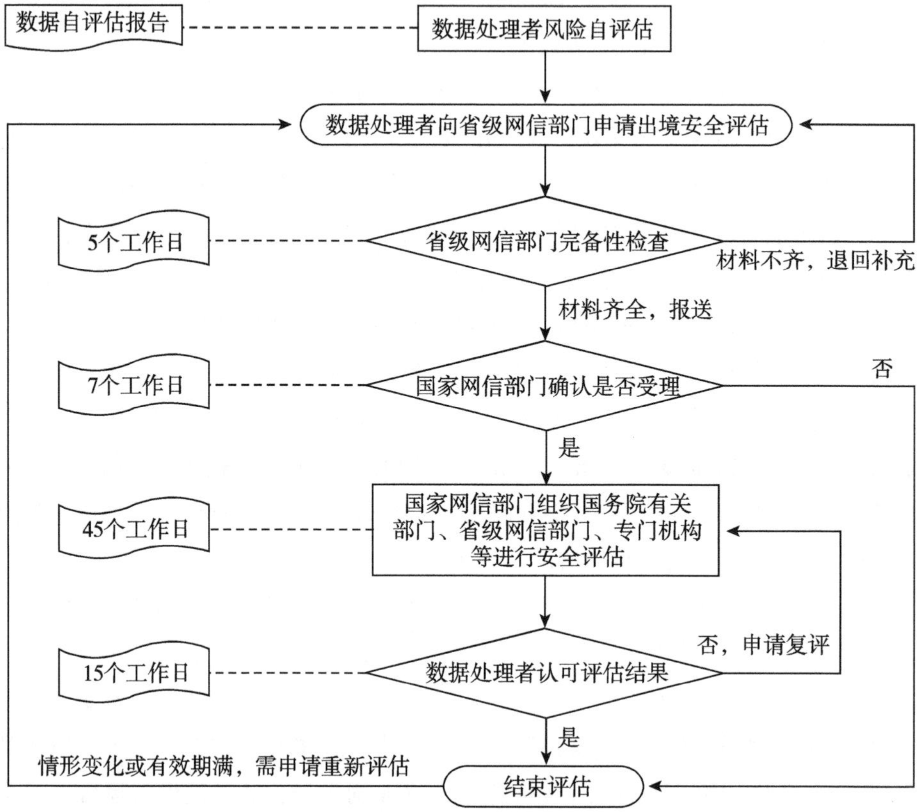

图 4　数据出境安全评估流程

资料来源:《〈数据出境安全评估办法〉正式实施,将会给数据安全产业带来哪些影响?》,载新浪新闻网 2022 年 9 月 2 日,https://news. sina. com. cn/sx/2022 - 09 - 02/detail-imqmmtha5661380. shtml#/。

① 例如,《数据出境安全评估办法》第 4 条规定了数据处理者向境外提供数据时,需要申报数据出境安全评估的四种情形:一是数据处理者向境外提供重要数据;二是关键信息基础设施运营者和处理 100 万人以上个人信息的数据处理者向境外提供个人信息;三是自上年 1 月 1 日起累计向境外提供 10 万人个人信息或者 1 万人敏感个人信息的数据处理者向境外提供个人信息;四是国家网信部门规定的其他需要申报数据出境安全评估的情形。

(三)提高国家数据保护规则影响力,争夺全球数据跨境规则制定话语权

欧盟主要表现为以下三点:一是通过 GDPR 有关"充分性认定"的规定确定数据跨境自由流动白名单国家,从而推广欧盟相关数据法规的国际影响力。二是通过 GDPR 宽泛的域外管辖规定,扩大了其管辖的数据控制者及处理者范围,①且类似情况在 GDPR 通过后的立法及司法判例比比皆是。例如,2018 年4 月,欧盟颁布了《关于制定欧洲刑事电子证据提交令与保存令条例的提案》(Proposal for a Regulation on European Production and Preservation Orders for Electronic Evidence in Criminal Matters),其不以数据储存位置作为确定管辖权的决定因素,仅需满足该数据是刑事诉讼需要及该数据与服务提供商在欧盟境内提供的服务有关即可。② 三是提出了"技术主权"的概念,扩大了"数据主权"的范围。例如,于 2020 年 2 月,欧盟陆续发布了《欧洲数据战略》(A European Strategy for Data)、《塑造欧洲的数字未来》(Shaping Europe's Digital Future)及《人工智能白皮书》(White Paper on Artificial Intelligence: A European Approach to Excellence and Trust),均提到了"技术主权"的概念,试图增强欧盟对网络空间的控制力。

美国具体表现为以下三点:一是与欧盟类似的,美国也采取了数据主权的扩张战略,即通过"长臂管辖"扩张其跨境数据执法权。2018 年,美国议会通过了《澄清境外数据合法使用法案》(The Clarifying Lawful Overseas Use of Data Act or CLOUD Act),其中的"控制者原则"将美国执法机关对美国企业"控制"数据的主权范围由国内扩大至美国企业所在的全球任何一个国家。③ 二是提出"适格外国政府"的概念,凡是想调取储存在美国的数据的国家,均须通过"适格外国政府"的审查,即满足美国设定的有关数据自由流动的法律法规。不难看出,这是变相地迫使那些在经贸合作上依赖美国的国家接受其订立的数据保护规则。三是美国在亚太经合组织力推跨境隐私保护规则(Cross-Border Privacy Rules, CBPR),以实现个人数据自由跨境流动的目的。在对数据跨境保护水平方面,CBPR 相较于 GDPR 明显更低。④ 美国正是通过建立低水平保护的 CBPR 体系,促使各个签署国认可美国数据保护水

---

① See GDPR, Art. 3.

② See Proposal for a Regulation on European Production and Preservation Orders for Electronic Evidence in Criminal Matters, Art. 5.

③ See H. R. 4943 – CLOUD ACT, Section 5.

④ See Clare Sullivan, *EU GDPR or APEC CBPR? A Comparative Analysis of the Approach of the EU and APEC to Cross Border Data Transfers and Protection of Personal Data in the IoT Era*, Computer Law & Security Review 35, 2019, p. 380, 381 – 382.

平,扩大美国数据保护规则的影响力。

四、跨境电商数据跨境流动困境

基于本文第三部分对欧盟、美国及中国有关数据跨境规制的比较分析,并结合第二部分提到的跨境电商数据跨境业务场景,本部分尝试将跨境电商数据跨境流动困境归纳为以下三个方面。

(一)数据体量大且分类难

一方面,数据体量大且呈爆炸式增长趋势,导致跨境电商企业数据管理困难且成本高。在数字经济迅速发展与新冠疫情的双重影响下,众多消费者选择在跨境电商平台购物。① 也正因如此,消费者群体、跨境电商员工及产品或服务提供商等数据主体数量逐渐增多,致使主体数据大量增加。同时,随着跨境电商企业的发展壮大及业务版图的扩张,业务数据的体量也将迎来爆发式的增长,如跨境电商企业经营过程中产生的研发数据及日常经营数据等。而要管理这些数据,企业需要投入大量的人力及物力,对企业的数据管理能力提出了巨大的挑战。

另一方面,数据的法律分类识别困难,导致跨境电商企业数据跨境合规管控难。关于数据的法律分类,我国《数据安全法》及《数据出境安全评估办法》等明确规定可以分为个人数据与重要数据,但个人数据与重要数据的法律定义并不明晰。其中,对于个人数据,我国并无相关法律对其进行界定。尽管我国《个人信息保护法》第4条规定了个人信息的定义,但存在一定的模糊性。② 比如,在如何理解“已识别或者可识别”这一关键问题上存在法律空白。同时,尽管个人数据与个人信息有很大的重合,但两者不能作为同一个法律概念来使用,③对于重要数据,中国相关的数据保护法律法规也未作出具体规定,而仅在《信息安全技术数据出境安全评估指南》(征求意见稿)中“概括式”地列举了部分重要数据。值得一提的是,无论是我国的《数据出境安全评估办法》等法律规范,还是美国、欧盟等国家和地区的数据保护法律法规,对个人数据、重要数据的跨境保护均作出了不同规定。如果跨境电商企业在对数据的法律属性的识别问题上出了问题,可能导致数据的违法出境并造成巨大的经济损失。此外,不同国家对个人数据及重要数据的定义存在区别甚至是冲突,

---

① See Kofi Mensah et al., *Cross-Border E-Commerce Diffusion and Usage During the Period of the COVID-19 Pandemic: A literature Review*, in the 3rd Africa-Asia Dialogue Network (AADN) International Conference on Advances in Business Management and Electronic Commerce Research, 2021.

② 我国《个人信息保护法》第4条规定:“个人信息是以电子或者其他方式记录的与已识别或者可识别的自然人有关的各种信息,不包括匿名化处理后的信息。”

③ 参见周斯佳:《个人数据权与个人信息权关系的厘清》,载《华东政法大学学报》2020年第2期。

也对企业跨境数据的属性识别及合规管理提出了挑战。①

(二)数据保护规则不统一且持续变化

一方面,数据保护规则存在差异甚至冲突,致使跨境电商企业合规管理成本提高,并疲于查阅不同国家或者地区的具体数据跨境规则。主要表现为以下两个方面:一是在国际层面,全球尚未且难以形成统一的数据跨境标准。不同国家或者地区因贸易模式及地缘政治等因素,往往制定侧重点不同的数据跨境规则。比如,美国为扩大其技术竞争优势倡导数据自由流动,而欧盟出于数据人权的考量采取了严格的限制数据跨境措施。再如,近期美国、新加坡及日本等国家向 WTO 提交的推动电子商务谈判的提案,提出了禁止限制数据跨境流动的主张。而太平洋岛国、加勒比及非洲等国家或地区,出于本国或者地区电信与互联网等基础设施较差的考量,反对将数字贸易及跨境电子商务议题纳入多边贸易框架下讨论。值得一提的是,这也正是在 WTO 项下难以达成统一的跨境数据流动规则的主要原因。二是在国家层面,不同国家或者地区的数据跨境规则存在差别。跨境电商企业在进行数据跨境流动活动时,必须要同时考量数据采集方与提供方所在法域的数据跨境规则。因此,不同法域数据跨境规则不同致使跨境电商企业合规管理困难。欧盟、美国等国家和地区的扩张性数据主权战略往往是通过域外管辖实施的。在此背景下,即使同一法域的数据处理行为,也可能需要同时符合多个法域的数据跨境流动规则,这对跨境电商企业数据跨境流动合规的治理能力提出极高的要求。②

另一方面,数据跨境规则处于持续变动状态,对跨境电商企业数据跨境流动的合规治理提出了巨大挑战。随着数字经济的迅速发展及人们对数字主权的关注,不同国家或地区政府不断地制定并完善相关法律法规。尤其是在 GDPR 颁布后,有关个人数据的立法保护更是席卷了全球。这就要求跨境电商企业不仅要关注数据输入地与输出地法域当下的数据跨境规则,更要及时关注其立法动态以及国际规则的

---

① 例如,在与欧盟的电信运营商合作的国内手机厂商可能会碰到类似的数据合规困局,欧盟的电信运营商会要求合作的中国手机制造商提供其手机设备的标识符,如 IMEI 信息,以保障网络运营商对设备的使用,根据中国标准,设备硬件标识符属于个人信息,于是国内的手机制造商会要求欧盟运营商签署数据处理协议;但欧盟运营商认为,依据所在国法律在整个业务流程中,运营商仅获取了硬件标识符,未能获取其他任何数据,进而无法通过硬件标识符识别到特定使用该硬件的用户,不具备可识别性,不是个人信息,于是拒绝签署数据处理协议(DPA)。

② 例如,数据的处理必须具备合法性基础,但各法域的数据处理的合法性基础不尽相同。在我国境内处理欧洲公民的数据,需要同时满足《个人信息保护法》及 GDPR 的要求。我国《个人信息保护法》为避免扩大解释,未将"数据主体利益"及"控制者合法利益"两个边界较模糊的合法性基础纳入条款范围。若以"合法利益"为基础在中国境内进行数据处理,则可能因失去法律承认的合法性基础而违规。

变化,大大增加了跨境电商企业的工作量。值得一提的是,越来越多的国家或者地区认识到数据保护的重要性,其制定的数据跨境规则明显存在数据主权、国家安全等考虑因素,无形中又增大了跨境电商企业开展数据跨境活动的难度。①

(三)数据跨境业务场景、路径复杂且责任识别困难

首先,跨境电商企业运营过程中业务场景交融致使难以识别相关责任方。初创的中小跨境电商企业,因业务版图所限,业务场景比较简单。但随着其业务版图扩张以及业务领域的深化,与之相配套的内部支撑流程将逐渐细化,且不同业务场景的融合将成为常态。至此,如果存在众多与数据处理活动相关的且交融的业务场景,当出现违法行为时,跨境电商企业将很难识别相关的责任方。②

其次,跨境电商企业数据流转路径复杂致使相关责任方难以识别。在数字经济时代下,企业的业务数据往往是通过线上系统进行上传、流转处理的,业务系统间数据存在交叉传输的情况;与此同时,考虑传输效率与成本,以及跨境电商企业的系统服务器往往是集中部署的,跨境电商企业在全球化业务开展过程中涉及频繁、复杂的数据跨境流转,同时提高了其企业数据跨境流动合规管理的难度。而出现违法行为时,企业也很难以确认相关责任方。③

最后,不同法域对数据处理角色定义等的差别致使跨境电商企业难以判断自身的责任与义务,增大了跨境数据流动合规管理的难度。跨境电商企业在对数据跨境合规管控的过程中,必须做到准确识别企业自身在数据跨境场景下承担的角色及义务。然而,不同法域对数据处理角色的定义及企业应尽的义务规定不同,加之前述提到的复杂的数据流转路径,跨境电商企业要做到精准的数据跨境流动合规管控,即明晰自身角色、义务,尤其困难。例如,欧盟 GDPR 对个人数据控制者与处理者的责任分别进行规定;而中国《个人信息保护法》将个人数据处理过程中的控制者与处

① 例如,GDPR 第 15 条对隐私仪表盘提出了要求:"数据控制者不得使用任何的技术手段阻止用户行使访问权,在可能的情况下,数据控制者应该给予数据主体远程访问其数据的权利,特别是提供在线服务的访问工具,例如隐私仪表盘。"两年后,西班牙通过《默认数据保护指南》,对隐私仪表盘提出了十分详尽的配置要求。即便其不具备强制执行的效力,也有着极高的参考价值。西班牙作为欧盟成员国之一,率先在用户控制方面提出了要求,将会影响到其他国家细化规则的进度,这将大大增加企业合规成本。

② 例如,某大型企业旗下存在多个业务板块:金融业务板块包括银行、保险、证券等;非金融业务板块包括系统产品开发、供应链管理、市场营销等;同时还包括人力资源、财务管理、行政管理、法律合规、内控审计等内部支撑板块,均涉及大量的数据处理活动。

③ 例如,某企业的系统服务器集中部署于总部所在地,由总部统一运维管理,导致在开展境外业务过程中涉及大量数据跨境流转场景,如数据从境外分支机构传输至总部服务器存储,境外分支机构从总部服务器调取数据,境外分支机构直接访问总部服务器数据等。若多家境外分支机构纳入数据跨境传输管控全景,各分支机构之间也可能通过总部服务器相互调取或者访问数据。

理者统称为“个人信息处理者”,并规定个人信息处理者共同处理个人信息的,将承担连带责任。

五、多元治理模式

基于上述分析,可以明晰的是,国内数据跨境规则有待完善、缺乏统一的国际数据跨境规则体系及相关规则处于变动状态。因此,唯有集合国家、社会及跨境电商企业的力量,方能保证现阶段数据安全、合法及有序跨境流动。

(一)完善数据跨境流动规则及积极参与国际治理规则的制定

一是积极参与国际治理规则的制定,争夺国际话语权。国际层面的双边和多边数据跨境协定的谈判与合作是进行跨境数据流动安全治理的重要组成部分。首先,中国可以在与欧盟及美国等国家和地区的国际磋商或政治谈判中更多地谈及数据跨境流动的相关问题,在对数据安全问题达成共识的基础上,探索国家间数据跨境流动的方案,为彼此提供合法且多样的数据跨境流动渠道。其次,通过与东盟及亚太自由贸易区等地区的谈判建立符合中国利益的跨境数据流动规则。随着中国在国际事务中地位的提高,中国更可以运用博鳌亚洲论坛、“一带一路”倡议等开展相关区域性数据跨境流动合作协议的磋商,从而实现数据合法、有序跨境流动。最后,在多边层面,当前 WTO 缺乏明确的规制数据跨境流动的相关规则,且数据跨境流动对于数字经济的发展至关重要,因此可以通过国际协调借助 WTO 平台构建数据跨境流动的国际规则。同时,中国应当积极主张在该国际规则中增加相应的安全条款,从而保证数据跨境安全。

二是对重要数据和个人数据制定详细的数据分类管理制度,针对不同类别的数据采取不同的管理方法。大致可以分为以下三类:涉及国家秘密的重要数据、对社会公共利益产生影响的数据及其他非敏感类数据。其中,对于第一类数据应当规定禁止跨境传输,且仅能储存在境内的数据中心;对于第二类数据,允许其跨境传输,但应当视行业主管部门的评估而决定,且评估应当根据《数据出境安全评估办法》等专门的制度规范进行;对于第三类数据,可以采取自我评估的方式,具体操作也需参照《数据出境安全评估办法》等专门的制度规范。同时,应当成立专门的数据跨境监管机构,由其对不同类型的跨境电商企业的数据出境情形、缘由等进行针对性的监管。

三是完善应对他国域外管辖规则的措施。具体而言,可以编写欧盟及美国等国家和地区利用域外管辖扩张其数据主权的法律附录,列明相关条款及其具体目的并认定该条款的域外效力,为数据处理者是否需要遵守其他国家的相关要求提供法律依据。同时,为预防其他国家强制性制裁遵守中国法律的跨境电商企业,并损害相关主体,应在该法律附录上提供充分的救济途径。

(二)技术驱动数据跨境流动

法律监管手段是数据跨境流动治理方式中的一种,但并不总是能取得理想的效果,尤其是在目前国际统一数据跨境流动标准缺位的情况下。[①] 当下,智能时代正在改变着数据流动的底层逻辑。而中国在云计算、人工智能及大数据等领域积累的良好技术优势,为相关跨境电商企业的数据跨境流动治理提供了一种科技视角。

具体而言,综合运用区块链、联邦学习等技术,保障数据安全的同时促进数据跨境流动。随着区块链、大数据、联邦学习等技术的发展,利用区块链的去中心化、全程可追溯以及良好的安全性等技术优势可以构建利用区块链技术的个人数据跨境传输的渠道和方式。大数据技术、联邦学习的应用可以破解数据牢笼和数据保护难题,利用联邦学习构筑以国家和地区为代表的高性能模型,最大化地利用系统算力,在模型中保护用户隐私和数据安全,以技术驱动为个人数据跨境流动打开新的局面。[②] 例如,运用非对称加密技术保护用户个人数据。区块链中系统会为节点用户分发配对密钥,公钥是对外公开的,表示节点的身份;私钥是不公开的,表示对信息的控制权。使用其中一个密钥进行加密的信息只有对应的另一个密钥才能解密。[③] 只有当代表身份认证信息的私钥与代表用户证书的公钥对应一致时,才能操作账

① 首先,"规则监管"的约束与限制,归根结底是"纸面上"的监管。例如,标准格式合同即政府预先制定好的、专用于数据跨境流动的格式合同;安全评估制度也无非要求数据处理者事先提交申报书、自评估报告等材料,供监管部门审批。而且,真实世界中的数据跨境传输并非仅为法律规则所设想的"点对点"的跨境传输(transfer),还包括大量通过云计算进行的跨境流动(flow)。面对可能发生的违规行为,监管部门只能通过事前的文书审查和许可进行规制,或通过有威慑力的罚款等事后追责措施处理,即只能覆盖到从数据输出者到数据接收者之间"点对点"的监管,而无法覆盖到传输过程中的监管。可以说,这种监管方式不仅具有一定的滞后性,也未必能达到理想的监管效果。其次,偏重限制的法律规则,将导致企业大多只能通过烦琐的评估、合同、审计等法律文本证明自身的合规性。这将不可避免地为企业带来极高的合规成本。在成本—效益的分析框架下,企业将被迫选择"故步自封",放弃境外市场的经营。这最终必定会削弱一国或地区在全球数字经济中的竞争力。同时,由于不同规模企业所拥有的资源和机会差异,法律文本上的严格限制在实践中难以公平地适用于所有市场主体。高昂的合规成本对依赖数据跨境传输开展商业活动的中小型企业而言将会是灭顶之灾。这又将加剧和固化境内数字经济市场的垄断格局。

② 参见杨强等:《联邦学习》,电子工业出版社2020年版,第4页。

③ 参见张晶:《基于区块链的个人信用信息共享平台设计及应用场景研究》,载《征信》2020年第10期。

号。[①] 基于跨境电子商务客体多样性、主体隐匿性、媒介无形性等行业特性，加之非对称加密的优势特征，非对称加密技术适用于跨境电子商务的应用场景，更能在保障数据安全的基础上发展数据经济。

（三）跨境电商企业数据跨境合规治理路径

鉴于目前尚未形成国际统一的数据跨境标准且缺乏一个国际公认的数据跨境流动治理组织，首先应当在治理范围上限制跨境电商企业的数据跨境合规治理模式。比如，当前阶段要做到区域合规，然后分国家、地区管理，而不是立即以全球合规为目标探索治理路径。[②] 具体而言，跨境电商企业应当做好以下 5 个方面的数据跨境合规管理工作：

一是明确数据类型。根据我国《数据出境安全评估办法》第 2 条的规定，数据分为个人信息和重要数据。对于个人数据，根据 GDPR、中国《个人信息保护法》及《信息安全技术个人信息安全规范》（2020 年版）等法律法规对个人数据与个人信息的定义，可以将“直接或间接的可识别性”作为识别个人数据与否的依据；而对于重要数据，因目前国际社会尚未对重要数据形成统一定义，企业可以结合当地法律及自身业务场景，对重要数据进行场景化分析和识别，建立重要数据清单并单独维护。同时，坚持较为“保守”的重要数据定义原则，以应对监管执法的不确定性。二是界定关键数据出境场景。可以通过信息采集、人员访谈及实地调研等方法，梳理数据跨境流转涉及的业务场景、部门、具体信息及系统等。其中，对于上述的设立跨境电商独立站、跨境电商企业供应链管理、跨境企业市场销售管理、委外数据分析及品牌管理 5 个环节，应当予以重点关注。三是识别监管规制要点。按照数据跨境条件、充分性保障措施等梳理数据跨境监管规则，并据此划分各个司法管辖区数据跨境的风险等级。四是做好合规风险评估。根据跨境电商企业运营的实际，对不同风险等级的国家或者地区制定数据跨境合规管控策略和控制点，包括风险等级、跨境传输路径指引、相关责任方和审核方等，并结合各个国家或者地区的执法力度，提前做好数据出境的风险评估。五是逐步完善数据跨境风险治理体系。根据相关跨境电商业务的办理情况，将成果内化，制定具体、详细且可复制的工作指引，并定期补充、完善。

---

① 参见陈奇伟、聂琳峰：《技术 + 法律：区块链时代个人信息权的法律保护》，载《江西社会科学》2020 年第 6 期。

② 比如，对于亚太地区的跨境电商运营，跨境电商企业应当重点关注 APEC 于 2005 年发布、2015 年修订的《APEC 隐私框架》，以规范数据的跨境流动。

六、结语

数据跨境流动对于跨境电商持续健康发展意义重大,而跨境电商的发展关乎数字经济,乃至后疫情时代全球经济复苏。但目前,中国数据跨境立法体制尚不完善,如数据分级分类的相关规定并未明晰,并且国际上尚未形成统一的数据跨境标准。因此,当下既是跨境电商产业发展的黄金期,也是数据跨境规定不完善的过渡期。除了各国加快数据分级分类等相关立法工作外,企业也应当从技术以及管理层面实现自救。而只有国家、企业分别积极地从自身角度寻求突破路径,方能形成合力,实现后疫情时代经济的快速复苏。

冲突法研究

跨境代孕亲子关系的属人法选择

杜焕芳* 阮昊翔**

自20世纪70年代始,代孕的出现对生殖传统规则提出了挑战,并引发一系列法学难题,跨境代孕亲子关系确认的法律选择问题便是其中之一。不同法域对代孕子女的亲子关系认定持有不同态度,致使法律冲突产生。由于亲子关系应由法定,纵使代孕协议对其进行约定亦应归于无效,该法律冲突的解决仍应诉诸属人法。由于跨境代孕亲子关系中存在三方当事人,因此逐一对其属人法进行分析非常必要。子女属人法在代孕案件中的连结点难以发挥其作用,代理孕母属人法在理论类比与现实层面中均难言突出,因此对目前争议尚存的委托夫妇属人法应给予重点关注。

关于生殖的社会学和人类学研究已清楚表明,生育能力不仅仅是生物学问题,人们对生殖的理解一直是由社会规则及其期望所决定的,而这些规则影响着个体对家庭形成的想象。① 20世纪70年代出现的代孕②,因实现性与生殖的分离而极大地挑战了过去的既有规则,因此引发了法学界数十年来不休的争论。③ 其中,代孕亲子

* 中国人民大学法学院教授、博士研究生导师。

** 中国人民大学法学院2022级博士研究生。

① See Laura Harrison, *Brown Bodies, White Babies: The Politics of Cross-racial Surrogacy*, New York, New York University Press, 2016, p. 2.

② See Christine L. Kerian, *Surrogacy: A Last Resort Alternative for Infertile Women or a Commodification of Women's Bodies and Children*, Wisconsin Women's Law Journal 12, 1997, p. 117 – 118.

③ 关于"生殖医疗"的争论始于20世纪70年代后期。参见 Sayani Mitra et al., *Cross-Cultural Comparisons on Surrogacy and Egg Donation: Interdisciplinary Perspectives from India, Germany and Israel*, London, Palgrave Macmillan, 2018, p. 1 – 2。而在80年代中期,第一批商业代孕案例就引发了一场国际辩论,各法域开始通过立法或司法实践以禁止或允许代孕。See Angie Godwin McEwen, *So You're Having Another Women's Baby: Economics and Exploitation in Gestational Surrogacy*, Vanderbilt Journal of Transnational Law 32, 1999, p. 271 – 304.

关系格外受到关注,古老的罗马法原则“分娩者为母”(*mater semper certa est*)[①]在今日医疗技术的发展下受到前所未有的挑战,以致向来作为一种相对稳定的法律关系的亲子关系,在代孕中反而充满争议。代孕中的分娩者可能存在与孩子并无基因联系的情形,前者不过是“出租其子宫”或是将孩子当作“爱或生命的礼物”,[②]此与关于母亲角色的传统认知无疑产生偏差。基于此,代孕亲子关系引发了诸多值得讨论的法律难题。

在全球化高速发展的当下,这些难题显得更加复杂。不同的法域对代孕作出不同的法律应对,使跨境代孕亲子关系的法律选择变得复杂。本文即聚焦于该问题,首先阐明跨境代孕亲子关系与属人法之关系,并明确该法律关系中哪些人的属人法应得以考虑;其次分析适用代孕子女属人法的可行性;再次讨论“父母”属人法,即委托夫妇与代理孕母各自属人法的适用可行性;最后对适用跨境代孕亲子关系中何人之属人法问题提出本文见解。

一、跨境代孕亲子关系与属人法

代孕协议为避免隐含法院承认合同可执行性之意而未采“合同”之名,[③]但代孕协议依旧具有显著的合同特征,因其除亲子关系的约定外,还包含临床费用等医疗支出、给予代理孕母的补偿费用以及诸如法律咨询、保险等费用的约定。然而,由于亲子关系具有固有的不平等性,[④]需要国家通过实施强有力的干预以纠正亲子关系之间事实上的屈从关系,从而尽可能地维护处于被支配地位的未成年人的利益。[⑤]因此,亲子关系作为需要国家干预的家事法的重要部分,且在传统上被视为一个国

① 原意为“母亲始终是确定的”,中文用语多依其含义译为“分娩者为母”。该原则规定,分娩生出孩子的女性即为该名孩子的法定母亲。此系由于过去医疗技术未如今日之发达,二者基因联系毋庸置疑,因此法律只需通过知悉分娩者为何人,即可授予其法定母亲的身份。See Daniel Gruenbaum, *Foreign Surrogate Motherhood: Mater Semper Certa Erat*, American Journal of Comparative Law 60, 2012, p. 475 - 476.

② See Glenda Emmerson, *Surrogacy: Born for Another*, Queensland, Queensland Parliamentary Library, 1996, p. 2.

③ Glenda Emmerson, *Surrogacy: Born for Another*, Queensland, Queensland Parliamentary Library, 1996, p. 5.

④ 家长与子女的关系本质上即不平等,这种关系实则是一种合理的、可能对人类而言是不变的关系,不可能单纯地依据自由、平等原则予以解决。参见[日]星野英一:《民法劝学》,张立艳译,北京大学出版社2006年版,第102页。

⑤ 参见徐国栋:《论民事屈从关系——以菲尔麦命题为中心》,载《中国法学》2011年第5期。

家的国内管辖权之核心问题,[①]即便作为代孕协议的主要内容也不应被视为合同中的一般事项,而应被视为合同规则的排除部分。故纵使代孕协议中明确约定亲子关系,其亦不得适用合同之准据法。

属人法正是关于人之身份与能力的准据法,[②]亲子关系无疑是身份重要的一部分。[③] 此外,无论跨境代孕安排以合同方式明确与否,其效力被承认与否,代孕亲子关系的法律冲突始终存在。概言之,无论代孕协议效力得到承认与否,跨境代孕亲子关系均应由属人法作为冲突规则进而确定法律选择。而在明确属人法的适用后,还须进一步明确当事人之范围。因代孕协议中亲子关系约定部分之效力不应得到承认,委托夫妇须向法院提请确认其与代孕子女之亲子关系,此时二者即为当事人当无疑义,而代理孕母则作为"与案件有利害关系"之第三人存在,亦属于广义上的当事人。反之亦然,即如代理孕母提请确认其与代孕子女之亲子关系,则委托夫妇为广义上之当事人。基于此可明确在跨境代孕亲子关系的确认中应存在三方主体,即委托夫妇、代理孕母与代孕子女,从而构成三角法律关系之形态。

二、子女属人法的连结点

因"家庭隐私必须让位于儿童保护的要求"已被普遍接受,为追求儿童最佳利益而干预家庭事务的法律难言罕见,诸多立法寻求干预未对儿童权益构成直接风险之家庭也被认为是可以接受的。[④] 在如是立法潮流中,以子女属人法解决亲子关系法律冲突亦是其中的一种尝试,此于跨境收养的冲突规范中多有所体现。因此,近数十年来,一些国家从保护子女利益出发,相继在亲子关系确认之法律冲突的解决上采用子女的属人法作为准据法。[⑤] 无论系出于在家庭事务中对儿童地位的尊重,还是为了在立法上提高儿童权益保护的力度,子女属人法在今日已难以被忽视。

---

① Yasmine Ergas, *Babies without Borders: Human Rights, Human Dignity and the Regulation of International Commercial Surrogacy*, Emory International Law Review 27, 2013, p.121.

② 杜新丽:《从住所、国籍到经常居住地——我国属人法立法变革研究》,载《政法论坛》2010 年第 3 期。

③ 欧洲人权法院在 D 等人诉比利时(D. and others v. Belgium)案中指出,私人生活受尊重之权利要求每个人都应能够确立其作为个人身份之细节,其中即包括法律予以确认的亲子关系。See D. and others *v.* Belgium, Application no 29176/13, Council of Europe: European Court of Human Rights, (8 July 2014), https://hudoc.echr.coe.int/eng#{%22languageisocode%22:[%22ENG%22],%22appno%22:[%2229176/13%22],%22documentcollectionid2%22:[%22ADMISSIBILITY%22],%22itemid%22:[%22001-155182%22]}。

④ See Felicity Kaganas, *Child Protection*, *Gender and Rights*, in Julie Wallbank et al., *Rights*, *Gender and Family Law*, Cavendish, Routledge-Cavendish, 2010, p.44.

⑤ 参见章尚锦、杜焕芳主编:《国际私法》(第 6 版),中国人民大学出版社 2019 年版,第 149 页。

(一)国籍作为连结点之情况

当亲子关系包含涉外因素时,儿童的国籍通常会被视作连结点。[①] 然而,代孕亲子关系与一般涉外亲子关系确认案件显然不可简单地同一论之,其间差异体现之一即在于国籍的取得方面。

实践中,通常存在两种情形要求委托夫妇向接收国提交跨境代孕协议,一为委托夫妇须向接收国在代孕子女出生国之大使馆或领事馆申请代孕子女的护照或其他旅行证明文件,以便携子归国;二为委托夫妇已携子归国,此时代孕子女虽已获接收国护照但尚未取得国籍,而委托夫妇希望其代孕子女能够获得合法民事主体地位并获得接收国之国籍,于是须向相关部门提供出生证明、法院判决以及代孕协议等多份文件。在后一种情形中,相关部门处理委托夫妇之申请必须先解决涉案儿童的法定父母为何人的问题,其后再决定代孕子女是否可以依此获得本国国籍。基于此,倘若以代孕子女国籍作为跨境代孕案件中亲子关系冲突规范之连结点,显然会遇到先后倒置的局面,因为在绝大多数情况下只有在确定父母身份后才能确定子女的国籍,换言之即婴儿系根据其父母之身份而获得自身的公民身份。

国籍这一连结点在代孕子女于采出生地主义之国家出生方可得适用,在采血统主义之国家出生则将因出现前述先后倒置之状况而无法适用。此外,在构成胚胎之配子均来自匿名捐赠者的妊娠代孕安排中,委托夫妇二人均与代孕子女无基因联系,因此采血统主义之国家通常将代孕子女视作无国籍,此时国籍亦无法作为连结点得以适用。

(二)惯常居所作为连结点之情况

儿童的惯常居所作为连结点经常引起争议,因儿童的惯常居所会随着时间的推移而改变且因案件事实而异。此外,惯常居所被普遍认为应根据个案事实,而非依据技术性规则而确定。因此,儿童被视为某国惯常居民与否不能简单以时间判断,还须根据具体情况加以考虑。于跨境流动频繁之今日,儿童可能存在一个以上的惯常居所,亦可能不存在明显的惯常居所。对此,目前存在三种解决方案:一是倾向于由行使父母责任者的意愿来确定儿童的惯常居所;二是将儿童视为“自主个体”并利用其与国家的联系以确定惯常居所;三是将行使父母责任者的意愿与儿童利益中心

① 如1995年意大利《国际私法制度改革法》第36条规定:“父母子女间的人身和财产关系,包括亲权在内,应由子女的本国法支配。”

地相结合。①

第一种方案以行使父母责任者的存在为前提，然而代孕案件一大复杂之处即在父母身份难以确定，何人系行使父母责任者亦无法避免争议，源于父母责任之界定包含妊娠分娩行为与否难有定论。此外，现实中代孕子女在出生后并非总是随委托夫妇生活，亦存在代孕子女始终由代理孕母照料之情形，其中父母责任无疑系由代理孕母所行使。因此，显然无法通过行使父母责任者之意愿确定其惯常居所。至于第二种方案，代孕较之一般亲子关系认定案件而言，一个特殊之处在于代孕子女几乎均为婴儿，将其视为“自主个体”显然忽略了其基本认知水平与判断能力尚未形成之事实。司法部门在一般案件中，对年幼儿童尚有无法清晰认知与完全表达之虞，更妄论多数代孕案件中的儿童均为初生婴儿。此外，多数表述均以儿童的惯常居所言之，而婴儿具有惯常居所之说法似乎难以令人接受。而第三种方案，由于行使父母责任者难以确定且代孕子女的儿童利益中心地不易判断，因此恐难落实。

（三）出生地作为连结点之情况

除前述国籍与惯常居所外，亦存在以子女出生地作为连结点的做法。此外，海牙国际私法会议的亲子关系/代孕项目于2020年第七次专家小组会议中，亦提出以代孕子女出生地为主要连结点的想法。② 然而，此种做法本身在实践中并不多见，多数国家并未采纳出生地作为连结点。究其原因，应在于出生地的不确定性，以及其可能与亲子关系之确认不存在任何利益关系。不确定性在于儿童出生地无法避免偶然性，其不及国籍或居所那等程度的稳定性，如旅途中分娩等情形时有发生。这种不确定性恰是造成无利益关联的原因之一，即偶然出生于某国的人，由于父母并非本国居民，家庭生活亦与该国无涉，因此出生地与亲子关系认定可能并无任何实际联系。基于此，适用出生地法可能无法真实反映该地在该案中的实际利益。

前述二因之于代孕案件中，情形稍有不同。首先是不确定性显然无法成立，代孕子女出生地多是委托夫妇为使代理孕母顺利完成替代怀孕行为而精心挑选的，该地点可能已明确于代孕协议之中，现实中存在类似偶然择地分娩的可能性显然不大。前述不确定性只是导致出生地与该案不产生利益关联的原因之一，即便出生地具有确定性，无利益关联的结果在跨境代孕中依然可能成立。代理孕母分娩行为发

---

① Rhona Schuz, *The Hague Child Abduction Convention: A Critical Analysis*, London, Bloomsbury Publishing, 2014, p. 186 – 192.

② Report of the Experts' Group on the Parentage/Surrogacy Project, 2020, Prel. Doc. No. 2A of October 2020, HCCH.

生地并不一定与案件存在实际利益关联,如代理孕母可能只是到此地进行分娩,而先前的协议订立,甚至是受精手术都可能不在此地进行,如是情况下,该地确与亲子关系认定案件无任何利益关联。此外,代孕子女出生地必然为代理孕母分娩地,因此将其置于代理孕母属人法之中讨论较有实益。

三、代理孕母属人法的三重考虑

无论跨境代孕协议效力被认可与否,代理孕母均系亲子关系认定案件中的当事人。此外,实践中委托夫妇与代理孕母间关于亲子关系的纠纷又多起因于后者对其在协议中与前者达成有关亲权移转之合意感到"反悔",从而做出相反的决定即拒绝放弃亲权,甚至拒绝交付代孕子女。基于此,代理孕母属人法理应是一个不可忽视的选项。

(一)关于"弱者"的讨论

人文关怀是人文精神的集中体现,而人文精神是国际私法的永恒主题之一,其体现人文关怀的原则正是保护弱者利益。① 在立法实践中,为保护弱者而直接规定有利于弱方当事人的选法标准相对少见,②故而在某些情形中适用弱者属人法亦被视为保护弱者的方法,即特殊情形下保护弱者原则很可能构成与国际民商事案件有关的内国或外国的强制性法律规则,或构成该国公共秩序的一部分。③

代理孕母通常被描述为处于极度痛苦中的弱势当事人,或是出于经济原因,即代理孕母的经济水平较之有足够财力寻求代孕安排的委托夫妇而言,多数处于较差的状况;又或是由于情感因素,如多发生于亲戚或好友之间的利他代孕,代理孕母实际上并没有体现其任何经济需求,因此其经济状况无须得到注意,然而她却需要承担情感上与从自己子宫分娩而出的婴儿分离之痛苦。即使如此,代理孕母是否确为"弱者"并不可轻易断言。

国际私法中的"弱者",系指在涉外民商事关系中处于弱势地位或者不利地位的当事人。而造成地位不等的原因既可能是生理因素也可能是社会因素。④ 关于弱者之特征,学界见解繁多、表述有异,然却存在一处共识,即弱者具有"相对性"。具言之,个体所处的弱势地位应当被置于具体环境中加以辨别,绝对意义上的弱者显然

---

① 参见徐冬根:《人文关怀与国际私法中弱者利益保护》,载《当代法学》2004年第5期。

② 屈广清等:《国际私法之弱者保护》,商务印书馆2011年版,第47页。

③ 赖来焜:《基础国际私法学》,台北,三民书局股份有限公司2004年版,第456页。

④ 例如,以社会人群为范畴的弱者判断中,侧重于生理因素,而在劳动关系中则侧重社会因素。参见章尚锦、杜焕芳主编:《国际私法》(第6版),中国人民大学出版社2019年版,第21页;杜焕芳:《弱者的国际私法保护及其立法进展》,载《国际法学论丛》第6卷,中国方正出版社2009年版。

不可能存在于现实生活。此即意味着国际私法区分强弱地位者，须在具体案件的特定涉外民商事关系中进行。因此，除一般已达成共识的如雇员、消费者[①]等可被直接视为处于弱势地位者外，其他民事生活关系范围内的弱者状态则须结合具体特定情形予以界定，其情形无法被完全罗列。虽代理孕母的经济状况比委托夫妇较差的可能性颇大，但此种看似强弱之分仅于经济收入层面得以体现，于代理孕母与委托夫妇双方基于协议中非亲权部分所产生的法律关系中可能有所体现，置于亲权归属纠纷的语境下以经济水平之差异判断强弱之别显失合理。在情感因素方面之比较，虽代理孕母遭受离开其亲自生产的婴儿之痛苦，但委托夫妇通常始终处于渴望和需要这一代孕子女的状态，二者在情感因素方面的孰强孰弱之判断显然并非易事，因此无法确定何方当事人的利益更值得被保护。

鉴于无法从普遍意义上确认哪一方当事人必然为所谓弱者，此即意味着代理孕母虽多被塑造成“弱者”的形象，但其在跨境代孕亲权纠纷中并不必然被视作弱者，而须借由个案具体情形判断之。因此，代理孕母属人法的适用无须被纳入优先考虑之列。

（二）收养所提供的实践

多数情况下，代理孕母在同意代孕时并无成为母亲的预想。因此，将其视作一般自然生产情形的母亲显然并不合适，其更类似于把亲生孩子交付他人收养的母亲。此外，对于多数收养家庭而言，其目的并不在于简单地为儿童提供某种形式的社会帮助，而在于希望自身与被收养者之间形成一种类似于自然血亲关系的拟制血亲关系，使被收养者得以完全融入收养者的家庭中。而此种收养人所持之目的，恰与委托夫妇相同，后者多数希望通过代孕这种特殊途径迎接其家庭新成员，获得一种类似于自然血亲关系的、存在基因联系的血亲关系。

因收养成立后被收养人成为收养人家庭之一员，由收养人负担抚养义务甚至行使亲权，对收养人之权利义务颇有影响，为维持收养人家庭生活之和平，即产生以收养人之属人法为收养之准据法的见解。[②] 从世界各国之实践来看，当今各国在收养效力冲突规则上原则上多采此种见解。[③] 大部分学者亦主张，“收养成立后，收养人

---

① Giesela Rühl, *The Protection of Weaker Parties in the Private International Law of the European Union: A Portrait of Inconsistency and Conceptual Truancy*, Journal of Private International Law 10, 2014, p. 340 – 342.

② 参见刘铁铮、陈荣传：《国际私法论》，台北，三民书局股份有限公司 2018 年版，第 465 页。

③ 王子畅：《跨国收养的法律适用模式》，载《人民法院报》2017 年 7 月 7 日，第 8 版。

与被收养人间既然形成了父母子女关系,故收养效力应适用收养人属人法”。[①] 此外亦有主张为保护被收养人之利益,收养效力应适用被收养人之属人法者,如罗马法学家魏斯即主张收养制度的设立是为了保护被收养者的利益,故收养效力应该适用被收养人的本国法。[②] 实践中亦有部分国家采此种做法,如阿根廷、泰国等;[③]而苏联、比利时及法国部分学者,亦曾主张此种见解。[④] 此种做法似可对应到代孕子女属人法,然鉴于代孕子女与一般儿童相比之特殊性,其属人法并不适合跨境代孕。除前述属人法外,亦有学者提出“不仅要考虑收养人和被收养儿童住所地法,而且不可忽视被收养儿童亲生父母的住所地法”。[⑤] 然而,值得注意的是,收养儿童亲生父母属人法在实践中并未得到采纳。究其缘故,因被收养人亲生父母之目的与多数代理孕母相同,并未有将子女纳入自身家庭之打算。然而,收养儿童的亲生父母因完全的基因联系而拥有确定的父母身份,而代理孕母则受限于不同代孕安排的实现手段而无法始终保证其与代孕子女存在基因联系。

虽代孕与收养之间的差异不应被忽视,但二者间的诸多共同点使其类比存在意义。而综前所言,二者类比所提供的启示在于指向委托夫妇之属人法。

(三)现实层面考虑

从现实层面考虑,可分作三种不同的具体情形以论之。其一,代理孕母与委托夫妇来自同一个法域的情形。此种情形虽非多数,然亦存在于实际情况之中。例如,在利他代孕中代理孕母多为委托夫妇之亲属,二者均生活于同一法域之内,为追求更好的医疗服务或规避当地禁止代孕的法律,代理孕母可能被送往其他法域内进行代孕。在此种情况下讨论适用代理孕母属人法或是委托夫妇属人法,显然实益不大。其二,代理孕母与委托夫妇并非来自同一法域,然亦非来自替代怀孕行为地的情形。在此种情况下,代理孕母属人法明显缺乏适用之必要。其原因以一言蔽之即无论代理孕母之住所地、国籍国或惯常居所地,理论上与代孕案件产生利益关联之可能性极小。其三,代理孕母来自替代怀孕行为地所在法域的情形。为给代理孕母

① 参见蒋新苗:《中国涉外收养法律适用问题探析》,载《环球法律评论》2005 年第 6 期;韩德培主编:《国际私法》,武汉大学出版社 1983 年版,第 396 页;陈隆修:《比较国际私法》,台北,五南图书出版公司 1989 年版,第 290 页。

② 韩德培主编:《国际私法》,武汉大学出版社 1983 年版,第 394 页。

③ 蒋新苗:《中国涉外收养法律适用问题探析》,载《环球法律评论》2005 年第 6 期。

④ 参见刘铁铮、陈荣传:《国际私法论》,台北,三民书局股份有限公司 2018 年版,第 466 页。

⑤ James Fawcett and Peter North ed., *Cheshire and North's Private International Law*, London, Oxford University Press, 1999, p. 905.

提供其习惯的舒适环境,避免生殖旅行途中出现可能的风险或变节,亦为节省其前往其他法域进行代孕的额外费用,代孕在许多情况下会发生在代理孕母所在当地,而该地往往承认代孕合法。在这种情况下,适用代理孕母属人法的讨论相对复杂。该属人法的适用理论上对于多数代理孕母而言无疑是有利的,因为当地往往承认代孕而依据法律或代孕协议将父母身份给予委托夫妇。具言之,一来多数代理孕母并没有成为代孕子女合法母亲的预期,这符合她们的要求;二来因为该地对代孕合法性或代孕合同效力的承认,代理孕母之利益有所保障。虽此属人法对欲争夺合法母亲身份之代理孕母而言不利,但显然不能为顾及少数例外情形而牺牲多数代理孕母在代孕安排中的利益要求。此外,由于代孕系在此进行,当地的法律亦理应受到一定程度的尊重。

然而,委托夫妇所在法域对此则可能以公共秩序保留或强制性规范拒绝适用之。如法国最高法院所宣称,"禁止代孕与拒绝承认代孕协议是一项强制性规范,意思自治并不能减损其效力……在法国之外实施代孕,即使这在当地是合法的,也将违反法国的国际公共秩序,因为这将与个人身份不可剥夺这项法国法中的基本原则相冲突。"①此外,虽替代怀孕行为地之法律因代孕在此进行而应受到尊重,然在代孕子女出生后,理论上此地与其发生利益连结之可能性并不大。基于此,虽不能完全否认代理孕母属人法作为一种选择,但至少可明确一点,即该属人法并非最优选。然而,对代理孕母属人法仍应给予有限的考虑,亦应关注代理孕母利益之保障。

四、委托夫妇属人法的选择

适用委托夫妇属人法的做法在部分欧洲国家已有实践,②如英国边境管理局在《跨国代孕和移民规则》中明确规定在本国有惯常居所者之跨境代孕协议需受本国法律管辖。③ 虽然该规定没有直接针对处于委托夫妇地位者,然据强调移民的标题与实际适用范围可知,其目的在于确定父母身份和给予公民地位。此举并非只有欧盟国家采取,如美国、新西兰等国④的法律亦明确规定跨境代孕亲子关系认定案件适

① Daniel Gruenbaum, *Foreign Surrogate Motherhood: Mater Semper Certa Erat*, American Journal of Comparative Law 60, 2012, p. 495 – 496.

② Chris Thomale, "*State of Play of Cross-border Surrogacy Arrangements-Is There A Case for Regulatory Intervention by the EU?*", Journal of Private International Law 13, 2017, p. 467.

③ Paul Torremans, et al., *Cheshire, North & Fawcett: Private International Law*, London, Oxford University Press, 2017, p. 1181.

④ 袁泉、罗颖仪:《跨境代孕亲子关系认定所涉及的若干国际私法问题》,载《国际法研究》2016 年第 6 期。

用委托夫妇本国法。如是做法的便利之处在于,可避免跨境代孕亲子关系认定纠纷法律适用的复杂化,[①]然而这种做法亦面临诸多争议。

(一)指向最保守的准据法

以委托夫妇属人法作为冲突规范所援引的准据法,在多数情况下会是最为保守、限制性最大的法律。委托夫妇之所以会在代孕安排中选择跨境进行的方式,往往正是出于这个原因。此为该种属人法受到批评的一大理由,既与当事人意思自治冲突,亦使代理孕母可能因此遭受现实利益的损害,如违背其本愿而成为子女的法定母亲。委托夫妇属人法可能遭受批评的另一大理由则与人权相关,多数情况下委托夫妇正是由于其所在地的法律禁止代孕而前往其他法域寻求机会,然而在代孕完成后则很可能面对其父母身份不被其所在地的法律所认可的情况。基于此,委托夫妇属人法可能会面对其所产生的与人权相抵触之结果。

欧洲人权法院依据《欧洲人权公约》第8条之规定指出,国家基于道德理由宣布代孕为非法之做法,原则上是可以接受的;然而,由于"考虑当涉及合法亲子关系时,个人身份的一个重要方面受到威胁",所以这种国家干涉的自由需要被"削弱"。[②]换言之,欧洲人权法院认为,国家在亲子关系认定上所持之公共政策考虑理应让位于人权,以保护儿童最佳利益。[③] 如此看来,若适用委托夫妇属人法所援引的完全禁止代孕之准据法,似乎必然会与《欧洲人权公约》第8条对代孕子女个人身份的保护发生冲突,同时亦不符合儿童最佳利益原则之要求。因此,依欧洲人权法院之见解或可得出如是结论,即法域若赋予禁止代孕的法律以域外效力则将与人权要求发生冲突。然而值得注意的是,欧洲人权法院判决所提供的实际上是仅基于外国判决承认方法上的跨境代孕事后解决方案,因此其见解并未能提供完整的指引。而对该问题考虑显然不应局限于既存现实的处理,关于违反人权与否的判断须另寻视角审视之。

(二)违反人权与否之争论

委托夫妇属人法之适用与人权相关的争论,具言之系与家庭权、个人身份权以

① 袁泉、罗颖仪:《跨境代孕亲子关系认定所涉及的若干国际私法问题》,载《国际法研究》2016年第6期。

② See Mennesson v. France, Application no 65192/11, Council of Europe: European Court of Human Rights, p. 20(26 June 2014), https://hudoc. echr. coe. int/eng#{%22itemid%22:[%22001 - 145179%22]}, Last Visited on December 28, 2022.

③ Paul Torremans et al., *Cheshire, North & Fawcett: Private International Law*, Oxford University Press, 2017, p. 1191.

及儿童最佳利益相关之问题。事实上,无论是《欧洲人权公约》《儿童权利公约》,或是《公民权利和政治权利国际公约》,还是《消除对妇女一切形式歧视公约》等与人权法相关之公约或条约,均未提及一个人成为父母之权利。① 这些考虑到个人成为父母的国际文书往往侧重于限制国家对生殖权利的干涉上,②而并未真正面对个人生育的问题,因此更妄论通过代孕安排创造一个孩子的权利。1994 年开罗国际人口与发展会议在其《国际人口与发展会议行动纲领》中,首次明确提出生育权这一概念并给予其明确界定,然而这仅是一份软法性质的纲领性文件。因此,关于生育权的争论之于代孕中并未有定论,故在委托夫妇属人法所援引之准据法是否会违反人权问题上,至少目前无须将其纳入考虑范围。

在家庭权方面,有两种做法可使代孕禁令避免构成对家庭权的违反。其一,为规避家庭权之做法,其主要表现为以刑法之域外效力将特定涉外医疗程序视为犯罪行为。尽管人权法通常禁止政府干涉家庭隐私,然而并未禁止其干预特定的域外医疗程序。③ 倘若当事人所在地禁止堕胎,而这些手术发生在承认其合法之地,则当地享有将这些手术视为犯罪的自由裁量权,国际法对此并无禁止之规定。④ 而在涉及第三方的生殖医疗问题上亦是如此,如土耳其以"改变或掩盖儿童血统"非法为由将使用第三方捐赠的卵子或精子定为犯罪;澳大利亚新南威尔士与昆士兰州将禁止商业代孕的规定扩大到出国医疗旅行之公民;法国将禁止商业代孕的刑事禁令扩大到出国旅行使用代孕服务的公民。⑤ 将包含代孕在内的特定涉外医疗程序视为犯罪且具有域外效力的立法监管,在现行人权法下并不被禁止。而在此种代孕禁令下已经妄论组成家庭,更无须讨论合法的父母身份认定问题,因此自然不会产生与家庭权之冲突。其二,为符合家庭权之做法,由欧洲人权法院判例可知,委托夫妇抚养代孕子女而组成家庭的做法事实上不易被政府违法干预,后者亦难言构成违反家庭权之举。究其原因,一是由于政府干预可出于"保护健康"与"保护他人权利和自由"两

---

① See Barbara Stark, *Transnational Surrogacy and International Human Rights Law*, ILSA Journal of International and Comparative Law 18, 2012, p. 372.

② 如《消除对妇女一切形式歧视公约》第 11 条第 2 款系各国为防止女性因婚姻或生育而在工作权利上被歧视所采取之措施,以及第 12 条之规定系为保障女性在生产前后的保健服务。

③ Sharon Shakargy, *Choice of Law for Surrogacy Agreements: In the In-between of Status and Contract*, Journal of Private International Law 16, 2020, p. 150.

④ I. Glenn Cohen, *Patients with Passports: Medical Tourism, Law, And Ethics*, Oxford University Press, 2014, p. 324.

⑤ I. Glenn Cohen, *Patients with Passports: Medical Tourism, Law, And Ethics*, Oxford University Press, 2014, p. 389.

个合法目的;二是拒绝承认委托夫妇与代孕子女的合法亲子关系虽对其家庭生活造成一定影响,但并不产生无法克服之实际障碍,亦不妨碍共同居住而组成与他人无异的家庭生活,因此法院认为其家庭生活受尊重之权利并未遭受侵犯。换言之,只要在保障儿童最佳利益的前提下准许由委托夫妇抚养代孕子女,代孕子女与委托夫妇组成共同之家庭生活,其拒绝承认二者之间的合法亲子关系之法律必然不至违反家庭权。

在个人身份权与儿童最佳利益方面,尽管代孕子女享有与委托夫妇共同生活、承其抚养之权利,但此并不意味着存在被法律确认为其合法子女之必然要求。换言之,政府允许二者共同生活以保障儿童最佳利益,然而却没有义务将二者视为合法亲子。在欧洲人权法院判例中,由于代孕子女与委托夫妇的亲子关系已在其他法域中得以确认,委托夫妇所在地若否认该关系则必然影响到代孕子女的自我身份认知,对子女身份细节的确定性产生威胁,从而有违儿童最佳利益原则与私人生活受尊重之权利。因此,为保护已出生并得到亲子关系确认的代孕子女之个人身份,国家权力须为儿童最大利益而让步。然而,于代孕子女出生或亲子关系得到首次确认之前,情况则不能同一而论。倘若此种禁令通过委托夫妇属人法得以明确其域外效力,在代孕子女出生时当地法院与委托夫妇必然已知其合法亲子关系无法通过代孕协议得以建立,或可选择使该子女在出生地入籍后以收养方式归国组建家庭。如是代孕子女则自不必面临个人身份因法律不明确而受到损害的局面,其私人生活受尊重的权利得以保障,从而至少确保其在此方面的最佳利益未被损害。基于此,国家在不违反人权法的前提下,不仅可无视跨境代孕协议,且有权将代理孕母确定为孩子的合法母亲。

概言之,禁止代孕的委托夫妇属人法并不违反家庭生活和个人身份受尊重,以及保护儿童最佳利益的人权要求。相反地,它甚至亦可从相同的人权议题下找到支撑反对代孕的理由。如在疫情边境封锁或委托夫妇未能如期而至等特殊情形下,代孕子女滞留代理孕母身边一段时间,若二者或及后者之家人已具家庭生活样态,此时将亲权归属于委托夫妇是否亦构成对代理孕母家庭权之侵害?又如,是否可主张因代孕会产生亲子关系之混淆,而认定其与尊重个人身份之要求相抵触?诸如此类相反的人权问题,在短期内恐怕难有定论。唯从目前看来,人权相关的争议并不能构成阻止委托夫妇属人法得以适用的理由。

(三)公共利益与儿童最佳利益

委托夫妇所在地最有可能面对代孕安排所带来的后果,因代孕所组建之家庭将为其社会构成的一员。具言之,代孕子女需要在该地获得国籍、户籍,包括合法亲子关系在内的个人身份之明确,以及由此产生的各项民事主体权利,还涵括接受父母之抚养、社会福利之关照等。换言之,该子女在出生地诞生后所停留且与当地社会发生利益连结的时间,一般而言远少于其在接收地居住生活者,因此理论上后者之公共利益受代孕安排的影响远大于前者。此外,作为承载重要价值的家庭单位,与当地社会具有不可分割的正当利益联系。总言之,代孕子女接收地与代孕案件的利益交集不能被忽略,理应享有对代孕子女是否确与其公民具有联系之问题的发言权,即需在纠纷的解决中获得可体现其利益的应有地位。

从代孕子女的角度论之,在多数情况下,委托夫妇的国籍国、住所地或惯常居所地将成为代孕子女的合法住所,或至少是其权利来源。因此,为保护代孕子女的最佳利益,须确保其在住所地的合法权益,或受到该地及其法律的承认和保护。这无疑是代孕子女“获得身体、心智、道德、精神、社会各方面之健全与正常发展”的“自由与尊严之情境”①之前提。此外,适用委托夫妇属人法亦可使代孕子女在委托父母家庭中的生活与社会环境基本相适应。鉴于委托夫妇的国籍国或居所地对代孕子女的未来之重要性,应当重视委托夫妇属人法所指引之准据法。

(四)委托夫妇中何者之属人法

笼统地适用“委托夫妇属人法”很可能有不止一部法律以供援引,因此还须进一步明确适用委托夫妇中何者之属人法。针对该问题,不便参照一般亲子关系确认的父母属人法,或可从涉外婚姻属人法得到启发。

之所以一般亲子关系确认的父母属人法借鉴意义有限,系因代孕委托夫妇难以与一般婚生或非婚生父母等同而论。其原因简言之,即后者之“父母”不过二人之数,而前者则至少有三个“父母”人选。此外,后者亦难以在代孕案件中得到借鉴。以婚生父母属人法为例,有以生母之夫②或子女出生时生母之属人法③作为涉外亲子关系成立的准据法者,然代孕案件中何者为所谓“生母”尚且不明,④若采“分娩者为母”则因已明确此为委托夫妇属人法之讨论而不具任何借鉴意义。有以父之属人

① 参见《儿童权利宣言》原则二。

② 如德国、泰国、希腊、意大利等国都有类似的法律规定,此为早期采用的冲突规则。

③ 如法国《民法典》规定,子女是否是婚生之问题由子女出生时生母的属人法决定。

④ 以子宫或是配子作为判断“生母”这一概念之标准,即“分娩者为母”或指基因上与代孕子女存在联系之女性为母的问题,尚未有统一定论。

法作为涉外亲子关系成立的准据法①者,此种做法一则在追求男女平权精神、父权本位弱化之现代显然难以被广泛接受;二则委托父亲并不必然被直接认定为代孕子女事实上之父,或在前文所述以“分娩者为母,其夫为父”为认定标准的情形下,或在其并未于代孕安排中提供配子的情形下,委托父亲并不被视为代孕子女之父。还有分别适用父母各自的属人法②者,当父母二人的属人法一致且相关规定一致时,此举无疑对儿童利益有最大保护,但当双方属人法各异且规定不一致时此规定显然缺乏适用空间。除前述属人法外,婚生父母属人法亦有适用父母共同属人法③或者一方属人法④者。由于代孕案件中父母为何者尚不可知,因此亦无从整体借鉴于此二者。然适用共同属人法与一方属人法或可为借鉴。简言之,共同属人法体现二者利益之交集,具有其合理性;而一方属人法则较之直接规定具体一方者,显然为解决该问题提供了灵活性,亦有利于确保儿童最佳利益。共同属人法与一方属人法的价值已得彰显,此外亦可从涉外婚姻属人法得到进一步的启发。由于“夫妇”不涉代理孕母,即仅局限于委托夫妇二人之法律关系,而结婚、离婚之规则亦如是,同时其也不可避免地存在法律关系主体为不同国籍的两个自然人之情形。以《关于在离婚与司法别居的法律适用领域强化合作的第1259/2010号(欧盟)条例》(《罗马条例Ⅲ》)为例,其第5条第1款第(c)项即规定可以选择缔结离婚协议时配偶一方国籍国之法律,其第8条第(b)项亦涉及对配偶一方的指定。由此可见,涉外婚姻属人法中指向配偶一方,或可为跨境代孕亲子关系认定的委托夫妇属人法提供借鉴。综上所论,跨境代孕亲子关系的确认应适用委托夫妇属人法,当委托夫妇二人存在不同属人法之情况时可适用二人之共同属人法,或是一方之属人法。

五、结论

为保护家庭中处于弱势地位之儿童,适用子女属人法显具必要性。然鉴于代孕子女较之一般儿童在国籍与年龄方面的具体特殊情况,该属人法下的常见连结点,

---

① 如德国在1896年《民法典施行法》第18条规定涉外父母子女亲子关系的确认应适用父之所属国的法律,该条现已废除;希腊在其1946年颁布的民法典中也作出了适用父之属人法的规定;日本和泰国在早期也遵循这种做法。

② 如1934年美国《冲突法重述(第一次)》、1951年《荷兰、比利时、卢森堡关于国际私法统一法的公约》第9条第3款之规定。

③ 如奥地利《关于国际私法的联邦法》规定,子女婚生的要件及因此发生的争议,依该子女出生时配偶双方的属人法,如子女出生前婚姻已解除,依解除时配偶双方的属人法,配偶双方的属人法不同时,依其中更有利于子女为婚生的一方的法律。

④ 如1995年意大利《国际私法制度改革法》第33条第2款、2006年日本《法律适用通则法》第28条。

即国籍与惯常居所,难以在实务中得到确认。虽海牙国际私法会议曾提出对子女出生地的考虑,但该连结点的特点将导致无法体现代孕子女出生地与亲子关系确认案件间的真实利益,因此予以排除。此外,由于代理孕母至少在国际私法中并不一定被视作“弱者”,加之收养为跨境代孕亲子关系确认所提供之参考,及结合现实中可能存在之情形的考虑,代理孕母并非属人法选择的最优解。

而在委托夫妇属人法可行性分析中,虽该属人法可能指向对于代孕最为严苛保守的准据法,但源于家庭关系所承载的社会公益价值,这种法的域外效力理应得到认可。即便属人法确指向禁止代孕之实体法,在现行人权法下亦不构成对家庭、私人生活受尊重之权利与儿童最佳利益原则的违反,相反可兼顾公共利益与儿童最佳利益二者而形成平衡。基于此,该属人法应系目前该问题的最优解。由于存在委托夫妇二人适用不同属人法的可能性,因此由一般亲子关系确认及涉外婚姻属人法所提供之启示,此种情形下可适用委托夫妇共同属人法或是一方属人法。

中国涉外遗嘱继承法律适用问题实证研究*

乔雄兵** 李晓涵***

本文运用实证研究的方法,收集了中国法院援引《中华人民共和国涉外民事关系法律适用法》第32条和第33条处理有关涉外遗嘱继承纠纷的典型案例。在对相关案例进行分析后发现,中国法院解决涉外遗嘱继承案件,存在一些法律适用过程中涉外因素认定不当、意思自治适用错误、准据法确定不规范、遗嘱继承法律适用不一致、裁判文书说理不充分等问题。出现上述问题的原因除司法实践对相关法律条文和概念理解不透彻以及裁判文书撰写不规范外,也在于法律规定自身仍有待完善。为解决以上问题,应从以下几方面予以完善:立法上构建"继承—遗嘱"模式下的涉外遗嘱继承法律适用体系;司法上以是否对法律适用有实质性影响为标准正确认定涉外因素,尊重和保护遗嘱人的意思自治,遵循条文设置本意准确适用法律,按照统一要求规范撰写裁判文书。

《中华人民共和国涉外民事关系法律适用法》(以下简称《法律适用法》)第32条和第33条确定了涉外遗嘱继承冲突规范,是司法实践判断涉外遗嘱继承准据法的主要依据。关于中国涉外遗嘱继承法律适用的研究,当前学界大多从理论层面梳理立法演变、介绍立法现状、指出立法缺陷、阐释立法出路等,并围绕意思自治原则的引入与否、采用同一制还是区别制、是否增加遗产所在地法作为准据

* 国家社科基金项目"美国长臂管辖背景下阻断立法问题研究"(项目编号:21BFX161)的阶段性成果。

** 武汉大学国际法研究所副教授、硕士研究生导师。

*** 武汉大学国际法研究所硕士研究生。

法、遗嘱能力和遗嘱解释等事项的法律适用规则等问题展开学理讨论,①却很少关注司法实践中法律的实际适用状况。法律的生命力在于实施,裁判文书是司法实践最为直观的反映与体现。本文采用实证研究方法,通过检索中国裁判文书网②、北大法意网③、北大法宝④、威科先行法律信息库⑤,收集《法律适用法》实施 10 年来中国法院有关涉外遗嘱继承法律适用的裁判文书并进行定量统计和定性分析,解读中国涉外遗嘱继承法律适用司法现状,检视实践问题,剖析其中原因,提出解决路径。

一、实证研究样本概述

既然着眼于中国涉外遗嘱继承法律适用的司法实践,那么对其现状和问题的描述、归纳以及相关数据展现只能依赖于法院实际作出的裁判文书。这些裁判文书通过特定的检索式在不同数据库查找得出,再经过重复性剔除和符合研究目标的筛选,共有 114 份作为研究样本。

(一)样本收集

本文的裁判文书样本源于中国裁判文书网、北大法意网、北大法宝和威科先行法律信息库。在中国裁判文书网运用高级检索,分别以"《中华人民共和国涉外民事关系法律适用法》第三十二条""《中华人民共和国涉外民事关系法律适用法》第三十三条""涉外遗嘱"作为全文检索的关键词,案件类型为民事案件,裁判日期为"2011 年 4 月 1 日至 2021 年 4 月 1 日",搜索之后分别有 68 份、38 份和 10 份裁判文书。在北大法意网司法案例栏目下运用与上文相同的检索式进行高级检索,分别收集到 73 份、41 份、12 份裁判文书。北大法宝直接有关联《法律适用法》第 32 条和第 33 条的民事案件裁判文书 100 份和 112 份。在威科先行法律信息库的案例中执行高级检索,依然以上述 3 个短语作为关键词,搜索范围为全文,搜索模式为常规,审

① 参见徐伟功:《〈涉外民事关系法律适用法〉实施研究》,法律出版社 2019 年版,第 383 ~ 384 页;刘宏:《我国涉外遗嘱继承法律适用的立法、理论与实践》,载《中国政法大学学报》2019 年第 5 期;高宏贵:《中国涉外民事关系法律适用法研究》,法律出版社 2016 年版,第 291 ~ 301 页;赵师权:《论欧盟继承法律适用条例与我国继承准据法的完善》,载《北京化工大学学报(社会科学版)》2015 年第 1 期;李建忠:《论涉外遗嘱法律适用制度的发展趋势——兼论〈涉外民事关系法律适用法〉第 32、33 条的解释与完善》,载《法律科学(西北政法大学学报)》2014 年第 1 期;高宏贵、徐妮娜:《论我国涉外遗嘱继承法律适用之规定》,载《社会主义研究》2013 年第 6 期;向在胜:《海峡两岸涉外继承法律适用法之比较研究》,载《台湾研究集刊》2012 年第 5 期。

② 网址:https://wenshu.court.gov.cn/,2022 年 11 月 28 日访问。

③ 网址:http://www.lawyee.org/default.html,2022 年 11 月 28 日访问。

④ 网址:https://www.pkulaw.com/,2022 年 11 月 28 日访问。

⑤ 网址:https://law.wkinfo.com.cn/,2022 年 10 月 6 日访问。

判日期为"2011 年 4 月 1 日至 2021 年 4 月 1 日",案件类型为民事,分别获得 68 份、38 份和 8 份裁判文书。

(二)样本处理

囿于检索方式和数据库收录的缺陷,需要把不同数据库交叉的样本、被同时列在《法律适用法》第 32 条和第 33 条下计数的样本、不同审级裁判文书重复出现的样本合并,初步筛选收集的裁判文书。再根据裁判文书的内容删除缺乏涉外遗嘱继承法律适用信息的裁判文书,而法律适用相同只保留其一的裁判文书①,最终统计到 114 份裁判文书作为实证研究样本。

需要说明,114 份裁判文书样本能够反映中国涉外遗嘱继承法律适用司法实践的真实情况,但也不可避免地存在些许局限:一是由于种种原因,仍有大量涉外民商事案件的裁判文书没有得到公布,②研究样本无法做到全面覆盖,研究数据和结论可能具有偏差;二是有些裁判文书上传不及时,③收录信息的数据库也在不断调整变化,影响研究的可重复性;三是部分裁判文书内容简单,遗漏或省略案件重要信息,④加上检索方式不够完美,致使相应裁判文书检索不到。

(三)样本情况

结合图表工具,从地区、时间、审级、法院层级、法律适用所涉国家或地区多个维度定量统计、归纳裁判文书,清晰直观展示样本信息,分析信息背后蕴含的内在逻辑,整体掌握中国涉外遗嘱继承案件基本情况。

1. 地区分布

图 1 是裁判文书地区分布情况。114 份裁判文书散落在 13 个省、自治区、市,北京市、上海市、广东省的裁判文书占了样本的大部分,比例在 73.7% 左右;其他省份各有少量分布,但主要仍在福建省、浙江省、江苏省这类沿海省份。可见,涉外遗嘱继承案件集中于东部沿海地区,内陆地区案件较少。东部沿海地区经济发达、对外

---

① 广东省深圳市前海合作区人民法院民事判决书(2016)粤 0391 民初 1814 号、1815 号、1816 号和广东省高级人民法院民事判决书(2016)粤民终 1827 号、1828 号是同一当事人就类似事项提起的诉讼,其中关于遗嘱继承法律适用内容的处理完全相同,故仅保留广东省深圳市前海合作区人民法院民事判决书(2016)粤 0391 民初 1814 号和广东省高级人民法院民事判决书(2016)粤民终 1828 号作为研究样本,不再对相同内容重复计数和分析。

② 参见刘宏:《我国涉外遗嘱继承法律适用的立法、理论与实践》,载《中国政法大学学报》2019 年第 5 期。

③ 参见杨金晶、覃慧、何海波:《裁判文书上网公开的中国实践——进展、问题与完善》,载《中国法律评论》2019 年第 6 期。

④ 参见黄辉:《中国公司法人格否认制度实证研究》,载《法学研究》2012 年第 1 期。

开放程度高，人员与外国往来密切，故涉外遗嘱继承案件数量多。广东省作为改革开放的先锋部队和华人华侨的主要来源地之一，同时凭借邻近我国香港特别行政区和澳门特别行政区形成粤港澳大湾区的优越地理位置，其涉外遗嘱继承案件裁判文书数量居于首位。

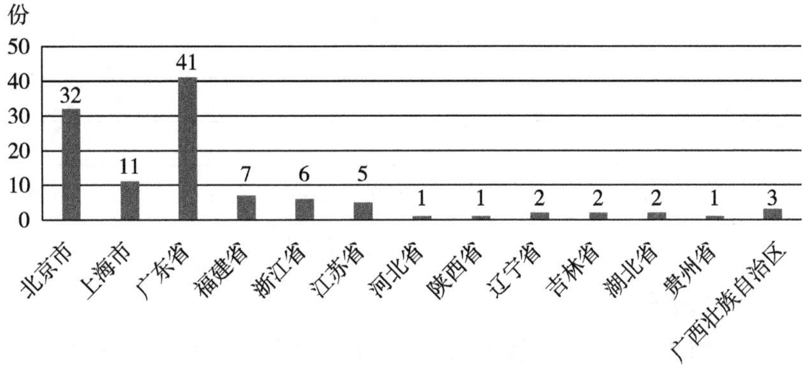

图1　裁判文书地区分布

2. 时间分布

图2是裁判文书时间分布情况。《法律适用法》自2011年4月1日起实施，以10年为时间节点，将裁判时间截至2021年4月1日，但其实最终收集到的裁判文书均在2013年及之后作出，这与裁判文书公开上网制度的执行情况息息相关。从图2可以看出，2013年至2016年的裁判文书数量普遍较少，不同年份数量有所波动，但总体差别不大。2016年至2018年的裁判文书数量呈现快速上升趋势，2019年基本与2018年持平，2020年有小幅度下降，但仍比2017年多。由于裁判文书从制作完成到公开上网有时间差，[①]并且检索的时间范围只截至2021年4月1日，所以2021年的裁判文书数量不完整不作比较。

① 参见杨金晶、覃慧、何海波：《裁判文书上网公开的中国实践——进展、问题与完善》，载《中国法律评论》2019年第6期。

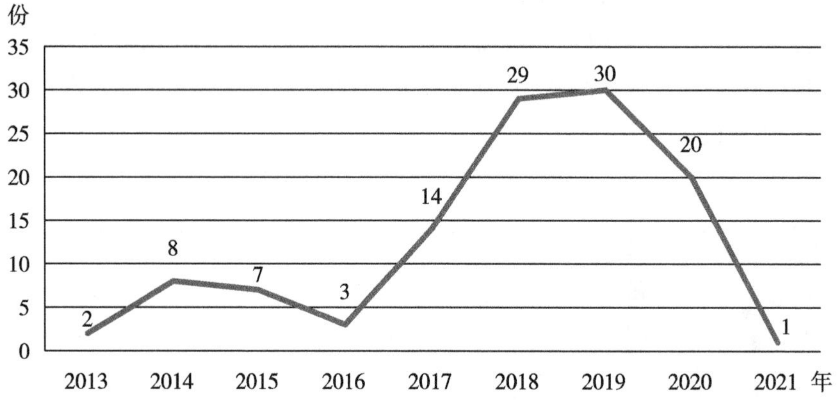

图2　裁判文书时间分布

3. 审级和层级分布

图3是裁判文书审级和法院层级分布情况。如图3所示,一审裁判文书有60份,二审有53份;基层人民法院作出的裁判文书有57份,中级人民法院有52份。由此看来,一审和二审裁判文书、基层人民法院和中级人民法院作出的裁判文书数量相差不多。可以认为,涉外遗嘱继承案件有一定的复杂性,且事关当事人的切身利益,不少案件会被提起上诉进入二审程序,由中级人民法院审理。有1份裁判文书甚至经历了再审,5份裁判文书由高级人民法院作出。不过,目前尚没有关于涉外遗嘱继承纠纷的指导案例或公报案例,司法指导在涉外遗嘱继承中存在不足。

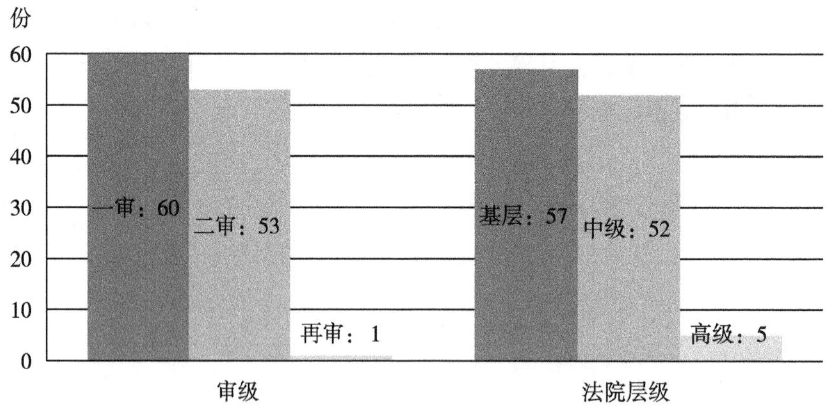

图3　裁判文书审级和法院层级分布

4. 准据法所涉国家或地区分布

表 1 是裁判文书准据法所涉国家或地区分布情况。106 份裁判文书选择一种准据法，涉及 9 个国家或地区；8 份裁判文书选择两种准据法，且都不约而同地选择了中国法和某一外国法，[①]涉及 6 个国家或地区。[②] 114 份裁判文书的法律适用一共涉及 10 个国家或地区。涉外遗嘱继承领域表现出的法院地法主义倾向依旧十分明显，有 82 份裁判文书只适用中国法，占比约 71.9%，将近 3/4。计入选择两种准据法的裁判文书，除中国法之外便是以适用中国香港特别行政区法律的裁判文书居多，其次是澳大利亚、美国法律，新加坡、菲律宾、加拿大、瑞典、日本的法律也都分别涉及一次。

表 1　裁判文书准据法所涉国家或地区分布[③]

单位：份

国家或地区	2013 年	2014 年	2015 年	2016 年	2017 年	2018 年	2019 年	2020 年	2021 年	合计
中国[④]	0	7	5	2	11	21	22	14	0	82
中国香港特别行政区	0	1	1	0	0	3	3	2	1	11
中国台湾地区	1	0	0	0	0	1	0	0	0	2
新加坡	1	0	0	0	0	0	0	0	0	1
美国	0	0	1	0	0	1	1	0	0	3

① 2020 年《最高人民法院关于适用〈中华人民共和国涉外民事关系法律适用法〉若干问题的解释（一）》第 17 条："涉及香港特别行政区、澳门特别行政区的民事关系的法律适用问题，参照适用本规定。"因此，本文的中国法仅指中国内地（大陆）地区的法律；外国法指外法域国家或地区的法律，包括中国香港特别行政区、澳门特别行政区的法律，以及台湾地区的有关规定。

② 8 份适用中国法和某一外国法的裁判文书分别为：2017 年，福建省厦门市思明区人民法院民事判决书，（2016）闽 0203 民初 12034 号（中国香港特别行政区法）；广东省广州市中级人民法院民事判决书，（2016）粤 01 民终 9704 号（美国法）；上海市第二中级人民法院民事判决书，（2017）沪 02 民终 3070 号（日本法）。2018 年，北京市朝阳区人民法院民事判决书，（2016）京 0105 民初 8744 号（美国法）；上海市第一中级人民法院民事判决书，（2017）沪 01 民终 11681 号；广东省广州市中级人民法院民事判决书，（2018）粤 01 民终 17321 号（中国香港特别行政区法）。2019 年，广东省佛山市顺德区人民法院民事判决书，（2018）粤 0606 民初 16290 号（中国香港特别行政区法）。2020 年，吉林省长春市中级人民法院民事判决书，（2017）吉 01 民终 3768 号（澳大利亚法）。

③ 由于同时适用两种准据法的裁判文书无法较好体现，因此表中仅包含适用一种准据法的裁判文书数据情况。

④ 为方便不同法域的区分，本文的中国仅指中国内陆地区，不包括中国香港特别行政区、澳门特别行政区和台湾地区。

续表

国家或地区	2013 年	2014 年	2015 年	2016 年	2017 年	2018 年	2019 年	2020 年	2021 年	合计
菲律宾	0	0	0	1	0	0	0	0	0	1
加拿大	0	0	0	0	0	0	1	0	0	1
澳大利亚	0	0	0	0	0	0	1	3	0	4
瑞典	0	0	0	0	0	0	1	0	0	1
合计	2	8	7	3	11	26	29	19	1	106

二、涉外遗嘱继承法律适用司法实践的问题检视

依照法院审理涉外遗嘱继承案件过程的逻辑进路,从涉外民事关系的认定到准据法的选定再到裁判文书的拟定,逐一研读 114 份裁判文书的具体内容并详细分析,发现中国涉外遗嘱继承法律适用司法实践存在的主要问题如下。

(一)涉外因素认定不当

涉外因素的认定是判断涉外民事关系的关键,涉外民事关系的判断是法律适用的前提。2020 年《最高人民法院关于适用〈中华人民共和国涉外民事关系法律适用法〉若干问题的解释(一)》(以下简称《司法解释(一)》)第 1 条以"法律关系要素说"为核心理论,①罗列了可以认定为涉外民事关系的 4 种情形,是司法实践中认定涉外民事关系的主要依据。然而,涉外遗嘱继承司法实践中涉外因素认定不当问题频繁出现,导致误判涉外民事关系及涉外原因。

第一,不含有涉外因素,法院却认定存在涉外因素。遗嘱人的国籍、经常居所地、遗嘱行为地等并不涉外,只有作为继承人的当事人或当事人一方甚至当事人一方中的一人、几人是外国公民或其经常居所地在国外,法院便判断属于涉外民事关系。例如,在曲某 1 等与曲某 3 继承纠纷案中,遗嘱人曲某 5 立遗嘱时、死亡时的国籍国和经常居所地国均为中国,其公证遗嘱亦在中国作出,一审法院以曲某 1 是美国公民为由认定案件有关涉外民事法律关系。② 在洪某与黄某遗嘱继承纠纷案中,遗嘱人黄某某立遗嘱时、死亡时的国籍国和经常居所地国以及遗嘱行为地国都是中国,法院认为,被告黄某定居加拿大,案件有关涉外民事法律关系。③

第二,具备涉外因素,属于涉外民事关系,但法院阐述的涉外理由不正确或不准

① 参见王小骄:《对涉外民事关系"涉外性"界定的再思考——兼议〈涉外民事关系法律适用法若干问题解释(一)〉第一条的完善》,载《新疆大学学报(哲学·人文社会科学版)》2013 年第 4 期。

② 参见北京市第一中级人民法院民事判决书,(2019)京 01 民终 5992 号。

③ 参见湖北省武汉市武昌区人民法院民事判决书,(2018)鄂 0106 民初 8398 号。

确。遗嘱人的国籍、经常居所地、遗嘱行为地等涉外,包含涉外因素,可法院说明的涉外原因还是作为继承人的诉讼当事人的国籍或经常居所地涉外,无视真正的涉外因素。例如,在董某与金某继承纠纷案中,遗嘱人叶某某在中国香港特别行政区立下遗嘱,且以香港特别行政区为居籍,法院表示,原告董某是香港居民,应认定案件属于涉外民事法律关系。[①] 区某1与区某2等继承纠纷案中,法院提出,遗嘱人区某祥和被告均为香港居民或美国公民,案件系涉外继承纠纷案件。[②]

上述两种情形的本质相同,法院确实是依据《司法解释(一)》第1条的规定判断涉外民事关系,尤其是第1项和第2项,只浮于浅显的表面,不加辨别地简单认定涉外因素,而不结合特定民事关系类型探究导致涉外的深层原因,用形式代替本质,归根结底在于没有理解涉外因素的实质内涵。《司法解释(一)》第1条偏于从表面认定涉外民事关系的列举也有误导司法实践之嫌。其仅仅是对案件事实构成或民事关系组成的单一描述,操作性较强但是缺乏合理性和应有的价值判断,[③]只能作为一般情形下的参考借鉴,在波谲云诡的司法实践中法院不应照搬照抄、人云亦云。不当认定涉外因素,致使纯国内遗嘱继承案件被误判为涉外遗嘱继承案件,法律适用也是多此一举。虽然通常不会改变裁判结果,因为此种"涉外因素"并不会对法律适用产生实际影响,选择的准据法只能是中国法,准据法确定后便与纯国内遗嘱继承案件没有差别,但是审判思路和过程有误,程序正义容易受到质疑。

(二)意思自治适用错误

《法律适用法》关于意思自治的规定是第3条,即"当事人依照法律规定可以明示选择涉外民事关系适用的法律"。换句话说,法律规定当事人可以选择法律时,当事人才能选择,而且需要以明示的方式作出。《司法解释(一)》第6条第2款也有意思自治内容,可以看作对《法律适用法》第3条的补充性规定。

《法律适用法》第32条和第33条没有当事人可以选择法律的类似表述,但一些裁判文书中,法院依旧援引《法律适用法》第3条或《司法解释(一)》第6条第2款,适用意思自治,允许诉讼当事人选择准据法。比如,在苏某与邵某1等遗赠纠纷案中,一审法院列举《法律适用法》第3条,表示庭审中原、被告均同意适用中国法律,

---

① 参见广东省深圳市罗湖区人民法院民事判决书,(2019)粤0303民初29254号。

② 参见广东省广州市番禺区人民法院民事判决书,(2018)粤0113民初3829号。

③ 参见方杰:《涉外因素内涵和选择路径研究》,载黄进、肖永平、刘仁山主编:《中国国际私法与比较法年刊》第19卷,法律出版社2017年版。

故以中华人民共和国法律为准据法。[①] 在裴某1与裴某2等遗嘱继承纠纷案中,二审法院认为,原审中各方当事人均援引中国法阐述诉、辩意见,且均未对原审法院适用中国法提出异议,故适用中国法并无不当。[②] 在李某1与李某2遗赠纠纷案中,一审法院提出,双方当事人在庭审过程中均同意适用国籍国法律解决争议,故确认中华人民共和国法律为审理案件的准据法。[③]

(三)适用《法律适用法》第32条和第33条确定准据法过程不规范

由于各国关于遗嘱继承的实体法律规定存在差异,因而涉外遗嘱继承准据法的确定直接关系到当事人的切身利益。但是大量裁判文书在依据《法律适用法》第32条和第33条确定准据法的过程中未遵循法条设置的本意要求,要么混同适用第32条和第33条确定准据法,要么只适用其中一条确定准据法。

1. 混同适用第32条和第33条确定准据法

《法律适用法》第32条和第33条均为无条件选择性冲突规范。[④] 然而,即便都是无条件选择性冲突规范且存在不少相同连结点,两个条文的表述方式和具体内容也有显著不同,彰显了不同的立法目的,对法律适用过程提出了不同要求。但实践中,法院通常缺乏上述意识,混同适用《法律适用法》第32条和第33条确定准据法,既无视了条文之间表述及内容的差异,又不符合第32条无须选择特定准据法和第33条充分阐释所选准据法的政策考量和价值追求之要求。[⑤] 在李某1与钱某等继承纠纷案中,遗嘱人李某在美国立下公证遗嘱,法院提出,依据《法律适用法》第32条和第33条的规定,关于遗嘱的方式及效力,可以适用中华人民共和国相关法律规定。[⑥] 在钟某1与钟某2等遗嘱继承纠纷案中,遗嘱人钟某某为香港居民,在中国香港特别行政区立下遗嘱,一审法院以钟某某死亡时经常居所地为上海确认遗嘱方式和效力均应适用中国法,二审法院认为并无不当。[⑦]

2. 只适用其中一条确定准据法

还有一些裁判文书中,法院仅适用《法律适用法》第32条或第33条其中一条确

① 参见福建省福州市中级人民法院民事判决书,(2019)闽01民终3158号。

② 参见北京市第二中级人民法院民事判决书,(2015)二中民终字第11660号。

③ 参见吉林省高级人民法院民事判决书,(2019)吉民终264号。

④ 参见高宏贵:《中国涉外民事关系法律适用法研究》,法律出版社2016年版,第293页。

⑤ 参见肖永平、丁汉韬:《论〈法律适用法〉中无条件选择性冲突规范的适用》,载《法律科学(西北政法大学学报)》2017年第4期。

⑥ 参见北京市海淀区人民法院民事判决书,(2018)京0108民初28697号。

⑦ 参见上海市第二中级人民法院民事判决书,(2017)沪02民终3691号。

定准据法,忽略另外一条的规定,其中又以只适用第 33 条的情形占多数。在杨某 1 等与许某等继承纠纷案中,法院仅列举《法律适用法》第 33 条,确定遗嘱效力问题以中国香港特别行政区法律作为准据法。① 邹某与朱某等继承纠纷案的法院同样只提到《法律适用法》第 33 条,适用中国法处理纠纷。② 法律本意显然不会作出多余或重复规定,《法律适用法》第 32 条和第 33 条旨在调整涉外遗嘱继承法律适用的不同方面,司法实践自然不能随意遗漏或忽略本应遵照的法律条文。

出现以上问题,除司法实践对法条含义理解不充分、法律适用不严谨之外,也有立法规定不完善的原因。遗嘱继承冲突法覆盖范围与遗嘱继承实体法调整内容不一致且法条用语表述存在歧义,致使司法实践无所适从,由此造成法律适用混乱、准据法确定不规范的问题。

(四)遗嘱继承法律适用不一致

涉外遗嘱继承中各个事项的法律适用规则并不明晰,尤其是对于《法律适用法》第 33 条遗嘱效力的辐射范围,理论一直存在争议,导致实践依照《法律适用法》第 32 条和第 33 条判断遗嘱成立且有效之后继续确定遗嘱继承准据法时,做法不一。

一种做法是参照《法律适用法》第 31 条法定继承的规定或现已失效的 1985 年《中华人民共和国继承法》(以下简称《继承法》)第 36 条笼统的继承规定确定遗嘱继承准据法,它们都以不动产继承适用不动产所在地法律为准。在马某 1 等与马某 3 等继承纠纷案中,一审和二审法院均认为,遗嘱人李某某的涉案不动产在中华人民共和国领域内,故关于涉案不动产的法定继承或遗嘱继承均应适用中国法。③ 在陈某 1 与陈某 2 遗嘱继承纠纷案中,法院表示,继承在中华人民共和国境内的遗产,不动产适用不动产所在地法律,因此案涉遗产的继承问题应适用内地法律审理。④ 另一种做法是认为当前我国法律不存在遗嘱继承冲突规范,所以根据《法律适用法》第 2 条第 2 款确立的最密切联系原则选择遗嘱继承准据法。在吕某甲与陈某甲等继承纠纷案中,二审法院提出,关于遗嘱继承的准据法,我国没有法律规定予以指引,因此根据《法律适用法》第 2 条第 2 款的规定,适用与该涉外民事关系有最密切联系的法律,由于涉案不动产及其产生的租金均在我国,所以应适用我国相关的法律规

① 参见浙江省舟山市定海区人民法院民事判决书,(2018)浙 0902 民初 873 号。

② 参见江苏省扬中市人民法院民事判决书,(2018)苏 1182 民初 178 号。

③ 参见北京市第二中级人民法院民事判决书,(2018)京 02 民终 3194 号。

④ 参见广东省佛山市顺德区人民法院民事判决书,(2018)粤 0606 民初 16290 号。

定。[①] 不过,多数案件并未单独说明遗嘱继承法律适用,而是如上文所述,适用《法律适用法》第32条和/或第33条确定准据法。

表2是裁判文书准据法确定方式的统计,图4反映了不同准据法确定方式所占比重。[②] 两个图表是对114份裁判文书样本准据法确定过程的详细统计描述,归纳概括了涉外遗嘱继承准据法确定的8种情形。首先,混同适用《法律适用法》第32条和第33条确定准据法的案例最多,占全部的57.9%左右,超出了一半。其次,是23份只适用《法律适用法》第33条确定准据法的裁判文书,占比约20.2%。最后,还有9份裁判文书根本没有准据法确定过程,6份裁判文书由诉讼当事人选择法律,3份裁判文书准据法确定过程较为规范,3份裁判文书只适用《法律适用法》第32条确定准据法,2份裁判文书由遗嘱人选择法律,2份裁判文书适用《继承法》第36条确定准据法。由此可见,涉外遗嘱继承准据法选择方式五花八门,但绝大多数准据法确定过程不规范。

表2　裁判文书准据法确定方式

单位:份

准据法确定情况	2013年	2014年	2015年	2016年	2017年	2018年	2019年	2020年	2021年	合计
准据法确定规范	0	0	0	0	0	2	1	0	0	3
混同适用《法律适用法》第32条和第33条确定准据法	0	5	3	2	6	18	19	13	0	66
只适用《法律适用法》第32条	0	0	0	0	0	1	1	1	0	3
只适用《法律适用法》第33条	1	0	3	0	4	6	5	4	0	23
诉讼当事人选择法律	0	1	1	0	2	0	2	0	0	6
遗嘱人选择法律	0	1	0	0	0	0	0	0	1	2

① 参见吉林省长春市中级人民法院民事判决书,(2017)吉01民终3768号。

② 少数单独说明继承准据法的裁判文书一般也涉及遗嘱本身准据法的选择,囿于图表展示的局限性,继承准据法的确定情况不包含在表2和图4的统计数据之内。

续表

准据法确定情况	2013年	2014年	2015年	2016年	2017年	2018年	2019年	2020年	2021年	合计
无准据法确定过程	1	1	0	0	2	2	2	1	0	9
适用《继承法》第36条	0	0	0	1	0	0	0	1	0	2
合计	2	8	7	3	14	29	30	20	1	114

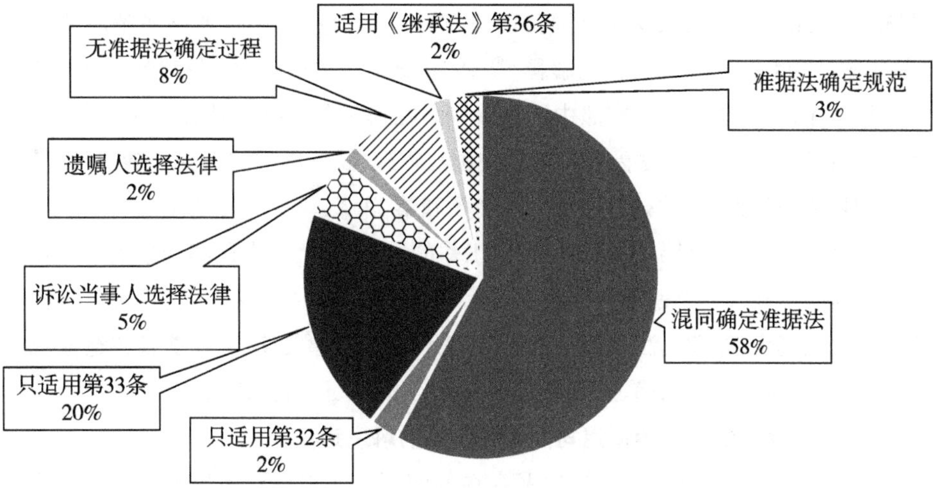

图4　裁判文书不同准据法确定方式所占比例

(五)裁判文书说理不充分

2018年《最高人民法院关于加强和规范裁判文书释法说理的指导意见》(以下简称《指导意见》)要求裁判文书释明法理,围绕法律适用进行说理,说明裁判所依据的法律规范以及适用法律规范的理由,反映推理过程。但从有关涉外遗嘱继承裁判文书的内容来看,法院自身对待裁判文书的撰写依然简单省略,说理不充分的。概言之,涉外遗嘱继承裁判文书法律适用部分说理不充分的问题凸显为以下两种情形:

第一,涉外问题说明不充分。法院直接认定涉外民事关系或涉外案件,不说明涉外原因。在高某1与高某2遗嘱继承纠纷案中,法院只说案件系涉外遗嘱继承纠纷,没有解释涉外理由。[①] 钱某某与SEANJEFFCHEN继承纠纷案的一审法院也是

① 参见江苏省苏州市虎丘区人民法院民事裁定书,(2019)苏0505民初1952号。

如此。① 有的甚至都不指出案件有关涉外民事关系,直接判断准据法。在王某1等与王某3遗嘱继承纠纷案中,一审法院未提及涉外及其原因,直接表明遗嘱的形式与效力受澳大利亚当地法律调整。② 排除案由不是与遗嘱继承相关的6份裁判文书,其余108份裁判文书中有12份只表明了案件涉外而没有解释原因,有30份没有提到案件涉外而直接判断准据法。

第二,法律适用过程说明不充分。法院直接陈述所选择的准据法,不说明选择该准据法的原因,或仅一笔带过、缺乏说服力。在李某与张某等遗嘱继承纠纷案中,遗嘱人Brian David Outlaw为英国公民,在英国立下遗嘱,法院列举法条后便表示"故本案适用我国法律",无任何解释。③ 还有,如表2中显示的9份裁判文书甚至没有法律适用过程,法院直接按照中国法裁判。在傅某与沈某某遗嘱继承纠纷案中,遗嘱人傅某是美国公民,法院直接依照中国法审理,缺乏准据法选择步骤,只在最后的裁判依据中提到了《法律适用法》第32条和第33条。④

裁判文书是社会外界了解法院审判工作的重要窗口,是人民群众感受司法正义的主要途径。裁判文书遗漏关键程序性事项,不说明法律适用过程、不充分阐释选择准据法的理由,导致司法过程不透明,有随意适用法律之嫌,对司法权威造成威胁与挑战,更不符合法律的确定性、稳定性以及实质正义的价值追求。

三、涉外遗嘱继承法律适用司法实践问题的解决路径

涉外遗嘱继承法律适用司法实践存在的问题并非单一原因导致,一方面,要从法律规范入手,完善我国涉外遗嘱继承法律适用体系;另一方面,要立足于司法实践,正确把握涉外因素和意思自治的内涵,准确适用法律、规范撰写裁判文书。

(一)构建"继承—遗嘱"模式下的涉外遗嘱继承法律适用体系

遗嘱是要式法律行为,根据《中华人民共和国民法典》(以下简称《民法典》)继承编的规定,遗嘱成立且有效必须满足以下要求:遗嘱方式符合法律规定、遗嘱人具有遗嘱能力、遗嘱人意思表示真实、遗嘱内容符合法律规定。一般认为,第一个是形式要件,后三个是实质要件,只有遗嘱满足上述条件成立且有效之后才能发生遗嘱继承的法律后果。《法律适用法》第32条采用"遗嘱方式"这一表述并作为遗嘱形式要件的法律适用规则已经得到普遍认可,但第33条采用"遗嘱效力"一词表述的

① 参见广东省惠州市中级人民法院民事判决书,(2019)粤13民终2326号。
② 参见上海市第二中级人民法院民事判决书,(2020)沪02民终8166号。
③ 参见北京市朝阳区人民法院民事判决书,(2020)京0105民初25274号。
④ 参见上海市长宁区人民法院民事判决书,(2017)沪0105民初27411号。

内涵却不明确，理论界定存在分歧，实践适用更为混乱。“效力”一词本身既有“有效性”的含义，包括形式有效性和实质有效性，也有“法律效果”的含义。① 尽管联系《法律适用法》第 32 条，从体系解释的角度推论第 33 条所指的“效力”只能是实质有效性之含义，但立法用语表述不清，需要进一步明确。此外，与遗嘱继承有关的法律适用不只是遗嘱方式、遗嘱能力这类“遗嘱本身的问题”，还包含“根据遗嘱为何种行为”的遗嘱内容问题，②如遗嘱继承人义务的附加、遗产的分配办法或份额、遗嘱执行人的指定等，③故而“遗嘱效力”的外延也较为模糊。既有学者认为遗嘱效力应包括除遗嘱能力以外遗嘱的所有实质要件，如遗嘱的内容、撤销和解释等；④也有学者认为，遗嘱效力涉及遗嘱的实质要件，通常包括遗嘱能力和遗嘱内容的效力；⑤还有学者认为，遗嘱效力就是遗嘱继承法律适用的兜底条款，除遗嘱形式要件之外的遗嘱能力、遗嘱内容、遗嘱的解释与撤销等都适用第 33 条。⑥ 但无论秉持什么观点，都表明“遗嘱效力”的范围并不唯一。若是持偏狭义的观点，不同立场多多少少都会在遗嘱能力、遗嘱解释、遗嘱内容等事项的法律适用上出现无法可依的局面；如持偏广义的看法，则种种与遗嘱继承相关、性质各异事项的法律适用仅由一条冲突规范全部概括调整未免过于笼统，显得立法单薄粗糙。立法的含混模糊带来了学理解释的分歧，继而造成了实践适用的混乱，涉外遗嘱继承法律适用规则的修改完善势在必行。

立法的修改完善离不开对立法体系的探讨重构。当下继承冲突法的法律体系大致可分为两种：一是“继承—遗嘱”模式，先概括规定继承冲突规范，再单独确立遗嘱本身的冲突规范，遗嘱内容受继承准据法调整；二是“无遗嘱继承—遗嘱继承”模式，分别规定无遗嘱继承和遗嘱继承冲突规范，将遗嘱内容与遗嘱本身的问题划入同一范畴，或作出功能区分、或统一法律适用。⑦ 两种立法模式都能保证内容的全

---

① 参见杜涛：《〈涉外民事关系法律适用法〉释评》，中国法制出版社 2011 年版，第 230 页。

② 参见李建忠：《论涉外遗嘱法律适用制度的发展趋势——兼论〈涉外民事关系法律适用法〉第 32、33 条的解释与完善》，载《法律科学（西北政法大学学报）》2014 年第 1 期。

③ 参见郭明瑞、房绍坤：《继承法》（第 2 版），法律出版社 2004 年版，第 150 ~ 152 页。

④ 参见李双元、欧福永主编：《国际私法》（第 4 版），北京大学出版社 2015 年版，第 340 页。

⑤ 参见万鄂湘主编：《〈中华人民共和国涉外民事关系法律适用法〉条文理解与适用》，中国法制出版社 2011 年版，第 245 页。

⑥ 参见杜新丽、宣增益主编：《国际私法》，中国政法大学出版社 2017 年版，第 164 页；向在胜：《海峡两岸涉外继承法律适用法之比较研究》，载《台湾研究集刊》2012 年第 5 期。

⑦ 参见李建忠：《论涉外遗嘱法律适用制度的发展趋势——兼论〈涉外民事关系法律适用法〉第 32、33 条的解释与完善》，载《法律科学（西北政法大学学报）》2014 年第 1 期。

面、逻辑的周延。《法律适用法》看似区分法定继承和遗嘱继承,更像“无遗嘱继承—遗嘱继承”模式,但由于在遗嘱继承部分作出功能区分时法条表述模糊,实际效果要么是将法定继承与遗嘱并立,遗漏遗嘱继承部分,要么是将不同性质的遗嘱和遗嘱继承均由一条冲突规范调整,过于笼统,严格意义上不能属于上述任何一种立法模式。

纵览全球立法,“继承—遗嘱”模式的采纳已成广泛趋势,主要国际条约和多数国家普遍选用“继承—遗嘱”模式构建涉外继承法律适用体系。1988 年海牙《死者遗产继承法律适用公约》第 3 条概括规定了继承的冲突规范,2012 年欧盟第 650 号条例(以下简称《欧盟继承条例》)先整体规定继承事项法律适用的一般规则并明确其调整范围,再单独确定遗嘱形式的法律适用,未刻意区分“无遗嘱继承”和“遗嘱继承”。① 只有少数国家仍采用“无遗嘱继承—遗嘱继承”模式,主要为英国和美国,这与其法律传统息息相关。笔者建议,我国可借鉴“继承—遗嘱”模式修改完善《法律适用法》。首先,遗嘱继承是继承的形式之一,“根据遗嘱为何种行为”本就是继承要面临的问题,遗嘱继承与继承不应也无须割裂对待。其次,“无遗嘱继承—遗嘱继承”模式多为判例法国家采用,以经验与实践的法律传统为导向,不符合中国作为成文法国家的实际情况。再次,即便我国《民法典》继承编采用一般规定(总则)、法定继承、遗嘱继承和遗赠的结构,其在立法内容上仍然呈现的是继承和遗嘱二元并立的布局,“继承—遗嘱”模式直接对应于我国继承实体法体例,避免了冲突法与实体法的不一致。最后,“继承—遗嘱”模式立法理念先进、立法技术科学、立法结构精简、立法逻辑缜密,能够解决司法适用混乱问题。

具体就法条设置而言,可以将《法律适用法》第 31 条法定继承的冲突规范扩展到整个继承范围,第 32 条保持不变,推翻第 33 条遗嘱效力的冲突规范,增加遗嘱能力、遗嘱解释、遗嘱变更和撤销的法律适用规则。包含遗嘱内容在内的遗嘱继承其他有关事项由第 31 条继承的冲突规范全部囊括调整,从而以精简的条文构建逻辑完整严密的涉外遗嘱继承法律适用体系。

(二)正确认定涉外因素

涉外遗嘱继承纠纷与涉外合同、侵权等纠纷差异显著。涉外合同、侵权纠纷诉讼当事人的自身情况能够实质影响案件的法律适用和诉讼结果走向。遗嘱继承的核心在于遗嘱,而订立遗嘱的是遗嘱人不是继承人,但是遗嘱人并不作为也无法作

---

① 参见赵师权:《论欧盟继承法律适用条例与我国继承准据法的完善》,载《北京化工大学学报(社会科学版)》2015 年第 1 期。

为当事人参与诉讼过程,实际作为当事人参与诉讼的继承人不能左右或影响准据法的选择,与案件审理结果关系不大甚至没有关系。因而,若判断遗嘱继承案件的涉外因素时仍然还像合同、侵权等纠纷一样,一味地只考虑作为继承人的诉讼当事人的国籍、经常居所地等因素而忽略遗嘱人及遗嘱订立情况难免会出现差池。

我国立法一贯以法律关系要素说界定民事关系的涉外性,①大部分国际私法著作或教科书亦均按照法律关系要素说介绍涉外民事关系。这主要源于苏联学者隆茨的观点,②但这种学说已然不能完全包含实践中复杂多变的涉外民事关系情形,③当下更需要从涉外因素的核心内涵层面把握问题本质。需要注意的是,并非民事关系中所有涉及外法域的内容都能构成国际私法意义上的涉外因素,国际私法的涉外因素必须能够导致两个或两个以上法域产生法律利益的冲突,④只有对法律适用、准据法确定有实质影响的涉外因素才是真正的涉外因素,故而从某种程度上可以将涉外因素理解为涉及外国法适用的因素,即有学者提出的"有效涉外因素"概念。⑤ 着眼于司法实践,不能抽象地谈哪些属于涉外民事关系,而是要把具体的涉外民事关系类型与其法律适用联系在一起。⑥ 涉外遗嘱继承中,作为继承人的诉讼当事人是外国公民或其经常居所地在国外等类似条件对准据法确定不产生实质影响,也就不属于真正的涉外因素。

在结合特定类型民事关系的法律适用确定其涉外因素时,可以将传统系属公式设计的连结点作为认定涉外因素简单直观、可操作性强的参考。虽然连结点涉外通常能够实质影响法律适用,但考虑到现实情形纷繁复杂,不好完全一概而论,实践中还是应当具体分析、综合研判。根据我国《法律适用法》第 32 条和第 33 条的规定,以及遗嘱继承传统系属公式的连结点,一般来说遗嘱继承的涉外因素应当考察遗嘱人的国籍、经常居所地、遗嘱行为地、遗产所在地等。

---

① 除上述《司法解释(一)》第 1 条外,还有 1985 年《中华人民共和国涉外经济合同法》(已失效)第 2 条、1988 年《最高人民法院关于贯彻执行〈中华人民共和国民法通则〉若干问题的意见(试行)》(已失效)第 178 条、1992 年《最高人民法院关于适用〈中华人民共和国民事诉讼法〉若干问题的意见》(已失效)第 304 条、2022 年《最高人民法院关于适用〈中华人民共和国民事诉讼法〉的解释》第 520 条。

② 参见齐宸:《涉外民事关系的界定与思考》,载《清华法学》2017 年第 2 期。

③ 参见王小骄:《对涉外民事关系"涉外性"界定的再思考——兼议〈《涉外民事关系法律适用法》若干问题解释(一)〉第一条的完善》,载《新疆大学学报(哲学·人文社会科学版)》2013 年第 4 期。

④ 参见方杰:《涉外因素内涵和选择路径研究》,载黄进、肖永平、刘仁山主编:《中国国际私法与比较法年刊》第 19 卷,法律出版社 2017 年版。

⑤ 参见张晓东、董金鑫:《试论国际私法涉外标准之认定》,载《时代法学》2010 年第 1 期。

⑥ 参见王胜明:《涉外民事关系法律适用法若干争议问题》,载《法学研究》2012 年第 2 期。

按照上文的涉外因素判断方式,根据裁判文书内容,114 份裁判文书中只有 59 份可以确定涉及涉外民事关系,①占全部文书的 51.8% 左右。涉外因素认定不当问题较为突出,亟须改正。

表 3 是能够确定属于涉外案件的 59 份裁判文书之法律适用情况。不言而喻,此时法院地法主义色彩已经不再像表 1 中所表现的那么强烈。59 份裁判文书中只适用中国法的有 27 份,占比 45.7% 左右,没有达到一半。如果加上其一适用了中国法的 8 份裁判文书,则一共有 35 份裁判文书含有中国法的适用,占比 59.3% 左右,远远低于 78.9%。只适用外国法的有 24 份。显而易见,适用中国法和外国法的裁判文书数量相差不多。在对法律适用毫无影响的"涉外因素"促成下,法院只能适用中国法,自然产生准据法为法院地法所占比重较大的结果。

表 3 真正涉外裁判文书的法律适用

单位:份

年份	只适用中国法	只适用外国法	同时适用中国法和外国法	合计
2013	0	2	0	2
2014	2	1	0	3
2015	3	2	0	5
2016	1	1	0	2
2017	3	0	3	6
2018	5	5	3	13
2019	7	7	1	15
2020	6	5	1	12
2021	0	1	0	1
合计	27	24	8	59

(三)尊重遗嘱人意思自治

法院应当厘清《法律适用法》第 3 条与其他条文之间的关系,充分理解该意思自治条文的本意,不能随意地援用法条确定准据法。尽管《法律适用法》第 3 条确立了意思自治在整部法律中的基础性和统领性地位,但从条文具体表述来看,其仅仅是

① 有一些裁判文书的信息并不全面,此处统计的只是依照裁判文书法院认定事实和本院认为部分的内容能够确定含有涉外因素的裁判文书,数据可能与真实情况并不完全相符。

宣示性条款,并无实际意义,本质内涵在于法律规定当事人可以选择法律时才能选择,没有法律依据的选法行为无效。[①] 究竟能否适用意思自治还是受制于分则部分具体法律关系冲突规范的内容,《司法解释(一)》第4条也明确了这一点。

《法律适用法》中能够适用意思自治的条文一般都有"当事人可以协议选择"类似的字眼,如《法律适用法》第37条"当事人可以协议选择动产物权适用的法律"、第41条"当事人可以协议选择合同适用的法律"、第44条"侵权行为发生后,当事人协议选择适用法律的,按照其协议"等。反观《法律适用法》第32条和第33条,它们没有类似上述条文允许当事人协议选择法律的表述。也就是说,涉外遗嘱继承中没有意思自治适用的空间和余地,法院以诉讼当事人选择的法律为准据法于法无据,理应归属于无效。在立法有明确规定且不包含意思自治内容的情形下,涉外遗嘱继承法律适用只能严格依照《法律适用法》第32条和第33条的规定,不能任意适用意思自治由诉讼当事人选择法律。

不过无可否认的是,遗嘱继承制度的核心理念始终在于遗嘱自由。本质上遗嘱也是一种意思表示,订立遗嘱行为本身就是遗嘱人自由处分财产的体现。映射到冲突法中,倘若不赋予遗嘱人选择法律的权利,那么实体法的遗嘱自由实现效果也会大打折扣,所以涉外遗嘱继承中意思自治并非毫无适用可能。实际上,一些国家和国际条约关于遗嘱继承的冲突规范都能看到意思自治的身影,但并不是由作为继承人的诉讼当事人选择法律,而是由被继承人选择法律,表现为借鉴有限制的意思自治,允许被继承人生前通过遗嘱或继承协议等方式选择特定范围内的准据法,[②]既保障了遗嘱自由的实现,又限制了权利滥用之可能。例如,1988年海牙《死者遗产继承法律适用公约》[③]、2012年《欧盟继承条例》[④]、2002年摩尔多瓦共和国《民法典》、2017年瑞士《关于国际私法的联邦法》等。[⑤] 中国涉外遗嘱继承冲突规范尚未有允

---

① 参见高晓力:《〈关于适用涉外民事关系法律适用法若干问题的解释(一)〉的理解与适用》,载《人民司法(应用)》2013年第3期。

② 参见陈卫佐:《欧盟国际私法的最新发展——关于遗产继承的〈罗马Ⅳ规则〉评析》,载《国际法研究》2015年第2期。

③ HCCH, Convention on the Law Applicable to Succession to the Estates of Deceased Persons, Art. 5(1).

④ EU, Regulation (EU) No. 650/2012 of the European Parliament and of the Council of 4 July 2012 on jurisdiction, applicable law, recognition and enforcement of decisions and acceptance and enforcement of authentic instruments in matters of succession and on the creation of a European Certificate of Succession, Art. 22 (1).

⑤ 参见邹国勇译注:《外国国际私法立法选译》,武汉大学出版社2017年版,第66、395页。

许遗嘱人选择准据法的规定,但司法实践中已有突破性体现。在李某1等与李某2等继承纠纷案中,法院表示,遗嘱人李某3在遗嘱中明确其居籍为中国香港特别行政区,且希望该遗嘱按香港特别行政区法律解释,故认定遗嘱效力应适用香港特别行政区法律。① 在张某与李某乙等继承纠纷案中,一审法院认为遗嘱人李某生前在中国香港特别行政区经律师见证立下书面遗嘱,该遗嘱根据香港特别行政区法律处理,李某死亡后,该遗嘱经香港特别行政区高等法院认证,符合香港特别行政区法律规定为有效遗嘱。② 尽管缺乏明确的法律依据,但考虑到遗嘱是反映遗嘱人生前自主意愿的单方法律行为,遗嘱继承也是依照遗嘱变动遗产物权的自然结果,遗嘱继承中遗嘱人的意思自治在所难免,遗嘱人选择遗嘱继承准据法是遗嘱自由应有之义。姑且不论我国涉外遗嘱继承冲突规范是否应当引入意思自治以及如何采纳意思自治,司法实践中理应秉持尊重遗嘱人自由意志之理念,当遗嘱人在遗嘱中明确选择法律时,在不违背公共政策和法律强制性规定的前提下,以遗嘱人选择的法律作为准据法,最大限度地保护遗嘱人的个人意愿。

(四)准确适用法律

《法律适用法》第32条和第33条的内容差异决定了二者的法律适用过程不同,前者是法官被动选择的冲突规范,后者是法官主动选择的冲突规范。③ 司法实践应当区分二者之差异,准确适用涉外遗嘱继承冲突规范,依据《法律适用法》第32条和第33条各自的条文本意分别确定准据法。

1.《法律适用法》第32条适用要求

《法律适用法》第32条,"遗嘱方式,符合……的,遗嘱均为成立",表明只要遗嘱方式符合其中任一连结点指向的准据法便成立,体现了尊重遗嘱人意愿尽量使遗嘱成立的立法目的。于是,当第32条的各连结点指向的准据法不同时,法官应逐一考察各连结点指向的准据法判断遗嘱是否成立,直到成立为止;或者只有当考察完所有准据法,遗嘱方式不符合任一连结点指向的准据法时,才能判断遗嘱不成立。所以在《法律适用法》第32条下法律适用具有很大的灵活性和变通性,无须选择遗嘱方式的某一特定准据法,更没有必须或应当适用某一准据法的说法。

① 参见广东省广州市海珠区人民法院民事判决书,(2018)粤0105民初1460号。

② 参见广东省广州市中级人民法院民事判决书,(2014)穗中法少民终字第161号。

③ 参见肖永平、丁汉韬:《论〈法律适用法〉中无条件选择性冲突规范的适用》,载《法律科学(西北政法大学学报)》2017年第4期。

2.《法律适用法》第33条适用要求

《法律适用法》第33条,“遗嘱效力,适用……法律”,此时法院需要在各连结点指向的不同准据法中主动作出选择,但选择不是任意的,要有选择该准据法而非其他准据法的充分理由。这里实际上赋予了法官较大的自由裁量权,但自由裁量权的行使是有限度的,应当结合案件具体情况作出合理准确的价值判断,所以法官必须阐释原因使法律选择过程透明化。至于在不同准据法中如何选择,则应秉持最密切联系原则理念仔细斟酌,选择与遗嘱人具有最密切联系的连结点所指向的准据法。但也有观点认为,从《法律适用法》的立法背景和立法目的来看,将第33条设置为无条件选择性冲突规范,主要还是为了促进遗嘱实质要件的有效性,所以法院实施该条时,要首先考虑适用能够促进遗嘱有效的法律。①

另外,相较于《法律适用法》第33条,第32条多出遗嘱行为地这一连结点,司法实践中不能混同适用这两个条文,更不能省略任何一条,正确做法是依据条文设置的各自内在要求单独适用。因此,即便现有立法表述和条文设置有一定缺陷,但在立法作出修改之前,涉外遗嘱继承仍然要分别依据《法律适用法》第32条和第33条准确适用法律。

(五)规范撰写裁判文书

裁判文书是法院审理过程的最佳呈现,也是反馈给诉讼当事人和社会公众司法审判情况的唯一载体,裁判文书的规范撰写至关重要。法院应当遵循《指导意见》的规定,清楚了解并严格遵守涉外遗嘱继承案件裁判文书的规范写作要求,不能随意撰写裁判文书,更不能一笔带过关键部分甚至省略应有程序和步骤,尤其是要重视裁判文书的说理部分。说理部分是裁判文书的精华所在,体现法院审理案件的想法和思路。规范、充分的裁判文书说理是法律稳定性、确定性的应有之义,也有利于回应诉讼当事人的合理关切,让当事人切实感受到公平正义,增强当事人对司法裁判的认同感。②

涉外遗嘱继承案件裁判文书法律适用的“本院认为”部分可以参考下列格式及内容规范撰写:

本院认为,本案遗嘱人×××立遗嘱时/死亡时为外国公民(经常居所

① 参见徐伟功:《〈涉外民事关系法律适用法〉实施研究》,法律出版社2019年版,第333~334页。

② 参见章光园:《多维主体视角下裁判文书释法说理的意义阐释》,载《人民法院报》2020年1月2日,第8版。

地/遗嘱行为地在国外),根据《最高人民法院关于适用〈中华人民共和国涉外民事关系法律适用法〉若干问题的解释(一)》第一条第五项的规定,本案有关涉外遗嘱继承法律关系。

《中华人民共和国涉外民事关系法律适用法》第三十二条规定:"遗嘱方式,符合遗嘱人立遗嘱时或者死亡时经常居所地法律、国籍国法律或者遗嘱行为地法律的,遗嘱均为成立。"本案遗嘱人×××立遗嘱时/死亡时的经常居所地为A国,国籍国为B国,遗嘱行为地为C国,所以应当逐一考察A国、B国、C国法律,判断涉案遗嘱是否符合前述法律规定的遗嘱方式。

……

《中华人民共和国涉外民事关系法律适用法》第三十三条规定:"遗嘱效力,适用遗嘱人立遗嘱时或者死亡时经常居所地法律或者国籍国法律。"本案遗嘱人×××立遗嘱时和死亡时的经常居所地为D国,其遗产所在地也为D国(阐释选择该连结点所指向准据法的充分理由),故本案有关遗嘱效力的问题适用D国法律。

……

四、结语

最有效的法律是不断根据法律运作的实际效果调整自身的法律。① 司法大数据时代的到来和裁判文书公开上网制度的逐步建立健全,提供了涉外遗嘱继承法律适用实证研究的良好基础和条件。虽然《法律适用法》的颁布和实施一定程度上解决了我国涉外遗嘱继承法律适用无法可依的局面,但仍然存在立法表述模糊、逻辑不周延、法律规定宽泛的问题,给司法实践中的法律适用造成不便。同时,实践中理解涉外因素等国际私法概念不足、解决涉外遗嘱继承案件能力欠缺、写作裁判文书内容随意,导致涉外遗嘱继承法律适用司法实践出现不当认定涉外因素、不当适用法律、裁判文书说理不充分等问题。对此,立法方面应当构建"继承—遗嘱"模式下的涉外遗嘱继承法律适用体系,司法方面应当正确识别涉外因素、尊重遗嘱人意思自治、准确适用法律、规范撰写裁判文书。

① 参见白建军:《论法律实证分析》,载《中国法学》2000年第4期。

涉外婚姻家庭法律适用中的意思自治与弱者保护考辨*

梅　傲**　李淮俊***

涉外婚姻家庭关系既建构于民事主体基于平等地位所享有的意思自治因素，又受限于亲缘关系出于不平等家庭地位所寻求的弱者保护倾向。意思自治和弱者保护之间的价值取向不同，但共同调整涉外婚姻家庭领域。意思自治尊重了私权自治的理念，弱者保护又限制了意思自治的适用，实现着实质正义的功能。通过在立法规制与司法适用层面落实有限制的意思自治，对弱势家庭成员的倾斜保护有利于避免家庭成员间意志自由的不平等，从而防止意思自治反噬婚姻自由与家庭秩序，最终实现涉外婚姻家庭纠纷的合理解决。

一、引言

涉外婚姻家庭关系冲突规范的特点，由其调整对象即婚姻家庭关系的特点所决定。涉外婚姻家庭关系包括夫妻双方之间的婚姻关系与家庭成员多方之间的家庭关系，涵括夫妻人身及财产关系、父母子女关系、收养关系、扶养关系、监护关系等。相较一般民事法律关系，婚姻家庭关系并非建构于商事合作或财产利益，而往往依附亲缘关系的客观存在。① 这里所说的亲缘关系不局限于血缘关系，还包含了因婚姻、收养等客观事实形成的使得当事人之间的情感紧密相连的关系。血缘相关性和情感相关性构成婚姻家庭关系的两大重要特点，塑造了涉外婚姻家庭领域的私人性

---

* 本文系笔者主持的教育部哲学社会科学研究后期资助项目“我国《涉外民事关系法律适用法》实施研究”（项目编号：20JHQ073）的阶段性研究成果。

** 西南政法大学国际法学院副教授，国际私法教研室主任。

*** 西南政法大学争端解决国际竞争力研究中心助理研究员。

① 参见许尚豪：《让个体回归家庭——家事程序的非司法路径研究》，载《政治与法律》2018年第11期。

要素与主观性要素,深刻影响着涉外婚姻家庭法律关系的行为规范,影响着涉外婚姻家庭领域中公平正义的内在属性。正如下文论述,这种私人性与主观性导致涉外婚姻家庭领域对弱者的保护并不能仅仅通过立法对一社会群体采取大范围保护,而需要司法实践在个案中实现完善的具体分析,以追求对弱者的倾斜性特别保护。

《中华人民共和国涉外民事关系法律适用法》(以下简称《法律适用法》)中,调整涉外结婚的条件与手续、夫妻财产关系、父母子女关系、收养、扶养关系等大多为属人法的冲突规范。综观全球,各个国家与地区调整涉外婚姻家庭关系的实体法差异较大。比较各国关于法定婚龄、离婚要件等规定之异同,可以发现涉外婚姻家庭领域的立法差异往往源于各国不同的社会与文化环境,而不可简单归咎于各国立法技术之参差有别。在涉外婚姻家庭领域中,一国冲突规范不能仅依凭立法管辖,试图通过规范家庭秩序以维护公视角下的公平正义,还需要理解当事人的个人情感与自由意志,足够尊重私视角下的家庭伦理。目前,继续坚持当事人意思自治与不断加强弱者利益保护依旧是我国涉外婚姻家庭立法主旨的一体两面,如何平衡对当事人情感与意志的尊重程度以及对弱势当事人利益的保护力度成为涉外婚姻家庭法律适用面临的现实难题。

二、意思自治与弱者保护的双向关系

(一)意思自治与弱者保护的相对独立性

1. 涉外婚姻家庭关系的意思自治

(1)意思自治原则是贯穿国际私法的重要理论基础

自杜摩兰提出意思自治以来,意思自治原则率先在合同领域发展起来。冲突规范的意思自治原则的理论起点可以追溯到实体民事法的“自治”理论。[①] 在民事关系方面,当事人是其个人利益的最佳判断者,对自身的经济状况、社会处境、价值偏好、与对方的关系等最为熟悉。因此,在解决民事法律冲突时,意思自治原则具有明显优势。[②] 随着思想观念的发展与学术理论的深化,意思自治原则从合同领域逐渐向婚姻、继承、物权以及侵权等领域渗透,并逐渐在整个国际私法领域得到最终确立。[③] 涉外婚姻家庭关系囊括了私法财产关系,如夫妻财产关系,财产关系作为应当

---

① 参见宋晓:《国际私法与民法典的分与合》,载《法学研究》2017 年第 1 期。

② 参见林萌:《涉外夫妻财产关系中的动态法律冲突与解决路径》,载《武大国际法评论》2021 年第 3 期。

③ 参见齐湘泉:《基本原则与宣示性条款之辩——〈涉外民事关系法律适用法〉第 3 条再解读》,载《清华法学》2018 年第 2 期。

由当事人自由支配的私法关系，当然地受到意思自治原则的调整。因此，涉外婚姻家庭关系作为国际私法的调整对象具备意思自治的基础。

(2)婚姻家庭关系基于意思自治

婚姻家庭关系不同于普通的商事合同关系。一方面，婚姻、抚养、收养、监护等法律关系在法律层面上的成立、变更与消灭无不基于当事人之间在事实层面上的情感沟通与心理选择。这是婚姻家庭领域必须坚持与适用意思自治理论的现实依据。具体而言，婚姻家庭领域内的民事法律关系建构于大量的事实行为与法律事件，诸如赠与等事实行为、生老病死等法律事件乃至恋爱等不受法律规范调整的客观事实。因此，婚姻与家庭从形成伊始就具有强烈的人身属性与个人意志性。① 另一方面，法律在调整这种基于当事人情感亲密连结而形成的法律关系时，应当更为谨慎地兼顾夫妻双方与各家庭成员的情感需求与意思表示，而这正要求意思自治在立法创制与司法裁判层面得到尊重与考量。总言之，婚姻家庭领域的法律关系呈现排斥公权力介入的倾向与取向，对婚姻家庭法律关系的调整注重保护家庭成员的自由意志，也使涉外婚姻家庭领域具有浓厚的自治色彩。

(3)涉外婚姻家庭领域引入意思自治原则具有现实意义

一方面，涉外婚姻家庭领域引入意思自治原则有利于实现准据法的合理选择。涉外婚姻家庭纠纷的解决需要法院依据冲突规范中的系属公式，结合案件事实与法律规范进行逻辑推演，从而寻找出最合适的实体法。按照通说观点，一国承认外国法的域外效力，是其权利而非义务，法院才是第一次法律选择的真正的主体。正是因为进行第一次选择的权利不在当事人手中，法律适用才能体现出其不确定性和风险。② 规定缺乏对意思自治的立法表达，法院选择准据法的过程将不足以对各方当事人的真实意思进行充分评估，也很难依照当事人的自由意志决定如何适用冲突规范。传统的离婚冲突规范的连结点一般为法院地，体现国家的意志而没有给当事人选择的空间。③ 但是婚姻关系作为一种身份关系，其本身带有丰富的主观色彩以及情感因素，个案与个案之间存在较大的差异性，因此将意思自治原则引入婚姻家庭领域有利于尊重夫妻之间的自由意志。④

---

① 参见赵万一：《婚姻家庭法与民法典关系之我见——兼论婚姻家庭法在我国民法典中的实现》，载《法学杂志》2016 年第 9 期。

② 参见[荷兰]汉斯·范鲁：《全球视角中的国际私法》，张美榕译，载《国际法研究》2017 年第 6 期。

③ 参见沈涓：《法院地法的纵与限——兼论中国国际私法的态度》，载《清华法学》2013 年第 4 期。

④ 参见冉克平：《论意思自治在亲属身份行为中的表达及其维度》，载《比较法研究》2020 年第 6 期。

另一方面,涉外婚姻家庭领域的准据法选择引入意思自治原则有利于纠纷的快速解决。允许当事人一定的意思自治空间,能够减轻法院一定的诉讼负担,当事人若愿意就法律选择问题达成一致,也容易在实体问题的解决上达成一致意见,从而提高办案的速度。此外,意思自治的引入有利于提高法律适用的灵活程度与可预见性。虽然我国《法律适用法》对婚姻家庭领域的意思自治选法范围作了一定的限制,但总体扩大了域外法的适用空间,增强了法律适用的灵活性。同时,涉外婚姻的当事人极有可能并不熟悉法院地的司法环境以及有关法律法规,允许双方当事人选择其更为熟悉的属人法,能使得当事人更好地对案情走向和判决结果作出预判。

2. 家庭成员内部的弱者保护

(1)涉外婚姻家庭领域的弱者保护的理论脉络

弱者保护理念的兴起具有渐进性。传统国际私法以法律关系本座说为主流,强调冲突规范的确定性与可预见性,追求法院处理涉外民商事案件过程中的司法活动的形式合理与形式正义。经过美国冲突法革命的洗礼后,国际私法开始追求实质正义,强调涉外民商事案件的结果正义,并为此提出要加强冲突规范的灵活性。[①] 弱者保护原则在现代国际私法的背景下萌芽并不断发展,成为涉外婚姻家庭法律关系不可规避的重要法律原则之一。

弱者,是指在涉外民商事法律关系中,在某种层面上处于不利地位的一方当事人。[②] 不利地位体现在多方面:第一,经济层面上的不利。例如,监护人对被监护人的财产具有控制权,被监护人的生活自主权也往往受到监护人的实际影响;失去就业机会的家庭主妇对夫妻共同财产的控制权也很可能大打折扣。这种财产差距与经济压迫在离婚、监护等涉外婚姻家事案件中可能具体体现为:离婚案件中,强势一方当事人凭借财富实力变更夫妻主要共同财产所在地;监护案件中,监护人依据自身社会资源优势与更完整的民事行为能力选择有利于自己的准据法,最终导致当事人的正当利益受到直接损害。总言之,民商事关系中,在法律层面与事实层面享有经济优势的一方更有动力与条件依托该优势向另一方施压,造成双方当事人地位不平等。第二,社会层面上的不利。强势一方拥有较高的社会地位以及社会资源获取能力,家庭生活地位与社会地位的不平衡容易造成当事人之间的信息不对称与话语权实际受阻,弱势一方则处于不利地位。第三,身体素质层面上的不利。被扶养人

---

① Symeon C. Symeonides, *Codifying Choice of Law Around the World: An International Comparative Analysis*, Oxford University Press, 2014, p. 246.

② 参见梅傲:《“人本说”:国际私法一种新学说》,载《现代法学》2015 年第 2 期。

相比起扶养人、被监护人相比起监护人而言,因为年龄、健康、精神状态等一系列问题,其无法在社会上独立生存,需要有相当能力的人对其进行扶养与监护,因此被扶养人和被监护人在社会生存条件上天然处于不利地位。第四,精神层面上的不利。在情感上弱势一方依赖于强势的一方,弱势方容易遭受强势方的情感操控和摆布。

(2)涉外婚姻家庭领域的弱者保护的现实依据

我国《法律适用法》在父母子女人身、扶养以及监护等方面,将弱者利益保护因素纳入对连结点的设置中,充分体现了我国对弱者利益保护原则背后的公平正义价值的追求。[①] 增加弱者利益保护的理念,彰显着我国国际私法从实现冲突正义向实现实体正义转化的趋势,体现了我国冲突法的立法发展。

(二)意思自治与弱者保护的相互协同性

1. 意思自治与弱者保护的关系

在涉外婚姻家庭领域,对弱者利益的保护范围应当属于当事人能够达成合意一致的自治范围。一方面,若我们以当事人基于意思自治能够选择的准据法范围标记为①,将冲突规范基于弱者保护原理而为弱势一方提供的准据法范围标记为②,则二者关系如图1所示,②内含于①,呈现包括与被包括的关系。另一方面,在弱者权益保护的背景下探讨意思自治,不难得出意思自治与弱者保护具有对立的一面。即如果在准据法的选择中完全放任当事人双方进行准据法选择,则弱势当事人由于受到强势当事人的压迫,其实体利益将受到减损。反之亦然,若法院不断加大对弱势当事人利益的考量与保护,则强势一方当事人的实体利益将受到减损,而弱势当事人的实体利益将得到实现。

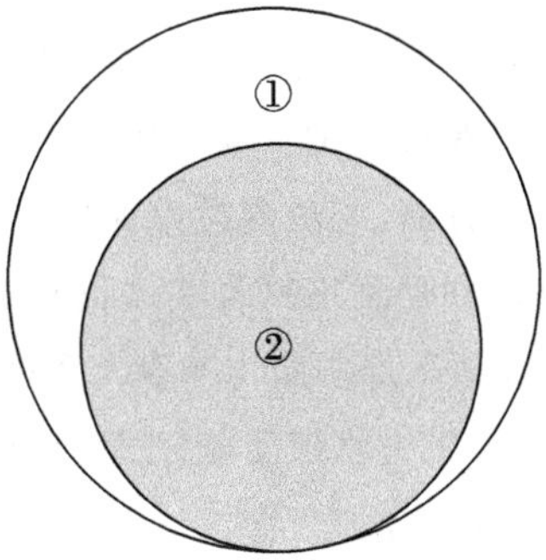

图1

① 参见翁洋:《"有利于"类型冲突规范的适用模式及其论证方法》,载《法律科学(西北政法大学学报)》2021年第4期。

接下来,若我们以 x 轴表示法院对弱者的实体利益保护力度,以 y 轴表示在完全意思自治前提下当事人实体利益的受保护程度,则如图 2 所示,弱势当事人的实体利益与法院对弱者的实体利益保护力度呈现正相关,强势当事人的实体利益与法院对弱者实体利益的保护力度呈现负相关。假设 $f_1(x)$ 与 $f_2(x)$ 的交点为(x, y),则处在(x, y)时,涉案当事人的权利义务关系得到合理分配,符合实质正义。

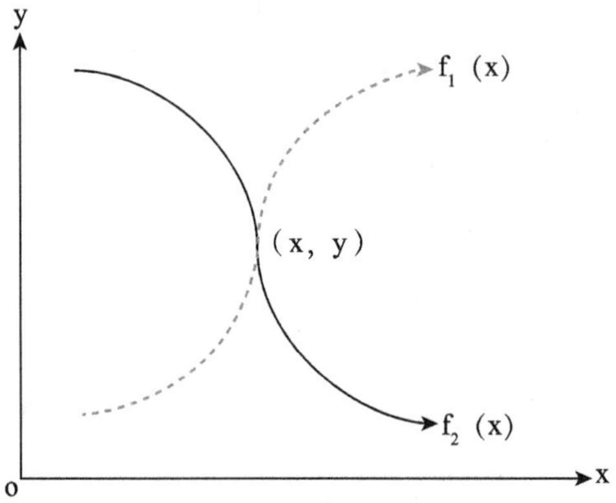

图 2

在一个案件中,若所适用的冲突规范提供了多个可供选择的准据法,则可能出现以下几种情形:第一种情形,只有一个准据法有利于弱者利益保护,此时法院应当适用该准据法;第二种情形,各个可供选择的准据法都有利于保护弱者利益,此时,法院是否应当依职权主动对各个准据法对弱者利益的保护程度进行调查值得探讨。一方面,如何选择最有利于自身利益的法律属于当事人的处分权。① 诚然,国际私法保护弱者的正当利益不受强势一方侵犯,但也要防止对弱者保护原则的秉持演变为本应处于中立立场的法院出于弱者保护主动为弱势一方提供诉讼策略或代替弱势一方进行诉讼效益抉择。另一方面,若法院过度保护弱者权益,则原本强势一方当事人的实体权益将经由司法裁判受到不符合实体正义要求的不当减损。在这种情况下,法院依据弱者保护原则,改变原本应由当事人意思自治决定的准据法选择,径自选择适用准据法,也存在弱者保护原则反噬意思自治原则的可能。

2. 有限制的意思自治:二者融合的产物

(1)意思自治与弱者保护二者关系的重申

意思自治与弱者保护的二元论要求我们在法律创制与法律适用过程中把握二

① 参见梅傲:《论涉外法律适用的风险防控》,载《河北法学》2021 年第 5 期。

者的层次性与整体性。一方面,如前文所述,意思自治是结婚、离婚等婚姻制度的基石,是抚养、收养、监护等家庭关系的基本要素。弱者保护原则应当是对意思自治原则的矫正与修补而非相反。意思自治原则应当是涉外婚姻家庭法律关系的首要原则,弱者保护原则归根结底应当属于一种补充原则。另一方面,当需对弱者进行特殊或倾斜性保护时,冲突规范应当发挥弱者保护原则的效用。① 弱者保护原则的这种补充性与意思自治原则的强行性并不冲突。因为前者是就其适用位阶而言,而后者是针对其效力强度来讲的。实际中,在凭由当事人意思自治的范畴内进行弱者利益保护的考量,对当事人的自由意志造成了局部的效能性减损后果。

首先,意思自治与弱者保护的运行具有层级性。就准据法形式层面的选择而言,法院难以反向排除涉外婚姻家庭当事人的意思自治瑕疵。当事人之间通过对比关系与衡量情感选择准据法,法院却无法对此进行具象化说明,也就难以认定当事人是否基于地位实力差异而作出不公正选择。值得强调的是,法院基于当事人地位差异从而认定意思自治存在瑕疵,并不等于法院直接依据弱者保护原则径自选择有利于保护弱者的准据法。涉外婚姻家庭案件中的准据法选择首先应当尊重当事人的意思自治。法院应当尊重当事人意思自治在准据法选择中的基础地位,准据法选择中的意思自治的优先性与强行性由此得到了体现。只有在意思自治存在或可能存在瑕疵时,法院才应当依据有利于保护弱者利益的基本原则进行冲突规范的适用。另言之,法院难以直接反向排除意思自治的选法效果,并不等于法院难以依据弱者保护原则决定连结点与准据法。这体现了准据法选择中弱者保护原则适用的次后性与补充性。

其次,对弱者保护原则的抽象说理天然缺乏具体规范的有效规制。婚姻家庭自形成伊始就蕴含法律所不能顾及也难以计量的情感连接与心理因素。作为一种客观事实,这种当事人的外在主体选择和内部主观因素建立了受到冲突法规制的涉外婚姻家庭关系,冲突规范却难以在事实层面进行深入挖掘与探究。

最后,从法院选法角度来看,法院难以对包括成员关系与财产状况在内的涉外婚姻与家庭内部一窥究竟。比如,夫妻共同财产关系中,双方对特定财产的情感投射与使用情况将影响法院对主要财产的认定标准;夫妻共同生活中的投入与付出直接影响法院对当事人弱势地位的认定与弱势一方保护范围的认定,而这种投入与付

---

① See Andrea Slane, *Tales, Techs, and Territories: Private International Law, Globalization, and the Legal Construction of Border Lessness on the Internet*, Law and Contemporary Problems 71, 2008 p. 129 - 151.

出相比又具有较强主观性,加大了法院对个案利益平衡的把握难度。值得一提的是,对准据法基于弱者保护考量的实质性审查劣后于当事人基于自身利益的意思自治,可以赋予司法实践更多容错率与准确率,使得法院在实务中有机会先听取当事人意见,再认定弱势地位与弱者利益要素,为法院对准据法的最终选择提供更为可靠的主客观标准与初步依据,有利于法院统筹考虑选择符合实质正义的准据法。因此,涉外婚姻家庭领域的司法实践难题为意思自治的优先性提供了说理空间。

(2)有限制的意思自治的立意探讨

以我国《法律适用法》为例,有限制的意思自治的具体落实,体现在冲突规范对连结点与系属公式的选取上。在我国,涉外婚姻家庭领域的意思自治主要集中在《法律适用法》中的两个法条——第 24 条与第 26 条。第 24 条是关于夫妻财产分配的冲突规范,规定当事人可以协议选择适用一方当事人经常居所地法律、国籍国法律或者主要财产所在地法律,第 26 条是关于协议离婚的冲突规范,规定当事人可以协议选择一方当事人经常居所地法律或者国籍国法律。《法律适用法》将涉外婚姻冲突规范与一般涉外合同冲突规范的连结点区分开来,将婚姻领域的意思自治大多限制在属人法的连结点中。涉外合同领域的意思自治更为开放和自由,准据法选择并不要求该法与该合同有实际联系。而涉外婚姻领域的法律关系则建立在夫妻人身关系之上,婚姻生活与夫妻财产具有特殊的人身属性与伦理属性。多数国家都会将婚姻家庭领域的连结点限制在属人法的框架之内,这颇有与实际联系原则相结合的意味。在婚姻领域,因涉及夫妻相关的各个层面的问题,当事人容易利用选法规则选取对自己最有利的法律,规避损害自己利益的法律,对意思自治原则加以限制其实是为了保障双方的利益,更为有效地实现意思自治原则。

我国在涉外婚姻家庭领域引入意思自治的做法符合国际立法潮流,是对我国涉外婚姻家庭领域的冲突规范的改良。① 这不仅克服了传统婚姻领域冲突规范的僵硬性,而且有利于实现涉外婚姻家庭领域法律适用的可预见性和一致性,有效补充了我国涉外婚姻家庭的法律适用框架。此外,我国《法律适用法》在具体条文的设置上也体现了创新的一面,如在夫妻财产关系的冲突规范中将“主要财产所在地法律”列为选择的范围之一,即在一个身份特征强烈的法律关系中存在一个物之所在地法的法律选项。在这种具有身份属性的财产法律关系的法律适用设置上,将属人法以及物之所在地法进行并列,似乎有意兼顾意思自治原则在此处适用的财产性和人

① 参见张玲:《我国婚姻家庭冲突法立法的新发展》,载《湖南大学学报(社会科学版)》2012 年第 3 期。

身性。

与此同时,有限制的意思自治在夫妻共同财产涉及第三人利益的情形下还具有相对优势。[①] 民事领域中的物权变动十分常见,夫妻共同财产上的权利瑕疵往往也难以避免。最常见的便是在涉外民间借贷案件中,夫妻共同财产常常会被债权人认为属于债务人的财产而面临被司法处分的境遇,不同国家与地区的法律对夫妻共同财产的认定存在较大区别。若某一国家或地区的法律采用区分制,认为夫妻之间的财产不共有,而属于双方各自所有,那么债权人的债权就可能得不到完全实现,当事人也有可能协议利用该冲突规范以避免自己的财产被执行;若夫妻一方为债务人,夫妻为了躲避债务也可能对夫妻财产作出事先约定。要求第三人知晓夫妻之间关于财产的所有约定是非常困难的,在实践中也难以实现。因此,将涉外婚姻家庭领域的意思自治限制在一定的范围内,一方面可以提高准据法选择的可预见性,第三人可以预先对夫妻共同财产分配可能出现的情况作出判断;[②]另一方面也有利于限制夫妻双方通过虚假离婚、恶意诉讼的方式选择对自己有利的法律不当处分夫妻财产、损害第三人合法权益,从而实现具体个案中对实质正义的价值追求。

三、兼顾意思自治与弱者保护所面临的实践问题

(一)意思自治的思考

1. 对主要财产认定标准的思考

主要财产认定标准并未区分主观与客观因素。客观标准是指从财产的种类性质、市场价值、地理位置等角度去判断其是否主要财产。例如,不动产往往比动产更为重要;市场价值大的财产比市场价值小的财产更为重要;位于夫妻共同居所地的财产更为重要等。而主观标准是指从财产的人身意义、情感价值、地理位置等方式去判断其是否为主要财产。例如,曾经的共同居所往往比其余不动产更为重要;某些具有纪念意义价值的财产比其余财产更为重要,又或者由法院根据当事人的主观想法判断哪一财产为主要财产。总言之,对夫妻主要财产的认定在实际审判中并没有统一完善的标准。

2. 对夫妻财产法律适用的可分性的思考

夫妻之间的共同财产数量与种类一般较多,而不同的财产处分有存在适用不同

---

① 参见李贝:《〈民法典〉夫妻债务认定规则中的"合意型共债"——兼论〈民法典〉第1064条的体系解读》,载《交大法学》2021年第1期。

② 参见郭玉军:《涉外民事关系法律适用法中的婚姻家庭法律选择规则》,载《政法论坛》2011年第3期。

准据法的可能性。其一,可以将夫妻共同财产依据财产种类与数量拆分为众多单一的财产关系,则每一个财产的处分都可以根据我国《法律适用法》第25条的规定,由双方当事人达成合意共同选择准据法,分别处理不同的财产,即认为夫妻财产关系在冲突法视野下具有可分性;其二,夫妻财产可以理解为所有财产为统一的不可分的财产关系,所有财产的处分都根据《法律适用法》第25条的规定,由当事人达成准据法选择的合意,所选择的准据法将会统一分配夫妻所有财产,即认为夫妻财产关系在冲突法视野下具有不可分性。

对夫妻财产关系的两种解读各有优劣。若夫妻财产可以分别处理,则每一个财产都能根据双方的共同意愿进行处置和分配,能充分尊重当事人的意思自治,但是倘若夫妻之间财产关系较复杂,则双方需要就多项财产关系达成准据法的合意,这对于感情往往早已破裂的夫妻双方来说颇具难度。若选择了多个国家的准据法,外国法查明的难度也会大大增加,这也增加当事人的诉讼成本,增加法院的审判难度以及司法成本的浪费,不利于息诉。若夫妻财产只能进行统一处理,适用同一个国家或地区的准据法,诉讼效率会得到提升,当事人之间的合意也容易达到,但是夫妻财产的形式多种多样,既有动产,也有不动产,在夫妻财产关系不可分的前提之下,可能会出现当事人恶意选择不动产的准据法的情况,这与我国《法律适用法》第36条关于不动产的规定有所冲突,是对不动产的属地性的挑战。

3. 对主要财产中不动产身份属性与财产属性的思考

我国《法律适用法》将夫妻财产关系的意思自治限制在三个范畴之内:一方经常居所地法、一方国籍国法以及主要财产所在地法。经常居所地法和国籍国法属于属人法,而主要财产所在地法则是物之所在地法。物之所在地法成为意思自治所指向的对象,包含着法理上的冲突与矛盾:夫妻财产几乎都具备动产与不动产的混合形态,不动产天然地具有属地性,而主要财产并未规定必须为不动产,因此夫妻可以选择动产为主要财产。若主要财产所在地与不动产所在地为不同地方,则夫妻财产关系中不动产的准据法就是根据动产所在地而选取的另一个国家或者地区的实体法,此时不动产的属地性与意思自治便产生了冲突。而且,适用物之所在地法支配依附身份关系产生的财产关系,虽意在兼顾夫妻财产关系的身份性和财产性,但在制度安排上却存在矛盾之处。

(二)弱者保护的思考

1. 对认定弱者范围的思考

目前,我国对弱者的认定采取的是部分列举式的认定方法。在《法律适用法》第

29 条以及第 30 条中表明了“被扶养人”及“被监护人”为需要被特殊对待的“弱者”。一方面,《法律适用法》第 25 条中,对于父母子女关系,冲突规范则没有将“弱者”具体化,而是交由法官在具体案件审理中进行判断。另一方面,弱者利益保护原则并未涉及夫妻关系领域,更遑论司法实践中出现的同居关系问题。实际上,夫妻关系是涉外婚姻家庭关系中的重要部分,弱者利益保护理念理应在此类法律关系中发挥实际作用。当下,我国需要针对涉外婚姻制度面临的不平等现象进行符合实际需求的立法规制,对现代婚姻关系中的双方力量对比进行重新审视,以此加强对涉外婚姻关系中弱势一方的保护。

2. 对认定“有利于”标准的思考

我国《法律适用法》对于弱者利益的保护具体体现在“有利于”条款的运用上,即对有利于保护被扶养人或者被监护人权益的相关表述,此外还包括第 25 条对父母子女人身、财产关系的认定的表述。

第一,我国《法律适用法》第 25 条的准据法适用顺序存在争议。根据《法律适用法》第 25 条的设置,只有在没有共同属人法,即没有共同经常居所地的情形下,才适用有利于保护弱者利益的法律,此时共同属人法构成对弱者利益保护原则的限制。共同属人法并不一定是最有利于保护弱者利益的法律,甚至可能是最不利于保护弱者的法律,反倒呈现是最有利于法官进行法律选择的方法。这与弱者利益保护原则的立法初衷有所冲突。

第二,我国的弱者保护采取的是“有利于”的保护方法,而这种“有利于”的方法在司法层面的可操作性不强。① 在对“有利于”的具体认定上,有两种典型做法:第一种是形式上的认定,从实现冲突正义的角度出发,不预先判断适用不同国家或地区实体法得出的判决结果中哪个对弱势一方最有利,仅仅判断如何适用冲突规范对弱者而言最为公平。只要该地与弱者有较强的地域联系便直接认定该地有利于弱者的保护,则法院只需要查明某一地的法律便满足司法操作所需。尤其是当这个较强联系地为中国法时,法院的工作量也将大大减少。第二种是实质上的认定,从实现实体正义的目的出发,在实质层面对弱者的利益进行权衡考量并加以保护。这要求法官找出潜在适用的国家或地区的法律,预先适用这些国家或地区的实体法并分别得出预设的判决结果,再通过对比这些不同的判决结果,寻找出最有利于保护弱者利益的准据法。这使得法官的外国法查明任务非常繁重。以《法律适用法》第 29

① 参见刘晓红:《中国国际私法立法四十年:制度、理念与方向》,载《法学》2018 年第 10 期。

条为例,若当事人的国籍、经常居所地以及主要财产所在地均不在同一个地方,那么法官就需要查明扶养人的国籍国法、扶养人的经常居所地法、被扶养人的经常居所地法、被扶养人的国籍国法以及主要财产所在地法。相较于一个纯粹的国内案件来说,这样的涉外案件所需要的司法资源将会大大增加。不仅如此,对有利于弱者保护的准据法的认定还存在另一难点,即对外国法的适用。① 在英美法系国家,法律规则的形成和适用都建立在大量的判例之上,法官需要对许多案件进行类案分析并总结梳理,才能得出正在审理的案件所应适用的法律规则。我国接近大陆法系,准确查明、正确解读外国法的难度较大,外国法极有可能在我国法院出现适用错误的情形,法官不知道该如何具体适用弱者保护原则。因此,法官倾向于通过对冲突规范趋利避害式地解读,尽量将准据法认定为中国法,利用冲突规范本身大幅度降低案件的审判难度。鉴于此,弱者保护原则并未实际发挥保护弱者的作用,也并未体现有利于保护弱者的理念,反而成为法官适用法院地法的工具。

以胡某与于某等人继承纠纷案为例。② 被继承人于某杰的配偶、儿子、母亲三人法定继承其遗产,加拿大籍胡某不服判决提起上诉。二审法院认为,胡某是否为有扶养关系的继子女是继承的先决问题。接着对准据法进行选择,法院认为案件应当适用我国《法律适用法》第 25 条关于父母子女人身、财产关系的规定,于某杰生前为我国公民,因本案中没有证据显示加拿大法律比中国法律更有利于保护弱者权益,而胡某也是援引《中华人民共和国继承法》(已失效,以下简称《继承法》)主张其与于某杰之间有扶养关系,因此二审法院认为我国《继承法》作为认定胡某与于某杰是否有扶养关系的准据法正确。然而,二审法院的论述存在多处瑕疵。首先,法院最终选择适用《法律适用法》第 25 条明确先决问题为扶养关系。然而,法院对于适用《法律适用法》第 29 条关于涉外扶养关系的冲突规范还是适用第 25 条关于父母子女人身、财产关系的冲突规范的问题并不明确。其次,无论法院适用第 25 条还是第 29 条,都需要对"有利于保护被扶养人权益的法律"作出解释,这就涉及该法院对"有利于保护弱者"条款的具体认定标准和方法。最后,回到案件的焦点,法院并未就加拿大法律和中国法律在结果上作出对比,同时法院采取反向论述的做法,即不寻求最有利于保护被扶养人利益的法律,而仅根据没有证据显示加拿大法律更有利于保护被扶养人,就认为中国法律是属于最有利于保护被扶养人的法律,该做法未

---

① 参见王克玉:《全面开放新格局下外国法查证的国际本位理念与规则再塑》,载《法学评论》2018 年第 1 期。

② 广东省珠海市中级人民法院,(2019)粤 04 民终 878 号。

免过于草率。法院既没有从冲突正义的角度也没有从实质正义的角度以判决结果为导向寻求最有利于保护被扶养人的法律。而且,二审法院提出,一方当事人即胡某援引了中国法律去判断扶养关系是否成立,也可作为决定准据法的参考因素,此做法并不妥当,颇有强行适用中国法的嫌疑。本案很好地说明了司法实践缺乏一个清晰的指引标准引导法官对最有利于保护弱者利益的法律作出判断,反倒让弱者利益保护原则成为法官随意适用法院地法即中国法的工具。

第三,在对"有利于"问题的认定方法上,弱者利益保护原则也时常与最密切联系原则混淆。① 以纪某2与纪某1抚养费纠纷案为例。② 本案中,女方翁某和男方纪某2在珠海市登记离婚,约定于中国香港特区出生的女儿纪某1的抚养权归女方,男方定期支付抚养费。男方拒不支付,女方及女儿提起诉讼,纪某2不服,遂向二审法院提起上诉。二审法院认定本案属于涉港抚养费纠纷并根据《法律适用法》第25条选取案件所适用的准据法。在论证冲突规范的适用层面,二审法院的论述非常简略:"结合纪某2的住所在广东省的事实,一审法院适用我国内地实体法作为审理本案争议的准据法正确"。

首先,二审法院将案件定性为涉港抚养费纠纷,对于应该适用第25条关于父母子女人身、财产关系的冲突规范还是第29条关于涉外扶养关系的冲突规范并无一个明确的定论。其次,即便二审法院正确适用冲突规范,二者都涉及对最有利于保护弱者利益的条款的判断,因此需要参考其对最有利于保护弱者法律的论断。然而,尽管法院援引《法律适用法》第25条,但法院并未就"共同经常居所地法律"以及"有利于保护弱者权益的法律"作出任何判断,而是直接跳过该环节,径自认为纪某2居住在中国内地,从而认定中国内地是其最密切联系地,因此适用最密切联系地法,即中国内地实体法。一方面,从文义解释来看,无论是《法律适用法》第25条还是29条,都没有规定以最密切联系地作为连结点;另一方面,从体系解释来看,二审法院也没有穷尽《法律适用法》第25条的规定,转而适用兜底的最密切联系地法,此种做法并不妥当,有混淆最密切联系原则与弱者保护原则的倾向。

这说明实践中法官经常将对最密切联系地的判断方法与对最有利于保护弱者的判断方法混淆适用,错误地套用对最密切联系地法律的判断方法,机械地判断有利于保护弱者利益的法律,借机利用弱者保护原则适用中国法律。这样的做法不仅与弱者保护原则的设计初衷相违背,同时还有利用弱者保护原则来适用法院地法从

---

① 袁发强:《我国国际私法中弱者保护制度的反思与重构》,载《法商研究》2014年第6期。

② 广东省珠海市中级人民法院,(2019)粤04民终866号。

而躲避外国法查明的嫌疑。

四、统筹意思自治与弱者保护的完善建议

(一)有限制的意思自治原则的立法改良

1. 采取主客观相结合的主要共同财产认定标准

首先,适用以市场价值为指标的客观标准,市场价值占所有共同财产价值主要地位的夫妻共同财产可以认定为主要财产。由此,避免法院依据与夫妻共同财产无任何实际联系的准据法对该财产的支配作出裁判,并有利于最终判决在该国的承认与执行。

其次,结合以情感因素为导向的主观标准予以判断,如衡量该财产对特定当事人的纪念意义、精神寄托等情感程度连结程度;该财产是否曾经为家庭主要生活场所;当事人对该财产的看法、意见与选择。通过主客观相结合的评估方法,通盘考虑主要财产的认定方式,确定主要财产所在地。此外,双方当事人对特定财产的主观情感连接与投射,应由当事人自身定夺,实属当事人意思自治的范畴。法院通过纳入情感因素作为主观认定标准,还可以兼容当事人对主要财产所在地的协议选择效果。

2. 对夫妻共同财产的法律适用采取二分法

夫妻财产中的不动产具有与普通不动产不一样的特征。夫妻共同财产关系是与夫妻之间的身份关系紧密联系的法律关系,受到家庭生活的影响,具有家庭伦理属性和人身关系,因此夫妻财产关系之间的不动产应当首先识别为夫妻财产关系,而不应当识别为不动产从而适用普通不动产的冲突规范。因此,适用分割制与统一制相统一的财产认定法,即不对所有夫妻财产关系进行统一认定,但也不是事无巨细地对每一个夫妻财产所产生的夫妻共同财产关系进行准据法上的单独选择,而是通过财产分割制,先将夫妻共同财产划分为不动产和动产两大类。接着在不动产与动产内部分别适用同一制,根据主客观相结合的认定标准确定不动产与动产的夫妻主要共同财产。综合以上方法,既统筹考虑不动产的属人性与属地性,又可以兼顾夫妻主要财产的身份属性与财产属性。

(二)弱者利益保护原则的立法改良

1. 明确弱者的认定标准

要明确弱者的认定标准,可以先从弱者的法律特征层面去分析。国际私法中的弱者概念其实是较为模糊的。① 在扶养关系和监护关系方面,我国《法律适用法》就

---

① 参见叶竹盛:《寻找“更有利的法”:比较型冲突规范的司法困境及出路》,载《现代法学》2017 年第 5 期。

作出了明确的界定,即被扶养人和被监护人就是通常意义上的“弱者”,这是因为被扶养人和被监护人由于其生理条件等原因,相较于扶养人与监护人天然地处于不利地位中。而在父母子女人身、财产关系中,我国冲突规范并没有明确界定弱者为何方。因为在家庭关系中,弱者并不确定。在通常情况下,妻子和未成年子女因为身体素质、年龄因素、经济收入等原因而处于弱势的地位,但是也存在相较于成年子女或处于强势地位的妻子而言而处于弱势地位的丈夫,因此在父母子女人身、财产关系中,弱者的认定具有更明显的相对性。因此,要明确弱者的认定,就要具体判断弱者在哪一方面处于明确的不利地位,从而利用冲突规范对弱者可能面临的不利或权利减损作出预判或补偿,以减轻或消除这种不利地位对弱者的消极影响。

第一,我国《法律适用法》通过列举式的方法保护弱者利益,所涉弱者范围较小,应当将涉外婚姻关系同样纳入弱者保护的范围。在当今社会,男女双方力量对比需要进行重新审视,以正确对待男女双方的地位。在某些夫妻关系中,要认识到男性也可能处于弱者地位。在现实的夫妻关系以及同居关系中,由于双方当事人付出的精力、个人品性等不同,实际生活中双方可能存在地位不平等的情形,故弱者的地位并不是严格法定的,也不是恒定的。为了实现个案公平,并不能根据性别采取“一刀切”的立法模式。参考各国相关实践,为了平衡夫妻利益,美国法律规定离婚夫妻一方有义务向另一弱势方支付一定金钱以保障相对弱势一方基本生活。德国法律规定了夫妻在离婚时的供养补贴制度,其制度的受益者并不局限于女方,当男性的经济收入水平或者其他方面的确处于相对弱势时,也可受到该规则的保护。该制度的适用范围较为广泛,不仅在符合条件时能够当然适用,而且当适用别国法律无法实现保护弱者利益的目标时,该项规定也可以适用,由此扩大了弱者利益保护的范围。将涉外婚姻关系同样纳入弱者利益保护的范围,把男性也纳入被保护的行列内,实现了对传统观念的突破。因此,弱者保护在涉外婚姻中可能无法列举所有情形,而应该根据个案进行判断。①

第二,扩大“弱者”范围,考虑将弱者保护原则引入夫妻财产关系领域内。家庭责任总体可以划分为经济责任与家事责任,而夫妻双方之间的责任分配在种类、数量、难易程度上很难做到完全对等。一方是家庭收入的主要来源,而另一方是各种家事的具体执行者的情形是普遍的。因此,夫妻双方的经济实力往往出现偏差,夫妻双方的经济地位关系、情感需求关系或生活地位关系不仅各不相同,甚至可能对

① See David P. Stewart, *Private International Law, The Rule of Law, and Economic Development*, Villanova Law Review 56, 2011, p. 607 - 630.

立。因此,在考虑扩大"弱者"的范围时,可以考虑扩大弱者利益保护原则的适用范围,在综合判定弱者归属的情况之下,再考虑适用最有利于保护弱者的法律,调整夫妻之间的财产关系,以求保护弱者的基本利益。① 最终这有助于在涉外婚姻家庭关系的各个领域贯彻弱者保护的理念,使得弱者保护理论具备相对完善的体系。

2. 明确"有利于"的认定方法

第一,《法律适用法》的弱者保护理念并不仅仅满足于实现冲突正义之上,而更在于实现对弱者利益的实质保护。最密切联系地的判断可以作为"有利于"的参考因素之一,但并不是唯一因素,毕竟"弱者权益"本身就是一个具有弹性的模糊法律概念。冲突规范在具体案件中开始适用后,法院成为第一个法律选择的主体,即使当事人可以通过自身努力预见特定法院最有可能采取的行为模式,为了使"合理的法"得到实际适用,仍应当由法院去查明最有利于保护弱者利益的准据法。由于对弱者保护的一个重要讨论前提就是当事人中有一方处于弱势地位,因此寄希望于存在地位差异的双方当事人去协议选择最有利于弱者保护的实体法明显不具备可期待性与可操作性。在判断"有利于"的方法之上,应当考虑适用不同法律所得出的不同的判决结果会对弱者造成何种实质影响,在综合考虑各种因素之后才能作出"有利于保护弱者利益"的判断。若涉及父母子女人身、财产关系,可以考虑各方对家庭的付出、能否在社会独立生存、经济差距等情况,辅助判断最有利于保护弱者的准据法。若涉及扶养和监护关系,在考虑扶养人以及监护人的经济状况时,应该综合考虑扶养人与监护人的态度、性格等,在对有利于弱者的因素判断上通盘考虑,以求实现对弱者最合适的保护。德国运用强制性保护规范限制意思自治时,一般会援引有利原则综合考虑,②即法官需对当事人选择的法律与相关强制性规范进行有利比较,更有利于弱者的法律往往得到适用,此种意思自治限制方式为弱者提供了更直接有力的保护。

第二,最密切联系地法律并不必然是最有利于保护弱者的法律。虽然与弱者联系最密切的法律与对弱者的保护具有一定的联系性,但这个联系主要体现在最密切联系地往往表现为法院地,而法官对法院地法的掌握与运用必然是最为到位的,因此在处理具体案件的时候并不容易因为适用法律错误而损害弱者的利益。这仅仅

① 参见徐伟功:《法律选择中的意思自治原则在我国的运用》,载《法学》2013年第9期。

② 参见杜涛:《国际私法国际前沿年度报告(2016—2017)》,载《国际法研究》2018年第3期。

体现了最密切联系原则在冲突正义层面有利于实现弱者保护原则。① 在德国国际私法中，最密切联系原则又被称为例外条款或者纠正条款。出于对意思自治的尊重，德国国际私法规定了当事人选择的准据法不受例外条款的排除。例外条款只在当事人未选择法律时对正常冲突规范中的一般固定连结点进行修正，以便在特定的案件中建立并维护连结点的公正性。② 在弱者保护方面，最密切联系原则作为例外条款，为法院自由裁量提供了依据，在案件情况对弱者极其不利的情况下，法官可以借此例外条款纠正连结点，从而在某种程度上达到保护弱者的目的。由此，对于当事人无法达成意思自治，或意思自治存在明显瑕疵的情形中，我国法院可以预先判断冲突规范是否提供了有利于弱者保护的准据法，若冲突规范所提供的准据法都不利于对弱者权益进行保护，法院则可以径行适用最密切联系原则，以期扩展弱者保护的可能途径。

五、结语

本文通过对涉外婚姻家庭领域中意思自治与弱者保护二者关系的探讨，结合司法实务案例与立法理论指导，分析涉外婚姻家庭领域中有限意思自治的存在环境。婚姻家庭领域不受限制的意思自治将导致家庭成员强势一方基于家庭地位、经济条件、身体因素等优势单方选择准据法，进而导致涉外婚姻家庭领域冲突规范的价值丧失与目的落空。扩大意思自治的受限制范围，一方面，将夫妻财产关系落入意思自治与弱者保护的范畴，采取主客观相结合的认定标准，将夫妻共同财产统一起来确定主要财产所在地准据法；另一方面，明确弱者的认定标准与认定范围，结合家庭成员的身份地位、物质条件、精神需求、相互关系等实际要素确定准据法的选择适用，将意思自治与弱者保护统筹于包括婚姻关系在内的涉外婚姻家庭法律关系，最终实现涉外婚姻家庭纠纷的合理解决与婚姻家庭关系的和谐统一。

---

① 参见马灵霞：《我国〈涉外民事关系法律适用法〉对弱者权利的保护》，载《新疆社会科学》2015 年第 3 期。

② 参见陈卫佐：《当代国际私法上的一般性例外条款》，载《法学研究》2015 年第 5 期。

法律选择协议性质论:基于意思自治范式类型的分析*

王 磊**

意思自治原则已成为绝大多数国家、地区或区域组织国际私法立法或司法的基本原则和准据法指引的重要方法之一。法律选择协议方法作为意思自治原则在冲突法规范中的展开,其性质的判断必然受到意思自治范式类型的约束。意思自治国际主义范式强调法律选择协议性质的事实论,意思自治实体法范式强调法律选择协议性质的允诺论,意思自治跨国主义范式强调法律选择协议性质的法律选择合同论。基于历史、法律实践与学说考察,可以发现我国法上意思自治原则的国际主义范式和法律选择协议性质的事实论的认知路径。意思自治范式类型和法律选择协议性质论的差异性,没有先进与落后之分,是各自国际私法历史逻辑和现实选择相互建构的产物。

一、引言

在国际私法体系中,争议解决模式的契约化过程是当事人意思自治原则(后文称意思自治原则)在国际私法中不断被认同、容纳并为立法所接受的过程。这一过程的本质在于私法下个人自主权的扩张与全球化时代公法权力的部分授权或让渡,即私法发展中的公法禁忌在新时代主权观下不断被打破。法院选择协议、国际商事仲裁协议、法律选择协议等不断在私法和公法中被确立为争议解决的方式。不同国家或地区内以及国家间逐渐构建规范此类协议的规则体系,如成立、有效性、效果、独立性以及承认与执行等规则。但在这一规则体系中,学者间分歧较大的始终是此

* 本文系2021年安徽省高校人文社科研究研究重点项目(项目编号:SK2021A0395)和阜阳师范大学2018年度校级哲学社会科学引进人才科研项目阶段性成果。

** 阜阳师范大学法学院讲师,法学博士。

类协议的性质问题。在性质论上,法院选择协议有程序说、合同说[①]与诉讼契约说。[②] 国际仲裁协议基于国际商事仲裁性质说[③]也可以确定程序说、契约说和诉讼契约说。而对于法律选择协议的性质判定,学者们争论更为激烈,共识性更少,而且随着意思自治原则适用范围的扩张和公法刚性理念的柔化,在国际私法中不同国家对法律选择协议性质的认识也在不断调整和演化。一国国际私法对意思自治所秉持的理念、原则、规则,即意思自治范式的类型,很大程度上决定着争议解决协议的性质认定,尤其是对法律选择协议的性质界定。因此,本文尝试从意思自治范式类型着手探讨包括中国在内的不同法域国际私法学者的法律选择协议性质论,剖析不同意思自治范式类型下法律选择协议性质论的哲学理路、主张、合理性与局限性,呈现规制意思自治和法律选择行为规范体系的地方性和多样性。

二、国际私法下意思自治范式的类别

在国际私法中法律选择协议的法律基础是意思自治原则。意思自治原则,当代国际私法统一性原则,[④]几乎为所有司法管辖区所遵循,[⑤]超越传统国际私法属地或属人作为连结因素的局限,甚至被称为正在形成的国际私法新范式。[⑥] 在多样化、差别化、趋同化共存的多维国际私法体系图景中,意思自治范式[⑦]的类别可基于国家和当事人在意思自治的合法性基础中的地位与关系中加以认知和把握。在国家和当事人之间的地位和关系中,可从垂直和水平两个维度区分国家优位、个人优位、国家和个人平位关系三个类别。国家优位关系衍生出意思自治国际主义范式,个人优位关系派生出意思自治实体法范式,国家与个人平位关系演化出意思自治跨国主义

① See Union Discount Co. Ltd. v. Zoller, (2001) EWCA Civ. 1755, (2002) 1 WLR 1517; Donohue v. Armco Inc., (2001) UKHL 64, (2002) 1 All ER 749; Starlight Shipping Co. v. Allianz Marine & Aviation Versicherungs AG (2014) EWCA Civ. 1010, (2014) 2 Lloyd's Rep 554.

② See Daria levina, *The Law Governing Enforceability of Forum Selection Agreements*, (Nov. 17, 2022), https://papers. ssrn. com/sol3/papers. cfm? abstract_id = 3950635#, p. 18 - 23.

③ 国际商事仲裁性质学说可归纳为四种:契约说、司法权说、契约和司法权的混合说以及自治说。参见韩德培主编:《国际私法》(第3版),高等教育出版社、北京大学出版社2014年版,第565~571页。

④ Symeon C. Symeonides, *Codifying Choice of Law Around the World: An International Comparative Analysis*, Oxford University Press, 2014, p. 346.

⑤ 除拉美和中东部分国家外。See Matthias Lehmann, *Liberating the Individual from Battles between States: Justifying Party Autonomy in Conflict of Laws*, Vanderbilt Journal of Transnational Law 41, 2008, p. 385.

⑥ See R Michaels, *Party Autonomy in Private International Law-A New Paradigm without a Solid Foundation?*, (Oct. 13, 2022), http://www. pilaj. jp/data/2013_0602_Party_Autonomy, pdf.

⑦ 本文中"当事人意思自治范式"是指法律共同体对国际私法中当事人意思自治原则的基本构成要素,如该原则的历史嬗变、法律基础、基本功能、限制因素及与其他国际私法原则的关系等所秉持的共同法文化。

范式。

(一)意思自治国际主义范式

意思自治国际主义范式以国际私法国家中心主义为理论内核。国家中心主义强调国际私法的国内性,是个体国家法律体系中处理涉外民事法律关系的一部分,① 意在调整因私人跨国民商事争议所引起的不同国家间的法律冲突。国家中心主义强调国际私法的公共性,实现规制机制在不同国家间的分配。萨维尼法律关系:本座说的功能是以管辖选择为旨趣,为每类法律关系确定所适用的国家法律规范体系。② 意思自治在法则主义和国家利益分析的单边主义中是不被允许的,③因为允许当事人选法将会赋予当事人以从事立法行为之权力。④

经济全球化使得个体国家或地区在其冲突法体系中纳入意思自治原则。此种意思自治的行使是基于国家法律授权而产生,不得规避或违反内国法的强制性规范或公共政策。国际主义范式下意思自治仅为法律选择中的一个连结点,整体上指定所适用的法律体系,一如民族性和地域性为实在法共同体据以确立和界定的连结因素,是法律选择方法之一。

(二)意思自治实体法范式

意思自治实体法范式强调意思自治是合同自由之延伸,仍保持在内国法合同自由范围内。迈克尔斯认为,实体法范式下意思自治的核心在排除效力,即合同自由在多大范围上允许当事人排除内国法的强制性规范,因为此种范式是以内国实体法作为分析的起点。⑤ 比如,英国法上违反排他性管辖协议的损害赔偿救济,是一种内国私法救济方式,作为禁诉令规则失能情形下的替代,以合同自由与有约必守原则为前提,完全属于实体法范式。关于英国法院的排他性管辖权协议,不在非合同约定法院被诉的义务的归属和个人履行在约定法院被诉的关联权利,构成对主要规范

① 例如,"英格兰法中被认为是冲突法这一部门法的,是处理具有外国因素的案件的那部分英格兰法。"[英]J. H. C. 莫里斯主编:《戴西和莫里斯论冲突法》(上),李双元等译,中国大百科全书出版社 1998 年版,第 3 页。又如,"国际私法现在是国家的法律,这是没有疑问的。"参见[德]马丁·沃尔夫:《国际私法》(上),李浩培等译,北京大学出版社 2009 年版,第 13 页。

② David F. Cavers, *A Critique of the Choice-of-Law Problem*, Harvard Law Review 47, 1933, p. 178.

③ 比如,美国《第一次冲突法重述》没有规定允许当事人选择合同准据法的条款,See Restatement (first) of Conflict of Laws § § 311 – 331 (1934).

④ Joseph H. Beale, *A Treatise on the Conflict of Laws*, Baker, Voorhis & Co., 1935, p. 1080.

⑤ See R Michaels, *Party Autonomy in Private International Law—A New Paradigm without a Solid Foundation*?, p. 6.

义务的执行,①是单边国际私法规则。②

迈克尔斯认为,意思自治国际主义范式和实体法范式互为盲点,一方之规则乃为另一方之例外,反之亦然,即一方聚焦于选择效力,忽视排除效力,另一方乃聚焦排除效力,对选择效力欠缺清晰的理解。两种范式均具方法论上的国家主义,实体法范式将当事人选法视为缔结国内合同的例证,国际主义范式旨在将案件事实置于一个法律体系,将其国内化,二者均强调只有一个法律体系得到适用。两种范式处理国家法和合同的关系,实体法范式强调合同从属国家法,意思自治来自国家许可,受其制约;国际主义范式强调国家法从属合同,国家法的适用源于当事人选择,受法律选择条款的约束。两种范式下国家法和合同的关系呈现位阶性。③

(三)意思自治跨国主义范式

意思自治跨国主义范式立基于个人主权和法律市场④竞争理念。霍拉提亚认为,意思自治显然已不再意味着私人行为体从属于国家权力,而事实上这种关系已发生逆转。⑤ 尤其是在国际商事领域,当事人行使在不同准据法之间挑选的自主权导致法律市场的形成。国家为增强其在国际法律竞争市场的吸引力则会竭力提升其法律体系与制度的服务化和商品化水平。⑥ 作为主权的个人,当事人间所达成的合同是跨国性的。合同内容及其可执行性的实施离不开国家法律秩序的支撑,但不是单方从属,而是互为主导与从属。一种展现国家与个人平等关系,以个人自由需求与国家利益之间更具活力和均衡互动为前提。

三、不同意思自治范式下法律选择协议定性的差异性

国际私法中不同意思自治范式对国家与个人之间关系秉持不同的价值偏好。这种价值偏好的差异会导致对法律选择协议性定性的不同认识。

(一)国际主义范式:事实性论

意思自治国际主义范式秉承萨维尼主义传统,其在法律选择协议上的功能投

---

① 其基本法理源于哈特对主要规范和次要规范之间关系的分析,可参见[英]哈特:《法律的概念》(第2版),许家馨等译,法律出版社2011年版,第72~89页。

② See Mukarrum Ahmed, *The Nature and Enforcement of Choice of Court Agreements: A Comparative Study*, Portland, Oregon, Hart Publishing, 2017, p.30–31.

③ See R Michaels, *Party Autonomy in Private International Law—A New Paradigm without a Solid Foundation?*, p.7.

④ See Erin A. O'Hara and Larry E. Ribstein, *The Law Market*, Oxford University Press, 2009, p.65.

⑤ See Horatia Muir Watt, *Party Autonomy in International Contracts: From the Makings of a Myth to the Requirements of Global Governance*, European Review of Contract Law 6, 2010, p.258–259.

⑥ See Horatia Muir Watt, *Private International Law Beyond the Schism*, Transnational Legal Theory 2, 2011, p.370.

射,意在实现立法管辖分配上的连接功能,凸显法律选择协议的程序性和公共性。意思自治国际主义范式下,对法律选择协议的定性主要秉持事实论。对此事实论有如下不同认识:

1.唯一事实论

当事人选择是选法过程中的"唯一事实",具有不可授权的公共功能。① 艾顿认为,法律选择协议是与法院地法中一个联系因素适用有关的事实信息。② 普雷布尔认为,采用意思自治原则的司法管辖区仅将某些法律后果(被选法律的适用)归于当事人的事实行为。③ 巴迪福与拉加德认为,意思自治只能作为法院确定自体法的一个事实连结因素或位置确定因素,但法律上没有绝对约束力,因为这种位置的确定仍然是个事实问题。④ 对于事实论,布瑞格斯总结道:当事人没有决定法律选择过程之结果的法律权力,因此不能制定主要法律选择规则。⑤ 此事实论类似于仲裁协议或管辖协议的程序论。但上述客观位置确定理论以及程序协议类比方法并不能为此种事实论提供可行的解释,⑥因为充分满足意思自治方法的逻辑要求在于法院地冲突法规则赋予当事人自主选择的法律许可。⑦ 拉贝尔认为法律选择协议是个严肃合同,不应当仅仅是法院判决的一个位置确定或重力中心因素,还应当是一个由冲突法规范使其兼具合法性和约束力的合同。⑧ 基于与意思自治法律授权规则的类似性,与程序协议进行类比是有问题的,因为程序协议也不仅仅具有程序性。如管辖权协议,作为合同,是实体问题;作为诉讼法问题,在法律效果上,是程序问题。⑨ 法

① See Maria Hook, *The Choice of Law Contract*, Portland, Oregon, Hart Publishing, 2016, p.25.

② See A. E. Anton, *Private International Law: A Treatise from the Standpoint of Scots Law*, Edinburgh, W. Green & Son Ltd., 1967, p.189.

③ See John Prebble, *Choice of Law to Determine the Validity and Effect of Contracts: A Comparison of English and American Approaches to the Conflict of Laws*, Cornell Law Review 58, 1973, p.495.

④ See Henri Batiffol and Paul Lagarde, *Droit international privé, tome 1, 7e édition.* Paris, Librairie générale de Droit et de Jurisprudence, 1981, p.266–268.

⑤ See Adrian Briggs, *Agreements on Jurisdiction and Choice of Law*, Oxford University Press, 2008, paras. 1.26 and 1.28.

⑥ See Maria Hook, *The Choice of Law Contract*, Hart Publishing, 2016, p.26.

⑦ See F. A. Mann, *The Proper Law of the Contract*, The International Law Quarterly 3, 1950, p.60–73.

⑧ See Ernst Rabel, *The Conflict of Laws: A Comparative Study* (2nd ed. Vol. 2), The University of Michigan Press, 1960, p.368.

⑨ See Tiong Min Yeo, *The Contractual Basis of the Enforcement of Exclusive and Non-Exclusive Choice of Court Agreements*, Singapore Academy of Law Journal 17, 2005, p.314.

律选择协议当事人可以平等自由约定,排除原本要适用的冲突规范。①

2. 与任何法律体系无涉的事实论

此事实论者认为当事人可以按照自己的意思产生相互权利与义务,为自己立法,适用契约的法律,由自己决定。② 法律选择仅为事实,是当事人创设法律关系"共同意图"的纯粹事实评估,即法律选择协议基于假定③推理适用,而非依法确立。④ 如果法律选择协议自身没有明确的准据法,须立基于单纯的事实来确定其效力。但这一主张和绝大部分国家和地区的现有立法明显不一致。比如,根据《罗马条例Ⅰ》第3条第5款与第10条第1款的规定,当事人有选择合同法律的自由,合同或合同任何条款的成立或效力,应根据该合同或条款有效时依据本条例应适用的法律确定。若当事人对此存在争议时,可采用推定假设适用之法律加以解决,⑤基本上无准据法适用的空间。⑥

(二)实体法范式:允诺论或处分合同论

意思自治实体法范式秉承单边主义,在法律选择协议上的功能诉求,旨在实现内国实体法在意思自治上的价值旨趣与国内利益的国际化、外部化,强调法律选择协议的实体性和私人化。

1. 允诺论

英国学者布瑞格斯认为,当事人就争议解决所达成的协议,将包含对法律适用的相互允诺,对双方当事人均有约束力。⑦ 明确的法律选择协议具有诸多作用,向法官提供裁判当事人之间争议之准据法的信息,虽不能约束法官,但具诉请功能,被法官承认作为信息的一部分,根据其冲突法规则以确定合同的准据法。⑧ 但布瑞格斯

---

① See Maria Hook, *The Choice of Law Contract*, Hart Publishing, 2016, p. 27.

② 参见[德]马丁·沃尔夫:《国际私法》(第2版),李浩培等译,北京大学出版社2009年版,第454页。

③ 关于普通法中推定商事主体具有创设法律关系的共同意图,参见王洪、王海燕:《论"创设法律关系的意图"在界定法律行为中的作用》,载《河北法学》2013年第11期。

④ See Brooke Marshall, *Reconsidering the Proper Law of the Contract*, Melbourne Journal of International Law 13, 2012, p. 515.

⑤ See Mario Giuliano and Paul Lagarde, Report on the Convention on the Law Applicable to Contractual Obligations (1980) OJC 282/1 (Giuliano-Lagarde Report).

⑥ See Geert Van Calster, *European Private International Law* (*Second Edition*), Hart Publishing, 2016, p. 222 - 223.

⑦ See Adirian Briggs, *Agreements on Jurisdiction and Choice of Law*, Oxford University Press, 2008, para. 11.43.

⑧ 法律选择协议性质事实论的观点。

更笃定地认为,法律选择协议是包含相互允诺的协议。此协议约束当事人不得再将不适用双方约定的法律的法院起诉。如若在此法院起诉,即为破坏、背离、违反协议行为。发生此违约行为,可引起损害赔偿诉讼。其回应对法律选择协议实体定性的质疑:对法律选择协议性质论的认识差异,源于不同的推理理由。但归根结底仅是个需要商业意识和开放性思维的法律解释问题。布瑞格斯举例以证:"因本协议产生的所有争议均应适用英国法律"与"因本协议产生的所有争议均应提交法院,而法院将适用英国法律解决此争议",这两个条款在实质上没有区别,因为它们是同一个事物的两种表达。布瑞格斯使用法律上的类比方法。违反排他性管辖协议已被英国法确认为可主张损害赔偿之诉由,是否准许违约损害赔偿请求取决于法院自由裁量。有效的排他性管辖协议在法律上对当事人课以积极和消极义务。积极义务要求必须履行有效管辖协议的义务;消极义务要求不得履行有效协议下的不作为义务,即要求当事人不得在约定法院以外的法院起诉,若违约起诉,构成普通法上损害赔偿请求之诉由。选择英国法的法律选择协议或选择英国法院的排他性管辖协议,缔约双方的目的最终在于实现英国法的适用。① 总之,布瑞格斯笃定法律选择协议与排他性管辖协议一样具有相互允诺性。

英国学者斐特曼认为,学者或法院对法律选择条款是允诺性的或宣告性的存在争论,但普遍认为,此类条款仅表明当事人选择法律的意图,在理论上可合理地被视为可创造强制执行义务。如果将其与排他性管辖协议结合,可构成一种将适用法院地冲突规则的协议,而法院地冲突法规则包含赋予法律选择条款以效力的规则。一方当事人违反排他性管辖协议,到被选法院以外且不适用约定法律的法院起诉均可能是违约行为。② 斐特曼部分认同布瑞格斯的允诺论,但在是否构成违约以及是否可主张损害赔偿问题上,斐特曼主张排他性管辖协议与法律选择条款的结合方法,而不是布瑞格斯的类比方法,将违反法律选择协议救济限制在相当窄的范围内。

2. 处分合同论

在德国法上双边性的处分行为,即处分合同。处分合同客体通常为权利转让、

① See Adrian Briggs, *Civil Jurisdiction and Judgments* (*Seventh Edition*), Routledge, 2021, p. 665 – 666.

② See Richard Fentiman, *International Commercial Litigation* (*Second Edition*), Oxford University Press, 2015, paras. 3.15 – 3.16.

权利消灭以及法律关系。[1] 德国学者巴泽多认为,法律选择协议类似于处分合同:法律选择协议与允诺合同完全不同,在双方合意时即具效力,类似于处分行为,其将合同分配给几百个法律体系中的一个。[2]

(三)跨国主义范式:法律选择合同论

意思自治跨国主义范式秉持个人主权理念,其在法律选择协议上的功能映射,一方面主张法律选择协议的契约性,另一方面则强调法律选择协议仅为程序性契约,不包含引致实体责任的允诺,类似于选择法院协议的程序契约定性。

法律选择合同论,既批判事实论,又质疑允诺论和处分合同论,在批判中证成法律选择合同论的合理性。

1. 对法律选择协议允诺论的批判

(1)允诺论仍未得到司法判决的支持。[3] 澳大利亚新南威尔士最高法院对安达保险公司诉驼鹿事业有限公司案[4]作出的判决可能是第一个考虑在外国法院诉讼是否构成对法律选择协议违约的普通法判决。[5] 在本案中,布雷顿法官认为,在其国际私法体系中,法律选择是确定当事人对管辖其合同的法律制度的意图,而不是特定法律制度将适用的契约或承诺。当法律的选择是"推断性的",不是"明示性的",不可能存在不准援引将适用被选择法律以外法律的法院管辖权的默示消极义务。当事人可以制定一项具有允诺效力的条款,但鉴于法律选择条款的传统功能,需要使用非常明确之语言,以使其具有允诺性而非宣告性。[6] 布雷顿法官对法律选择协议的定性坚持事实论,强调当事人意图的宣告性功能,除非当事人以明确之语言声明此法律选择协议具有允诺性。[7] 英国商事法院在2013年幸运女神号案中支持了前述判决的要旨:法律选择协议不存在针对管辖权的默示消极义务。原告在英国法院以被告违反提单中对英国法的选择在约旦起诉为由,寻求损害赔偿救济。法院拒绝

---

① 参见杨代雄:《法律行为论》,北京大学出版社2021年版,第88~89页。

② See Jürgen Basedow, *Theorie der Rechtswahl oder Parteiautonomie als Grundlage des Internationalen, Privatrechts*, Rabels Zeitschrift für ausländisches und internationales Privatrecht 75, 2011, p.53.

③ 布瑞格斯对此立场,参见 Adrian Briggs, *Civil Jurisdiction and Judgments* (*Seventh Edition*), Abingdon, Routledge, 2021, p.665。

④ Ace Insurance v. Moose Enterprise Pty Ltd. (2009) NSWSC 724 (Brereton J).

⑤ TM Yeo, Breach of Agreements on Choice of Law (2010) Lloyd's Maritime and Commercial Law Quarterly 194, p.194.

⑥ Ace Insurance Ltd. v. Moose Enterprise Pty Ltd. (2009) NSWSC 724 (Brereton J), p.47-51.

⑦ See P Herzfeld, *Choice of Law Clauses are not Promissory* (Nov.4, 2022), http://conflictoflaws.net/2009/choice-of-law-clauses-are-not-promissory/.

了原告的损害赔偿请求,因为原告旨在寻求一种明显源于法律选择协议的权利,一种不在任何拒绝执行被英国国际私法所承认的选择英国法协议的法院被起诉的权利,除非外国法院与英国法院所承认的权利至少具有相似性。① 而目前英国商事法院不支持法律选择协议允诺论。

(2)学者对允诺论的异议。日本学者高桥宏司认为,如果法律选择协议不包含"将不在拒绝执行该项协议的法院起诉"的明示允诺,那么似乎很难将其理解为默示允诺。不能将法院选择协议和法律选择协议相提并论,进而得出必然结论。除非法律选择协议明示允诺将不在拒绝执行该项协议的法院起诉,否则不得允许因违反此协议而寻求损害赔偿。②

胡可对允诺论也持有异议,认为法律选择协议并不必然产生一项默示义务,以排除拒绝当事人选择的司法管辖,抑或甚至产生一种当事人被限制在上述司法管辖提诉的默示义务或允诺。其支持前述两个案件判决对法律选择协议性质和法律效果的分析,认为如果原告主张所谓管辖协议是源于法律选择协议的辅助协议,那么须同时证明两个协议的有效性,而根据普通法管辖规则,默示(或推定)管辖协议不太可能生效。通过损害赔偿救济执行默示协议,唯有法院认为其不受适用于管辖权(或"实际履行")目的的有效性要求的约束时才会成功。但否认法律选择协议的允诺性并不否认其法律上的约束力,英国合同法的约因理论并不构成法律选择协议作为有法律约束力的协议的阻碍。③

艾哈迈德对允诺论也提出如下异议:首先,法律选择协议和管辖协议存在根本不同,因为针对(排他性)管辖协议的违约行为在于一方当事人故意在非被选法院起诉,而对法律选择协议的违约很难判断。其次,认同胡可有关法律选择协议接近于排他性管辖协议,以及此种法律选择协议所隐含的排他性管辖协议与有效明示管辖协议的要求不符的观点。最后,法律选择协议纯粹允诺论忽略了包括强制性冲突法规范在内的法院地法的重大作用等。④

---

① Navig8 Pte Ltd. v. Al-Riyadh Co. for Vegetable Oil Industry ("The Lucky Lady") (2013) EWHC 328 (Comm), (2013) 2 Lloyd's Rep 104, (2013) 2 CLC 4611 (Andrew Smith J)(22).

② See Koji Takahashi, *Damages for Breach of a Choice of Court Agreement: Remaining Issues*, Yearbook of Private International Law 11, 2009, p. 101 – 102.

③ See Maria Hook, *The Choice of Law Contract*, Oregon, Hart Publishing, 2016, p. 36 – 38.

④ See Mukarrum Ahmed, *The Nature and Enforcement of Choice of Law Agreements*, Journal of Private International Law 14, 2018, p. 512 – 517.

2. 对处分合同论的异议

对处分合同论,迈克尔斯认为,虽然巴泽多主张自然自由能合法证成法律选择协议有效的处分性,但在当事人选法的情形下,攸关的不是有效的实际处分,而是对法律选择协议的法律承认,处分合同论和允诺论遭遇同样困境。[①] 巴泽多坚持法律选择协议是自我实现的处分合同,其效力在双方当事人合意一致时实现,即把法律选择协议视为已执行合同,与布瑞格斯将其看作待执行合同有异。[②]

胡可认同巴泽多法律选择协议已执行合同论,不支持其效力是处分当事人之间的实体权利义务的观点,认为法律选择协议的效力应当是处分法院地冲突法规则。即使法律选择协议影响当事人之间的权利,不是选择法律的权利,而是被选择的法律直接影响当事人间主要的法律关系,进而在他们之间产生权利与义务。法律选择协议是处分"规范"[③]的双边法律行为,类似于德国法中的诉讼契约,是"关于规范的规范"。[④]

3. 法律选择合同论的证成

胡可认为,法律选择协议应视为类似于诉讼契约的法律选择合同,理由是法律选择协议具有与合同相同的法律和哲学基础,如合同法规制法律选择协议的范围、成立和效力等。法律选择协议是具有法律约束力的双边法律行为。但法律选择协议的法律约束力不在于创造或调整实体权利或义务,而在于选择性退出法院地客观冲突法规则,去选择意欲适用的法律。法律选择协议虽不是债务合同,但是其仍应属于私法尤其是合同法的规制范围。[⑤]

四、我国法上意思自治范式类型和法律选择协议性质论

新中国成立以来,国际私法中意思自治原则和法律选择协议的学术研究和法律实践,作为我国国际私法学说体系和法律体系的一部分,与改革开放的历史进程密切相关。其在满足我国改革开放深入发展的客观要求,促进意思自治原则和法律选择协议规制体系国际化、统一化的同时,也展现出继承性、特色性与先进性的

---

① See R Michaels, *Party Autonomy in Private International Law—A New Paradigm without a Solid Foundation?* p. 8.

② See Mukarrum Ahmed, *The Nature and Enforcement of Choice of Law Agreements*, Journal of Private International Law 14, 2018, p. 512.

③ 法院地客观冲突法规则,与意思自治等主观冲突法规则相对应。

④ See Maria Hook, *The Choice of Law Contract*, Hart Publishing, 2016, p. 41.

⑤ 通过类推德国法上管辖协议的诉讼契约定性来证成法律选择协议的法律选择合同定性。德国法虽未改变对管辖协议的双重性认知,但德国联邦最高法院 2019 年 10 月 17 日判决发生管辖权协议的实体化转向(Bundesgerichtshof [BGH] Oct. 17, 2019, Ⅲ ZR 42/19.),使胡可论证的根基被釜底抽薪。

一面。

(一)我国法上意思自治范式类型

1.学术研究

我国学者对国际私法意思自治原则的研究成果颇丰,[①]主要内容包括国际私法中意思自治原则的历史源流、哲学基础、基本功能、适用领域、适用限制以及对《中华人民共和国涉外民事关系法律适用法》(以下简称《法律适用法》)意思自治原则的立法和实施研究等。但相较于国内实体法或法理学视角下的研究,国际私法意思自治原则的哲理基础或范式类型之研究主要剖析了意思自治原则的理念基础,如自然法、理性主义(理性人或经济人假设)、自由主义(人本主义或权利价值哲学),未能探讨意思自治原则在秉持国内法上共性价值的同时在国际私法领域的特殊性。[②] 如果以前述国际私法意思自治三种范式的框架和理念,反思我国国际私法学者对意思自治范式的基底逻辑,可以发现我国学者的意思自治范式观,往往是立基于我国国际私法意思自治的法律实践,具有强烈的国际主义范式倾向。

2.法律实践

以意思自治国际主义偏好为立法和司法的理念基底,《法律适用法》及其配套司法解释[③]确立意思自治在《法律适用法》中的基本原则地位[④]并扩展到除合同以外的

① 著作类:肖永平:《法理学视野下的冲突法》,高等教育出版社2008年版,第411~438页;刘仁山:《国际私法与人类命运共同体之构建——以〈涉外民事关系法律适用法〉实施为据》,法律出版社2019年版,第96~152页;许军珂:《国际私法上的意思自治》,法律出版社2006年版;孟昭华:《意思自治原则定位论:法律选择视域的研究》,人民出版社2017年版等。论文类:刘仁山:《"意思自治"原则在国际商事合同法律适用中的适用限制》,载《武汉大学学报(哲学社会科学版)》1996年第4期等。

② 参见金彭年、王健芳:《国际私法上意思自治原则的法哲学分析》,载《法制与社会发展》2003年第1期;高宇:《理念·功能·技术:意思自治原则的伸展与评鉴》,吉林大学2007年博士学位论文,第28页等。从实体法或法理学角度探讨当事人意思自治原则的论著有:刘凯湘、张云平:《意思自治原则的变迁及其经济分析》,载《中外法学》1997年第4期;胡伟:《意思自治的法哲学研究》,中国社会科学出版社2012年版等。

③ 《最高人民法院关于适用〈中华人民共和国涉外民事关系法律适用法〉若干问题的解释(一)》(法释〔2012〕24号),根据2020年12月23日最高人民法院审判委员会第1823次会议通过的《最高人民法院关于修改〈最高人民法院关于破产企业国有划拨土地使用权应否列入破产财产等问题的批复〉等二十九件商事类司法解释的决定》修正。

④ 关于《法律适用法》第3条对当事人意思自治的规定,到底是"基本法律原则"抑或是"政策宣示",学者间存在认识分歧。主张为基本原则(统领性原则),参见徐伟功:《法律选择中的意思自治原则在我国的运用》,载《法学》2013年第9期;许军珂:《论当事人意思自治原则在〈涉外民事关系法律适用法〉中的地位》,载《法学评论》2012年第4期;刘仁山:《国际私法与人类命运共同体之构建——以〈涉外民事关系法律适用法〉实施为据》,法律出版社2019年版,第99页等。主张为政策宣示,参见孟昭华:《意思自治原则定位论:法律选择视域的研究》,人民出版社2017年版,第167页等。

多个领域。但《法律适用法》第3条和《最高人民法院关于适用〈中华人民共和国涉外民事关系法律适用法〉若干问题的解释(一)》第4条反复重申涉外民事关系法律选择的明确法律规定性,即法律没有明确规定的领域,当事人不得进行法律选择,即使选择也即无效。涉外民事关系法律选择的权利,来自法律的授权,明显摒除西方社会契约论和自然自由的意思自治范式的哲学基底。

(二)我国法上法律选择协议性质论

1. 学术研究

到目前为止,研究法律选择协议的论著成果也不少,①但只有部分研究者提及或预设性地认定法律选择协议的性质。法律选择协议应该被认为是一个独立的合同,有关合同成立的一般理论应该适用于该协议。但基于法律选择协议和合同的差异性,法律选择协议的成立要件应具有独立性。② 该观点对法律选择协议性质的实体认定是推断性的,因为其没有解释如此认定的理由。沈涓教授认为,法律选择协议是法律选择规则。法律选择协议意在确定争议解决的准据法,不是追求双方当事人实体权利与义务的法律效果与目的。法律选择协议效力的准据法应合理地以法院地法作为判断标准。沈涓教授基于我国法上有关法律选择协议的法律实践以证成其程序性无疑是正确的,③但是这不应影响在多元化的世界国际私法体系中对法律选择协议性质多样化的思考。④ 因为在全球化时代法律选择协议性质论的背后是国家法律选择权和个人法律选择权之间的政治博弈,⑤如何规制二者间的关系取决于政策、习惯和价值偏好。

2. 法律实践

《法律适用法》及其配套司法基于意思自治原则的国际主义范式构建了涉外民事关系当事人法律选择的范围、领域、方式、时间及其限制的规范框架体系。但判断法律选择协议成立和有效性的准据法规则体系,却在立法上付之阙如。我国司法实

① 参见邵景春:《国际合同法律适用论》,北京大学出版社1997年版;沈涓:《合同准据法理论的解释》,法律出版社2000年版;徐锦堂:《当事人合意选法实证研究——以我国涉外审判实践为中心》,人民出版社2010年版等。

② 参见李良鸿、郑发国:《法律选择协议相关问题研究》,载《浙江万里学院学报》2006年第4期。

③ 参见沈涓:《法律选择协议效力的法律适用辩释》,载《法学研究》2015年第6期。

④ 在安达保险公司诉驼鹿事业有限公司案中,布雷顿法官虽然对法律选择协议定性坚持事实论,即法律选择协议的宣告性功能,但是其不否认当事人以明确之语言声明此法律选择协议具有允诺性的可能。

⑤ 参见朱莉:《法律选择权的主体选择:在国家和个人之间》,载《湖南师范大学社会科学学报》2009年第2期。

践通常适用法院地法来判断法律选择协议的成立和有效性。当事人协议选择我国法律的相关规定,意思真实明确,不违反我国社会公共利益和法律的强制性规定,可确认其有效。[①] 由此可见,我国法在坚持默认法律选择协议的事实论或程序论的底层逻辑的同时,[②]却借助国内实体法的合同效力规范来判断法律选择协议的效力。往往使用国际私法中的法律选择协议特殊程序性,来回避法律选择协议的约束力,尤其是在国际商事合同争议中,一方当事人违反所约定的有效法律选择协议,到不适用约定法律的法院诉讼,由此给非违约方造成诉讼损失,而非违约方无寻求违约或侵权救济之权利。

(三)我国法上意思自治国际主义范式与法律选择协议事实论

在国家与个人的关系上,我国法律实践秉持传统的主权观,个人从属于国家,国家垄断立法权,个人的意思自治来自法律的授权,并要求个人意思自治的实施受国家客观法律秩序约束。这一理念在国际私法领域的投射,意思自治仅是国际私法规范赋予下的自由,基于此种意思自治原则上的法律选择协议,在性质上承继了意思自治得以确立的理论与价值基底,强调其自身的事实性、程序性,即法律选择协议是确立争议事项准据法的客观连结点,在跨国范围内实现实体法的分配。这种意思自治国际主义范式必然导致对法律选择协议性质的事实论或程序性的认知,在维护社会公共利益和道德的同时,最大限度地扩大个人法律选择的领域与范围。

五、结论

在国际私法中,当事人意思自治范式类型决定着法律选择协议性质论的选择。国际主义范式强调法律选择协议的事实论,实体范式强调法律选择协议性质的允诺论,跨国主义范式强调法律选择协议性质的法律选择合同论。意思自治范式类型和法律选择协议性质论的差异性是国际私法历史逻辑和现实选择相互建构的产物,没有先进与落后之分。法律选择协议性质论的差异,对于实现该协议的目的与功能、评价该协议的成立与效力以及与他国规制法律选择协议规则体系的协调,均产生重要影响。但在国际商事交往日益密切和频繁的全球化时代,服务于国际民商事行为主体争议解决的意思自治原则和法律选择协议规则体系需要在尊重个别性的基础上,搁置认识论和本质论的分歧,以海牙《国际合同法律选择原则》为范例寻求更多

---

① 参见徐锦堂:《当事人合意选法实证研究——以我国涉外审判实践为中心》,人民出版社2010年版,第77~83页。

② 基于“法律适用行为是国家主权行为”这一论断展开,完全将个人剔除立法者的范围,个人只在法律赋予权利的范围内行使权利。

的共性,旨在实现诸如 2005 年海牙《选择法院协议公约》那样更大的条约成就。在新时代理念①和客观需求变化②下,我国国际私法意思自治国际主义范式类型和法律选择协议性质事实论,是否需要调整,以在历史性与共在性的融通中更好实现个人利益、国家利益和国际利益的和谐共生,有待进一步思考。

① 全球化时代个人主权理念的兴起和制度化等。

② 在人类命运共同体的崇高理念下,国家实力的强大与改革开放的深度展开需要我国涉外法治体系理念、原则、规则与制度在保持连续性的基础上要适时调整与创新,法律的生命不在于逻辑,而在于经验。这一法理同样适用于对意思自治范式和法律选择协议性质可调整性的思考。

国际民事诉讼研究

美国域外司法管辖的逻辑批判*

漆 彤** 曹夏天***

域外管辖的体系构建是当前我国面临的重大课题,域外司法管辖是其中的关键环节。美国域外司法管辖变迁沿循“弱势者—强权者—衰退者”的历史逻辑,深刻映射出国家实力和国际权力结构的变化。维护经济利益和国家安全是美国法院行使域外管辖权的动力逻辑,因此其司法决策具有鲜明的国家利益导向。理论上,法院行使域外管辖权应当遵循一定的权力限制逻辑,但由于美国对国际法遵从度下降、反域外适用推定的不确定性、正当程序适用受限,其域外司法管辖缺乏可预期性。研究美国域外司法管辖的逻辑实践与教训,我国可从管辖理念调适、管辖标准调整以及合理性调控三个维度完善域外司法管辖体系,在增强域外司法管辖合法性与合理性的基础上,更好地维护国家主权和发展利益。

一、引言

域外管辖(extraterritoriality)最初是作为一种属人法实践而出现,可追溯到15世纪欧洲对“大使豁免权和职责神圣性的承认”①,后演变为西方列强控制殖民地和半殖民地的“治外法权”。20世纪以来,伴随帝国更迭和世界秩序重构,美国从英国手中接过“治外法权”的接力棒,通过更加隐秘的“域外管辖”塑造全球法律帝国。近年来,中国的崛起引发了美国对自身霸权的担忧,进而刺激美国利用“域外管辖”这一法律工

* 本文为教育部基地重大项目“我国海外经济利益保护的法理探索与制度创新研究”(项目编号:22JJD820007)、司法部重点课题项目“习近平法治思想指导下涉外法治体系完善的结构化分析”(项目编号:21SFB1006)的阶段性研究成果之一。

** 武汉大学国际法研究所教授,国家高端智库武汉大学国际法治研究院副院长。

*** 武汉大学国际法研究所博士研究生。

① Maïa Pal, *Early Modern Extraterritoriality, Diplomacy, and the Transition Capitalism*, in Daniel S. Margolies et al. (eds.), *The Extraterritoriality of Law: History, Theory, Politics*, Routledge, 2019, p. 73.

具遏制、打压中国关键企业。美式域外管辖已经严重影响到我国整体和长远利益。

2019年至今,我国学者对"域外管辖""长臂管辖""国内法域外适用"等相关话题展开了系列研究。从文献上看,现有研究更多集中在中国法域外适用法律体系建设,即立法管辖权层面。由于域外管辖体系构建是一个系统性工程,需要立法、司法和执法机关形成合力方能发挥其最大功效。本文旨在系统梳理美国联邦上诉法院和最高法院判决,描绘美国域外司法管辖演进图谱,分析影响美国法院行使域外司法管辖权的动力因素和限制性因素。

二、美国域外司法管辖的历史逻辑

域外司法管辖变迁内嵌于一国的国家发展历史进程之中。美国域外司法管辖的演进沿循历史的逻辑,深刻映射出美国国家实力和全球权力格局的变化。

(一)恪守属地主义严格限制域外司法管辖

第一次世界大战以前,美国法院在实践中秉持属地原则,强调主权国家对本国领土内事项的绝对管辖权,排斥域外司法管辖。1812年,马歇尔大法官指出:管辖权具有绝对性和排他性,一国行使管辖权的范围仅限于本国领土,除非他国同意,任何国家不得在他国领土内行使管辖权。[①] 1818年,美国法院在帕尔默案中进一步指出法院对发生在公海的刑事案件无管辖权,除非有国际法依据或针对美国公民。该案中,检察机构与法院存在意见分歧,检察官主张扩展美国法的适用范围,对发生于公海的抢劫行为适用美国刑法,法院则严格解释国会立法意图,限制联邦刑法的域外性。[②] 这一时期,美国法院也认可作为例外的属人原则。1824年,斯托里大法官指出:除非适用于本国公民,否则任何国家将本国法律延伸至他国境内的做法皆非正义。[③]

1909年,美国联邦最高法院在香蕉公司诉联合水果公司案(以下简称香蕉公司案)中,拒绝将《谢尔曼法》适用于哥斯达黎加的美国企业垄断行为,进一步强化了属地原则。霍姆斯大法官指出:一个普遍的规则是,一项行为的合法性由行为发生地法律决定,否则是侵犯他国主权,且违背国际礼让。[④]

彼时,美国作为一个年轻的国家,尚未完全摆脱英国统治,其内政和外交事务均在一定程度上受到欧洲强国的"管辖",故而排斥甚至敌视在他国领土上行使权力。此外,相对较弱的国家实力也不足以支撑美国域外司法管辖,扩展国内法的适用范

① The Schooner Exchange v. McFadden & Others, 11 U.S. (7 Cranch) 116, 136-137, 144 (1812).

② U.S. v. Palmer, 16 U.S. 610, 631 (1818).

③ The Apollon, 22 U.S. (9 Wheat) 362, 370 (1824).

④ American Banana Co. v. United Fruit Co., 213 U.S. 347, 356 (1909).

围容易产生管辖冲突进而招致外国敌对,不利于国家发展。相反,尊重以领土主权为基石的威斯特伐利亚体系可以为美国提供安全保障,因为它反对一个国家对另一个国家主权的影响或控制。

(二)以行为和效果为依托积极扩张域外司法管辖

第一次世界大战以后,美国成为新兴大国,联邦最高法院很快就看到了霍姆斯大法官的判决对美国所施加的限制,逐步扩张域外司法管辖范围。在1922年美国诉鲍姆案中,最高法院将联邦刑事法律适用于公海和里约热内卢的美国公民石油运输欺诈行为。最高法院指出:严格的属地管辖将损害联邦刑法的适用效果,使美国公民在公海和外国的欺诈行为得以豁免。[①] 在1927年美国诉剑麻销售公司案中,最高法院决定对美国企业在墨西哥的剑麻出口垄断行为适用《谢尔曼法》和《威尔逊关税法》。与香蕉公司案形成鲜明对比的是,该案中的垄断实际上是由美国国内各方协议推动,出口垄断对美国剑麻贸易产生直接影响。[②] 虽然香蕉公司案的判决从未被正式否定,但是美国法院在第一次世界大战后逐步摒弃绝对属地主义观念,开始对境外本国公民以及发生于境外的行为行使管辖权。

20世纪中叶后,随着跨境经济活动日益频繁,疆域界限在一些领域不再重要,美国法院在反垄断和证券监管等领域积极扩张司法管辖。在反垄断领域,主要以效果标准为依托;在证券监管领域,兼采效果标准和行为标准。

1945年美国诉美洲铝业公司案(以下简称铝业公司案)创制的效果标准成为美国域外司法管辖的基石,属地主义的鼎盛时期在此之后终结。该案中,第二巡回法院将《谢尔曼法》适用于境外垄断美国铝锭的外国公司。汉德法官指出:任何国家都可以对发生于其境外并对其国内产生影响的行为追究法律责任,而无论该行为人是否为本国公民。依之,即使发生于美国境外的外国人的垄断行为,只要该行为的影响或效果波及美国市场,就可以适用美国反垄断法。[③] 1968年,第二巡回法院将效果标准扩展至证券监管领域,认定发生于加拿大公司的低价股票交易行为对美国证券交易市场产生了不利影响,应当受美国司法管辖。[④]

有时,证券交易行为可能对美国市场影响不大,但根据行为标准,仍然可能触发域外司法管辖。例如,在1972年莱斯科数据处理设备公司诉麦克斯韦公司案中,被告

---

① U. S. v. Bowman, 260 U. S. 94, 98 (1922).

② U. S. v. Sisal Sales Co. et al., 274 U. S. 268, 276 (1927).

③ U. S. v. Aluminum Co. of America, 148 F. 2d 146, 421 (2nd Cir. 1945).

④ Schoenbaum v. Firstbrook, 405 F. 2d 200, 208 - 209 (2nd Cir. 1968).

既未在美国上市也未销售股票,但是其通过邮件和电话在美国所做的不实陈述促进了在英国的证券交易,第二巡回法院据此对境外非美国居民证券交易案件行使管辖权。①

彼时,美国法院放弃严格的属地主义转而扩张域外管辖权,主要是基于"强权者立场"。随着美国成长为一个全球大国,它不再需要威斯特伐利亚体系维护本国安全。各种要素跨国流动的增加使其国家利益遍布全球,需要法院扩张域外司法管辖范围,以促进要素流动和保护海外公民。美国从属地管辖向域外管辖转向,深刻反映出全球权力关系的变化,经济和军事力量的领先优势使其能够扩张管辖范围。美国域外司法管辖不再仅限于弱国,而是开始监管其"平等主权的国家"。②

(三)域外司法管辖领域再调整:民事限缩与刑事扩张

近年来,美国域外司法管辖在证券交易、人权侵权和涉外欺诈等多个民事领域出现了限缩趋势。最高法院先后通过三起典型案件表达了限缩民事域外司法管辖之意图。首先,具有里程碑意义的当属莫里森诉澳大利亚国民银行案(以下简称莫里森案)。该案中,联邦最高法院否定了此前的"行为和效果标准",推翻了美国《证券交易法》第10(b)条的域外效力,限缩了美国在证券监管领域的域外管辖权。③ 莫里森案的判决影响深远,为后续的同类判决所援引,如维望迪集团案、阿尔斯通案、苏格兰皇家银行案纷纷否认美国《证券交易法》的域外效力。④ 其次,在2013年科贝尔诉荷兰皇家石油公司案中,最高法院沿循莫里森案的判决,采取严格解释立场,极大限制了菲拉蒂加诉佩纳案后30年来的域外人权诉讼扩张趋势。⑤ 最后,在2016年雷诺兹—纳贝斯克公司诉欧共体案中,联邦最高法院认为,可以依据《反诈骗影响和腐败组织法》管辖特定的域外刑事案件,但该法不适用于外国人所提起的域外民事损害赔偿之诉。⑥

与民事侵权领域出现的限缩趋势不同,美国域外刑事司法管辖的扩张在莫里森案后并未停止。首先,美国法院借由鲍曼案裁决直接扩张域外刑事管辖。⑦ 自1922年鲍曼案以后,联邦最高法院并未处理任何直接涉及刑事域外管辖的案件,下级法

① Leasco Data Processing Equipment Co. v. Robert Maxwell, 468 F. 2d 1326, 1335 (2nd Cir. 1972).

② 国际社会是一个主要由欧美控制的不平等体系,美国不仅将其国内法适用于古巴、伊朗等敌对国家,随着国力的增强,它也开始对其盟友行使域外管辖权,从而塑造全球法律秩序。

③ Robert Morrison v. National Australia Bank Ltd., 130 S. Ct. 2869, 2878 (2010).

④ In re Vivendi Universal, S. A. Securities Litigation, 123 F. Supp. 3d 424 (S. D. N. Y. 2015); In re Alstom SA Securities Litigation, 741 F. Supp. 2d 469 (S. D. N. Y. 2010); In re Royal Bank of Scotland Group PLC Securities Litigation, 765 F. Supp. 2d 327 (S. D. N. Y. 2011).

⑤ Kiobel v. Royal Dutch Petroleum Co., 133 S. Ct. 1659, 1674 (2013).

⑥ RJR Nabisco Inc. v. European Community, 136 S. Ct. 2090, 2090 (2016).

⑦ U. S. v. Bowman, 260 U. S. 94, 98 (1922).

院通常援引鲍曼案的判决行使刑事域外管辖权。① 通过一系列案件，上诉法院逐步突破鲍曼案的裁决，扩张美国刑法的域外适用范围：(1)将鲍曼案裁决的适用范围由欺诈政府类案件扩大到所有针对美国政府的罪行；(2)将鲍曼案延伸到维护美国边界利益的案件；(3)将鲍曼案扩展到对美国有直接影响的跨界犯罪行为；(4)超越鲍曼案核心观点，将政策作为刑事域外管辖的判断理由。② 其次，莫里森案以后，下级法院扩张刑事域外管辖趋势仍在继续。相反，上诉法院认为莫里森案的判决不适用于刑事案件。例如，2016 年，第七巡回法院不顾莫里森案的反对，拒绝推翻一项依赖鲍曼案的决定，将联邦刑事法律适用于域外。③ 伊斯特布鲁克法官解释说："刑事和民事法律的域外适用存在差异，刑法域外适用不受民事域外适用裁决的影响。"④

三、美国域外司法管辖的动力逻辑

美国域外司法管辖决策背后有复杂的动因，厘清此种动因有助于了解美国域外司法管辖权行使的底层逻辑。美国学者从不同角度分析过本国域外司法管辖扩张的原因。其中，特里和普特南的观点具有代表性。受时代变迁和聚焦领域之影响，二者的研究存在解释力不足问题。有必要在两种学说的基础上重新审视美国域外司法管辖的动力逻辑。

(一)经济利益说

美国学者特里最早提出美国域外司法管辖存在市场和非市场案件的选择差异。特里分析了 1900 ~ 1990 年美国联邦法院在四个不同领域的典型案例，认为美国法院更倾向于在反垄断和证券等市场类案件中扩张域外管辖权。相反，对于劳工和环境保护等非市场案件，美国法院则采取严格的文义解释方法，限制域外司法管辖。⑤

特里认为，造成此种差异的根源是经济利益。首先，特里驳斥了美国法院在市场类案件中广泛引用的效果原则，认为跨国劳工问题和环境污染对美国造成的影响程度并不亚于市场类案件，但不同的是，市场类案件对美国的影响更加直接。其次，

---

① Julie Rose O'Sullivan, *The Extraterritorial Application of Federal Criminal Statutes: Analytical Roadmap, Normative Conclusions, and a Plea to Congress for Direction*, Georgetown Law Journal 106, 2018, p. 1069.

② Zachary D. Clopton, *Bowman Lives: The Extraterritorial Application of U. S. Criminal Law after Morrison v. National Australia Bank*, New York University Annual Survey of American Law 67, 2011, p. 168 – 171.

③ U. S. v. Leija-Sanchez, 820 F. 3d 899, 900 – 901 (7th Cir. 2016).

④ U. S. v. Leija-Sanchez, 820 F. 3d 899, 901 (7th Cir. 2016).

⑤ See Jonathan Turley, *When in Rome: Multinational Misconduct and the Presumption Against Extraterritoriality*, Northwestern University Law Review 84, 1990, p. 599 – 602.

法律的侵扰程度不足以解释此种差异,因为被美国法院认为具有较低侵扰性的反垄断法和证券法可能被外国法院认为是高度侵入性的。在驳斥上述两种法院观点后,特里提出经济利益是法院的关键决定因素。特里指出,劳工和环境问题在20世纪早期被认为是地方性和局部的,而证券和垄断纠纷是跨国的和系统性的。他认为这种选择差异体现了美国法院对商业利益的追求,其背后也蕴含了司法偏见。①

(二)法律完整性和基本权利保障说

美国学者普特南采取定量分析方法,在Westlaw数据库中抽样选取了647个美国联邦法院民事领域域外管辖案例,试图借助客观数据更加科学地揭示美国联邦法院域外司法管辖的考量因素。在抽样调查的647个美国联邦法院案例中,有376个案件(58%)涉及对国内规则完整性所构成的威胁,55个案件(9%)涉及基本权利问题。② 基于此,普特南认为美国法院在两种情况下会行使域外管辖权。

一是域外行为对美国法律的运作构成威胁,即国内规则完整性逻辑。③ 此种管辖逻辑多运用于经济监管领域,主要是为了避免监管套利和维护公共政策。例如,如果美国法院管辖发生在境内的串谋操纵商品价格行为但不禁止发生于外国的串谋行为,这并不能使美国免受价格扭曲,可预见的结果是商人利用管辖漏洞逃避美国法律监管,最终削弱美国公共政策。美国法院运用此种逻辑需要满足三项条件:首先,该域外行为若发生在美国国内必须被禁止;其次,该域外行为必须对美国国内产生有害影响;最后,行为者从该行为中获益。

二是美国所认同的核心权利遭受侵犯,即基本权利逻辑。④ 美国法院依据此种逻辑行使域外管辖权的主要目的是维护美国政治认同的一部分权利,如不受酷刑、禁止法外处决和禁止强迫劳动等。这些基本权利构成美国政治和法律身份的核心,如果允许美国人或者与美国有密切关系的人的基本权利在域外遭受侵犯而不受惩罚,将损害作为美国人的地位以及美国的核心价值观。运用此种管辖逻辑无须论证域外行为对美国造成的影响,因为该行为本身被认为是有害的。

---

① See Jonathan Turley, *When in Rome: Multinational Misconduct and the Presumption Against Extraterritoriality*, Northwestern University Law Review 84, 1990, p. 639 - 655.

② See Tonya L. Putnam, *Courts Without Borders: Law, Politics and Extraterritoriality*, Cambridge University Press, 2016, p. 52.

③ See Tonya L. Putnam, *Courts Without Borders: Law, Politics and Extraterritoriality*, Cambridge University Press, 2016, p. 4.

④ See Tonya L. Putnam, *Courts Without Borders: Law, Politics and Extraterritoriality*, Cambridge University Press, 2016, p. 4 - 5.

(三)美国域外司法管辖动力再审视

1. 上述学说的不足

特里的研究超越了单纯的法律分析,揭示出美国司法背后更深层的经济动因,但也存在案件选取领域狭窄、解释力不足等问题。首先,特里并未提出市场与非市场案件的区分标准,样本选取涵盖面狭窄。从经验角度出发,反垄断和证券监管案件是典型的市场类案件,但是这两类案件无法完全涵盖市场案件,如涉及知识产权的案件通常与市场有关,在市场类案件中应当占有相当的份额。同样,环境保护和劳工纠纷也无法涵盖门类众多的非市场案件。其次,特里的研究节点是 1990 年,近 30 年以来,国际经济政治局势发生了翻天覆地的变化,不可避免地影响到一国域外司法决策,单一的经济利益说难以解释此种变化。

普特南试图克服特里研究的局限性,采用了不同于特里的研究方法。其利用数据库统计和筛选美国联邦法院域外管辖案例,通过数理模型对所选案件进行量化分析,无论是案件数量还是覆盖面都较之前的研究有了大幅提升,研究过程显得更加科学和客观。然而,这种量化分析的基础是以书面文字形式呈现出来的判决书,更多地关注统计数据,一方面,其研究结果容易受统计参数的影响;另一方面,此种方法无法像个案研究那样对典型案例展开深入细致的分析,因此判决书背后影响法院决策的深层次动因往往难以被发现。

特里和普特南研究的共性在于研究对象上,二者均关注美国私法领域的域外管辖实践,而忽略了美国法院在刑事领域的域外司法管辖,因此无法揭示美国域外司法管辖的全貌。随着时代的发展,美国法院在经济监管领域的域外管辖出现了新趋势。单纯的经济利益逻辑存在解释力不足问题,而国内规则完整性和基本权利保障说关注的是法律本身,未能揭示美国域外司法管辖的深层动因。基于对典型案例和相关学说的梳理,笔者认为,维护经济利益和本国安全是美国域外司法管辖的两大动力因素。

2. 美国域外司法管辖的两大动力

维护国家经济利益是美国域外司法管辖的原始动力。虽然 19 世纪美国法院对发生于域外公海的严重罪行已经有零星的管辖实践,但其依据通常是国际法,大规模适用本国法管辖境外人和事始于 1945 年的铝业公司案。20 世纪 30 年代,经济利益分析在美国盛行,历史学家比尔德认为美国的核心利益并非国家安全,而是经济利益。①经济利益分析传播到法律领域,客观上助长了法律现实主义,铝业公司案正是在此

① Charles A. Beard, *The Idea of National Interest: An Analytical Study in American Foreign Policy*, Quadrange Books, 1966. 转引自王希:《美国历史上的"国家利益"问题》,载《美国研究》2003 年第 2 期。

种土壤下发生,并进一步传导到其他法律领域。境外垄断行为会对美国国内商品市场以及进出口贸易产生不利影响,而跨境证券欺诈和内部交易则干扰证券市场秩序并损害美国投资者利益。为维护国家整体经济利益,强化对全球贸易和金融的控制,美国法院在20世纪中叶改变了原有的管辖策略,在经济监管领域积极扩张域外管辖权。近年来,美国域外司法管辖在证券交易领域出现的限缩趋势与国际金融危机后美国经济霸权衰退和司法保守势力抬头有关。① 尽管如此,经济监管领域仍然是美国域外管辖受理案件数量最多的领域。从整体和长远来看,这种衰退只是一种有选择的暂时限缩。

维护国家安全是美国冷战后扩张域外管辖的新动力。长期以来,刑事案件被认为具有更强的属地性,通常由犯罪地国审判,刑事域外管辖并未引起美国法院的重视。冷战的结束加速了全球化进程,跨国流动带来的安全问题日益突出。传统的国家间战争威胁转移到非国家行为体的跨国威胁,恐怖主义、毒品走私、人口贩卖、海外腐败、洗钱等跨国犯罪不仅仅是刑事司法问题,更关乎国家安全。② 近20年以来,美国法院针对境外刑事案件的管辖越发频繁,美国域外管辖呈现从民事领域向刑事领域的转向趋势。③ 这种司法转向趋势与美国自克林顿政府后日益强调非传统国家安全有关,是美国国家安全政策演变的体现。④ "9·11事件"直接推动美国以打击恐怖主义和维护国家安全为理据扩张域外刑事管辖。小布什政府突出强调恐怖主义威胁,通过《爱国者法案》赋予执法机关全球刑事执法权,众多境外恐怖分子被美国法院定罪。⑤ 奥巴马采取更加多元的国家安全观,明确将跨国犯罪视为美国国家安全的主要威胁,美国法院日益关注反海外腐败、跨国贩毒以及反洗钱等领域的域外刑事诉讼。⑥ 特朗普上台以后,重新调整了美国国家安全战略,将中国视为战略竞

---

① 参见杜涛:《美国联邦法院司法管辖权的收缩及其启示》,载《国际法研究》2014年第2期。

② 克林顿政府从国家安全的角度看待跨国犯罪,国家安全风险不再主要是军事性质的,跨国犯罪对美国国家安全具有深远影响。See Peter Andreas and Ethan Nadelmann, *Policing the Globe: Criminalization and Crime Control in International Relations*, Oxford University Press, 2008, p. 241.

③ 参见肖永平:《"长臂管辖权"的法理分析与对策研究》,载《中国法学》2019年第6期。

④ 有关美国国家安全政策的演变,参见朱启超、龙坤:《试论后九一一时代美国国家安全战略的调整——基于对特朗普政府〈美国国家安全战略〉报告的分析》,载《美国研究》2018年第3期。

⑤ 恐怖组织不仅针对美国本土,还频繁袭击美国境外使馆和公民,"9·11事件"以后,美国法院加强了对境外恐怖主义犯罪的管辖。In re Terrorist Bombings of U. S. Embassies in East Africa, 552 F. 3d 93, 101-108 (2nd Cir. 2008).

⑥ 奥巴马政府时期,美国法院不仅打击跨国恐怖主义,还对与其毫无关联的境外案件行使刑事管辖权。例如,2015年瑞士警方在世界足联大会前夕应美国要求逮捕7名涉及美国境外腐败的国际足联官员,并在纽约东区法院对14名被告提起刑事诉讼。

争对手,美国域外刑事管辖呈现进攻性特征,成为打击竞争对手的重要工具,孟晚舟案即为典型例证。

四、美国域外司法管辖的权力限制逻辑

以上从权力行使的角度分析了美国域外司法管辖的逻辑。作为一项权力,域外司法管辖受多重因素的制约。此种制约因素的考量,一定程度上可避免司法过度扩张而侵犯其他权力,同时有助于协调国际关系,进而增强美国域外司法管辖的形式合理性。

(一)源于宪法结构的内部限制

1. 宪法正当程序的要求

美国宪法第五修正案和第十四修正案规定的正当程序规则同时包含了程序和实体两方面的要求。正当程序缘起于英国自然公正原则,后来美国将其上升为一项宪法原则,并进一步解释为实体性和程序性正当程序,最终获得全球普遍认同。① 从实体上看,正当程序要求国会立法、政府执法以及法院司法必须符合公平和正义。从程序上看,它强调公共机构在行使权力剥夺个人生命、自由和财产时,必须充分告知当事人并给予其听证的权利。②

在域外司法管辖的语境下,正当程序要求美国法院行使管辖权符合联系标准、履行公平告知义务。一方面,相关案件需要与美国存在充分的联系,从而创造国家利益,使得美国法院的管辖不是任意或根本不公的。③ 另一方面,美国法院应当履行公平告知义务。从源头上看,公平告知是一个立法管辖问题,即立法机关应当明确告知境内外当事人美国法律在何种情况下适用于他们的境外活动。④ 由于国会立法大都没有规定法律的效力范围,这就需要法院对有关法律的地域范围作出合理的解释,并保持相同或相似案件域外管辖标准的一致性,从而最大限度地维护当事人对美国域外管辖的合理期待。

2. 国会立法意图的考量

域外立法管辖是域外司法管辖的前提,美国联邦法院行使域外司法管辖权需要国会的成文法授权。然而,多数国会立法属于地域模糊性法律,法院能否行使管辖

---

① 有关正当程序的发展进程和全球化影响,参见罗智敏:《论正当行政程序与行政法的全球化》,载《比较法研究》2014 年第 1 期。

② 参见周佑勇:《行政法的正当程序原则》,载《中国社会科学》2004 年第 4 期。

③ See Anthony J. Colangelo, *Spatial Legality*, Northwestern University Law Review 107, 2012, p. 86.

④ See Anthony J. Colangelo, *What is Extraterritorial Jurisdiction?*, Cornell Law Review 99, 2013, p. 1325.

权需要考量国会立法意图。当美国国会认为法院对地域模糊性法律的解释未能体现其立法意图时,可能通过修法否定法院的判决。例如,美国法院曾采用严格的文义解释法,以《民权法》第七节和《反就业年龄歧视法》不具有域外效力为由,拒绝对境外劳工侵权案件行使管辖权。① 然而,立法历史表明,主要立法者赞成相关法律的域外适用。为纠正相关判决,美国国会制定《1984 美国老年人法修正案》,其将《反就业年龄歧视法》扩大到境外雇佣美国人之外国公司,并于 1991 年修订《民权法》,推翻了最高法院在“阿美石油公司案”中作出的限缩解释。② 又如,2010 年莫里森案中最高法院否定美国《证券交易法》第 10(b)条的域外效力后不久,参议院随即通过《多德－弗兰克法》并增加了域外管辖条款,重新赋予美国证券法域外效力。③

3. 行政机构决策的尊重

依据“谢弗林尊重”标准,美国法院应当尊重行政机构作出的法律适用范围解释和跨国监管决定。④ 随着行政国家的兴起,行政机关越来越多地承担了原属于法官的法律解释职责。当涉及行政机关解释的纠纷诉至法院时,法官不可避免地对行政解释进行司法审查,由此产生了司法尊重问题。由于美国各级法院对司法尊重标准不一,美国最高法院创制出“谢弗林尊重”标准,即在国会没有表明意图时,法院应当尊重行政机关对法规的解释。⑤ 与法院相比,行政机关在确定法律的地理范围上具有相对优势:它往往基于自身专业性能够更好地理解法律所意图实现的监管目标,准确判断监管选择所可能导致的国家冲突程度,更灵活地调整其解释以保持法律的有效性。⑥ 基于此,美国《对外关系法重述(第四版)》吸收了“谢弗林尊重”:“如果国会没有直接讨论一项法律条款的地理范围,美国法院必须服从行使委托立法权的行政机构对法规的合理解释。”⑦

(二)源于国际社会的外部限制

域外司法管辖不可避免地对外交事务产生影响,美国法院行使域外管辖权会考

---

① S. F. De Yoreo v. Bell Helicopter Textron, Inc., 785 F. 2d 1282, 1283 (5th Cir. 1986).

② 参见孙国平:《劳动法域外效力研究》,中国政法大学出版社 2016 年版,第 211、217 页。

③ 参见杨峰:《我国证券法域外适用制度的构建》,载《法商研究》2016 年第 1 期。

④ 参见[美]理查德·J. 皮尔斯:《行政法》(第 5 版第 1 卷),苏苗罕译,中国人民大学出版社 2016 年版,第 131～132 页。

⑤ 参见邓栗:《美国行政解释的司法审查标准——谢弗林案之后的发展》,载《行政法学研究》2013 年第 1 期。

⑥ See William S. Dodge, *Chevron Deference and Extraterritorial Regulations*, North Carolina Law Review 95, 2017, p. 917.

⑦ Restatement (Fourth) of Foreign Relations Law, § 407, Reporters' Note 3.

虑国际关系因素。现代国际法虽然允许法院在一定范围和程度内行使域外管辖权，但管辖作为国家主权的象征，过度行使管辖权被视为对外国主权的“入侵”，容易导致国际摩擦。为此，外国政府可能采用多种方式反对美国域外司法管辖。直接方式包括外交渠道或以法庭之友身份介入美国诉讼。间接手段主要有平行诉讼和拒绝外国判决的承认与执行。20 世纪 70 年代著名的西屋电器公司案曾引发激烈的管辖冲突，直接导致英国、法国、澳大利亚、加拿大等国的外交抗议和阻断立法。① 迫于西方盟国的压力，美国政府不得不在外交和政治上妥协。为了避免陷入国际政治的旋涡，美国法院在作出域外管辖决定时，不仅会考量本国管辖利益，还会顾及外国管辖利益，最大限度地减少域外管辖对国际关系的不利影响。

国际礼让强调法院在确定管辖范围时，要充分考虑外国的公共利益、属地和属人利益，当外国管辖利益大于本国时，应当调整或限制本国管辖权以纾解管辖冲突。早在 1909 年的香蕉公司案中，美国法院就将国际礼让作为限制域外管辖的重要依据。② 当时，美国法院对于国际礼让的分析相对简单。时至 20 世纪下半叶，美国在经济监管领域的管辖扩张招致多国反对，美国法院试图通过适用国际礼让增加域外司法管辖的合理性。此时，域外司法管辖中的国际礼让分析不再是简单的概念阐释，而是演变为一套复杂的利益平衡方法，美国法院需要考量众多影响因素权衡本国和外国利益大小，最终作出是否礼让之决定。③ 近年来，美国在新修订的《对外关系法重述（第四版）》中强调国际礼让对域外管辖的限制作用，可以预见国际礼让这种自我限制方式将越来越多地出现在美国法院的判决中。④

（三）美国域外司法管辖权力限制评析

1. 反域外适用推定的不确定性和倾向性

第一，反域外适用推定的适用与否具有不确定性。美国自福利兄弟案创制出该原则之后，最高法院在长达 40 年间甚少适用这一推定，联邦法院内部对推定的立场并不一致。20 世纪 90 年代，最高法院在阿美石油公司案中重启反域外适用推定，先后在 6 个案件中适用了这一推定。然而，在另外 4 个应该适用反域外适用的案件

---

① 参见叶研：《欧盟〈阻断法案〉述评与启示》，载《太平洋学报》2020 年第 3 期。

② American Banana Co. v. United Fruit Co., 213 U. S. 347, 356 (1909).

③ Timberlane Lumber Co. v. Bank of America Nat. and S. A., 549 F. 2d 597, 614 (9th Cir. 1976); Mannington Mills, Inc. v. Congoleum Corp, 595 F. 2d 1287, 1297 - 1298 (3rd Cir. 1979).

④ Restatement (Fourth) of Foreign Relations Law, § 422, Reporters' Note 7.

中,联邦最高法院未能适用该推定。①

第二,反域外适用推定的适用领域具有倾向性和选择性。长期以来,联邦法院倾向在劳动和环境保护等领域严格适用反域外适用推定,否定了多部法律的域外效力,而在证券和反垄断等经济监管领域通常忽略推定的适用,直接依据效果原则行使域外管辖权。因此,有学者指出:效果原则使反域外适用推定停摆失灵。② 尽管莫里森案强化了证券交易领域反域外适用推定之适用,一定程度上纠正了联邦法院这种选择性适用倾向。但是联邦上诉法院普遍认为该案的判决并不适用于刑事领域。这也就意味着刑事域外管辖不受反域外适用推定之限制。

第三,反域外适用推定的适用标准和结果具有不确定性。反域外适用推定本质上是一个法律解释工具,美国法院对其适用存在文义解释与目的解释的选择分歧。在阿美石油公司案中,联邦最高法院提出"明确性标准",实际上是采取严格的文义解释,使其更接近于一种明确的声明规则。莫里森案中,联邦最高法院提出了新的分析路径。③ 新的标准虽然更加灵活,使法院有更大的回旋余地,但同时带来了更大的不确定性。有学者担心"这种推定已经偏离了它所宣称的实现国会意图之目的,它正在制造越来越多的障碍,如果国会希望将其法律延伸到美国境外,就必须跨越这些障碍"。④

2. 美国法院适用正当程序受限

正当程序并非平等适用于所有在美国被诉的外国人和美国行政机构的海外活动。在美国诉乌尔德基案中,被告涉嫌向美国贩毒并杀害缉毒局探员,在没有搜查令的情况下,美国特工搜查了被告位于墨西哥的住所。美国最高法院认为美国宪法第四修正案中提到的"人民"指的是属于某个民族群体的一类人,或者他们与这个国家有足够的联系,被视为这个群体的一部分。⑤ 据此,正当程序原则并不能平等地保

---

① See Zachary D. Clopton, *Bowman Lives: The Extraterritorial Application of U. S. Criminal Law after Morrison v. National Australia Bank*, New York University Annual Survey of American Law 67, 2011, p. 1050.

② See Austen Parrish, *The Effects Test: Extraterritoriality's Fifth Business*, Vanderbilt Law Review 61, 2008, p. 1474.

③ 莫里森案法院认为反域外适用推定应该分两步走:首先,考察国会立法是否包含域外适用规则,即该法规是否明确陈述"本法适用于域外";其次,当法律条文中没有明确的域外适用声明时,审查该条款意图规制的"焦点"位于美国领域内还是领域外,若该条文的"焦点"包括领域外事项,则该条款具有域外效力。Morrison v. National Australia Bank, 561 U. S. 247, 265 (2010).

④ Maggie Gardner, *RJR Nabisco and the Runaway Canon*, Virginia Law Review Online 102, 2016, p. 143.

⑤ United States v. Verdugo-Urquidez, 494 U. S. 259, 265 (1990).

护所有在美国被诉的外国人。更重要的是,适用正当程序原则将使美国行政机构的海外活动受到限制,阻碍行政机构的域外执法。最高法院认为美国宪法第四修正案的目的在于保护美国人不受政府任意行为的影响,而非限制联邦政府对美国领土之外的外国人采取行动。① 该案显示了美国法院对行政机构维护国家安全的极大尊重,行政机构的海外活动不能被美国宪法束缚,否则,将对美国行政机构在其边界外的执法活动产生重大不利影响。

3. 美国法院对国际法的遵从度下降

20 世纪以前,美国法院对国际法保持了较高的遵从度。司法实践中发展出"迷人的贝西"原则,即对国会立法的任何解释不应违反国际法。② 在管辖事项上,除涉及海盗等普遍罪行外,美国法院坚持绝对属地主义,因为在本国领土外行使管辖权违反国际法。20 世纪初期,联邦最高法院虽然仍秉持属地主义,但其理由却不再是国际法,而是出于国际礼让。③ 1927 年荷花号案是美国域外司法管辖的转折,该案的判决成为美国扩张域外司法管辖的重要理据。

20 世纪中期以来,美国法院频繁对与本国联系微弱的案件行使管辖权。这种扩张管辖权的做法被国际社会称为"司法霸权主义",损害了国际法治的运行环境。20 世纪中期,美国法院发展出的效果原则是一种可塑性极强的理论。效果的判断并无统一标准,对美国市场产生微弱影响也可能被认为违反了该原则。20 世纪 80 年代开始,美国法院将普遍管辖扩展至民事领域,对与本国毫无关联的外国自然人和公司行使管辖权。从效果到普遍民事管辖,从低程度联系到无联系,美国不断降低域外管辖联系标准的下限。这种做法既损害了他国的管辖利益,也破坏了国际法治环境。

时至 2018 年,美国《对外关系法重述(第四版)》否定了第三版重述关于"司法管辖属于习惯国际法范畴"之观点,明确提出"除各种形式的豁免例外,现代习惯国际法一般不对司法管辖权施加限制"。④ 此版重述揭示了美国当下在域外司法管辖问题上对国际法的漠视立场,使国际法进一步遭受侵蚀。

---

① United States v. Verdugo-Urquidez, 494 U. S. 259, 271 – 272 (1990).

② Murray v. Schooner Charming Betsy, 6 U. S. (2 Cranch) 64, 118 (1804).

③ 霍姆斯法官在香蕉公司案中写道:"一个普遍的规则是,行为的合法性必须完全由行为发生地法律决定……因为对另一个司法管辖区来说,如果它碰巧控制了行为人,对其适用本国法而非行为地法律,不仅是不公正的,而且是对另一国主权的干涉,违反国家间的礼让,有关国家会因此感到愤恨。" American Banana Co. v. United Fruit Co., 213 U. S. 347, 356 (1909).

④ Restatement (Fourth) of Foreign Relations Law, Part Ⅳ, Chapter 2, Introduction Note (2018).

4. 国际礼让的考量因素混乱

美国法院适用国际礼让的标准并不一致。美国域外司法管辖的国际礼让分析经历了由七要素说到十要素说的转变,客观上增加了国际礼让的复杂程度,而且不同法院所考量的侧重点不一致,使得礼让分析结果很难被预见。在提伯兰木材公司案中,第九巡回法院提出三步分析法判断管辖权,前两步的分析相对容易,第三步的分析则十分复杂,需要从国际礼让视角考量美国法院行使域外管辖权的合理性,共涉及七个方面的考量因素。① 在曼宁顿案中,第三巡回法院试图进一步细化国际礼让标准,提出十项考量因素。② 对比两个案件中国际礼让的考量标准,前者侧重分析法律冲突、判决执行和效果因素,后者在此基础上引入未决诉讼、法律强制、对外关系、法院接受度、国际条约等因素,使得礼让分析更加复杂。哈特福德案后,美国法院将"真实冲突"作为适用国际礼让之前提,大幅度地限制了国际礼让的适用。③ 在维生素 C 案中,上诉法院尊重中国商务部的法庭之友意见,对"真实冲突"采取了限缩解释,为国际礼让的适用打开了缺口。④ 然而,最高法院认为应当尊重外国政府的声明,但同时要求将该声明与其他证据一并考量,实际上间接否定了国际礼让。⑤ 2021 年 8 月,第二巡回法院在终审判决中再次支持了国际礼让的适用。⑥ 该案虽以中国当事人胜诉而告终,但美国联邦法院在长达 16 年间围绕国际礼让展开的反复讨论也再次表明了法院观点的差异性。

五、美国域外司法管辖的主要弊端

美国域外司法管辖生成于特殊的历史背景,有鲜明的国家利益导向。尽管从整体主义视角,司法并非美国域外管辖扩张的主要力量,但其作用不容忽视,是美国构造全球法律帝国的关键抓手。美国法院对限制性因素考量和价值判断的不一致性,使得美国域外司法管辖权的行使缺乏可预期性。

---

① 七项考量因素可参见 Timberlane Lumber Co. v. Bank of America Nat. and S. A., 549 F. 2d 597, 614 (9th Cir. 1976)。

② 十项考量因素可参见 Mannington Mills, Inc. v. Congoleum Corp., 595 F. 2d 1287, 1297 – 1298 (3rd Cir. 1979)。

③ 哈特福德案强调礼让分析中首先要考量法律冲突问题,如果国家间法律并不存在真实冲突,那么就无须考量其他因素。Hartford Fire Insurance Co. v. California, 509 U. S. 764, 798 (1993).

④ In re Vitamin C Antitrust Litigation, 837 F. 3d 175, 177 (2nd Cir. 2016).

⑤ 宋晓:《外国管制性法律的查明——以"维生素 C 反垄断诉讼案"为中心》,载《法律科学(西北政法大学学报)》2021 年第 4 期。

⑥ In re Vitamin C Antitrust Litigation, 8 F. 4th 136, 136 (2nd Cir. 2021).

（一）美国域外司法管辖变迁沿循“弱势者—强权者—衰退者”的历史逻辑

美国域外司法管辖范围大小与本国实力强弱成正比，综观美国法域外司法管辖史，美国法院以国家实力为依托，在不同的历史时期灵活确定其管辖范围。建国初期，联邦法院基于“弱势者立场”反对域外管辖，以维护国家主权独立。20世纪初期，美国成为新兴大国，不再需要威斯特伐利亚体系维护本国安全，联邦法院开始适用本国法管辖境外事务。第二次世界大战以后，美国跃升为全球性超级大国，联邦法院基于“强权者立场”大力扩张域外管辖范围。21世纪以来，美国经济霸权受到削弱，美国法院基于“衰退者立场”适时收缩特定领域的管辖权，以缓和执法管辖扩张所引发的国际矛盾，同时避免自身陷入国际纠纷的旋涡。美国法院对本国域外管辖立场的转变深刻映射出国家实力和国际权力结构的变迁。

（二）美国域外司法管辖由市场领域向非市场领域扩展

根据美国学者特里的分析，1990年以前，美国法院更倾向在跨国证券交易和跨国垄断等市场监管领域适用本国法，而在跨国劳工和跨国环境保护等非市场领域则倾向限缩本国法的适用范围。① 然而，近30年来，美国法域外适用的重点却发生了转变，美国法院越来越倾向对境外非市场案件适用本国法。比较典型的是美国法院受理外国人提起的境外人权侵权诉讼数量一度增长迅速，直到科贝尔案后才有所衰退。需要特别关注的是，“9·11事件”以来，美国法院通过直接或间接的方式扩张域外刑事管辖，这一趋势在莫里森案后仍在继续。上述事实表明，美国域外司法管辖的关注点日益由涉及经济法的市场领域扩展至人权、跨国刑事犯罪等非市场领域。

（三）美国域外司法管辖具有鲜明的国家利益导向

美国域外司法管辖领域的选择和调整以本国利益为中心。反垄断法和证券法是美国域外司法管辖的源头，在相当长的一段时间内美国法院并不重视其他经济法领域的域外管辖。这主要是因为国际垄断和跨境证券交易案件与国家经济利益直接关联，而劳动和环境保护并不直接影响美国经济。通常来说，刑法被认为具有最严格的属地性，包括美国法院在内的各国法院都严格限制本国刑法的域外适用。然而，随着冷战的结束和“9·11事件”的发生，国家安全问题引起美国的高度关注，打击恐怖主义成为布什政府的首要任务，国家安全利益的重要性上升。在此背景下，美国法院开始扩张域外刑事管辖权，司法成为维护美国安全利益的重要工具。特朗

① See Jonathan Turley, *When in Rome: Multinational Misconduct and the Presumption Against Extraterritoriality*, Northwestern University Law Review 84, 1990, p. 608.

普上台后,将中国定义为主要战略竞争对手,在部分民事管辖权限缩的背景下,美国域外刑事司法管辖持续扩张,异化为打击竞争对手的重要武器。

(四)美国域外司法管辖权力限制机制失灵

美国法院行使域外司法管辖权既要以国家利益为中心,也受限制性因素的影响,但美国法院对于限制性因素的选取和适用具有不确定,导致美国域外司法管辖权缺乏可预期性。从内部限制层面上看,作为立法意图衡量工具的反域外适用推定长期停摆,其适用条件和标准也几经变迁;正当程序在某些案件中受到限制;司法机关高度尊重行政机关的管辖决策。从外部限制层面上看,美国法院对国际法的遵从度下降,越来越强调国际礼让因素。然而,美国法院对国际礼让的考量复杂多元,选取不同的因素会得出差异化的结论。不同法院对上述限制因素的考量差异较大,相同法院在不同历史时期对同一限制因素的考量也不尽相同。从总体上看,美国法院并没有严格遵循其国内法和国际法设定的权力限制逻辑。这导致管辖结果不具有可预期性,也从侧面说明美国域外司法管辖的灵活性和政治性。

(五)美国域外司法管辖权的收缩具有局部性和暂时性

从整体视角看,尽管美国域外管辖扩张的最主要力量并非法院而是行政机构,且域外司法管辖在少数领域出现了限缩,美国法院仍然是全球法院中最具权力的法院,也是美国构建全球法律帝国的关键抓手。一方面,美国域外管辖扩张源于法院而非执法机构,法院是美国域外管辖的开拓者和理论供给者;另一方面,执法机构扩张管辖权离不开法院的配合。迄今为止,美国法院只是在部分领域限缩其管辖权,莫里森案不应被误读为美国大规模限制司法管辖的开端。对比其他国家法院的域外管辖,美国域外司法管辖仍然十分霸道。随着国际局势的变化、美国全球战略的调整以及自由派的回归,相关民事领域的管辖限缩或许会重新走向扩张,应当对此保持警惕。

六、大国域外司法管辖理念的更新和调整

从目前我国实践状况来看,域外司法管辖案件数量有限,且主要集中在刑法和反垄断等少数领域。[①] 此种保守型域外司法管辖根植于我国特殊历史背景下生成的属地观念,已然不适应新时期对外交往的需求。我国有必要调整管辖理念,适当扩张域外司法管辖权。尽管如此,适度考量限制因素能够增强域外司法管辖的合理性。

---

① 参见上海市第一中级人民法院课题组:《我国法院参与中国法域外适用法律体系建设的路径与机制构建》,载《法律适用》2021 年第 1 期。

(一)域外司法管辖理念更新:大国司法理念之强调

域外司法管辖权大小与国家实力强弱成正比,而作为综合实力迅速崛起的大国,我国域外司法管辖与对外交往的实际情况不相匹配。改革开放以来,我国综合实力持续增长,在国际社会上确立了大国地位,国家利益遍布全球。然而,我国域外司法管辖实践总量不多且主要集中在私法领域,在刑法和反垄断法等公法领域仅有零星案例,未能及时回应日新月异的外部经济社会发展变化。相对保守的域外司法管辖实践不利于发挥司法维护国家根本利益、反制他国滥用域外管辖权、推动构建更加合理的国际规则等功能。① 在全球化时代,大国的司法制度已然超越了传统的争议解决范畴,成为国家竞争力的重要组成部分,功能上强调服务国家利益和国民利益扩张,实施过程中往往伴随着大国间的斗争与合作。② 作为经济大国,中国国家利益要求司法机关适时延伸管辖权。

树立大国司法理念,以大国思维发展涉外司法制度,适度扩张域外司法管辖权,发挥人民法院在维护国家整体利益和推动全球治理中的作用,正当其时。具体而言,首先,我国应当超越单纯的属地主义和属人主义管辖权设置模式,适当增加"效果"和"联系"要素为域外管辖依据,确立更加广泛的管辖联系。其次,人民法院应当在跨国犯罪、跨国经济监管、国家安全等重点领域积极行使域外管辖权,强化对公法案件的域外管辖。以瑞幸咖啡事件为例,虽然其融资行为发生在美国,投资者在美国发起了集体诉讼,但是其造假行为损害了境内投资者利益,境内投资者渴望通过国内司法维护自身权益,其妥善处理也有助于增强对境外上市公司的监管,人民法院可以考虑对此类跨境证券交易侵权案件行使域外管辖权。③ 更为重要的是,人民法院行使管辖权对处理敏感国际纠纷有独特的优势,在有效维护国家利益的同时更容易为国际社会所接受,钓鱼岛海域民事与海事纠纷案即为典型例证。④ 最后,应当加强跨国司法合作,积极订立双边司法协助条约,为跨国取证、送达、引渡提供便利,推动中国法院判决的承认与执行,增强司法域外管辖的有效性。

(二)域外司法管辖标准调整:市场与非市场案件的区分

大国行使域外司法管辖权的动力是多元的,但核心在于维护国家经济和安全利

---

① 肖永平:《"长臂管辖权"的法理分析与对策研究》,载《中国法学》2019 年第 6 期。

② 大国司法理念具有竞争性、服务性和司法斗争中的合作性三大特征。参见何其生:《大国司法理念与中国国际民事诉讼制度的发展》,载《中国社会科学》2017 年第 5 期。

③ 参见郭金良:《我国〈证券法〉域外适用规则的解释论》,载《现代法学》2021 年第 5 期。

④ 参见霍政欣:《论全球治理体系中的国内法院》,载《中国法学》2018 年第 3 期。

益。我国国家机关已经注意到市场案件对本国经济利益的重要性,对市场案件已经形成了相对统一的域外管辖判断标准,域外司法管辖权的行使需要同时满足行为影响的直接性、重大性和可预见性三项标准。[①] 首先,境外行为与境内市场秩序破坏、境内主体权利受损必须存在直接的因果关系。其次,境外行为对我国境内市场秩序破坏、主体权利受损的影响应当达到"重大"的程度。最后,境外的行为主体应当合理预见其行为对中国市场和相关主体可能产生的不利影响。

非市场案件域外管辖问题尚未引起我国国家机关的足够重视,且数量众多的各部门法在规制目标上存在差异,难以形成相对统一的域外管辖判断标准。随着国家主要矛盾和国际力量对比的深刻变化,我国面临前所未有的外部压力,传统和非传统安全威胁相互交织。[②] 在种类繁多的非市场案件中,我国尤其需要加强对国家安全案件的域外管辖,以应对日益凸显的境外安全威胁。以《中华人民共和国反间谍法》(以下简称《反间谍法》)为例,虽然该法规定了域外管辖规则,但是我国长期以来适用商业秘密保护模式规制经济间谍,忽略了商业秘密保护与国家安全机制的区别。[③] 为此,在进一步加强《中华人民共和国刑法》(以下简称《刑法》)与《反间谍法》衔接后,我国法院可以有条件地适用《反间谍法》《刑法》中的间谍罪规制境外间谍活动,反制美国滥用美国《经济间谍法》污名化中国企业和个人。[④] 需要注意的是,由于国家安全保护机制具有高度的政治敏感性,适用时应当着重考察案件本身的严重程度,结合国家利益和外交政策进行严格审查。

(三)域外司法管辖合理性调控

1.将正当程序贯穿于域外司法管辖权行使的具体环节

正当程序在我国适用的历史较短,重实体轻程序之观念仍然存在,域外司法管辖的特殊性对法院适用正当程序提出了高要求。与国内管辖不同,域外司法管辖关乎国家主权和国际关系,也影响一国法治形象,正当程序的适用应当更加严格,域外司法管辖符合法律规定仅仅是底线要求,更重要的是公平正义之实质体现。

---

① 参见王晓晔、吴倩兰:《国际卡特尔与我国反垄断法的域外适用》,载《比较法研究》2017年第3期。

② 参见《中共中央关于党的百年奋斗重大成就和历史经验的决议》,载《人民日报》2021年11月7日,第1版。

③ 参见曹波、杨婷:《商业间谍刑事规制的美国经验与我国的借鉴应对》,载《财经法学》2021年第3期。

④ 曹夏天:《大国竞争背景下〈中华人民共和国反间谍法〉的域外适用》,载黄进、肖永平、刘仁山主编:《中国国际私法与比较法年刊》第28卷,法律出版社2022年版。

人民法院应当强化正当程序在域外送达、域外取证和法庭审判等具体管辖权行使环节的适用,通过正当程序约束跨境司法和执法活动,为境外当事人提供有力的程序保障。首先,合法的送达是人民法院行使域外司法管辖权的依据之一。两大法系域外送达理念不同,容易产生送达冲突现象。① 人民法院在域外送达方式的选取上,需以国际条约、双边司法协定以及国内法为依据,同时要注意不同国家送达理念和制度的差异性,最大限度地尊重他国法律传统。其次,域外取证原则上通过司法协助方式进行,非正式的取证方式应当受到严格限制。随着数据时代的到来,非正式的跨境数据取证方式日益成为域外取证新路径。② 尽管非正式的数据调取提升了跨境取证效率,但也面临合法性和正当性缺失的困境,应当在善意且符合比例的条件下有限适用。③ 最后,人民法院应当充分保障境外当事人的辩护权。受制度、语言、地理等因素的影响,境外当事人在诉讼中承担了更重的辩护负担。人民法院可以考虑通过远程审判等制度创新减轻境外主体的辩护负担,保障其辩护权。

2. 协调两种管辖逻辑增强域外司法管辖的国际法合法性

荷花号案的判决引发了国家管辖权"法无禁止即自由"与"法无授权即禁止"两种管辖逻辑之争。④ 两种管辖逻辑均存在缺陷,前者容易引发过度管辖问题,而后者则可能导致管辖不能。"法无禁止即自由"的管辖逻辑"将自由主义凌驾于国际法之上",⑤赋予国家行使管辖权极大权力,常常沦为西方大国扩张域外管辖范围的借口。反观后者,虽然强调国际法对主权的限制,但是在国际法并不完备、缺乏授权性规定的情况下,"法无授权即禁止"的管辖逻辑将导致域外管辖权的行使寸步难行。⑥

① 大陆法系国家通常认为送达是公权力的象征,而英美法系的送达则具有"私"的性质,两大法系国家在送达领域的冲突曾引发多次外交照会和抗议。

② 参见裴炜:《论网络犯罪跨境数据取证中的执法管辖权》,载《比较法研究》2021 年第 6 期。

③ 例如,美国纽约南区联邦地方法院要求中国银行纽约分行提供位于中国境内的银行信息,突破了传统取证中不得侵犯他国主权的原则。Gucci America v. Weixing Li, 2011 WL 6156963 (S. D. N. Y 2011).

④ 参见龚宇:《国家域外管辖的法律逻辑评析——对"荷花号"案的再思考》,载《国际法学刊》2021 年第 3 期。

⑤ S. S. Lotus (France v. Turkey), 1927 P. C. I. J. Reports, Series A, No. 10, p. 34.

⑥ 有学者认为,习惯国际法确定的属人原则、保护原则和普遍原则具有极大张力,大国总是可以找到国际法授权,因此"法无授权即禁止"并不构成真正的限制,两种管辖逻辑是殊途同归。笔者认为,习惯国际法确立的域外管辖原则有其严格领域和适用条件限制,超脱特定领域和适用条件的管辖构成对"法无授权即为禁止"的违背,其国际法合法性存疑。

通过协调两种管辖逻辑弥合单一管辖逻辑的缺陷,可以最大限度增强我国域外司法管辖国际法合法性。首先,在"法无禁止即自由"的管辖逻辑下,主权国家行使域外管辖权的前提是不违反国际法禁止性规定。虽然条约法缺乏相关的禁止性规定,但域外司法管辖符合联系标准日益成为习惯国际法。国际法权威学者——从奥本海,到布朗利,再到劳氏——都一致认为,国家和被告之间需要存在某种联系,以证明法院行使管辖权的正当性。① 从国家实践层面上看,一些国家在司法判决中明确指出国际法为主权国家设定了司法管辖之边界。② 因此,依据此种管辖逻辑,人民法院应当突出管辖联系,案件与国家联系越强,行使管辖权的合理性也就越强。其次,"法无授权即禁止"所表达的是对国际法的尊重。为此,人民法院应当尽可能以习惯国际法规定的属人原则、保护原则、普遍原则为管辖理据。至于是否需要以明确的条约规定为依据,应当根据情况灵活确定,而这恰好为维护我国国家利益和争取国际话语权提供了广阔空间。

3. 国际礼让的适用应回归实质分析

近年来,人民法院在涉外审判中开始重视并主动适用国际礼让,但是过程中存在考量因素选取不合理、礼让分析不充分等问题,使得国际礼让的适用流于形式。2020 年最高人民法院作出首个具有禁诉令性质的行为保全裁定。该案中,最高人民法院所选取的礼让考量因素并不合理:受案时间先后是法院在平行诉讼中确定管辖权的因素,无法与管辖相并列,而管辖是否适当则是国际礼让适用之前提,管辖并非国际礼让的子要素,而是法院在颁发禁诉令过程中与国际礼让相并行的考量因素。③ 更重要的是,裁决书未就国际礼让展开详细分析,国家利益衡量的过程未得到充分展示。在小米诉交互数字公司案与三星诉爱立信案中,人民法院同样忽略了国际礼让分析,引发中美、中印法院间的禁诉令和反禁诉令大战。④

---

① 参见[英]詹宁斯、瓦茨修订:《奥本海国际法》(第 1 卷第 1 分册),王铁崖等译,中国大百科全书出版社 1995 年版,第 328 页;[英]伊恩・布朗利:《国际公法原理》(第 5 版),曾令良、余敏友等译,法律出版社 2002 年版,第 330 页。

② 对于域外司法管辖权,澳大利亚高等法院曾指出:国际公法原理要求管辖事项与管辖权之间存在实质和善意的联系;加拿大最高法院认为:域外管辖权——包括规制管辖、裁判管辖和执行管辖——存在于国际法之中,同时受习惯国际法限制。转引自 Austen Parrish, *Adjudicatory Jurisdiction and Public International Law: The Fourth Restatement's New Approach*, in Paul B. Stephan and Sarah H. Cleveland, eds., The Restatement and Beyond: The Past, Present, and Future of U.S. Foreign Relations Law, Oxford University Press, 2020, p. 306。

③ (2019)最高法知民终 732 号、733 号、734 号之一。

④ 参见宋晓:《涉外标准必要专利纠纷禁诉令的司法方法》,载《法学》2021 年第 11 期。

这种流于形式的国际礼让分析实际上是将国际礼让作为论证司法决策合理性之工具,体现的是本国中心主义,不仅没有发挥出国际礼让缓和冲突之功能,反而加剧了司法对立。人民法院在适用国际礼让的过程中,应当回归国际礼让的实质分析,合理考量外国管辖利益,当外国法院对该案件具有更大管辖利益时,人民法院需要作出适当让步。事实上,一定限度的利益让渡并不会减损我国整体和长远的管辖利益,反而能够减少冲突和对抗,有助于实现国家相对利益最大化。

七、结论

我国法院有必要树立大国理念、合理确定管辖标准,在关于国家核心利益的重点领域适度扩张域外司法管辖权。与此同时,应通过引入正当程序、国际法以及国际礼让等考量因素增强我国域外司法管辖的国际法合法性与合理性。

国际民事诉讼年度综述(2021~2022年)*

范子豪**　何其生***

2021~2022年,围绕公平与效率的目标平衡、自由与秩序的价值追求、竞争与合作的策略抉择三大主题,国际民事诉讼呈现理论演进、规则完善、实践发展的态势。在理论层面,域外管辖相关研究在多重视角下就各国管辖权的扩张展开讨论,并关注了在知识产权、劳工保护、气候变化等跨国诉讼中的具体实践。在规则层面,《海牙判决公约》缔结3年后即将生效,欧盟《布鲁塞尔条例Ⅱa(重订版)》全面适用,海牙管辖权项目于困境中取得新突破,国际统一私法协会"有效执行的最佳实践"项目顺利展开,《取消认证公约》与"e-APP"项目稳步推进,均为提升全球司法经济与效率、促进国家间合作再添助力。在实践层面,欧盟法院着重对惯常居所、"利益中心"、分支机构等管辖权连结点进行阐释,美国联邦最高法院和英国最高法院也分别在冲突规范的援用和案件的可辩论性上发展了新的判例。

在"百年未有之大变局"背景下,国际民事诉讼被赋予多样化的功能,呈现多元化的价值追求。其一,为了在信息社会中有效"定分止争",国际民事诉讼需要在司法裁判的公平与效率之间实现平衡。其二,全球化时代法律制度的实施,有赖于国际民事诉讼维护司法经济与秩序安定的辩证统一。其三,作为大国博弈的新场域,国际民事诉讼在全球争议解决市场所代表的竞争力成为各国的主要关切。本文聚焦于管辖权领域,以上述三项主题为线索,从理论热点、规则进展和实践动向三个维度,回顾2021~2022年国际民事诉讼的演进与变迁。

---

* 本文是国家社科基金重大项目"国际私法视域下中国法域外适用的制度构建研究"(项目批准号20&ZD202)资助的中期成果之一。

** 北京大学法学院2021级博士研究生。

*** 北京大学法学院教授、博士研究生导师。

一、国际民事诉讼理论前沿

作为晚近研究的热点，域外管辖问题[1]在法律层面反映了大国间的激烈竞争。一些大国便依托其强大实力转向单边主义，以不受掣肘地实现对外关系的目标。在国际民事诉讼的视角下，域外管辖的理论发展及其在民事诉讼中的实践，成为学界关注的焦点。

（一）域外管辖的理论发展

在国际关系的视角下，斯拉沃斯基（J. Slawotsky）透过中国与美国对于全球的竞争，讨论美国域外管辖的策略性价值。他指出，中国和美国均已意识到，域外管辖在其全局性地缘经济策略中将发挥重要作用。他回顾了20世纪60年代美国在证券法领域以“行为与效果检验”展开的域外适用，[2]并介绍了美国联邦最高法院在莫里森诉澳大利亚国民银行案[3]（Morrison v. National Australian Bank，以下简称莫里森案）和RJR纳贝斯克公司诉欧洲共同体案[4]（RJR Nabisco v. European Community，以下简称RJR案）中提出的成文法域外适用的“明确意向”要求。在此趋势下，中美竞争可能导致美国法院依托《反海外腐败法》（Foreign Corrupt Practices Act）对中国国有企业加强域外管辖，即美国执法机关会更严格地审查中国国有企业的海外行为，以维护美国的国家安全与利益。鉴于美国国会就《反海外腐败法》的域外适用提出了“国内不利影响”的标准，[5]美国法院在司法程序中很可能认定这一法律中存在域外适用的明确意向。同时，美国金融与银行业务遍及全球的事实，客观上也促进了《反海外腐败法》的域外适用。综合以上考量，域外管辖无疑将成为美国力保其霸权地位的重要法律工具。[6]

在全球治理的视角下，科里什（N. Krisch）将管辖权边界的模糊化归因于全球商业行为治理模式的改变。他指出，无论形式如何，旧有的管辖权均被推定为属地

---

① 对于域外管辖问题，本文采最广义的理解，涵盖中文语境下的“域外管辖”“国内法域外适用”“国内法的域外效力”和英文语境下的“extraterritorial jurisdiction”“extraterritorial application”“extraterritoriality”等表述。

② 此方法实质上即国内学者广泛讨论的“效果原则”，也称“效果标准”。

③ Morrison v. National Australian Bank Ltd., 561 U.S. 247, 257 (2010).

④ RJR Nabisco, Inc. v. European Community, 136 S. Ct. 2090 (2016).

⑤ See H. R. REP. No. 95 – 640, at 4 (1977), cited as “[although] the payments which [the Act] would prohibit are made to foreign officials, in many cases the resulting adverse competitive affects are entirely domestic”.

⑥ See J. Slawotsky, *U. S. Extraterritorial Jurisdiction in an Age of International Economic Strategic Competition*, Georgetown Journal of International Law 52, 2021, p. 427 – 468.

的,除极少数国际法上的例外,并不允许域外管辖。这一结构为国际秩序提供了持续性和稳定性。但如今,管辖权规则正在发生根本性的转变,从处理平等主权国家间关系的横向框架演变为少数国家控制跨国市场的全球治理结构;从领土边界衍生的自然结果演变为实现经济目标的灵活手段。在此过程中,管辖权正在逐渐“解脱束缚”(unbound)。具体而言,传统的领土概念出现了延展,并处于不断变化的状态之中,管辖权的属地性正在被削弱,在域外行使管辖权受到的限制逐渐减少。管辖权属地限制的削弱有助于各国规避集体决策的低效率,并可以在去中心化的国际秩序中为国际社会提供公共产品;但这也侵蚀了主权平等原则和不干涉原则,加剧了由少数国家主导规制全球市场的情况。如果管辖权被视作一种规制跨国市场主体的策略,各国在制定决策时会更多地考虑政治性、制度性和经济性因素。管辖权的核心功能本是划定国家范围与权力边界,如今却转向探索如何有效规制全球市场,这或许有利于实现公共利益和国家统治,但其中蕴含的单边主义倾向极易引发质疑。①

在方法路径的视角下,伯彻斯(P. Borchers)通过介绍美国联邦最高法院对“美国法的反域外适用推定”的发展,分析了当前美国各级法院援用反域外适用推定中面临的问题。尽管联邦最高法院确定反域外适用推定的内涵为“当一项成文法没有显示出域外适用的明确意向时,就判定其不能域外适用”,但美国法院在援引此原则时说理各不相同。在莫里森案中,美国联邦最高法院创设了“焦点(focus)检验”的方法,即以立法的“焦点”判断法律是否可以域外适用。在此案中,案涉《1934 年证券交易法》第 10(b)节的“焦点”是股份买卖,只有股份买卖发生在美国交易所时才能适用。后来的 RJR 案将“焦点检验”细化为两步:第一步,考察反域外适用推定是否被驳斥,即案涉法律是否具有域外适用的明确意旨。第二步,确定法律的“焦点”并考察其可适用性,如果与“焦点”相关的行为发生在国内,那么即使有其他行为发生在国外,此法律也可以适用;反之,如果“焦点”相关的行为发生在国外,此法律将无法适用。而在基奥贝尔诉荷兰皇家石油公司案②(Kiobel v. Royal Dutch Petroleum,以下简称基奥贝尔案)中,美国联邦最高法院又创设了“触及与牵涉检验”(touch and concern test)。具体而言,当事人的诉讼请求必须以“充分的力量”(sufficient force)“触及”且“牵涉”美国领土,才能来取代反域外适用推定。但是,美

① See N. Krisch, *Jurisdiction Unbound: (Extra) territorial Regulation as Global Governance*, European Journal of International Law 20, 2022, p. 1 – 33.

② Kiobel v. Royal Dutch Petroleum Co., 569 U.S. 108 (2013).

国联邦最高法院并没有释明“触及与牵涉检验”与“焦点检验”的关系，尽管后来的RJR案尝试通过对“基奥贝尔案所有的相关行为都发生在美国领土之外”进行解释，来说明此案无关“焦点检验”，但阿利托大法官（Justice S. Alito）在基奥贝尔案中的陈述却明显体现出，他认为“触及与牵涉检验”是“焦点检验”中的一部分。总体而言，美国法域外适用的发展欠缺稳定性，其具有多重原因：一方面，联邦最高法院从未正面回应“成文法域外适用”的真正含义，仅将说理的重点聚焦于当事人的行为；另一方面，各级法院对域外适用“明确意向”清晰程度的要求也不统一。[①]

（二）域外管辖的实践讨论

1. 知识产权

霍布鲁克（T. Holbrook）分析了知识产权法的域外效力在美国联邦最高法院呈现的新动向。历史上，美国商标法具有域外适用的传统；版权法和专利法的地域性限制相对更强，但在司法实践中也出现了域外适用的迹象。以往的司法实践对于知识产权法的反域外适用推定欠缺关注；然而晚近美国联邦最高法院尝试通过四个典型判例[②]重新激活此推定的尝试是失败的。在商标法领域，莫里森案与版权法域外适用的里程碑式案例——斯蒂尔诉布洛瓦手表公司案（Steele v. Bulova Watch Co.）[③]发生了冲突：前者认为域外适用通常发生在案件的实体阶段，后者则认为通常发生在管辖权阶段。第九巡回法院也在实践中回避了RJR案确定的两步式判断，转而向更早的判例寻求答案，进而引起了下级法院的分歧。版权法领域也面临相似的问题，且司法实践中对于域外版权侵权责任的判断也混淆了上述美国联邦最高法院的判例。类似地，在专利法领域，联邦巡回法院需要重新审视域外适用究竟是案件实体问题还是事项管辖权（subject matter jurisdiction）问题。同时，最高法院的判例在专利侵权责任、专利范围的限制等问题上与联邦巡回法院以往的实践相矛盾。在晚近的案例中，联邦巡回法院也没有选择援引上述联邦最高法院的判例。[④] 总体而言，霍布鲁克认为，美国联邦最高法院澄清反域外适用推定的尝试并没有在商标

---

① See P. Borchers, *Kiobel's "Touch and Concern" Test in the Eleventh Circuit (and Elsewhere) and a New Paradigm for the Extraterritorial Application of U. S. Law*, Cumberland Law Review 50, 2020, p. 259 - 283.

② 这四个案例除上文提到的莫里森案、RJR案、基奥贝尔案以外，还有威森盖克诉伊恩地理物理公司案［WesternGeco v. ION Geophysical, 138 S. Ct. 2129 (2018)］。

③ Steele v. Bulova Watch Co., 344 U. S. 280, 286 (1952).

④ 霍布鲁克援引了得克萨斯高端光电解决方案公司诉瑞萨电子美国公司案［Texas Advanced Optoelectronic Solutions, Inc. v. Renesas Electronics America, Inc. (Fed. Cir. 2018)］来证明这一观点。在此案中，联邦巡回法院在讨论域外损害（extraterritorial damage）问题时，没有援引任何最高法院的判例。

法、版权法、专利法中建立一致性,下级法院对这一推定的适用和解释存在较大差异。他主张,美国法院应当援引 RJR 案中的两步式判断标准,并借鉴商标法领域的司法实践,在版权法和专利法领域引入对礼让因素的考量。①

2. 劳工保护

韦内齐亚诺(A. Veneziano)针对美国劳工保护法的域外适用展开了研究。她以 20 世纪中期美国联邦最高法院创设"效果原则"为起点。不同的是,在劳工保护领域,彼时的美国法无法适用于在国外受雇的美国公民,更不适用于外国人。当前,跨国雇佣越发普遍,为了更好地保护劳工权益,美国国会决定修正《1964 年民权法案》(Civil Rights Act of 1964)第七章、《1990 年美国残疾人法》(Americans with Disabilities Act of 1990)和《1967 年就业年龄歧视法》(The Age Discrimination in Employment Act of 1967),弥补美国劳工保护法无法域外适用的缺陷。修正案包括四项核心内容:一是将"雇员"的定义扩大至在外国受雇的美国公民;二是将上述法律的适用范围扩展至在国外营业的美国雇主以及由美国控制的外国雇主;三是明确上述法律不适用于国外营业的纯外国雇主,无论其是否雇用了美国人;四是纳入"外国法抗辩"(foreign law defense),允许外国雇主以"遵守美国法可能导致其违反本国的国内法"为由免除责任。修正案为美国法院跨国保护劳工创造了条件,但援引"外国法抗辩"的条件、外国雇主受美国"控制"的具体标准等也会给法院带来一定困难。②

3. 气候变化

鲁迪安(A. Rudyan)尝试基于普通法制度讨论气候变化妨害诉讼(climate change nuisance action)中的法律域外适用问题,指出普通法在此类诉讼中具有域外适用的可能性。他认为,长期以来,美国法官习惯于驳回气候变化引发损害的诉讼,却无法明确地提供拒绝审理此类诉讼实体问题的理由。作为逻辑的起点,美国法"反域外适用推定"仅针对成文法,并不适用于普通法体系。同时,冲突规则的指引进一步支持了气候变化诉讼中普通法域外适用的可能性,有助于推动美国法院进入实体审理程序。但气候变化对人类社会产生的影响尚不显著,美国法院对气候变化

---

① See T. Holbrook, *Is There a New Extraterritoriality in Intellectual Property?*, Columbia Journal of Law & the Arts 44, 2021, p. 457 - 509.

② See A. Veneziano, *The Extraterritoriality of U. S. Employment Laws: A Story of Illusory Borders and the Indeterminate Applications of U. S. Employment Laws Abroad*, Berkeley Journal of Employment and Labor Law 41, 2020, p. 121 - 166.

诉讼一贯保持沉默态度，这从另一个侧面揭示了国际社会并未就应对气候变化付出足够的努力。①

二、国际民事诉讼的规则动态

2021～2022年度，国际民事诉讼规则呈现令人欣喜的发展。一方面，一些影响深远的国际法律文书，如《承认与执行外国民商事判决公约》(Convention on the Recognition and Enforcement of Foreign Judgments in Civil or Commercial Matters，以下简称《海牙判决公约》)、《关于取消外国公文书认证要求的公约》(Convention of 5 October 1961 Abolishing the Requirement of Legalisation for Foreign Public Documents，以下简称《取消认证公约》)和欧盟《关于婚姻、父母责任和国际儿童诱拐事项的管辖权及决定承认与执行的第2019/1111号条例》[Regulation (EU) 2019/1111 on Jurisdiction, the Recognition and Enforcement of Decisions in Matrimonial Matters and the Matters of Parental Responsibility, and on International Child Abduction (recast)，以下简称《布鲁塞尔条例Ⅱa(重订版)》]等，获得了实质性突破；另一方面，一些国际民事诉讼领域的项目谈判，包括海牙管辖权项目(Hague Jurisdiction Project)和国际统一私法协会(International Institute for the Unification of Private Laws, UNIDROIT)"有效执行的最佳实践"(Best Practice for Effective Enforcement)项目(以下简称"执行"项目)，也取得了重要进展。

(一)《海牙判决公约》生效在即

2022年8月29日，欧盟向荷兰外交部交存其加入《海牙判决公约》的文书；同日稍晚，乌克兰也向荷兰外交部交存其批准《海牙判决公约》的文书。借此，欧盟和乌克兰分别成为《海牙判决公约》的第一个、第二个缔约方。② 依《海牙判决公约》第28条、第29条的规定，其将于2023年9月1日正式生效。③ 届时，司法文书全球流通的三大支柱性公约[1958年《承认及执行外国仲裁裁决公约》(以下简称《纽约公约》)]、2019年《联合国关于调解所产生的国际和解协议公约》(以下简称《新加坡调解公约》)与《海牙判决公约》将全部生效，从而进一步提高国际民商事争议解决的效率。

---

① See A. Rudyan, *Extraterritoriality in Common Law Climate Actions: Judicial Restraint or Judicial Error?*, Pace Environmental Law Review 37, 2019, p.177－210.

② 欧盟的加入意味着《海牙判决公约》将对除丹麦以外的所有欧盟成员国产生约束力。

③ See HCCH, *The EU and Ukraine join the* 2019 *Judgments Convention-Ukraine Ratifies the* 2007 *Maintenance Obligations Protocol*, (Sept. 11, 2022), https://www.hcch.net/en/news-archive/details/?varevent=870.

(二)欧盟《布鲁塞尔条例Ⅱa(重订版)》全面适用

自2022年8月1日起,《布鲁塞尔条例Ⅱa(重订版)》取代原先的《布鲁塞尔条例Ⅱa》①,全面适用于欧盟成员国。《布鲁塞尔条例Ⅱa(重订版)》的制定始于欧盟委员会在2016年6月的提案,耗时3年,于2019年6月29日通过。《布鲁塞尔条例Ⅱa(重订版)》较之《布鲁塞尔条例Ⅱa》有多处完善与创新。举例而言,新条例全面废止了涉及离婚、父母责任等事项的司法决定的领事认证和其他特殊程序要求,设立了决定承认与执行的一般机制②和特许机制③。《布鲁塞尔条例Ⅱa(重订版)》也进一步协调落实了欧盟各成员国的执行措施,弥补了先前《布鲁塞尔条例Ⅱ》仅能处理决定的可执行性问题以及具体执行措施依各国国内法的缺憾。④ 也正是考虑到新规则体系的适应成本,欧盟决定给予各成员国3年的准备期。在此期间,尽管条例处于生效状态,但仅需要履行部分特定的义务(如各成员国所设机关交换相关信息的义务)。⑤《布鲁塞尔条例Ⅱa(重订版)》在欧盟域内的全面适用是跨国家事诉讼的重要进展,其在协调欧盟各国间跨国婚姻家庭管辖权与司法文书流通方面的尝试,将为全球提供新的借鉴和参考。

(三)海牙管辖权项目的新进展

在之前的几次海牙管辖权项目专家组(Experts' Group)会议中,各国专家在"制定有约束力的文书还是软法文书""新文书应仅涉及平行诉讼还是也应包括直接管辖权规则""采纳先受理规则还是采纳较好法院(better forum)方法"三个核心问题上产生过争执。⑥ 美国学者布兰德(R. Brand)与赫鲁普(P. Herrup)曾指出,鉴于项目在直接管辖权问题上遇到困难,海牙国际私法会议现阶段不宜尝试制定具有约束力的直接管辖权规则,而应将注意力集中于通过较好法院方法协调平行诉讼。⑦ 最终,第五次专家组会议决定先就协调平行诉讼尝试制定有约束力的文书。与此同

---

① 《布鲁塞尔条例Ⅱa》即《关于婚姻、父母责任事项的管辖权及判决承认与执行承认的第2201/2003号条例》[Regulation (EC) No 2201/2003 on Jurisdiction and the Recognition and Enforcement of Judgments in Matrimonial Matters and the Matters of Parental Responsibility]。

② 参见《布鲁塞尔条例Ⅱa(重订版)》第30条之规定。

③ 参见《布鲁塞尔条例Ⅱa(重订版)》第42条至第44条之规定。

④ 参见《布鲁塞尔条例Ⅱa(重订版)》第51条至第63条之规定。

⑤ 参见《布鲁塞尔条例Ⅱa(重订版)》第62条之规定。

⑥ 参见何其生:《海牙管辖权项目的困境与转变》,载《武大国际法评论》2022年第2期。

⑦ See R. Brand & P. Herrup, *A Hague Convention on Parallel Proceedings*, Harvard International Law Journal Online 63, 2022, p. 1 – 10.

时,专家组决定结束自己的使命,正式启动工作组程序,开始文本的起草。[①] 由此,海牙管辖权项目进入了新阶段。[②] 但是,“先受理规则”与“较好法院方法”的分歧也延续到了工作组会议。先受理规则以立案的时间为区分标准,具有较强的确定性,但也可能导致“竞相起诉”(race to the courthouse),被当事人利用诉讼策略拖延时间。与此对应,较好法院方法脱胎于英美法传统中的“不方便法院”原则,需要综合考虑当事人意思、举证责任、法律适用、诉讼进度等一系列因素,具有较强的灵活性,但相应地欠缺确定性,存在较宽泛的裁量空间。令人欣慰的是,在 2022 年 2 月 14 日至 18 日召开的第二次工作组会议上,与会代表最终形成了一份解决平行诉讼的拟议框架,成为海牙管辖权项目谈判迄今最为重要的转折点之一。框架的具体流程如表 1 所示(可能达成的协调结果以黑体注明)。

表 1 海牙管辖权项目拟议的平行诉讼协调机制

<table>
<tr><th>流程</th><th>内容</th><th colspan="2">结果</th></tr>
<tr><td>第一步</td><td>每个受案法院分别考虑:
1. 自身是否与争议具有联系;
2. 其他法院是否与争议具有联系</td><td colspan="2">继续第二步流程</td></tr>
<tr><td rowspan="2">第二步</td><td rowspan="2">受案法院中,是否有一个法院具有专属性的联系</td><td>是</td><td>有专属性联系的法院继续审理,其他法院中止审理或驳回起诉</td></tr>
<tr><td>否</td><td>继续第三步流程</td></tr>
<tr><td rowspan="3">第三步</td><td rowspan="3">案件属于哪种情况</td><td>只有一个法院具有联系</td><td>有联系的法院继续审理,其他法院中止审理或驳回起诉</td></tr>
<tr><td>没有法院具有联系</td><td>各自依国内法判断</td></tr>
<tr><td>有一个以上的法院具有联系</td><td>继续第四步流程</td></tr>
</table>

① 根据海牙国际私法会议《程序规则》第Ⅲ条第 E 项的规定,专家组是负责研究、分析或审议其职责范围内事项的探索性机构。工作组则是将拟议解决方案制定为(包括但不限于)条款草案、原则或指南的机构。二者均由海牙国际私法会议总务委员会(Council on General Affairs and Policy)授权建立并确定其工作内容。See HCCH, *Rules of Procedure of the Hague Conference on Private International Law*, Ⅲ. Special Provisions, E. Experts' and Working Groups, (Sept. 11, 2022), https://assets.hcch.net/docs/52b9ea0d-dce2-4528-aeda-77a746f5fa14.pdf. 一般而言,工作组程序在专家组程序之后,代表文书起草进入了由各国开展实质性谈判的阶段。

② 参见何其生:《海牙管辖权项目的困境与转变》,载《武大国际法评论》2022 年第 2 期。

续表

流程	内容	结果	
第四步	当事人双方/被告是否选择了某一法院	是	**被选择的法院继续审理,其他法院中止审理或驳回起诉**
		否	继续第五步流程
第五步	先受理法院之外的法院是否在合理的时间框架内开始了诉讼程序	否	**先受理法院继续审理,其他法院中止审理或驳回起诉**
		是	在合理的时间期限内,受案法院应当决定是否有一个法院是"更适合的法院"(more appropriate forum),之后,继续第六步流程
第六步	各受案法院对"更适合的法院"的意见是否相同	是	**"更合适的法院"继续审理,其他法院中止审理或驳回起诉**
		否	**先受理法院继续审理,其余法院中止审理或驳回起诉**

See HCCH, *Report of the Working Group on Matters related to Jurisdiction in Transnational Civil or Commercial Litigation*, Working Group on Jurisdiction, February 2022, p. 10.

尽管稍显复杂,并欠缺相应的细节性规定,但拟议框架成功地将先受理规则与较好法院方法折中融合,为各国谈判代表所接受。2022 年 9 月 19 日至 23 日召开的第三次工作组会议也以此机制为蓝本,进一步深入谈判了较好法院的衡量因素和建立协调机制等细节问题。

(四)UNIDROIT"执行"项目的展开

"执行"项目是近年来 UNIDROIT 在民事执行领域着力推进的一项软法性文书计划,旨在为各国制定可供参考的民事执行制度、标准和方案。传统上,因与各国公共政策密切相关,民事执行制度一般由各国国内法加以规定。但现代民商法、担保法、破产法等的制度和理念产生了较大变化,加之数字技术的飞速发展,需要及时、可预期、成本适当的民事执行措施,旧有的执行立法往往不能满足需要。同时,《海牙判决公约》《纽约公约》与《新加坡调解公约》的落实也有赖于民事执行程序。从现实出发,经过多年发展,各国民事执行立法相互学习借鉴,达成了较多共识,所面临的挑战也具有相似性。① 基于上述可行性的研判,UNIDROIT 决定开展

① 参见何其生、范子豪:《国际统一私法协会"有效执行的最佳实践"项目的发展》,载《国际法学刊》2022 年第 2 期。

“执行”项目,并给予其“高优先级”的评级。[①] 项目前期已经达成一些初步成果,主要集中在项目的范围、文书的形式、工作的开展机制等方面。迄今为止,项目已召开了四次工作组会议。[②] 2022 年召开的第四次专家组会议反映了项目的最新发展,也是首次有中方代表参与谈判。此次会议共包括如下四个议题:第一,经由机构的执行(enforcement by way of authority),主要讨论了执行程序的组织和执行机构、可执行的文书、中央电子登记簿、债务人财产的披露、执行的国际合作等问题。第二,担保权的执行,主要讨论了有形担保物的占有、担保物的处分、应收账款担保权的执行和担保物变现规则的变更等问题。第三,线上拍卖,主要讨论了工作组专家撰写的《线上拍卖的讨论文件》。[③] 第四,数字资产的执行,主要讨论了工作组专家撰写的《数字资产执行的讨论文件》,并听取了 UNIDROIT“数字资产和私法”工作组的汇报。[④]

(五)《取消认证公约》的实施与“e-APP”项目

《取消认证公约》旨在取消跨境公文书的领事认证要求,代之以“附加证明书”的方法,便利文书的境外使用。[⑤] 随着 2022 年 4 月 8 日沙特阿拉伯交存其加入文书,该公约已有 122 名成员方,成为海牙国际私法会议历史上最成功的公约之一。为了适应数字化发展趋势,海牙国际私法会议在公约项下开展了“e-APP”项目,意在推动信息技术和电子证明书的使用。2021 年 5 月召开的“e-APP”与新技术专家组会议讨论了项目的基础原则和实践经验,特别是电子登记等事项,并邀请常设局

---

① See UNIDROIT, *Item No. 2 on the Agenda: Matters concerning the* 2020 - 2022 *Work Programme*, C. D. (99) A. 3, Governing Council, 99th Session (A), Remote, April/May 2020, p. 1.

② 第一次工作组会议于 2020 年 11 月 30 日至 12 月 2 日召开,主要讨论了项目的范围、开展工作的方法和会议的组织形式;第二次工作组会议于 2021 年 4 月 20 日至 22 日召开,主要讨论了三个分设小组(subgroup)在闭会期间准备的“裁决后的执行”“被担保请求权(担保物)的执行”“技术对执行的影响”的研究报告;第三次工作组会议于 2021 年 11 月 29 日至 12 月 1 日召开,主要讨论了自动化技术对第三人债务令造成的影响、土地扣押偿债令、特殊财产和破产管理等问题;第四次工作组会议于 2022 年 4 月 26 日至 28 日召开。参见何其生、范子豪:《国际统一私法协会“有效执行的最佳实践”项目的发展》,载《国际法学刊》2022 年第 2 期。

③ See UNIDROIT, *Discussion Paper on Online Auction*, Study LXXVIB-W. G. 4 - Doc. 5, Working Group on Best Practices for Effective Enforcement, *Fourth session*, Rome/remote, April 2022, p. 26 - 28.

④ 参见何其生、范子豪:《国际统一私法协会“有效执行的最佳实践”项目的发展》,载《国际法学刊》2022 年第 2 期。

⑤ 参见何其生:《领事认证制度的发展与中国公文书的全球流动》,载《华东政法大学学报》2018 年第 1 期。

组织线上论坛。① 2021 年 10 月 5 日至 8 日,《取消认证公约》实务运行特别委员会第五次会议也专门研究了上述专家组的成果,并针对新冠疫情对公约实施的影响、《〈取消认证公约〉实施手册》的修订等事项展开讨论。②

三、国际民事诉讼的实践发展

2021 ~ 2022 年度,欧盟、美国和英国都在国际民事诉讼领域发展了新的司法实践。欧盟法院着重于对惯常居所、利益中心和分支机构等管辖权连结点进行澄清和阐释,而美国最高法院和英国最高法院则分别就主权豁免案件的冲突规范选择和环境侵害案件中注意义务(duty of care)的可辩论性形成了新的判例。

(一)欧盟法院对管辖权连结点的阐释

1. 惯常居所

近期,欧盟法院(Court of Justice of the European Union)就"惯常居所"(habitual residence)这一基础性的管辖权连结点在两个婚姻家事案件中进行了阐释。在 IB 诉 FA 案③(IB v. FA)中,法国公民 IB 与其爱尔兰籍妻子 FA 于 1994 年在爱尔兰结婚。2018 年 12 月,IB 向巴黎地方法院提出离婚申请,但法院拒绝管辖本案,理由是 IB 受雇于法国的事实并不足以证明他在法国建立惯常居所的意图。2019 年,IB 向巴黎上诉法院提起上诉。巴黎上诉法院认为,IB 在法国与爱尔兰均存在稳定的居留,但是否能据此判断 IB 拥有《布鲁塞尔条例Ⅱa》第 3 条项下的两个惯常居所,仍需要欧盟法院进行解释。因此,巴黎上诉法院就以下问题咨询欧盟法院的意见:

> 如果依实际情况显示,配偶一方将其时间在两个成员国之间分配,(法院)是否可以依照《布鲁塞尔条例Ⅱa》第 3 条之规定,判断其在两个成员国均为惯常居民,以便(作出如下判断):若此条规定在两个成员国均被满足,这两个国家的法院对离婚诉讼具有同等的管辖权?④

---

① See HCCH, *Meeting of the Experts' Group on the e-APP and New Technologies*, (Oct. 13, 2022), https://www.hcch.net/en/news-archive/details/?varevent=797.

② See HCCH, *Meeting of the Special Commission on the Practical Operation of the Apostille Convention*, (Oct. 13, 2022), https://www.hcch.net/en/news-archive/details/?varevent=826.

③ IB v. FA, C-289/20.

④ See IB v. FA, C-289/20, para. 23.

欧盟法院法律顾问[1]坎波斯桑切斯－博尔多纳(M. Campos Sánchez-Bordona)认为,根据《布鲁塞尔条例Ⅱa》,配偶一方原则上只能有一个惯常居所。如果案件事实确如问题所预设的那样,法院应认定其不具有《布鲁塞尔条例Ⅱa》第3条项下的惯常居所。但是,若此结论最终导致没有欧盟成员国法院可以管辖此离婚案件,为避免拒绝司法(denial of justice),作为一种例外情况,其中一处居住地的法院可以行使管辖权。他特别指出,在惯常居所的判断上,配偶一方的主观意图十分重要,可以补充(甚至替代)通常用以判断惯常居所的标准。

与之类似,在MPA诉LCDNMT案[2](MPA v. LCDNMT)中,欧盟法院再次强调了主观意图对于判断惯常居所的重要性。本案涉及MPA(西班牙籍)和LCDNMT(葡萄牙籍)两名自然人之间的离婚和抚养纠纷。MPA与LCDNMT均为具有欧盟外交身份的合同制工作人员,二人于2010年8月25日结婚,其两名子女拥有西班牙与葡萄牙的双重国籍。两人自2018年7月起处于事实分居(*de facto* separation)状态。2019年3月6日,MPA向西班牙曼雷萨初审法院诉请与LCDNMT离婚,并申请一并确定监护和抚养费等事宜。初审法院认为其缺乏对此案件的管辖权,因为双方当事人在西班牙没有惯常居所。MPA上诉至巴塞罗那法院,辩称依据西班牙《民法典》(*Código Civil*)第40条之规定,享有外交豁免的外交人员因履职而居住在西班牙以外的国家的,其住所应是其在西班牙领土上的最后住所。因此,她的惯常居所不应是她作为欧盟外交官的惯常居所,而应是她在获得该身份之前的惯常居所(西班牙),因此西班牙法院应当享有管辖权。就上述问题,巴塞罗那法院向欧盟法院咨询意见:

对于因履行欧盟合同工作人员职责而居留在非成员国的成员国国民和在非成员国因履行外交职责而被承认为欧盟外交人员的成员国国民而

---

① 根据《欧洲联盟运作条约》(Treaty on the Functioning of the European Union)第253条的规定,法律顾问(Advocate General)是协助欧盟法院履行其职能的官员,负责就被分配的案件公正、独立地出具法律意见。See Art. 253 of Treaty on the Functioning of the European Union, cited as "It shall be the duty of the Advocate-General, acting with complete impartiality and independence, to make, in open court, reasoned submissions on cases which, in accordance with the Statute of the Court of Justice of the European Union, require his involvement." 目前,欧盟法院共有11名法律顾问。

② MPA v. LCDNMT, C－501/20.

言,《布鲁塞尔条例Ⅱa》第3条和《欧盟扶养条例》[①]第3条中的"惯常居所"这一表述应当如何解释?

如果依《布鲁塞尔条例Ⅱa》第3条和《欧盟扶养条例》第3条之目的,配偶双方惯常居所的确定,取决于他们在非成员国的欧盟合同工作人员之身份,这将对依《布鲁塞尔条例Ⅱa》第8条确定未成年子女的惯常居所产生何种影响?[②]

欧盟法院法律顾问斯普纳尔(M. Szpunar)在回答上述问题时援引了IB诉FA案的结论,并指出,在此案中尚无证据可以证明配偶一方(MPA)有在西班牙建立其惯常的利益中心的意图。尽管其表示将来打算在西班牙定居,但自2018年7月依法分居以来,配偶双方都没有离开多哥(派驻地);更何况欧盟驻外使团的岗位须经有意愿的工作人员申请才可外派,当事人声称的"(分居后)离开多哥、在西班牙定居"的意图就更显得令人怀疑。根据上述理由,他指出,配偶双方的欧盟工作人员身份并非判断惯常居所的决定性因素。对于成年人而言,判断惯常居所最重要的两项条件如下:(1)在某一地点建立其惯常的利益中心之意图;(2)足够持续、稳定地出现在某一地点。

2. 利益中心

"利益中心"是欧盟法院基于《布鲁塞尔条例Ⅰ(重订版)》[③]第7(2)条在司法实践中发展出的、针对互联网人格权侵权诉讼的管辖标准。[④] 根据该标准,人格权侵权行为的受害者可以向其利益中心所在地法院起诉全部的侵权行为,并请求损害赔偿;但该标准也要求被诉侵权人对原告造成的损害是其可以合理预见的。

在中巴伐利亚出版社诉SM案[⑤](Mittelbayerischer Verlag KG v. SM)中,法律顾问波贝克(M. Bobek)进一步阐释了可预见性的判断标准。该案涉及居住在波兰华

① 全称为《关于扶养义务事项的管辖权、准据法及判决的承认与执行并进行合作的第4/2009号条例》[Council Regulation (EC) No. 4/2009 of 18 December 2008 on Jurisdiction, Applicable Law, Recognition and Enforcement of Decisions and Cooperation in Matters Relating to Maintenance Obligations]。

② See MPA v. LCDNMT, C-501/20, para. 37.

③ 即《欧盟关于民商事项的管辖权及判决承认与执行的第1215/2012号条例(重订版)》[Regulation (EU) 1215/2012 of 12 December 2012 on Jurisdiction and the Recognition and Enforcement of Judgments in Civil and Commercial Matters]。

④ See eDate Advertising GmbH v. X, C-509/09. See Shevill and Others v. Presse Alliance, C-68/93.

⑤ Mittelbayerischer Verlag KG v. SM, C-800/19.

沙的第二次世界大战幸存者 SM 与一家德国出版社之间的争议。此家出版社曾在互联网上发表过一篇文章,其中使用了“波兰灭绝营”(Polish extermination camp)一词。依据波兰法律,使用该词汇即侵犯了波兰大屠杀幸存者的人格权。SM 据此向华沙地区法院起诉。华沙地区法院肯定了自身的管辖权,德国出版社向华沙上诉法院提起上诉。华沙上诉法院认为,出版社并没有在文章中将涉嫌侵权的内容明确地指向 SM 的意图,如果此时法院基于“利益中心”行使管辖权,也就意味着身处欧盟成员国的波兰大屠杀幸存者都可以在其利益中心所在地向此家报社提起诉讼,这对于出版社而言可能违背了可预见性标准。就此问题,华沙上诉法院请求欧盟法院进一步阐明“利益中心”的判断标准,包括是否应当考虑发生侵权的网站主要面对的公共受众、出版物的措辞所证明的被诉侵权人意图、出版物中是否列明受害人的个人信息等。

波贝克首先指出,受害人的身份信息是否被标识尚无法为“利益中心”的判断确定更明确的标准,因为“沙中没有可见的分界”(no visible line in the sand)。[①] 换言之,对于诽谤案件,一般应当就其事实背景和对个人权利造成的负面影响进行逐案分析,但此类案件事实的复杂性导致“自然人是否在线上出版物中被指出姓名,或其身份信息被标识”并不足以成为确立管辖权的标准。与其考量此类主观意图,法院更应当考量“客观的可预见性”,即“究竟什么是可预见的”,并为之确立相应的标准。为此,需要确立争议的“重力中心”,[②]并综合考量如下事实情况:受害人所处的现实和社会情景,受到的损害,言论本身的性质、内容、范围及其在具体语境中的含义等。波贝克认为,欧盟法院至今似乎只强调对受害人情况的考察,而没有对言论本身给予足够的关注。并且,网络侵权案件中的“意图”只应当作为法院考察的标准之一,而不应当是“决定性的”。[③] 具体到本案而言,他指出:

从此角度进行评估,并依据本法院了解的事实,很难认为一个在网上发布“特雷布林卡的波兰灭绝营”之措辞的德国出版社会完全无法预见到波兰的某人会对此类表述提出异议。因此或许可以想见,作为该言论之结果的“损害发生地”可能位于(波兰)领土内,尤其是考虑到该言论是用一种在其本国以外也可以被广泛理解的语言发表的。基于此中逻辑……很难想见《布鲁塞尔条例 I(重订版)》第7(2)条下的

① See Opinion of Advocate General Bobek on Case C-800/19, 23 February 2021, para. 51.
② See Opinion of Advocate General Bobek on Case C-800/19, 23 February 2021, para. 62.
③ See Opinion of Advocate General Bobek on Case C-800/19, 23 February 2021, para. 69.

管辖权如何被理所当然地排除。①

3. 保险争议下的分支机构

坎波斯桑切斯－博尔多纳法律顾问在CNP诉杰芬保险公司案②(CNP v. Gefion Insurance)中就《布鲁塞尔条例Ⅰ(重订版)》第7(5)条中的"分支机构、代理机构和其他机构"(branch, agency or other establishment)在保险案件中的具体含义进行了阐释。

案件事实如下:波兰发生了一场两车相撞的交通事故。责任人事前已与丹麦的杰芬保险公司签订了机动车责任保险合同。事故发生后,受害人从修理厂租用了一辆替换车辆,并转让了对杰芬公司的索赔请求权作为租车报酬。修理厂又将其索赔权转让给了波兰的CNP公司。CNP随即向设立在波兰日赫林市(Żychlin)并代表杰芬在波兰利益的波林斯公司(Polins)索赔。之后,受杰芬公司委托在波兰经营理赔业务的克劳福德波兰公司(Crawford Polska)兑付了部分款项,交易文件中声明:如因杰芬公司授权而起诉克劳福德波兰公司,或直接起诉杰芬保险公司的,"可以依关于管辖权的一般规则起诉,或者投保人、被保险人、受益人或其他根据保险合同享有权利的任何人的居所或设立地的法院具有管辖权"。③ 2018年8月20日,CNP在波兰比亚韦斯托克地方法院对杰芬公司提起诉讼。杰芬公司辩称波兰法院不享有对案件的管辖权,因为CNP并非《布鲁塞尔条例Ⅰ(重订版)》第11(1)(b)条项下的投保人、被保险人或受益人,故不能在承保人住所地起诉。

就与保险合同相关的分支机构管辖权问题,比亚韦斯托克地方法院就如下问题请求欧盟法院初步裁决:在该案的事实下,法院基于《布鲁塞尔条例Ⅰ(重订版)》第13(2)条行使管辖权是否应排除基于第7(2)条或第7(5)条的管辖权? 并且:

> 如果(上述)问题的答案是肯定的,《布鲁塞尔条例Ⅰ(重订版)》第7(5)条是否应作如下理解:商事企业与一成员国内的保险企业签订合同,在另一成员国内经营机动车交通事故强制保险理赔业务的,该商事企业即为此保险企业的分支机构、代理机构或其他机构?④

---

① See Opinion of Advocate General Bobek on Case C－800/19, 23 February 2021, para. 71.

② CNP spółka z ograniczoną odpowiedzialnością v. Gefion Insurance A/S, C－913/19.

③ See CNP spółka z ograniczoną odpowiedzialnością v. Gefion Insurance A/S, C－913/19, para. 21.

④ See CNP spółka z ograniczoną odpowiedzialnością v. Gefion Insurance A/S, C－913/19, para. 28.

坎波斯桑切斯-博尔多纳首先回答了第一个问题,在本案发生在(从受害人处获得索赔请求的)商事企业与保险公司的前提下,《布鲁塞尔条例Ⅰ(重订版)》第13(2)条不应当适用,因而本案并不排除法院根据第7(2)条和第7(5)条建立管辖权。针对第二个问题,法律顾问作出了如下解释:

> 《布鲁塞尔条例Ⅰ(重订版)》第7(5)条应当解释为:满足下列条件时,在一成员国设立的商业公司,基于其与在另一成员国设立的保险企业签订的合同经营,可被归类为该保险企业的"分支机构、代理机构或其他机构":
>
> 第一,其在一成员国内就因机动车民事责任产生的实质损害经营保险业务,且风险由该保险企业承担;
>
> 第二,其具有作为该保险企业之延伸部分的外在表现形式(has the appearance of an extension of the insurance undertaking);
>
> 第三,其具有管理机构和物质设施能供其与第三人开展业务,以至于第三人不会与保险公司直接交易,即使前者明知必要时可能会与后者具有法律上的联系。①

(二)美国联邦最高法院澄清主权豁免案件中的冲突规范适用

2022年4月,美国联邦最高法院就卡希尔诉蒂森-博内米萨收藏基金会案②(Cassirer v. Thyssen-Bornemisza Collection Foundation)中相关的国际私法问题作出了裁决,其核心是:在提出非联邦性诉请(non-federal claims)的主权豁免案件中,法院应当如何选择适用冲突规范。

该案基本事实如下:德国犹太人保罗·卡希尔(P. Cassirer)拥有一家画廊,其中有著名印象派画家毕沙罗(C. Pissaro)的若干幅名画,后被莉莉·卡希尔(L. Cassirer)继承。1939年,她用上述画作从纳粹德国政府处换取了出境签证,与其孙克劳德·卡希尔(C. Cassirer,本案原告)来到美国。原告本以为上述画作已经遗失或毁坏,但事实上,画作被蒂森-博内米萨收藏基金会(以下简称基金会)在1993年购买。同时,基金会也是西班牙政府的专门代理机构。基金会拒绝将上述画作交还,因此原告起诉了基金会。

就该案涉及的主权豁免问题,下级法院认为,纳粹德国的没收行为满足了《1976

① See CNP spółka z ograniczoną odpowiedzialnością v. Gefion Insurance A/S, C-913/19, para. 61.

② Cassirer v. Thyssen-Bornemisza Collection Foundation, S. Ct. 2022.

年外国主权豁免法》(Foreign Sovereign Immunities Act of 1976)第1605(a)(3)条中关于财产征收的例外,基金会因而不享有豁免权,案件得以继续审理。但在决定应当适用的冲突规范时,原告主张应当适用美国加利福尼亚州的冲突规范,而基金会则主张应当适用一项指向西班牙法律的联邦普通法冲突规则。法院支持了基金会的主张,适用了西班牙法律,并认定基金会是上述画作的合法所有人。后该案件被美国最高法院从第九巡回法院提审,以解决冲突规范的适用问题。最高法院经审查认为,在针对外国国家或其代理机构提出非联邦性诉请的、涉及《1976年外国主权豁免法》的案件中,法院应当依照相似情况下针对私主体的诉讼,确定相同的法律选择规则,因为"只有相同的法律选择规则才能保证适用相同的实体法,并确立相同的责任"。[①] 由此,美国最高法院推翻了下级法院适用联邦普通法规则的结论,改为适用美国加利福尼亚州的冲突规范。

(三)英国最高法院阐释案件可辩论性与管辖权

2021年2月,英国最高法院在奥克帕比诉荷兰皇家壳牌公司案[②](Okpabi v. Royal Dutch Shell)中就管辖权问题否决了英国高等法院和英国上诉法院的结论。该案简要案情如下:原告是尼日利亚公民,其在英国起诉了英国公司荷兰皇家壳牌公司及其尼日利亚子公司壳牌石油发展公司(Shell Petroleum Development),理由是被告因过失引起的原油泄漏对原告的生活环境造成了损害,产生了严重的水污染和土地污染。

此案当前的核心问题在于:原告就"英国母公司是否对其负有普通法上的注意义务"的问题是否可供辩论?解决此问题旨在确立法院对尼日利亚子公司的管辖权,并使其作为适格主体参与诉讼。先前,英国高等法院和上诉法院均对该问题作出否定的回答,认为并不存在可供辩论的问题。但英国最高法院并不认同。其认为,由于本案双方当事人向法院提交了海量的证据,致使法院在审查(管辖权问题)的中间阶段就开始评估证据的证明力并据此作出判断,这并非法院在此阶段的任务。英国最高法院指出:

> 这并不是初步审判。法官并不应作出"裁决"。尽管他无疑是因各方当事人选择陈述案情的方式而陷入困境,但他本应坚持聚焦于调查诉讼请

---

① See Syllabus, Cassirer v. Thyssen-Bornemisza Collection Foundation, S. Ct. 2022, p.2.

② Okpabi and others v. Royal Dutch Shell Plc and another, (2021) UKSC 3.

求的可辩论性，此问题应在请求的详情中充分说明，而非证据的证明力。①

之后，英国最高法院指出，母公司对受到子公司行为影响的人是可能负有注意义务的。此时，母公司对子公司的“控制”程度并非决定性要素，重要的是母公司对子公司管理的参与程度；同时，母公司制定的在整个集团内适用的政策和标准也可能具有相关性。因此，英国最高法院认为上诉法院在认定该问题时存在错误，此案并非没有可供审理的争议。

四、结语与展望

综上所述，2021～2022年，国际民事诉讼在理论、规则和实践层面都发生着复杂而深刻的博弈。

域外管辖的相关理论研究所揭露出的竞争趋势并不出乎意料，尤其在知识产权法领域，域外管辖凸显了各国在经济和技术层面确立优势的意愿。有趣的是，基于科里什文中提出的“提供公共产品”之考量，域外管辖在劳工保护和气候变化领域引发的讨论的确回应了国际社会尊重人权、保护环境的一致追求。一方面，需要承认，在缺乏有效多边框架的前提下，大国的强大实力意味着其在安全、人权、气候等重要议题上承担着更重要的责任；另一方面，如何避免单边主义可能引发的正当性缺失，不令当下的国际法秩序陷入国内法扩张的冲突与对抗，或许从另一个侧面强调了积极开展国际合作、促成国际共识的必要性。而随着中国日益走近世界舞台的中央，“统筹推进国内法治与涉外法治”是谋求大国崛起的必由之路，在冲突中谋合作、在竞争中求发展，也将成为我国法治建设的新常态。

国际规则是各国意志与智慧形成的结晶，国际规则的发展指征着各国促进交流与合作的意愿和追求。基于该前提，2021～2022年度国际民事诉讼规则的演进无疑令人感到欣喜：既包括管辖权问题，又包括外国判决的承认与执行问题，甚至包括以往颇具困难的民事执行问题；既有传统的民商事领域，也有婚姻、家事等制度差异较大的领域。另外，管辖权项目、“执行”项目和“e-APP”项目均对数字技术的发展做出了回应：平行诉讼的信息交流需要海牙管辖权项目建立相应的合作机制；新型财产形式、新型执行手段成为“执行”项目中的重要内容；“e-APP”背景下公文书的跨国流通也必须适应无纸化的发展趋势。这代表“效率”同样成为国际社会制定规则的核心关切。总之，各国越发激烈的竞争中，同样孕育着以“共识”为核心的国际民

① See Okpabi and others v. Royal Dutch Shell Plc and another, (2021) UKSC 3, para. 109.

事诉讼秩序新希望,而文中提及的多部规则中都凝聚着中国智慧。未来,我国也将继续不懈努力,积极参与国际事务、推进构建“人类命运共同体”。

国际民事诉讼的实践动向一定程度上展现了司法功能的复杂性:一方面,欧盟法院、美国最高法院和英国最高法院对案件的阐释,重在解决裁判中遇到的法律困境;另一方面,判断惯常居所时对主观意愿的强调、利益中心客观标准的判断、分支机构要件的澄清、主权豁免案件中不同国家冲突规范的选择和在环境侵害诉讼中尝试对外国公司建立管辖权,上述案件中一个重要的共同点是司法实践正在对日渐扩张的全球市场以及人、物、资本和技术的跨境流动做出回应。而法官和学者们对司法实践孜孜不倦的探索,也正是为了在瞬息万变的世界中确立公平而稳定的标准,以提升法律制度的可预见性。这也是我国提升涉外民事审判水平与效能的应有之义。随着《中华人民共和国民事诉讼法》涉外编的修订被提上议事日程,未来我国的涉外民商事审判一定愈加彰显“大国司法”的水平与风范。

逆全球化潮流中的判决互惠制度：一个博弈论的视角

李小林*

判决承认与执行中的互惠制度具有模式多样性与路径多元化的优点。随着最高人民法院《全国法院涉外商事海事审判工作座谈会会议纪要》的公布，我国已正式废弃了阻碍国际司法合作的事实互惠原则，形成法律互惠为主、推定互惠为辅，通过条约、承诺与司法等路径建立的互惠体系。在全球化蓬勃发展的时期，不少国家放弃了对判决互认领域互惠的要求，这在逆全球化浪潮汹涌的今天看来略显轻率。从博弈论的角度来看，具备善良性、反击性、更高宽容性与清晰性的互惠制度是在无限次重复的判决博弈中促进国际合作的最优策略。我国应在无合作先例时主动承认与执行外国判决，保留反击的权利，探索赋予互惠制度更高的宽容性，并尽快就互惠原则的实施细节作出统一规定。

一、引言

互惠是一种"以德报德，以怨报怨"的有条件的合作行为。① 在外国法院判决的承认与执行领域的互惠原则（以下简称判决互惠），则多指一国法院基于外国法院的对等行为承认与执行外国民商事判决的制度，即"对方承认我承认，对方拒绝我亦拒绝"。判决互惠是互惠原则在国际私法领域最主要、最普遍的应用，也是国家间博弈在私法领域的直接体现。在全球化浪潮之中，对判决互惠原则的指摘层出不穷，取消互惠制度作为国际司法合作门槛的国家也比比皆是。但随着全球化逆潮与地方保护主义兴起，国际合作制度频繁失灵，大国之间的政治博弈日益复杂激烈且有外

* 上海政法学院国际法学院讲师，澳门大学比较法硕士、国际法博士。

① Gouldner A, *The Norm of Reciprocity: A Preliminary Statement*, American Sociological Review 25, 1960, p. 161.

溢至私法领域的风险。在这一动荡变局中,既能促成与稳固国际司法合作,又能保护国家主权与公民利益的判决互惠制度开始重新回到人们视野。

自1982年《中华人民共和国民事诉讼法(试行)》[以下简称《民事诉讼法(试行)》]始,互惠原则便与国际条约并行成为我国法院承认与执行外国法院判决的两个独立依据之一。[①] 自1994年的日本公民五味晃申请中国法院承认和执行日本法院判决案(以下简称五味晃案)始,我国在较长一段时期内采用较为严格的事实互惠原则。[②] 近年来,随着“一带一路”倡议在司法领域的落实,最高人民法院又先后通过《关于人民法院为“一带一路”建设提供司法服务和保障的若干意见》(以下简称《一带一路意见》)[③]与《第二届中国—东盟大法官论坛南宁声明》(以下简称《南宁声明》)[④]对东盟与其他“一带一路”沿线国实施更加宽松的互惠制度。而2021年12月31日最高人民法院发布的《全国法院涉外商事海事审判工作座谈会会议纪要》(以下简称《会议纪要》)正式废弃了颇受诟病的事实互惠原则。[⑤]《会议纪要》确认在审查外国法院判决时应采用较为宽松的法律互惠原则,并对互惠关系的建立路径进行了详细规定。[⑥] 目前,保留判决互惠制度的国家普遍依赖陈旧笼统的法条与判例的解释与更新,相比之下,我国对互惠制度的系统性规定与梳理具有明显的先进性。

在此背景下,我们有必要重新审视判决互惠原则在新时代的重要意义。本文将以我国现行判决互惠制度为切入点,结合博弈论方法,论证在判决承认与执行领域,具有宽容性特征的互惠制度是国家为维护本国利益所应采取的最优策略,也是建立与维持国际合作的最佳路径。

二、模式多样化与路径多元化的互惠制度

互惠原则较少出现在国际公约或其他国际性文件中的一个主要原因,是各国对互惠原则的具体解释与应用相差甚远。[⑦] 广义的互惠行为可包含所有的基于对方的

---

① 1982年《民事诉讼法(试行)》第204条。

② 《最高人民法院关于我国人民法院应否承认和执行日本国法院具有债权债务内容裁判的复函》([1995]民他字第17号)。

③ 《关于人民法院为“一带一路”建设提供司法服务和保障的若干意见》(法发[2015]9号)。

④ 由最高人民法院与东盟各国于2017年6月8日在南宁联合发布。

⑤ 法(民四)明传(2021)60号。

⑥ 参见《会议纪要》第44条。

⑦ 例如,在1997年联合国国际贸易法委员会《跨国界破产示范法》的起草过程中,互惠曾多次被建议作为承认与执行的条件之一纳入示范法,但委员会考虑到各国对互惠定义的差异,最终未采纳该建议。See UNCITRAL *Report of the Working Group on Insolvency Law on the Week of its 20th Session* 30th Sess., UN Doc. A/CN.9/433 (1996).

行为或对对方行为之期待而采取的对等行为，在国际层面难以对其进行统一、清晰的定义。但在国内层面，互惠原则的灵活性使其在时代变局中具有不可否认的优点。一国可根据本国现阶段对合作的预设立场与所能接受的合作尺度，灵活制定互惠原则的具体制度，也可以根据实际情况，对不同的国家通过不同渠道，制定差异性的互惠模式。

(一)互惠模式多样化

互惠制度可采取多种模式，其中最常见的包括侧重考察既往合作历史的事实互惠与推定互惠和侧重考察现有法律的法律互惠。《会议纪要》之后，我国的判决互惠制度已从事实互惠转为法律互惠，同时对东盟国家采取推定互惠模式。

1. 事实互惠

事实互惠是防御性最强的互惠模式，其推定对方不会承认我方的法院判决，且该推定只在对方有主动与我方合作的先例时方可推翻。在《会议纪要》颁布之前，我国是为数不多的几个在判决承认与执行领域中采取事实互惠原则的国家。① 在正式确认了事实互惠原则的五味晃案中，大连市中级人民法院依照最高人民法院的批复，认为中日之间并不存在关于判决承认与执行的双边条约，也没有法律基础证明两国之间存在互惠关系，因此拒绝承认与执行日本横滨地方法院小田原分院所作判决和熊本地方法院玉名分院所作债权扣押命令及债权转让命令。② 2012 年的沙拉·鲁道尔夫·泽豪斯(Sasha Rudolf Seehaus)申请承认德国法院裁定案是我国根据事实互惠原则承认并执行外国法院判决的首案。③ 此后，我国法院先后根据事实互惠原则承认了来自新加坡、美国(加利福尼亚州)、韩国等国法院的判决。④

五味晃案后，中日在判决互认领域陷入的"反击循环"(又称"报复循环")是事实互惠过度防御弊端的典型例证。在 2003 年的一项判决中，极少启用互惠原则的日本法院将我国最高人民法院在五味晃案中的批复作为中日之间缺乏互惠关系的

---

① 采取事实互惠的国家还包括土耳其和科威特。参见王雅菡:《外国法院判决承认与执行中互惠的认定标准》，载《武大国际法评论》2019 年第 4 期。

② 参见《最高人民法院关于我国人民法院应否承认和执行日本国法院具有债权债务内容裁判的复函》(〔1995〕民他字第 17 号)。

③ 湖北省武汉市中级人民法院民事裁定书，(2012)鄂武汉中民商外初字第 00016 号。该案中，武汉市中级人民法院根据德国柏林地区高等法院在 2006 年 5 月 18 日作出的一项承认我国无锡市中级人民法院判决的决定，认定中德之间存在事实互惠关系，并承认了德国 Montabaur 地方法院作出的外国破产管理人能力的判决。

④ 对五味晃案后我国法院承认与执行外国民商事判决中适用互惠原则的实践汇总，参见范冰仪:《我国承认与执行外国判决中适用互惠原则的实证研究》，载《国际经济法学刊》2021 年第 3 期。

依据,并拒绝承认中国判决。① 2015 年,日本东京地区法院再次基于互惠关系的缺失拒绝承认与执行我国南京市玄武区人民法院的判决,并最终获得了日本最高法院的支持。②

2. 推定互惠

另一种在判断互惠关系是否存在时考察既往合作历史而非对方现行法律的互惠模式是推定互惠。其与事实互惠相似,均考察是否有承认或拒绝承认本国法院判决的先例,但两者在合作立场方面有异:事实互惠推定互惠关系不存在,而推定互惠则推定互惠关系存在。③

我国最高人民法院与东盟各国之间的《南宁声明》便采取了推定互惠模式。该声明第 7 条规定:"尚未缔结有关外国民商事判决承认和执行国际条约的国家,在承认与执行对方国家民商事判决的司法程序中,如对方国家的法院不存在以互惠为理由拒绝承认和执行本国民商事判决的先例,在本国国内法允许的范围内,即可推定与对方国家之间存在互惠关系。"这一互惠模式无论是相较于《南宁声明》签订时我国施行的事实互惠模式,还是目前《会议纪要》的法律互惠模式,都更为宽松。

3. 法律互惠

法律互惠是目前大多数保留判决互惠的国家采取的模式。与推定互惠和事实互惠不同,本国与相应外国之间是否成立法律互惠关系取决于该国现行法律而非双方既往的合作历史。根据判断标准的侧重点不同,法律互惠又分为两种。

(1)考察法律对等性的互惠

早期的法律互惠模式严格对比两国判决承认与执行相关的法律:假设对方承认与执行法院判决的条件更严苛,本国法院应认定互惠关系不存在。例如,德国法院曾在 1907 年因彼时美国加利福尼亚州法律在承认与执行外国判决方面赋予法院更宽的审核权而拒绝承认 1906 年洛杉矶大地震受害人从加利福尼亚州法院获得的缺席判决。④ 日本大审院曾于 1932 年判示,对互惠的相互保证意味着外国法院承认日

① See Osaka High Court, Judgment, 9 April 2003; H. J (1841) 111 (2004), reported in Japanese Annual of International Law 48, 1960, p. 171.

② 参见黄志慧:《我国判决承认与执行中互惠原则实施的困境与出路》,载《政法论坛》2018 年第 6 期。

③ 采取推定互惠模式的国家还包括乌克兰、斯洛文尼亚、墨西哥、厄瓜多尔、秘鲁、约旦和黎巴嫩。参见王雅菡:《外国法院判决承认与执行中互惠的认定标准》,载《武大国际法评论》2019 年第 4 期。

④ Entscheidungen des Reichsgerichts in Zivilsachen [RGZ] [Imperial Court] 70, 434 (435) (F. R. G.).

本判决效力的标准应与日本《民事诉讼法》第200条“相同或更宽大”。① 这种互惠模式的弊端是,在没有条约的前提下,两个国家在承认与执行外国判决方面的条件是很难完全相同的,也较难比较孰严孰宽。② 因此,除少数阿拉伯国家仍坚持严格对比承认条件之外,其他国家一般只考察相关法律的实质要求,并不严格对比具体规则。③ 例如,日本法院认为,只要外国承认日本判决的要求不与日本法有实质区别即可;④韩国法院亦认为,如果相关国家与韩国的外国判决承认条件之间不失平衡且在关键问题上相互一致,或外国法律的承认条件不会在整体上给韩国造成负担,且没有实质性差异,那么就可以认为该外国与韩国之间存在互惠的保证。⑤

考察法律对等性的互惠的一个优点是其更关注合作的内容和程度,而不拘泥于承认与执行的形式。如在荷兰,外国破产管理人在没有条约的情况下可获得积极的协助与合作措施,但无法得到荷兰法院对外国破产判决的正式承认。⑥ 这为荷兰法院作出的破产判决能否在海外得到承认与执行增加了不确定性。2015年3月27日,瑞士联邦法院根据互惠原则承认了荷兰阿姆斯特丹地区法院作出的一项批准破产和解协议的判决。根据瑞士法律,外国破产宣告可以在瑞士得到承认,但前提是外国法院必须可以在类似或更宽松的条件下承认瑞士破产判决的效力。⑦ 法院认为,虽然瑞士的破产判决无法在荷兰获得正式的承认,但如果从外国破产判决的中止效力、外国破产管理人接管财产的权利、本地债权人的利益是否优先等国际破产合作的几个主要角度考察荷兰法院实际提供的协助的“质量”,可以发现荷兰对外国法院协助的内容与瑞士法基本类似,在某些方面甚至更优,因此两国之间存在互惠关系。⑧

(2)考察承认与执行可能性的互惠

另一种更为宽松的法律互惠制度主要考察本国法院判决根据外国法律被承认

① (日)大审院昭和8年(1933年)12月5日判决。

② 如日本最高法院指出,同采取法律互惠的两国可能陷入一个承认与执行的僵局:假设该国的承认条件比日本宽松,对这个国家来说,日本就是一个采纳了更严苛条件的国家,因此该国不会承认与执行日本判决,日本法院也不能承认该国判决。(日)最高裁判所昭和58年(1983年)6月7日判决。

③ 如阿曼和巴林王国。参见王雅菡:《外国法院判决承认与执行中互惠的认定标准》,载《武大国际法评论》2019年第4期。

④ 如阿曼和巴林王国。参见王雅菡:《外国法院判决承认与执行中互惠的认定标准》,载《武大国际法评论》2019年第4期。

⑤ Decision of 10 February 1995 93 Ga Hap 19069 (The East Branch of Seoul District Court).

⑥ See Kuipers P, *The Restructuring Review*: *Netherlands* (1 August 2021), https://thelawreviews.co.uk/title/the-restructuring-review/netherlands, Last visited on (June 13, 2022).

⑦ 瑞士1987年《关于国际私法的联邦法》第166条。

⑧ Tribunal federal 5A_248/2014, Judgment of 27 March 2015.

或执行的可能性。以以色列为例,该国《外国判决执行法》第4(a)条规定:“如依据一国法律,以色列法院判决无法在该国得到执行,则该国法院判决不应在以色列被认定为可执行。”在2017年的伊扎克·雷特曼诉江苏省海外企业集团有限公司案(Yitzhak Reitman v. Jiangsu Overseas Group Co. Ltd.)中,以色列最高法院需决定是否应根据互惠原则承认我国江苏省南通市中级人民法院的判决。在该案的一审判决前,我国并无执行或拒绝执行以色列判决的先例。但被告向以色列法院递交了我国拒绝承认日本和德国法院判决的裁决,以证明我国判决承认与执行标准之严苛。但以色列法官认为,被告提供的证据既无法证明中国法院关于互惠关系的清晰倾向,也无法证明以色列与我国之间不存在互惠关系;只要外国法院有承认以色列判决的合理可能性,便可视为满足互惠要求。①

我国《会议纪要》第44条第1款亦采取了考察承认与执行可能性的法律互惠模式:“人民法院在审理申请承认和执行外国法院判决、裁定案件时,如根据该法院所在国的法律,人民法院作出的民商事判决可以得到该国法院的承认和执行,则可以认定存在互惠关系。”2022年3月17日,上海海事法院在SPAR航运有限公司诉大新华物流控股(集团)有限公司申请承认外国法院判决案(以下简称SPAR案)中首次运用法律互惠原则承认并执行了英国上诉法院判决。② 法院首先审查的是英国高等法院2015年的西特福公司诉中国银行案是否可证明两国间已有事实互惠关系的问题。该案中,英国法院判决虽然表面上承认了青岛海事法院及山东省高级人民法院在荣成市西霞口船业有限公司与瓦锡兰发动机(上海)有限公司、瓦锡兰芬兰有限公司等买卖合同纠纷案③所作出的判决和止付令裁定,但实际上并未根据我国法院判决中止中国银行对西特福公司的支付。④ 上海海事法院认为,尽管该案判决中包含对中国法院判决及其保全裁定予以“承认”的表述,但并不能被认定为属于“承认和执行外国法院判决”意义上的“承认”,因此不构成英国法院承认和执行我国法院判决的先例,也不能证明两国间存在事实互惠。但法院随即指出,《中华人民共和国民事诉讼法》(以下简称《民事诉讼法》)在规定互惠原则时并没有将之限定为必须

---

① See Yitzhak Reitman v. Jiangsu Overseas Group Co. Ltd., Civil Case 7884/15. 对该案的更多信息,参见陈亮、姜欣:《承认和执行外国法院判决中互惠原则的现状、影响与改进——从以色列承认和执行南通中院判决案出发》,载《法律适用》2018年第5期。

② 上海海事法院民事裁定书,(2018)沪72协外认1号。

③ 青岛海事法院民事判决书,(2011)青海法海商初字第271号、361号案;山东省高级人民法院民事裁定书,(2013)鲁民四终字第87号、88号案。

④ Spliethoff's Bevrachtingskantoor BV v. Bank of China Ltd. (2015) EWHC 999 (Comm).

是相关外国法院先行承认我国法院民商事判决的事实互惠。只要我国法院作出的民商事判决可以得到该外国法院的承认和执行,即可认为双方存在互惠。值得一提的是,被申请人曾提出,如比较中英两国承认外国法院判决的条件,在同等情况下英国的承认条件并非“相同或更宽松”,并尝试说服法院运用考察法律对等性的法律互惠原则拒绝承认和执行英国法院判决。但这一提议并未被法院接受,法院最终仍然使用了考察承认与执行可能性的法律互惠原则承认了英国法院判决。

(二)互惠路径多元化

根据互惠关系建立的路径不同,互惠可分为通过条约或准条约建立的条约互惠、由中央机关作出的承诺互惠、与法院在个案中建立的司法互惠。互惠关系建立的路径呈现多元化特征的主要目的是给予不同的国家差异性的互惠待遇。我国现行互惠制度便是互惠路径多元化的典型例证。

1. 条约互惠

国际条约是建立与固化互惠关系的重要途径之一,也是我国建立互惠关系的重要路径。[①] 截至 2021 年 10 月,中国已与 34 个国家通过签订涉及民商事判决承认与执行的双边司法协助协定建立了条约互惠关系。[②] 同时,我国已于 2017 年 9 月 12 日签署《海牙选择法院协议公约》,并积极参与了《海牙承认与执行外国民商事判决公约》的谈判,寻求建立更广泛的条约互惠关系。

除了严格意义上的条约外,《会议纪要》还明确肯定了形式灵活、程序简便的双边谅解或共识作为建立互惠的路径之一。[③] 据特别法优先原则,如果双边谅解或共识有较《会议纪要》第 44 条第 1 款不同的规定,则应优先适用该规定,如我国与东盟各国之间便应优先适用《南宁声明》中更为宽松的推定互惠原则。

2. 承诺互惠

承诺互惠,是指由一国对特定国家作出不具拘束力的单方互惠承诺。对互惠的承诺一般由外交、司法机关等有权代表国家的机关通过法律、政府公报或其他正式形式作出。如印度《民事诉讼法》规定的“互惠领土”需由印度中央政府通过政府公

---

① 对条约互惠的更多讨论,参见徐伟功:《我国承认与执行外国法院判决制度的构建路径——兼论我国认定互惠关系态度的转变》,载《法商研究》2018 年第 2 期。

② 司法部:《我国开展国际民商事司法协助工作概况》,http://www.moj.gov.cn/pub/sfbgw/jgsz/jgszzsdw/zsdwsfxzjlzx/sfxzjlzxxwdt/202110/t20211020_439659.html。

③ 《会议纪要》第 44 条规定:“人民法院在审理申请承认和执行外国法院判决、裁定案件时,有下列情形之一的,可以认定存在互惠关系:……(2)我国与该法院所在国达成了互惠的谅解或者共识……”

报指定;[1]可依据南非《跨境破产法》获得承认与协助的国家须经司法部部长指定,并以政府公报形式公布;[2]可依据新西兰《破产(跨境)法》获得承认与协助的国家须经首相推荐,并由总督指定。[3]

承诺互惠往往须以对方的对等承诺为前提。例如,南非《跨境破产法》规定,对互惠国家的指定必须以该国承认南非破产程序为前提。[4] 英国《司法行政法》规定,适用该法的国家必须经女王确认已制定了执行英国法院判决的互惠规定。[5] 但与条约不同的是,即使双方的承诺互为前提,作出承诺的国家亦不必承担条约义务,而仅需根据国内法决定互惠关系存在与否。因此,国家可随时收回承诺,而不受国际法约束。如南非《跨境破产法》明确规定司法部部长可随时撤回对互惠国家的指定。[6]

承诺一般是给予被承诺国不同于其他国家的特殊待遇,因此多见于政治关系密切或法律高度相似的国家之间。例如,英国《司法行政法》主要适用于英国对英联邦成员国或前成员国法院判决的执行。[7] 又如,在起草《UNCITRAL 跨国界破产示范法》的过程中,工作组拒绝了引入互惠条款的提议,但建议愿意保留互惠的国家将示范法的适用范围限制于满足互惠条件,尤其是同样采纳了示范法的国家。[8] 美国著名破产法学者维斯特布鲁克(Westbrook)亦曾建议各国应成立由法官、律师与学者组成的专门机构,以确认与本国法律大致相似并享受互惠待遇的国家,承认在这些国家启动的破产程序的普及效力。[9]

在我国,承诺互惠最早见于最高人民法院 2015 年 6 月 16 日颁布的《一带一路意见》。[10] 该意见对"一带一路"沿线国法院判决的承认与执行方面突破了事实互惠原则,赋予法院在对方国家作出承诺的情况下先行给惠的权利。而在 2016 年全国

① 参见印度《民事诉讼法典》(1908 年)第 44 条第 a 款。

② 参见南非《跨境破产法》(2000 年)第 2 条第(2)(a)款。

③ 参见新西兰《破产(跨境)法》(2006 年)第 10 条第 2 款。

④ 参见南非《跨境破产法》第 2 条第(2)(b)款。

⑤ 参见英国《司法行政法》(1920 年)第 14 条。

⑥ 参见南非《跨境破产法》第 2 条第 3 款。

⑦ 参见英国《司法行政法》(1920 年)序言。

⑧ See UNCITRAL, Report of the Working Group on Insolvency Law on the Week of its 20th Session, 30th Sess., UNDoc. A/CN. 9/433 (1996).

⑨ See Westbrook J. L., *Theory and Pragmatism in Global Insolvencies: Choice of Law and Choice of Forum*, American Bankruptcy Law Journal 65, 1991, p. 467 – 469, 489 – 490.

⑩ 参见《一带一路意见》第 6 条:"……根据国际司法合作交流意向、对方国家承诺将给予我国司法互惠等情况,可以考虑由我国法院先行给予对方国家当事人司法协助,积极促成形成互惠关系……"

涉外商事海事审判庭长座谈会上，时任最高人民法院民四庭庭长张勇健在报告中，也鼓励法院在审理外国法院判决时尝试通过外交途径取得外国的互惠承诺。① 但该报告最终未能转化为正式文件，其内容也随着《会议纪要》的出台而失效。

《会议纪要》则正式将承诺互惠作为建立互惠关系的路径之一。其第 44 条第 3 款规定，当法院所在国通过外交途径对我国作出互惠承诺或者我国通过外交途径对该法院所在国作出互惠承诺，且没有证据证明该法院所在国曾以不存在互惠关系为由拒绝承认和执行人民法院作出的判决、裁定，则可认定与该外国存在互惠关系。根据该款规定，当存在我国对外国作出互惠承诺，或外国对我国作出承诺的两种情况下，均可采用较法律互惠更为宽松的推定互惠方式承认执行该国法院判决。但因《会议纪要》约束的是无权代表国家作出互惠承诺的地方法院的行为，故该条款并未包含对外国承诺的具体规定，如承诺是否以对等性为前提、有权作出承诺的机关、承诺的形式要求等。同时，《会议纪要》亦未包含外国对我国作出承诺的形式、有权承诺机关、或承诺内容等具体规定。这些细节需在司法实践探明或通过较高级别的立法加以规定。

3. 司法互惠

司法互惠指审理法院可根据个案案情自行确认互惠关系的存无，而无须经国际条约授权、中央机关确认、或上级机关批准。司法互惠是最常见的互惠路径。即便是目前在立法中仍然保留严苛条约互惠的国家，也有不少以判例法的形式确定了通过司法实践建立的互惠关系的可能性。②

值得一提的是，我国司法实践中，常有法院在层报最高人民法院批准后方作出确认互惠关系存在与否的判决的案例。例如，五味晃案便是得到了最高人民法院的正式批复；在适用法律互惠原则的首案 SPAR 航运案中，上海海事法院也是在获得最高人民法院批准后，方再次开庭审理，并在 2022 年 3 月 17 日作出了承认执行决定。③ 尽管如此，很难据此便否认审理法院拥有自主决定互惠关系存否的权力。我

① 参见张勇健：《在全国涉外商事海事审判庭长座谈会上的讲话》，载《涉外商事海事审判指导》2016 年第 1 辑，人民法院出版社 2017 年版，第 18 页（“在无法确定互惠关系的情况下，可以层报最高法院，通过外交途径，告知对方我国司法机关正考虑先行给予互惠，请对方予以表态，如对方有互惠意向，我方可先行启动互惠”）。

② 参见黄志慧：《我国判决承认与执行中互惠原则实施的困境与出路》，载《政法论坛》2018 年第 6 期。

③ 参见 Yang Yang、Patrick Lee：《Gard 视角解读中国法院首次承认英国判决》，载 https://www.gard. no/web/updates/content/33555008/gard-prc-court-recognises-an-english-judgment-for-the-first-time-a-gard-perspective-simplified-chinese，2022 年 6 月 13 日访问。

国《民事诉讼法》与《会议纪要》①均未要求审理法院在根据互惠原则承认和执行外国法院判决时需经上级法院或其他上级机关批准,且我国法院在重大疑难案件中素有向上级法院请示报告的惯例,因此审理法院层报最高人民法院批准的行为更像是出于慎重的自主征询行为,而非强制要求。② 由此可见,我国法院完全有在司法实践过程中自行确立互惠关系有无的权力。

三、无限次重复的判决博弈

如第二部分所述,判决互惠制度既可表现为严苛保守的事实互惠制度,也可表现为积极合作的法律互惠与推定互惠制度;且对不同的国家可通过不同的路径施行不同的互惠制度。这与互惠制度的"狼藉"名声似乎并不相符。而事实上,互惠制度不仅不是阻碍国际司法合作的门槛,从博弈的角度来看,互惠策略还是在国家之间关于法院判决的承认与执行的博弈(以下简称判决博弈)中最有利于合作的建立、修复与维持的博弈策略。

判决博弈基本具备经典非零和博弈——囚徒困境博弈的特征。囚徒困境假设警方逮捕甲、乙两名犯罪嫌疑人之后,将其分别囚禁、分别审讯,并告知双方:如共同沉默(合作),则均判监禁1年(R);如果互相举报(背叛),则均判监禁3年(P);如果一人举报而对方沉默,举报者即时获释(T),而被举报者将被判监禁5年(S)。该博弈的收益矩阵如表1所示:

表1 博弈收益矩阵

囚徒甲 / 囚徒乙	合作	背叛
合作	R = −1;R = −1	S = −5;T = 0
背叛	T = 0;S = −5	P = −3;P = −3

囚徒困境的最核心特征是参与者不同行为所能获得的收益排序为 $T > R > P > S$ 和 $2R > T + S$。即使同时合作对集体来讲收益最高,但双方都会选择使己方利益最大化的背叛。而单次判决博弈中双方的收益排序显然符合这两个排序。单次的判决博弈假设两个国家在无事前沟通或承诺不可信的情况下同时决定是否承认并执

① 参见《会议纪要》第44条第2款规定:"人民法院对于是否存在互惠关系应当逐案审查确定。"

② 关于我国法院的案件请示制度,可参见侯猛:《案件请示制度合理的一面——从最高人民法院角度展开的思考》,载《法学》2010年第8期;张松:《论我国案件请示制度的存与废》,载《学习与实践》2018年第8期。

行一项对方法院的判决。因博弈只进行一次,所涉收益只限于个案中所能获得的即时利益,并不包含任何长期利益与衍生回报。首先,两国均合作会同时保护本国与私人利益,又可避免了重复诉讼的成本,因此会使集体产生最高收益($R_a+R_b>T_a+S_b$或T_b+S_a,见表2)。[①] 但就单个国家而言,在对方承认本国判决时拒绝承认对方法院判决时的收益T更高,因其既得到了对方让渡的本国利益,又可获得对涉案财产控制权、对本地当事人利益的保护,以及对国家主权和本国价值观的潜在维护,而被背叛的一方则蒙受相较于双方均拒绝承认对方判决时收益P的更大损失S。因此,单次判决博弈中双方的占优策略都是拒绝。[②]

表2 博弈收益

B国＼A国	承认	拒绝
承认	R_b;R_a	S_b;T_a
拒绝	T_b;S_a	P_b;P_a

根据无名氏定理(Folk Theorem),尽管双方均背叛是单次和有限次重复囚徒困境博弈中的支配性策略,但当双方之间的博弈无限次重复进行时,理性利己主义者即便在缺乏集中权威的情况下,也可以摆脱囚徒困境并实现合作剩余。[③] 在重复的囚徒困境博弈中,双方不再是偶然性的单次交手。出于对反击的畏惧与对未来合作的期待,双方往往会更倾向于选择合作。同理,国家间在判决承认与执行领域的博弈也不会只发生一次。在没有发生灭国、战争、断交等极端事件的情况下,判决博弈大概率会重复进行,这为国际司法合作创造了条件。[④]

---

① 这也是判决博弈不属于猎鹿博弈的主要原因。在猎鹿博弈中,背叛者并不会获得较双方合作更高的利益,即T始终小于R。有学者认为,审理不合适或不方便由本国法院管辖的案件会造成公共资源的浪费,导致T小于R。See e. g., Tang Zheng, *International Judicial Cooperation in Game Theory*, Journal of International Dispute Settlement 11, 2020, p. 531. 但实践中这一问题可基本通过不方便法院原则等管辖权制度解决。

② 值得一提的是,虽然合作演化理论基本都以博弈双方收益矩阵的对称性为前提,但实践中,发生在判决的海外执行需求相差悬殊的两个国家之间的博弈更符合非对称囚徒困境博弈的特征。尽管如此,因采用非对称囚徒困境模型分析判决博弈问题在决定博弈者身份(其属于大国或小国)方面具有相当难度,本文仍采用对称的囚徒困境博弈模型,即假设判决博弈双方的收益均等。

③ See Abreu D et al., *The Folk Theorem for Repeated Games: A New Condition*, Econometrica 62, 1994, p. 939.

④ 参见徐伟功:《冲突法的博弈分析》,北京大学出版社2011年版,第155~172页。

四、作为最优博弈策略的互惠原则

对判决承认与执行领域进行博弈论分析的意义,在于确定最有利于国际司法合作的博弈策略。对无限次重复囚徒困境的博弈策略研究无法绕开 Axelrod 在 20 世纪 80 年代举办的重复囚徒困境博弈计算机程序奥林匹克竞赛(以下简称计算机实验)。[①] 实验结果显示,在重复囚徒困境博弈中最有利于合作建立与维持的策略是一击还一击型(Tit For Tat)互惠策略,即一开始选择合作,后续每一轮的博弈中都重复对方上一轮的策略(以下简称 TFT 互惠)。TFT 互惠策略以善良性、反击性、宽容性、清晰性为主要特征。[②] 这对判决互惠具体模式的选择也有一定的参考价值。

(一)善良性:建立合作之关键

善良的博弈策略,是指那些在没有先例参照的情况下率先合作、不主动背叛的策略。计算机实验结果显示,策略的善良性是影响合作建立的最重要的因素,尽管个别情况下善良会被利用,但缺乏善良性的博弈者代价更大:博弈初始的拒绝行为会使对方产生误解并采取反击措施,最终导致反击循环。在计算机实验中,一个复杂谨慎的策略“唐宁”在博弈的前两步会选择背叛,因此迅速落败。[③]

在判决博弈中,“善良”的互惠模式是指在双方并无互相承认与执行法院判决的先例时,能够率先承认执行对方判决的模式;典型的“不善良”互惠模式则是我国曾一度采用的事实互惠模式。而在判决博弈中采取“善良”互惠策略并不是一个需要承担巨大风险与制度成本的决策。与计算机实验不同,判决博弈是完全信息动态博弈,即博弈者先后行动且行动公开透明。[④] 排除语言障碍、判决的公布制度等方面的差异带来的干扰,一方法院在判决承认执行的具体行为与相关法律,一般会作为互惠关系存在的证据由当事人呈请给对方法院。因此,在这一领域的博弈中,“善良”被误解的风险更小。因此,《会议纪要》对事实互惠原则的废除将极大地促进我国判决领域国际合作的建立。

(二)反击性:互惠原则的核心特征

在判决承认与执行领域,互惠原则的反击性(或报复性)是互惠区别于国际礼让等其他原则的核心特征。而在计算机实验中,反击性是 TFT 策略取胜的第二个关

① 参见徐伟功:《冲突法的博弈分析》,北京大学出版社 2011 年版,第 19 ~ 37 页。

② 参见徐伟功:《冲突法的博弈分析》,北京大学出版社 2011 年版,第 40、135 页。

③ 参见徐伟功:《冲突法的博弈分析》,北京大学出版社 2011 年版,第 22 ~ 24 页。

④ 参见何其生、张霞光:《承认与执行外国法院判决的博弈分析》,载《武大国际法评论》2017 年第 1 期。

键。在重复囚徒困境博弈中,对背叛的无条件宽容大大降低了背叛的成本。为了震慑并惩罚背叛,一个优秀的策略必须是可被激怒的、具备反击性的。① 这一结论已在国际政治、社会学等领域获得了广泛认证。②

同样地,在判决博弈中,当面对一个永不反击的博弈对手时,持续的背叛——坚守封闭的地方保护主义——无疑是一国的占优策略。第一,如果外国原告无法执行被告在本国境内的财产,而本国法院作出的判决却一直可以得到外国法院慷慨的承认,理性的当事人自然会选择本国作为诉讼地。长期来看,本国法院会在各国之间激烈的管辖权争夺中获胜,当地的司法服务业也会因此获益。③ 第二,鉴于跨国诉讼程序的冗长与风险,该国的封闭性可能会使之成为"资产避风港",吸引那些试图在诉讼中为对方设置障碍的投资者,从而增加一国的外来投资和政府的税收收入。④ 第三,背叛也增加了对本地价值观的输出。一国法律是本地价值观与公共政策的体现,利用对方对合作的承诺在该国承认与执行本国判决,实际上等同于单方面将价值观与公共政策输出到该国。因此,理论上来讲,理性国家很难单纯因为感动去承认那些永远利他的国家的判决。为了防止剥削,博弈者必须保留反击的权利。

同时,在判决博弈中,反击对私人利益的伤害也使互惠原则备受质疑。⑤ 诚然,

---

① 参见罗伯特·阿克塞尔罗德:《合作的进化》,吴坚忠译,上海人民出版社 2017 年版,第 13 页。

② 例如,几乎所有的国际关系理论都反对单边的赠与行为,并认为这容易导致对方的剥削或勒索行为。参见黄真:《国际关系中的互惠:一项研究评估》,载《当代亚太》2010 年第 5 期。社会学家则认为惩罚是人类执行社会规范并维持社会合作秩序的关键机制,因为只有背叛的成本大于合作的成本,才能使理性的选择策略是合作而不是背叛。参见黄少安、姜树广:《制度性惩罚与人类合作秩序的维持》,载《财经问题研究》2013 年第 11 期。Fehr 和 Gächter 的公共物品博弈实验也展示,当允许实施有代价的惩罚机制时,即使是完全陌生人之间也可以建立合作,而在惩罚措施被去除之后,各个实验组的合作情况均迅速恶化。See Fehr E & Gächter S, *Cooperation and Punishment in Public Goods Experiments*, American Economic Review 90, 2000, p. 980.

③ See Whincop M, *The Recognition Scene: Game Theoretic Issues in the Recognition of Foreign Judgments*, Melbourne University Law Review 23, 1999, p. 420.

④ 有学者认为,一国拒绝承认与执行外国法院判决会影响国际声誉,进而减少外来投资。See Tang Zheng, *International Judicial Cooperation in Game Theory*, Journal of International Dispute Settlement 11, 2020, p. 531. 但担忧这一点的投资者或许会选择仲裁而非诉讼方式作为纠纷解决方式。

⑤ 例如,李浩培:《国际民事程序法概论》,法律出版社 1996 年版,第 140 ~ 141 页(反击不仅无意义,还可能误伤到本国公民);王吉文:《论我国对外国判决承认与执行的互惠原则——以利益衡量方法为工具》,载《法学家》2012 年第 6 期(互惠以个案公正和私人利益为代价,过度强调对狭隘的国家利益的保护);Juenger F K, *The Recognition of Money Judgments in Civil and Commercial Matters*, American Journal of Comparative Law 36, 1988, p. 32(判决互惠原则毫无用处,只是一国试图保护抽象利益而损害私人利益的盲目尝试)。

与计算机博弈不同,判决执行领域的重复囚徒博弈中的策略决定者与直接利益相关方往往是不同的主体。有权制定或修正判决执行相关法律法规的立法机构或司法机构从判决博弈中获得的利益或蒙受的损失大多是抽象的、长期的且难以量化的,作为私人主体的判决债权人才是博弈直接影响的对象。

尽管如此,因互惠制度对个案中私人利益的影响而完全放弃采取反击措施的做法是值得商榷的。首先,放弃采取反击措施或许最终会使本国利益被他国剥削,牵连更多本国公民。其次,自国家主权原则兴起以来,法院判决一向被认为是政府行为而非简单的对私人纠纷的解决,对外国法院判决的承认绝不仅关乎私人利益。① 事实上,基本所有包括国家在内的人类社群之间的反击行为都无法如个人之间报私仇那般精准。即使是以国家作为行为主体的国际公法领域,国家之间为反击而使用的武力或贸易制裁措施同样会殃及平民的人身与财产安全,但甚少有人因此建议国家主动放弃反击的权利。

此处真正需要讨论的,或许并不是判决领域反击的公正性,而是反击能否促使对方改变判决承认与执行政策,即反击是否有用的问题。尽管互惠原则的目的通常是换取其他国家的对等合作,但持否定态度的学者认为这不过是立法者的幻想,因为被反击的私人主体并无能力控制政府政策。② 但反对者显然并没有关注由判决债权人和其他人利益群体(如受外国法院反击而案源减少的律师)对本国法律的修改起到的明显的推动。一个著名的例子就是美国1906年旧金山大地震的受害者对加利福尼亚州判决执行相关法律修正的推动作用。该事件中,部分受害者是一家德国公司的保险单持有人,并在加利福尼亚州法院取得了针对该公司的胜诉判决。在1907年,德意志帝国法院却在调查了加利福尼亚州法律之后,认为类似情况下的德国判决是不可能在加利福尼亚州获得承认与执行的,因此根据互惠原则拒绝执行加利福尼亚州法院判决。但在保险单持有人保护联盟的呼吁与游说之下,美国加利福尼亚州为使本州判决满足德国的互惠原则要求,放宽了本州法律对外国判决承认与

① See Juenger F K, *ibid.*, at 6; Childs L B, *Shaky Foundations: Criticism of Reciprocity and the Distinction between Public and Private International Law*, NYU Journal of International Law and Politics 38, 2005, p.239-240.

② See e.g. Juenger F K, *ibid.*, at 6; Juenger F K, *Private International Law and the German Legislature*, in Juenger F K, et al. eds., The International Lawyer: Freundesgabe Für Wulf H. Doser, Baden-Baden, Nomos, 1999, p.623, 625.

执行的要求。①

(三)宽容性:避免反击循环的关键

互惠的宽容性,是指对背叛实施反击后原谅对方,并在随后的博弈中仍主动合作。宽容性是 TFT 互惠策略的第三个重要特征。在计算机实验中,一个"善良"但缺乏宽容性的策略是弗里德曼。其从不主动背叛对方,但只要被背叛一次,便在剩余的博弈中坚持反击,无论对方是否合作乞饶。这一策略终使对方放弃合作,双方陷入反击循环。②

在计算机博弈中,博弈者在对方背叛后立即反击是为了防止被投机的策略剥削。③ 但在判决博弈中,宽容性被利用的风险明显降低:文明国家出于国家声誉与法律信念的考虑,基本不会采用投机的判决承认与执行策略。相反,实践中,较 TFT 互惠策略更宽容的"两击还一击"甚至"多击还一击"互惠策略更利于判决互认领域合作的建立与恢复。以中德间的判决博弈为例,在 2001 年德国当事人申请承认与执行德国法兰克福地方法院判决案中,北京第二中级人民法院因中德间缺少条约与互惠关系,驳回了当事人对德国法兰克福地方法院的两项判决承认与执行的申请。④ 尽管如此,德国柏林地区高等法院在 2006 年 5 月 18 日审查我国江苏省无锡市中级人民法院于 2004 年作出的判决时,并未因此采取反击行为,反而认为我国法律中的相应规定与德国《民事诉讼法》第 328 条第 1 款相符合,并且如果德国承认并执行了我国法院判决,我国也会有承认与执行德国判决之可能。⑤ 这一决定最终成为我国法院认可中德之间存在事实互惠的直接依据。⑥

此外,判决博弈中的"噪声"(noise)也是应采取更宽容的互惠策略的原因。当博弈离开实验室环境时,常有博弈者误解对手前一步行动的认知错误,或者参与者选择的策略在实践中不能被正确执行的执行错误发生。这种选择中的随机错误便

---

① See Coyle J F, *Rethinking Judgements Reciprocity*, The North Carolina Law Review 92, 2014, p. 1132 - 1135.

② 参见罗伯特·阿克塞尔罗德:《合作的进化》,吴坚忠译,上海人民出版社 2017 年版,第 24 ~ 25 页。

③ 如合作与背叛交替策略("打一巴掌给个枣")就可以一直逃过"两击还一击"策略的反击。参见罗伯特·阿克塞尔罗德:《合作的进化》,吴坚忠译,上海人民出版社 2017 年版,第 30 ~ 31 页。

④ 北京市第二中级人民法院民事调解书,(2003)二中民初字第 00002 号。

⑤ Kammergericht-Berlin-Beschluss vom 18. 05. 2006, Aktenzeichen: 20 SCH 13/04.

⑥ 湖北省武汉市中级人民法院民事裁定书,(2012)鄂武汉中民商外初字第 00016 号。

是“噪声”。[①] 在判决博弈中,因审判水平、文化差异、信息不全、当事人的举证能力等原因,实践中经常出现因对本国或外国规则的理解错误而造成对一国实际所采取的策略的偏离。以中日两国为例,我国最高人民法院对五味晃案的批复是在彼时两国之间合作先例欠缺的情况下作出的针对个案的指示,并不是对两国互惠关系存在与否的结论性意见。但遗憾的是,中日法院都存在对批复的错误理解的情况。大阪高等法院与东京地区法院在认定我国与日本之间不存在互惠关系时,均将我国最高人民法院针对五味晃案的批复与下级法院对此批复的遵循作为决定性的依据。[②] 东京法院甚至还根据深圳市中级人民法院在2010年一起拒绝承认与执行韩国法院判决的案件,错误地认为外国判决根本无法基于互惠原则在中国得到承认与执行。[③]

实验表明,宽容性互惠策略(generosity TFT)与悔悟性互惠策略(contrite TFT)可有效解决“噪声”问题。宽容性互惠策略即允许一定比例的博弈者不受惩罚,采取“两击还一击”甚至“多击还一击”的策略。悔悟性互惠策略则指当自己的错误导致对方的反击时,进行悔悟而非再次反击。当“噪声”较轻的时候,宽容性互惠策略是纠正错误并恢复合作的最佳博弈策略;当“噪声”增加至当每个博弈者都不可避免地犯错时,善于纠正自己错误的悔悟性互惠更能促成合作。[④]

以色列便是一个典型采取更宽容互惠策略的国家。例如,就在2017年以色列最高法院审理对江苏省南通市中级人民法院判决的承认与执行的一审结束后、判决作出之前,我国福建省福州市中级人民法院恰好作出了一例拒绝承认以色列判决的裁定。[⑤] 而当原告向以色列最高法院申请提交这项大概率可否定互惠关系存在的证据时,法官为避免诉讼程序的延期和复杂化,驳回了补充证据的申请。[⑥]

另一个例子是以色列最高法院2014年在俄罗斯天然气工业股份公司诉双K油

① See e. g. Molander P, *The Optimal Level of Generosity in a Selfish, Uncertain Environment*, Journal of Conflict Resolution 29, 1985, p. 611; Wu Jianzhong & Axelrod R, *How to Cope with Noise in the Iterated Prisoner's Dilemma*, Journal of Conflict Resolution 39, 1995, p. 184.

② See Elbalti B, *Reciprocity and the Recognition and Enforcement of Foreign Judgments: A Lot of Bark But not Much Bite*, Journal of Private International Law 13, 2017, p. 203.

③ 即广东省深圳市中级人民法院民事裁定书,(2011)深中法民一初字第45号。该案中,深圳市中级人民法院忽略了判决债权人提交的韩国法院于1999年承认我国判决的证据。

④ See Wu Jianzhong & Axelrod R, *How to Cope with Noise in the Iterated Prisoner's Dilemma*, Journal of Conflict Resolution 39, 1995, p. 184.

⑤ 福建省福州市中级人民法院民事判决书,(2017)闽01协外认4号。参见范冰仪:《我国承认与执行外国判决中适用互惠原则的实证研究》,载《国际经济法学刊》2021年第3期。

⑥ 参见陈洁、肖冰:《“一带一路”背景下承认与执行外国判决中互惠原则适用的变革及建议——以以色列最高法院首次承认和执行我国民商事判决为视角》,载《江苏社会科学》2018年第2期。

品1996有限公司案中(Gazprom Transgaz Ochta Ltd. v. Double K Oil Products 1996 Ltd.)对一项俄罗斯判决的承认与执行。[①] 虽然近年来俄罗斯通过判例确认了通过司法渠道建立互惠关系的可能,该国《民事诉讼法》仍只认可条约互惠关系。[②] 2008年,莫斯科商业法院又因无条约义务而拒绝承认一项以色列判决。但以色列法院认为,即使对方有拒绝承认本国判决的先例,也不意味着互惠关系绝对不存在。以色列法院考虑了俄罗斯近年来在适用互惠原则方面的进展,并发现对方法院认为互惠关系不存在的具体原因是申请人并没有提供可以证明以色列法院承认与执行俄罗斯判决的证据。以色列法院最终认为以色列的法院判决是有被俄罗斯法院承认并执行的合理可能的,并因此承认了俄罗斯判决。

由此可见,在判决博弈中,如对方的拒绝系基于认知或执行错误,宜对错误采取宽容态度并延缓反击。同理,如我方曾因认知或执行错误而拒绝承认对方法院判决,并因此招致对方反击,我方亦应对反击采取宽容态度,并延缓再次反击。这是在充满误解的国际判决博弈中建立合作的重要因素,也是结束已发生的“反击循环”的关键。

(四)清晰性:对国际制度的需求

清晰性,即互惠规则应简单清晰,使对方能够比较方便地辨识。清晰性是TFT互惠策略的第四个特征。清晰意味着博弈策略易被对手识别,从而迅速意识到合作才是理智的选择。[③] 在判决的承认与执行领域,不清晰的互惠规则可能会对本国判决的域外承认与执行造成负面影响。如日本东京高等法院在拒绝承认我国江苏省南京市玄武区人民法院判决时,曾认为中国关于互惠原则的内容并不明确,除非中国明确互惠原则的内涵,否则不能认定中日两国关于判决承认与执行的规则是实质相同的。[④]

随着《一带一路意见》《南宁声明》《会议纪要》的相继出台,我国已建立了系统的互惠制度,但对法律互惠、推定互惠等新模式的具体运用尚未明确,协议互惠和承诺互惠建立渠道的畅通性也有待验证。为了增强互惠原则的清晰性,我国法院在根

---

① Gazprom Transgaz Ochta Ltd. v. Double K Oil Products 1996 Ltd. (Tel Aviv District court of 19 March 2012).

② 参见俄罗斯联邦《民事诉讼法》(2002年)第409条第1款;Decisions of the Cassation Court of Moscow Circuit on 29 June 2009 and the Federal Supreme Court of the Republic of Russia on 7 December 2009 (ruling No. BAC - 12688/09)。

③ 参见罗伯特·阿克塞尔罗德:《合作的进化》,吴坚忠译,上海人民出版社2017年版,第86~87页。

④ See Elbalti, *supra* note 76, at 203.

据互惠原则承认或拒绝承认外国法院判决时,应尽量详述承认或拒绝的具体原因。最高人民法院亦可就互惠原则的具体应用以司法文件或指导案例的形式作出统一指示,以增强我国互惠制度的清晰性与确定性。

此外,将互惠关系通过双边条约与国际公约的方式固定,也是一个既可提高互惠的清晰性,也可增强合作的稳定性的方法。近年在判决互认领域的一个突破性进展是2019年7月2日通过的《海牙承认与执行外国民商事判决公约》。该公约系统地建立了一个使法院判决全球流通的体系,如能得到广泛的批准,可有效减少跨国诉讼成本、促进判决互认合作。① 但即使是在存在国际条约的情况下,也不宜在国内法中完全舍弃互惠原则,因为国际私法协议普遍缺少强制执行性与纠纷解决机构,而互惠制度的存在可起到一定的威慑作用。

五、判决互惠的前景

如上所述,在无限次重复的判决博弈中,具有善良性、反击性、更高宽容性、清晰性的互惠制度是促进国际合作的建立、修复与维持的最优策略。但尽管如此,近年来仍有相当数目的国家限制②、搁置③,甚至完全废除④了互惠原则在判决互认领域的应用。互惠原则为何走向没落,其未来又会去往何方?

拥有更多海外利益的大国在建立判决互认制度方面存在比较小国更高的相对利益,或许可以解释部分发生在判决互认领域的利他行为。多边互惠关系中对等性的减弱也可能使部分博弈者放弃眼下的直接收益,而为了从其他博弈者处获得潜在收益,采取可以增加自己名声的利他策略。⑤ 此外,从社会心理学的角度来看,部分

---

① 对该公约的更多分析,参见何其生:《〈海牙判决公约〉与国家相关判决的承认与执行》,载《环球法律评论》2020年第3期。

② 例如,相当数目的国家只将互惠原则的应用限制在某一特定领域。参见杜涛:《互惠原则与外国法院判决的承认与执行》,载《环球法律评论》2007年第1期。

③ 如美国法院对Hilton案的搁置。参见徐伟功:《我国承认与执行外国法院判决制度的构建路径——兼论我国认定互惠关系态度的转变》,载《法商研究》2018年第2期。又如西班牙在2015年废除互惠要求之前从未援引该原则来拒绝承认外国判决。See Romeu F R, *Litigation under the Shadow of an Exequatur: The Spanish Recognition of U. S. Judgments*, International Lawyer 38, 2004, p. 945.

④ 完全废除互惠要求的国家包括瑞士(1987年)、委内瑞拉(1998年)、立陶宛(2002年)、保加利亚(2005年)、马其顿(2007年)、波兰(2008年)、黑山(2014年)、西班牙(2015年)等。参见黄志慧:《我国判决承认与执行中互惠原则实施的困境与出路》,载《政法论坛》2018年第6期。

⑤ 如基欧汉认为,国际互惠可分为特定型互惠与扩散型互惠。特定型互惠多见于双边伙伴关系中,行为体严守对等原则,追求自我利益的实现。持续积极的特定互惠有可能产生基于多边关系的扩散型互惠。其标志是行为的对等性减弱,行为体在自利驱动的同时,也受社会规范与道德规范的约束。See Robert Keohane, *Reciprocity in International Relations*, International Organization 40, 1986, p. 8 – 24.

国家对互惠的弃用或可属于因国际司法合作制度“内化”而产生的纯粹利他行为。[①]事实上,民商事判决的承认与执行一直与正义、人权等普遍内化的法律基本原则紧密相关。在欧盟,人权法对国际私法的介入性影响,已经形成了解决判决承认与执行问题的新机制。实现判决自由流动并保障判决债权人私人权益,已被视为人权法上“诉诸司法权”的内在构成部分,应根据《欧洲人权公约》第6(1)条加以保护。[②]在一定程度上,不要求回报、单方利他的判决承认与执行模式正是出于这种对正义与人权价值的认可。

但必须说明的是,在判决互认领域存在利他主义现象,只是说明有部分国家选择了利他行为,并不能说明利他主义可以取代互惠成为判决博弈中的最佳策略。尤其是在全球化逆潮汹涌、全球政治局势变动的时代,将国际司法合作寄托于纯粹的道德自我约束和共同价值观是不可取的。国际私法与国际政治不可能是彻底独立、毫无关联的。即使国家间的政治和经济博弈公然体现在冲突法层面的概率较低,实践中,民族主义情绪与刻板印象常常会影响法官、律师等法律执业者的行为与判断。一个典型的例子是发生在中美经贸摩擦期间的上海雍润投资管理有限公司诉喀什星河创业投资有限公司、徐某某案(以下简称雍润案)。该案中,美国纽约州纽约县高等法院认为我国民事诉讼程序制度整体不符合美国正当法律程序要求,并以此拒绝承认北京市高级人民法院(2019)京民终115号民事判决。[③] 而此前,中美之间已经建立了良好的判决互惠关系。[④] 虽然雍润案的初审判决最终被上诉法院推翻,[⑤]但仍然使人质疑民商事领域的司法合作在复杂激烈的政治博弈中独善其身的可能。对外国法院管辖权与程序公正的审查、公共政策等兜底条款都可以在一定程度内防止对本国宽松的判决承认制度的利用,但都无法取代互惠制度在国际秩序崩塌与重建过程中,对合作的建立、恢复与维持方面的作用。互惠制度仍然会作为国际司法

① 参见亚历山大·温特:《国际政治的社会理论》,秦亚青译,上海人民出版社2000年版,第338~342页。

② 参见刘仁山:《人权保护对国际民商事判决承认与执行的影响——以〈欧洲人权公约〉之适用为中心》,载《法学评论》2015年第3期。

③ Shanghai Yongrun Inv Mgt Co. Ltd. v. Kashi Galaxy Venture Capital Co. Ltd., 2021 NY Slip Op 31459.

④ 对美国法院对我国判决的承认与执行,参见方建伟等:《从雍润案浅议中国法院判决在美国的承认与执行》,http://www.zhonglun.com/Content/2022/03-31/1317096715.html。对我国法院对美国判决的承认与执行,见湖北省武汉市中级人民法院民事裁定书,(2015)鄂武汉中民商外初字第00026号;上海市第一中级人民法院民事裁定书,(2017)沪01协外认16号。

⑤ Shanghai Yongrun Inv Mgt Co. Ltd. v. Maodong Xu, 2022 NY Slip Op 01523.

合作制度长久存在,并在世界变局中发挥着重要作用。

六、总结

具有模式多样性与路径多元化特征的判决互惠制度并非阻碍一国参加国际司法合作的门槛。相反,从博弈论的角度来看,具备善良性、反击性、更高的宽容性与清晰性的互惠制度是在无限次重复的判决博弈中促进国际合作的建立、修复与维持的最优策略。在逆全球化浪潮汹涌、全球化进程一波三折的今天,互惠制度在建立、维持与修复国际司法合作方面具有无法取代的重要作用。我国目前已形成以法律互惠为主、推定互惠为辅,通过条约、承诺与司法等不同路径建立的多元互惠制度,这对我国与其他国家建立稳定的判决互认关系具有极大的促进作用。在对互惠制度的具体应用方面,我国应在缺乏合作先例时主动合作,保留必要时启用互惠原则实施反击的权利,探索采用更高宽容性的互惠制度,并在司法实践中通过司法文件、指导案例或其他形式就实施细节作出规定,确保我国判决互惠制度的善良性、反击性、宽容性和清晰性。

国际投资仲裁研究

论国际投资仲裁中非法证据排除规则的适用:理念与方法[*]

崔起凡[**]

关于非法证据排除规则的适用,国际投资仲裁领域总体上缺乏明确的规定,不过,国际投资仲裁中非法证据排除规则应当予以适用。在实践中,对于非法证据排除问题,少数投资仲裁庭采取了回避的态度,然而更多的投资仲裁庭对此明确表明了立场,并且在决定是否排除非法证据时,分别阐述了适用该规则时的考量因素。利益衡量是各国非法证据排除规则背后的共同的理念和法律原则,在国际投资仲裁中利益衡量应予适用。对于非法证据,国际投资仲裁庭原则上应予采纳,除非具有充分的理由才予以排除。在具体案件中,投资仲裁庭应考量非法取证行为的危害性和证据采纳的价值两方面的诸多因素从而作出决定。

在国际投资仲裁中,非法证据排除规则的适用问题,是指通过非法手段获取的证据应否以及在何种情况下予以排除。这一问题的处理可能直接影响案件事实的认定和裁决结果。不过,相关仲裁规则、国际条约(包括投资协定)以及各国仲裁法通常对此缺乏明确的规定。近些年来,在国际投资仲裁实践中,已有诸多案件涉及这一问题,尤其是随着"维基解密"(Wikileaks)公开了大量政府文件包括外交电文,在多起国际争端包括投资仲裁中当事方提交了此类文件,非法证据排除规则的适用问题引发理论界和实务界越来越多的关注。① 尽管如此,总体而言我国仲裁界对此尚缺少足够关注。因此,本文致力于国际投资仲裁中非法证据排除规则适用的实践

* 本文系国家社科基金后期资助项目(22FFXB049)的阶段性成果之一。

** 浙江万里学院法学院副教授、硕士研究生导师。

① 《维也纳外交关系公约》第27条规定:使馆为一切公务目的自由通信受到保护;使馆之来往公文不得侵犯,来往公文指有关使馆及其职务之一切来往文件。国际法的该项规则试图调整国际秩序和外交关系的安全,"维基解密"公布的外交电文据此本应该受到国际法保护,不受侵犯。

述评、理论梳理与规则完善。

一、国际投资仲裁中非法证据排除规则的可适用性

(一)规则层面的考察

关于非法证据排除问题,国际投资仲裁中的适用法如各国仲裁法、相关国际条约(包括投资协定)、仲裁规则鲜有明确规定。不过,2020 年修订后的《国际律师协会国际仲裁取证规则》(以下简称《IBA 证据规则》)第 9.3 条最新规定了"仲裁庭可以根据当事人的请求或者自行排除非法取得的证据"。尽管《IBA 证据规则》认可了仲裁庭适用非法证据排除规则的权力,不过也仅止于此,非法证据排除规则如何适用仍然依赖仲裁庭的自由裁量。

非法证据排除与否属于证据可采性的范畴。国际争端解决包括投资仲裁采纳了类似于大陆法国内诉讼的做法,[①]即赋予国际法庭或者仲裁庭在证据采纳方面广泛的自由裁量权。实践中,国际仲裁庭也倾向于将重点放在决定争议所需要的事实认定上,而不愿先验地受到证据可采性规则的约束。[②] 许多仲裁规则明确确立了仲裁庭享有证据可采性的自由裁量权,如《ICSID 仲裁规则》第 36 条第 1 款和《UNCITRAL 仲裁规则》第 27 条第 4 款;而《联合国国际商事仲裁示范法》第 19 条第 2 款,以及许多国内仲裁立法,如德国《民事诉讼法》第 1042 条第 4 款、英国《仲裁法》第 34 条第 2 款第 f 项也都有类似规定。《IBA 证据规则》第 9 条在规定了仲裁庭有权决定证据可采性的基础上,进一步列举了仲裁庭有权排除证据的若干情形,具体到非法证据排除问题,2020 年修订《IBA 证据规则》之前均未明确提及。尽管仲裁庭享有证据可采性的裁量权,但它仅是一项大的原则,是否当然意味着仲裁庭有权适用非法证据排除规则,并非确定无疑。

可见,关于非法证据排除规则的可适用性,国际投资仲裁领域总体上存在"规则缺失"的情况。尽管《IBA 证据规则》原则上认可了这种可适用性,不过其属性只是国际律师协会制定的软法,不具有当然的约束力。非法证据排除规则的可适用性一直存在理论上的分歧,尤其是 2020 年修订《IBA 证据规则》之前,这为实践带来了一定的不确定性。

(二)理论层面的分析

关于国际争端解决中是否适用非法证据排除规则,理论上存在肯定论和否定论

---

① See Durward V. Sandifer, *Evidence before International Tribunals*, University Press of Virginia, 1975, p. 176.

② 参见[英]艾伦·雷德芬等:《国际商事仲裁法律与实践》(第 4 版),林一飞、宋连斌译,北京大学出版社 2005 年版,第 317 页。

的分歧。在国际争端解决实践中,对于非法获取的证据,有些法庭或仲裁庭保持了“沉默”态度,如后文将会论及的康菲诉委内瑞拉案,这在一定程度上与该问题存在的理论分歧有关。

否定论者提出的主要论据包括:国际法庭或仲裁庭排除非法证据缺乏权力来源,将刑事诉讼中特有的非法证据排除规则简单类比适用于国际争端解决缺乏合理性,而具有可类比性的国内民事诉讼则缺乏非法证据排除的实践;①从过去实践来看,国际法庭或仲裁庭对于排除非法证据的权力似乎并无迫切需要;尽管相关实践的立场并不鼓励通过“自助”方式进行的国际非法行为获取证据,但并没有试图将自助行为获取的证据予以排除,只是因为在适当情况下间接证据足以令人信服,非法取证行为并无必要。②

持肯定论的有些学者指出,根据国际法和国内法上均认可的一般原则,任何人不应因其不法行为而获益,或者说,“不法行为不得产生权利”(*ex injuria jus non oritur*)。③ 针对科孚海峡案④中国际法院未就非法证据明确表示立场的情况,有学者指出国际法院本应类比国内制度明确排除相关证据;⑤也有学者就此指出,国际法院可以运用利益衡量的方法,即权衡非法取证行为的严重性与非法证据本身试图证明的事实主张的重要性,以决定是否排除相关证据。⑥

笔者认为肯定论值得认可,理由在于:第一,原则上仲裁庭对于证据的可采性享有自由裁量权,可以根据具体案情以及价值权衡决定采纳或者排除证据。第二,因为获取证据的非法手段本身可能会对国际秩序造成严重损害,如果完全没有相应的

---

① See Hugh Thirlway, *Dilemma or Chimera: Admissibility of Illegally Obtained Evidence in International Adjudication*, American Journal of International Law 78, 1984, p. 623 - 629.

② See Hugh Thirlway, *Dilemma or Chimera: Admissibility of Illegally Obtained Evidence in International Adjudication*, American Journal of International Law 78, 1984, p. 639 - 641.

③ See Chittharanjan F. Amerasinghe, *Evidence in international litigation*, Martinus Nijhoff Publishers, 2005, p. 178.

④ 在科孚海峡案中,阿尔巴尼亚主张英国未经其同意在科孚海峡从事扫雷活动,侵犯了其主权。英国抗辩称,此前英国军舰遭遇水雷爆炸而遭受人员伤亡和舰船损坏,它如此行事是为获取阿尔巴尼亚布置的水雷作为证据以便提交国际法院。国际法院指出,英国的行为在国际法下缺乏正当性,实际上构成对阿尔巴尼亚主权的侵犯。不过,国际法院并没有明确讨论通过侵犯他国主权的方式获取的证据是否具有可采性。See 1949 ICJ Report, p. 35.

⑤ See Nasim Hasan Shah, *Discovery by Intervention: The Right of a State to Seize Evidence Located within the Territory*, American Journal of International Law 53, 1959, p. 607.

⑥ See Mansour Fallah, Sara, *The Admissibility of Unlawfully Obtained Evidence before International Courts and Tribunals*, The Law and Practice of International Courts and Tribunals 19, 2020, p. 157.

惩罚和威慑,那么这等于放纵或变相鼓励了国际非法行为的实施,不利于维护国际法律秩序。第三,有些学者主张国内民事诉讼中不适用非法证据排除规则的理由之一是,非法证据问题可以“一码归一码”地予以解决,即非法证据不予排除,同时非法取证行为本身可以通过其他方式如另行起诉予以追究。① 类似的理由在国际争端解决中不具有说服力,因为国际争端解决中因非法行为受损的当事方难以像在国内法框架下通过其他渠道有效地获得救济。第四,肯定论观点已然被相当数量的投资仲裁实践所采纳,对此后文将予以详细阐述。《IBA 证据规则》第 9.3 条亦明确认可了非法证据排除规则的适用。《IBA 证据规则》虽是软法,但是它本身是对国际仲裁的“最佳实践”的总结,并反过来对国际仲裁实践发挥了良好的指引作用,获得了广泛认可。②

二、国际投资仲裁中非法证据排除规则适用的实践述评

在各种国际争端解决中,尤其是国际投资仲裁领域,晚近有多起案件涉及非法证据排除问题,通过考察和分析,可以发现其中存在的问题、特点与发展趋势。

(一)尤科斯诉俄罗斯案

在尤科斯诉俄罗斯案中,申请人提供“维基解密”公布的美国国务院外交电文作为证据。这些电文包含了美国大使馆与普华永道公司(申请人尤科斯公司的审计公司)之间交流的信息。申请人依据外交电文欲证明俄罗斯向该审计公司施加了不当压力,导致申请人撤销审计意见,损害了尤科斯的利益。而俄罗斯指出,撤回审计意见是因为顾虑到审计报告可能受到尤科斯管理层虚假陈述的影响。仲裁庭最终认定,来自维基解密的保密性外交电文可以证明申请人的事实主张。③ 尽管有此结论,仲裁庭并没有对作为非法证据的外交电文的采纳问题明确地进行说理。

(二)卡拉图诉哈萨克斯坦案

卡拉图诉哈萨克斯坦案涉及哈萨克斯坦官方文件的披露。哈萨克斯坦政府网站遭到黑客攻击,大约 6 万份文件遭到泄露并被公布于网络。申请人在仲裁中请求将其中 11 份文件作为证据使用,被申请人提出异议,认为所有 11 份文件(尤其其中 4 份受到律师—当事人特免权保护的文件)不具有可采性,申请人及其专家证人和事实证人不得援引这些文件。在此过程中,双方均提交了法律专家的法律意见。最

① 参见张立平:《中国民事诉讼不宜实行非法证据排除规则》,载《中国法学》2014 年第 1 期。

② 参见崔起凡:《国际商事仲裁证据规则之晚近成文化现象述评》,载《国际商务研究》2013 年第 5 期。

③ See Hulley v. Russia, PCA Case No. AA 226, Final Award, 18 July 2014, para. 1218.

终,仲裁庭认定除其中受律师—当事人特免权保护的文件外,被申请人需披露其余的文件。[①] 可见,在该案中,申请人从网络上的公开渠道取得并提交的政府文件,是黑客攻击政府网站而来,仲裁庭认为不构成予以排除的理由。

(三)康菲诉委内瑞拉案

在康菲诉委内瑞拉案中,申请方主张,委内瑞拉非法强迫其放弃三个合资油气项目的多数股权,而且委内瑞拉不愿就赔偿进行协商。[②] 仲裁庭认定委内瑞拉"违反了其善意协商以便在双方之间达成可接受的赔偿协议的义务",[③]并针对管辖权和实体问题一并作出裁决。此后,委内瑞拉提出异议,其依据的证据是"维基解密"公开的包含了美国大使馆的外交电文,充分表明委内瑞拉曾经试图进行善意谈判。对此,申请方指出这些信息属于特免权信息,因而不应采纳。[④] 最终仲裁庭只是裁定仲裁庭没有权力重新考虑裁决,对于这些外交电文及其可采性并未提及。[⑤] 不过,作为仲裁庭成员的日内瓦大学乔治·阿比-萨博教授提出了反对意见,指出"维基解密"电文提供了令人关注的证据,忽视它的存在和关联性会损害正义。

(四)梅赛尼斯诉美国案

梅赛尼斯诉美国案仲裁庭支持美国的主张,否定了梅赛尼斯公司出示的一些文件的可采性。[⑥] 在该案中,梅赛尼斯公司曾在数月里多次非法闯入一家游说组织负责人的办公室,并在其内部的垃圾箱里秘密搜查,获取了个人文件和商业文件包括受律师—当事人特免权保护的信息。[⑦] 仲裁庭认为梅赛尼斯公司非法获取证据的行为,未能遵守善意、武器平等以及《UNCITRAL 仲裁规则》第 42 条要求的"平等对

---

① Caratube v. Kazakhstan, ICSID Case No. ARB/13/13, Award, 27 September 2017, paras. 150 - 156.

② ConocoPhillips v. Venezuela, ICSID Case No. ARB/07/30, Decision on Jurisdiction and the Merits, 3 September 2013, para. 212.

③ ConocoPhillips v. Venezuela, ICSID Case No. ARB/07/30, Decision on Jurisdiction and the Merits, 3 September 2013, para. 404(d).

④ ConocoPhillips v. Venezuela, ICSID Case No. ARB/07/30, Letter from Curtis, Mallet-Provost, Colt & Mosle, LLP, 8 Sept. 2013, p. 4 - 8.

⑤ ConocoPhillips v. Venezuela, ICSID Case No. ARB/07/30, Decision on Respondent's Request for Reconsideration, 10 Mar. 2014, para. 22.

⑥ Methanex v. America, NAFTA/UNCITRAL, Final Award of the Tribunal on Jurisdiction and Merits, 3 August 2005, Part Ⅱ, Chapter Ⅰ, para. 53.

⑦ Methanex v. America, NAFTA/UNCITRAL, Final Award of the Tribunal on Jurisdiction and Merits, 3 August 2005, Part Ⅱ, Chapter Ⅰ, para. 55.

待”与程序公平原则。① 此外,仲裁庭在决定是否排除上述非法证据时,还考量了证据本身的因素,包括证据对裁决结果是否会产生重大影响,是否存在其他替代证据。

(五)EDF服务有限公司诉罗马尼亚案

在EDF服务有限公司诉罗马尼亚案中,被申请人主张,涉案证据的录音带是非法获取的,因为它是在被录音人不知情的情况下制作的,违反了《罗马尼亚宪法》、《世界人权宣言》第12条和《欧洲人权公约》第8条。仲裁庭最终认定,这盘录音带是非法获取的,违反了罗马尼亚法律,此外申请人的行为及其提供录音带的情况违反了善意和程序公平原则。② 此外,仲裁庭对于当事方提交的录音带存在可靠性方面的顾虑,最终决定将相关证据予以排除。③

(六)利巴南科诉土耳其案

在利巴南科诉土耳其案中,申请人主张,土耳其政府通过官方监视行为截取了其大约2000份受特免权保护或者具有保密性的邮件,这违反了《能源宪章条约》(Energy Charter Treaty,ECT)和《ICSID仲裁规则》中要求当事方善意参与仲裁并遵守程序公正原则的规定;不管土耳其意图为何,土耳其了解了特免权信息,打破了当事人之间的武器平等。④ 仲裁庭权衡了土耳其为应对犯罪行为的主权权力与“程序公开以及尊重保密性和法律特免权”这两种关切,⑤指出仲裁庭认可调查犯罪的权力和义务不意味着调查权可以不考虑其他权利和义务而行使。通过启动刑事调查,一国可能会不当阻碍ICSID仲裁。⑥ 仲裁庭重视特免权和保密信息的保护,如果有当事人凭借不当手段获取特免权信息或保密信息从而获利,将可能造成严重的侵害。如果是这样,仲裁庭将排除来自东道国刑事调查的证据,并考虑其他可采取的救济措施。⑦ 在该案中,东道国通过刑事司法程序由公诉人截留了涉及投资者的律师

---

① Methanex v. America, NAFTA/UNCITRAL, Final Award of the Tribunal on Jurisdiction and Merits, 3 August 2005, Part Ⅱ, Chapter Ⅰ, paras. 54,58 – 60.

② EDF v. Romania, ICSID Case No. ARB/05/13, Procedural Order No. 3, 29 August 2008, para. 48.

③ EDF v. Romania, ICSID Case No. ARB/05/13, Procedural Order No. 3, 29 August 2008, para. 29.

④ Libananco v. Turkey, ICSID Case No. ARB/06/09, Decision on Preliminary Issues, 23 June 2008, paras. 43 – 46.

⑤ Libananco v. Turkey, ICSID Case No. ARB/06/09, Decision on Preliminary Issues, 23 June 2008, para. 78.

⑥ Libananco v. Turkey, ICSID Case No. ARB/06/09, Decision on Preliminary Issues, 23 June 2008, para. 79.

⑦ Libananco v. Turkey, ICSID Case No. ARB/06/09, Decision on Preliminary Issues, 23 June 2008.

与潜在证人之间的大量电子邮件和其他通信信息，实际上是动用国家机器收集涉及保密信息的相关证据，违反了善意和武器平等原则，因此仲裁庭决定排除相应证据。

（七）评述

在国际投资仲裁实践中，较多地涉及非法证据排除的问题。在理论上和实践中，国际投资仲裁庭排除非法证据的权力逐渐获得认可。2020年《IBA证据规则》增加的第9.3条规定更多的是对已有实践的确认。

在少数投资仲裁案件中，仲裁庭采取了回避的态度，如康菲诉委内瑞拉案。这样的处理方式在其他争端解决实践中同样存在，如国际法院在科孚海峡案中的做法。[①] 有些国际法庭或仲裁庭在证据排除规则的适用问题上采取了谨慎或回避的态度，其中的原因主要有以下几点：其一，缺乏明确的规则，而国际法庭或仲裁庭选择"明哲保身"的立场，沉默地回避这一问题，这样可以避免确立具有争议的"先例"。这一点尤其在早期的案件中体现得更为明显。其二，非法证据排除规则体现了价值冲突和价值取向，该规则的适用需要复杂的利益衡量。非法证据的排除意味着将牺牲实体公正；相反，如果予以采纳，则可能损害国际法律秩序、程序的完整性以及其他利害关系方的权益。其三，各国具体的非法证据排除规则存在差异，这种差异也对国际争端解决实践产生了一定的影响。如果国际法庭或仲裁庭直面该问题，那么还需要在不同的法律规则或法律文化之间寻求平衡和妥协。

不过，在其他更多的投资仲裁实践中，仲裁庭对于非法证据明确表明了立场。它们在决定是否排除非法证据时，分别考量了诸多因素。这些因素包括：证据的可靠性，有无替代证据，"干净的手"原则，特免权的保护，善意、武器平等原则及程序公正，等等。尽管如此，具体案件中仲裁庭只能是"就事论事"，不会全面梳理和构建规则以及规则的适用方法，非法证据排除规则如何适用仍然具有较大的不可预见性，需要在实践上不断积累、尝试以及在理论上进一步梳理总结，以进一步达成共识，提高相关程序的可预见性。

需要强调的是，不同国际争端解决机制在决定程序规则时均享有自由裁量权而且履行相似的职责，导致它们往往适用相似的规则。[②] 其他国际争端的司法判例在

---

① 在科孚海峡案中，国际法院没有明确讨论英国通过侵犯他国主权的方式获取的水雷作为证据是否具有可采性，在其判决中也没有直接采信或依据这些证据作出事实认定。对于非法获取的证据，国际法院客观上采取了回避态度。See 1949 ICJ Report, p. 35.

② See Chester Brown, *A Common Law of International Adjudication*, Oxford University Press, 2007, p. 225 – 234.

投资仲裁实践中常常得到援引,因此借鉴其他国际争端解决实践对于投资仲裁相关规则的梳理与完善也具有重要价值。

三、探寻共同理念或者一般法律原则:一个比较法考察

(一)国际投资仲裁中共同理念和一般法律原则的重要性

非法证据排除规则源于刑事诉讼,并扩展到民事诉讼等其他争议解决领域。不同争议解决中的非法证据排除规则都不得不同样地面对价值冲突与选择:一方面,采纳非法证据,有助于全面查明事实并准确作出裁判;另一方面,排除非法证据可以实现程序公正或者保护案件审理之外的法律秩序和法律利益。源于这种共通性,在不同争议解决机制中的非法证据排除规则背后,在处理方法上是否存在共同理念甚至一般法律原则呢?为回答这一问题就需要考察各国国内法。

国际仲裁员在确定证据规则时会受到各自国内法律文化背景的影响,①国内诉讼尤其是民事诉讼中的非法证据排除规则与国际争端解决中的同一问题具有可类比性。② 如果各国非法证据排除规则之中存在共同理念,那么该理念作为"公约数"因符合各方预期自然会移植到国际投资仲裁程序之中,而且在缺少明确规则的情况下,这一点对于具有不同法律文化背景的仲裁参与者(除仲裁员外,还有当事人、代理人)而言意义不容小觑,避免了为协调法律文化冲突而带来的额外成本;进一步而言,如果各国国内法处理这一问题存在共同的法律原则,即一般法律原则,那么作为《国际法院规约》第38条规定的国际法正式渊源,无疑可以适用于国际投资仲裁相关问题。在非法证据排除问题上,利益衡量实际上就是这样的共同理念或者一般法律原则。

(二)追本溯源:各国刑事诉讼领域的考察

非法证据排除规则源于美国的刑事诉讼,之后逐渐为各国刑事诉讼制度所接受。各国刑事诉讼中非法证据排除规则的目的与功能在于,保护公民的宪法权利(尤其是人权),惩罚和阻遏公权力的滥用,实现程序的公正以及事实查明。不同国家在规则目的的侧重点有所不同。③

美国非法证据排除规则的适用多涉及美国宪法,如第四修正案(涉及通过非法

---

① 参见崔起凡:《论国际商事仲裁中证据规则的确定与适用》,载《武大国际法评论》2013年第1期。

② See Hugh Thirlway, *Dilemma or Chimera: Admissibility of Illegally Obtained Evidence in International Adjudication*, American Journal of International Law 78, 1984, p. 641.

③ See Jenia Iontcheva Turne and Thomas Weigend, *The Purposes and Functions of Exclusionary Rules: A Comparative Overview*, in Sabine Gless and Thomas Richter, eds., *Do Exclusionary Rules Ensure a Fair Trial? A Comparative Perspective on Evidentiary Rules*, Springer, 2019, p. 257 - 263.

扣押、搜查方式收集的证据)、第五修正案和第六修正案(涉及非法自白)。通常情况下的美国证据排除规则是被自动适用的,法官无裁量权。此外,在美国,该规则的出发点在于对宪法权利的保护,针对的是政府行为。在美国刑事诉讼中非法证据排除规则的适用没有直接采用利益衡量方式。不过,所有在过去几十年中法律设立的例外和替代方法本身却是平衡考量的结果。①

德国《刑事诉讼法典》第136a条规定了刑事诉讼中禁止使用非法取得的证据。不过,德国不存在一般意义上的证据排除规则。② 对于非法取得的证据,德国理论界倡导依据"衡量"的方式决定非法证据是否排除,这种立场获得了实务界的认可。德国证据排除规则的适用并不区分言辞证据和实物证据。当证据通过侵犯德国宪法所保护的个人基本权利的方式取得,无论是由政府人员取得还是其他个人取得,德国法院都会考虑予以排除。

在英国刑事诉讼中,不同形式的非法证据采取不同的排除规则。非法自白采取自动排除原则。非法获取的实物证据的排除,英国司法实践中将交由法官自由裁量,即采取裁量排除方式。《警察和刑事证据法》(Police and Criminal Evidence Act, PACE)第78条将判例法进行了成文化。此外,裁量权的行使已不限于排除以不正当方式取得的证据,而是扩大到所有会对程序的公正性产生影响的证据。

我国的刑事诉讼同样确立了非法证据排除规则。依据《中华人民共和国刑事诉讼法》第56条的规定,采取刑讯逼供、暴力、威胁等非法方法获取的非法言词证据应当一律排除;而对于非法获取的物证和书证,只有在非法取证"可能严重影响司法公正"而且"不能补正或者作出合理解释"的情况下,才应当予以排除。关于"可能严重影响司法公正"的认定,法官应当综合考量违反法定程序以及所造成后果的严重程度。③ 区分两种不同的非法证据的基本考量在于:非法言词证据往往直接且严重地侵害公民的基本人权和应有尊严,非法实物证据也可能侵害人权,不过往往是间接的或者相对较轻的,而且实物证据具有客观性、不可替代性,予以排除后事实往往难以查明。可见,我国的这一规则也体现了利益衡量的理念。

---

① 参见岳礼玲:《德、美证据排除规则的比较——我国确立刑事证据规则之经验借鉴》,载《政法论坛》2003年第3期。

② See Craig Bradley, *Criminal Procedure: A Worldwide Study*, Durham, Carolina Academic Press, 1999, p. 195.

③ 参见江必新:《最高人民法院关于适用〈中华人民共和国刑事诉讼法〉的解释:理解与适用》,中国法制出版社2013年版,第91~99页。

(三)各国民事诉讼领域的进一步考察

美国非法证据排除规则的制度目的主要是限制政府行为,而非针对私人行为。所以,美国民事诉讼中私人收集证据领域并未确立非法证据排除规则,仅在个别判例排除了私人违法取得的证据,而且美国法院也曾承认警察非法取得的证据在民事诉讼中的可采性。① 关于证据排除规则能否适用于民事诉讼,美国联邦最高法院指出,应当衡量适用该规则产生的威慑效力与证据排除将会造成的社会成本,因而一方面承认该法院从未将非法证据排除规则适用于民事诉讼,另一方面也未明确禁止其适用。②

德国《民事诉讼法》对违法取得的证据应否被排除没有明确规定,围绕这一问题理论上众说纷纭。在司法实践中,德国法官可否利用违法获得的证据,取决于对"法益与利益权衡"的结果。③

在英国,传统上证据排除规则并不适用于民事诉讼。1998 年英国《民事诉讼规则》出台以后,其第 32.1 条规定,法官有权"排除原本可采纳的证据",不过必须基于该法第 1 条的首要目标("公正处理案件")行使自由裁量权。英国法官在排除不当方式获得的证据时应当对案件的全部情形进行衡量,尤其在考虑所有相关证据的公共利益与避免不恰当地侵犯个体权利的需求之间创设平衡。④ 实践中,法院排除非法证据的态度非常谨慎。比如,作为一起被反复援引的典型案件,琼斯诉华威大学案⑤表明:在民事诉讼中,若排除当事人通过非法手段获取的证据会影响到实体正义时,英国法院不会轻易予以排除。⑥

在民事诉讼中的非法证据应否排除的问题上,中国学术界主流观点是"肯定论"。在肯定论学说的影响下,中国民事诉讼中针对非法证据排除规则先后出现了三个司法解释:1995 年《关于未经对方当事人同意私自录音取得的资料能否作为证据使用问题的批复》⑦、2001 年《关于民事诉讼证据的若干规定》第 68 条⑧和 2015 年

---

① 参见尹伟民:《国际民事诉讼中证据能力问题研究》,法律出版社 2008 年版,第 71 页。

② United States v. Janis, 428 U. S. 433 (1976).

③ 参见周翠:《民事非法证据排除的规范解释与实务观察》,载《中国法学》2020 年第 3 期。

④ 参见周翠:《民事非法证据排除的规范解释与实务观察》,载《中国法学》2020 年第 3 期。

⑤ Jones v. University of Warwick, (2003) 1 WLR 954.

⑥ 参见张立平:《中国民事诉讼不宜实行非法证据排除规则》,载《中国法学》2014 年第 1 期。

⑦ 该批复规定:"证据的取得首先要合法,只有经过合法途径取得的证据才能作为定案的根据。未经对方当事人同意私自录制其谈话,系不合法行为,以这种手段取得的录音资料,不能作为证据使用"。

⑧ 第 68 条规定:"以侵犯他人合法权益或者违反法律禁止性规定的方法取得的证据,不能作为认定案件事实的依据。"

《关于适用〈中华人民共和国民事诉讼法〉的解释》第106条①。从1995年确立了非法证据排除规则之后,排除标准呈现逐渐严格和谨慎的态度。而且2015年调整后的排除标准在一定程度上体现了利益衡量理念或原则,据此,对他人合法权益造成的一般性侵害不会导致证据排除。②

(四)非法证据排除规则中的利益衡量:共同理念或一般法律原则

诉讼程序中非法证据的排除与否体现了不同价值之间的冲突,包括程序公正与实体公正的冲突、目的合法与手段违法的冲突、保护自身合法权益与侵犯他人合法权益的冲突。③ 非法证据排除规则的适用实际上是一个价值取舍的问题,需要基于价值衡量予以解决,各国国内法的相应规定都体现了利益衡量的理念或法律原则。

各国刑事诉讼中非法证据排除规则在具体规定上存在较大差异。比如,排除方式上有自动排除和裁量排除之分;一些国家将证据排除方式与不同证据形式(言词证据或是实物证据)直接挂钩,另外一些国家则不做此类区分。此外,各国刑事诉讼非法证据排除规则的目的与功能各有不同的侧重点。比如,有些国家的出发点主要是限制政府行为,有些国家则侧重于对个人基本权利的保护,无论违法取证的主体是政府还是个人。不过,对于非法证据,各国刑事诉讼并非简单、绝对地予以排除,规则背后都体现了利益衡量的理念。④

相比较而言,各国民事诉讼中非法证据排除规则的适用通常态度谨慎,民事诉讼中的非法证据排除更像是"有限例外",而非"一般规则"。各国的这种立法情况同样体现了利益衡量。与刑事诉讼相比,民事诉讼程序中的取证行为较少存在侵犯人权、滥用公权的情况,事实发现、实体公正的价值往往能够凸显,因而证据不轻易予以排除。有些国家的民事诉讼原则上采纳非法证据,只是基于衡量的结果作为例外才会予以排除,而有些国家的民事诉讼非法证据排除规则更为直接地体现了利益衡量的理念。利益衡量的立场也为我国权威学者所认可。李浩教授认为,对于民事诉讼中的违法收集证据,法官应将违法收集证据行为所要保护的合法权益与违法收

① 第106条规定:"对以严重侵害他人合法权益、违反法律禁止性规定或者严重违背公序良俗的方法形成或者获取的证据,不得作为认定案件事实的根据。"

② 参见最高人民法院修改后民事诉讼法贯彻实施工作领导小组编著:《最高人民法院民事诉讼法司法解释理解与适用》,人民法院出版社2015年版,第353~354页。

③ 参见李浩:《民事诉讼非法证据排除规则探析》,载《法学评论》2002年第6期。

④ See Jenia Iontcheva Turne and Thomas Weigend, *The Purposes and Functions of Exclusionary Rules: A Comparative Overview*, in Sabine Gless and Thomas Richter, eds., *Do Exclusionary Rules Ensure a Fair Trial? A Comparative Perspective on Evidentiary Rules*, Springer, 2019, p. 263 – 270.

集证据行为造成的危害以及给对方当事人或第三人合法权益造成的损害进行比较,以确定哪一种权益更值得优先保护。①

可见,非法证据排除问题中的利益衡量是各国法上的共同理念。或者说,利益衡量原则是从各国非法证据排除规则概括和抽象出的一项共同原则。利益衡量也可以成为国际投资仲裁中适用的一般法律原则,用以指引非法证据排除问题的处理。在国际投资仲裁中,在处理非法证据面临规则上的空白时,利益衡量提供了各方均可接受的法律理念或法律原则。一般法律原则可以发挥弥补规则漏洞的作用,不过,它本身缺乏具体明确的内涵,适用时带有一定的主观主义色彩,争议较大。②非法证据排除问题中的利益衡量作为一般法律原则也存在这样的局限性,如何进行利益衡量是国际投资仲裁实践中需要进一步解决的重要问题。

四、国际投资仲裁中非法证据排除规则适用方法的应然分析:宽严标准与考量因素

利益衡量理念或原则具有上述的局限性,在该理念和原则的框架之下非法证据排除规则的适用方法至少仍需考虑两个方面:其一,基于利益衡量确立非法证据排除的宽严标准,即对于非法获取的证据原则上应予以排除抑或原则上予以采纳,这是适用方法上的逻辑起点,在此基础上考虑具体案件中是否存在例外;其二,利益衡量中需要衡量什么利益,具体考量哪些因素。

(一)非法证据排除的宽严标准

关于国际投资仲裁中非法证据排除规则适用的宽严标准在理论上也存在分歧。其中,有学者认为,尽管基于"不法行为不得产生权利"这项一般法律原则,可推定非法证据应予排除,不过为实现司法正义或避免造成非正义(injustice)此类证据仍然具有采纳的空间。③ 也有学者认为国际争端解决中取证缺乏国内法框架下的程序保障,国际裁决者对于非法证据的采纳具有自由裁量权,须要衡量善意申请人获取证据的需要和被申请人的利益,然后作出决定。④ 还有学者指出,国际投资仲裁庭享有证据采纳的自由裁量权,对于是否采纳非法证据也是如此,而且应当首先推定非法

① 参见李浩:《民事诉讼非法证据排除规则探析》,载《法学评论》2002 年第 6 期。

② 参见丁伟:《论国际商事仲裁与国际民事诉讼法律适用的主要区别——兼论〈合同法〉第 126 条第 2 款在国际商事仲裁中的适用》,载《仲裁研究》第 2 辑,法律出版社 2004 年版。

③ See Chittharanjan F. Amerasinghe, *Evidence in international litigation*, Leiden, Martinus Nijhoff Publishers, 2005, p. 178 – 179.

④ See M. Reisman and E. Freedman, *The Plaintiff's Dilemma: Illegally Obtained Evidence and Admissibility in International Adjudication*, American Journal of International Law 76, 1982, p. 737 – 738.

证据具有可采性,然后考虑是否存在排除非法获取的证据的任何理由,而不是相反。[①] 综上,非法证据排除的宽严标准的分歧主要表现为两种倾向:其一,对于非法证据原则上应予排除,例外情况下采纳;其二,原则上应予以采纳,例外情况下予以排除。

笔者认为,国际投资仲裁庭对于非法证据原则上应予以采纳,除非在具有强有力理由的情况下才应予排除。原则上应采纳非法证据的这一立场,在很大程度上是基于国际投资仲裁的特性进行利益衡量所作出的"平衡点"预设,具体基于以下几个方面的考虑:(1)争端解决中全面事实查明并实现实体正义从来具有无可置疑的重要性,法官或仲裁员的基本职责是查明事实解决争端。这种职责对于国际仲裁员而言尤其重要,因为他们在具体案件中受到委任解决争端,其角色只是作为临时的"私人法官",就法理而言,在个案争端解决以外的职责如维护法治以及公共秩序等方面,通常而言要远低于国内法官,甚至低于国际法院的法官。由于排除证据往往会影响事实查明和实体正义的实现,仲裁庭对非法证据予以排除的态度应当更为审慎。(2)国际仲裁员在确定证据规则时会受到各自国内法律文化背景的影响,尤其是民事诉讼中非法证据排除规则的适用对于国际争端解决中的同一问题具有可类比性。[②] 而各国民事诉讼一般会严格限制适用非法证据的排除标准。尽管刑事诉讼中非法证据排除的情况比起民事诉讼相对较为常见,其原因在于刑事诉讼中非法获取证据往往伴随警察滥用公权力侵害公民的基本权利,基于保护人权、法治等重大法律价值的需要,利益衡量的结果必然是较多地排除相关证据,而国际投资仲裁和国内民事诉讼中的非法取证往往较少涉及此等重大价值的侵害。(3)国际投资仲裁中较为普遍存在比国内诉讼更为突出的举证难问题,排除证据对于实体正义的实现会产生更严重的影响,也正是基于这样的考虑,仲裁庭在行使证据可采性方面的自由裁量权时总体上采取了比国内法院更为自由的方法,推定证据具有可采性,除非具有排除证据的理由。[③] 由于国际争端解决中仲裁庭不具有国内法院那样的强制性权力,当事方的证据收集权缺乏程序保障,更多依赖证据持有人的合作,相应国际争端解决需要更多证据收集的渠道和来源。事实上,在国际仲裁实践中,非法证

① See Nicole S. NG, *Illegally Obtained Evidence in International Arbitration: Protecting the Integrity of the Arbitral Process*, Singapore Academy of Law Journal 32, 2020, p. 752.

② See Hugh Thirlway, *Dilemma or Chimera: Admissibility of Illegally Obtained Evidence in International Adjudication*, American Journal of International Law 78, 1984, p. 641.

③ See Peter Ashford, *The IBA Rules on the Taking of Evidence in International Arbitration: A Guide*, Cambridge University Press, 2013, p. 146.

据被明确予以排除的情况并不多见,原则上应予采纳的实践获得了更多的明确认可。①

(二)取证行为不得违反善意、武器平等及程序公正原则

在有些国际投资仲裁实践(如梅赛尼斯诉美国案和利巴南科诉土耳其案)中,证据排除的理由是程序违法,即取证行为影响了程序公正,在投资仲裁案件往往将这种情况表述为违反了"善意""武器平等"等国际程序法基本原则。

善意作为国际程序法的基本原则体现于相关公约和争端解决实践之中。比如,《维也纳条约法公约》《联合国宪章》等文件都规定了善意原则是争端方以及国际法庭应当遵守的原则。② 善意原则同样是国际投资仲裁应当遵守的基本原则。国际投资协定,如《华盛顿公约》第34条对此进行了规定。善意原则也体现在国际投资仲裁实践之中。在梅赛尼斯诉美国案中,仲裁庭认为:"……在仲裁中每一争端方对于其他争端方和仲裁庭都负有在仲裁程序中善意行事,尊重它们之间武器平等的一般法律义务……"③在利巴南科诉土耳其案中,仲裁庭指出,"当事方有以善意进行仲裁的义务",而且"这一原则适用于所有仲裁,包括投资仲裁,适用于所有当事方,包括国家"。④ 武器平等原则也被认为是投资仲裁的基本原则。⑤ 武器平等的内容包括地位平等、机会平等、风险平等。⑥ 仲裁庭有义务保护当事方的公平审理权。仲裁庭不应仅仅满足于双方在程序中形式上的平等,还需要发挥能动角色,尽量消除双方之间存在的不均衡,以实现实质平等。

在国际投资仲裁中,当事方为追求胜诉通过窃听或者拦截信件等行为积极实施的取证手段,严重损害对方的正当利益,是对善意原则的违反,尤其是在国际投资仲裁案件中东道国滥用自身的资源和能力获取证据的情况下。如果一方滥用主权权力或者通过非法的手段获取证据上的优势、陷对方于不利地位,间接操纵裁决结果,

① EDF v. Romania, ICSID Case No. ARB/05/13, Procedural Order No. 3, 29 August 2008, para. 47.

② 《联合国宪章》第2.2条,《维也纳条约法公约》第26条。

③ Methanex v. America, NAFTA/UNCITRAL, Final Award of the Tribunal on Jurisdiction and Merits, 3 August 2005, para. 54.

④ Libananco v. Turkey, ICSID Case No. ARB/06/8, Decision on Preliminary Issues, 23 June 2008, para. 78.

⑤ See Thomas Walde, *Equality of Arms in Investment Arbitration: Procedural Challenges* in Katia Yananca-Small, ed., *Arbitration under International Investment Agreements: A Guide to the Key Issues*, Oxford University Press, 2010, p. 161.

⑥ 参见沈冠伶:《诉讼权保障与裁判外纷争处理》,北京大学出版社2008年版,第28~29页。

那么就违反了武器平等原则和善意原则。仲裁庭有权确保当事人以善意行事,维护武器平等原则,从而排除当事人获取的非法证据。

与一般非法取证损害争端之外的法律利益和秩序不同,违反善意或武器平等原则的取证行为直接损害程序公正性,并可能影响裁决结果,因此应予排除。《IBA 证据规则》第 9 条第 2 款第 7 项规定的证据排除理由是“仲裁庭认为具有说服力的对当事人公平或平等的考虑”,这同样是对取证在程序公正性方面的要求,与善意、武器平等之类的表述实际上具有相同的意涵。

(三)利益衡量中应然的考量因素

在决定是否排除非法证据时,仲裁庭应基于利益衡量原则,对非法取证行为的危害和证据采纳的价值进行权衡。如果存在非法取证行为,那么相应证据的采纳就需要带来符合比例性的利益使之正当化。

1. 非法取证危害方面的考量因素

与国内法上相似,国际争端解决中非法证据排除规则的目的与功能在于阻遏非法行为,实现程序的公正,查明事实,保护重要权益及维护国际法律秩序。国际法庭或仲裁庭往往在目的方面会有通盘的考量和权衡,而不是简单地取舍。

在国际投资仲裁中,仲裁庭在考虑非法取证行为的危害时,首先应当考虑被侵害的权益的重大程度。在取证行为侵害他国国家主权等重大权益或违反国际强行法时,如“科孚海峡案”中的情况,相关证据通常可以直接予以排除(除非在极其例外的情况下,证据采纳具有异常充分的价值)。与此类似的还有侵犯对象是国际公认的基本人权的情况。在 EDF 服务有限公司诉罗马尼亚案中,被申请人主张涉案录音带的获取手段违反了《世界人权宣言》第 12 条和《欧洲人权公约》第 8 条,这一点可以构成证据排除的主要理由之一。

特免权的保护属于国际公共政策范畴,国际投资仲裁中主要涉及律师—当事人特免权、商业秘密保护特免权、公共利益特免权、和解特免权。[①]《IBA 证据规则》第 9 条第 2 款和第 3 款对此予以明确规定。在利巴南科诉土耳其案和卡拉图诉哈萨克斯坦案中,仲裁庭排除了受特免权保护的书证。事实上,对特免权的侵害本可以独立构成证据排除的理由,如果再加上通过非法手段获取并予以提交,则构成更充分的证据排除理由。[②]

---

① 参见崔起凡:《国际投资仲裁中的特免权问题研究》,载《国际经济法学刊》2018 年第 3 期。

② 比如,基于商业秘密的保护需要具备充分的理由,并非所有商业秘密都构成免于出示的理由。如果本身尚不拒绝出示理由的商业秘密是通过不正当手段获得的,仲裁庭就有可能决定予以排除。

仲裁庭还应当考虑非法取证行为的情节严重与否。有学者指出,并非所有“技术性”不法行为都构成排除证据的理由。① “轻微”的不法行为可能不会损害仲裁程序的完整性,相应的证据也不应予以排除。② 不过,如果取证行为侵害的权益或价值本身异常重大,如涉及侵犯国家主权,那么即使还未考虑情节的严重与否,也可能足以构成较大的危害性。

如果非法取证行为侵害的是基本程序权利,性质同样是严重的,如上所述,可以独立构成证据排除的充分理由。在国内民事诉讼中,非法取证行为侵犯那些旨在保障程序正义和武器平等而禁止证据收集的情形,将会导致证据排除。③ 与此相似,在国际投资仲裁中证据取得的行为违反善意、武器平等或者基本程序公平,就如实践中有些仲裁庭所持的立场那样,相应证据应予排除。

仲裁庭也应当考量非法取证中的主观恶性(culpability)因素。相对于过失行为,仲裁庭对于恶意或故意行为比起过失更应倾向于排除相应的证据。基于该因素考虑而采取的证据排除有利于实现阻遏非法行为、维护基于国际法主体善意的国际秩序之目的。其中考量的因素也包括行为人是否拥有“干净的手”。在许多投资仲裁案件中,“干净的手”被作为免于证据排除的抗辩理由。在康菲诉委内瑞拉案和卡拉图诉哈萨克斯坦案中,申请人提交的文件来源都是第三方非法获取并披露的文件,它们没有直接参与对政府网络的攻击行动和信息公布,因此拥有“干净的手”,相应的证据获得采纳。事实上,在其他国际争端解决实践中,“干净的手”也成为非法证据排除的例外情形予以适用,如欧盟法院审理的波斯国际银行诉欧委会案。④

仲裁庭还应当考量,采纳证据是否会促进或鼓励持续或再次的侵害行为。比如,证据提供方虽然只是从第三人处购买了其非法获取的证据,没有直接参与取证行为本身,仲裁庭在决定证据排除与否时,应当考量这种购买行为是否会促进此类

① See e. g., James H. Boykin and Malik Havalic, *Fruits of the Poisonous Tree: The Admissibility of Unlawfully Obtained Evidence in International Arbitration*, Transnational Dispute Management 12, 2015, p. 1 – 34; Cherie Blair and Ema Vidak Gojković, *WikiLeaks and Beyond: Discerning an International Standard for the Admissibility of Illegally Obtained Evidence*, ICSID Review 33, 2018, p. 235 – 256.

② See Nicole S. NG, *Legally Obtained Evidence in International Arbitration*, Singapore Academy of Law Journal 32, 2020, p. 767.

③ 参见周翠:《民事非法证据排除的规范解释与实务观察》,载《中国法学》2020 年第 3 期。

④ 在波斯国际银行诉欧委会案中,波斯国际银行提供“维基解密”公布的外交电文作为证据。欧盟法院指出,依据欧盟法律的普遍原则,它可以不受限制地评价证据。在此基础上,它强调了获取证据的一方保持“干净的手”的重要性,并且指出由于波斯国际银行没有参与外交电文的非法公布,因此该公布行为可能具有的非法性质对其不会产生不利影响。See Persia International Bank v. Council, Case T – 493/10, Judgment of the General Court (Fourth Chamber), 6 September 2013, para. 95.

证据市场的形成,从而鼓励非法取证行为的反复发生。如果答案是肯定的,仲裁庭就不能适用“干净的手”原则。

2. 证据采纳利益方面的考量因素

全面采纳证据有利于实现案件事实查明、实体公正,证据重要性和必要性应是仲裁庭决定是否排除证据时考量的另一重要方面。乔治·阿比－萨博教授在康菲诉委内瑞拉案中指出,“维基解密”外交电文的曝光从根本上改变了原有的事实认定,电文的细节描述与已查明的其他事实完全吻合,该外交电文高度可信地还原了双方谈判的完整情况。仲裁庭“如果认真对待其至高无上的法律和道义职责,即在此基础上寻求真相并依法伸张正义”,就不能“忽视这种显眼的证据的存在与相关性”,否则就是对“正义的嘲弄”。①

仲裁庭对于非法获取的证据的采纳价值考量应当具体包括:(1)提供方是否存在证明困难,是否存在更为缓和的取证手段,能否以其他证据作为替代;(2)该证据的真实性和可靠性,对于证据提供方主张的事实的证据价值;(3)证据用于证明的事实主张与权利的重要性。其中,第一项体现了该证据的必要性,后两项体现的是证据的重要性。在 EDF 服务有限公司诉罗马尼亚案中,仲裁庭面对当事方提交的非法获取的证据,基于可靠性的顾虑将电文予以排除。在梅赛尼斯诉美国案中,仲裁庭亦考量了前两项因素。关于科孚海峡案,有学者主张,法庭应当权衡非法取证行为的严重性和证据用于证明的权利的重要性,即主要涉及第三项因素的考量。(见表 1)

表 1　非法证据排除规则的考量因素与评价后果

非法取证行为危害的考量	证据必要性和重要性的考量	证据评价上的后果
1. 受侵害权益的重大程度,如特免权、基本程序权利、是否违反强行法或国际公共政策。 2. 非法行为情节的严重程度。 3. 行为人的主观恶性(故意、过失或者无过错),包括是否具有“干净的手”。 4. 证据采纳是否会促进持续或再次侵害	1. 是否存在证明困难,是否存在较为缓和的取证手段或者替代证据。 2. 证据的真实性和可靠性,对于当事方事实主张的证明价值。 3. 证据用于证明的事实主张与权利的重要性	1. 取证行为的危害与证据的必要性、重要性不成比例时,证据应予排除。 2. 特免权的侵害、基本程序权利的侵害可独立构成证据排除的理由

① ConocoPhillips v. Venezuela, ICSID Case No. ARB/07/30, Decision on Respondent's Request for Reconsideration (Dissenting Opinion of Georges Abi-Saab), 10 March 2014, paras. 64 – 67.

五、结论

国际投资仲裁中非法证据规则具有可适用性,投资仲裁庭对于非法获取的证据的采纳与否也有权决定。关于这一点尽管总体上存在"规则缺失",不过具有充分的法理基础。在投资仲裁实践中,个别仲裁庭对于非法证据排除规则的适用非常谨慎;不过更多仲裁庭明确表明立场,阐述了在决定是否排除非法证据时的考量因素。国际投资仲裁领域尚未确立非法证据排除规则的具体适用方法,在投资仲裁案件中非法证据规则如何适用仍存在较大的不确定性。

在各国国内诉讼包括刑事诉讼和民事诉讼中,非法证据排除规则的具体规定存在诸多差异,不过均体现了利益衡量的理念与原则,法庭或者仲裁庭基于利益衡量决定是否排除相应证据已然构成一项一般法律原则。国际投资仲裁中非法证据排除规则的适用亦应基于利益衡量,因为利益衡量作为法律理念在不同法律文化背景的仲裁参与者中获得了广泛共识并符合各方预期;同时利益衡量亦可作为一般法律原则适用于国际投资仲裁,指引非法证据排除问题的处理。

对于非法证据,国际投资仲裁庭原则上应予采纳,除非具有充分的理由才予以排除。原则上应采纳非法证据的这一立场在很大程度上是基于国际投资仲裁的特性进行利益衡量所作出的"平衡点"的预设。在具体案件中仲裁庭应考量非法取证行为的危害性和证据采纳的价值这两方面的诸多因素而作出决定,以平衡程序正义和实体正义、个案正义和国际秩序以及其他利益保护之间的冲突,并提升国际投资仲裁程序的可预见性。

“一带一路”投资仲裁中“非投资义务”的适用进路

——以世界自然与文化遗产保护为视角*

李　伟**

“一带一路”沿线丰富的自然和文化遗产资源，赋予“非投资义务”保护少数群体的文化人权、环境影响评估义务以及保护生物多样性义务等新内涵。然而，随着近年来沿线各国文化主权意识的提升，“非投资义务”与投资条约的之间的冲突也愈加凸显：对涉“非投资义务”争议的管辖权限制或扩张，自然和文化遗产法与投资条约的法律适用冲突，“非投资义务”的“国际强行法”效力位阶尚待商榷。为有效解决这些冲突，须从管辖权进路审查东道国“非投资义务”的真实意图，从法律适用进路确定“非投资义务”和投资条约义务的先后顺序，从条约解释进路利用“协调解释”实现两种义务的平衡，从嗣后救济进路完善“非投资义务”的赔偿责任机制，以期实现自然和文化遗产保护与投资开发和谐共存，构建稳定有序的“一带一路”投资环境。

近年来，“一带一路”倡议引领沿线国家间的合作机制步入新的阶段，推动新型全球化的实现，而跨国投资作为推动经济发展的重要引擎，则是承担构建“一带一路”双边及多边合作机制的关键领域之一，“一带一路”投资条约网络也已初步形成。然而，“一带一路”自然与文化遗产资源极为丰富，沿线65个国家和地区拥有世

---

* 本文系作者主持的2021年江西省社会科学基金青年项目“‘数字江西’背景下的非物质文化遗产知识产权保护机制研究”（项目编号：21FX10）、2020年江西省高校人文社会科学研究青年项目“‘一带一路’跨境投资下文化遗产保护的法律机制研究”（项目编号：FX20203）。

** 法学博士，江西师范大学政法学院讲师、硕士研究生导师。

界遗产的高达63个,世界文化遗产名目占全球世界文化遗产总数的一半以上。① 不少国家在投资条约缔结后以保护本国自然和文化遗产的“非投资义务”(non-investment obligations)为名,对抗甚至不履行投资条约义务,对外国投资者的财产进行限制甚至征收,从而造成投资条约义务与“非投资义务”之间的冲突,②也进一步加剧了投资新自由主义的完全私有化与文化遗产保护的文化民族主义之间的冲突。这给争端解决机构提出了较为棘手的问题:一方面,投资者借助投资条约所提供的保障,扩大对其投资权益的保护范围,避免其他规则破坏投资条约义务;另一方面,当投资开发对东道国的自然与文化遗产产生潜在性或实质性的威胁和破坏时,在维护东道国利益的同时,会对投资者利益造成损害。③ 基于此,为协调“一带一路”投资条约与“非投资义务”,不能拘泥于适用单一的投资法或自然与文化遗产保护法,努力实现文化权利和财产权益的对等保护,创新现有“一带一路”文化遗产保护合作机制,促使丝绸之路文化遗产保护与国际投资开发共同发展,相辅相成。

一、“一带一路”自然和文化遗产视域下“非投资义务”的合理性证成

当前国际法在整体上逐渐呈现以人类共同利益和可持续发展作为价值取向的发展趋势,这在以构建人类命运共同体和利益共同体为发展主旨的“一带一路”表现得更为突出。当过度或无序的投资开发极有可能导致“一带一路”沿线国家自然与文化遗产面临环境退化、资源破坏、过度旅游、侵犯人权等问题时,这种共同体意识就会站在合作发展的对立面,因为东道国往往以“非投资义务”为由采取措施,以达到对外国投资者的财产进行征收甚至免除赔偿的目的。然而,目前国际公约和各国立法均未对“非投资义务”内涵加以界定,仲裁庭也默认“非投资义务”与保护自然和文化遗产的国际强行法(*jus cogens*)的关联性,有待从人权保护、环境保护或文化保护三种国际义务维度论证“非投资义务”对抗投资条约的合理性。

(一)保护少数群体在非物质文化遗产上的文化人权义务

自然和文化遗产由于具有巨大的历史、人文价值,往往与促进人格、文化认同等人权保护密切相连,即自然和文化遗产的保护被视为文化人权和文化多样性的一部分。这早在2005年《欧洲理事会文化遗产社会价值框架公约》(Council of Europe

① 参见王心源等:《“一带一路”沿线文化遗产保护与利用的观察与认知》,载《中国科学院院刊》2016年第5期。

② 参见张光:《论国际投资仲裁中非投资国际义务的适用进路》,载《现代法学》2009年第4期。

③ See Moshe Hirsch, *Interactions between Investment and Non-Investment Obligations in International Investment Law*, International Law Forum of the Hebrew University of Jerusalem Law Faculty 14, 2006, p. 154 – 181.

Framework Convention on the Value of Cultural Heritage for Society)①和 2007 年《联合国土著人民权利宣言》(United Nations Declaration on the Rights of Indigenous People)②等国际法律文件中得以确认。联合国大会在 2016 年 12 月通过的《关于人权和文化多样性的决议》再度强调"所有国家和民族坚持、发展和维护其文化遗产和文化传统的重要性",③联合国教科文组织在 2016 年"对文化多样性和文化间对话进行投资"世界报告中重申"人权的文化维度不能通过投资来削弱其普遍性",反映出保护少数群体和土著人民的文化遗产下的文化多样性不被投资破坏,已然成为国际人权保护的重要趋势之一。④ "一带一路"沿线少数群体或部落较多,象征群体和社区精神传承的自然和文化遗产自然也较多,诸如传统知识、技艺传承、语言文化等非物质文化遗产与土著居民或部落等少数群体的历史传统、生活习俗、宗教信仰及子孙后代未来的发展息息相关,对其自然和文化遗产的保护,体现出对少数群体人权的尊重和保护。⑤ 因此,当投资开发对少数群体的自然和文化遗产构成威胁或破坏时,这些少数群体或部落的所属国政府将以保护文化人权作为"非投资义务"而对外国投资加以限制或征收。⑥

与此同时,为施以反制,外国投资者在其财产权保护和公平审判权方面也会援引人权保护来强调"投资义务高于非投资义务",以保护投资者在东道国的人权不受侵犯,使得外国投资者利用投资自由化发展趋向,不断挑衅"一带一路"沿线国家的文化主权。加上国际投资仲裁的"商事化"趋向把东道国的法律人格私人化,进一步削弱了东道国保护本国自然和文化遗产的权力。以勒米尔诉乌克兰案为例,乌克兰作为最早加入"一带一路"的国家,在保护本国文化传承的立场上并未受"商事化"趋向影响,勒米尔投资公司认为其意欲购买乌克兰一广播公司而参加乌克兰 6 项广

---

① Council of Europe, Council of Europe Framework Convention on the Value of Cultural Heritage for Society, Council of Europe Treaty Series-No. 199, Faro 27/10/2005, Article 1 – Aims of the Convention.

② 联合国大会:《联合国土著人民权利宣言》,人权理事会 2006 年 6 月 29 日第 1/2 号决议(A/61/53)通过,认识到并重申土著人有权不受歧视地享有国际法所确认的所有人权,土著人民拥有对本民族的生存、福祉和整体发展不可或缺的集体权利。

③ United Nations General Assembly, Human Rights and Cultural Diversity: Resolution, A/RES/60/167, 7 March 2006.

④ See Patrick J. O'Keefe and Lyndel V. Prott, *Cultural Heritage Conventions and Other Instruments: A Compendium with Commentaries*, London, Institute of Art and Law, 2011, p. 139 – 146.

⑤ See Máiréad Nic Craith, *Linguistic Heritage and Language Right in Europe*, in Michele Langfield, William Logan and Mairead Nic Craith, eds., Cultural Diversity, Heritage and Human Rights, Routledge, 2010, p. 47.

⑥ 参见郭玉军、马明飞:《论国际投资争端解决中的自然遗产保护》,载《时代法学》2010 年第 1 期。

播授权许可的多次投标连续被驳回,违反了公平公正待遇原则,但仲裁庭认为乌克兰有权基于本国文化政策上的公共利益限制或排除他国的广播文化竞标,对本地音乐的促进也是国家维护与加强文化遗产及民族身份的需要。[①] 通过此案可看出,对于保护本国少数群体自然和文化遗产的东道国而言,他们有很大的可能援引文化遗产保护义务使其维护本国少数群体人权的"非投资义务"辩护合法化。

(二)保护东道国自然和文化遗产的环境影响评估义务

外国投资者为追求利益最大化,污染物的过量排放必然给"一带一路"沿线国家的生态环境带来负面影响,而自然和文化遗产保护强调保持自然环境的完整性与原真性,这显然与投资者的立场背道而驰。为协调这一冲突,环境影响评估(Environment Impact Assessments,EIA)近年来从国际环境法领域进入国际投资法领域并成为"一带一路"国家论证保护自然遗产的"非投资义务"合理性的重要依据。EIA 本意即对投资项目实施后可能造成的环境影响进行分析、预测和评估,提出预防或者减轻不良环境影响的对策和措施,但自世界银行在其 2006 年《自然文化资源操作政策(4.11 版本)》(Operational Policy 4.11 of Physical Cultural Resource)提出贷款人对世界银行投资的项目中的文化资源须事先进行环境影响评估,从而使 EIA 在一定程度上确保跨国投资项目决定作出前,充分考量投资项目对包括具有考古学、建筑学及美学价值或精神意义、文化意义、生态意义的地址、结构和遗址在内的自然和文化遗产的正负面影响。[②] 国际古迹遗址理事会(International Council on Monuments and Site)在其 2011 年《世界文化遗产的遗产影响评估指南》(Guidance on Heritage Impact Assessment for Cultural World Heritage Properties)对自然和文化遗产所在地投资项目的 EIA 提出具体操作规则,为"一带一路"沿线国家保护本国自然和文化遗产的"非投资义务"主张提供了合理依据。

西班牙作为 EIA 的践行国,在墨菲兹尼诉西班牙案中,主张阿根廷投资者应当在投资前注意到西班牙法律和欧盟法的 EIA 要求,但阿根廷投资者拒绝承担因 EIA 所产生的额外费用,仲裁庭认为投资者在投资开发前,应当预料到其因文化遗产保护而采取的 EIA 以及对其投资所产生的负面影响。[③] 与此相类似的还有克雷顿和

---

① Joseph Clarles Lemire v. Ukraine, ICSID Case No. ARB/06/18, Award, 28 March 2011.

② See Valentina Sara Vadi, *Cultural Heritage and International Investment Law and Arbitration*, Cambridge University Press, 2014, p. 287.

③ Emilio Augusto Maffezini v. The Kingdom of Spain, ICSID Case No. ARB/97/7, Award, 13 November 2010, para. 396.

毕尔肯诉加拿大案,加拿大在加入"一带一路"后,也仿效西班牙的EIA政策,招来投资公司的强烈反对,仲裁庭认为"现代意义上的环境不仅包括空气、土地、水、动植物等生物和自然部分,也包括自然和文化遗产在内的人类社会生活部分,因此EIA符合国际投资法基本原则",但以EIA作为违反投资义务的依据是不符合1972年《保护世界文化和自然遗产公约》的初衷。① 作为东道国"非投资义务"的EIA必须要符合透明度和公正性的投资保护标准,而非由东道国单独主导评估进程,否则会导致"非投资义务"在自然和文化遗产领域的滥用。

(三)保护"一带一路"世界自然遗产的生物多样性义务

世界自然遗产代表生态和生物的进化过程和陆地,在多数情况下为珍稀或濒危动植物种的栖息地,也是保护生物多样性最重要和显著的自然栖息地,反映出该区域生态系统和动植物群落的演化过程。而生物生态类的自然遗产地,多集中于"一带一路"沿线不发达国家和地区,加上联合国教科文组织世界遗产委员会一贯敦促各国加大对生物生态类自然遗产的申报力度,从而使"一带一路"保护生物多样性和经济发展之间的矛盾较为尖锐。另外,人类社会生活类文化遗产受到的开发威胁要远远小于生物多样性类的遗产,因此生物多样性类的遗产往往受到更多的国际关注。当投资开发对生物多样性构成威胁或破坏时,东道国以保护生物多样性为由对外国投资者财产进行征收,较之于人权保护或环境保护下的"非投资义务",通常会更容易获得仲裁庭的认同,毕竟生物多样性一旦被破坏,不仅在短期内无法恢复原状,甚至会产生难以弥补的物种灭绝"多米诺骨牌效应"。但这也容易导致东道国将"非投资义务"延伸至后续补偿,在政府征收后拒绝对外国投资者给予公平补偿。

哥斯达黎加作为"一带一路"的"中美洲花园",1/4以上国土为生物多样性保护区和野生动物自然栖息地,其在生物多样性保护的"非投资义务"运用实践上也居于世界前列。在安格劳比兄弟诉哥斯达黎加案中,②安格劳比兄弟购买了位于哥斯达黎加瓜纳卡斯特省的马德普拉塔(Playa Grande)沙滩,后来哥斯达黎加政府以该沙滩是当地雌性棱皮龟产卵地为由,颁布法案意欲将此地改造为国家海洋公园。安格劳比兄弟提起仲裁并认为哥斯达黎加政府的举措构成间接征收。仲裁庭并未质疑哥斯达黎加政府基于保护生物多样性的"非投资义务"这一公共目的而征收财产,但

---

① William Ralph Clayton, William Richard Clayton, Douglas Clayton, Daniel William Ralph Clayton et al. v. Government of Canada, Permanent Court of Arbitration Case No. 2009-04.

② Compañía del Desarrollo de Santa Elena, S. A. v. The Republic of Costa Rica, ICSID Case No. ARB/96/1, Award, 22 February 2000.

前提条件是“征收措施必须伴随着依据公平市场价值(fair market value)的补偿”。[①]通过该案可以看出,仲裁庭会尊重基于生物多样性保护的“非投资义务”优先于投资条约义务,但东道国的这种抗辩并不能规避其所承担的投资义务,仍需对投资者作出相应的补偿。

二、“非投资义务”在“一带一路”沿线国家自然和文化遗产争议仲裁的适用争议

“一带一路”投资法律争议较之其他区域更为复杂,原因在于需要对国际投资法规则与自然和文化遗产保护法律规则之间的博弈进行理论审查。这就涉及“一带一路”投资保护标准与自然和文化遗产保护标准之间的冲突:一方面,就外国投资者而言,其依靠投资条约扩大其在“一带一路”投资开发的保护范围,那么投资条约规定的行为标准可能过度限制东道国对自然和文化遗产的政策监管空间;另一方面,当东道国根据公共政策目标制定的法规抵制对其国内自然和文化遗产保护不利的投资条约,东道国的“非投资义务”与投资条约义务之间可能存在冲突。[②] 尽管目前针对“非投资义务”的解释没有投资条约清晰,但投资仲裁庭有义务在裁决作出过程中从不同角度明晰“非投资义务”与投资条约义务之间的冲突类型,为两种国际义务冲突的解决机制奠定理论前提。

(一)对“非投资义务”争议的仲裁管辖权限制或扩张

从严格意义上来说,仲裁庭并非一般管辖权的仲裁庭,这种管辖权不仅建立在东道国和外国投资者一致同意的基础上,而且受到争端范围的限制:限于某一投资争端,或适用和解释某一投资条约的争端,或违反条约实质性条款的争端。在大多数“一带一路”投资争端仲裁中,投资者们普遍认为,仲裁庭应当限制其管辖权,若仲裁庭扩张权力而对“非投资义务”行使管辖权,那么仲裁庭所作出的相关裁决会由于超出范围而归于无效。[③] 而东道国却认为,“非投资义务”存在的原因恰恰是因为“一带一路”投资仲裁庭的管辖权相对有限,使得其在处理自然和文化遗产争议时捉襟见肘,因此要扩大管辖权,确保“非投资义务”争议得以公正解决。

---

① 安格劳比兄弟先是向哥斯达黎加国内法院提起诉讼,哥斯达黎加最高法院在肯定哥政府保护生物多样性做法的同时,命令环境部“在合理期限内确保对安格劳比兄弟财产的征收或者在没有补偿资金支持的情况下,给予投资者必要的财产权”,然而3年后政府毫无动静,安格劳比兄弟才向ICSID提起仲裁。See Marion Unglaube and Reinhard Hans Unglaube v. Costa Rica, ICSID Case No. ARB/09/20, Award, 16 May 2012.

② See Thomas Waelde and Abba Kolo, *Environmental Regulation, Investment Protection and "Regulatory Taking"*, International Law, International and Comparative Law Quarterly 50, 2001, p.159.

③ See Patrick M. Norton, *China's Belt and Road Initiative: Challenges for Arbitration in Asia*, University of Pennsylvania Asian Law Review 13, 2018, p.73.

一方面，就仲裁庭本身而言，在涉及自然和文化遗产保护的“一带一路”投资争端仲裁中，其在判断东道国是否侵犯外国投资者的财产权，或外国投资者是否违反东道国自然和文化遗产保护法规等事项时，在多大程度上能发声，主要取决于投资条约是否赋予其对这些事项的管辖权。然而，现实中仲裁庭通常拒绝对投资条约以外的事项进行仲裁，即使投资条约的法律适用条款允许其适用更为广泛的法律规则，[①]也无法针对基于保护自然和文化遗产的“非投资义务”行使管辖权。但假若仲裁庭的管辖权限于与投资条约相关的解释——如投资条约规定“非投资义务”下的自然与文化遗产保护比投资条约保护更为有利，那么“非投资义务”被纳入管辖事项。另一种可管辖事项是投资条约规定投资者必须遵守东道国法律，以便得到其国内法提供的各项保护，那么遵守“非投资义务”会被视为执行该投资条约所规定的义务。

另一方面，从投资条约本身来讲，如果投资条约为仲裁庭提供了投资争议的管辖权，那么原则上不妨碍仲裁庭对基于“非投资义务”而产生的诉求（至少违反投资保护标准）而作出裁决，因为在某种程度上，这种诉求实际上是在“关注”投资本身，但与投资无关的“非投资义务”不在仲裁庭的管辖范围内，这在比伦公司诉加纳案得到印证。加纳作为“一带一路”的“黄金海岸”，对“非投资义务”秉持肯定态度，考虑到比伦公司遭到当局任意扣押和被加纳政府驱逐而导致其人权被侵犯这一事实，仲裁庭认为自己无权将这些侵犯人权的行为作为“独立的诉因”进行审理，因为仲裁庭的管辖权局限于“关于外国投资的争端”。[②] 即使仲裁庭在判断东道国是否违反投资条约的过程中会考量“非投资义务”，也并不被认为是仲裁庭扩大管辖权，而是用以认定事实，为避免管辖权争议，仲裁庭会尽可能避免对“非投资义务”作出裁决。

（二）法律适用的冲突：自然和文化遗产法与投资条约的碰撞

就仲裁法律适用而言，很多投资条约没有明确争端解决所适用的法律范围，但并不排除相关国际公约的指引。《解决国家与他国国民间投资争端公约》（Convention on the Settlement of Investment Disputes Between States and Nationals of Other States，以下简称 ICSID 公约）第 42 条第 1 款的第二部分针对当事人没有协议

---

① See Vid Prislan, *Non-Investment Obligations in Investment Treaty Arbitration-Towards a Greater Role for States?*, in Freya Baetens, ed., *Investment Law Within International Law: An Integrationist Perspective*, Cambridge University Press, 2012, p. 139.

② Biloune v. Ghana Investments Centre, Award on Jurisdiction and Liability, 27 October 1989, 95 ILR 183, p. 203.

选择法律适用的案件,指导仲裁庭适用除争端当事方本国法以外的"可能适用"的国际法规则。[①] 对"可能适用"一词的所指,应理解为"在国际法范围内,用以调整争端的有关可适用规则"。从该层面来看,其为投资仲裁庭适用投资条约以外的、与"非投资义务"相关的法律提供了依据。[②] 因此,无论 ICSID 还是非 ICSID 仲裁庭,在确定适用于争端解决的实体法时,通常享有广泛的自由裁量权,都不会先验地排除"非投资义务",那么如果投资义务与其他类型的一般义务相冲突,就会产生法律适用的冲突。具体言之,这种冲突体现在两方面:

第一,适用与"非投资义务"相关的国内自然与文化遗产保护法或国际公约,这是仲裁庭行使其裁量权的体现。[③] 从东道国角度来看,投资者若将资本投入东道国,则意味着愿意接受东道国国内法调整。另从适用自然与文化遗产保护公约角度来看,如果东道国是 UNESCO 缔约国,那么 1972 年《保护世界文化和自然遗产公约》便得以直接适用。在帕克金诉立陶宛案中,挪威的帕克金公司与立陶宛维尔纽斯市政府签订了停车设施建造投资协议。但由于当地民众不满该项目对该市被列入《世界遗产名录》的旧城进行开发且反对呼声日趋激烈,市政府被迫停止该协议,于是帕克金公司提交 ICSID 仲裁并认为立陶宛违反了公平公正待遇原则。仲裁庭直接援引 1972 年《保护世界文化和自然遗产公约》解决争议,因为立陶宛是该公约的缔约国,最终驳回帕克金公司的请求并要求双方各自承担费用。[④]

第二,适用争端当事国之间所缔结的投资条约。"一带一路"沿线国家多边或双边投资条约本身是国际法渊源的重要组成部分,较之于复杂、分散且难以确定的"非投资义务"法律依据,投资条约直接规定了当事各方的具体权利义务,对于仲裁庭在确定法律适用更为便捷。另外,受投资仲裁私有的、当事人主义的争端解决模式影

① International Centre for the Settlement of Investment Disputes, Convention on the Settlement of Investment Disputes between States and Nationals of Other States, Washington, 18 March 1965, 575 UNTS 159; 4 ILM 532 (1965).

② LG&E v. Argentina (ICSID Case No. ARB/02/1, Decision on Liability of 3 October 2006), para. 88.

③ 例如,欧洲人权法院在处理条约义务与国家或社会公共利益密切相关的事务之间的冲突时,往往会运用"国家裁量权原则"(national margin of appreciation doctrine),即欧洲人权机构在判定缔约国的行为违反《欧洲人权公约》(European Convention on Human Rights)或对该公约保护的权利构成限制时所允许的各缔约国内法,或司法机构服从或背离该公约的自由度。See Bruno Simma and Theodore Kill, *Harmonizing Investment Protection and International Human Rights: First Steps Towards a Methodolog*, in Christina Binder, Ursula Kriebaum, August Reinisch, Stephan Wittich, eds., *International Investment Law for the 21st Century: Essays in Honour of Christoph Schreuer*, Oxford University Press, 2009, p.679.

④ Parkerings-Compagnist AS v. Lithuania, ICSID Case No. ARB/01/7, Award, 16 May 2012.

响，仲裁庭在解决与文化遗产或自然遗产相关的纠纷时，很难考虑到“非投资义务”所代表的更为广泛的公共利益。这也可能与仲裁员缺乏对文化遗产法等其他专门领域的了解有关，从而加剧仲裁庭适用投资条约的倾向。①

（三）国际强行法的定性与否直接影响“非投资义务”的法律位阶

保护自然和文化遗产相关的“非投资义务”被很多国家视为“国际强行法”，那么“非投资义务”与投资条约之间的冲突就演变为国际强行法与投资条约之间的冲突。而依据1969年《维也纳条约法公约》第53条对两者之间的冲突处理，被认为是国际强行法下的“非投资义务”优先于所有与之不一致的国际法规则，即投资条约可能与国际强行法抵触而被宣布无效。然而，《维也纳条约法公约》并没有就自然和文化遗产领域的国际强行法的内涵作出明确界定。国际法委员会（International Law Committee）在起草1969年《维也纳条约法》时，部分委员认为，国际强行法规则就是为整个国际社会的共同利益并得到国际社会共同接受的具有法律拘束力的规则。②换言之，保护自然和文化遗产的义务是否属于国际强行法，取决于其是否被整个国际社会所共同接受。1972年《保护世界文化和自然遗产公约》对文化遗产和自然遗产的定义，均强调“从历史、艺术、审美、科学、保存或自然美等角度看具有突出的普遍价值”，但“普遍价值”是否等同于“被国际社会所共同接受”尚值得商榷。③ 2003年《保护非物质文化遗产公约》第2条强调“本公约只考虑符合现有的国际人权文件，各群体、团体和个人之间相互尊重的需要和顺应可持续发展的非物质文化遗产”，④因而非物质文化遗产保护义务能否成为国际强行法，取决于是否构成国际人权公约的一部分。

尽管如此，这些带着国际公共利益色彩的保护自然和文化遗产的“非投资义务”，经常在投资争端中被各方援引。对于东道国而言，一些涉及非物质文化遗产的

---

① See Patrick M. Norton, *China's Belt And Road Initiative: Challenges for Arbitration in Asia*, University of Pennsylvania Asian Law Review 13, 2018, p. 73.

② 参见白桂梅：《国际强行法保护的人权》，载《政法论坛》2004年第2期。

③ 联合国教科文组织：《保护世界文化和自然遗产公约》，联合国教育、科学及文化组织大会第十七届会议于1972年11月16日在巴黎通过。第1条规定：在本公约中，以下各项为“文化遗产”……遗址：从历史、审美、人种学或人类学角度看具有突出的普遍价值的人类工程或自然与人的联合工程以及考古地址等地方。第2条规定：在本公约中，以下各项为“自然遗产”：从审美或科学角度看具有突出的普遍价值的由物质和生物结构或这类结构群组成的自然景观；从科学或保护角度看具有突出的普遍价值的地质和自然地理结构以及明确划为受威胁的动物和植物生境区；从科学保护或自然美角度看具有突出的普遍价值的天然名胜或明确划分的自然区域。

④ 联合国教科文组织：《保护非物质文化遗产公约》，2003年10月在联合国教育、科学及文化组织大会第32届大会上通过。

基本人权受到国际强行法以及《联合国宪章》的保护,他们多数会认为投资条约应受与人权保护相关的国际强行法约束,援引此类国际强行法的"优越地位"以作为不遵守投资义务的理由。与此同时,外国投资者也可能会援引人权高于"非投资义务",仲裁庭在审判过程中应充分考虑维护外国投资者财产权益或获得程序公正的权利,拒绝直接宣布与国际强行法发生冲突的投资条约无效。

而在保护自然和文化遗产的"非投资义务"在不涉及国际强行法的情况下,就会出现投资条约与关于自然和文化遗产保护的国际公约之间的冲突。若按"特别法优于一般法",投资条约这种特殊条约优于一般的自然和文化遗产保护公约。另外,"一带一路"投资条约大多在1972年《保护世界文化和自然遗产公约》和2003年《保护非物质文化遗产公约》之后缔结,按照"后法优于先法"原则,前者优于后者,但前提是争端双方都为投资条约和上述各公约的缔约国。事实上,"先法优于后法"的适用不仅以前后两个条约的共同缔约方为条件,而且要求涉及"同一主题事项",而通常投资条约与人权公约、环境公约或自然和文化遗产公约关联度不大。而针对争端双方的一致选择,很多"一带一路"国家间的投资条约都规定"不得减损"(non-derogation)条款,即不得利用一方的国内法律法规或其国际法律义务,减损另一方获得比本条约给予的更优惠待遇,因此达成一致较为困难。[①] 综上,投资条约义务与"非投资义务"呈此消彼长之态势,若直接宣布与自然和文化遗产国际公约相抵触的投资条约无效,会严重影响外国投资者在"一带一路"的投资信心,进而会对"一带一路"未来投资合作环境以及投资机制构建造成负面影响。

三、协调保护自然和文化遗产的"非投资义务"与投资条约的进路

随着"一带一路"文化合作的深层次化以及投资的深入,沿线国家之间投资条约的普遍缔结,以及国家文化主权意识的提升,投资条约与"非投资义务"发生冲突的可能性愈加频繁。若单纯适用保护自然和文化遗产的"非投资义务",势必破坏投资条约义务;反之亦然,单纯适用投资条约义务也极有可能违背国际强行法或自然与文化遗产保护国际公约的规定。鉴于此,应从非零和博弈的角度,着力提升投资仲裁庭的"协调解释"技术,审查东道国提出"非投资义务"的真实意图,明确两种义务的先后产生顺序,并做好履行"非投资义务"带来的嗣后责任分担,打破当下"一带一路"自然与文化遗产争议仲裁机制的僵局,促使两种国际义务共存与协调的实现。

---

① See Ka Lok Yip, *The Weakest Link: From Non-Derogation to Non-Existence of Human Rights*, Human Rights Law Review 17, 2017, p. 276.

（一）管辖权进路：审查东道国"非投资义务"的真实意图

在"一带一路"投资争端中，仲裁庭通常会考虑东道国在投资条约以外的其他义务。这并无任何不妥之处，因为这些"非投资义务"可以作为解决投资争议的先决问题，但这并非意味着所有的"非投资义务"争议都会被纳入仲裁庭管辖权范畴。基于自然和文化遗产所固有的重要价值，当东道国以"非投资义务"为由拒绝履行投资条约时，仲裁庭应当对东道国的"非投资义务"的真实意图进行审查，从而确定对该争议是否具有管辖权。加拿大在加入"一带一路"后，在投资领域的环境影响评估手段也在加强。在迈尔斯诉加拿大案中，仲裁庭不仅审查了投资条约与基于《控制危险废物越境转移及其处置的巴塞尔公约》（Basel Convention on the Control of Transboundary Movementsof Hazardous Wastes and Their Disposal）产生的"非投资义务"之间是否存在冲突（后经调查发现这种冲突并不存在），而且发现加拿大施行环境影响评估的真实意图是"歧视性的"（discriminatory），对生态环境保护的"非投资义务"明明可以通过与贸易自由最相符的措施来实现，而加拿大并没有这样做，那么足以证明加拿大提出的"非投资义务"真实意图是不正当的，那么仲裁庭对该"非投资义务"争议并无管辖权。[①] 中国香港南太平洋地产公司诉埃及案也采取了类似做法，埃及国内自然和文化遗产总量占"一带一路"的1/3以上，因而在保护本国自然和文化遗产的"非投资义务"运用上较为频繁，其以保护吉萨金字塔这一世界文化遗产"非投资义务"为由，取消了先前批准南太平洋地产公司对该金字塔的旅游资源开发项目投资计划。仲裁庭审查了埃及政府违反投资条约的行为是否真正出于遵守《保护世界文化和自然遗产的公约》的意图，认为埃及的"非投资义务"并非外部强加，而是源于正当动机，《保护世界文化和自然遗产的公约》与争议密切相关，因为该公约对埃及有约束力。[②] 仲裁庭的这一结论足以证明埃及出于保护本国文化遗产的"非投资义务"是非歧视性的和合理的。

因此，当投资仲裁庭在判断对所涉"非投资义务"争议是否具有管辖权时，应摒弃"非投资义务"的"非投资"（与投资无关的）思维，在正视"非投资义务"对投资条约义务所产生的影响的同时，重点审查东道国在践行"非投资义务"的真实意图。而仲裁庭需要从两个角度来进行分析：第一，如果"非投资义务"与投资条约义务在目的上是一致的，但东道国的真正意图是歧视性的，与"非投资义务"相关的自然和文

---

① S. D. Myers, Inc. v. Government of Canada, NAFTA Second Partial Award, 2012.

② Southern Pacific Properties (Middle East) Limited v. Arab Republic of Egypt, ICSID Case No. ARB/84/3, Award on the Merits, 20 May 2018, para. 157.

化遗产保护公约就不能证明违反投资条约义务的行为是正当的,由此“非投资义务”系作为阻挠投资开发的不合理事由,因而不符合 ICSID 公约第 25 条在管辖权规定上的“法律性质争端”客体要件,就必须限制仲裁庭的管辖权,或者禁止仲裁庭仲裁该案件。第二,若投资条约义务和“非投资义务”在目的上不一致,但违反投资条约义务的东道国的真正意图并无歧视性,那么仅仅是规范上的不一致性就足以证明该争端是就是“法律性质争端”,而非纯粹的经济争端,因此必须扩张仲裁庭的管辖权,确保国际义务的冲突在仲裁庭的干预下得以化解。

(二)法律适用进路:确定“非投资义务”和投资条约义务的先后顺序

当投资条约义务和“非投资义务”出现冲突,两种国际义务据以产生的国际法位阶,则成为投资仲裁庭解决仲裁法律适用问题须解决的要点之一。如果外国投资者在投资时,并不知道东道国所承担的自然和文化遗产保护的“非投资义务”,或者不能够合理地预见“非投资义务”,则仲裁庭在相关争议发生后会认定“非投资义务”无效。[①] 由此可见,投资条约义务的承担日期的确定,是与投资者在东道国签署投资条约时可获知的信息范畴紧密联系在一起的。然而实践中,东道国并不会第一时间告知外国投资者其承担的自然与文化遗产保护义务,往往在实施财产征收时才会告知,加上“一带一路”沿线自然与文化遗产名目众多,因而在“非投资义务”的具体日期认定上尚存在一定困难。这就置外国投资者在顺序举证上于明显不利地位。为扭转投资者的劣势,仲裁庭须对所涉各种国际义务的产生时间进行审查,以确认相关国际义务履行的优先排位,从而决定应适用的法律。

在中国香港南太平洋地产公司诉埃及案中,仲裁庭在审查所涉投资条约义务与“非投资义务”不一致的时间顺序后得出结论:埃及根据《自然与文化遗产保护公约》所承担的“非投资义务”,只有在缔结双边投资条约和埃及政府颁发相关的许可证之后才开始生效,即埃及的“非投资义务”是在中国香港南太平洋地产公司承担投资义务之后才开始生效。因此,仲裁庭驳回了埃及要求适用“非投资义务”所依据的国内法。[②] 在梅特克莱德公司诉墨西哥案中,仲裁庭以“关键日期”(critical date)确认承担投资义务的时间,仔细审查了西班牙梅特克莱德公司是否知晓或能够合理预见最终导致其投资开发活动终止的墨西哥环境保护条例,而结论是,在进行投资时,西班牙投资者没有理由怀疑危险废弃物填埋场选址的合法性。针对墨西哥以环境

① 参见张光:《论国际投资仲裁中非投资国际义务的适用进路》,载《现代法学》2009 年第 4 期。

② Southern Pacific Properties (Middle East) Limited v. Arab Republic of Egypt, ICSID Case No. ARB/84/3, Award on the Merits, 20 May 2012, para. 157.

保护的“非投资义务”为由反对填埋场的请求，仲裁庭认为，公平公正待遇原则要求东道国以一贯透明的方式行事，以便投资者事先知道与“非投资义务”相关的所有法律规则，对其投资进行规划。但墨西哥并没有这样做，西班牙投资者可以合理地相信经营填埋场的许可证将继续存在，因此墨西哥就不能以在后提出的“非投资义务”对抗在先的双边投资条约义务。[①] 由于投资者不能合理预测未来“非投资义务”被提出，因而仲裁庭将倾向于保护投资者在这个关键时期的合理之期待（legitimate expectation）。当然不妨参考“一带一路”一些国家在订立投资条约时设立“稳定条款”（stabilization clause），由东道国向外国投资者作出投资期间暂停国内实施自然和文化遗产新政策和法规的承诺。[②] 反之亦然，如果投资者能够根据保护自然和文化遗产的国际公约或东道国国内法合理预见将来可能出现的“非投资义务”，则优先适用保护东道国的自然和文化遗产利益的国际公约。

（三）条约解释进路：利用“协调解释”实现两种义务的平衡

在解决投资条约下的一国义务与其所承担的其他国际义务的冲突时，仲裁庭通常借助假设性解释，在两个义务之间建立假设的“不兼容性”（incompatibility），从而使这种“不兼容性”被“解释掉”（interpreted away）。[③] 然而，现实中仲裁庭无法预先假设投资条约和保护自然与文化遗产的“非投资义务”之间必然存在矛盾，尤其当投资条约并没有破坏东道国的公共政策时，很难认定投资条约是有意制定的、作为减损人权义务或环境保护义务的工具。为避免这种“不兼容性”争议，仲裁庭通常不会在“非投资义务”和投资条约义务之间设定等级，而是采用“协调解释”（harmonious interpretation）这一较为温和的方法，来审查东道国是否以其他方式来遵守投资条约义务的同时也不影响其“非投资义务”。尤其在东道国坚持维护本国自然和文化遗产且无意改变的情况下，“协调解释”有利于实现投资条约义务与保护自然和文化遗产义务的协调。这种方法的初衷就是避免一种国际法规则推翻另一种国际法规则，这也是与“一带一路”的“共商、共建、共享”的和平解决投资争端理念相符的。

关于相冲突的国际义务之间的解释，《维也纳条约法公约》第 31 条第 3 款在规定了条约解释的上下文解释方法时，强调争端解决机构应考虑“当事方之间关系中

① Tecnicas Medioambientales Tecmed S. A. v. United Mexican States, ICSID Case No. ARB(AF)/00/2, Award, 29 May 2013, para. 182.

② See Jeswald W. Salacuse, *The Emerging Global Regime for Investment*, Harvard International Law Journal 52, 2010, p. 163.

③ See Campbell. McLachlan, *The Principle of Systemic Integration and Article* 31(3)(*c*) *of the Vienna Convention*, International and Comparative Law Quarterly 54, 2005, p. 312.

适用的任何有关国际法规则”。[①] 国际法委员会早在其2006年碎片化报告中明确支持“协调解释”作为协调国际法不同领域破碎化的重要手段。[②] 事实上,该条款在涉自然和文化遗产投资争议仲裁中确实具有实现投资与“非投资义务”保持一致的作用,因为它要求仲裁庭参考规范的环境(normative environment)来解释国际义务,毕竟当前许多国际投资条约对于投资保护标准的解释一般对投资者有利。[③]

荷兰萨鲁卡投资公司诉捷克共和国案是迄今少有的关于“协调解释”的“一带一路”代表性投资案例之一,仲裁庭根据《维也纳条约法公约》第31条第3款(c)项适用相关国际习惯法用来解释投资条约的目的,承认捷克在国际习惯法下维护公共利益而进行的“剥夺”是合理的,萨鲁卡投资公司应尊重捷克保护本国文化遗产的“非投资义务”,两种义务并不存在冲突。[④] 当前“一带一路”绝大多数投资条约都没有明确承认东道国有权行使“非投资义务”,采用“协调解释”有利于实现保护自然和文化遗产的“非投资义务”与投资条约之间的互补,而非两者择其一,否则有可能引发国家之间的政治外交冲突,间接影响“丝路之路经济带”投资体系建设。另外,“协调解释”容易在现有国际投资条约的范围内得到执行,因为其提供了在任何一方的要求下就有关条约的解释或适用进行三方协商的可能性,不仅构建起一种避免缔约各方之间可能发生争端的机制,降低投资者对于“非投资义务”的抵触,而且可以用作澄清特定条约条款的含义的一个特殊设置,促使东道国积极履行其条约义务。

(四)嗣后救济进路:完善“非投资义务”的赔偿责任机制

在仲裁庭评估因履行“非投资义务”而产生的赔偿数额时,会出现关于争端双方在“非投资义务”所涉费用的分摊问题,这也是落实“一带一路”涉自然和文化遗产投资争端解决机制的最后一环。一般来说,仲裁庭在判定东道国应支付的赔偿数额上有较大的自由裁量权,但是,在大多数与保护自然和文化遗产相关的“一带一路”投资仲裁案例中,东道国必须承担所涉费用的很大一部分,因为通常情况下东道国的国内民众会从“非投资义务”中获益,如保护本国生态环境和生物多样性的国际义

---

① United Nations, Vienna Convention on the Law of Treaties, done at Vienna on 23 May 1969, entered into force on 27 January 1980.

② International Law Commission, Fragmentation of International Law: Difficulties Arising from the Diversification and Expansion of International Law, A/CN.4/1.682, Fifty-Eighth Session Geneva, 1 May – 9 June and 3 July – 11 August 2006.

③ See Jorge E. Viñuales, *Foreign Investment and the Environment in International Law: An Ambiguous Relationship*, British Yearbook of International Law 80, 2009, p.416.

④ Saluka Investments BV (The Netherlands) v. The Czech Republic, UNCITRAL Partial Award, 2016.

务使本国的自然遗产生存和保存条件得到明显提升,那么其国内民众也因自然遗产名目的增加而使国内生态观光旅游资源得以进一步增加,因而由东道国承担遵守义务的相当大一部分费用毋庸置疑。

法国圣埃琳娜公司诉哥斯达黎加案的仲裁裁决表明,在涉及征收的情况下,由于"非投资义务"而征用外国投资者财产的事实,并不影响后续补偿的措施。仲裁庭认为,哥斯达黎加政府出于保护"一带一路"动植物多样性而征收外国投资者财产系出于公共政策目的,因而是合法的"非投资义务",但也不能以"非投资义务"来否决哥斯达黎加政府的后续补偿,因为征收确实对圣埃琳娜公司造成了严重后果。① 仲裁庭的做法体现出,证明征收合法的"非投资义务"即使与争议本身密切关联,也并不会改变东道国对投资者的赔偿义务,更不影响其应承担全部的赔偿数额。

但如果外国投资者受到东道国的非征收措施(non-expropriatory)(如歧视性行为)的侵犯,就不可能直接由东道国全部承担赔偿责任,而是由外国投资者和东道国来共同承担。在西班牙梅特克莱德公司诉墨西哥案中,墨西哥辩称,履行"非投资义务"是环境保护领域下的合法监管行为,并不等同于征收,并认为投资者在影响其投资的政治决策过程中通常很少参与或完全无法参与,原因在于投资者在东道国当局的决策作出上无投票权。因而,仲裁庭强调在东道国和外国投资者之间分摊费用,而且有充分的合法理由要求东道国必须承担履行"非投资义务"所涉及的大部分费用。② 但值得注意的是,不能过多加重东道国的赔偿责任,否则会加大"一带一路"沿线国家保护本国自然和文化遗产的经济成本。较之一味由东道国承担主要赔偿责任,应当考虑到自然和文化遗产措施的正当性与投资者利益之间的平衡。

四、结语

"一带一路"沿线国家投资协定的加速增长与自然和文化遗产领域的条约日益增多,大大增加了投资条约与"非投资义务"冲突的可能性,前者偏向投资者经济利益保护,而后者倾向于"全球公共产品"下的自然和文化资源传承。③ 当前仲裁庭通常为推进"一带一路"投资建设的目标以及增加沿线国家之间的投资流动而倾向前者,对文化主权以及与文化传承有关的规则却贵耳贱目。另外,自然与文化遗产保

---

① Compañia del Desarrollo de Santa Elena S. A. v. Republic of Costa Rica, ICSID Case No. ARB/96/1.

② Técnicas Medioambientales Tecmed, S. A. v. The United Mexican States, ICSID Case No. ARB (AF)/00/2.

③ 李伟:《国际投资仲裁中的文化遗产保护问题研究》,载黄进、肖永平主编:《中国国际私法与比较法年刊》第20卷,法律出版社2018年版。

护法律关系的基本假设是国家间的文化主权平等,但东道国与外国投资者之间的法律地位显然是不对等的。东道国在法律适用上处于优越地位,有可能援引与自然和文化遗产有关的国际强行法作为不遵守投资义务的理由,而投资者的经济利益偏好可能与保护自然和文化遗产的人权、环境保护以及生物多样性等国际法基本要求不符。这些主体地位上的差异易导致投资仲裁庭陷入两难境地,加之国际社会并没有形成一套全面的规则体系阐明投资条约与"非投资义务"之间的关系,仲裁庭不应使得公共利益和私人利益维护发展到任意一个极端,也不应被委托决定哪种义务更具有优先权,而是要在可能被合理认定为对投资者权利构成干扰的行为与属于国家合法管理范围的行为之间找到精确的平衡。未来,"一带一路"投资条约也应在投资领域外考虑和纳入更多与"非投资义务"相关的因素,以促使丝路沿线国家文化建设与投资开发的齐头并进、和谐共存。

论国际投资协定“投资”定义中的“东道国发展”要素*

张金矜**

国际投资体制改革强调可持续发展，在此大背景下，新一代国际投资协定逐渐纳入萨利尼(Salini)检验中长期备受争议的“东道国发展”要素。相关缔约实践主要采取了“投资特征”和“政策目标”两种模式将“东道国发展”要素并入投资定义条款，使得该要素成为仲裁庭确定适格投资的必要考量。缔约国在缔约实践中使用不同的发展语词界定“东道国发展”要素，可能产生不同的适用效果，其中“可持续发展”语词更有可能发挥出“筛选”高质量投资的作用。中国作为负责任大国，可以考虑未来在中外投资协定中，通过选择性列举式将“促进东道国可持续发展”并入投资定义条款，并细化该要素的衡量指标，达成促进东道国可持续发展和保护中国海外投资者的双重目标。

一、引言

在国际投资争端解决中存在两类投资的定义，分别是国际投资协定(International Investment Agreements, IIAs)中规定的主观定义和ICSID仲裁实践发展出的客观定义。1965年《解决国家与他国国民间投资争端公约》(以下简称《ICSID公约》)缔结过程中，由于缔约方相互间的分歧，公约最终有意对投资定义进行“留白”，从而将定义投资的权限赋予IIAs的缔约方。① 在IIAs的发展过程中，缔约方对“投资”的主观定义，不仅被用于确定IIAs的保护范围和缔约国的义务范围，

* 本文系受“首都经济贸易大学北京市属高校基本科研业务费专项资金资助”(项目编号：XRZ2021025)的阶段性研究成果。

** 首都经济贸易大学法学院讲师，国际法学博士。

① See Christoph H. Schreuer et al., *The ICSID Convention: A Commentary* 2nd edition, Cambridge University Press, 2009, p. 114 - 117.

而且构成投资者—国家间仲裁的属物管辖要件。[①] 在 ICSID 受理的投资仲裁案件中,仲裁庭认为 IIAs 中的投资定义过于宽泛,从而依据投资的经济内涵和《ICSID 公约》序言条款发展出不受 IIAs 缔约方意愿影响的投资客观定义,即萨利尼(Salini)检验,要求受保护的投资满足资本投入、持续时间、承担风险、对东道国经济发展有贡献等客观要求,作为 ICSID 管辖权的外部限制。[②] 然而,在后续的仲裁实践中,不同仲裁庭对萨利尼检验的构成要素及其约束力存在较大分歧,[③]其中"促进东道国经济发展"要求最具争议。实践中,有的仲裁庭将之视为确定适格投资的重要标准,有的则对之质疑,甚至拒绝予以适用。[④]

当前 IIAs 改革的重要目标之一即为增强协定的可持续发展考量,[⑤]在联合国贸易和发展会议(United Nations Conference on Trade and Development, UNCTAD)《可持续发展投资政策框架》(Investment Policy Framework for Sustainable Development)的指引下,新一代 IIAs 纳入了大量可持续发展导向的条款。[⑥] 在这一改革背景下,客观定义中的"东道国发展"要素开始出现在一些国家和区域出台的双边投资协定(Bilateral Investment Treaty, BIT)范本及缔结的 IIAs 定义条款之中,促进了投资主观定义与客观定义的趋同发展。据本文不完全统计,从 2012 年至今,该要素至少可见

---

① See Jeswald W. Salacuse, *The Law of Investment Treaties*, 3rd Edition, Oxford University Press, 2021, p. 205.

② See Christoph H. Schreuer et al., *The ICSID Convention: A Commentary*, 2nd edition, Cambridge University Press, 2009, p. 83.

③ 关于"萨利尼检验"当前存在"三要素说""四要素说""五要素说"和"六要素说",其中每一项要素是否构成管辖要件,抑或这些要素只需作为投资特征纳入总体评估的考量即可,ICSID 仲裁庭尚未形成一致实践。

④ See eg., Helnan International Hotels A/S v. Arab Republic of Egypt, ICSID Case No. ARB 05/19, Decision on Jurisdiction, 17 October 2006, para. 77. Marco Gavazzi and Stefano Gavazzi v. Romania, ICSID Case No. ARB/12/25, Decision on Jurisdiction Admissibility and Liability, 21 April 2015, para. 114. Saba Fakes v. Republic of Turkey, ICSID Case No. ARB/07/20, Award, 14 July 2010, para. 111.

⑤ See UNCTAD, World Investment Report 2012, p. 89.

⑥ See eg., UNCTAD, IIA ISSUE NOTE, Taking Stock of IIA Reform: Recent Developments, 2019, p. 2.

于29个IIAs(包括4个BIT范本)的"投资"定义条款中。[①] 例如,2017年签署的《布隆迪—土耳其BIT》第1.1条规定,"投资是指……具有投资特征的各种资产,包括资本或其他资源的投入、预期经常性收益或利润、风险的承担、对经济发展有贡献,或持续一定时间等特征……"[②]在这些缔约实践中,"东道国发展"的具体措辞存在差异,包括"对缔约方经济发展有贡献""对缔约国发展有意义""对东道国经济发展有重大贡献""对东道国的可持续发展有贡献"。[③] 诚然,使用不同措辞会影响该要素的解释与适用,[④]但是为表述方便本文将之统称为"东道国发展"要素,涉及具体条款讨论时再使用具体语词。鉴于上述新型缔约实践尚未进入投资仲裁,相关研究尚不多见。[⑤] 本文拟从IIAs"投资"定义条款中"东道国发展"要素的并入模式入手,揭示该要素对投资仲裁庭确定管辖权的影响;再结合缔约方使用的不同措辞分析不同发展语词的适用可能;最后从中国立场出发,为未来中外IIAs中投资定义条款的设计建言献策。

二、IIAs"投资"定义中"东道国发展"要素的并入模式

长期以来,萨利尼检验中的"东道国发展"要素备受质疑的主要原因在于,其提出依据仅为《ICSID公约》序言条款中"需要为促进经济发展进行国际合作"这一目

---

① See Morocco Model BIT (2019), India Model BIT (2015), SADC Model BIT (2012, 2017); Draft Nepal Model BIT (2019); ECOWAS Common Investment Code (2018), Revised Investment Agreement for the COMESA Common Investment Area (CCIA) (2017); Draft Pan African Investment Code (PAIC) (2016); India-Kyrgyzstan BIT (2019), Burkina Faso-Turkey BIT (2019), Argentina-United Arab Emirates BIT (2018), Belarus-India BIT(2018), India-Taiwan Province of China BIT (2018), Belarus-Turkey BIT (2018), Lithuania-Turkey BIT (2018), State of Palestine-Turkey BIT (2018), Serbia-Turkey BIT (2018), Congo-Morocco BIT (2018), Burundi-Turkey BIT (2017), Mozambique-Turkey BIT (2017), Turkey-Ukraine BIT (2017), Turkey-Uzbekistan BIT (2017), Chad-Turkey BIT (2017), Morocco-Nigeria BIT (2016), Iran, Islamic Republic of-Slovakia BIT (2016), Slovakia-United Arab Emirates (2016), Moldova, Republic of Turkey BIT (2016), Somalia-Turkey BIT (2016), Jordan-Turkey BIT (2016), Egypt-Mauritius BIT (2014). See IIA Issues Note, Taking Stock of IIA Reform: Recent Developments, June 2019, Issue 3. IIA Issues Note, The Changing IIA Landscape: New Treaties and Recent Policy Developments, July 2020, Issue 1.

② Burundi-Turkey BIT (2017), Art. 1.1.

③ See eg., Argentina-United Arab Emirates BIT (2018), Art. 1. India Model BIT 2015, Art. 1.4. ECOWAS Common Investment Code, Art. 1(h). Morocco Model BIT (2019), Art. 3.3.

④ 本文将在第三部分详细讨论了采用不同语词"筛选"投资的适用可能。

⑤ 据本文检索,国内学者聚焦于"投资"定义中的"东道国发展"要素的研究主要可见于两篇文章:黄世席:《国际投资条约中投资的确定与东道国发展的考量》,载《现代法学》2014年第5期;宁红玲:《论可持续发展视角下的国际投资定义条款》,载《环境法评论》第2辑,中国社会科学出版社2019年版。本文在既有研究的基础上,结合国际投资协定投资定义条款的最新发展,在研究对象和研究层次上有所突破。

标,未能尊重缔约方在IIAs中就受保护投资范围达成的合意。例如,有仲裁庭指出,《ICSID公约》序言条款中的目标本身并不能构成确定投资的独立标准,只能被视为保护投资的可能结果或确定公约下受保护投资的非约束性、非排他性手段。① 因传统IIAs未在投资定义条款中纳入"东道国发展"要素,有仲裁庭强调萨利尼检验不应凌驾于IIAs缔约方的意愿之上。② IIAs投资定义条款明确并入"东道国发展"要素的新型缔约实践在很大程度上回应了上述质疑。就并入模式而言,可分为投资特征式和政策目标式,③均为仲裁庭在管辖权阶段考量该要素提供了明确的法律依据。

(一)投资特征式

投资特征式又可分为选择性列举式和并列式列举式。这种定义模式是指将"东道国发展"要素与资金投入、预期利润、承担风险,以及持续时间等要素中的三个或四个选择列举或并列列举为适格投资的特征。

1. 选择性列举式

选择性列举式,是指各项投资特征之间以"或"(or)作为连接词。这类缔约实践主要可见于土耳其自2016年以来缔结的13个BIT。例如,2019年缔结的《布基纳法索—土耳其BIT》第1.1条规定:"'投资'术语是指……具有投资的特征,包括资本或其他资源的投入、定期利润的预期、风险承担、对经济发展有贡献或持续一定时间……"④

"东道国发展"要素作为选择性列举的投资特征,虽然不一定构成仲裁庭的管辖要件,但却是仲裁庭确定适格投资的必然考量要素。具言之,这种定义模式使用"或"连接不同特征表明,适格投资无须具备定义条款中所列举的全部特征,任一特征都不是不可或缺的。⑤ 据此,涉案资产未能促进东道国发展不能当然否认仲裁庭的管辖权。然而,缔约方明确将"东道国发展"要素作为投资的特征并入IIAs投资定义表明,其有意吸引和保护促进国家发展的外资,回应了早期仲裁实践对该要素

① See eg., Saba Fakes v. Republic of Turkey, ICSID Case No. ARB/07/20, Award, 14 July 2010, para. 111.

② See eg., Hassan Awdi, Enterprise Business Consultants, Inc. and Alfa El Corporation v. Romania, ICSID Case No. ARB/10/13, Award, 2 March 2015, paras. 198.

③ 定性不明的情形也可包含在下述两类讨论中,如2019年《摩洛哥BIT范本》第3.3条。

④ Burkina Faso-Turkey BIT (2019), Art. 1.1.

⑤ See eg., Bridgestone Licensing Services, Inc. and Bridgestone Americas, Inc. v. Republic of Panama, ICSID Case No. ARB/16/34, Decision on Expedited Objections, 13 Dec 2017, paras. 164-165.

构成独立投资特征之质疑。[①] 此外,新近投资仲裁实践表明,仲裁庭在确定适格投资时会逐一考察涉案资产是否具备 IIAs 定义条款提及的各项选择性特征。[②]

2. 并列式列举式

目前,至少有 13 个 IIAs(包括 BIT 范本)的投资定义条款将“东道国发展”定性为投资特征的并列要素,即各项特征之间以“和”(and)作为连接词。例如,2018 年缔结的《阿根廷—阿联酋 BIT》第 1 条规定:“‘投资’……具有如下特征:承担商业风险、将资本或其他资源引入东道国境内,并对该方经济发展有贡献。”[③]也有不少缔约实践在此基础上,明确强调“东道国发展”要素作为适格投资特征的必要性。例如,2016 年出台的《泛非投资准则》草案规定,“本《准则》中的适格投资必须(must)具有如下特征……对东道国经济发展有重要贡献”。[④] 与选择性列举式相比,“东道国发展”作为并列式列举要素意味着,只要涉案资产未能促进东道国发展,就不构成受 IIAs 保护的适格投资。

(二)政策目标式

当前也存在少数缔约实践将“东道国发展”要素作为独立于投资特征的政策目标。例如,2016 年达成的《尼日利亚—摩洛哥 BIT》第 1 条规定,“投资是指……由另一国的投资者按照投资所在国的法律,在该国境内善意地设立、收购、扩大或经营,连同该企业有助于该国可持续发展的资产,且具有包括资本或其他类似资源投入、预期利润、承担风险和持续一段时间等投资特征……”[⑤]这种缔约模式意味着,即便涉案资产符合投资的经济学特征,也会因违背缔约国的政策考量,如促进东道国发展、符合东道国国内法等,而被排除在 IIAs 的保护范围之外。[⑥]

根据这种政策目标式定义,“东道国发展”要素可与“符合东道国法律”要求结合适用于限制受保护投资的范围,使东道国在管辖权阶段即可直接依据投资定义条

---

① 例如,在 LESI Astaldi v. Algeria 案中,仲裁庭承认“资金投入”“持续时间”和“承担风险”构成投资存在的条件,而“东道国发展”要素包含在上述三个要件之中。LESI Astaldi v. Algeria, ICSID Case No. ARB/05/3, Decision, 12 July 2006, para. 72 (iv).

② See eg., Seo Jin Hae v. Republic of Korea, HKIAC Case No. HKIAC/18117, Award, 27 September 2019, paras. 95 – 96.

③ Argentina-United Arab Emirates BIT (2018), Art. 1.

④ Draft Pan African Investment Code (PAIC) (2016), Art. 4.4. See also ECOWAS Common Investment Code (2018), Art. 1(h). Turkey-Uzbekistan BIT (2017), Art. 1., etc.

⑤ Morocco-Nigeria BIT (2016), Art. 1.3. See also Congo-Morocco BIT (2018), Art. 1.1.

⑥ See Katia Yannaca-Small and Dimitrios Katsikis, *The Meaning of "Investment" in Investment Treaty Arbitration*, in Katia Yannaca-Small, ed., *Arbitration under International Investment Agreements: A Guide to the Key Issues*, 2nd edition, Oxford University Press, 2018, p. 267.

款否定适格投资的存在。考察既有缔约实践可知,当前土耳其、尼日利亚、摩洛哥、印度等发展中国家是在IIAs投资定义中纳入"东道国发展"要素的"先行者"。这些发展中国家认为,一项投资仅符合东道国国内法可能是不够的,因为其国内环境法和劳动法可能不足以实现该国的社会经济发展目标。[①] 换言之,相较于"符合东道国法律"要求而言,"东道国发展"要素会赋予东道国更广泛的规制权限。

由上可见,采用投资特征式和政策目标式将"东道国发展"要素明确并入IIAs"投资"定义的缔约实践,凸显出缔约国致力于吸引发展导向型投资的意图。无论缔约方采用何种并入模式,仲裁庭在管辖权阶段确定适格投资时,均不能以"目的解释不应优先于文本解释""东道国发展要素不构成独立标准"以及"应在实体审理阶段考量东道国发展要素"[②]等理由拒绝考量涉案投资对东道国的发展贡献。

三、IIAs"投资"定义中"东道国发展"要素的不同措辞及其适用可能

诚然,将"东道国发展"要素纳入IIAs"投资"定义的缔约实践,为管辖权阶段东道国抗辩和仲裁庭考量该要素提供了法律依据。然而,"东道国发展"要素表述的抽象性及其内涵的模糊性也使该要素在实践中的适用可能受到质疑。[③] 既有缔约实践表明,缔约方基于不同发展利益的需求,主要使用了"经济发展""可持续发展"和"发展"三种措辞。鉴于这一新兴缔约实践尚未进入争端解决程序,本部分拟结合仲裁庭对萨利尼检验中"东道国发展"要素的解释适用实践,分别探讨上述三种措辞的适用可能。

(一)"促进东道国经济发展"及其适用难题

IIAs"投资"定义并入"促进东道国经济发展"的缔约实践与《ICSID公约》序言条款中"促进经济发展"的基本目标一致。根据表述不同具体可细分为两类:一是抽

---

① See Maria Chochorelou, Carlos Espaliu Berdud, *Sustainable Development in New Generation FTAs: Could Arbitrators Further the Principle through ISDS?*, Review of European, Comparative & International Environmental Law 27, 2018, p. 5.

② See Consorzio Groupement L. E. S. I. -DIPENTA v. People's Democratic Republic of Algeria, ICSID Case No. ARB/03/08, Award, January 10, 2005, para. 13. Dai Tamada, *Must Investments Contribute to the Development of the Host State? The Salini Test Scrutinised*, in P. Szwedo et al., eds., Law and Development, Springer, 2019, p. 102 – 104. Pierre-Marie Dupuy, *About the Definition of an International Investment, The Requirement of a Contribution to the Economic Development of the Host State*, Jurisdiction in Investment Treaty Arbitration-IAI Series No. 8, 2017, p. 53.

③ See Diane A. Desierto, *Deciding International Investment Agreement Applicability: The Development Argument in Investment*, in Freya Baetens, eds., Investment Law within International Law Integrationist Perspectives, Cambridge University Press, 2013, p. 247.

象且宽泛的表述,如“对缔约方的经济发展有贡献”“对东道国经济有一定贡献”;① 二是强调对东道国经济发展贡献的程度,如“对缔约方的经济发展有重要贡献”“对东道国经济作出有效贡献”②等。虽然这类缔约实践有助于将琐碎、无关紧要或普通的商业诉请排除在投资仲裁之外,③但是既有实践表明,“促进东道国经济发展”表述非但难以发挥出“筛选”投资的门槛价值,甚至可能引发仲裁庭的解释难题。

第一类抽象且宽泛的表述难以发挥出“筛选”投资的门槛作用。实践表明,仲裁庭在适用萨利尼检验中的“东道国发展”要素时,往往不会考察涉案投资如何具体促进东道国的经济发展,只要该项投资与东道国经济利益之间存在某种联系,即便联系很弱,也通常认定该项投资满足了促进东道国经济发展的要求。④ 这种联系非常容易建立起来,正如有学者指出,没有经济学家会将私人投资视作“反发展的”(anti-development)。⑤ 这导致受保护投资的范围可扩张至任何类型的资产或活动,包括与国家任务相关的基础设施项目,如公路建设、运河疏浚作业、电力项目等;⑥与国家利益、公共利益相关的金融、律所等服务部门的投资;⑦东道国经济发展政策中重要

① See eg., Argentina-United Arab Emirates BIT (2018), Art. 1. Slovakia-United Arab Emirates (2016), Art. 1.2.

② See eg., ECOWAS Common Investment Code, Art. 1(h). Iran, Islamic Republic of Slovakia BIT (2016), Art. 1.2.

③ See Michael HWANG S. C. and Jennifer FONG Lee Chengy, *Definition of "Investment"—A Voice from the Eye of the Storm*, Asian Journal of International Law 1, 2011, p. 126.

④ See Diane A. Desierto, *Public Policy in International Economic Law: The ICESCR in Trade, Finance, and Investment*, Oxford University Press, 2015, p. 329.

⑤ See Devashish KRISHNAN, *A Notion of ICSID Investment*, in Todd J. WEILER, ed., Investment Treaty Arbitration and International Law, Huntington, NY: Jurisnet, 2008, p. 61 – 84.

⑥ See eg., Strabag SE v. State of Libya, ICSID Case No. ARB (AF)/15/1, Award, 29 June 2020, para. 110. Jan de Nul N. V. and Dredging International N. V. v. Arab Republic of Egypt, ICSID Case No. ARB/04/13, Decision on Jurisdiction, 16 June 2006, para. 92. Karkey Karadeniz Elektrik Uretim A. S. v. Islamic Republic of Pakistan, ICSID Case No. ARB/13/1, Award, 22 August 2017, footnote, 712.

⑦ See eg., Abaclat and Others v. Argentine Republic, ICSID Case No. ARB/07/5 (formerly Giovanna a Beccara and Others v. The Argentine Republic), Decision on Jurisdiction and Admissibility, 4 August 2011, para. 378. Patrick Mitchell v. The Democratic Republic of Congo, ICSID Case No. ARB/99/7, Decision on the Application for Annulment of the Award, 1 November 2006.

产业部门的投资,如烟草、酒店,以及存在大量资金投入的项目,①等等。不仅如此,仲裁庭也承认外资通过解决就业、技术转移、资金和人力资源投入等对东道国经济发展作出的间接贡献。② 同时,仲裁庭通常不要求涉案投资对东道国经济发展作出相当大或成功的贡献,只要以任何方式对东道国经济发展作出贡献即可。③ 曾要求涉案投资对东道国发展作出"重大"贡献的马来西亚历史货物打捞公司诉马来西亚案(Malaysian Historical Salvors v. Malaysia)裁决最终被撤销。④

第二类表述中的"重大""有效"等形容词容易引发解释难题。增加这些修饰语,显然意在提高"发展"要求的"低门槛"。然而,由于缺乏相应的评估指标,如何评估"重大贡献"尚存分歧,例如,有的仲裁庭强调涉案投资对东道国 GDP 作出重要贡献;⑤也有仲裁庭认为,"重大贡献"并不意味着存在一种"硬性"或可计算衡量的标准,无须表现为 GDP 或任何其他经济指标的显著增长,重点在于缔约方意图通过 IIAs 保护何种投资。⑥ 由此可见,这类表述可能会引发"东道国经济发展"要素的适用难题,甚至加剧投资仲裁的合法性危机,如"重大贡献"是否意味着否定中小企业的投资,仲裁庭是否有能力作出客观评估。⑦

此外,由于缺少事先明确列举的指标或清单,仲裁庭普遍认为不应该对投资活动进行"事后评估"。据此,评估一项投资在促进东道国经济发展中的贡献是否重大或有效,只需考察投资目标而非投资结果。例如,伽瓦兹诉罗马尼亚案(Gavazzi v.

---

① See Jarrod Hepbur, *Arbitrators Find Expropriation of Tobacco Business in Newly-Disclosed Ruling in Meerapfel V. Central African Republic Case*, 09 January 2013 (June 08, 2022), https://www.iareporter.com/articles/arbitrators-find-expropriation-of-tobacco-business-in-newly-disclosed-ruling-in-meerapfel-v-central-african-republic-case/. Mabco Constructions v. Republic of Kosovo, ICSID Case No. ARB/17/25, Decision on Jurisdiction, 30 October 2020, para. 301. Beijing Urban Construction Group Co. Ltd. v. Republic of Yemen, ICSID Case No. ARB/14/30, Decision on Jurisdiction, 31 May 2017, para. 137.

② See eg., Casinos Austria International GmbH and Casinos Austria Aktiengesellschaft v. Argentine Republic, ICSID Case No. ARB/14/32, Decision on Jurisdiction, 29 June 2018, paras. 191 – 192.

③ Patrick Mitchell v. Democratic Republic of Congo, ICSID Case No. ARB/99/7, Decision on Annulment, 1 November 2006, para. 33.

④ See Malaysian Historical Salvors Sdn, Bhd v. Government of Malaysia, ICSID Case No. ARB/05/10, Award on Jurisdiction, 17 May 2007, para. 123.

⑤ See Cortec Mining Kenya Limited, Cortec (Pty) Limited and Stirling Capital Limited v. Republic of Kenya, ICSID Case No. ARB/15/29, Award, 22 October 2018, para. 300(c).

⑥ See Michael HWANG S. C. and Jennifer FONG Lee Cheng, *Definition of "Investment"—A Voice from the Eye of the Storm*, Asian Journal of International Law 1, 2011, p. 122.

⑦ See UNCTAD, *Scope and Definition*, UNCTAD Series on Issues in International Investment Agreements Ⅱ, 2011, p. 121.

Romania)仲裁庭指出,不应对投资的经济发展贡献进行事后评估,否则如果一项投资活动因为东道国的不法行为或不行为而被立即叫停,就永远没有资格成为一项受保护的投资。① 据此,只要涉案投资项目的设立以促进东道国经济发展为目标,则无论结果如何,都不能否认其构成适格投资。这一低要求显然导致该要素很难发挥"筛选"高质量投资的作用。

(二)"促进东道国可持续发展"及其适用前景

UNCTAD 先后于2012 年和2015 年发布的《可持续发展投资政策框架》均指出,各国可能希望调整 IIAs 中的投资定义,以有利于可持续发展的资产为目标,只保护给东道国带来具体利益的投资,并根据其发展需求与期待列举特定标准,如长期的资本承诺、创造就业等。② 据本文考察,目前已有3 个 IIAs(包括 BIT 范本)在投资定义中纳入"促进东道国可持续发展"要求。③ 相较于"促进东道国经济发展"而言,"促进东道国可持续发展"更具有适用前景。

由 UNCTAD 引导和推进的 IIAs 可持续发展型改革,反映出国际社会的共识,④纳入"促进东道国可持续发展"更符合 IIAs 的改革趋势。IIAs 改革始于 21 世纪初,旨在弥补 IIAs 和国际投资争端解决机制的缺陷,协调投资保护与东道国可持续发展是改革重点内容。⑤ 诚然,"可持续发展"尚不存在确切定义,但是国际社会普遍认可该术语强调经济发展、社会发展(包括促进人权和劳工权利)与环境保护之间的平衡。⑥ 相较于片面关注外资体量的"经济发展"而言,"可持续发展"显然更有助于平

① See Marco Gavazzi and Stefano Gavazzi v. Romania, ICSID Case No. ARB/12/25, Decision on Jurisdiction Admissibility and Liability, 21 April 2015, para. 114. See also Bay View Group LLC and The Spalena Company LLC v. Republic of Rwanda, ICSID Case No. ARB/18/21, Award, 30 March 2022, paras. 222 - 223.

② See UNCTAD, Investment Policy Framework for Sustainable Development (2012 Edition) [English] (UNCTAD/DIAE/PCB/2012/5), 01 August 2012, p.93.

③ See Morocco Model BIT (2019), Art. 3.3. Morocco-Nigeria BIT (2016), Art. 1. Egypt-Mauritius BIT (2014), Art. 1.1

④ 参见张光:《论国际投资协定的可持续发展型改革》,载《法商研究》2017 年第5 期。

⑤ See Gudrun Monika Zagel, *Achieving Sustainable Development Objectives in International Investment Law*, in J. Chaisse et al., eds., Handbook of International Investment Law and Policy, Springer, 2021, p. 1944.

⑥ See Manjiao Chi, *Integrating Sustainable Development in International Investment Law: Normative Incompatibility, System Integration and Governance Implications*, Oxfordshire, Routledge, 2018, p.167. 也有观点认为还包括治理维度。See Karl P. Sauvant and Howard Mann, *Making FDI More Sustainable: Towards an Indicative List of FDI Sustainability Characteristics*, The Journal of World Investment & Trade 20, 2019.

衡外资保护与东道国发展,协调东道国经济目标与公共利益之间的关系,[①]提高引进外资的质量。正如UNCTAD报告指出,将"促进可持续发展"作为投资的特征,通过不提供IIAs保护来阻止对可持续发展造成负面影响的投资进入东道国市场,是所有改革建议中最有利于可持续发展的行动方案。[②]

诚然,考虑到"可持续发展"内涵的灵活性和模糊性,以及仲裁庭的评估能力不足,学界质疑该要素的可操作性。[③] 例如,有学者推断,"仲裁庭可能认为,评估一项投资是否有助于东道国的可持续发展是不合适的,因为相较于'经济发展'而言,'可持续发展'的概念更难解释"。[④] 这些担忧固然有其合理性,但是基于如下理由,本文认为,仲裁庭有能力适用该要素将对东道国可持续发展造成负面影响的投资排除在IIAs的保护范围之外。

第一,仲裁庭比较容易识别对东道国可持续发展造成负面影响的投资。投资未满足"促进可持续发展"要素包括两种情形:一是造成负面影响;二是未能作出积极贡献。相较于后者要求缔约国和仲裁庭在经济、环境和社会目标之间逐一平衡而言,[⑤]前者的评估相对容易。在国际投资法中融入可持续发展理念主要表现为对东道国社会经济、环境公共利益的强调。[⑥] 促进东道国可持续发展目标可具化为东道国对环境、健康、安全、劳工、反腐、气候等公共利益的追求。[⑦] 涉案投资导致东道国生态环境恶化、违反基本的劳工标准,源于腐败实践或运营过程中涉及腐败问题,以

---

① See Pia Acconci, *The "Unexpected" Development-Friendly Definition of Investment in the* 2013 *Resolution of the Institut De Droit International*, The Italian Yearbook of International Law Online 23, 2014, p. 70.

② See UNCATD, International Investment Agreements Reform Accelerator, 2020, p. 12.

③ See Diane A. Desierto, *Deciding International Investment Agreement Applicability: The Development Argument in Investment*, in Freya Baetens, eds., Investment Law within International Law Integrationist Perspectives, Cambridge University Press, 2013, p. 242. 宁红玲:《论可持续发展视角下的国际投资定义条款》,载《环境法评论》2019年第2辑,中国社会科学出版社。

④ Gudrun Monika Zagel, *Achieving Sustainable Development Objectives in International Investment Law*, in J. Chaisse et al., eds., *Handbook of International Investment Law and Policy*, Berlin, Springer, 2021, p. 1978.

⑤ See J. Anthony VanDuzer et al., *Integrating Sustainable Development into International Investment Agreements: A Guide for Developing Country Negotiators*, Commonwealth Secretariat, 2012, p. 59.

⑥ 参见张光:《论国际投资协定的可持续发展型改革》,载《法商研究》2017年第5期;詹晓宁、欧阳永福:《G20〈全球投资政策指导原则〉与全球投资治理——从"中国方案"到"中国范式"》,载《世界经济研究》2017年第4期。

⑦ 参见宁红玲、漆彤:《"一带一路"倡议与可持续发展原则——国际投资法视角》,载《武大国际法评论》2016年第1期。

及在化石燃料开采或基础设施建设中违背气候政策，显然对东道国可持续发展造成负面影响。① 纵使有观点认为，不同国家对可持续发展概念有不同理解，但是本文认为，至少环境保护作为可持续发展的应有之义已成为国际共识。② 投资是否导致东道国环境污染或资源枯竭是比较容易识别的。③ 据此，此种定义至少可排除对环境造成负面影响的投资之保护。

第二，仲裁庭可从 IIAs"可持续发展"条款中获得相应指引并已积攒相关经验。新一代 IIAs 的缔约方已根据本国需求将可持续发展理念载入序言、不得减损、企业社会责任、一般例外、安全例外、环境、劳工、腐败等条款之中。④ 当缔约方未就投资定义条款中"可持续发展"要素列出考量标准或相关说明时，仲裁庭可依据《维也纳条约法公约》第 31.1 条的文义解释、上下文解释和目的解释援引该协定中的其他可持续发展条款。以 2016 年缔结的《摩洛哥—尼日利亚 BIT》为例，该协定序言条款不仅载入对可持续发展概念的界定，即包括"实现经济、社会和环境支柱"，而且列举了"减贫、提高生产力、经济增长、技术转让、促进人权和人类标准"衡量指标，同时该协定第 24 条将"可持续发展贡献"与"企业社会责任"相关联。⑤ 这均可为仲裁庭解释投资定义中的"可持续发展"概念提供参考和指引。不仅如此，饱受诟病的仲裁庭也开始更认真地对待东道国的环境、人权、健康、劳工、腐败等可持续发展问题，⑥在裁决中给予东道国公共利益以必要考量，为后续实践积累了相关的解释经验。

第三，"可持续发展"衡量指标的细化发展，可为仲裁庭未来适用该条款提供有益参考。例如，2019 年《摩洛哥 BIT 范本》第 3.3 条投资的定义条款中纳入"促进东道国可持续发展"要求后，以注释的方式明确列举"提高生产能力、经济增长、创造的

---

① See Stefanie Schacherer, *Sustainable Development in EU Foreign Investment Law*, Brill, 2021, p. 46.

② 环境保护常被视为促进东道国可持续发展的重要利益。参见龚柏华：《论境外投资规制中可持续发展理念》，载《政法论丛》2022 年第 2 期。

③ See M. Sornarajah, *Resistance and Change in the International Law on Foreign Investment*, Cambridge University Press, 2015, p. 163.

④ See eg., Belarus-India BIT (2018), Preamble. Japan-Kenya BIT (2016), Art. 22. Nigeria-Singapore BIT (2016), Art. 11. Cambodia-Turkey BIT (2018), Art. 4. Iran, Islamic Republic of-Japan BIT (2016), Art. 13. Nigeria-Singapore BIT (2016), Art. 4, Art. 13. Colombia-United Arab Emirates BIT (2017), Art. 10. Japan-Oman BIT (2015), Art. 8.

⑤ See Morocco-Nigeria BIT (2016), Art 24. Corporate Social Responsibility.

⑥ See Stefanie Schacherer, *International Investment Law and Sustainable Development: Key cases from the 2010s*, IISD, 2018 (June 30, 2022), https://www.iisd.org/system/files/publications/investment-law-sustainable-development-ten-cases-2010s.pdf.

就业质量、投资期限、技术转让和减贫等”衡量指标。① 据此,因 IIAs 中已事先列举出衡量指标,评估涉案投资是否对东道国可持续发展有贡献就不应仅限于投资目标,还应扩及投资过程和投资结果。同时,OECD 发布的《衡量投资可持续发展影响的外国直接投资质量指标》,②以及卡尔索旺(Karl P. Sauvant)教授的研究成果皆提供了细化的衡量标准,③可为仲裁庭提供解释指引。

由此可见,“促进东道国可持续发展”在“促进东道国经济发展”的基础上增加了对投资的社会维度和环境维度的考量,更有可能发挥出“筛选”高质量投资之作用。

(三)“促进东道国发展”及其适用空间

既有新型缔约实践中,也存在不少 IIAs 在投资定义中纳入更为宽泛的“发展”语词,如“对缔约方的发展有贡献”“对东道国发展有任何利益或积极影响”“对缔约方的发展有重要意义”“对缔约方发展作出充分贡献”等。④

既有仲裁实践表明,一方面,“促进东道国发展”要素存在被等同于“促进东道国经济发展”要素之适用实践。例如,菲尼克斯诉捷克(Phoenix Action v. Czech Republic)案仲裁庭指出,关于何为“发展”尚存较大分歧,应采取不太激进的方案,聚焦于国际投资对东道国经济的贡献。⑤ 另一方面,“促进东道国发展”要素存在被赋予“可持续发展”内涵之实践动向。例如,马来西亚历史货物打捞公司诉马来西亚案的撤销委员会强调外资对文化和历史的贡献。米切尔诉刚果(Mitchell v. DR Congo)案的撤销委员会提及投资对于社会发展没有贡献。费内代尔控股有限公司诉捷克(Fynerdale Holdings BV v. Czech Republic)案仲裁庭结合序言条款中的发展目标解释适格投资,⑥预示着未来适用序言条款中的“可持续发展”目标解读投资定义中“发展”内涵的实践可能。

综上分析,相较于“经济发展”而言,显然赋予“发展”以“可持续发展”内涵,更

① See Morocco Model BIT 2019, Art. 3.3.

② OECD, *FDI Qualities Indicators: Measuring the Sustainable Development Impacts of Investment*, Paris, 2019 (June 20, 2022), http://oecd.org/fr/investissement/fdi-qualities-indicators.htm.

③ See eg., Karl P. Sauvant and Howard Mann, *Making FDI More Sustainable: Towards an Indicative List of FDI Sustainability Characteristics*, The Journal of World Investment & Trade 20, 2019.

④ See eg., Belarus-India BIT (2018), Art. 1.4. Slovakia-United Arab Emirates (2016), Art. 1.2. India-Kyrgyzstan BIT (2019), Art. 1.4. India-Taiwan Province of China BIT (2018), Art. 1.3.

⑤ See Phoenix Action, Ltd. v. The Czech Republic, ICSID Case No. ARB/06/5, Award, 15 April 2009, para. 85. See also, RSM Production Corporation v. Central African Republic, ICSID Case No. ARB/07/2, Decision on Jurisdiction and Liability (excerpts), 7 December 2010, paras. 48-70.

⑥ See Fynerdale Holdings BV v. The Czech Republic, PCA Case No. 2018-18, Award, 29 April 2021, paras. 541-542.

符合时代要求并有助于东道国“筛选”出高质量投资。

四、IIAs“投资”定义并入“东道国发展”要素的中国方案

晚近，中国缔结的IIAs开始在投资定义条款中并入资金投入、预期利润、风险承担等客观标准，①为仲裁庭确定适格投资提供明确指引，但尚不存在并入“东道国发展”要素之缔约实践。如前所述，若并入“东道国发展”要素，即便涉案投资具有合法性，也可能因未促进东道国发展而被排除在IIAs保护范围之外。这项规定显然更符合资本输入国的发展需求。中国作为兼具资本输入国和资本输出国双重身份的负责任大国，未来在磋商IIAs时可以考虑将“东道国发展”要素纳入投资定义条款并在缔约阶段进行条款设计，以实现外资保护与东道国发展之平衡。

（一）中外IIAs“投资”定义可考虑并入“东道国发展”要素

将“东道国发展”要素并入中外IIAs投资定义不仅符合增强IIAs发展维度的改革需求，与中国的共同发展观相一致，而且可以提高投资定义条款适用的可预期性。

其一，并入“东道国发展”要素可增强IIAs的发展维度，符合中国的共同发展理念。IIAs发展维度缺失的主要表现有二：一是IIAs会不适当地限制东道国经济发展政策的制定；二是IIAs只注重对投资者的保护，而忽视了投资对东道国发展的促进作用。② 长期以来，“东道国发展”考量仅通过萨利尼检验和IIAs序言条款在投资仲裁实践中发挥着有限作用。在IIAs投资定义中并入“东道国发展”要素，使得该要素成为仲裁庭确定投资之必要考量，是IIAs纳入发展友好型条款倡议从“应然法”迈向“实然法”的重要成果。虽然这一缔约实践的规范性价值尚有待实践检验，但是至少迫使想要获得IIAs保护的投资者在投资活动中给予东道国发展问题以适当考虑，③促进外资与东道国发展权协同作用。

值得注意的是，目前“东道国发展”要素的并入实践仅存于以资本输入为主的国家的BIT范本和缔约文本中。中国以推动全球共同发展作为基本目标并坚持将发展权作为首要基本人权。④ 一方面，中国强调有效利用外资促进本国经济和社会发

---

① See eg., RCEP (2020), Art. 10.1 (c). Cambodia-China FTA (2020), Art. 8.1. China-Mauritius FTA (2019), Art. 8.1.

② See UNCTAD, Investment Policy Framework for Sustainable Development 2015, p.18.

③ See Priscila Pereira de Andrade and Nitish Monebhurrun, *Mapping Investors' Environmental Commitments and Obligations*, in Jean Ho and Mavluda Sattorova, ed., Investors' International Law, Hart Publishing, 2021, p.280.

④ 参见习近平：《构建高质量伙伴关系 共创全球发展新时代——在全球发展高层对话会上的讲话》，载中国政府网2022年6月24日：http://www.gov.cn/xinwen/2022-06/24/content_5697592.htm，最后访问日期：2022年7月20日。

展,如2020年1月1日生效的《中华人民共和国外商投资法》第14条规定,“国家根据国民经济和社会发展需要,鼓励和引导外国投资者在特定行业、领域、地区投资”。另一方面,政府积极引导中国海外投资促进东道国高质量发展,特别关注“一带一路”共建发展中国家的发展利益。在中外IIAs并入“东道国发展”要素是中国在国际投资法领域对共同发展理念的贯彻落实。

其二,并入“东道国发展”要素可提高中外IIAs投资定义适用的可预期性。晚近多数中外IIAs投资定义条款通过并入投资的特征来限制受保护的投资范围,《区域全面经济伙伴关系协定》(Regional Comprehensive Economic Partnership,RCEP)第10.1(c)条即以为例。这类实践通过“诸如”“等特征”表述保持列举要素的灵活性,再加上中外IIAs序言条款中多载有“经济发展”“可持续发展”等目标,[①]即使定义条款未明确提及东道国发展要素,也不能完全排除裁决者对该要素的考量。[②] 鉴于此,明确纳入“东道国发展”要素可为当事方和仲裁庭提供明确指引,防止仲裁庭陷入投资“主观定义”与“客观定义”之争。

(二)中外IIAs“投资”定义采用选择性列举式并入“东道国发展”要素

就并入模式而言,宜将“东道国发展”作为IIAs投资定义中的选择性列举要素,即将该要素与其他特征之间使用“或”而不是“和”连接。诚然,采用并列式列举和政策目标式并入“东道国发展”要素,可使该要素构成仲裁庭的管辖要件,在“筛选”投资中发挥出更大的作用,对于投资者而言更具威慑力。但是考虑到中国作为世界上第二大资本输出国,在“一带一路”沿线国家投入了大量资金,关于投资是否促进东道国发展的衡量指标有待进一步成熟,贸然将“东道国发展”要素作为管辖权要件,可能使中国海外投资者面临东道国以“发展”为借口规避IIAs义务的道德风险。[③] 同时,中国企业在推动外资可持续发展改革的同时,也应该为中国海外投资者提供必要的转型空间。因此,在近期缔结中外IIAs宜先将“东道国发展”作为投资特征之选择性列举要素,而非严格的管辖权要件,从而为中国海外投资者诉请提供灵活的解释空间。

---

① See eg., RCEP (2020), Preamble; China-Korea, Republic of FTA (2015), Preamble.

② See Stefanie Schacherer, *Sustainable Development in EU Foreign Investment Law*, Brill, 2021, p. 343.

③ See Diane A. Desierto, *Deciding International Investment Agreement Applicability: The Development Argument in Investment*, in Freya Baetens, eds., Investment Law within International Law Integrationist Perspectives, Cambridge University Press, 2013, p. 253.

(三)中外 IIAs“投资”定义宜采用“可持续发展”措辞并细化衡量指标

就发展语词而言,宜选择“可持续发展”措辞。相较于片面且“无用”的“经济发展”和过于模糊的“发展”语词,“可持续发展”强调“引进来”和“走出去”资本的质量,与中国提出的绿色发展思想一脉相承,与人类命运共同体理念高度契合。[①] 例如,2021 年 7 月 15 日,商务部、生态环境部联合印发的《对外投资合作绿色发展工作指引》,强调“绿色发展是可持续发展的必要条件”,鼓励“走出去”企业“坚持绿色发展理念”“提升绿色发展信誉”。[②] 因此,将“可持续发展”并入中外 IIAs 投资定义条款,与中国利用外资和境外投资的发展目标高度相符,不仅有利于中国落实《联合国 2030 年可持续发展议程》,而且有助于加速推进共建“一带一路”高质量发展,彰显中国负责任大国的形象。此外,相较于“经济发展”和“发展”而言,发展中国家与发达国家更有望就“可持续发展”目标达成最大共识。[③]

诚然,如前所述,针对 IIAs 投资定义条款中纳入抽象的“可持续发展”要素,仲裁庭可结合 IIAs 中的序言、环境、劳工等可持续发展条款进行解释适用。但是不可否认,这将赋予仲裁庭过大自由裁量权,并引发法律确定性和实操可行性的质疑。[④] 相较于仲裁庭的“事后”创新解释而言,缔约方的“事前”规则磋商才是使该定义条款在“筛选”投资中发挥最大效用的应然选择。鉴于此,在未来的 IIAs 缔约实践中,缔约方应事先明确“可持续发展”的内容和评估基础,结合缔约方的优先发展事项,列举并细化“可持续发展”的衡量指标;明示该条款与 IIAs 其他义务之间的互动关系,以为仲裁庭和投资者提供明确指引。

细化衡量指标的办法包括:(1)明确规定缺乏管辖权和早期驳回的条件,[⑤]如可以脚注的形式注明,在外国投资侵犯东道国的环境利益、外国投资者存在腐败行为等情况下,仲裁庭对案件不享有管辖权;(2)缔约方也可将投资定义条款与国内外商

---

① 参见龚柏华:《论境外投资规制中可持续发展理念》,载《政法论丛》2022 年第 2 期;殷格非:《基于“共同”视角的人类命运共同体可持续法则探讨》,载《可持续发展经济导刊》2019 年 Z1 期。

② 商务部、生态环境部关于印发《对外投资合作绿色发展工作指引》的通知,载商务部网,http://fec. mofcom. gov. cn/article/ywzn/dwtz/zcfg/202107/20210703176272. shtml。

③ 自 20 世纪 90 年代以来,几乎所有的国家都支持可持续发展的概念。See Jorge E. Viñuales, *Sustainable Development in International Law*, C-EENRG Working Papers 2018 - 3, p. 6.

④ See Stefanie Schacherer, *Sustainable Development in EU Foreign Investment Law*, Brill, 2021, p. 50.

⑤ See Gudrun Monika Zagel, *Achieving Sustainable Development Objectives in International Investment Law*, in J. Chaisse et al., eds., Handbook of International Investment Law and Policy, Springer, 2021, p. 1980.

投资产业目录相衔接。东道国列举一份符合其可持续发展目标的外商投资产业目录,明确规定只有清单内的投资才构成受保护投资;(3)也可以在《摩洛哥 BIT 范本》的基础上,进一步量化衡量指标。在条约磋商过程中,中国也应帮助发展中国家以及最不发达国家澄清其可持续发展利益,防止在该国运营的中国投资者,因评估标准不清而面临败诉或胜诉裁决被撤销等风险。[①]

五、结语

长期以来,增强 IIAs 的发展维度一直是国际投资法改革面临的挑战。[②] 在 UNCATD 推动 IIAs 可持续发展型改革的背景下,萨利尼检验中备受争议的“东道国发展”要素开始被纳入 IIAs 的投资定义中,成为仲裁庭确定适格投资的必要考量。由于这一新型缔约实践尚未进入仲裁实践,本文通过评估既有 IIAs 缔约实践中“经济发展”“可持续发展”“发展”不同语词的适用可能认为,“促进东道国可持续发展”要素更具有适用前景。于中国而言,考虑到 IIAs 的改革方向和中国在世界投资格局中的地位,未来应该考虑在中外 IIAs 的投资定义条款中纳入“促进东道国可持续发展”目标,通过细化衡量指标确保该要素的可操作性,限制仲裁庭的自由裁量权,达成促进东道国可持续发展和保护中国海外投资者的双重目标。

IIAs 可持续发展改革虽成果颇丰,但距实现“投资”与“可持续发展”协同共生的目标,仍然道阻且长。将“可持续发展”这一抽象语词纳入 IIAs“投资”定义条款,不仅为缔约方、投资者和仲裁庭设置了共同课题,而且为增强“投资”与“可持续发展”的互动提供了宝贵机会。中国作为负责任大国,可结合本国的可持续发展目标,如绿色发展、低碳发展等,积极研究并量化衡量指标,使之体现在 IIAs 文本之中,为 IIAs 可持续发展改革贡献出中国智慧。

① See Patrick Mitchell v. The Democratic Republic of Congo, ICSID Case No. ARB/99/7, Decision on the Application for Annulment of the Award, 1 November 2006, paras. 39 – 41.

② See Anna Joubin-Bret, *Marie-Estelle Rey and Jo¨rg Weber*, *International Investment Law and Development*, in Marie-Claire Cordonier Segger et al., eds., Sustainable Development in World Investment Law, Alphen aan den Rijn, Kluwer Law International, 2011, p. 16.

争议解决机制研究

粤港澳大湾区劳动争议仲裁区际司法协助问题研究

喻术红[*] 高 栋[**]

随着粤港澳大湾区三地合作更加深入，一体化水平不断提升，三地之间人员交流日趋紧密，涉港澳劳动争议案件相应增加，但三地之间还未就劳动争议仲裁建立区际司法协助机制，仲裁裁决书无法得到港澳法院的认可和执行，调查取证、文书送达等程序也无法得到港澳法院的协助，导致部分涉港澳劳动争议案件无法得到有效处理，增加当事人诉累，不利于当前粤港澳大湾区发展大局。在具体机制构建上，劳动争议仲裁机构可以成为粤港澳大湾区劳动争议仲裁区际司法协助的主体，直接对接港澳法院，减少中间程序。可以引入当事人主义司法理念，完善文书送达和取证等方式，开展财产和证据保全司法协助，实现裁决互认和执行，推动大湾区区际司法协助实现新突破。

一、问题的提出

建设粤港澳大湾区，是习近平总书记亲自谋划、亲自部署、亲自推动的重大国家战略。在“一揽子”政策的实施下，湾区发展日新月异，人员流动日益频繁，有港澳因素的用工情形逐年增多，跨境劳动争议案件呈增长趋势，2021 年湾区内地九市劳动争议仲裁机构受理的涉港澳劳动争议案件数量达到 6732 件。① 习近平总书记在深圳经济特区建立 40 周年庆祝大会上指出，要抓住粤港澳大湾区建设重大历史机遇，推动三地经济运行的规则衔接、机制对接。《粤港澳大湾区发展规划纲要》指出，要

* 武汉大学法学院教授、博士研究生导师。

** 武汉大学法学院博士研究生，广东省佛山市劳动人事争议仲裁院院长。

① 参见王永：《擦亮南粤和谐劳动关系的“名片”》，载《中国劳动保障报》2022 年 8 月 30 日，第 1 版。

探索协调协同发展新模式,深化珠三角九市与港澳全面务实合作,为内地与港澳更紧密合作提供示范。到2035年大湾区内市场高水平互联互通基本实现,各类资源要素高效便捷流动。要实现上述目标,劳动争议仲裁是个不容忽视的环节。作为人力资源要素流动的必然产物,劳动争议是否得到公平高效的处理关系着人才政策的实施效果,关系着湾区经济发展的大局。

目前,最高人民法院和港澳地区之间已经签署14项区际司法协助安排或文件,具有中国特色的区际民商事司法协助体系建设进入快车道。[①] 广东省也和港澳地区进行实务探索,最早在1988年7月广东省高级人民法院和香港特别行政区高等法院就委托送达民事、经济法律文书达成了7条协议,开辟了区际司法协助的先河。[②] 2019年9月广东省高级人民法院与香港特别行政区政府律政司签署《粤港澳大湾区法律交流与互鉴框架安排》,就法律交流合作进行了初步安排。但截至目前,各类司法协助安排或文件都不涵盖劳动争议仲裁程序。一方面,关于仲裁保全和执行的司法协助安排仅适用于商事仲裁程序;另一方面,部分区际司法协助安排明确排除了劳动争议案件或限制为诉讼程序,如《关于内地与香港特别行政区法院相互认可和执行当事人协议管辖的民商事案件判决的安排》(以下简称《内地与香港互认和执行协议管辖判决安排》)明确规定不包括雇佣合同,《关于内地与香港特别行政区法院相互认可和执行民商事案件判决的安排》(以下简称《内地与香港互认和执行判决安排》)和《关于内地与澳门特别行政区相互认可和执行民商事判决的安排》(以下简称《内地与澳门互认和执行判决安排》)将协助对象限定为法院作出的生效判决。

与港澳地区机制有诸多不同,内地劳动争议仲裁是劳动争议处理的法定前置程序,是相对独有的一种程序,再加上内地与港澳地区在劳动基准、争议处理规则等方面存在差异,湾区劳动争议仲裁机构审理涉港澳劳动争议时面临管辖冲突、调查取证、送达执行等问题需要解决。例如,在调查取证方面,对违反竞业限制等案件无法核实劳动者在港澳地区的工作情况。在送达方面,无法向在港澳地区的劳动者或企业有效送达受理、开庭通知、裁决书等仲裁文书。在执行方面,生效的劳动争议仲裁裁决、调解书不能直接在港澳地区法院(以下简称港澳法院)申请执行。在财产保全方面,不能向港澳法院提起对港澳劳动者或企业的财产保全申请等。此外,从深圳、

① 最高人民法院:《人民法院服务和保障粤港澳大湾区建设情况报告(2019—2022)》,2022年6月23日公布并施行。

② 参见胡晋南:《区际司法协助方式比较》,载黄进、黄风主编:《区际司法协助研究》,中国政法大学出版社1993年版。

中山、佛山等湾区城市数据来看,约8成劳动争议案件在仲裁程序中得到解决,[①]劳动争议仲裁已经成为处理劳动争议的主要方式,在维护社会主义市场经济的劳动制度、促进经济发展和社会进步、保障劳动者权益方面发挥了日益重要的作用。广东作为涉港澳劳动争议案件的主要集中地,对建立高效的劳动争议仲裁区际司法协助机制有更为迫切的需求。补齐司法协助的短板,将进一步发挥劳动争议仲裁在粤港澳大湾区经济发展中的积极作用,为化解劳动争议提效增速,对推动粤港澳大湾区相关规则衔接、机制对接具有重要示范意义。

二、粤港澳大湾区劳动争议仲裁区际司法协助的障碍

近年来,许多学者对区际司法协助开展研究,对影响区际司法协助的内容也进行了分析。江保国、赵蕾认为,大湾区实体法差异大以及司法管辖权、送达取证、认可执行等事项上也相对区隔。[②] 肖建华认为,内地和港澳地区法律体系、立法机构存在差异以及缺乏统一的法律。[③] 但是上述内容是从宏观上分析得出的结果,微观方面要结合具体机制来分析。《内地与香港互认和执行判决安排》和《内地与澳门互认和执行判决安排》未排除劳动争议案件,说明法律差异、裁判理念不同均不是主要原因,劳动争议仲裁未能开展区际司法协助需要从程序本身进行分析。

(一)劳动争议处理主体差异明显

香港特别行政区劳动争议案件根据当事人的数量、标的额大小分别由劳资审裁处、小额钱债审裁处或小额薪酬索偿仲裁处负责。其中,小额薪酬索偿仲裁处设在劳工处,和内地劳动争议仲裁机构性质相近,但两者的处理程序和受案范围不一致,另外两个部门则属于司法部门。[④] 澳门特别行政区则由检察院对调解不成的劳动争议提起劳动民事诉讼。[⑤] 港澳地区没有和内地劳动争议仲裁机构完全相同的部门,无法实现直接对接。目前,内地均由劳动人事争议仲裁委员会(以下简称劳动仲裁

① 深圳市劳动人事争议仲裁委员会、深圳市中级人民法院:《深圳市劳动争议裁审工作白皮书(2013—2017年)》;中山市人力资源和社会保障局:《中山人社"全流程调解法"迅速化解劳动争议》,载中山市人社局官网,http://hrss.zs.gov.cn/gkmlpt/content/1/1975/mpost_1975579.html#3256,2022年11月8日访问;《佛山年均受理调解仲裁案件超4万件,近7成以调解方式化解》,载百度南方日报官方账号,https://baijiahao.baidu.com/s?id=1741398384973857773&wfr=spider&for=pc,2022年11月8日访问。

② 参见江保国、赵蕾:《粤港澳大湾区纠纷解决机制的设计理念与实施策略论纲》,载《理论月刊》2019年第4期。

③ 参见肖建华主编:《中国区际民事司法协助研究》,中国人民公安大学出版社2006年版,第26页。

④ 参见孙晓萍、张圣军:《中国内地与香港劳动争议解决机制比较研究》,载《广东外语外贸大学学报》2012年第5期。

⑤ 参见杨欣:《澳门劳资纠纷处理制度的结构、功能及启示》,载《中国劳动关系学院学报》2018年第3期。

委员会)负责劳动争议仲裁工作。依据《劳动人事争议仲裁组织规则》第5条、第6条的规定,劳动仲裁委员会由干部主管部门代表、人力资源和社会保障部门代表、工会及企业代表等组成。和商事仲裁委员会不同,劳动仲裁委员会并不是一个实体机构,其下设实体化办事机构劳动人事争议仲裁院,设在人力资源和社会保障部门,负责日常工作。另外,劳动仲裁委员会的负责人由政府或者人力资源和社会保障部门负责人担任,因此劳动仲裁委员会实际上是一个具有行政属性的机构,日常工作是以人力资源和社会保障部门的意志为主,工会、企业等代表没有实际参与。劳动争议仲裁实为行政部门在行使行政职权或履行行政职责的行为。劳动争议仲裁机构的特殊性质和构成决定了港澳法院对其很难有认同感。

(二)仲裁专业水平有差距

劳动争议仲裁员专业水平与法官、商事仲裁员存在明显差距。受编制限制,湾区九市专职劳动争议仲裁员队伍中编外人员占比较高,如深圳高于70%,[①]佛山高于60%。[②] 编外人员受薪酬水平与职业发展通道所限,难以吸引高层次人才加入。大多数劳动争议仲裁员仅符合《中华人民共和国劳动争议调解仲裁法》第20条规定中"具有法律知识,从事人力资源或工会等专业工作满五年"这一条件,相较于高要求、严选拔的法官、商事仲裁员而言,专业水平相对不足,导致裁审质量存在差距。数据显示,广东省深圳市2013~2017年一审判决支持诉求与裁决结果部分不一致的占比15.85%;判决结果与裁决结果完全不同的占比5.19%,共计21%,[③]远高于同期深圳市法院一审判决案件改判发回重审率(2018年为4%)。[④] 这还是在人员素质相对较高的深圳市,其他地市改判数据可能更高。2018年4月公布的《国家统一法律职业资格考试实施办法》明确在原先确定的法官、检察官、律师、公证员四类人员基础上,将初次担任法律类仲裁员、初次从事行政处罚决定审核、行政复议等五类人员也纳入法律职业资格准入范围。但上述规定中指的仲裁员仅指商事仲裁员,并不包括劳动争议仲裁员,实践中内地劳动争议仲裁员大都非法律专业出身。以广东

① 深圳市劳动人事争议仲裁委员会、深圳市中级人民法院:《深圳市劳动争议裁审工作白皮书(2013—2017年)》。

② 基于2022年9月在广东佛山劳动人事争议仲裁委员会的调查数据。

③ 深圳市劳动人事争议仲裁委员会、深圳市中级人民法院:《深圳市劳动争议裁审工作白皮书(2013—2017年)》。

④ 《深圳法院2018年审判执行态势分析报告》,载深圳中级人民法院官网,https://www.szcourt.gov.cn/article/30185586,2022年12月1日访问。

省佛山市为例，劳动争议仲裁员中法律本科及以上学历只占总人数40%。[①] 人员水平决定了仲裁案件质量，专业程度的差距进一步增加了港澳法院对劳动争议仲裁裁决质量的不信任感。

（三）法律适用标准不统一

劳动争议仲裁机构与法院分属行政与司法两个体制，两者在法律适用上存在明显差异。劳动争议仲裁机构在办案时往往除依据法律法规外，还以人力资源行政部门规范性文件、政策或答复作为依据。而人民法院在审理案件时，可以就规范性文件作合法性审查，对部门政策或答复亦只作为参考。[②] 这一分歧在处理社会保险争议时尤为突出。以广东省非因工死亡待遇中的供养直系亲属一次性救济金（6个月工资）为例，该待遇源于广东省劳动和社会保障厅1997年公布的《广东省企业职工假期待遇死亡抚恤待遇暂行规定》（粤劳薪〔1997〕115号）第10条的规定，但法院认为《中华人民共和国社会保险法》没有规定需要发放此项待遇，广东省劳动和社会保障厅公布的文件只是政策性规定，与法律规定不一致，不能在裁判文书中予以支持。[③]

（四）港澳法院合作积极性不高

广东省早在2013年就发布《建设法治化国际化营商环境五年行动计划》，积极提升法治水平，但数据显示广东省和港澳地区还是存在明显的“法治差序”。[④] 这种实际差距导致三地司法协助推进缓慢。就劳动争议仲裁而言，一方面，粤港澳三地就劳动争议仲裁的衔接关系还未理顺，港澳地区对此程序认可度低。另一方面，除了前文提及的差异外，劳动争议仲裁机构无法协助港澳法院在内地的法律事务，这也降低了港澳法院推进劳动争议仲裁区际司法协助的积极性。受劳动争议仲裁机构性质所限，本文探讨的劳动争议仲裁区际司法协助机制实际是以单向协助为主，即只能由港澳法院协助劳动争议仲裁机构处理文书送达、调查取证、财产保全、认可执行等内容，港澳法院的区际协助需求还是由相应内地法院完成。单向协助将增加港澳法院一定工作量却无直接受益。

---

① 基于2022年9月在广东佛山市劳动人事争议仲裁委员会的调查数据。

② 深圳市劳动人事争议仲裁委员会、深圳市中级人民法院：《深圳市劳动争议裁审工作白皮书（2013—2017年）》。

③ 广东省佛山市中级人民法院民事判决书，（2016）粤06民终8431号。

④ 参见滕宏庆：《我国城市群营商环境法治差序研究——以粤港澳大湾区为例》，载《中国司法》2019年第9期。

三、粤港澳大湾区劳动争议仲裁区际司法协助的主体及模式选择

区际司法协助,是指一个主权国家内部不同法域之间开展的司法合作活动。理论和实务中有广义和狭义之分,狭义司法协助一般指调查取证、委托和代为送达文书等,而广义司法协助内容则在此基础上增加了相互承认和执行法院判决和仲裁裁决、提供法律支持等内容。我国立法和实践上都采用广义司法协助一说。[①] 结合《广东省劳动人事争议处理办法》等法律法规对劳动争议仲裁的程序性规定,粤港澳大湾区劳动争议仲裁区际司法协助可定义为:湾区九市和港澳地区就文书送达、调查取证、保全、承认和执行仲裁裁决、提供法律支持等内容开展的合作。粤港澳大湾区劳动争议仲裁区际司法协助是一个新课题,理论和实务界也鲜有相关的研究,其主体和模式选择都需要明确。

(一)粤港澳大湾区劳动争议仲裁区际司法协助的主体

关于区际司法协助的主体,目前主要有两种观点:一种是司法部门论,主张司法协助主体只限于司法机关,主要依据为《中华人民共和国香港特别行政区基本法》第95条和《中华人民共和国澳门特别行政区基本法》第93条规定。上述条款规定港澳地区可以与全国其他地区的司法机关开展司法合作。另一种是有权机关论,主张有职权的主管机关都可以成为司法协助的主体。李轶刚认为,司法协助主体除法院外,还可以是民事、刑事有管辖权的主管机关。[②] 冯霞认为,依据当今世界司法协助理论的发展,区际司法协助的主体已经扩展到其他主管机关之间,如公证机关、税务机关等,并且根据类型不同而分为请求主体和协助主体。[③] 本文倾向于第二种观点,港澳特别行政区基本法只是规定可以与内地司法机关开展司法合作,但并未限制或禁止和其他主体的合作,因此劳动争议仲裁机构也可以和港澳法院开展区际司法协助。现有的民商事区际司法协助均在法院之间进行,具有行政属性的劳动争议仲裁机构和港澳法院之间如何开展司法协助有待明确,需要在机制上突破。

(二)粤港澳大湾区劳动争议仲裁区际司法协助的模式选择

模式选择是粤港澳大湾区劳动争议仲裁区际司法协助的核心问题,我国现有区际司法协助采取的是协议模式,即两地在平等协商、互相尊重的基础上,通过签署协议的方式来明确协助规则,广东省高级人民法院也曾通过协议模式与港澳法院开展司法协助。除协议模式外,理论界对我国区际司法协助模式提出了许多思考:(1)中

---

① 参见李轶刚:《浅析司法协助的几种形式》,载《法学评论》1989年第2期。

② 参见李轶刚:《浅析司法协助的几种形式》,载《法学评论》1989年第2期。

③ 参见冯霞:《涉港澳台区际私法》,中国政法大学出版社2012年版,第90、322页。

央立法模式,即通过全国人大立法规范区际司法协助。域外国家立法例中最为典型的是澳大利亚1992年《送达和执行程序法》。[①] (2)分别立法模式,即参照英国解决其与海外属地相互承认与执行民事判决的做法,允许由内地和港澳地区分别立法,规范提供司法协助的权利、义务和程序。徐宏评价此模式是最可行、最有效的区际司法协助模式。[②] 以上模式中,中央立法模式虽然覆盖面更广,但是作为粤港澳大湾区的劳动争议仲裁属于地方事权,是自治范围内的事务,用中央立法的方式不符合"一国两制"的原则且港澳地区没有完全对应的劳动争议仲裁程序,难以形成统一规范。分别立法模式又存在其他法域只从本法域利益出发的问题,造成新的不稳定。

相比其他模式,短期内协议模式是最适合粤港澳大湾区劳动争议仲裁区际司法协助的模式。协议模式体现了"一国两制"、法域平等的特点,又能吸收两个法域各自的规定,虽然后续也有协议转化为法律的过程,但是相比其他模式仍然算是稳定高效。可以由中央授权广东省政府或相关部门牵头对接港澳法院,双方就粤港澳大湾区劳动争议区际司法协助事宜签署协议。另外,劳动争议仲裁和商事仲裁及诉讼程序有很多区别,后续在具体程序上不可以故步自封、拘泥于某一种模式,可以采取灵活的方式,以劳动争议仲裁为试点,在立法上多突破。

在具体协助方式上,参照我国现有区际司法协助的一般做法,司法协助请求的提出有两种情况:一是承认和执行、保全一般由当事人自行提出;二是文书送达、调查取证等由法院提出。如前所叙,劳动争议仲裁机构不是司法部门,如何与港澳法院就文书送达、调查取证等内容开展协助,本文认为有两种方式选择。方式一是委托法院进行,即将劳动争议仲裁区际协助的主导权交予法院,后续由湾区各级劳动争议仲裁机构根据协助需求通过相应法院协助开展,此方式弊端是程序相对烦琐。劳动争议仲裁的审限为45天(疑难复杂的经审批后可以延长15天),借助法院对接一定程度上会延长审限,与劳动争议仲裁及时高效的原则相违背。方式二是由湾区各级劳动争议仲裁机构直接和港澳法院对接,如前所叙,劳动争议仲裁机构也可以作为主体和港澳法院开展区际司法协助,因此具体可以由广东省劳动人事争议仲裁院集中负责与港澳法院对接,减少中间程序,提高效率,也可以参照最高人民法院《关于支持和保障横琴粤澳深度合作区建设的意见》《关于支持和保障全面深化前海深港现代服务业合作区改革开放的意见》的规定,授权案件量较大的广州、深

① 参见冯霞:《涉港澳台区际私法》,中国政法大学出版社2012年版,第53页。

② 参见徐宏:《论一国两制下香港与内地的民事司法协助》,载《法学家》1996年第6期。

圳、珠海等地市级劳动人事争议仲裁院直接对接港澳法院。此方式效率高,应为首选。

四、粤港澳大湾区劳动争议仲裁区际司法协助机制的具体构建

由于粤港澳大湾区"一国两制三法域"的特点以及劳动争议仲裁的特殊程序,目前在世界范围内没有现成的模式和经验。前文已经明确了粤港澳大湾区劳动争议仲裁区际司法协助的主体及模式,本部分将结合劳动争议仲裁程序的特点,借鉴域内外民商事区际司法协助的实践,创新思路,探讨构建符合粤港澳大湾区实际的协助机制,具体可以从以下几方面入手。

(一)多种文书送达和取证方式并存

《关于内地与香港特别行政区法院相互委托送达民商事司法文书的安排》(以下简称《内地与香港送达安排》)、《关于内地与香港特别行政区法院就民商事案件相互委托提取证据的安排》(以下简称《内地与香港取证安排》)、《关于内地与澳门特别行政区法院就民商事案件相互委托送达司法文书和调取证据的安排》(以下简称《内地与澳门送达和取证安排》)只规定了法院直接委托的单一途径,效率不高。数据显示,2013年至2015年,广东省高级人民法院委托香港特别行政区法院代为送达民商事司法文书共计1599件,成功送达411件,送达率为26%。[①] 2001~2015年内地法院合计向澳门特区提出的民商事取证协助请求仅为30项。[②] 虽然官方表示大湾区已经建立司法协助网络互通平台,实现送达取证协助全流程在线转递、在线审查、在线办理和在线追踪,案件平均办理周期缩短至原来的1/5,但是在原有每年近2万件的涉港澳民商事纠纷案件基础上,[③]再加上超过6000件涉港澳劳动争议仲裁案件,港澳法院应对压力极大,因此仍有必要针对文书送达和调查取证方式进行改进。虽然部分送达和取证方式不一定需要港澳法院直接协助,但是送达和取证的方式是否合法与后续认可和执行息息相关,也需要在协议安排中予以明确。

关于文书送达,一是要增加送达方式,《最高人民法院关于涉港澳民商事案件司法文书送达问题若干规定》明确了邮寄送达、电子邮件送达、公告送达等方式,其中

---

① 参见李健男、叶诗瑜:《粤港相互送达民商事司法文书实践之考察:问题、原因及对策》,载黄进等主编:《中国国际私法与比较法年刊》第19卷,法律出版社2017年版。

② 参见江保国:《内地与港澳民商事取证安排比较研究:以香港安排为重点》,载《河南财经政法大学学报》2017年第5期。

③ 最高人民法院:《人民法院服务和保障粤港澳大湾区建设情况报告(2019—2022)》,2022年6月23日公布并施行。

第6条中“可以”一词用意明显，实际上架空了两个送达安排。[①] 实践中基层人民法院并未严格执行两个送达安排，广东省惠州市两级法院数据显示，对涉港澳诉讼案件采取直接邮寄送达的比例高达70%，邮寄送达又有约30%未能送达成功，转而进行公告送达。[②] 欧盟《关于在成员国送达民商事司法及司法外文书的条例》中明确相互送达协议的目的是确保相互送达司法文书的效果和效率，以“最快的可能方式”进行送达。[③] 结合其便捷特点，劳动争议仲裁程序也完全可以采取邮寄送达、公告送达等方式。当然内地和港澳地区送达规定不一致，会存在分歧，邮寄送达和公告送达要以双方认可的方式为准。邮寄送达可以参照商事仲裁的规定，如《中国国际经济贸易仲裁委员会仲裁规则》第8条规定，挂号信或特快专递或能提供投递记录的包括公证送达、委托送达和留置送达在内的其他任何手段投递给收件人最后一个为人所知的营业地、注册地、住所地、惯常居住地或通信地址，即视为有效送达。公告送达可参照澳门特别行政区《民事诉讼法典》关于传唤告示的规定，协商选取港澳地区有知名度的社交媒体或政府官网进行公告。此外，随着电子信息技术的发展，劳动争议仲裁机构已具备通过互联网送达仲裁文书的便利条件。电子邮件、短信、微信等电子送达方式都可以作为传统送达方式的有益补充。

二是引入当事人主义的司法理念。一直以来我国诉讼模式将送达定性为公权力行为，由法院依职权主导并完成，而香港特别行政区采取当事人主义诉讼模式，强调裁判者的中立性，送达被视作当事人或其律师个人行为。[④] 实务中部分地区对此作出了探索，如深圳前海合作区人民法院制定《关于涉港民商事案件司法文书转交送达的实施细则》，法官委托当事人及其委托的人员，向住所地在香港特别行政区的其他当事人送达司法文书。该方式既可以减少委托送达的环节，也可以减少港澳法院的司法协助工作，具有一定可行性。

三是吸收借鉴他国的送达经验，进一步提升送达效率。例如，日本采用约会送

---

① 《最高人民法院关于涉港澳民商事案件司法文书送达问题若干规定》第6条规定：“人民法院向在内地没有住所的受送达人送达司法文书，可以按照最高人民法院《关于内地与香港特别行政区法院相互委托送达民商事司法文书的安排》或者《最高人民法院关于内地与澳门特别行政区法院就民商事案件相互委托送达司法文书和调取证据的安排》送达。”

② 参见雷彩霞、胡江：《略论涉港澳民商事案件司法送达的“合理路径”》，载广东法院网，https://www.gdcourts.gov.cn/index.php? v = show&id = 52333，2022年11月29日访问。

③ 参见张宪初：《香港司法文书送达和对〈内地与香港送达安排〉的检讨》，载《澳门法学》2016年第3期。

④ 参见江保国：《实践理性与制度创设：论内地与香港民商事取证中的当事人主义》，载《西部法学评论》2011年第4期。

达方式,即受送达人的住所地不明,送达人可约见受送达人至特定场所,并在该场所实施送达。[①] 大湾区也可效仿此种送达方式,约见当事人到所在地对应的法院或政务服务部门领取仲裁文书,若对方拒绝或者在指定期限内未到达领取,在做好通知记录和保留通知证明的情况下,即可视为送达。

关于调取证据,一是引入当事人主义的司法理念,允许当事人或其代理律师进行调查取证,可将其作为官方协助渠道的补充,缓解港澳法院调取证据的压力。江保国认为,《内地与香港取证安排》签署时间比《内地与澳门送达和取证安排》晚,内容没有新的突破让人遗憾,但对其成效抱有相当的期待,也建议将当事人取证作为配套方式适用。[②] 与送达一样,取证在内地也被定性为公共权力行为,但实际上早在1981 年,司法部就委托律师办理港澳同胞回归内地处理民事法律事宜的相关证明,后续还专门成立中国法律服务(香港)有限公司。[③] 实务中各地都在探索律师取证,如江西省高级人民法院、江西省司法厅联合出台的《关于在民事诉讼中实行律师调查令的办法(试行)》和湖南省高级人民法院出台的《关于进一步依法保障律师调查取证权利的若干规定》实际上也是当事人主义的体现。当然,如何在涉港澳劳动争议案件中引入当事人取证方式还有很多工作要做,如完善程序保障、建立法官释明权等,需要后续逐渐完善。

二是借鉴特派员取证方式。这种取证方式是《海牙民商事案件国外调取证据公约》(以下简称《海牙取证公约》)第 17 条规定的一种特殊取证方式,它是指受理诉讼的法院如需从外国获取证据,可委派专门人员(一般是司法人员)直接在外国领土上调取证据。对于该条款,我国在加入《海牙取证公约》时作了保留,因为内地属于大陆法系,国家认为调查取证属于一国主权的体现,允许他国在本国内行使调查取证的权利是对本国主权的侵害。[④]《内地与澳门送达和取证安排》第 20 条规定受委托方法院在执行委托调取证据时,可以允许委托方法院派司法人员出席。此条款是半直接取证的一种体现,表明澳门特区对直接取证也有顾虑。但是香港回归后,粤港澳三地不存在主权分歧,而单纯委托取证方式也无法满足日益增长的案件需要,可以在劳动争议仲裁区际司法协助中借鉴特派员取证方式,允许内地司法人员直接

---

① 参见易清、詹日旺:《论粤港澳大湾区司法文书协助送达制度的完善》,载《惠州学院学报》2022 年第 4 期。

② 参见江保国:《内地与港澳民商事取证安排比较研究:以香港安排为重点》,载《河南财经政法大学学报》2017 年第 5 期。

③ 参见冯霞:《涉港澳台区际私法》,中国政法大学出版社 2012 年版,第 353 页。

④ 参见张淑钿:《论内地与香港域外取证司法协助的现状和展望》,载《当代法学》2003 年第 11 期。

到港澳地区取证。

（二）开展财产和证据保全司法协助

目前，内地和港澳地区仍未就诉讼程序保全的协助达成一致，主要原因有二：一是申请保全是一方当事人在紧急情况下提出的，为了保证保全的时效性，大多数单方面作出采取临时措施的裁定，没有为对方当事人提供抗辩或表达意见的机会，可能发生诸如保全财产被错误执行等情形。① 二是依据《最高人民法院关于适用〈中华人民共和国民事诉讼法〉的解释》第160条的规定，法院在受理案件后应一并取得审理保全申请的权力，如果允许港澳法院进行保全就需要突破现有规定。

然而域外实践中，《布鲁塞尔关于民商事案件管辖权及判决执行的公约》第24条肯定了域外申请的效力。这意味着当事人可以突破协议管辖向其他缔约国法院申请诉讼保全，以保证申请人的财产安全。② 1979年《美洲国家间关于执行保全措施的公约》也对缔约国之间诉讼程序中相互协助临时措施的发布或执行进行了规定，进一步肯定了民事保全措施域外申请的效力。③

内地商事仲裁领域也在保全程序有突破。2019年最高人民法院与香港特别行政区政府签署的《关于内地与香港特别行政区法院就仲裁程序相互协助保全的安排》，规定仲裁案件当事人可直接向香港高等法院申请保全，适用范围包括财产保全、证据保全、行为保全，可以要求申请人作出承诺、就费用提供保证等。

就劳动争议仲裁而言，广东省高级人民法院、广东省劳动人事争议仲裁委员会《关于劳动人事争议仲裁与诉讼衔接若干意见》第22条规定，仲裁过程中用人单位可能出现逃匿、转移财产等情形的，劳动者应当通过仲裁机构向人民法院申请财产保全。此外，《劳动人事争议仲裁办案规则》第18条规定，争议处理中涉及本规则未规定的证据事项，可以参照民事诉讼证据规则的有关规定执行。因此，劳动争议仲裁程序中有需求的财产保全和证据保全，本文认为可以在区际司法协助中实现。

---

① 参见万钧、曹瑞琦：《中国内地与香港特别行政区诉讼程序相互协助保全的困境与出路》，载黄进等主编：《中国国际私法与比较法年刊》第27卷，法律出版社2021年版。

② 1968年《布鲁塞尔关于民商事案件管辖权及判决执行的公约》第24条规定："对于不能通过域外执行途径予以执行的保全令，根据本条规定予以解决。即使按本公约规定，某一缔约国法院对案件的实质性问题有管辖权，亦得向另一缔约国法院申请该国法律所允许的临时措施或保护措施。"

③ 《美洲国家间关于执行保全措施的公约》第10条规定："根据一方当事人的有充分根据的请求，为了保障一个正在审理的或可能提起的诉讼的结果付诸执行，公约成员国的法官或法院，可就具有属地性质的任何保全或紧急措施，发布命令并予执行。不管任一成员国的法官或法院是否有权审理此种国际案件，只要此种措施影响的财产或权利位于当事人向其提出申请的法官或法院的管辖领土之内，这一规定便可适用。如案件延期审理，作出此种命令的法院应立即通知主诉的法官或法院。"

关于证据保全,劳动争议中需要保全的一般都是当事人无法复制、有灭失风险的证据。佛山市劳动人事争议委员会调研的数据显示,2022 年 1 ~ 10 月申请证据保全的均为由公职部门掌握的监控视频、事故认定书等证据,对该类证据进行保全基本不会对当事人产生不利影响。

关于财产保全,实务中劳动争议的涉案金额远低于民商事纠纷。广东省中山市数据显示,2017 ~ 2019 年一审劳动争议案件平均结案标的额区间为 4 万 ~ 8 万元,而同期其他普通民事案件平均结案标的额均在 40 万 ~ 60 万元区间,[①]后者约是前者的 10 倍,因此劳动争议案件中采取财产保全对当事人影响最小。且随着担保方式的完善,通过担保的方式完全可以抵消保全带来的风险。

此外,劳动争议仲裁中实行移送模式,即劳动争议仲裁机构收到保全申请后移送法院,由法院决定是否受理。这点和商事仲裁类似,法律层面的障碍也更少。

(三)实现劳动争议仲裁裁决互认与执行

互认和执行是区际司法协助中最关键的环节,是将劳动争议仲裁纳入粤港澳大湾区法治化的基础。内地和港澳地区在开展民商事司法协助的过程中,对认可和执行也是相对谨慎的。目前,劳动争议案件判决已经实现了互认和执行,为劳动争议仲裁裁决实现互认和执行夯实了基础,但具体还需解决仲裁裁决终局性问题。

普通法系国家在认可和执行外国判决时,均对判决的效力作出了限制,要求终审判决不可被推翻。内地和香港特别行政区关于终局性问题的矛盾在于内地的再审制度。2012 年修订的《民事诉讼法》对再审制度进行了完善,缩小了再审申请的法定情形,再审期限由 2 年改为 6 个月。同样在劳动争议仲裁程序中也存在这个问题,人力资源和社会保障部、最高人民法院《关于劳动人事争议仲裁与诉讼衔接有关问题的意见(一)》第 18 条规定,劳动仲裁委员会认为已经生效的仲裁处理结果确有错误,可以依法启动仲裁监督程序进行重新处理。由于监督程序的存在,除已经提起诉讼的案件外,已经生效的仲裁裁决仍然存在被变更的风险,但仲裁监督程序的具体细节没有明确,如哪些情形可以适用仲裁监督程序?申请监督程序期限是多久?虽然《内地与香港互认和执行协议管辖判决安排》采用"具有执行力的终审判决"的判定标准,《关于内地与香港特别行政区法院相互认可和执行婚姻家庭民事案件判决的安排》(以下简称《婚姻家事安排》)更进一步采用"生效判决"的表述,一定程度上突破了终局性问题,但是监督程序的不明确会增加港澳法院对仲裁裁决书的

① 广东省中山市中级人民法院:《劳动争议案件审判白皮书(2017 - 2019)》。

不信任。下一步非常有必要完善仲裁监督程序，细化再审标准和流程，统一裁判标准，推动仲裁监督程序的制度化、规范化，减少仲裁裁决被改判的可能。不予认可与执行的内容可以限定为“劳动仲裁机构没有管辖权”“仲裁程序不规范”“虚构证据的”“违反港澳地区公共政策”等。

（四）规范劳动争议仲裁管辖冲突

首先明确，管辖冲突协调严格意义上并不是司法协助的内容，但是司法协助中许多内容又和管辖相关，如认可和执行的前提就是原劳动仲裁委员会拥有管辖权，因此有必要在粤港澳大湾区制定三地认可的劳动争议案件统一管辖规则，规范涉港澳劳动争议案件的受理。在发生管辖权冲突的情形下，可以在区际协助安排中引入“先受理原则”和“不方便管辖原则”，使管辖问题更明确和具有可操作性。先受理原则的目的是避免平行诉讼，就劳动争议仲裁程序而言，主要是针对当事人双方分别在湾区申请劳动仲裁和在港澳法院起诉的情形，或者在湾区申请劳动仲裁后对结果不满意又去港澳法院起诉的情形。此原则实际上在《内地与香港互认和执行判决安排》第 12 条第 1 款第 4 项以及《内地与澳门互认和执行判决安排》第 11 条第 2 项中有体现，劳动争议仲裁阶段可以借鉴。不方便管辖原则早在 1993 年广东省高级人民法院在判决中就开始运用，在我国已有一定的理论和实践基础。① 其可以适用于劳动争议仲裁机构认为在认定事实和适用法律方面存在重大困难或在港澳法院审理该案件更加方便的案件，赋予法官自由裁量权，决定是否驳回或者移送。但该原则目前具体适用标准还不明晰，适用条件、移送程序、时效起算等问题有待确定。

（五）拓展区际司法协助内容

除了上述文书送达、调查取证、认可执行等协助内容，湾区劳动争议仲裁机构和港澳法院还可以进一步扩宽司法协助的内容。例如，不定期由湾区九市劳动争议仲裁机构和对接的港澳法院举行联席会议，就区际司法协助机制执行情况、跨境疑难案例分析等方面加强交流。共同举办劳动争议业务培训，发布粤港澳大湾区劳动争议典型案例，或进一步健全跨境劳动争议域外法查明机制，拓展查明途径和方式，以及在数据共享、信息通报、法律援助等方面开展协助等。

五、粤港澳大湾区劳动争议仲裁区际司法协助的实施路径

粤港澳三地法律制度不尽相同，但是三地在维护劳动者合法权益、建设富有活力和国际竞争力的一流湾区的目标始终一致。在具体实施中，应既不囿于已有制

---

① 参见徐伟功、黄鹏：《试述〈美国法典〉第 1404(a) 条规定的区际民事案件移送制度》，载《武大国际法评论》2007 年第 2 期。

度,也不简单照搬国际公约和惯例,而要秉持相互尊重的司法理念和开放思维,将制度之异转化为制度之利,实现劳动争议仲裁程序的有序衔接,打造新时代“一国两制”区际司法协助新示范。

(一)加强顶层设计:突破现有框架

现有内地和港澳法院开展的司法协助模式相对保守,忽略了司法实践的真实需求,导致很多司法协助因程序复杂而没有发挥其应有的作用。从某种程度上讲,以法院为中心的职权主义限制了区际司法协助机制的作用发挥,过分强调各法域司法权的独立性会导致区际司法协助无法进一步深入,因此在对粤港澳大湾区劳动争议仲裁区际司法协助进行制度设计时,要加强中央方面的顶层设计,突破现有框架限制,正确厘清劳动争议仲裁区际司法协助的定位,以更加开阔的视野和创新的思维去构建机制。允许三地采用“一事一议”等方式,根据实际情况有针对性地签订劳动争议仲裁司法协助协议。要充分尊重三个法域的法律制度以及彼此在价值取向、司法理念的差异,找出实现共同发展的最大公约数。在不违背“一国两制”的大原则下,灵活和科学地采取区际司法协助方式。

(二)确定劳动争议仲裁区际司法协助的原则

1. 便捷高效原则

劳动争议仲裁和商事仲裁以及诉讼程序均不一样,实行“一裁两审、部分终局”的模式,审理时限远低于商事仲裁和诉讼程序,因此劳动争议仲裁区际司法协助对时效要求更高,程序复杂、时间长的协助方式不适合劳动争议仲裁。在具体细节需要以便捷性为需求,考虑时效问题,最大限度地提升协助效率。

2. 循序渐进原则

目前,内地和港澳地区达成的 14 项区际司法协助安排及文件是多年沟通协商的结果。基于三地对劳动争议仲裁的理解和认识不同,一步到位难度非常大。可以采取循序渐进的原则,分三步走:第一步,探索与港澳地区签署劳动争议仲裁合作的会谈纪要,纪要不具有法律约束力,但是为三地合作指明方向,合作内容可以从联合培训、案例研讨、信息互报开始,通过交流增强互信。第二步,可以从文书送达和调查取证开始协助,该两项事项属于对诉讼活动的协助,不涉及具体权益的实现或变更,双方的分歧最小,相对容易实现。第三步,在前两步实践的基础上,吸收成功经验,逐步扩大协助范围,最终实现包括保全、认可执行的全面司法协助。

3. 严格适用公共秩序保留原则

公共秩序(香港特区称公共政策)保留原则在区际司法协助中对维护本法域利

益起到安全阀的作用,[①]最大限度地防止了异质法律体系的冲击。理论上有完全排除适用论、完全适用论和有限适用论三种学说,采用有限适用论的说法比较多,[②]因为我国各法域之间劳动保障类法律差异较大,又缺乏具体的冲突协调机制,公共秩序保留原则有解决冲突的现实需要。但是公共秩序的不明确一定程度上也导致区际司法协助的效果打折扣。与其他民商事纠纷相比,劳动争议的法律关系单一,权利义务限于劳动合同履行中的内容,一般不存在影响国家主权、司法独立性或违法犯罪的可能。因公共秩序保留被拒的可能性较小,因此要采取严格适用公共秩序保留原则,缩小公共秩序保留原则的适用范围,限制法官对公共秩序的自由裁量权,如在调查取证、财产保全、文书送达等领域排除适用。或者参照域外部分国家做法,仅仲裁结果冲击港澳地区公共利益时适用公共秩序保留原则,可协商采取发布典型案例或列举的形式对公共秩序进行界定,尽可能推动劳动争议仲裁在公共秩序保留原则上的突破。

(三)全面提升劳动争议仲裁裁决质量

提升劳动争议仲裁裁决质量是开展区际司法协助的基础。仲裁员的素质高低决定了仲裁工作是否取信于民。首先,要加强队伍建设,打造一支高素质的仲裁员团队,粤港澳大湾区要先试先行,可参照商事仲裁员标准,将通过法律职业资格作为劳动争议仲裁员的入职门槛。通过激励措施稳定仲裁员队伍,畅通仲裁员职业发展通道,提升仲裁员职业凝聚力,吸引优秀人才加入。其次,要加强案件监管。可通过加强案件内部监督,规范仲裁活动的接待咨询、案前调解、立案受理、开庭审理等工作流程,不定期开展案件质量评查等一系列方式提升仲裁裁决质量。再次,要推行文书上网,打造"阳光仲裁"。一份优秀的裁决文书可以成为社会公众认同的主要载体,要将仲裁置于阳光之下,倒逼仲裁员提升案件质量。目前,江苏省以及湾区中的佛山、珠海、肇庆、广州南沙区已经在探索网上公开,有必要在湾区内全面推行。最后,要加大与法院裁审衔接力度,明确法律适用问题,及时统一裁判标准,降低仲裁案件被改判率和撤裁率。

(四)推动信息科技融入协助机制

最高人民法院于2016年1月1日起开通使用全国四级法院联网的司法协助信息化管理平台,实现了司法文书送达、调查取证和外国法院判决承认与执行等各项

① 参见江保国:《内地与香港特别行政区〈家事判决安排〉的协商与适用》,载《华侨大学学报(哲学社会科学版)》2020年第1期。

② 参见冯霞:《涉港澳台区际私法》,中国政法大学出版社2012年版,第54~55页。

民商事司法协助请求全流程在线转递、在线审查和在线办理。这是信息化融入司法协助领域的体现,但这一系统并未将劳动争议仲裁机构纳入。未来在劳动争议仲裁也要推进信息科技与区际司法协助的深度融合,可在法院平台加载劳动争议仲裁板块或者新建粤港澳大湾区统一的劳动争议仲裁区际司法协助平台,顺应信息发展的趋势,允许各类文书包括请求书、案卷、相关翻译文本等材料全部采取电子形式,实现在线发送与交换材料、远程视频举证和取证、在线案例搜索、网上阅卷、律师服务、调解等功能,进一步提升区际司法协助的效能建设。

六、结语

公平而高效地处理劳动争议,对建设世界一流湾区具有重要的现实及长远意义。劳动争议仲裁作为劳动争议处理的前置程序,将在粤港澳大湾区经济社会发展中发挥重要作用。在“一国两制三法域”特殊背景下,构建符合湾区发展需要的劳动争议仲裁区际司法协助机制迫在眉睫。在具体构建中要尊重港澳地区与湾区九市劳动争议仲裁机制的差异,创新思维,加强顶层设计,突破现有民商事司法协助框架,改进文书送达和调查取证等程序,增加保全程序,拓宽司法协助的内容。此外,在具体实施中要贯彻便捷高效、严格适用公共秩序保留等原则,以高质量的劳动争议仲裁为基础,推动信息科技融入协助机制,推动港澳地区与内地在劳动争议仲裁程序的深入合作与发展。

外国经济制裁措施在法院地国的适用*

陈南睿**

经济制裁措施作为对外政策的重要组成部分,一般具有强制性效力,不仅能够影响国家间的对外关系,还可以影响私人主体间的法律关系。在当前经济制裁措施频繁实施的背景下,一国法院将面临是否承认外国经济制裁措施在域内强制性适用的效力问题。欧盟成员国常采用传统国际私法方法或实体法方法予以应对,但理论与实践中的分歧加剧了外国经济制裁措施适用的复杂性,两种方法也各有优势与不足。目前我国立法尚未明确,司法结果不一,因此需立足于本国实际,从适用的基本原则、制裁类型以及具体方法等方面考量外国经济制裁措施的域内效力问题。

一、问题的提出

经济制裁(economic sanctions)通常包括联合国安理会依据《联合国宪章》实施的集体经济制裁和某一国家依据国内法对他国实施的单边经济制裁。而单边经济制裁作为一国(区域)对外政策的重要组成部分,自冷战结束以来,常被各国用以解决外交政策争端。实施制裁的国家往往基于被制裁国已经或即将对本国的安全或国际和平与安全构成威胁,运用融资限制、资产冻结、贸易限制、旅行禁令等单边经济制裁措施以解决具体国际争端,代替传统的军事制裁措施。① 因此,这些限制性或禁止性措施一般具有强制性效力。

在国际交往过程中,经济制裁虽具有公法属性,但其影响的不仅仅是国家间的外交关系。经济制裁作为外交政策的一种手段,还会根据作出国的意图影响私人间

---

* 本文系中央高校基本科研业务费专项资金资助一般项目“国际私法视域下跨国公司社会责任研究”(项目编号:3162023ZYQB02)的阶段性研究成果。

** 外交学院国际法系讲师,法学博士。

① See Lori Fisler Damrosch, *Enforcing International Law through Non-Forcible Measures*, Recueil des Cours 269, 1998, p.45.

的民商事关系。为了促进某些国家利益和政策目标的实现,私人间的法律选择意思自治有时会因经济制裁措施而受到限制,许多贸易制裁禁止位于制裁国的个人、制裁国公民和根据制裁国法律成立的公司实体与位于目标国的个人和实体之间进行与贸易有关的交易,而无论哪一国法律适用于这些交易。① 一般而言,一国法院在审理具体案件时直接适用法院地国的经济制裁措施并不具有争议性,因为这些经济制裁措施体现了本国公共政策中的重要内容。而法院地国以外的外国经济制裁措施作为外国公法的一部分,并不一定当然具有直接适用的强制性效力,其在法院地国的适用问题值得进一步思考与明确。

外国经济制裁措施在法院地国的适用,本质是一个国际私法问题。如上所述,经济制裁措施的实施虽是为了促进某些国家利益和政策目标的实现,但将影响并限制私人间的民商事关系。而强制性规范作为国际私法上重要的基本制度,起源并发展于欧洲,②广泛应用于国际民商事案件中,各国利用其作为合法干预、限制当事人意思自治的手段,以维护一国在政治、社会、经济与文化等领域的重大公共利益为价值和功能指向,具有直接适用的效力。③

二、欧盟统一规则下外国经济制裁措施在法院地国的适用

在涉外民商事案件审理过程中,以法院地国为参照系,强制性规范主要分为法院地强制性规范、准据法所属国强制性规范与第三国强制性规范。④ 除法院地强制性规范外,其余统称为外国强制性规范。外国强制性规范的适用往往存在较大争议。受"公法禁忌"(Public Law Taboo)原则的影响,各国一般基于外国公法政治性与惩罚性的本质以及尊重他国主权、维护国际礼让关系的考量,强调法律关系的本

① See Mercédeh Azeredo da Silveira, *Economic Sanctions and Contractual Disputes between Private Operators*, in Larissa van den Herik ed., *Research Handbook on UN Sanctions and International Law*, Edward Elgar Publishing, 2017, p.339.

② 强制性规范最初萌芽于德国著名法学家萨维尼的"法律关系本座说",被归类为法律选择的例外规则,但彼时并未形成系统的理论。法国学者弗朗西斯卡基斯在其著述中,正式提出"强制性规范"概念并作出明确阐述。而强制性规范从理论兴起到规则固定,最先于《欧共体关于合同之债法律适用的罗马公约》(以下简称《罗马公约》)第7条呈现。但直至2008年《关于合同之债法律适用的第593/2008号条例》(以下简称《罗马条例Ⅰ》)的出台,强制性规范在欧盟层面才首次被赋予明确的立法定义。

③ 参见肖永平、龙威狄:《论中国国际私法中的强制性规范》,载《中国社会科学》2012年第10期。

④ 第三国强制性规范,是指既不属于本应适用的法律体系所属国又不属于法院地国,而为维护重大公益有必要直接适用于国际民商事案件的强制性规范。参见董金鑫:《第三国强制规范在法院地国的适用研究》,中国人民大学出版社2016年版,第13页。

地化,[①]外国公法规范自然不在一国法院可援引并适用的范围之内。除此之外,适用外国强制性规范意味着对外国重大利益的关照,[②]法院由此可能被赋予过高的自由裁量权,影响法律适用的确定性。

但随着"判决一致"(decisional harmony)理念的发展,法院地国适用外国强制性规范被认为有利于实现公平正义,在兼顾国际礼让的同时还可以促进判决的承认与执行。[③] 在此背景下,从冲突法视角确定外国强制性规范适用合理性与方式的"准据法理论"(Schuldstatuttheorie)及"特别联系理论"(Sonderanknüpfungstheorie)开始出现并不断发展。[④] 受上述理论的影响,部分国家也逐渐出现相关司法实践,[⑤]自荷兰阿尔那蒂案[⑥](Alnati)开始,外国强制性规范适用制度逐步确立,并演变为晚近国际私法立法的一项潮流,[⑦]在很大程度上影响了《罗马公约》及《罗马条例Ⅰ》具体条款的制定。[⑧]

欧盟统一规则的出台给予成员国法院处理外国强制性规范的适用问题以指引。

---

① See Andreas F. Lowenfeld, *Public Law in the International Arena: Conflict of Laws, International Law, and Some Suggestions for Their Interaction*, Recueil des Cours 163, 1979, p. 322 – 326.

② 参见沈涓:《强行性规定适用制度再认识》,载《国际法研究》2020年第6期。

③ See Andrew Dickinson, *Third-Country Mandatory Rules in the Law Applicable to Contractual Obligations: So Long, Farewell, Auf Wiedersehen, Adieu?*, Journal of Private International Law 3(1), 2007, p. 73 – 85.

④ 20世纪德国学界及实务界提出外国强制性规范间接适用的"准据法理论"与直接适用的"特别联系理论"。准据法理论,指外国法律中的强制性规范不能直接作为认定合同违法及无效的依据,而是在不违反法院地公共政策及当事人意愿的前提下,作为准据法或法院地法适用的一项考量因素,间接地产生作用。特别联系理论,指通过审查适用范围及目的,从功能方面分析具体外国强制性规范是否得以直接适用,即必须以该规则与具体法律纠纷有某种特别联系为前提,且不得违反法院地国的公共政策。两种理论均为冲突法方法,打破了强制性规范域外适用的禁忌,外国公法规范得以间接或直接地适用。

⑤ See Ugljesa Grusic, *Some Recent Developments regarding the Treatment of Overriding Mandatory Rules of Third Countries*, ELTE Law Journal 2020, 2020, p. 94.

⑥ See Van Nievelt, Goudriaan and Co's Stoomvaartmij NV v. Hollandsche Assurantie Societeit and Others (Alnati case) HR 13 May 1966, Nederlandse Jurespudentie 1967 No. 3.

⑦ 参见董金鑫:《法院地国适用外国国际强制性规范的考量因素》,载梁慧星主编:《民商法论丛》第71卷,社会科学文献出版社2020年版,第384页。

⑧ 《罗马公约》第7条第1款规定:根据本公约适用某一国法律时,如果依另一与案件有密切联系的国家的法律规定,无论依据冲突规范确定的合同准据法为何国法律,另一国强制性规范必须予以适用,则应适用该强制性规范。在决定是否适用外国强制性规范时,法院需依据该规范的性质、目的及适用与否会造成的后果进行判断。第16条规定:依本公约确定适用的任何国家的法律规范,仅在其适用与法院地国公共政策(公共秩序)明显不符时,方可拒绝适用。《罗马条例Ⅰ》第9条第3款在《罗马公约》第7条第1款的基础上规定:应在其境内或已在其境内履行合同债务的国家,其强制性规范也可被赋予强制性效力。但该强制性规范不得使合同的履行归于非法。在决定是否赋予这些规范以强制性效力时,应考虑这些规范的性质、目的及适用或不适用该规定将产生的后果。

然而,成员国法院在决定是否适用导致法院判决政治化的外国强制性规范时,除参考统一规则外,也会进行一定的政治考量,即从外交政策利益的角度予以平衡。这种考量与平衡也影响了具有公法性质的外国经济制裁措施在法院地国的适用及法律效力,在决定是否适用外国经济制裁措施时,各成员国法院需对该措施的性质、目的及适用与否将产生的后果进行判断,由此不同成员国法院在适用外国经济制裁措施时可能采取不同的方式。

(一)外国经济制裁措施的司法适用

根据理论依据及实践的差异,本部分以德国与英国[①]关于外国经济制裁措施的司法适用为例进行比较研究。

1. 德国实践

准据法理论与特别联系理论虽诞生于德国,但德国法院却并未一直予以支持。早期的德国法院判决表明,在不违反公共政策的前提下,德国法院会将外国公法规范(如贸易禁令)作为准据法的一部分予以适用。[②] 但20世纪60年代以后,事实理论[③](Datum Theory)在德国产生了广泛的影响,有德国学者进一步完善了这一理论,将该理论中的事实分为"道德事实"(moral data)和"本地事实"(local data):前者指即使某一涉外案件根据冲突规范应适用外国实体法作为准据法,但出于公平正义的目的,法院地的特定规则仍应自动适用;而后者则指即使涉外案件的准据法是法院地法,法院也不能忽视相关国家的法律规则,公法规范在内的外国法律规则可作为事实予以参考。[④] 在此背景下,德国司法实践也转而采用了实体法方法,不再将外国公法规范作为法律予以适用,而是将其作为事实,并考虑适用该外国公法规范的实际后果,即是否导致涉案合同无法履行或归于无效。例如,在确定准据法后,外国公法规范作为事实可通过合同准据法的具体规则予以适用,如禁止违反法律、禁止违

① 英国虽已退出欧盟,但其作为欧盟成员国期间适用外国经济制裁措施的司法实践具有较强的代表性,形成了与欧盟大陆法系国家不尽一致的理论与实践。

② See Matthias Lehmann and Johannes Ungerer, *Applying or Taking Account of Foreign Overriding Mandatory Provisions-Sophism under the Rome I Regulation*, in Andrea Bonomi and Paul Volken eds., Yearbook of Private International Law 19, 2018, p.71.

③ 根据事实理论,冲突法的使命是通过冲突规范找到适当的准据法,但外国法律也可能构成对案件裁决具有重要意义的事实,可供法院地参考,即使外国法律规则并不是准据法。外国公法规范自然也可作为事实在具体案件中发挥作用。See Brainerd Currie, *On the Displacement of the Law of the Forum*, Columbia Law Review 58, 1958, p.1021.

④ See Albert A. Ehrenzweig and Eric Jayme, *Private International Law: A Comparative Treatise on American International Conflicts Law*, Leiden, A. W. Sijithoff, 1967, p.83-85.

背公序良俗等。即使与法院地的利益、价值等方面不一致,也不影响该法院地认定外国公法规范具有使合同履行不能的事实效力。德国对《罗马公约》第 7 条第 1 款的保留也保证了实体法方法持续运用的可能。①

德国法院在采用实体法方法判断是否适用外国经济制裁措施时,同样考虑适用的实际后果,并重点考量外交政策利益。在德国与外国经济制裁措施作出国具有共同外交政策和安全利益的情况下,德国法院一般会赋予该外国经济制裁措施以域内适用的效力。在硼砂案(Borax)中,德国需从美国进口原材料生产硼砂,而根据当时美国针对社会主义国家作出的禁止销售的制裁措施,原材料出口至社会主义国家需要获取美国许可。当事人为规避美国单边制裁而在合同中载明该原材料将出口至丹麦,但实际上是出口至民主德国,合同准据法为德国法。合同签订后卖方拒绝交付原材料,买方因此提起诉讼。法院审理后认为,双方规避美国制裁措施的行为违反了善良风俗,因此根据德国《民法典》第 138 条认定合同无效。②

在该案中,德国法院并未依赖冲突规范认定外国经济制裁措施的效力,而是基于当事双方规避美国制裁措施的行为在德国法上的不道德性质予以确定。彼时联邦德国与美国具有共同的外交政策和安全利益,即阻止俄罗斯的军事和经济扩张,换言之,德国法院是基于联邦德国和美国的共同利益对美国经济制裁措施的效力进行认定。③

后续德国联邦法院在一些案件中,同样基于本国外交政策利益考量,或认为违反善良风俗,或认为妨碍涉案合同履行,从实体法角度确定外国经济制裁措施的效力。④ 同时,受欧洲一体化及共同体建立的影响,欧盟对外政策(制裁政策)⑤也应在考量范围之内。在出现平行制裁措施的情况下,德国法院一般会在考量本国价值观和政策目标的基础上,优先适用欧盟制裁政策。综上所述,在认定违反准据法以外的外国经济制裁措施的行为时,法院需先确定案件与制裁作出国之间是否具有特定联系。

---

① 德国、英国、卢森堡与爱尔兰在签署《罗马公约》时均对第三国强制性规范条款作出保留。

② German Federal Court of Justice, judgment of 21 December 1960.

③ See Jürgen Basedow, *The Law of Open Societies: Private Ordering and Public Regulation in the Conflict of Laws*, Leiden, Brill Nijhoff, 2015, p. 384.

④ See Tamas Szabados, *Economic Sanctions in EU Private International Law*, UK, Hart Publishing, 2019, p. 117 – 118.

⑤ 譬如在欧盟对伊朗进行制裁时,其对外政策是限制特定产品的出口或进口,如军民两用产品、原油、天然气等,而不是完全中断与伊朗的贸易。

2. 英国实践

相比大陆法系国家,英国作为普通法系国家,形成了与成文法国家不尽一致的理论与实践。出于维护英国法律的基本规则和价值观的目的,英国一般依据公共政策理论确定外国公法规范(如税法、刑法及其他公法)是否适用。[①] 根据公共政策理论自身的性质,其将通过两种方式发挥作用:一方面,公共政策具有消极的排除作用,排除一项本来可以适用的外国强制性规范,外国规则具有强制性的事实本身不会导致其适用违反法院地国的公共政策,只有在该规则服务于与法院地国利益相悖的目的之情况下,才会被排除适用;另一方面,公共政策也可以通过积极的方式发挥作用,即使合同准据法是外国法,法院地强制性规范也可不经冲突规范指引而优先适用。[②]

而根据英国司法实践,外国经济制裁措施可在以下两种情形适用或生效:第一,外国经济制裁措施作为合同准据法的一部分,即冲突法方法。英国法院认为,如果案件准据法为英国法,适用英国强制性规范并无异议。换言之,如果外国强制性规范(经济制裁措施)构成合同准据法的一部分,其同样可以适用。[③] 第二,如果一项合同的履行必然要求在一个域外友好国家(friendly country)实施该国法律认为非法的行为,英国法院将不会执行该合同,即实体法方法。[④] 出于国际礼让的需要,普通法特别重视维护友好国家关系在涉外纠纷处理中的作用。[⑤]

英国司法实践也体现出特定的外交政策利益考量。譬如,在雷加佐尼诉塞西亚案(Regazzoni v. Sethia)中,英国卖家向瑞士买家出售黄麻,并在意大利交货。所签订的合同各条款表面上并未违反作为准据法的英国法律以及作为合同履行地法的意大利法律,双方当事人也均明知黄麻产地为印度,买方目的是将其再出口到南非,这些事项均未列明于合同。而当时印度对南非实行禁运制裁,如果最终目的地是南非,从印度出口黄麻则非法。卖方未能交付货物,买方因此在英国提起违约之诉。

---

① See Paul Torremans et al. eds., *Cheshire, North & Fawcett: Private International Law* (15*th ed.*), New York, Oxford University Press, 2017, p. 115 – 125.

② See Trevor C. Hartley, *Mandatory Rules in International Contracts: The Common Law Approach*, Recueil des Cours 266, 1998, p. 350 – 353.

③ See Kahler v. Midland Bank, Ltd., (1950) AC 24; British Nylon Spinners v. Imperial Chemical Industries, (1955) Ch 37; In Re Claim by Helbert Wagg & Co. Ltd., (1956) 2 WLR 183, (1956) Ch 32.

④ Ralli Bros v. Compania Naviera Sotay Aznar, (1920) 2 KB 287; Regazzoni v. Sethia, (1958) AC 301; Magdeev v. Tsvetkov, (2020) EWHC 887.

⑤ 参见董金鑫:《第三国强制规范在法院地国的适用研究》,中国人民大学出版社 2016 年版,第 123 页。

英国法院认为,合同违反英国法律将被视为违反英国的公共政策,基于国际礼让,违反域外友好国家的法律亦然。因此,英国法院也不会执行要求在域外友好国家从事被该国法律视为非法的行为的合同,即订立时非法的合同。对于合同订立后因法律变化而被新法认定为非法的,英国法院认为属于合同落空(Doctrine of Frustration)而不是合同非法。①

值得注意的是,法院地国对域外友好国家进行礼让也是一个选择问题,同样要考虑到承认友好国家经济制裁措施的效力是否会对本国利益产生不利影响。在部分涉及美国制裁的案件中,英国法院依据冲突法方法拒绝执行美国的制裁,并未考虑英国与美国之间的外交政策。② 这一点也可能影响英国脱欧后欧盟制裁政策及其他成员国经济制裁措施的适用问题。一方面,欧盟制裁政策对于英国而言不再具有优先适用的效力;另一方面,友好国家的范围可能会进行动态更新。

(二)阻断法与外国经济制裁措施的适用

在国际实践中,外国经济制裁措施的适用除受到公共政策的限制外,还与阻断法密切相关。一些区域组织、国家或地区为抵御域外法律在域内的不当适用而制定阻断法,其中最常见的是针对美国经济制裁措施而制定的阻断法。

美国为严厉制裁古巴、伊朗及利比亚而颁布了具有域外管辖效力的《赫尔姆斯—伯顿法》(Helms-Burton Act)与《达马托法》(D'Amato Act)。两部法律不仅是直接适用于对上述国家的一级制裁,还可扩张适用于对第三国公民与实体的次级制裁。③《达马托法》更是近乎在全球范围内要求任何人均必须遵守美国的法律。④ 美国的次级经济制裁不仅违反了国际法,还会危及相关主体与第三国之间的资本自由流动。⑤ 为保护境内公司及个人免遭美国制裁法域外效力之影响,各国(区域)纷纷作出回应。

以欧盟为例,其于 1996 年颁布《第 2271/96 号阻断条例》(以下简称《阻断条

① Ralli Bros v. Compania Naviera Sota y Aznar, (1920) 2 KB 287, 304.

② Libyan Arab Foreign Bank v. Bankers Trust Co., (1989) QB 728; Libyan Arab Foreign Bank v. Manufacturers Hanover Trust Co., QB (Com Ct), (1988) 2 Lloyd's Law Reports 494; Libyan Arab Foreign Bank v. Manufacturers Hanover Trust Co. (No. 2), QB (Com Ct), (1989) 1 Lloyd's Law Reports 608.

③ 次级制裁指制裁作出国在制裁目标国家的公民或实体的同时,限制第三国公民或实体与目标国的公民或实体从事特定交易,并对违反规定的第三国公民或实体实施制裁。

④ 参见杜涛:《欧盟对待域外经济制裁的政策转变及其背景分析》,载《德国研究》2012 年第 3 期。

⑤ 参见徐伟功:《论次级经济制裁之阻断立法》,载《法商研究》2021 年第 2 期。

例》),建立清单制度,列举美国次级经济制裁的法律,[①]禁止欧盟境内的主体[②]遵守其颁布的经济制裁法律,同时规定了特殊情况下的例外豁免制度。[③] 此外,《阻断条例》设置了司法救济条款,即在欧盟境内拒绝承认与执行根据此类经济制裁法律作出的裁决。[④] 受经济制裁影响的欧盟当事人还具有报告的义务[⑤]和索赔的权利。[⑥] 美国随后作出让步,《阻断条例》也进入了休眠期。但随着美国重启对伊朗的经济制裁,欧盟更新《阻断条例》予以回应,并结合一起颁布的《第 2018/1100 号条例》与《第 2018/1101 号条例》,形成欧盟阻断法体系。

法院地国为保护境内公司及个人免遭外国制裁法域外效力之影响而颁行的阻断法,实际上是一国公共政策的体现。因此,即使准据法或第三国法律中包含经济制裁措施这类强制性规范,若法院地存在针对性的阻断立法,这些外国经济制裁措施并不具有在法院地国适用的效力,法院可援引公共政策拒绝适用。

(三)小结

《罗马公约》与《罗马条例Ⅰ》虽未正式区分准据法所属国强制性规范与第三国强制性规范,但均要求法院在适用外国强制性规范时评估这些规范的性质以及适用的效果。评估过程可能涉及对外交政策的分析以及对政府利益分析说的借鉴。[⑦] 这对于成员国法院适用外国经济制裁措施具有极大的指导意义。而实践表明,在欧盟统一规则对理论争议予以回应及协调的背景下,虽然欧盟各成员国的做法仍存在较大分歧,但无论是采用冲突法方法还是实体法方法,如果法院地法和外国法包含价值观基本相同的经济制裁措施,或法院地国与制裁作出国具有共同的外交政策和安全利益,大多数情况下法院地国将承认该外国经济制裁措施在域内适用的效力。若

---

① 具体有 1996 年《赫尔姆斯—伯顿法》《达马托法》《古巴资产控制条例》,以及 2018 年 8 月 6 日新增的《伊朗威胁消减及叙利亚人权法》《2012 财年国防授权法》《伊朗自由和反扩散法》《伊朗交易和制裁条例》。

② 《阻断条例》第 11 条对本条例适用的主体作出界定:(1)欧盟居民或欧盟成员国公民;(2)欧盟境内注册成立的法人;(3)欧洲议会第 4055/86 号法案第 1 条第 2 款规定的自然人或法人(包括居住于欧盟境外的成员国公民、受欧盟成员国公民控制的在欧盟以外注册成立,其船舶依成员国法律登记在该成员国的船运公司);(4)其他拥有欧盟居民身份的自然人,除非该自然人身处其国籍国;(5)其他处于欧盟境内(包括领水、领空,以及为欧盟管辖或控制的船舶、飞行器)的自然人。

③ 具体参见《阻断条例》第 5 条。

④ 具体参见《阻断条例》第 4 条。

⑤ 具体参见《阻断条例》第 2 条。

⑥ 具体参见《阻断条例》第 6 条。

⑦ See C. G. J. Morse, *The EEC Convention on the Law applicable to Contractual Obligations*, in F. G. Jacobs ed., Yearbook of European Law 2, Oxford University Press, 1983, p. 146.

外国经济制裁措施与法院地国的公共政策相悖,如法院地国已对该经济制裁措施颁布阻断性立法或经济制裁措施受联合国大会的遣责、侵犯人权、针对法院地国等,[①]法院一般会以该外国经济制裁措施的适用将违背本国公共政策为由,予以拒绝。如果法院地法中未包含与外国法中的经济制裁措施同等的措施,在不违反法院地公共政策的前提下,该外国经济制裁措施也可能自动适用于具体案件。[②] 此外,根据欧盟统一规则,如果案件涉及第三国经济制裁措施,其适用还需要满足该措施与案件或争议点存在相当程度联系的要求。但由于欧盟统一规则对第三国制裁措施的适用问题缺乏明确的指引,是否适用外国经济制裁措施依旧由成员国自行决定。而实践中成员国的共性做法是根据共同外交政策和安全利益(Common Foreign and Security Policy)进行认定,且当存在平行经济制裁措施时,优先考虑欧盟制裁政策。

对外交政策利益的考量也是一把"双刃剑"。在尊重域外具有共同政策利益以及友好国家法律的同时,实体法方法也可能产生碎片化适用等诸多问题。一方面,国际关系复杂多变,多极化格局下各方的博弈、单边主义与保护主义的扩张也会深刻影响一国的外交政策,特别是制裁政策。对外政策的多变也会导致司法实践的反复,缺乏一致性、统一性和确定性。另一方面,当事人也会因碎片化适用而在订立合同时挑选法院,规避特定国家经济制裁措施的适用。冲突法方法作为传统国际私法的基本方法之一,在确定外国经济制裁措施是否实施时,则具有其固有的优势,各国法院在确定的冲突规范指引下,作出的判决也将在很大程度上避免前述问题的发生。

三、我国法院适用外国经济制裁措施的现状

目前,国际层面制裁措施更新频繁且呈现多样化的趋势,各国法院势必将经常遇到涉及经济制裁措施的案件。在此背景之下,有必要进一步厘清我国法院在审判时是否应适用外国经济制裁措施,以及适用之后应采用何种标准的问题。

(一)我国关于强制性规范的立法实践

2010年《中华人民共和国涉外民事关系法律适用法》(以下简称《法律适用法》)第4条也首度将强制性规范纳入我国涉外法律选择规则体系中,赋予其直接适

---

① See Mercedeh Azeredo da Silveira, *Trade Sanctions and International Sales: An Inquiry into International Arbitration and Commercial Litigation*, Kluwer Law International, 2014, p. 189 - 190.

② See Bernardo Cortese, *International Economic Sanctions as a Component of Public Policy for Conflict-of-Laws Purposes*, in L. Picchio Forlati and L. A. Sicilianos eds., Economic Sanctions in International Law, Martinus Nijhoff, 2004, p. 725 - 727.

用的法律效力。① 虽然《法律适用法》并未对强制性规范作出明确的定义,但2020年《最高人民法院关于适用〈中华人民共和国涉外民事关系法律适用法〉若干问题的解释(一)》第8条列举了强制性规范直接适用的具体领域。② 从现行立法看来,我国并未设立外国强制性规范适用制度,在实践中是否适用外国经济制裁措施则由人民法院自行裁量。

为应对与反制域外国家频繁针对我国主体实施的单边经济制裁及国内法域外适用,近期我国多部门出台了一系列法律法规及行政规章,如《不可靠实体清单规定》、《中华人民共和国出口管制法》、《阻断外国法律与措施不当域外适用办法》及《中华人民共和国反外国制裁法》(以下简称《反外国制裁法》)。上述文件出台之目的是维护国家主权、安全、发展利益,保护我国公民、组织的合法权益,具有直接适用之效力,符合强制性规范的内涵,因此也构成普遍意义上的一国强制性规范。

(二)域外经济制裁措施在我国适用的司法实践

实践中,我国法院多次遇及域外经济制裁措施的适用问题,主要关涉联合国经济制裁及第三国经济制裁。

1. 案件涉及联合国经济制裁

在百船海产品(大连)有限公司、任某某合同纠纷案③中,当事双方签订合同在指定的朝鲜海域进行合作捕捞。原告任某某因被告百船海产品(大连)有限公司(以下简称百船公司)未按时返还投资款提起诉讼,被告辩称因联合国安理会2371号决议对朝鲜禁运海产品,故其于2017年6月终止捕捞作业,等待联合国制裁解除后继续履行合作合同。一审法院认为,朝鲜被联合国制裁的时间为2017年8月5日,被告未提供证据证明于2017年6月终止捕捞的合理性。故依据认定事实判决被告构成违约,承担合同不能履行之责任。而二审法院认为,涉案捕捞区域及原审被告通过捕捞获利的途径与国际社会对朝鲜的政策的密切相关。联合国制裁的实

① 《法律适用法》第4条规定:中华人民共和国法律对涉外民事关系有强制性规定的,直接适用该强制性规定。

② 《最高人民法院关于适用〈中华人民共和国涉外民事关系法律适用法〉若干问题的解释(一)》第8条规定:有下列情形之一,涉及中华人民共和国社会公共利益、当事人不能通过约定排除适用、无须通过冲突规范指引而直接适用于涉外民事关系的法律、行政法规的规定,人民法院应当认定为涉外民事关系法律适用法第四条规定的强制性规定:(1)涉及劳动者权益保护的;(2)涉及食品或公共卫生安全的;(3)涉及环境安全的;(4)涉及外汇管制等金融安全的;(5)涉及反垄断、反倾销的;(6)应当认定为强制性规定的其他情形。

③ 参见辽宁省大连经济技术开发区人民法院民事判决书,(2020)辽0291民初1652号;辽宁省大连市中级人民法院民事判决书,(2020)辽02民终7152号。

施导致百船公司无法从捕捞中获利,当事人所签订合作合同的目的无法实现,符合《中华人民共和国民法通则》(已失效)第153条不可抗力的构成要件。

在该案中,二审法院认可联合国制裁的域内效力,可能是出于履行义务之目的。根据《联合国宪章》第25条①和第103条②,联合国安理会经济制裁决议对所有联合国会员具有普遍法律约束力,所有会员必须接受并优先履行联合国安理会决议所赋予的义务。而采用实体法方法将涉案制裁的实施视为不可抗力的抗辩事由的做法,则可能是因联合国经济制裁措施彼时并未转化为我国国内法,无法以违反我国强制性规范为由否定合同效力。③

2. 案件涉及第三国经济制裁

在金泰发展有限公司与诺亚天泽保险经纪(上海)有限公司、诺亚天泽保险经纪(上海)有限公司青岛分公司保险经纪合同纠纷案④中,一审及二审法院均明确了包括美国在内的制裁对于船舶保险合同的重要性,即制裁会影响合同的合法存续及理赔。

在顶日贸易有限公司诉杭州鼎胜进出口有限公司居间合同纠纷案⑤中,被告主张,当事双方与伊朗公司进行的铝箔贸易,就佣金的支付问题,因伊朗受到经济制裁而导致伊朗银行无法付款,双方约定的佣金支付条件是收到全额货款,现第一笔交易仍有缺口,佣金支付条件故未成就,不应支付。法院认为,被告延期发货期间遇及伊朗受到制裁,伊朗银行外汇储备不足,所以导致信用证不能及时兑付的事实存在,但这仅免除被告因无法预知国际局势变化而产生的违约责任,并不免除支付佣金的义务。在这起案件中,我国法院将外国经济制裁措施视为"事实"问题,其仅在构成不能预见、不能避免且不能克服的客观情况下免除受影响一方的合同义务。

在部分案件中,我国法院更就"不能预见、不能避免且不能克服"的具体认定作出阐述。在德阳万达重型机械设备制造有限公司、四川科友电器有限公司买卖合同

① 《联合国宪章》第25条规定:联合国会员国同意依宪章之规定接受并履行安全理事会之决议。

② 《联合国宪章》第103条规定:联合国会员国在本宪章下之义务与其依任何其他国际协定所负之义务有冲突时,其在本宪章下之义务应居优先。

③ 参见杜涛:《国际商事合同中的经济制裁条款效力研究》,载《上海对外经贸大学学报》2020年第5期。

④ 参见山东省青岛海事法院民事判决书,(2019)鲁72民初824号;山东省高级人民法院民事判决书,(2020)鲁民终772号。

⑤ 参见浙江省杭州市余杭区人民法院民事判决书,(2014)杭余商外初字第9号。

纠纷案①中,法院认为,美国对伊朗进行经济制裁导致昆仑银行无法正常办理交易、无法正常履行与伊朗项目合同相对方之间合同的情形存在。虽当事人约定"银行承兑"方式支付货款,但并未约定仅限于昆仑银行,即昆仑银行是否能够办理结算并不当然影响被告支付货款,被告可能因制裁影响之存在而致履约受阻,但并不属于不可克服的客观情况,不能构成案涉合同无法履行的不可抗力事由。同样的认定还存在于中国银行股份有限公司义乌市分行、胡某某等金融借款合同纠纷案②、秦皇岛市某塑料有限公司与某电子商务有限公司买卖合同纠纷案③等案件中。

而阿尔达卡卡贸易公司诉福建鼎丰机电制造有限公司国际货物买卖合同纠纷案④,涉及国际条约作为准据法情况下第三国经济制裁的适用问题。在该案中,营业地位于叙利亚的原告,向营业地位于中国的被告购买出口水泵。在原告已经支付货款的情况下,被告仍未按约定出口商定的货物。因被告拒不到庭,法院作出缺席判决。依据冲突规范指引,法院确定《联合国国际货物销售公约》(the United Nations Convention on Contracts for the International Sale of Goods, CISG)及我国相关法律为准据法。被告因未出庭,没有证据表明其拒绝履约是因美国针对利比亚之制裁,所以法院并未认定被告存在履约受阻之事由,而是依据 CISG 第 25 条认定被告违约,应履行金钱给付义务。法院的做法也意味着其采用实体法方法,将外国经济制裁措施视为影响合同履行的事实。换言之,当案件准据法为 CISG,外国经济制裁措施可能构成 CISG 第 79 条项下的免责事由,⑤其法律效果与不能预见、不能避免且不能克服的不可抗力类似。

由此可见,我国法院在处理域外经济制裁措施适用问题时,通常采用实体法方法,将域外经济制裁措施作为是否影响、阻碍合同履行的事实因素进行考察。在当事人不能预见、不能避免且不能克服的客观情况下,域外经济制裁措施的实施可构成不可抗力事由,免除相应责任。

四、我国法院适用外国经济制裁措施的路径选择

从实践看来,我国一般通过实体法方法处理外国经济制裁措施的适用问题。但

① 参见四川省德阳市旌阳区人民法院民事判决书,(2019)川 0603 民初 919 号;四川省德阳市中级人民法院民事判决书,(2020)川 06 民终 43 号。

② 参见浙江省金华市中级人民法院民事判决书,(2021)浙 07 民初 237 号。

③ 参见山东省烟台经济技术开发区人民法院民事判决书,(2021)鲁 0691 民初 423 号。

④ 参见福建省宁德市中级人民法院民事判决书,(2015)宁民初字第 10 号。

⑤ 参见杜涛:《国际商事合同中的经济制裁条款效力研究》,载《上海对外经贸大学学报》2020 年第 5 期。

因遇及的案例较少，且相对集中于某一国家的单边制裁，故未形成一套全面的外国经济制裁措施的司法适用体系。结合域外经验，我国可从以下几方面进行补充、完善，以备在当前制裁频繁实施的背景下，正确处理相关案件。

（一）积极开展司法外交，树立大国司法形象

经济制裁本是行政机关决定并予以实施的措施，法院在具体案件中适用外国经济制裁措施的合理性需验证。司法机关对待外国经济制裁措施之态度，不仅影响私人当事方之间的合同关系，而且是本国外交政策的具体体现。因此，在外国经济制裁措施的本土适用问题上积极开展司法外交，充分发挥人民法院为国家总体外交服务、践行并传播我国外交政策的功能，是坚持统筹推进国内法治与涉外法治建设的必然举措。妥善处理外国经济制裁措施在法院地国的效力问题也有利于维护以国际法为基础的国际秩序，以及以联合国宪章宗旨和原则为基础的国际法基本原则和国际关系基本准则，树立我国大国司法的形象。

（二）根据制裁类型针对性赋予域内适用之效力

从国际通行的制裁分类来看，一般分为联合国经济制裁与单边经济制裁。对于联合国经济制裁在内国的适用，我国作为成员负有接受并履行之义务，且该义务处于优先地位。而对于单边经济制裁，则分为法院地国经济制裁及外国经济制裁。法院地国经济制裁作为体现本国重大利益的强制性规范，其直接适用并无异议，而对于外国单边经济制裁，则应予以区分适用。

具体而言，单边经济制裁主要分为三种不同性质的行为：受害国针对域外国家之国际不法行为采取的单边自助性经济对抗措施；非直接受害国针对域外国家之国际不法行为采取的单边法律性经济干涉；一国对另一未行国际不法行为的国家实施的单边外交性经济强制。[①] 前两者均是针对国际不法行为所作出的回应，只是主体存在差异，此两类单边制裁出于抑制、抵抗国际不法行为之目的，与国际社会整体利益基本一致。以我国为例，2021 年《反外国制裁法》从本质而言属于单边自助性经济对抗措施，通过三类具体的反制措施[②]以及兜底性其他必要措施，对抗域外国家违反国际法和国际关系基本准则针对我国公民、组织采取的歧视性限制措施，维护本国合法权益。而单边外交性经济强制并非基于国际不法行为而实施，其更多体现了实施国外交政策的单边扩张。此类单边经济制裁虽未被国际法明确禁止，但其合法

① 参见简基松：《关于单边经济制裁的“司法性”与“合法性”探讨》，载《法学》2007 年第 1 期。

② 一是不予签发签证、不准入境、注销签证或者驱逐出境；二是查封、扣押、冻结在中国境内的动产、不动产和其他各类财产；三是禁止或者限制中国境内的组织、个人与其进行有关交易、合作等活动。

性仍未被各国广泛认同,特别是受到此类制裁直接或间接影响的国家。

因此,我国法院在遇及域外单边自助性经济对抗措施与单边法律性经济干涉的适用问题时,基于其抑制国际不法行为之本质,对其效力应予认可。就另一个角度而言,我国势必希望他国在处理涉及《反外国制裁法》项下反制措施的案件时,能予以适用,维护我国相关利益。出于互惠之考量,我国也应赋予域外国家颁布的此类制裁以域内效力。而对于域外单边外交性经济强制,特别是联合国予以反对和谴责的、严重违反主权平等的国际法根本原则和不干涉内政的国际关系基本准则的单边经济制裁措施,因其并非基于国际不法行为作出,我国法院并无认可其效力之义务。

(三)冲突法方法与实体法方法并行

在厘清可赋予效力的制裁类型后,还需明确外国经济制裁措施的适用方法。就冲突法方法而言,我国虽并未建立外国强制性规范适用制度,但这并不影响利用现代国际私法中其他基本制度,判定本国法院是否应赋予外国经济制裁措施以域内适用的效力。譬如,我国法院在面临域外针对我国或非基于国际不法行为作出的单边外交性经济强制的适用问题时,可以该外国经济制裁措施违反本国公共政策为由拒绝赋予其域内适用的效力,以达到维护我国国家主权、安全与发展利益之目的。

而外国经济制裁措施适用的实体法方法则应辩证看待。一方面,根据我国既有司法实践,人民法院一般将对外国经济制裁措施的违反视为阻碍合同履行或影响合同效力的事实因素。《中华人民共和国民法典》(以下简称《民法典》)分别在第180条及第533条规定了不可抗力条款与情势变更条款,在以后遇及外国经济制裁措施的适用问题时,人民法院可通过《民法典》第180条及第533条进行效力认定。另一方面,欧洲部分国家对于“域外友好国家”或“盟友”的认定并不符合我国司法外交在新时代的应有之义。在构建人类命运共同体的理念指引下,开放包容、与时俱进是我国参与全球治理的必然方向,适度国际礼让也是促进国际合作的必然要求。某些国家将“家法帮规”包装成国际规则或大兴集团政治之做法,不仅与中国特色大国外交维护和践行真正的多边主义理念相悖,而且会助长当事人挑选法院以规避适用特定国家经济制裁措施的不良风气。基于此,我国实体法方法应保持其本源,仅考虑外国经济制裁措施适用的实际后果,即是否导致涉案合同无法履行或归于无效。

五、结语

经济制裁作为出于外交政策的国家干预措施,一般被视为一国强制性规范,在作出国具有直接适用的效力。但一国法院是否适用域外国家作出的经济制裁措施,在国际实践中的做法并不一致,并衍生出多种理论。现阶段,联合国安理会经济制裁措施以及各国(区域)单边经济制裁措施的作出越发频繁,并深度影响国际民商事合同关系,我国法院也无法避免直接面对本地法院是否赋予本国以外经济制裁措施以域内适用效力的问题。

对于外国经济制裁措施的适用问题,总体而言要从制裁措施自身合法性的角度进行考量。第一,要充分发挥人民法院践行、传播我国外交政策的功能,坚定维护以国际法为基础的国际秩序以及以联合国宪章宗旨和原则为基础的国际法基本原则和国际关系基本准则。第二,对于反制国际不法行为的联合国经济制裁措施、单边自助性经济对抗措施以及单边法律性经济干涉,应充分给予尊重;而对于单边扩张本国外交政策、违反国际法原则与国际关系准则的单边外交性经济强制,应予以拒绝。第三,在具体适用时,应在现行实践的基础上,切实维护和践行真正的多边主义,发挥我国《民法典》中不可抗力及情势变更条款的效用。

论国际商事调解的保密性问题

林　萌*

“保密性”是国际商事调解程序的特点和优势之一。“保密性”与“私密性”“特权性”这两个概念之间既有联系也有区别。国际商事调解保密性的价值立意在于尊重当事人的意思自治、促进当事人之间的善意会话、维护当事人商业秘密和市场形象以及实现调解优势并保证后续裁判的规范性等,但需要与调解公平性、弱方利益保护以及管理透明性等价值进行平衡。不同国家、地区有关商事调解保密的主体、客体和例外的规定不尽相同,加剧了国际商事调解实践的不确定性。我国目前仍缺少调整国际商事调解保密事项的专门法律规范,应以立法明确国际商事调解的保密原则并细化保密主体、保密信息和保密例外等内容。

商事调解所具备的高水平保密性被当事人视为调解最具吸引力的品质之一。① 在国际商事调解领域,《联合国关于调解所产生的国际和解协议公约》(United Nations Convention on International Settlement Agreements Resulting from Mediation,以下简称《新加坡调解公约》)已于2020年9月12日生效。该公约项下的救济审查机制正是以突破调解保密屏障为前提,调解员违反调解保密原则也可能作为援引该公约第5条第1款(e)项“不当行为”抗辩的事实依据。然而,该公约并未对国际商事调解保密性问题作出规定,而是将其留给各当事国自行解决。② 目前,包括《新加坡调解公约》缔约国在内的不同国家、地区有关调解保密性的法律规定存在差异,具体涉及保密主体、保密客体和保密例外等方面。因此,国际商事调解极有可能面临

---

* 大连海事大学法学院讲师,武汉大学法学博士。

① See David A. Ruiz, *Asserting a Comprehensive Approach for Defining Mediation Communication*, Ohio State Journal on Dispute Resolution 3, 2000, p.722.

② See James Claxton, *The Singapore Convention: Mediation in a New York State of Mind*, https://ssrn.com/abstract=3416116, Last visitedon February 5, 2023.

调解保密事项方面的法律冲突，不仅导致调解参与者对法律适用问题缺少明确预期，而且最终达成的和解协议在跨境承认与执行时也面临更大的不确定性。①

基于此，本文以国际商事调解的保密性为研究对象，以比较法的视角研究其内涵、价值和规则等问题，以期为国际商事调解程序保密规则的选择和确定提供指引，同时对我国国际商事调解保密性方面的规制提出相应的立法建议。

一、国际商事调解"保密性"的基本内涵

（一）国际商事调解的"保密性""私密性""特权性"

尽管保密性被认为是商事调解的"必要条件"（*sine qua non*），但立法者、法院或其他主体很少对"保密性"这一概念本身作出清晰、准确、综合的界定。②《布莱克法律词典》（*Black's Law Dictionary*）将法律语境下的"保密性"（confidentiality）解读为以下两种含义：一是"秘密性"（secrecy），即特定信息被限制散播的状态；二是在律师与客户、丈夫与妻子、监护人和被监护人等之间形成的涉及一方对另一方信任的保密关系。③ 在商事调解中，"保密性"强调的是不得披露调解信息的问题，其约束的主体在最广范围内应当是所有知晓调解信息的主体，包括调解员、当事人、当事人的代理人以及以其他身份参与调解程序的人。

"保密性"（confidentiality）与"私密性"（privacy）是两个既有区别又有联系的概念。"私密性"既可以指相关事项在性质上是私密的，属于当事人不愿意披露的个人事项，也可以指调解的程序安排是私密的，即调解过程和调解文件不公开、调解信息的传播范围受限等。在一般意义上，具有私密性的事项或程序本身并不必然受保密性的保护，如国际商事仲裁程序就是"私密但不保密"（private but not confidential）的。因为虽然仲裁过程不对外公开，但很多国家、地区的仲裁法并没有保证仲裁信息的保密性，当事人也可能在仲裁协议中约定适用那些未提供广泛、充分保密保护的仲裁机构规则，由此，仲裁过程中披露的信息可能会被公之于众。④ 但"保密性"与"私密性"二者之间仍存在一定的联系，纠纷的商事性质与具体信息的私密性是确

---

① See Alan Kirtley, *Best of Both Worlds: Uniform Mediation Privilege Should Draw from Both Absolute and Qualified Approaches*, Dispute Resolution Magazine, Winter 1998, p. 5.

② See Bobette Wolski, *Confidentiality and Privilege in Mediation: Concepts in Need of Better Regulation and Explanation*, University of New South Wales Law Journal 4, 2020, p. 1552.

③ See Bryan A. Garner, ed., *Black's Law Dictionary*, 9th edition Eagan, Thomson West, 2009, p. 339.

④ See Kyriaki Noussia, *Confidentiality in International Commercial Arbitration: A Comparative Analysis of the Position under English, US, German and French Law*, Springer, 2010, p. 24 – 25.

立商事调解保密原则的动因之一,反过来,商事调解保密性的基本要求也包含了对调解程序和调解信息私密性的维护。

"保密性"(confidentiality)与"特权性"(privilege)这两个概念同样既有联系又有区别。商事调解语境下的"特权性"属于举证规则,是调解"保密性"的基本要求之一,主要作用在于抽象地否定调解信息被法院采纳作为证据的能力。很多国家尤其是普通法系国家明确赋予调解信息以特权,以调解信息不得在诉讼中被采纳为证据。比如,根据英国判例法中的"免受偏见"(without prejudice)的特权规则,在以和解为目的进行协商过程中所呈现的观点或文件不具有可采性,调解作为和解程序的一种特殊形态同样受该规则调整。[①] 新加坡等国家、地区在立法或司法中也借鉴或倚重类似规则。[②] 除此之外,越来越多的国内立法明确、细化了调解信息的特权问题,如加拿大安大略省 2010 年《商事调解法》(Ontario Commercial Mediation Act 2010)第 9 条、波兰 1964 年《民事程序法典》(Code of Civil Procedure 1964)第 183 条第 4 款(c)项。然而,仍不乏学者混淆理解"保密性"与"特权性"二者的内涵和要求。[③] 实践中,当事人往往将"本调解是保密的"(the mediation is confidential)或"以免受偏见为基础"(on a without prejudice basis)等语句择一纳入调解协议中,调解员也往往择一告知,这就进一步加剧了这两个概念的混淆程度。[④]

(二)国际商事调解保密性的基本要求

1. 封闭管理调解程序与文书

调解程序和文书的封闭性是调解保密性的基本含义和形式要求之一。[⑤] 不同于诉讼程序仅在涉及个人隐私、商业秘密或国家利益时才例外性地予以封闭处理,调解程序的封闭设置是原则性的,具体表现为:首先,参与调解的主体一般只能是被预先通知的特定人员,而一般公众、新闻媒体等无关人员不得参与旁听;其次,在调解过程中,参与调解的人员一般不得以录音、录像或直播等方式记录、公布、传播调解

① See Andrew Hemming & Tania Penovic, *Civil Procedure in Australia*, LexisNexis Butterworths, 2015, p. 409 – 433.

② See Bryan Clark, *A Tale of Two Jurisdictions: Mediation Case Law in England & Wales and Scotland*, Nederlands-Vlaams tijdschrift voor Mediation en conflictmanagement 4, 2017, p. 16 – 17.

③ 参见尹力:《商事案件调解保密规范解析》,载中国国际贸易促进委员会、中国国际商会调解中心网,https://adr.ccpit.org/articles/100,2023 年 2 月 5 日访问。

④ See Bobette Wolski, *Confidentiality and Privilege in Mediation: Concepts in Need of Better Regulation and Explanation*, University of New South Wales Law Journal 4, 2020, p. 1554.

⑤ 参见张宝成:《调解保密原则的应然现状与实然改造——兼论我国法院调解制度的再完善》,载《湘江青年法学》2015 年第 1 期。

会议的过程和内容,并且调解结果通常不会被正式记录或遵循痕迹最少化原则;最后,调解终结时,调解员还有可能被要求返还所有由当事人或其他成员提供的文件并损毁在调解会议中所作的笔记。①

对调解程序与文书进行封闭管理有利于实现对调解信息的封锁、保障调解程序的自治与独立性,进而加深当事人对调解员的信任及当事人之间的互信。波兰1964年《民事程序法典》第183条第4款(a)项以否定句式明确了"调解程序不是公开的"(the mediation procedure is not public),由此可见调解程序封闭性的重要程度。

2. 禁止披露调解信息

禁止披露调解信息属于调解保密性在内容方面的要求。② 根据调解信息的流向,这一要求涉及内部保密和外部保密两个维度。③

内部保密性要求调解员不得将一方当事人不希望向其他调解参与者披露的信息进行内部传递。在国际商事调解中,调解员可以采用"背对背"的调解方法,即在其他参与人未到场的情况下与一方当事人进行私密会谈,该方法既构成调解程序的特色,更是调解中破除谈判僵局的关键。"背对背调解"的技术基础和心理基础就是调解员一般性地保守该当事人要求保密的信息,除非获得该当事人的同意,否则不应向包括对方当事人在内的其他主体披露相关信息。有关调解内部保密要求的规定可以分为两种:第一种为原则上禁止调解员进行内部披露,仅在获得信息提供者明确同意的情况下才可以内部披露,如2013年4月19日《确立在葡萄牙进行的调解活动所适用的一般原则以及民商事调解、调解员以及公共调解的法律框架的第29/2013号法律》(Law No. 29/2013 of 19th April Establishing the General Principles Applicable to Mediation Carried out in Portugal, as well as the Legal Framework for Civil and Commercial Mediation, for Mediators and for Public Mediation,以下简称葡萄牙2013年《民商事调解法》)第5条第2款;第二种为原则上允许调解员进行内部披露,但如果信息提供者明确地提出反对,则不能进行这种内部披露,如联合国国际贸易法委员会《关于国际商事调解和调解所产生的国际和解协议的示范法(2018)》(UNCITRAL Model Law on International Commercial Mediation and International

① See Nicoleta-Elena Buzatu, *The Responsibility of The Mediator*, AGORA International Journal of Juridical Sciences 4, 2013, p. 11.

② 参见张宝成:《调解保密原则的应然现状与实然改造——兼论我国法院调解制度的再完善》,载《湘江青年法学》2015年第1期。

③ See Rafal Morek, *Nihil Silentio Utilius Confidentiality in Mediation and its Legal Safeguards in the EU Member States*, ERA Forum 14, 2013, p. 424.

Settlement Agreements Resulting from Mediation，以下简称《国际商事调解示范法(2018)》)第9条。就此，在该委员会第二工作组起草《国际商事调解示范法(2002)》(UNCITRAL Model Law on International Commercial Conciliation 2002)的过程中，有代表提出意见认为，调解员只有在提供信息的一方当事人明确同意时才能向对方当事人披露。但工作组最终未采纳该意见，因为调解本质上依赖于当事人的自治意思，调解员向当事人披露信息并不等同于调解员向当事人施加强制，即便调解员对调解信息进行了内部披露，当事人仍然可以作出独立的判断和决定。这样调解员披露行为与当事人的决意之间不存在因果关系。①

外部保密则涉及向调解程序之外的第三人披露调解信息的情况，其一般禁止调解信息向调解室以外流动，包括向一般公众的披露以及向法院等后续裁判机关的披露。为此，法律往往赋予包括调解员在内的保密义务主体拒绝就调解情况作证的权利和义务。《国际商事调解示范法(2018)》第10条、欧洲议会和欧盟理事会2008年5月21日《关于民商事调解某些事项的第2008/52/EC号指令》②(以下简称《欧盟调解指令》)第7条第1款等均规定了外部保密要求。

3. 调解员后续不得担任相关角色

由于调解员几乎是全程参与调解程序，尤其是可以采用“背对背”的调解方式获取各方不愿向其他人披露的信息，因此调解员在调解中享有超越其他参与人的信息优势。在这种情况下，调解员后续继续担任处理同一纠纷或相关纠纷的法官、仲裁员或者当事人代理人等是不适当的，因为对调解信息几乎“全知”的调解员后续担任法官等裁判者在效果上相当于调解员向裁判者泄露调解信息。从另一角度来看，这也背离了裁判者在受理纠纷时应当对纠纷全然未知、不偏不倚的基本要求，可能有碍裁判的客观性和中立性或至少引起此种合理怀疑。③ 如果调解员事后担任一方当事人的代理人，那么当事人可以借此获取对方当事人不愿意透露的信息，导致调解程序异化为恶意当事人套取保密信息的工具。除此之外，如果当事人知晓调解员可能会后续担任法官、仲裁员、对方代理人等，则可能会在调解会话中保留己方的立

① See United Nations, *UNCITRAL Model Law on International Commercial Conciliation with Guide to Enactment*, United Nations Publication, 2004, p. 40.

② Directive 2008/52/EC of the European Parliament and of the Council of 21 May 2008 on Certain Aspects of Mediation in Civil and Commercial Matters, Official Journal of the European Union L 136/3 24. 5. 2008, p. 3 – 8.

③ See Ellen E. Deason, *Combinations of Mediation and Arbitration with the Same Neutral: A Framework for Judicial Review*, Yearbook on Arbitration and Mediation 5, 2013, p. 226.

场、观点等,从而影响调解程序之推进所依赖的信息环境。目前,《国际商事调解示范法(2018)》第13条、加拿大安大略省《商事调解法》第10条等都一般地禁止调解员在后续程序中担任法官、仲裁员等职务。

二、国际商事调解保密性的价值透视

(一)商事调解保密性的价值立意

确立并维护商事调解的保密性在公共政策方面的最终目标是节省法院资源并且鼓励当事人以较低的成本化解纠纷。具体而言,商事调解保密性的价值主要体现在以下几个方面。

1.尊重当事人的意思自治

商事交易活动具有明显的私人性质,确立商事调解保密原则很大程度上是为了将商事纠纷的公共性"最小化"(minimizing publicity)。[①] 或者说,商事纠纷解决的透明度需求本身不高,因为潜存的公共利益风险已经通过法律的明确规定获得控制,社会监督已经一般化于法律规则之中,当事人只需依照法定条件展开交易即可,而无须接受不特定公众的具体监督。因此,调解是否公开一般不会对公共利益产生直接的、实质的不利影响。在此基础上,调解的保密设置还另外展现了对私人权利的尊重和维护,顺遂了当事人共同的保密意愿。由此,调解保密性能取得让特定公众和具体当事人满意的"两优"结果。

2.促成当事人之间的善意会话

调解过程虽然涉及中立第三方的介入,但系以当事人的合意授权为前提,调解过程和结果也主要遵照当事人的意思,因此调解在性质和结构上都更接近于私人谈判,其纠纷解决过程不应仅仅因为第三人的介入而由保密转为公开。

调解保密性有利于促进当事人之间的善意会话的作用是双向的:一方面,在保密环境下,调解信息不应当然地流入公共领域,当事人受到外界影响越少,就越可能开诚布公地在调解会谈中讨论问题、申明利益以及表达想法;[②]另一方面,对"善意调解"的保障在于可以防止当事人不当利用调解程序以排除公共信息的证据能力,其效果是原本处于公共领域的信息并不会仅仅由于在调解程序中呈现而转化为保密信息。比如,《国际商事调解示范法(2018)》第11条第5款规定,原本在仲裁、司法或类似程序中可采的信息并不会仅仅因为在调解中使用而转化为不可采信息。

---

① See Dorcas Quek Anderson, *The Singapore Convention on Mediation: Supplying the Missing Piece of the Puzzle for Dispute Resolution*, Accessed February 5, 2023, https://ssrn.com/abstract=3553739.

② Cutts v. Heads, [1984] Ch 290.

3. 维护当事人的商业秘密和市场形象

整体上,国际商事共同体倾向于采用诉讼外程序处理相关纠纷。这不仅是因为国际商事裁判活动的成本过高、法律不确定性较强,而且因为裁判程序多以公开为原则,可能泄露商事主体的商业秘密。① 此外,公开裁判活动导致的信息无序传播风险会无端地损害被告的商业形象,②引发被告单位内部的人事恐慌、公众的误解、潜在客户的流失、市场竞争力的下降等不良后果。因此,商事主体尤其是作为被告的一方通常会尽量避免可能导致其商业信息泄露或社会形象负面化的活动。调解程序的保密性则可以消除这项隐忧。

4. 实现调解优势并保证后续裁判的规范性

国际商事调解的突出优势在于非正式性、友好性、整体性和高效性,保密性为实现这些优势提供了技术环境。调解的保密设置有助于调解员更好地运用专业技能,把握各方当事人不愿披露的谈判底线、挖掘真正的利益分歧点、维护当事人的"面子"、探索当事人之间的利益剩余空间、评估和解的可能性、鼓励当事人提出创新解决方案等。即便最终未能达成和解协议,上述保密的调解过程也能将调解所产生的关系效益最大化,有利于促进纠纷的解决、维护当事人之间的友好关系。

此外,在调解未果的情况下,调解程序事实上构成裁判程序的前置阶段。如果法律允许调解信息外溢到后续的仲裁或诉讼程序,那么裁判者基于自利性动因可能利用现成的调解信息来简化举证质证过程,或者由于知晓特定的调解信息而无意识地形成某种偏见进而影响了"自由心证"。因此,为了保证后续裁判程序中举证质证活动的规范性,也有必要确立调解保密原则。

(二)国际商事调解保密性的价值冲突

在其他国家和地区的立法和司法中,商事调解的保密性并非绝对而是存在有限例外,因为调解保密性旨在维护的价值可能与其他价值发生冲突。

首先,调解保密性难以确保调解程序和调解结果的公平性。保密性旨在最大限度地维护当事人意思自治和调解程序的完整性,却可能阻碍了对调解公平性问题的事实发现。比如,调解员或当事人在调解中从事了欺诈、胁迫等不当行为,导致该调解程序实际上偏离了基本的程序公平和实质公平要求,但由于调解的保密性,受损

---

① 参见郭文建:《跨国公司及企业法律顾问推崇商事调解的原因》,载中国国际贸易促进委员会、中国国际商会调解中心网,https://adr.ccpit.org/articles/78,2023 年 2 月 5 日访问。

② 参见廖永安、段明:《我国发展"一带一路"商事调解的机遇、挑战和路径选择》,载《南华大学学报(社会科学版)》2018 年第 4 期。

方无法获得相关救济，外界也无法及时、有效地监督。

其次，调解保密性可能为损害弱势当事人、善意第三人乃至社会公众权益的行为提供了合法掩盖。尽管保密性鼓励当事人之间、当事人与调解员之间的坦诚对话，但由于纠纷当事人议价能力不平等，弱势方在调解过程中无法充分保护自身利益，无法识别强势方的不当行为或者无法应对强势方的施压，结果可能是当事人之间的调解会话实际上沦为强势一方的独白。此外，当事人之间、当事人与调解员之间还有可能共谋以虚假调解损害第三人或社会公共利益，如转移债务标的财产、掩盖产品缺陷等。调解保密性不仅为这些行为提供了掩盖，而且可能反向地鼓励当事人或调解员等滥用调解的保密性。

最后，调解保密性可能与特定主体所承担的或特定事项所要求的透明度原则相冲突。随着国家、政府机构或者其他公共实体对市民社会生活的参与度不断加深，其同样可能作为商事纠纷当事人而参与到调解程序中来。但因为此类商事交易可能牵涉公权力的行使或者公共财政的收支，绝对的调解保密原则有碍于外部监督的落实。

三、国际商事调解保密关系的法律要素

尽管有关国际商事调解的规则一般都支持调解保密原则，但不同规则围绕该原则究竟约束哪些主体、适用于哪些信息、是否有例外以及有哪些例外情形等问题，均存在分歧和冲突。这意味着在国际商事调解活动中，适用不同的调解规则可能产生不同的调解保密成本、行为评价和法律后果等。

（一）保密主体——谁应保守秘密？

调解保密关系可以按照主体划分为以下三类：当事人之间的保密关系、当事人和调解员之间的保密关系以及律师等其他专业人士与客户之间保密关系。① 不同规则就调解保密主体作出不同规定，主要包括以下三种模式。

1. 仅约束调解工作人员

有些法律仅仅将调解员作为保密主体，不包含调解当事人以及其他参与者，如《欧盟调解指令》第 7 条第 1 款、匈牙利 2002 年《调解法》（Hungary Act LV of 2002 on Mediation）第 26 条，以及葡萄牙 2013 年《民商事调解法》第 5 条第 1 款等。有些国家甚至对“调解员”作进一步分类并赋予不同的保密义务。例如，奥地利《民事程序法典》（Zivilprozessordnung）和《刑事程序法典》（Strafprozessordnung）根据调解员

① See Bobette Wolski, *Confidentiality and Privilege in Mediation: Concepts in Need of Better Regulation and Explanation*, University of New South Wales Law Journal 4, 2020, p. 1558 – 1559.

是否被列入司法部所管理的调解员名单,对其施加不同的保密要求:“名单调解员”(listed mediator)负有严格的保密义务,在该法适用范围内,不得在法庭上就其主持的调解活动之事实作证;“非名单调解员”(non-listed mediator)的本职并非从事调解,仅仅受当事人书面调解协议所设定的保密义务之约束,不得拒绝在法庭上作证,但是如果其由于本职如律师、技术研发人员身份等而享有特权,则可以或应当拒绝作证。① 需要说明的是,此处的“调解员”不应狭义理解为调解员个人,还应包括可能存在的调解员助手或者调解机构,在调解程序结构中,这些主体均处于与当事人相对的角色位置,均为调解工作人员。

2. 同时约束调解工作人员和当事人

实践中,调解保密性面临的主要威胁可能并非来自调解员而是来自当事人,因为当事人可能完全不需要调解员出庭作证,而是自主地引入调解信息作为证据。因此,有必要同时将当事人确定为保密主体。《国际商事调解示范法(2018)》第 11 条第 1 款规定,调解保密性不仅约束调解员,而且约束当事人。其措辞甚至将“当事人”置于“调解员”之前,这在一定程度上表明了当事人在维护调解保密性方面的重要地位。此外,印度 1996 年《仲裁与调解法》(Indian Arbitration and Conciliation Act)第 75 条、立陶宛 2008 年《民事纠纷调解法》(Lithuania Law on Conciliatory Mediation in Civil Disputes 2008)第 7 条第 1 款等同样将保密主体确定为当事人和调解员。在英国,与调解信息有关的举证特权更是为当事人所独有,调解员并不自动享有该特权而是依赖于当事人的合意授予。②

3. 同时约束所有调解参与者

实践中,国际商事调解涉及的纠纷往往比较复杂,除调解员、当事人之外,常常还会有律师、专家、其他利害关系人等人员在场,甚至还可能有未出席调解会议但对调解活动产生实质影响的主体。这些直接或间接参与调解的人员在一定范围内掌握调解信息,可能造成调解信息的不当泄露,因此有些调解规则规定了调解参与者的保密义务,以克服调解保密事项上的“短板效应”。比如,2011 年克罗地亚《调解法》(Croatia Mediation Act 2011)第 14 条第 3 款明确规定,针对调解员保密义务的规则同样适用于调解当事人和其他“以任何资格”(in any capability)参与该调解程序的主体。巴西 2015 年《调解法》(Brazilian Mediation Act Law 2015)第 30 条第 1 款、

---

① See Jonathan Lux, ed., *Mediation 2019*, Law Business Research, 2019, p. 7.

② See Andrews Neil, *The Three Paths of Justice, Court Proceedings, Arbitration and Mediation in England*, Springer, 2018, p. 284.

新加坡2017年《调解法》(Singapore Mediation Act 2017)第9条等也属于类似规定。

(二)保密客体——何为“调解信息”?

商事调解保密性处理的是调解信息的流动问题,但是对于何种信息能够被界定为“调解信息”(mediation communications),不同国家和地区的理解和规定有所不同,因此实际被保密的调解信息范围并不相同。根据形式逻辑学中“属加种差”的定义法,“调解信息”应当具备“信息”所指事物的共性——以“口头的”与“非口头的”的陈述、文件、行为等作为载体;此外,“调解信息”不同于“信息”的种差在于“调解”这一语境限制,而“调解”的语境范围存在广狭之分。在确定“调解”语境范围方面,相关规则多以“在调解过程中”“为调解之目的”“与调解有关”等短语作出限定。

1.“在调解过程中”产生的信息

在调解保密性问题的规制方面,《欧盟调解指令》第7条第1款的证据排除规则适用于“在调解过程中产生”(arising out of a mediation process)的信息,欧盟成员国在将该指令转化为国内法的时候使用了类似的措辞,如匈牙利2002年《调解法》第26条“obtained in a mediation process”、波兰1964年《民事程序法典》第183条第4款“made in mediation proceedings”、克罗地亚2011年《调解法》第14条第1款“received in the course of the mediation proceedings”等。

但是,“在调解过程中”这一限定词可能导致调解保密原则的客体范围过于狭窄,因为其严格限制了受保密性保护的信息的提供时间。换言之,受保密性保护的信息必须在调解程序正式开始后到调解程序被宣布终结之前提供。这两个时点通常以调解员的通知或宣布为准,而在调解准备阶段以及调解终结后提供的文件、作出的表述、发生的事实等都不在被保密的信息范围内。实践中,考虑到调解的保密状态具有“全有或全无”的整体效果,现行规则在界定“调解信息”时呈现广义取向,通常以“在调解过程中”为基础,同时以“或”的逻辑联结词纳入“为调解之目的”“与调解有关”等其他限定语,以扩展“调解信息”的外延。

2.“为调解之目的”的相关信息

一些规则使用“为调解之目的”这一措辞来描述“调解信息”。比如,美国统一法委员会(American Uniform Law Commission)制定的示范性《统一调解法》(Uniform Mediation Act)第2条第2款除确认“在调解过程中”获得的信息外,还纳入“为了考虑、主张、参与、启动、推进或者重新召集调解或者保留调解员之目的”(for purpose of...)而作出的口头或书面陈述。美国佛罗里达州2004年《调解保密与特权法》(Florida Mediation Confidentiality and Privilege Act 2014)第44条第403

款(a)项规定同样确认“为了推进调解”(in furtherance of a mediation)而在调解之前生成的相关信息属于“调解信息”。类似规定还有马耳他2004年《调解法》(Malta Mediation Act 2004)第27条第1款等。

不同于“在调解过程中”强调获得相关信息的客观时间,“为调解之目的”同时强调信息提供方的主观意态和客观用途,其将“调解信息”从“调解过程中”这一时间限制中释放出来,为受保密的“调解信息”确立了宽泛的外延,有利于促进当事人在与调解相关的活动中积极提供信息和开展交流。在扩展“调解信息”外延的同时,该短语也发挥了一定的限定作用:一方面,相较于“与调解相关”的限定,“为调解之目的”的限定排除了与调解存在片面联系的信息,如仅仅提及相关调解程序的文件材料等;另一方面,“为调解之目的”避免调解程序被滥用而异化为公开信息的“加密”程序,只有为调解之目的而专门作出的陈述、准备或制作或呈现的文件等才可以受到保密保护。①

3.“与调解有关”的信息

还有一些规则采用了“与调解有关”这一限定语,如《国际商事调解示范法(2018)》第10条中的“所有与调解程序有关的信息”(all information relating to mediation)、印度1996年《仲裁与调解法》第75条中的“relating to the conciliation proceeding”、立陶宛《民事调解法》第7条第1款中的“regarding conciliatory mediation”等。该措辞所框定的“调解信息”外延十分广泛,不仅包含在调解过程中披露的信息,而且包含了在调解程序之前产生、与调解有关的信息,如当事人的调解意愿、调解协议的条款、调解员的选择、调解要约以及要约的接受与拒绝等,②甚至包含了调解终结后产生的相关信息,如当事人再次调解、变更协议的内容等情况。

除抽象界定“调解信息”的内涵外,有些国家、地区还要求调解信息必须满足额外的条件,才能获得保密性保护。例如,美国马萨诸塞州法律规定,只有“调解员在场时”(in the presence of mediator)所披露的信息才能获得调解保密原则的保护。③之后,该州最高法院在2006年现代大陆建筑公司诉苏黎世美洲保险公司案④(Modern Continental Const. Co., Inc. v. Zurich American Ins. Co.)和2007年方丹

① See John Michael Richardson, *How Confidential is Mediation Confidentiality*, Contemporary Issues in International Arbitration and Mediation: The Fordham Papers 2008, 2009, p. 276.

② See UNCITRAL, Draft Guide to Enactment and Use of the UNCITRAL Model Law on International Commercial Conciliation (A/CN.9/514) (27 May 2002), p. 18, para. 58.

③ Massachusetts General Law-Part Ⅲ, Title Ⅱ, Chapter 233, Section 23C.

④ 21 Mass. L. Rptr. 114, 2006 WL 1258760 (Mass. Super. Ct. 2006) (van Gestel, J.).

尼尔斯诉巴伦和斯塔菲尔德案①(Fontanills v. Barron & Stadfeld, P. C.)等案件中确认,保密特权不仅适用于调解员在场情况下披露的信息,而且适用于在调解启动后仅在当事人之间展开的交流活动。

(三)保密例外——何时披露调解信息?

为了保障调解的公正性、保护弱势当事人、维护第三人的合法权益、实现社会教化以及规范后续裁判程序等价值目的,相关调解保密规则往往还规定了有限的保密例外。

1. 独立信息或常识

"独立信息",是指与调解有关但可以在调解程序之外独立获取的信息,此类信息本可以作为证据而被法院采纳。《国际商事调解示范法(2018)》第11条第1款、马来西亚2012年《调解法》(Malaysia Mediation Act 2012)第16条第2款(b)项、美国佛罗里达州2004年《调解保密与特权法》第44条第405款(e)项等均规定了"独立信息"例外,排除本可以作为证据而被法院等采纳的信息,从而防止当事人滥用调解的保密性封锁相关信息、抹除其可采性的不当行为。此外与"独立信息"例外相关但略有不同的是,德国2012年《调解法》(Germany Mediation Act 2012)第4条将"共同知识"(common knowledge)和"不重要的信息"(non-significant information)排除在举证特权的客体范围之外。在实践中"共同知识"或"不重要的信息"可能与"独立信息"发生外延重叠,但在概念的内涵方面,前者更强调信息内容本身广为人知或不重要,后者强调信息的获取渠道独立于调解程序。

2. 信息提供者或制造者的同意

调解保密原则在价值和方法上都强调当事人的意思自治。基于此,调解规则也多允许当事人以明确同意的方式放弃保密特权,具体可以表现为当事人的双方合意与单方同意两种形态:前者如《欧盟调解指令》第7条第1款、《波兰民事程序法典》第183条第4款(b)项,规定当事人可以明确约定放弃"作证豁免权"(evidential immunity),包括放弃调解员以及其他参与管理调解程序人员的作证豁免权;后者如新加坡2017年《调解法》第9条第2款、马来西亚2012年《调解法》第794条等,规定在特定信息仅有一方当事人或其他调解参与人单方提供或制造的情况下,仅仅依据该主体的同意就可以免除保密限制。

---

① 2007 WL 2367630 (Mass. Super. Ct. 2007).

3. 为履行或强制执行调解和解协议所必要

一些规则允许为实施或强制执行该协议之必要而披露相关的调解信息,如《欧盟调解指令》第 7 条第 1 款(b)项、马来西亚 2012 年《调解法》第 15 条第 2 款等。在此方面,披露调解信息可以服务于以下具体目的:第一,证明和解协议是否存在,如英国最高法院审理的联合利华诉宝洁公司案[①](Unilever Plc. v. The Procter & Gamble Co.,以下简称联合利华案)和布朗诉帕特尔案[②](Brown v. Patel)。第二,证明和解协议是否产生于调解,如 UNCITRAL《调解规则(2021)》[UNCITRAL Mediation Rules (2021)]第 8 条第 4 款规定,当事人签署和解协议的行为表明当事人同意以该协议本身作为证明其产生于调解的证据,并据此寻求法律救济。第三,证明调解所达成的和解协议是否有效,如英国法院审理的农田里援助公司(清算中)诉环境、粮食和农村事务部秘书处案[③][In Farm Assist Limited (in liquidation) v. The Secretary of State for Environment, Food and Rural Affairs (No. 2)]。第四,证明调解所达成的和解协议的内容,如上述英国联合利华案明确将和解协议内容的争议与解释问题作为调解保密例外之一。

4. 为证明调解员或其他人员的职业不当行为所必要

为了平衡调解信息保密与规范职业活动等公共价值,一些国家、地区的调解规则设置了针对调解员和其他职业人员不当行为的保密例外。其中,美国《统一调解法》、加拿大 2005 年《统一(国际)商事调解法》[Uniform (International) Commercial Mediation Act 2005][④]等仅仅针对调解员的不当行为设置保密例外,而新加坡、美国佛罗里达州的立法则明确了更广泛的“不当行为”主体,异议者还能针对除调解员以外的其他专业人士的渎职行为提出披露请求。[⑤] 然而,“不当行为”(misconduct)这一概念的内涵比较模糊,而调解技术的灵活性、语境化也意味着难以为调解员行为确立明确、单一的规范,同一调解活动的正当性在不同纠纷、不同场景下可能得到不同的评价,若当事人事后援引调解员不当行为事由,则调解保密性将被轻易地打破。

---

① Unilever plc. v. The Procter & Gamble Co., (2000) 1 WLR 2436; 2010 EWCA Civ. 79.

② Brown v. Patel, (2007) EWHC 625.

③ [2009] EWHC 1102 (TCC); [2009] All ER (D) 228.

④ See John Michael Richardson, *How Confidential is Mediation Confidentiality*, Contemporary Issues in International Arbitration and Mediation: The Fordham Papers 2008, 2009, p. 288.

⑤ See Fran L. Tetunic, *The Irony of Mediator as Problem Maker: Mediator Misconduct Setting Aside Mediated Agreements*, Harvard Negotiation Law Review 1, 2017, p. 199.

5. 其他公共政策方面的事由

除上述事由外,很多调解规则还纳入了"公共政策"例外事由,以保护更优先的公共权益。结合实践,此类公共政策具体包括:第一,证明当事人是否善意地参与了调解,如英国马姆斯伯里伯爵诉斯特拉特和帕克案①(Earl of Malmesbury v. Strutt and Parker)、美国雷诺父子公司案②(In re A. T. Reynolds & Sons)要求披露调解信息以查明当事人是否善意地参与了调解,并依此决定诉讼费用的分配问题。第二,防止对任何人的人身伤害或精神损害,尤其强调对儿童最佳利益原则的维护,如《欧盟调解指令》第7条第1款(a)项允许披露调解信息以确保儿童最佳利益或者避免对其造成生理或心理伤害。第三,预防或侦查刑事犯罪,如美国《统一调解法》第5条第3款、第6条第1款(d)项在不同程度上将一方意在利用调解来谋划犯罪、企图进行犯罪、实际进行犯罪或者掩盖正在进行的犯罪的情况作为举证特权例外。第四,其他具有优先性的公共利益,如巴西2015年《调解法》第30条第4款规定,保密规则不能排除当事人在最终的调解文件完备后向税务机关提供信息的义务;新加坡2017年《调解法》第9条第2款(d)项允许为研究、评估或教育目的之披露,(f)项允许为寻求法律建议之目的而进行的披露;还有些法律要求政府机构在作为当事人的情况下,公布所作出的和解决定甚至是非正式会谈的内容,或者将相关调解内容制作成可为公共查阅的记录。③

四、我国国际商事调解保密性的立法规制

(一)我国关于国际商事调解保密性的法律规制的不足

根据上述对我国商事调解保密规则的分析,可以发现我国国际商事调解保密性的规制仍存在以下不足:

第一,缺少针对国际商事调解保密性的专门规定。与调解保密性有关的法律规定散见于《中华人民共和国人民调解法》(以下简称《人民调解法》)、《中华人民共和国农村土地承包经营纠纷调解仲裁法》、《中华人民共和国劳动争议调解仲裁法》、《中华人民共和国民事诉讼法》(以下简称《民事诉讼法》)以及相关行政法规、司法解释中。④ 这些规定分别针对不同类型的本土调解进行规制,整体上具有形式分散、

① [2008] EWHC 424.

② 424 B. R. 76 (Bankr. S. D. N. Y. 2010).

③ See Brian R. Jerome, *Mediation Confidentiality: Who, What, Where, When, How?*, Accessed February 5, 2023, https://www.mdrs.com/faqs/mdrs-articles/mediation-confidentiality-who-what-where-when-how/.

④ 参见北大法宝词条"调解",检索日期为2023年2月5日。

适用范围狭窄等特点。此外,这些调解还具有特定的文化根基、历史背景和实践目标,处于传统民间调解和官方审判之间,为纠纷解决第三领域和国家权力的简约治理,①与强调专业性、市场化、国际化、现代化的国际商事调解活动尚存明显差距。

第二,未明确调解保密性的原则地位。我国则仅在《民事诉讼法》第9条、第96条和第99条以及《最高人民法院关于适用〈中华人民共和国民事诉讼法〉的解释》(以下简称《民诉法司法解释》)第145条、第324~327条等条款中规定了调解的自愿、合法原则,而未确立保密原则。

第三,有关程序公开性、调解记录、诉讼举证等方面的调解保密规范并不符合国际商事调解的实践需求。比如,上述《人民调解法》等均未明确当事人未达成协议的情况下调解程序是否应公开进行。现有法律规范也多禁止披露涉及国家利益、商业秘密、个人隐私的信息,而不能周延地保护更广泛的"调解信息"。此外,《民事诉讼法》所规定强制作证义务则可能与调解的保密要求发生直接冲突。

(二)规制我国国际商事调解保密性的立法建议

结合我国的实践,有必要制定和完善国际商事调解保密规范。

首先,应当明确将"保密性"确立为商事调解的基本原则之一,为商事调解保密性提供系统的制度支持,并以该原则指导、解释和矫正国际商事调解保密规则的制定与适用。

其次,在分则部分订入具体的保密规则。由于在调解保密实效问题上存在"短板效应",因此应尽量拓宽该原则的适用范围,将保密主体明确为"所有参与调解的主体",同时采用"概括定义+示例清单"的模式将"调解信息"界定为"在调解中产生、为调解之目的或与调解有关的所有信息"。此外,可借鉴《国际商事调解示范法(2018)》第11条第1款的规定,示例性地列举在调解程序中提供的信息、当事人或调解员表达的观点或提出的建议、当事人在调解程序中承认的事实、和解协议的内容等;最后,为了防止因适用范围过宽而导致的解纷结果不公平、危害第三人或损害社会利益等负面效应,应当设置以下强制性的保密例外:(1)相关调解信息可以在调解程序之外独立获得;(2)提供调解信息的当事人明确同意披露;(3)为履行或强制执行和解协议所必要;(4)为追究调解员不当行为或其他人员的失职行为所必要;(5)为实现或维护社会公共利益所必要,如保护儿童最佳利益、防止人身损害或经济损失、预防或查明犯罪事实、从事科学研究活动等。

① 参见廖永安、王聪:《人民调解泛化现象的反思与社会调解体系的重塑》,载《财经法学》2019年第5期。

最后，还应对我国《民事诉讼法》《民诉法司法解释》《最高人民法院关于民事诉讼证据的若干规定》等相关法律规定进行修改与完善，弥合证据规则与调解保密规则之间的冲突。

五、结语

国际商事纠纷主体选择调解的主要动因之一，在于调解程序具有相对较高的保密性，所面对的社会检视和公权干预较少，程序推进也较为流畅、快捷。目前，国际商事调解相关规则通过对调解保密性原则与例外的双重设置，既落实了商事调解保密性的价值立意，亦尝试解决其背后的价值冲突，能够较好地平衡冲突的价值和需求。展望未来，国际商事调解的发展前景广阔而乐观，新型传媒的发展也推动着国际商事调解领域的技术更新，Zoom、微软团队、思科网讯等在线平台成为调解员处理日常商事业务的技术工具，莱格勒（Legaler）、莫德龙（Modron）和克雷科德尔（Crekodr）等专业在线调解平台也开始涌现，这对于减少当事人的差旅成本和时间投入、应对因疫情造成的半封锁状态、刺激在线调解服务平台市场的发展都具有积极意义。[①] 然而，这也为调解信息的保密性与安全性带来更大风险，如在线视频会议呈现的画幅有限，难以排除无关人员在场，或者在线会议平台可能利用技术优势在未经当事人同意的情况下获取、披露或使用调解信息等。在此基础上，国际商事调解的保密问题将更加复杂，其背后的法律冲突与利益冲突也会更加频繁。因此，还需要有意识地推动国际商事调解保密规则的与时俱进和国际协调，更大限度地发挥国际商事调解制度的价值。

① 参见国际商会巴基斯坦调解委员会：《国际商事调解的数字化最新发展》，载深圳市蓝海法律查明和商事调解中心网，http://www.bcisz.org/html/sstjyjwz/1216.html，2023 年 2 月 5 日访问。

论单边经济制裁在国际商事仲裁中的适用*

韦艳茹**

单边经济制裁属于国际私法视角下的强制性规范,但相较其他强制性规范,其对商事交易的影响简单直接,但同时其本身具有相当的复杂性。仲裁庭具有适用单边经济制裁的权能,但仅有一般意义上的适用义务,具体适用规则应交由仲裁庭自由裁量。为提高单边经济制裁规则适用的合理性,仲裁庭应优先适用准据法所属法域的单边经济制裁;对于非准据法所属法域的单边经济制裁,应在将其认定为"法律"的基础上,参照冲突规范背后的考量因素构建直接的适用单边经济制裁的框架,并具体考量单边经济制裁的目的合法性、单边经济制裁与争议之间的联系、适用与不适用单边经济制裁结果的比较等要素。

单边经济制裁,一般是特定国家或地区发起的针对制裁对象采取的特定制裁措施,通常表现为贸易禁运与金融制裁两种方式。近年来,美国和欧盟等国家或地区利用单边经济制裁手段来实现自身政治目的的现象愈加频繁,经常蓄意地发起断绝或威胁断绝惯常贸易或金融关系的行为。① 不可忽视的是,这些经济制裁措施不仅涉及政府直接针对私主体采取的执法行为,而且广泛影响着国际商事贸易生态,并借此实现其目的。② 因此,在研究制裁与反制裁问题时,应当着重关注单边经济制裁

* 国家社科基金重大项目"国际私法视域下中国法域外适用的制度构建研究"(项目编号:20&ZD203)的阶段性成果。

** 武汉大学国际法研究所国际私法专业博士研究生。

① 参见[美]加利·克莱德·霍夫鲍尔等:《反思经济制裁》,杜涛译,上海人民出版社 2011 年版,第 1 页。

② 经济制裁发起主体事实上利用私人当事人作为实施其政策目标的手段。See Jürgen Basedow, *The Law of Open Societies: Private Ordering and Public Regulation of International Relations-General Course on Private International Law*, Collected Courses of the Hague Academy of International Law, Vol. 360, 2013, p. 294 – 295, 306.

对国际商事贸易的影响。这一方面可保障当事人利益,另一方面也可借此阻断某些不合理不合法的经济制裁的效力,进而在一定程度上实现抵制单边主义的效果。国际商事仲裁机构在此种国际环境下面临何种困境,又能发挥怎样的作用尤为值得关注。

早在20世纪80年代,西方国家仲裁界学者就对此问题开始了讨论,并形成了丰富的理论成果。关于经济制裁对国际商事仲裁机构的影响的研究主要涉及实践与法律两个层面:前者涉及如仲裁机构和仲裁庭的组成及合规义务、当事人寻找代理律师以及专家证人支持事项,后者涉及如可仲裁性、实体法适用以及仲裁裁决的承认与执行等内容。我国学界针对强制性规范在国际商事仲裁机构中的适用进行了广泛且有深度的研究,①但更多涉及反垄断以及贿赂等事项。② 此外,部分新近研究讨论了经济制裁领域与国际贸易领域的交叉问题,其中主要包括经济制裁对商事合同履行的影响、合同中的制裁条款的效力、法院对美国单边经济制裁的适用等问题。③ 仅有少部分研究涉及经济制裁对国际投资仲裁的影响。④

本文聚焦于单边经济制裁在国际商事仲裁中的适用问题,具体讨论如下三个核心问题:一是国际商事仲裁中当事人主张适用单边经济制裁的具体场景和特性;二是仲裁员适用单边经济制裁的权能和义务;三是仲裁庭所适用的单边经济制裁的确定。

一、国际商事仲裁适用单边经济制裁的场景与特殊性

由于经济制裁而导致的国际商事争议主要有以下几种形式:(1)与被制裁对象直接签订的合同因贸易禁令或进出口禁令而无法履行所引发的争议;(2)为在被制裁国开展贸易活动而与代理商签订合同,因经济制裁效果的外溢效应引发争议;(3)虽合同当事人均非被制裁对象,但交易物项涉及他国的出口管制规范,或交易资金的

---

① 参见王立武:《国际私法的强制性规则适用制度研究》,中国人民大学出版社2015年版;桑远棵:《国际商事仲裁中强制性规范的适用研究》,载《国际法研究》2020年第4期;张圣翠:《国际商事仲裁强行规则研究》,北京大学出版社2007年版。

② 参见魏增产:《反垄断法在国际商事仲裁中的适用》,武汉大学2014年博士学位论文;郭玉军、裴洋:《论国际商事仲裁中涉及贿赂的合同的仲裁》,载《法学评论》2005年第2期。

③ 参见姜悠悠:《论美国单边制裁对国际商事合同法律适用的影响》,载《财经法学》2022年第2期;石佳友、刘连炻:《国际制裁与合同履行障碍》,载《上海大学学报(社会科学版)》2021年第1期;杜涛:《国际商事合同中的经济制裁条款效力研究》,载《上海对外经贸大学学报》2020年第5期;朱玥:《美国制裁伊朗对国际货物贸易的影响及应对——以美国对伊制裁法案和案例为视角》,载《国际经济法学刊》2020年第4期。

④ 参见范晓宇:《经济制裁对国际投资仲裁的影响——基于ISDS实践的分析》,载《国际法研究》2022年第5期。

流向与被制裁对象有关,合同履行因此产生争议。这三种情形尤其经常发生于武器贸易关系与金融服务合同关系中。

在这些国际商事案件中,当事人常常援引经济制裁作为抗辩事由,或是主张合同不合法或不道德而无效,或是论证合同存在履行障碍而无法履行。此类争议一旦进入国际商事仲裁场域,则会面临仲裁领域一些特有的问题。这是因为,在国际私法视域下,经济制裁属于强制性规范①——其为一国实施外交政策的工具,且从其目的、方式及效果来看体现了一国重大公益。此外,一国在将其经济制裁规则适用于私人争议时,往往是在判断争议属于经济制裁规则的适用范围后直接适用,无适用冲突规范之虑。因此,由经济制裁导致的国际商事争议在国际商事仲裁程序中涉及仲裁机构适用强制性规范的特殊问题,主要包括仲裁庭适用经济制裁的权能义务以及所适用的经济制裁规则的确定。

单边经济制裁规则不同于其他强制性规范的地方在于,首先,单边经济制裁规则在介入国际商事争端的方式上更为简单直接;其次,单边经济制裁在手段、适用范围、内容等方面更为复杂。

首先,经济制裁介入国际商事争端的方式简单而又直接。这体现在两个方面:第一,经济制裁不为当事人提供诉因,不直接规定当事人间的权利义务。这与反垄断等事项不同,反垄断法直接赋予了私人寻求民事救济的权利,当事人可将标的协议违反反垄断法作为合同纠纷中的抗辩理由,也可直接以垄断协议提起合同之诉,还可直接基于反垄断提起侵权之诉。而经济制裁只会导致合同在法律上无效或事实上无法履行。相应地,国际商事仲裁机构对两种规范的适用程度也会不同。第二,相比反垄断法等对法益保护的公私二重性,经济制裁只关涉公共利益,因此经济制裁与偏私人属性的商事纠纷之间的关系更显疏离。

其次,单边经济制裁规则极为复杂,具有制裁手段多样、适用范围广泛、规范内容模糊与频繁变动的特点。这导致单边经济制裁涉及的商事争议范围较广,商事仲裁机构在适用经济制裁时需要考量诸多因素且面临较大的决策压力。第一,单边经济制裁手段具有多样性。主要有贸易禁运与金融制裁两大类,但具体实施措施多样,前者包括禁止与特定的外国人交易、禁止在特定国家投资等,后者则有冻结或没

① See Catherine Kessedjian, *Mandatory Rules of Law in International Arbitration: What Are Mandatory Rules?* American Review of International Arbitration 18, 2007, p. 148.

收资产、禁止全球金融机构与被制裁对象交易或制裁对方银行体系等。[①] 除此之外，制裁国还常常根据具体目标选择不同的制裁策略。第二，单边经济制裁具有广泛性。这主要体现在其能够进行域外适用，如美国经常扩大解释"美国人""美国产品服务"等措辞的所指范围，[②]或依据次级制裁要求非美国主体遵守美国制裁。第三，单边经济制裁规范具有模糊性与变动性。模糊性是指单边经济制裁规范用语模糊，常可以作扩大解释。[③] 变动性则是指国际关系变化经常影响经济制裁措施的启动、终结或具体内容。单边经济制裁的模糊性与变动性致使私人实体难以明确其行为边界，为避免巨额惩罚甚至刑事处罚，私人实体常常对单边经济制裁持更为审慎的态度、作扩大解释。

最后，单边经济制裁目前在国际法上的合法性存疑，根源在于单边经济制裁与其他强制性规范所维护的重大公共利益不同。外汇管制、进出口管制等多涉及一国的经济安全与稳定，反垄断法涉及自由贸易与自由市场的维护，而单边经济制裁则主要出于政治考量且频繁针对特定国家实施，系保障国家安全、实现外交政策的重要工具。因此，单边经济制裁更具政治敏感性，容易引发其他国家在外交上的抗议及反制。此外，各国意图依赖单边经济制裁实现的国家利益不同甚至相互对立，即使单边经济制裁是为了维护反恐等共识凝聚度高的国际利益，各国由于对国际形势的判断与自身利益需求不同，对于制裁手段本身、制裁对象等的认知也不同。因此，单边经济制裁尤其是具有域外效力的制裁在国际法上的合法性问题一直以来面临较多争议。[④]

强制性规范的种类常会决定仲裁庭如何适用强制性规范。[⑤] 而单边经济制裁规则所具有的不同于其他类型强制性规范的特性，对国际商事仲裁庭如何保持中立并妥善解决纠纷，提出了不同于处理其他强制性规范的更高要求。

---

① 参见徐以升、马鑫：《美国金融制裁的法律、执行、手段与特征》，载《国际经济评论》2015 年第 1 期。

② See Richard Gordan QC, et al., *Sanctions Law*, Oxford, Hart Publishing, 2019, p. 113 – 115.

③ 有观点认为，美国财政部海外资产办公室故意发布模糊不清的行政指令与指导，鼓励当事人过度合规，以加强对制裁对象的处罚力度。See Mathias Brüggmann, et al., *US Hypocrisy in Iran Sanctions Frustrates German Business*, Accessed April 1, 2022, www. handelsblatt. com/today/politics/washington-vs-berlin-us-hypocrisy-in-iran-sanctions-frustrates-german-business/23981320. html? ticket = ST – 906097 – aRJxiGUMEWfuodKHIcUj-ap4.

④ 参见张辉：《单边制裁是否具有合法性：一个框架性分析》，载《中国法学》2022 年第 3 期。

⑤ See Jeffrey Maurice Waincymer, *International Commercial Arbitration and the Application of Mandatory Rules of Law*, Asian International Law Journal 5, 2009, p. 4.

二、仲裁庭适用单边经济制裁规则的权能与义务

基于上述单边经济制裁相较于其他强制性规范的特殊性,借鉴有关仲裁庭适用强制性规范的理论研究,可以预测、推断和评价仲裁员适用经济制裁的权能与义务。仲裁庭适用单边经济制裁的可能情形有三种:一是一方当事人请求适用;二是当事人未提及时,仲裁庭主动适用;三是当事人合意排除单边经济制裁的适用时,仲裁庭主动适用。这引出如下问题:第一,仲裁庭在当事人请求适用时是否有权适用单边经济制裁;第二,在当事人请求或在当事人未提及时仲裁庭是否有义务适用单边经济制裁以及此种义务来源;第三,在当事人合意排除时,仲裁庭是否可以主动适用相关经济制裁。

(一)仲裁庭适用单边经济制裁的权能

一般认为,仲裁庭裁决案件的权力主要源于当事人意思自治,但也离不开法律的保障。这是仲裁兼具"司法性"和"契约性"的表现。因此,讨论仲裁庭适用单边经济制裁的权能时,应探讨单边经济制裁是否影响当事人对仲裁庭的赋权以及法律是否允许仲裁庭裁决单边经济制裁事项。

第一,单边经济制裁在内容上并不妨碍当事人的仲裁合意。因当事人往往约定"将与合同相关或由合同产生的争议提交仲裁",单边经济制裁不会对此造成干扰,问题的关键在于是否影响仲裁协议的效力。[①] 可以明确的是,单边经济制裁可能导致商事合同无效,但基于仲裁协议与合同之间在法律上相互独立这一普遍共识,单边经济制裁影响仲裁协议效力的可能性较小。

然而,实践中存在的两种特殊情形可能影响仲裁协议的效力。一是当事人通过选择商事仲裁刻意规避单边经济制裁的适用。在这种情况下,承认仲裁协议的效力将不可避免地导致仲裁成为部分当事人追求非法目的的手段。因此,法院不太可能认可此类仲裁协议的效力,如德国法院就曾否认为规避其证券法之适用而签订的仲裁协议的效力。[②] 不过,此种规避很难证明,在国际商事案件中,当事人选择了一国境外的仲裁机构十分常见,显然不能仅因此就认为当事人有规避制裁的目的,并且仲裁庭不必然负有适用某制裁规则的义务。二是现有部分经济制裁措施包含"禁止诉求"(No Claim Should Lie)条款。如2017年联合国安理会在针对朝鲜的制裁决议中强调,所有国家应采取必要措施防止被制裁对象以经济制裁导致合同或其他交易

---

① 在具体案件中,仲裁协议的效力和可仲裁性问题应根据适用的法律来判断。因篇幅所限,本文暂不讨论判断时应适用法律的问题,而仅仅从理论上进行一般性讨论。

② BGH, Urteil vom 15.6.1987 – Az. Ⅱ ZR 124/86.

无法履行为由提出索赔。[①] 但该条款既可以用于否定仲裁协议的效力,也可以用于裁决实体争议。就本文讨论单边经济制裁而言,因各国或地区对于该条款的规定通常表述为“诉求不应得到满足”(No Claim Shall be Satisfied),[②]似乎更宜将该条款理解为实体争议问题而不影响仲裁协议的效力。

第二,单边经济制裁是否具有可仲裁性的核心在于其是否符合社会公共利益,或者称为符合一国公共政策利益的保护。[③] 传统大陆法系国家和英美法系国家均不承认涉及公法事项案件的可仲裁性。但近些年美国、欧盟等对此问题持有更为开放的观点。例如,美国的三菱汽车公司案(Mitsubishi Motors Corp. v. Soler Chrysler-Plymouth, Inc.)。[④] 该案中,法院认为虽然当事人的合同准据法为日本法,但在当事人已经依据美国《反垄断法》提出相关诉因的情况下,仲裁庭将会适用美国法,法院无须以公共利益为由拒绝事项的可仲裁性,只需在承认与执行阶段进行必要的审查即可。学界也普遍支持更多种类的强制性规范的可仲裁性问题。[⑤] 更有观点认为,对于反垄断等事项的可仲裁性问题,现有实践在事实上已经突破了质疑可仲裁性的第一阶段以及在事后对仲裁裁决进行审查的第二阶段,目前已迈入第三阶段,即在信任仲裁机构的基础上,讨论仲裁庭如何更好地适用多国反垄断法等公法规范。[⑥]

具体到经济制裁,这一理论与实践趋势仍然适用。现有公开可查的案例中,仅有少部分法院否定了涉及经济制裁事项的纠纷的可仲裁性。比如,在芬坎蒂尼案[⑦](Fincantieri v. Ministry of Defense of Iraq)中,两家意大利公司与伊拉克国防部进行的军用商品交易因安理会对伊拉克发布制裁而中止,代理商向意大利公司请求支付佣金时遭拒因而提起仲裁。国际商事仲裁院认为,虽然本案涉及安理会及有关国家的经济制裁规则,且此类规则可能因其所维护的公共政策利益被认定为跨国强制性规范,但对经济制裁的考量所引发的应为案件实体问题,而非可仲裁性问题。仲裁

① See UN S/RES/2397 (2017), para. 21.

② Council Regulation (EU) No. 833/2014 of 31 July 2014 concerning restrictive measures in view of Russia's actions destabilising the situation in Ukraine, Art. 11.

③ 参见杜新丽:《国际商事仲裁理论与实践专题研究》,中国政法大学出版社 2009 年版,第 5 页。

④ Mitsubishi Motors Corp. v. Soler Chrysler-Plymouth, Inc., 473 U.S. 614 (1985).

⑤ 参见张艾清:《反垄断争议的可仲裁性研究——兼论欧美国家的立法与司法实践及其对我国的启示》,载《法商研究》2006 年第 4 期;杜新丽:《从比较法的角度论我国反垄断争议的可仲裁性》,载《比较法研究》2008 年第 5 期;林燕萍:《反垄断争议的仲裁解决路径》,法律出版社 2005 年版。

⑥ See Vera Korzun, *Arbitrating Antitrust Claims: From Suspicion to Trust*, New York University Journal of International Law and Politics 48, 2015 - 2016, p. 897 - 920.

⑦ See Fincantieri Cantieri Navali Italiani SpA and OTO Melara SpA v. ATF, ICC Award Nr 6719 (Interim Award), Journal du droit international (1994).

庭可能有义务在处理实体问题阶段考虑经济制裁的存在,但不应该拒绝管辖。一般来说,多边经济制裁相比于单边经济制裁而言更具跨国强制性规范共识。既然该仲裁机构对多边经济制裁作此论断,可想而知其对涉单边经济制裁的案件也会得出一样的结论。

笔者认为,从理论上和现实可行性上来分析,涉单边经济制裁争议的可仲裁性也应得到承认。就理论上而言,单边经济制裁介入纠纷的方式简单直接,决定了仲裁庭处理该类案件时主要关注的仍为合同相关问题。这意味着仲裁庭缺乏通过仲裁实施或是抵制某项单边经济制裁的动机与精力。仲裁庭也完全有能力处理涉经济制裁的争议,因此仲裁庭应被给予充分的信任。此外,尽管经济制裁具有政治性,但在当今经济全球化背景下,诸多私人事务不可避免地受到国际政治、国家霸权主义影响,不能因经济制裁涉及外交及政治,便否认相关争议的可仲裁性。从现实可行性上分析,经济制裁所涉范围越发广泛,若否认其可仲裁性,一方面会影响仲裁庭处理案件的权能以及商事主体的意思自治的空间,另一方面也会使得大批与经济制裁存在弱关联的合同争议无法通过仲裁解决。

(二)仲裁庭适用单边经济制裁的义务

对于仲裁庭适用强制性规范的义务,理论界存在支持说、反对说与部分支持说三种观点。支持说的依据有三方面:(1)仲裁庭有尽力确保裁决有效的义务,这也符合当事人的期待;①(2)为保障国际商事仲裁制度的长期发展,有必要确定仲裁庭适用单边经济制裁的义务;②(3)不适用单边经济制裁将鼓励当事人规避强制性规范的行为。部分支持说则认为,仲裁员只有适用合同准据法中的单边经济制裁的义务,因为无论公法规范或私法规范,其均属于合同准据法的一部分,而准据法应整体性适用,③仲裁庭有如实陈述法律(state the law)的义务。④ 反对说则认为,应当从当事人合意的内容来看待该问题,当事人明确达成合意的、有确定预期的内容不必然

---

① See Andrew Barraclough and Jeff Waincymer, *Mandatory Rules of Law in International Commercial Arbitration*, Melbourne Journal of International Law 6, 2005, p. 216.

② See Yves Derains, *Public Policy and the Law Applicable to the Dispute in International Arbitration*, in Pieter Sanders ed., *Comparative Arbitration Practice and Public Policy in Arbitration*, Alphen aan den Rijn, Kluwer Law & Taxation Publishers, 1987, p. 268.

③ See Serge Lazareff, *Mandatory Extraterritorial Application of National Law*, Arbitration International 11, 1995, p. 140.

④ See Mercedeh Azeredo Da Silveira, *Trade Sanctions and International Sales: An Inquiry into International Arbitration and Commercial Litigation*, Alphen aan den Rijn, Kluwer International Law, 2014, p. 101 – 106.

且很大概率上不包含强制性规范。从实践来看,除非当事人明确约定一般性的单边经济制裁免责条款,很难认为当事人对未来即将发生的单边经济制裁有明确预期。既然当事人未将单边经济制裁适用的问题提交仲裁庭,仲裁庭自然也就无义务适用。此外,单边经济制裁无涉合同双方的个人利益,因此不必适用。

事实上,仲裁庭是否负有适用单边经济制裁的义务这一问题并不是非此即彼,仲裁庭不得适用任何一国的单边经济制裁或必须适用所有国家的单边经济制裁这两个极端情形,实践中不太可能出现,也不太合理:前者尽管在消极意义上实现了对各国的平等对待、维护了仲裁庭中立地位,但由于仲裁终究需要法院与其背后的国家公权力的支持,因此仲裁机构不可能完全忽略所有国家的单边经济制裁;后者则更不现实,暂不论各国单边经济制裁的措施可能存在差异或相悖,如此适用任何一国的单边经济制裁限制商事合同的效力,仲裁程序在保障和促进全球贸易方面的价值也会受到质疑。

笔者认为,仲裁庭负有考量相关单边经济制裁的一般义务,但最终应对是否适用及适用方式作出自由裁量。实践中,仲裁庭多会适用准据法中的单边经济制裁,但这不应被视为仲裁庭的义务。强制性规范因其公益属性在一定程度上独立于私人交易之外,因此准据法中的单边强制性规范是否适用应交由仲裁机构最终决定,个人不能因仲裁庭未适用准据法中的单边经济制裁便提出异议。同样,仲裁庭考虑相关单边经济制裁的一般义务足以成为其尊重国家立法的表现,无须悉数考虑仲裁地或可能的执行地的单边经济制裁。仲裁庭的主要目标应是作出法律上正确的裁决,而非可执行的裁决。① 因此,除非法院在承认与执行阶段依据明确证据认定仲裁庭缺乏对现有规则的最低限度的尊重,才可以公共政策为由拒绝承认与执行。否则,即使仲裁庭未在裁决书中论证任何与单边经济制裁相关的事项,也不能认为仲裁庭未履行适用单边经济制裁的义务。

仲裁作为争端解决方式相较于诉讼来说具有自身的特性。于一国法院而言,无论是法院地的强制性规范、准据法中的强制性规范,还是第三国的强制性规范的适用,裁判时均需以本国利益及公共政策出发。如我国法院在经济制裁类涉外案件中,需适用《中华人民共和国反外国制裁法》,并考虑《阻断外国法律和措施不当域外适用办法》的公共政策内涵。这是法院权力来自国家并代表国家行使的应有之义。而仲裁的内核是意思自治,从仲裁机构的管辖权到法律适用,再到承认与执行,

---

① See Marc Blessing, *Impact of the Extraterritorial Application of Mandatory Rules of Law on International Contracts*, Basel, Helbing & Lichtenhahn Verlag, 1999, p. 60.

均受当事人意思自治的影响。因此,仲裁庭本身无遵守特定国家强制性规范的义务,并且遵守特定国家强制性规范有时还会产生违背当事人对仲裁的期待的情形。但仲裁机构也并非必须完全遵循当事人意愿。在当事人未提及适用单边经济制裁时,仲裁机构可自由裁量是否适用单边经济制裁;在当事人明确排除单边经济制裁时,仲裁机构也只应在一定范围内尊重当事人选择。这是因为,如果完全尊重当事人选择,仲裁机构相当于间接地支持了当事人追求不道德目标的合同。

三、仲裁庭所适用单边经济制裁的确定

在确定仲裁庭有权能且有义务适用单边经济制裁的基础上,仲裁庭需处理如何确定具体适用的单边经济制裁这一难题。各国单边经济制裁(反制裁)均基于自身的强制性规范属性主张在自身规定的适用范围内得以适用。但因其适用范围的广泛性,多国单边经济制裁同时要求适用于某一具体案件的情况并不罕见。仲裁机构常需处理此方面敏感又颇具争议的不同国家间法律冲突,若处理不当,仲裁裁决将难以被各国承认与执行。

在此种艰难的抉择压力下,仲裁机构更需坚守自身的中立立场、维护当事人利益,同时坚守国际合作和多边主义、支持国际贸易。这决定了仲裁机构不应以国家实力和个人利益为导向对各国单边经济制裁措施作出价值判断,而应立足客观的规则作出裁断。即使这可能会导致仲裁庭在个案中无法适用某特定国家的经济制裁规则,但从长期来看只有如此,国际商事仲裁才能赢得各国的支持以及当事人的信赖。

仲裁庭在决定案件实体内容适用法律的规则上,有直接适用相关实体法(统一国际实体法或法院地直接适用的法)与通过冲突法的方法确定适用的法律两种方式。对于强制性规范如何适用,实践中大致形成了优先适用准据法中的强制性规范,对于其他来源的强制性规范则根据一定规则进行选择适用的习惯做法。本文便遵循这一习惯做法,结合单边经济制裁的具体语境,在诸多不同的解决方式中寻找最优解。

(一)优先适用准据法所属法域的单边经济制裁

直接适用准据法所属法域的强制性规范已成为多数仲裁庭的实践,并被部分学者认为是确定的规则。① 作为强制性规范的单边经济制裁应遵循同样的适用规则,主要是因为准据法中不具强制性的私法规范与强制性规范为一整体,一般情况下当

---

① See Karl-Heinz Bockstiegel, *Applicable Law in Disputes Concerning Economic Sanctions: A Procedural Framework for Arbitral Tribunals*, Arbitration International 30, 2014, p.609.

事人不能只默示选择适用准据法中的不具强制性的私法规范,仲裁庭也不应人为分离现存的规则。这意味着,作出准据法优先适用的论断并非基于当事人意思自治。因此,即使当事人选择法律时并无适用该法律中的经济制裁的预期,或是准据法由仲裁庭决定,甚至当事人明确排除了准据法中强制性规范,也无法改变准据法中的经济制裁规则应优先适用的结论。这是因为,当事人合意难以确定,且将具有强制性规范属性的经济制裁的适用建立在当事人意愿基础上,也不符合强制性规范应有之义。

对于准据法强制性规范优先适用提出的质疑主要为,具有公法性质的强制性规范的适用应与案件具有密切联系,而与其是否为准据法或非准据法所属法域无关,[①] 因为并没有足够的依据证明准据法的强制性规范有特殊重要性。但事实上,在大多数情况下,准据法中的强制性规范往往与案件联系紧密。这一观点正为优先适用准据法所属法域的经济制裁提供了补充依据。

需要注意的是,部分强制性规范可能因违反跨国公共政策在司法审查时被撤销或拒绝承认与执行。对于此类违反跨国公共政策的单边经济制裁,则不能优先适用。

(二)非准据法所属法域的单边经济制裁的适用规则

非准据法所属法域的单边经济制裁不具有准据法所属法域的单边经济制裁的特殊意义,因此仲裁庭对是否适用此类经济制裁规则存在更大分歧,对此类规则的性质认定会直接影响其适用。

1. 非准据法所属法域单边经济制裁的性质认定

非准据法所属法域的强制性规范的性质认定有"事实说"和"法律说"之争。根据"事实说"(*datum*),单边经济制裁应当被认定为事实,应当在实体法适用阶段来"考虑",而不作为法律规范"适用",仲裁庭需要判断的是单边经济制裁的实施效果是否构成合同准据法所属法域中的不道德、不合法、与公共秩序相悖或是不可抗力情形等。[②] "法律说"则主张应承认单边经济制裁的法律性质,并利用国际私法规则判断应否"适用"相关单边经济制裁规则。[③] 发展于"事实说"与"法律说"基础上的

① See Tamas Szabados, *Economic Sanctions in EU Private International Law*, Hart Publishing, 2019, p. 181 – 182.

② See Van Houtte, *Trade Sanctions and Arbitration*, International Business Lawyer 25, 1997, p. 167.

③ See Mercedeh Azeredo Da Silveira, *Trade Sanctions and International Sales: An Inquiry into International Arbitration and Commercial Litigation*, Alphen aan den Rijn, Kluwer International Law, 2014, p. 59 – 62.

"混合说"则基于强制性规范的特征分别进行定性。如有观点提出,对于影响合同履行的强制性规范,仲裁庭只需予以考虑而不必适用,如外汇管制、经济制裁等规范;对于竞争法等强制性规范,才应予以直接适用。① 这被进一步归纳为:若强制性规范能决定合同效力、为合同终止提供正当法律基础且属于跨国公共政策,则应作为法律适用。若强制性规范难以被认定为跨国公共政策,或强制性规范的存在仅产生了不可抗力、艰难情势或者其他免于履行合同义务的事由,则应作为事实。② 具体到单边经济制裁,由于其很难被认定为跨国公共政策,因此无论根据"混合说"还是"事实说",单边经济制裁在性质上都被认定为是"事实"而非"法律"。此外,还有持"补充说"的学者认为,无论仲裁庭在适用强制性规范上存在何种争议,将强制性规范视为不可抗力因素都不存在异议,因此即使单边经济制裁不能直接适用,也仍然可以视作不可抗力进行考虑。③

比较而言,笔者认为"法律说"更为可取。实践中,"法律说"与"事实说"产生的结果往往相同,但"法律说"的论理更加充分。"事实说"将重点从判断单边经济制裁适用的条件是否成就④转移为判断单边经济制裁是否构成准据法下的免责事由。从表面上来看,"事实说"因无须仲裁庭判断赋予何国单边经济制裁以适用效力,似乎更符合仲裁庭中立性的要求,但事实上仲裁庭无法真正回避该问题。

单边经济制裁的高度政治性决定了仲裁庭无法将其作为普通事实来认定其是否符合一般道德或是否构成免责事由。在面对彼此冲突的多国单边经济制裁时,仲裁庭仍要决定以哪一国单边经济制裁构成免责事由,这个过程仍需要适用国际私法规范。如果仲裁庭不适用国际私法规范,仅仅基于合同落入某项单边经济制裁适用范围的事实就选择适用,或是仅考虑适用执行力较强的单边经济制裁,抑或认为只有更为严重的制裁后果才更能构成免责事由进而根据单边经济制裁措施的严厉程度判断适用与否,都将对国际贸易的稳定性与可预期性产生恶劣影响,并破坏当事人之间的利益平衡。此外,利用准据法规则在事实层面考虑单边经济制裁的适用,

---

① See Pierre Mayer, *Mandatory Rules of Law in International Arbitration*, Arbitration International 2, 1986, p. 281 – 282. National Oil Corp. v. Libyan Sun Oil Co., 733 F. Supp. 800 (D. Del. 1990).

② See Christoph Brunner, *Force Majeure and Hardship under General Contract Principles: Exemption for Non-performance in International Arbitration*, Alphen aan den Rijn, Kluwer International Law, 2008, p. 272 – 273.

③ See Andrew Barraclough and Jeff Waincymer, *Mandatory Rules of Law in International Commercial Arbitration*, Melbourne Journal of International Law 6, 2005, p. 218.

④ See Tamas Szabados, *Economic Sanctions in EU Private International Law*, Hart Publishing, 2019, p. 44.

也将带来不利影响。这将导致单边经济制裁的适用不可避免地受到准据法的影响，当事人可能有意选择特定的准据法来避免单边经济制裁被认定为有关事实，从而规避特定制裁规则的适用。此外，单边经济制裁不能依其自身所明确的规范内容约束有关合同，而要受到来自非制裁国的准据法的限制。这将导致制裁国的经济制裁效力由他国法律赋予，而非由其自身产生。因此，将单边经济制裁规则认定为法律，直接在法律适用阶段予以考虑更为合理。

2. 适用非准据法所属法域单边经济制裁的路径比较

实践中，考虑当事人意思自治与单边经济制裁背后的国家利益，以及仲裁的稳定性和可预测性、效率、裁决公正、裁决的可执行、国家的支持、仲裁庭自由裁量等诸多要素，仲裁庭已建立起四种选择适用强制性规范的路径：

第一种为"跨国公共政策路径"。只有在强制性规范属于跨国公共政策时，方能作为法律适用，以此促进仲裁裁决的确定性，并对仲裁员忽略当事人合意的场景进行正当的限制，①否则有超越当事人授权范围之嫌。该路径背后的逻辑是，仲裁作为一种"跨国司法体系"不必对任一特定国家的公共利益负责，而仅需要考虑具有跨国属性的公共政策，同时出于对当事人意思自治的尊重，仲裁员应对适用强制性规范持格外谨慎的态度。② 根据这一观点，非准据法所属法域的单边经济制裁由于不属于跨国公共政策而无法得到适用。然而，该观点有过度理想化之嫌。因为"跨国公共政策"的认定标准比较严格，很难在国际层面确定某项原则的普遍性。仲裁庭若以此为由不适用非跨国公共政策的强制性规范，那么各国对于涉经济制裁争议的可仲裁性认定将日趋保守，这将对仲裁长期的存在及其合法性产生不利影响。

第二种为"实用主义路径"，主张仲裁地、裁决执行地或履行地的强制性规范应得到适用，但往往与其他路径组合提出。不同学者对于具体适用何地的强制性规范存在分歧：有的学者主张应适用仲裁地强制性规范，否则仲裁裁决可能被仲裁地法院撤销；③有的学者主张应适用预期执行地的强制性规范，否则裁决可能被拒绝承认

---

① See Jan Kleinheisterkamp, *The Impact of Internationally Mandatory Laws on the Enforceability of Arbitration Agreement*, World Arbitration and Mediation Review 3, 2009, p. 91, 93.

② See Taejoon Ahn, *The Applicability of Economic Sanctions to the Merits in International Arbitration Proceedings: With a Focus on the Dynamics between Public International Law Principles, Private International Law Rules and International Arbitration Theories*, Pepperdine Dispute Resolution Law Journal 18, 2018, p. 306 – 307.

③ See Gary Born, *International Commercial Arbitration*, 3rd edition, Alphen aan den Rijn, Kluwer Law International, 2021, p. 2918 – 2921；桑远棵：《国际商事仲裁中强制性规范的适用研究》，载《国际法研究》2020 年第 4 期。

与执行,这是对仲裁庭和当事人均属不利的结果;①有的学者则认为仲裁地与裁决执行地集中体现了当事人的意思自治,②强行要求当事人履行违反其中任何单边经济制裁规则的合同既不实际也不道德。③ 欧盟《关于合同之债法律适用的第 593/2008 号条例》(以下简称《罗马条例Ⅰ》)第 9 条第 3 款也规定,合同履行地法律中的强制性规范在符合特定条件时也应予适用。④ 该条款同时规定了几个颇有法律意义的地域,但缺乏灵活性,可能导致对其他地域法律的忽略,同时存在执行地难以确定等弊端。

第三种为"合理期待标准",将重点置于当事人的合理及合法期待上,⑤认为原则上应尊重当事人所选法律中的强制性规范。若当事人未选法律,仲裁庭在确定准据法时应考虑拟适用法律背后的公共政策是否符合当事人合同中体现的期待,只有符合时才应选定该准据法并适用其强制性规范。此外,履行地的强制性规范应视为符合当事人的合理期待,执行地和仲裁地法律可作参考,但无须在裁决中显现。然而,此路径极为模糊,面临难以判断当事人是否持有期待以及该期待是否合理等问题,过于偏向当事人意思自治而忽略了仲裁司法性的一面。

第四种为"冲突法标准",主张仲裁庭应同法院处理法律冲突一样,首先确定是否存在真实冲突,其次确定适用仲裁地的冲突规范或是国际冲突规范,最后根据冲突规范确定强制性规范的适用。⑥ 事实上,因为现存的关于适用强制性规范的冲突规则有限,该理论基本导向同一结果:适用欧盟《关于合同之债法律适用的公约》(以下简称《罗马公约》)以及类似的瑞士《关于国际私法的联邦法》⑦条款来确定具

① 参见张潇剑:《强行法在国际商事仲裁中的适用》,载《现代法学》2006 年第 1 期。

② See Nobumichi Teramura, *Ex Aequo et Bono as a Response to the "Over-Judicialisation" of International Commercial Arbitration*, in Alphen aan den Rijn, Kluwer Law International BV, 2020, p. 171 – 174.

③ See Daniel Hochstrasser, *Choice of Law and Foreign Mandatory Rules of Law in International Arbitration*, Journal of International Arbitration 11, 1994, p. 86.

④ Regulation (EC) No. 593/2008 of the European Parliament and of the Council of 17 June 2008 on the law applicable to contractual obligations (Rome I), Art 9 (3).

⑤ See Yves Derains, *Public Policy and the Law Applicable to the Dispute in International Arbitration*, in Pieter Sanders ed., *Comparative Arbitration Practice and Public Policy in Arbitration*, Alphen aan den Rijn, Kluwer Law & Taxation Publishers, 1987, p. 227, 244.

⑥ 也有学者主张法院和仲裁庭解决争议的角色和功能相似,因此仲裁机构可以直接借鉴法院的做法,类推适用《罗马公约》及《罗马条例Ⅰ》的规定。See Mercedeh Azeredo Da Silveira, *Trade Sanctions and International Sales: An Inquiry into International Arbitration and Commercial Litigation*, in Alphen aan den Rijn, Kluwer International Law, 2014, p. 134.

⑦ 参见邹国勇译注:《外国国际私法立法选译》,武汉大学出版社 2017 年版,第 380 页。

体适用的强制性规范。《罗马公约》第7条第1款采取了“密切联系”标准,允许法院在外国强制性规范与特定案件具有密切联系的情况予以适用,而无论合同准据法为何,因此该路径被称为“特定联系理论”(Special Connection Theory)。此处的“外国强制性规范”在国际商事仲裁语境中常被理解为所有的强制性规范。① 此路径中适用强制性规范的特定条件包括:强制性规范目的合法、仲裁庭的适用对于实现该目的而言必要且成比例、合同争议和强制性规范所属国之间存在密切联系、规范具有强制性以及该规范的适用会产生更优经济利益。这些条件与单边经济制裁具有良好适配性,既能够调和经济制裁因政治性强、共识有限而导致的国际合法性问题,又可兼容“联系”这一国际私法上的判断标准,同时还将当事人利益、裁决的执行等现实因素纳入考虑范围。

但借助冲突规则确定应适用的单边经济制裁的做法经常引起争议,不仅难以就适用何地冲突规则论证说理,②而且冲突规范是否适合于处理单边经济制裁也存在疑问,因为冲突规范以“礼让”作为其核心与精髓,但“礼让”的判断却具有模糊性、不确定性和国别差异。③ 因此,笔者主张,既然仲裁庭在决定适用法律方面具有较高的自由裁量权,则可绕开冲突规则,转而借鉴冲突法中所考虑的各项实质因素,在此基础上构建专门的适用单边经济制裁的框架与模式。

3. 适用非准据法所属法域单边经济制裁的路径构建

结合冲突法中的考虑因素、单边经济制裁事项以及国际商事仲裁机构主体的特点,仲裁庭在决定适用的单边经济制裁时应进行以下三项判断:

第一项是目的判断。仲裁庭需着重考虑单边经济制裁的目的合法性。由于目的合法性背后的基础是对整个国际社会利益的考量,而国际规则为此提供了较为客观的标准,因此商事仲裁机构应根据国际规则认定单边经济制裁的目的合法性,具体包括国际条约中的规则、习惯国际法中的管辖权规则、不干涉原则以及国家责任法等。④ 此外,由于不同的仲裁机构对这些规则的解释存在差异,而国际层面是否存

---

① 关于国际商事仲裁中,合同准据法所属法域的经济制裁应优先适用问题,前文已有阐述。

② See Beda Wortmann, *Choice of Law by Arbitrators: The Applicable Conflict of Laws System*, Arbitration International 14, 1998, p. 106 - 108.

③ See Naimeh Masumy and Niyati Ahuja, *Divergence from Conflict-of-Law Analysis: The Need for a Coherent Standard of Review for Economic Sanctions in International Arbitration*, in Stavros Brekoulakis ed., *Arbitration: The International Journal of Arbitration, Mediation and Dispute Management*, Alphen aan den Rijn; London, Kluwer Law International; Sweet & Maxwell, 2021, p. 25 - 44.

④ 参见张辉:《单边制裁是否具有合法性:一个框架性分析》,载《中国法学》2022年第3期。

在相关决议、其他国家对单边经济制裁措施的反应、国际机构是否存在相应的裁决等应成为事实性的判断标准。此外,目的内容本身也是其合法性判断的辅助因素,对于基于人权与人道、为保障自身竞争优势等理由实施的制裁,适用时应格外慎重。

第二项是联系判断。尽管目前尚不存在判断单边经济制裁与争议之间的联系的一般性标准,但基于单边经济制裁不同于私法而常常规定自身的适用范围的事实,可以总结出单边经济制裁与国际商事争议可能存在的三个维度的联系:一是与合同有关的联系,如制裁国为合同的缔结地、履行地等;二是与仲裁有关的联系,如制裁国为仲裁地、仲裁裁决的预期承认与执行地等;三是单边经济制裁只因自身的适用范围而与争议产生联系,如某个案当事人为经济制裁的对象。本文认为,应以符合单边经济制裁自身的适用范围作为联系判断的必要标准,同时应把合同履行地等作为重要的判断标准。这是因为制裁措施与在制裁国履行的合同联系密切。这也是《罗马条例Ⅰ》第9条限缩至只适用履行地的强制性规范的原因。然而,仲裁地与裁决预期承认与执行地不应单独作为认定密切联系的标准。此外,也可参考以下联系判断标准:一是争议合同涉及的货物被禁止进口至制裁国或者从制裁国出口;二是当事人一方为履行其义务,必须在制裁国采取特定的措施。①

在判断是否存在联系时,尤其在当事人由于单边经济制裁的模糊性而过度合规的情况下,仲裁庭应采取从严认定的取向。若单边经济制裁本身适用范围很广,甚至规定任何使用了制裁国的货币清算机制的交易都属于制裁范围,则应认定这样的联系不构成密切联系。

第三项是结果判断。就此,仲裁庭应作出以下三方面的考虑:一是不适用单边经济制裁时对制裁国以及其他国家的影响;二是单边经济制裁包含了哪些针对当事人的具体惩罚措施,若是规定了刑事措施或是其他严厉的行政措施,则应该谨慎考虑;三是适用或不适用单边经济制裁是否会影响裁决的预期执行,对于预期执行国较少甚至唯一的情况,如果考虑到预期执行国可能对于仲裁庭的法律适用进行审查或对公共政策进行宽泛解释,则仲裁庭可能需要着重考量其相关制裁的适用。

四、结论

综上,在国际商事仲裁庭适用单边经济制裁的问题上,需解决仲裁庭是否具有适用的权能与义务以及如何确定应适用的单边经济制裁这两个核心问题。对此,应

---

① See Mercedeh Azeredo Da Silveira, *Trade Sanctions and International Sales: An Inquiry into International Arbitration and Commercial Litigation*, in Alphen aan den Rijn, Kluwer International Law, 2014, p. 259.

充分认识到单边经济制裁介入商事纠纷的方式虽然简单而直接——不提供诉因以及规则本身不涉及私人利益，但不同于其他强制性规范，其本身颇具复杂性——制裁手段多样、适用范围广泛、具有一定的模糊性与变动性且欠缺国际共识。

笔者主张，在一般情况下应认为仲裁庭具有适用单边经济制裁的权能，但当事人选择仲裁是为了故意逃避本应适用的制裁措施的除外。同时，仲裁庭负有适用单边经济制裁的一般义务，但不负有必须适用某特定的单边经济制裁的义务，适用何种单边经济制裁应属仲裁庭自由裁量的事项。

为提高仲裁庭适用单边经济制裁的合理性，本文认为，准据法所属法域的单边经济制裁应优先适用；对于非准据法所属法域的单边经济制裁，则应在将其认定为“法律”的基础上，无须借助具体的冲突规则，而要构建直接适用单边经济制裁的框架。在构建该框架时，具体考量的因素应包括单边经济制裁的目的合法性、单边经济制裁与争议之间的联系、适用与不适用单边经济制裁结果的比较等。

体育法研究

论奥运会赛事仲裁的解释规则

——以冬奥仲裁为中心的考察*

黄 晖**

规则解释是影响乃至决定CAS仲裁裁决的重要因素。规则解释决定于解释规则,解释规则作为法律适用的范畴继而决定于CAS仲裁准据法。考察CAS奥运会赛事仲裁实践,其解释规则凸显出特定的变迁轨迹,从注重探究立法者意图,历经立足文本相对方的信任而应有的客观理解,最终又落足于不利于立法者的相反推定。在这一钟摆式演变之旅中,禁反言作为调节规则从正反两面对CAS赛事仲裁中的规则解释予以调适,过滤其中的反常和荒谬解释结论,确保规则解释符合体育领域的情、理、法。我国应把握CAS解释规则起、落、转、承的进化脉络及节点性先例,立足规则解释的仲裁制高点,善用和妙用解释规则,成就我国在竞技体育赛事中"赛内赢得干净、赛外赢得正义"的双赢局面。

一、引言:从孙杨案谈起

国际体育仲裁院(Court of Arbitration for Sport,CAS)就孙杨案作出令人瞩目的裁决,①变动的是裁决,不变的焦点是案件仲裁中的规则解释,即案涉取样授权"their authority"究竟应解释为"一人一授权",还是"一次一授权"。② 仲裁庭的解释规则是

* 本文系2022年度法治建设与法学理论研究部级科研项目"多法统筹下体育仲裁机制构建重大问题研究"(项目编号:22SFB3032)的阶段性成果。

** 重庆大学法学院副教授、博士研究生导师,体育法治研究所主任。

① World Anti-Doping Agency v. Sun Yang & Fédération Internationale de Natation (CAS 2019/A/6148).

② 参见张春良等:《国际反兴奋剂争端解决专题研究:以WADA v. Sun Yang & FINA为视角》,厦门大学出版社2021年版,第183页。

决定CAS重新仲裁作出何种裁决的关键。解释规则对裁决的影响,从国际泳联(Fédération Internationale de Natation,FINA)内部专家小组的裁决到CAS第一次仲裁裁决之反转,即可见证。如果说CAS首次裁决是若干因素的综合结果,那么规则解释无疑是开启该综合结果的因果链条上的第一因,构成左右案件胜败的制高点。一切过往,皆为序章。尽管该案业已尘埃落定,但本文之旨趣希图穿透式地把握CAS解释规则。唯有拾起CAS仲裁中解释规则这一“批判的武器”才能在体育世界最高法庭中“为权利而斗争”,最终实现我国竞技体育“赛内赢得干净、赛外赢得正义”的双赢局面。

二、CAS冬奥赛事仲裁中的规则解释:法效与对象

(一)规则解释的法律效果

1.个案制胜之胜负手

影响CAS冬奥仲裁裁决输出的因素众多,但概括而言无外乎有三:一是管辖权问题。管辖权历来为讼家必争之地,但管辖权问题因当代CAS仲裁条款日益获得各国司法支持,可裁量利用的空间益发收窄。二是事实认定问题。事实认定是个案胜败的基础,但在进入CAS仲裁之后,案件事实就已经成为尘封的史实,对裁决的输出而言成为不可改变的常量因素。三是法律适用问题。法律适用是进入仲裁后决定个案胜败的根本性的变量因素。在CAS冬奥仲裁语境中,主要涉及实体问题、程序问题和仲裁条款问题三大类型的法律适用,因此也从管辖权、实体和程序等方面完整地影响案件的走势。从上述三因素来看,法律适用无疑是最具决定意义的因素,不仅因为它是唯一的完整覆盖并影响CAS仲裁各方面的因素,而且因为它相对于其他两个因素而言更具裁量空间,从而是对案件仲裁结果的输出更具影响的变量因素。规则解释作为法律适用的核心组成部分,尤其影响规则的弹性适用。一般而言,如果所适用的规则存在明晰规定,则无规则解释的必要;只有存在规则漏洞或模糊之处,规则解释作为填补漏洞或规则续造之路径才会发挥重要作用。CAS冬奥仲裁中的疑难案件往往与规则瑕疵或不尽明确之处有关,对其如何解释将成为决定CAS裁决走向的分水岭。

2.真正意义上的一裁终局

CAS仲裁采取一裁终局制,从法理上来说,管辖权、实体和程序问题在经CAS仲裁庭裁决后均产生终局性的法律效力。然而从广义上来说,在后裁决阶段,包括CAS重新仲裁裁决,当事人仍然有机会依法向CAS仲裁地的瑞士联邦最高法庭提起撤销裁决的司法审查程序。按照瑞士《关于国际私法的联邦法》(Switzerland's

Private International Law Act)的规定,其对国际仲裁裁决的司法审查限于管辖权、程序和公共政策问题。[①] 这种非实体审查的司法监督机制意味着 CAS 仲裁中的实体问题将被瑞士联邦最高法庭排除出司法审查的视野,构成司法审查的“死角”。因此相应的法律效果是,CAS 冬奥仲裁的实体问题成为“三大板块”中“豁免于”司法审查、具有真正一裁终局效力的要素。规则解释,特别是本文所主要论述的实体规则解释,是保留给 CAS 仲裁庭最终决断的领域。换言之,CAS 裁决一旦完成对实体规则的解释,就成为最终的定案,CAS 仲裁庭而非瑞士联邦最高法庭是这一问题最高和最后的主宰者。

3. 形成创制国际体育法的先例

CAS 仲裁具有不同于商事仲裁的一个突出特征是其对仲裁裁决一致性的倚重,这被认为是由国际体育领域的内在属性所决定的。在一则 CAS 冬奥会赛事仲裁中,仲裁庭明确指出:“体育中的一致性原则是一个有组织——特别是国际层面的——体育的显著特征。为了在国际层面进行体育竞赛比较,竞技必须根据相同和统一规则进行。规则和裁决的一致性因此是国际体育的实质特征。”[②]CAS 通过“先例之手”在很大程度上促进裁决的一致并推动统一体育规则的累积成形,[③]迄今鲜少有 CAS 仲裁庭在其裁决中不提及先例的,体育界也公认存在所谓的 CAS 判例法理(jurisprudence)。[④] 从这一角度来看,无论是 CAS 仲裁庭对实体规则的解释,还是由此形成的解释规则,一旦形成先例,仲裁庭的规则解释就不仅具有决胜个案的具体意义,而且具有超越个案的、一般的造法功效,影响深远。

(二)规则解释的对象厘定

1. 冬奥赛事仲裁适用的实体规则

实体规则,是指 CAS 仲裁所适用的准据法。此处所指的冬奥赛事仲裁主要是指冬奥项目在常规赛事中的上诉仲裁和冬奥会期间的特设仲裁。就前者而言,规范 CAS 上诉仲裁准据法的条款是《与体育相关的仲裁法典》第 R58 条,该条规定应适用相关体育组织的条例,并辅助适用当事人选择的规则;当事人没有选择的,则适用作出被上诉决定的相关体育协会、组织或相关体育机构住所地国法,或者在附具理

---

① Art. 190 (2), Switzerland's Private International Law Act.

② Stichting Anti-Doping Autoriteit Nederland (NADO) & the Koninklijke Nederlandsche Schaatsenrijders Bond (KNSB) v. W. (CAS 2010/A/2311 & 2312).

③ 参见杨秀清:《先例在国际体育仲裁法律适用中的指引作用探析》,载《体育科学》2014 年第 1 期。

④ See Leonardo V. P. de Oliveira, *Lex Sportiva as the Contractual Governing Law*, The International Sports Law Journal 17, 2017, p. 101.

由的前提下适用仲裁庭认为适当的法律规则。就后者而言,规范CAS冬奥会特设仲裁法律适用的条款是《奥运会仲裁规则》第17条。该条规定应适用的规则包括《奥林匹克宪章》(Olympic Charter)、应适用的条例,以及仲裁庭认为适当的一般法律原则和法律规则。据此,CAS冬奥赛事仲裁中所解释的规则对象包括:(1)《奥林匹克宪章》和应适用的各体育组织条例,这是主要解释对象;(2)当事人选择的法律、相关体育机构住所地法或仲裁庭认为适当的一般法律原则,这是次级解释对象。

对于上述准据法类型,在实践中极少存在当事人另行选法的情形,因此,CAS仲裁庭在冬奥赛事仲裁实践中绝大多数情形下主要涉及对三类规则的解释:第一类是应适用的、相关体育机构的章程条例;第二类则是瑞士法律,具有仲裁地法和相关体育机构住所地法的双重身份;第三类则是一般法律原则。

2. 冬奥赛事仲裁解释对象的层次

进一步探究CAS冬奥赛事仲裁所适用的准据法,可以发现其存在二元分化的层次:一方面,以国际奥委会(International Olympic Committee, IOC)的《奥林匹克宪章》为代表的规则,包括但不限于各国际单项体育协会(IF)、世界反兴奋剂机构(World Anti-Doping Agency, WADA)等国际体育组织内部及彼此之间的章程、法规、条例或其他规则等,在本质属于契约范畴。另一方面,当事人选择法律、瑞士法律和仲裁庭认为适当的一般法律原则,属于典型的法定规则。

此种规则的层次划分,就其影响规则解释的意义而言,主要有:

(1)在法律定性上,根据CAS相关仲裁规则的规定,也是瑞士联邦最高法庭在司法审查中所接受的立场,这些法定规则和约定规则均构成CAS冬奥会类赛事仲裁的准据法,属于规则解释的对象。

(2)约定规则与法定规则构成法律适用和解释上的明示条款(express clause)与默示条款(implied clause)的关系。按照这一关系定位,各体育机构的章程条例等约定规则作为明示条款优先于瑞士法律等默示条款的适用,除非前者违背后者的强制性规定和公共政策。

(3)当约定条款本身存在规则漏洞或含义模糊之处,应适用哪些解释规则,以及如何根据这些解释规则确定约定条款的含义,其作为法律适用问题应由准据法中的法定规则确定。

(4)据上,关于CAS冬奥赛事仲裁中的规则解释具有双重含义:既包括根据法定规则解释约定规则,也包括根据法定规则解释其自身的情形。在CAS仲裁实践中,由于更多涉及对作为明示条款的体育组织的章程条例等进行解释,因此,依据法定规则中的解释规则对约定规则进行解释,构成 CAS 冬奥赛事仲裁中的主要解释现象。与此相应,主要的解释对象也就是各体育组织的章程条例等约定规则。

(5)对规则的解释结果决定于 CAS 仲裁庭所采用的解释规则,以及如何适用的方式,而这些问题都进一步决定于所适用的法定规则,因此 CAS 冬奥赛事仲裁所适用的法定规则构成规则解释的最终尺度。鉴于 CAS 冬奥赛事仲裁所适用的法定规则主要包括三类,即当事人意思自治选择的法律、绝大多数情形下适用的瑞士法律以及一般法律原则或规则,指导 CAS 仲裁庭在冬奥赛事仲裁中进行规则解释的解释规则,应当聚焦三类法定规则。

(6)在 CAS 冬奥赛事仲裁所适用的三类法定规则中,后两类法定规则相对稳定,因此影响解释规则的变量因素更多的是当事人意思自治选择的法律。由于当事人选择法律不具有可控性,且考察 CAS 冬奥赛事仲裁实践发现,当事人选择法律的情形基本上可以忽略不计,[①]因此,本文将结合仲裁实践,重点根据瑞士法律和仲裁庭所适用的一般法律原则中的解释规则进行考察和分析,尤其是以瑞士法律为中心。这是因为瑞士法律通过三种路径制约着 CAS 冬奥赛事仲裁的规则解释问题:一是通过 CAS 仲裁条款直接被指定为案件准据法,从而以准据法身份规范 CAS 仲裁的规则解释问题;二是通过仲裁庭“认为适当的法律”的自由裁量权予以适用,从而以一般法律原则的身份规范 CAS 仲裁的规则解释问题;[②]三是以仲裁地法身份而予以适用,从而兜底性地规范 CAS 仲裁的规则解释问题。

三、CAS 冬奥赛事仲裁的一般解释规则

CAS 仲裁庭裁决案件所适用的规则作为广义的法律,有关解释的规则也一般地遵循法律解释规则,并被仲裁庭称作一般解释规则。结合 CAS 仲裁实践来看,CAS 冬奥赛事仲裁中仲裁庭较为普遍地援引的一般解释规则主要包括四种类型:文义解释、目的解释、历史解释与体系解释。这些解释规则的适用因具体案件及仲裁庭的不同既有共性之处,也有个性差异。就其共性而言,可概括为如下几点。

(一)基本体系:文义解释与体系解释的搭配

文义解释与体系解释的配对结合是 CAS 冬奥赛事仲裁解释规则的基础。文义解释是以所解释对象的文字含义及“通常使用方式”,同时结合该文字表述所处的语

---

① Michael Rishworth and Luke Laidlaw v. Ski and Snowboard Australia (SSA) (CAS 2014/A/3473).

② Daniela Bauer v. Austrian Olympic Committee (AOC) & Austrian Ski Federation (ASF), CAS ad hoc Division (OG Sochi) 14/001.

境而进行的解释。[①] 这种解释规则被认为是最基础的解释方法。在若干 CAS 仲裁案件中,有关常用单词的解释通常作为当事人的争点和仲裁庭重点解决的问题出现。这些常用单词具有“日用不知”的特性,一旦进入 CAS 仲裁庭审议的视野,其看似清晰稳固的语义就在双方的利益争执中呈现意义的融化现象。例如,如何理解所适用规则中的“and”、“may”[②]、“must”、“or”、“their”[③]等基本单词的含义,这些看似直白无疑的表述却因意义解释成为左右案件最终裁决的旋转门。

但文义解释也必须结合体系解释才能实现。单纯的字、词就是含有多重意义的表意点,表意点的每一重意义就构成一个意义方向,而解释的目的就是要为含有多重意义的表意点确定一个意思方向。此时,就需要另外表意点的参与形成一种彼此意义制约的体系,过滤掉其他无关的意义,最终确定特定体系中该表意点的特定含义。这种体系就其小的层级看就是该表意点所处的语句和段落,就其大的层级看则是其所处的整个规则或法律文件。要言之,文义解释是解释的基础,体系解释则是对文义解释的语义收敛,借助体系所形成的语境固定被解释对象的语义,从而达到精确化被解释对象的意义的目标。

在 2010 年温哥华冬奥会的一则典型案例[④]中,最终争议焦点落脚到如何理解“或者”(or)的意义。在 CAS 看来,IF 有关选拔资格的制度规范是一份法律文件,载有运动员参加冬季奥运必须满足的条件规定。对该文件的解释必须适用一般解释规则,即应按照文件用语的通常含义在文件的上下文语境中、作为一个整体予以考虑。按照这一解释理路,作为一般解释规则,文义解释是基础,关于“or”一词究竟是作“或者”还是作“并且”理解,首先应当检讨其字面含义;进而在上下文语境中,对整个条款乃至整个文件作体系性的整体考虑。以“文义 + 体系”相结合的进路,CAS 仲裁庭对争议条件得出了最终解释结论,即男女子组竞赛的每一个参赛配额应分别满足,而不能合并计算。

进一步而言,有 CAS 冬奥会仲裁裁决明确指出,体系解释优于文义解释。该案

① 参见梁慧星:《民法解释学》(第 4 版),法律出版社 2015 年版,第 216 页。

② Australian Olympic Committee (AOC) v. Fédération Internationale de Bobsleigh et de Tobogganing (FIBT), CAS ad hoc Division (OG Turin) 06/010.

③ World Anti-Doping Agency v. Sun Yang & Fédération Internationale de Natation (CAS 2019/A/6148).

④ Virgin Islands Olympic Committee (VIOC) v. International Olympic Committee (IOC), CAS ad hoc Division (OG Vancouver) 10/003.

件[1]涉及的争点问题之一是关于参赛资格的“提名标准”(nomination criteria)中的“比例”解释问题。仲裁庭认为:第一,文义解释是基本规则,契约中的用语应该被赋予自然的含义。第二,但体系解释更为重要,文义解释规则并不意味着必须赋予被解释对象字面意义或字典意义,不能孤立地考虑合同用语,而应从整个合同的上下文予以考虑。第三,根据上述解释规则,该案中所涉争议的“提名标准”是指在适格运动员之间进行比较,并根据彼此竞赛确定排名顺序,换言之,“提名标准”的文义是寻求在“苹果与苹果”之间比较,而不是“苹果与橘子”之间进行比较。

在一些 CAS 仲裁案件中,仲裁庭甚至还超越被解释对象的文字含义,以体系解释的结论作为裁决标准。例如,在上文所提的孙杨案中,最重要的争议焦点之一是如何理解 FINA 兴奋剂控制规则中采样程序所要求的主检官、尿检助理和血检助理的采样授权是仅需一份授权,还是需要三份独立授权。被申请人以所涉规则中的“他们”(their)的表述为依据,主张三人应分别持有分开的独立授权书,申请人则立场相反。虽然在 FINA 内部争议解决程序中,第一被申请人的立场被采纳,但 CAS 仲裁庭最终认为“他们”(their)这一表述应当是指一份授权书即可。仲裁庭在如此解释时更多地从该表述所处段落、其他相关段落,以及整个文件的体系角度进行。这就使体系解释获得到了比文义解释更高的地位和力量。

此外,体系解释还要求在相关联的文件中进行有逻辑的、彼此协调一致的解释。在另一则冬奥会赛事仲裁中,仲裁庭指出案涉规则的解释问题:“已经签署《世界反兴奋剂条例》(World Anti-Doping Code,WADC)的 IFs 必须采用和实施与 WADC 一致的反兴奋剂政策和规则,并且作为会员条件要求各国家体育协会(National Federation,NF)的政策、规则和项目与 WADC 一致;在这方面,IFs 必须根据对 WADA 的承诺调整其法律秩序。如果没有进行这样的调整,IFs 规则必须在适用时被解释为 IFs 符合 WADC 的规定。”[2]

(二)重要辅助:目的解释与历史解释的结合

目的解释和历史解释是重要的辅助解释规则。目的解释要求探究相关规则的“立法目的”,具体而言也就是“立法者目的”。目的解释本身也是一个具有历史偏向的解释方式,真正的解释应当是一种历史性的:“每一时代都必须按照它自己的方

---

① Daniel Walker v. Australian Biathlon Association (CAS 2011/A/2590).

② World Anti-doping Agency (WADA) v. International Ice Hockey Federation (IIHF) & Florian Busch (CAS 2008/A/1564).

式来理解历史传承下来的文本,因为这文本是属于整个传统的一部分。"①这一观点不可避免地将规则的解释活动纳入时间维度,对规则文本的解释将内在地要求考虑"与时俱变"的问题。由此,目的解释自然地与历史解释相关联,也构成 CAS 仲裁庭在解释规则时依赖的重要辅助方法。

在一个代表性案例中,②核心争点是国际冰球联合会(International Ice Hockey Federation,IIHF)和相关国家协会之间的协议备忘录的解释问题。事涉条款是第 3.1.2 条之规定:"如果运动员'返回'(return)其之前的 IIHF 球队……应立即向其转出的球队退回相关报酬的 50%……"为确定双方当事人的立场对错,仲裁庭不得不考察备忘录中的一系列关键词,最终得出结论认为:第一,从文义解释角度来看,"返回"一词与其他用语都具有某种形式的法律特征不同,其本身更具有中立性,因此也涵盖了更一般的事实情境而非法律观念。中立性的用语意味着争议中的条款强调得更多的是实际的事实情境,而非运动员可能的法律地位。第二,对"返回"一词的上述立场并非与相关利益关系方有关"维持良好的体育秩序"的总体意愿不一致,被申请人的解释并不违背备忘录的内容,也不违背 IIHL 等体育组织所设立的契约性框架的内容。

从双方当事人及仲裁庭有关规则解释的立场来看,这突出了历史解释和目的解释的重要性,并将其称作"附加的"(additional)解释方式。不过仲裁庭更为倚重的是目的解释,强调对关键词和条款的解释不能违背相关体育组织的"总体意愿"、备忘录的内容以及各体育组织建构的契约性框架的内容。这些意愿、内容本质上就是立法目的。

同样的解释思路和规则也体现在索契冬奥会特设仲裁庭仲裁的另一案例③中,目的解释与历史解释相结合的方法在仲裁庭的解释理路中凸显得更为清晰。仲裁庭明确指出:对于法律的解释必须更客观,而且总是从规则的用语出发;审判机关必须考虑规则的含义,关注所使用的语言、合适的语法和句法规则;不仅如此,裁决机关还需要进一步识别规则起草机构的意愿,该机构也可以考虑阐明其起源的历史背景,以及特定规则所处位置的整个规范语境。

---

① [德]汉斯-格奥尔格·伽达默尔:《真理与方法》(上),洪汉鼎译,商务印书馆 2007 年版,第 421 页。

② Finnish Ice Hockey Association v. International Ice Hockey Federation (IIHF) (CAS 2004/A/757).

③ Alpine Canada Alpin (ACA), Canadian Olympic Committee (COC) & Olympic Committee of Slovenia (OCS) v. International Ski Federation (FIS) & International Olympic Committee (IOC), CAS ad hoc Division (OG Sochi) 14/004 &005.

四、CAS 冬奥赛事仲裁解释规则的变奏:信任原则

在 CAS 仲裁的一般解释规则中,对文义原有含义的追求,体现了解释中较为鲜明的主观倾向;强调从目的和历史角度进行解释,又展示了 CAS 仲裁准备走出解释的主观而偏向客观维度的态势。随着 CAS 仲裁实践的进一步发展,“信任原则”(principle of confidence)作为更为偏向客观的解释规则进入仲裁庭的裁决说理之中。考察 CAS 相关仲裁实践,“信任原则”的适用又分化为积极和消极两种方式。

(一)积极适用方式:从明确到深化

1. 信任原则的明确化

从积极适用的方式来看,较早和较为通透地展示仲裁庭解释中的“信任原则”的是冰球运动中的一个案例①。该案在有关解释问题上的层次,可概括为如下三个递进的解释立场:(1)文义解释是基础的解释方法。(2)在文义解释与目的解释相冲突的特殊情形下,应考虑目的解释的优先性。(3)在目的解释的目的探究中,要突出解释的客观维度,即立足合同或规则相对方的立场,以该相对方对规则或合同提供方的客观理解为准则。针对该点,仲裁庭还指出,如果合同签订人对合同条款意思的理解与合同制定人意思表达不一致,那么争议就应根据信任原则进行处理。所谓信任原则,是指任何人向另一相对方作出意思表示时,要根据合同签订人能够且应当通过理性和诚实理解的意思来进行表达。

换言之,在本案和其他相关 CAS 仲裁的案件中,体育组织或协会通过提供协会的章程、法规、条例、规则或者格式化的合同进行的意思表示,如果出现表意的模糊之处需要进行解释的,应当按照一个理性的、诚实的相对人对所提供的文件或资料的可信任的理解进行解释。这种解释立场开始引入相对人的视角,从而推动解释从文件或资料的提供者迈向相对者的客观化之旅。比较可见,潜伏在一般解释规则中的客观化倾向最终成为明确的仲裁庭宣言,这无疑是值得肯定的重要解释动态和进步。

2. 信任原则的深化

另一案②则深化了“信任原则”的解释标准,明确了“何种信任”的问题。在该案中,针对仲裁协议的解释问题,仲裁庭强调了信任原则的解释方法。仲裁庭认为:根据瑞士法律,对包含有关仲裁协议基本要素,但存在不明确或相互矛盾的约定的仲

① TAS 87/10 X. v. HC Y. (sentence du 15 juillet 1989).

② World Anti-doping Agency (WADA) v. International Ice Hockey Federation (IIHF) & Florian Busch (CAS 2008/A/1564).

裁协议,即所谓的“病态仲裁条款”(pathological clauses),应以客观方式进行解释。如果对方当事人以不同的方式理解了仲裁条款,则应根据信任原则在考量对方当事人的理解后进行解释。这意味着各方的意愿旨在确立为,应当是和必须是按照被解释对象所提交的相关方立场进行善意解释(bona fide)。这就将信任原则与善意原则相关联,这里的信任必须是一个正常理性人基于善意而对被解释对象所理解的意义之信任。

(二)消极适用方式:反常信任排除

除积极、正面运用“信任原则”之外,CAS仲裁实践中还存在对该原则的逆向操作,即以反面方式贯彻该原则,排除相关解释对象的反常解释,但并未被明确表述。反常解释排除主要在两类仲裁实践中予以应用:一类是排除以信任之名导致荒谬结论的规则解释;另一类则是排除以信任之名导致矛盾结论的规则解释。

1. 荒谬解释排除

在体现该类解释方式的典型仲裁实例①中,主要涉及《奥林匹克运动反兴奋剂条例》(Olympic Movement Anti-Doping Code,OMADC)第3.5条的规则解释问题。该条规定:“竞赛人违规的处罚应与兴奋剂检测确定的时刻相互一致,并自阳性检测记录之日或最终的上诉裁决宣布之日起算,以晚者为准。”根据该条的文义解释,其规定了检测记录之日与最终裁决之日两个日期中晚者为准的规则,由此导致了该案当事人之间的争论:被申请人认为处罚起算之日应为较早的阳性检测记录之日;从规则相对人即申请人的立场出发,按照“信任原则”的解释原理,该案中较晚的日期应为CAS仲裁裁决作出之日,因此其有权参与该届冬奥会,并保留其成绩和奖牌。

仲裁庭对此作出三步推论:(1)关于该条款的含义。该条款表明,如果运动员存在服用兴奋剂的行为,至少在取样日期之后获得的所有成绩都将无效。对该条的适当解释是将成绩的无效限制在检测结果呈阳性之日后,还是对该问题作出最后判决之日后。(2)导致荒谬结果的解释应排除。但根据这种解释将得出一种荒谬的结果,即一名运动员可以在兴奋剂违规行为的最终裁决作出之前参加比赛,而在此期间获得的任何成绩都是无效的。这违反了OMAC的宗旨,本庭不能接受这种解释。(3)对该条款的功能予以定性。即该条的目的不是要确定哪些成绩作废,而是确定宣布成绩无效的有效日期。鉴于此,该案仲裁庭以禁反常、反荒谬的常识常理拯救了信任原则的滥用。概言之,“信任原则”的解释必须限定在常识常理之范围内。

① M. v. International Olympic Committee (IOC) (CAS 2002/A/374).

2. 矛盾解释排除

与第二类规则解释密切相关的仲裁实例是蒂博特·福孔奈诉国际滑冰联合会案(Thibaut Fauconnet v. International Skating Union)和国际滑冰联合会诉蒂博特·福孔奈案(International Skating Union v. Thibaut Fauconnet)①,以及阿兰·巴克斯特诉国际滑雪联合会案(Alain Baxter v. International Ski Federation)。② 在前者仲裁案中,仲裁庭表达了两点意见:(1)禁赛期自剥夺资格之时起不能分割,除非在可适用的规则中有支持此种分割的明确条款。(2)在某些案件中可能认为此种分割是合理的,但必须满足两个条件:一是禁赛期在仲裁裁决之日前就已开始计算;二是被违背的应适用的规则在本质上可推定为,该违规不影响运动员在裁决前的禁赛期间参与的其他竞赛结果。

类似的案情及结论也体现在后者仲裁案中。该案涉及核心规则即《FIS 药物指南》第 1.2.1 条规则 2 的第 4 节规定的停赛期计算的解释。该条对意外使用兴奋剂规定了以下处罚措施:初犯应禁止参加所有国际滑雪比赛 3 个月(在当前赛季或下一赛季确定的期间内)。双方当事人就禁赛期的计算发生争议:申请人认为应不区分南北半球赛季,除在赛季期间予以中断外,整个禁赛期应持续计算。FIS 则认为应分开南北半球计算禁赛期。仲裁庭审理后认为:第一,在计算停赛时间时,每个赛季(北、南半球赛季)开始和结束的准确日期应该以 FIS 作出裁定时最新的 FIS 赛事日程为准。第二,在理解和解释“所有的国际滑雪比赛”时,必须是指所有由 FIS 在其国际滑雪比赛规则中归类并列入 FIS 日历的比赛。因此,目前的条例用语不允许以被申请人所理解的方式计算停赛期,即认为只有 FIS 日历上的某些比赛才适用停赛。

上述两例均涉及一个较为普遍的问题,即与禁赛期执行有关的持续性问题。基于不同体育组织对禁赛期的起算与执行的规定不同,有关禁赛期持续性的认定及例外处理也就有所不同。但无论如何规定及执行,对规则的理解与解释必须立足规则提供者的相对方对该规则的信任和正常理解,而不能单方面地按照体育组织的理解进行选择性执法,导致对禁赛期持续性的较为任性的中断。除非有充足的理由存在相反的解释,否则,这种中断一方面与禁赛期计算的持续性本质相矛盾;另一方面也与相对人基于信任原则对规则的预期理解相矛盾。因此,导致矛盾预期或解释的信

① Thibaut Fauconnet v. International Skating Union (ISU) (CAS 2011/A/2615) & International Skating Union (ISU) v. Thibaut Fauconnet (CAS 2011/A/2618).

② Baxter v. International Ski Federation (FIS) (CAS 2002/A/396).

任原则应被禁止;反过来,合乎禁赛期执行的持续性要求的信任原则则应予支持。

五、CAS 冬奥赛事仲裁解释规则的反转:反向推定

从 CAS 冬奥赛事仲裁所采取的一般解释规则到信任原则的发展,可以觉察到解释的重心存在从文本意义到相对人信任理解之间的转移。解释模式的转换可以概括为从规则提供者到相对方的立场变迁。但这并不是 CAS 仲裁解释实践的全貌,解释规则的天平进一步向规则相对方倾斜,完成了从规则提供者立场为主向规则相对方立场为主的"钟摆式"运动。体现这一立场倾斜的解释态势的是对规则提供者进行不利的"相反推定"(contra proferentem)解释,并被认为已经构成 CAS 的案例。[①] 瓦妮莎・瓦纳孔诉国际滑雪联合会案(Vanessa Vanakorn v. Fédération Internationale de Ski)[②]为仲裁庭晚近再次重申这一解释规则提供了平台。针对该案的解释问题,该案仲裁庭旗帜鲜明地强调了不利于规则提供者的"相反推定"立场,即如果体育组织规定处罚的规则中存在矛盾或含糊之处,就必须按照"反向推定"原则解释为不利于立法者。

根据仲裁庭的裁判立场来看,"反向推定"的不利解释含有如下数个复杂的意义层次:(1)处罚法定,法无规定不处罚,而不是相反。IF 的每一项处罚都需要一项明确和有效的规则,并且此种处罚依据应具有一般法律要件。(2)在规则作出明确和清晰规定的情形下,则不存在反向推定的解释空间。(3)反向推定的不利解释主要用以消除规则模糊情形下的表意瑕疵。(4)反向推定解释规则并不要求 IF 的规则精确度必须达到刑法所要求的那种高度。

据上可见,CAS 仲裁庭在适用相反推定的不利解释规则时,通过适度明晰性,即低于刑法所要求的明晰性,对其适用予以限制和矫正,避免走得过远的失衡。这就在解释规则过程中展示了较为明晰的有利于和不利于倾向,同时保持着防止过度和失态的自律清醒,依此实现中庸之道的极高明之妙。无论如何,在体育组织所提供的规则未达到适度明晰性的情形下,有利于规则相对方、不利于规则提供者的"反向推定",毕竟还是传递了裁判者对规则承受者相对于信任原则适用情形中更为明显的立场倾斜。这一倾斜不应被理解为正义的偏差,而是与世俗法律解释中不利于格

---

① See CAS 2013/A/3324 & 3369 ; CAS 94/129 ; CAS 2009/A/1752 ; CAS 2009/A/1753 ; CAS 2012/A/2747 ; CAS 2007/A/1437 ; CAS 2011/A/2612.

② Vanessa Vanakorn v. Fédération Internationale de Ski (FIS) (CAS 2014/A/3832 & 3833).

式契约提供者这一立场一脉相承的，是亚里士多德所谓的矫正之正义。① 换言之，它体现了 CAS 仲裁庭“宽容的平衡”艺术。②

六、CAS 冬奥赛事仲裁解释的过滤规则：禁反言

尽管 CAS 仲裁庭在规则解释过程中存在规则提供者与相对方之间的摆动轨迹，但这种摆动过程中贯穿着一个更具自然正义色彩的解释规则的控制，这就是禁反言（estoppel）。在 CAS 冬奥仲裁实践中援引禁反言规则进行限制的解释模式可以概括为“一类案例、两种手法”。所谓“一类案例”，即仲裁庭主要针对如下类型案例援引禁反言规则：一方当事人通常具有推选或提名运动员参赛资格的权力，另一方当事人则是候选运动员，在当事人之间往往存在推选或提名的特定行为或承诺，对候选运动员入选预期产生了诱导，但最终由于候选运动员未能入选或获得参赛资格从而引发争议。其中，核心争点就是在解释相关规则时是否及如何适用禁反言的解释规则。所谓“两种手法”，即仲裁庭在进行规则解释时采取正、反两种方式援引禁反言规则。以下遴选 CAS 冬奥仲裁实例予以阐述。

（一）正面援引

仲裁庭直接援引禁反言规则进行解释即为正面援引方式。这一援引方式一般是直接针对双方当事人中有权推选或提名运动员参赛资格一方进行的限制性解释，以禁止该方前后行动或承诺的不一致。在一代表性案例③中，被申请人在赛前接受新西兰两名滑雪运动员参加障碍滑雪（slalom）和大回旋（giant slalom）比赛，并引导该两名运动员为适格参赛做准备。但盐湖城奥组委（Salt Lake Organizing Committee，SLOC）最终并未给予该两名运动员参赛资格，引起申请人异议。双方当事人的核心争点是，如何理解和解释如下入选条件，即“只有国际滑雪联（International Ski Federation，FIS）比赛积分名单中前 500 名运动员才有参赛资格”？申请人认为，这种排名应当是综合排名；但被申请人则认为，这种排名是分类运动中的单独排名。

仲裁庭的思路带着“脑筋急转弯”的色彩。其认为：本庭不需要判断何种解释更为准确，虽然本庭愿意接受被申请人的解释，但在本案中被申请人却不能依赖该规则的解释，本案核心问题是“禁反言”原则。仲裁庭的推理是：禁反言原则是普通法

---

① 参见［古希腊］亚里士多德：《尼各马可伦理学》，廖申白译，商务印书馆 2003 年版，第 136 ~ 140 页。

② James Armstrong v. World Curling Federation (WCF) (CAS 2012/A/2756).

③ New Zealand Olympic Committee (NZOC) v. The Salt Lake Organizing Committee for the Olympic Winter Games of 2002 (SLOC), CAS ad hoc Division (OG Salt Lake City) 02/006.

中牢固确定的原则,即便在不同的庭审模式下也为其他法系所知悉。该原则可以认定为 CAS 仲裁中适用的一般法律原则,对此,《布莱克法律大辞典》给出的定义是"当一方作出一个陈述或承认而诱导(induce)另一方对某事的确信,并导致后者对该确信有合理和有害的信赖时,则形成禁反言"。立足这一原则及其定义,SLOC 接受两申请人参加案涉项目的比赛,就诱导了他们为适当地进入两项赛事而进行赛事准备和训练,在最后阶段再将两申请人排除出相关比赛项目有悖于禁反言原则。据此,仲裁庭支持了两申请人的仲裁请求。

从本案可以看出,禁反言原则与信任原则具有密切关联之处,但二者存在质的差异:禁反言原则是针对一方当事人的行为或承诺;信任原则则是针对一方当事人所提供的规则之理解。不仅如此,禁反言原则还是对信任原则适用的一种控制:结合该案来看,仲裁庭也认定,该案中不能建立候选运动员对规则的信任理解,从而本不应适用信任原则;但是鉴于 SLOC 的诱导行为,通过禁反言规则的控制,最终还是产生了信任原则解释下的效果,即候选运动员应予入围。

(二)反面援引:合理期待

在冬奥仲裁实践中除明确、直接援引"禁反言"作为解释规则之外,有案例也显示反用禁反言规则进行解释的实践,这就是"合理期待"(legitimate expectations)解释规则。该解释规则通常是仲裁庭站在候选运动员立场,指出相对方的行动或承诺给予候选运动员以获得参赛资格的正当或合理期待,并为实现这种期待而积极满足相对方的行为指示。可见,"合理期待"与"禁反言"正好形成相对称的解释规则,前者立足候选运动员立场并对其立场予以积极支持;后者则立足相对方的立场并对其立场予以消极限制,二者是一体两面的关系。援引"合理期待"进行解释的代表性案例主要包括克莱德·盖蒂诉国际滑雪联合会案(Clyde Getty v. International Ski Federation),以及达妮埃拉·鲍尔诉奥地利奥林匹克委员会和奥地利滑雪联合会案(Daniela Bauer v. Austrian Olympic Committee & Austrian Ski Federation),但两案中均因欠缺合理期待的门槛条件,从而申请人的主张未被仲裁庭认可。即便如此,两案并没有否定,反而明确了"合理期待"作为 CAS 仲裁解释规则的地位,只是表明该解释规则适用的条件较高。

在前案①中,申请人因未能入选 2014 年索契冬奥会而与 FIS 产生争议遂成本案。根据 FIS 有关自由滑雪资格制度(Free Skiing Qualification System)的规则,运动

① Clyde Getty v. International Ski Federation (FIS), CAS ad hoc Division (OG Sochi) 14/002.

员要参加奥运会必须至少同时满足两个条件:一是运动员需要有参加自由滑雪空中技巧的资格,应达到相应赛事积分;二是该运动员所属的国家奥委会(National Olympic Committees,NOC)应有一个参赛资格名额。在FIS初次赛事资格名额分配情形下,申请人均不符合上述两个条件。其后因某些国家的退出使案涉NOC获得了参赛资格的二次分配名额,但申请人仍然不满足第一个条件。为此,申请人提出了"合理期待"的主张,力图证明其具有参赛资格。

在申请人看来,瑞士法上存在"不得有悖先前事实"(*venire contra factum proprium*)的原则,这也为"一套持续的CAS判例"所支持。① 在数月前申请人就注意到所属的NOC位于资格分配名单中的"合格顺位"部分,因此申请人有正当和合理的期待认为,只要有相关国家NOC退出而空出足够的名额时,申请人就有参加索契冬奥会的现实机会。申请人还认为,FIS就申请人参与索契冬奥会的参赛资格作出过明确的陈述,从而诱导申请人为可能参加索契冬奥会投入训练和竞赛。鉴于此,FIS不得以申请人不适格而将其排除出冬奥会。

针对申请人的"合理期待"问题,被申请人作了专门否定:第一,FIS在全世界范围内对所有运动员使用相同的参赛人选标准;第二,FIS公布的资格分配名单只与NOC相关,而与单个运动员无关;第三,申请人只有达到了最低竞赛积分标准才有机会进行申请;第四,FIS并没有对申请人作出任何陈述或声明,而只是将名额分配给NOC,因此并不能创设任何合理期待。

仲裁庭经审理后认为:第一,FIS从来没有就申请人的参赛资格问题作出过任何陈述,只是公布过参赛资格在各NOC之间如何进行分配的文件;第二,并没有证据证明申请人收到过FIS对其参赛资格的单独保证;第三,NOC最后获得参赛资格名额并不意味着可以放弃最低的运动员竞赛积分条件的要求;第四,申请人通过各种文件和通知已经知悉,他需要进行训练和竞赛以提高积分,但最终并未成功;第五,FIS和案涉NOC等组织之间的通信和文件,并没有涉及或谈到申请人的个人参赛情况,因此不能创设任何合理期待;第六,根据CAS仲裁先例,合理期待的形成应当有相关体育组织针对个别运动员的单独承诺或声明。

上述案件从否定角度明确了,合理期待的规则解释应有两个明显的依据:(1)必须存在相关体育组织针对个别运动员的专门和明确的保证或承诺;(2)相关运动员必须满足最低限度的参赛人选标准。否则,合理期待的解释是难以成立的。正是在

---

① CAS 2008/O/1455;CAS OG 02/006;CAS OG 08/002.

这两点上,与之相似但有所不同的案件是达妮埃拉·鲍尔诉奥地利奥林匹克委员会和奥地利滑雪联合会案。[①] 两案的相同之处是,特定体育组织的特定行为是否构成对相关运动员参与赛事的合理期待。两案的不同之处有二:一是本案中存在体育组织向特定运动员的单独通信;二是本案中申请人已经满足了最低限度的积分条件。但最终 ASF 拒绝了可得的参赛资格配额,没有向 AOC 推荐申请人,从而引发本案。申请人以被申请人的行为对其造成了合理期待为由,请求被申请人分配其参赛资格名额。

仲裁庭查明后发现两个关键事实;第一,本案申请人满足参赛的一般标准。第二,当事人之间的确就申请人的参赛资格问题存在数次单独的通信并进行讨论。根据上一案件的分析,如果相关体育组织的负责人就参赛入选资格问题对特定运动员作出过专门明确的承诺或声明,则构成合理期待的基础,因此本案的关键问题也是如何认定被申请人之一的负责人在电子邮件中对本案申请人的参赛资格进行讨论这一事实,是否构成一个有效的足以建构出运动员合理期待的承诺或声明?仲裁庭认为:ASF 负责人给申请人所写的邮件和口头陈述可能创设了入围参赛资格名单的期待,但是,本案中 ASF 的负责人并没有权力代表 ASF 担保或承诺这些将要发生的事实。就此而言,ASF 负责人就"如果申请人满足相关标准,AOC 将对其提名"这一情形无权作出任何陈述、承诺或担保。

以上结论无疑是可以接受的,但仲裁庭认为 ASF 的负责人不具有作出承诺的授权,这一点则是值得商榷的。根据一般法理,体育组织作为私法主体,其负责人是法定代表人,其作出的相关承诺应视为拘束该体育组织的有效承诺。因此,本案中 ASF 负责人并没有对申请人作出有效承诺的依据并非主体不适格或未经授权,而是承诺的附条件性问题,或者更准确而言,该负责人并没有作出承诺,只是给出了一种"虚拟语气"即"如果 ASF 推荐",事实上本案中 ASF 就申请人所在竞技项目未作任何人选的推荐。

综上可见,"合理期待"解释规则的适用必须满足三个必要条件:第一,必须是相对方存在客观和明确的承诺,这种承诺或者是正式的通知或告知,或者是积极的行动。第二,必须是候选运动员对获得相对方邀请参赛的期待是合理的,而不能是主观臆测或属于想象力过剩的产物,一个务实的判断标准可归纳为"主体 + 语境 + 结论"三个层面的"三常"标准,即该合理期待是正常之人在通常情形下所能产生的正

① Daniela Bauer v. Austrian Olympic Committee (AOC) & Austrian Ski Federation (ASF), CAS ad hoc Division (OG Sochi) 14/001.

常判断。这一判断标准也与私法上的“表见代理”构造中的表见外观之判断具有款曲暗通之处。第三，必须是候选运动员已经按照相对方的“表见承诺”积极作为并且达到相对方的期待标准。同时，如果相对方的“表见承诺”是一种附条件的承诺，则意味着相对方对于候选运动员也有行为上的“合理期待”，即候选运动员必须满足相对方期待的条件才构成守诺履约的依据。同样地，相对方的“合理期待”是否成就也应适用上述“三常”标准予以衡量之。

从禁反言原则的正反适用来看，其的确具有调控其他解释规则的功能：一方面，对于制定规则的体育组织的诱导行为有控制功能，即便按一般解释规则不能得出有利于规则相对方的解释结论，但通过禁反言原则的控制，可以让相关体育组织按言行一致的原理对自身的诱导行为“埋单”；另一方面，对于作为规则相对方的运动员的信任、合理期待予以平抑，滤去不切实际的虚幻成分，限制对规则提供方的不利解释。以此，就其具有的对解释规则的“钟摆”两端的理性、中庸之控制而言，禁反言原则实际上发挥着对前述解释规则在适用中的“镇流”功能，避免产生过于极端的解释后果。

七、结语：善用解释赢得正义

规则解释具有个案制胜的具体价值，更具有以先例方式创制和发展体育规则的一般意义。因此，规则解释以超越个案、指向未来的方式不可避免地与未来赛事仲裁相关联，与我国赛事参与者的众多利益相关方相关联。当然，如果考虑到规则解释创制的先例对整个国际体育世界的积极影响，那么规则解释的问题还牵涉塑造和完善国际体育秩序的更为高远的情怀。务实地落脚于“中国关怀”观之，我国赛事组织者、参与者和其他利益相关者，必须统筹“规则备赛”“规则参赛”“规则制胜”的进路，紧扣规则解释这一法律适用中的拱心石，在熟悉解释规则的基础之上，敢用、善用和妙用 CAS 赛事仲裁的解释规则，如此方能“先胜而后求战”。[①] 具体而言，我国相关方可通过如下路径统筹 CAS 赛事仲裁中的规则解释和解释规则，实现自我权益的最大化和最佳化：

第一，从最直接的意义上来看，明确并熟知 CAS 赛事仲裁中的主要解释规则，从而有助于指引行为，并提升对行为后果的预期度。CAS 仲裁规则层面不具有明晰的解释规则，其仲裁规则只是授权 CAS 仲裁庭全权负责审查事实和法律适用；CAS 仲裁实践中各仲裁庭又彼此独立。此种格局无疑将规则解释这一极具裁量权的问题置于模糊的困境之中，法令彰明方能授民以行动自由和结果预期。唯有通过对

① 孙膑：《孙子兵法》，“军形第四”。

CAS仲裁实例中解释规则的提炼,才能补救此种确定性的不足,从而助益相关利益者通盘筹划备赛和参赛的策略与行动方案。

第二,把握CAS赛事仲裁中有关解释规则的具有代表性的典型案例,依循CAS仲裁倚重的"遵循先例"之原理,合理合法地实现自我利益的最大化和最佳化。国际体育竞技有一致性的内在要求,这一要求衍射到CAS仲裁中就产生了统一规则的实际需求。CAS仲裁庭也以仲裁先例形式书写和传承着冬奥赛事的解释规则。应当客观看待CAS仲裁中的先例功能,中肯而客观的结论是,CAS赛事仲裁表现出非常倚重但不绝对依赖先例的实务轨迹。① 因此,通过系统探究CAS赛事仲裁案件之脉络,发现并把握这一脉络中有关解释规则的创生、发展、改变和变革中的节点性、关键性和典型性先例,才能既合法又合理地实现自我利益的最大化和最佳化。

第三,重点研析、必要时集体研判CAS类仲裁中各解释规则的类型、适用标准和条件,特别是其适用的限制或例外,才能在事后的纠纷解决中做到吃透规则、占尽先机。《黄帝内经》言:上医治未病,中医治欲病,下医治已病。我国相关利益者实有必要单独或集体地研析、研判CAS仲裁实践中有关解释规则的典型案例,特别是把握其发展动态和当前最新状况,确保在未病时预防、在欲病时干预、在已病时救济。

第四,充分重视规则解释的重要性及其不可避免的裁量弹性,关注涉我利益竞技规则中的重大关键词,必要时以提请"释法"的方式请求相关体育组织事先给出明确解释。我国相关利益者可在全面检索涉我利益的竞技规则过程中,遴选并锁定具有重大影响但有语义模糊的关键词或关键条款,以提请"释法"的方式向相关体育组织、体育机构请求给予咨询答复和指示。不仅如此,必要时还可以对瑞士国法中的解释规则进行系统的规则论证和案例检索,提前把握CAS仲裁庭可能利用的解释规则或解释倾向,用作事先的行动参考和事后的证据支撑。

第五,我国各相关利益方,特别是体育组织的内部争议解决机构应关注、跟踪并植入CAS仲裁的解释规则及其发展动态。以此方式一方面确保体育法的统一,另一方面确保国内体育争议解决的前沿化,从而促进国内体育秩序的国际化。此外,应引领国内体育界尽早实现对CAS仲裁规则的"对焦",避免规则不适、不熟而导致的权益损失,在各级各类竞技赛事前、后和赛场内、外等维度真正做到全方位的规则制胜。因此,如下立论大体是可靠的:谁掌握了解释规则,谁就占据了规则解释的制高点;谁占据了规则解释的制高点,谁就掌握了体育仲裁的制胜点。

---

① Evi Sachenbacher-Stehle v. International Biathlon Union (IBU) (CAS 2014/A/3685).

论先例在国际体育仲裁院中的适用

徐路梅*

不同于国际商事仲裁,国际体育仲裁领域中CAS援引先例已是较为普遍的仲裁实践。然而,国际仲裁中并不存在正式的先例制度,CAS援引先例的做法找不到正式的法律依据可循。通过案例分析法和文献资料法,分析CAS援引先例的现状及其对国际体育法律体系产生的影响,探讨实践中CAS援引先例的行为性质,得出CAS对先例的高度依赖已经形成了一种事实上的遵循先例,更倾向于普通法系下的遵循先例原则。此外,国际体育仲裁的独立性和特殊性促成了先例在CAS中的特殊价值,其不仅有利于推动实现体育仲裁的统一性,提升体育法制的可预测性,同时尊重和保障体育自治性的实现。因此,我国在构建体育仲裁制度之时应为先例预留空间。具体建议有:构建统一且等级化的体育仲裁机构,提高体育仲裁裁决质量,建立仲裁裁决公开机制等。

一、引言

国际体育仲裁院(Court of Arbitration for Sport, CAS)作为体育界纠纷解决的"最高法院",其作出的裁决举足轻重。不仅攸关仲裁双方当事人的利益,而且对国际体育纠纷解决乃至国际体育法的发展产生不容忽视的影响。如今,CAS已实践将近40年,综观CAS已公布的仲裁裁决,不难发现其对个案进行裁决时存在频繁援引先前裁决的现象。北京冬奥会期间诞生了一里程碑式的案例——爱尔兰雪车联合会诉国际雪车联合会和国际奥委会(International Olympic Committee, IOC)案①,该案中仲裁庭就参赛名额分配的问题正式推翻了CAS先前裁决,创设了新的先例。

* 武汉大学法学院体育法博士研究生。

① Irish Bobsleigh & Skeleton Association v. International Bobsleigh & Skeleton Federation (IBSF) & International Olympic Committee (IOC), CAS OG 22/05.

这一案例打破了 CAS 一贯遵循先例的常态,引发了对 CAS 实践中援引先例行为的关注和思考。目前已有相关文献对先例在 CAS 中的作用以及 CAS 裁决效力进行了研究,但是仍缺乏对 CAS 援引先例的性质认定进行分析。本文围绕先例在 CAS 中的具体适用、形成原因、特殊价值等问题展开探讨和分析,研究国际体育仲裁制度的具体实践,最后为建构我国体育仲裁制度提供建议。

二、先例基础理论

(一)先例的定义

谈及先例,一般想到的是判例法(case law)中的遵循先例原则,然而该既有概念常常模糊了先例的定义,因为在不同法律体系中先例的含义存在差异。"先例"一词是从英文单词"precedent"翻译而来,亦有"判例"之译。根据维基百科,"precedent"是指在先前的法律案件中确立的原则或规则,在决定具有类似问题或事实的后续案件时,无须诉诸法院或其他法庭即可具有约束力或说服力。据此,司法中先例可分为"有约束力的先例"(binding precedent)和"有说服力的先例"(persuasive precedent),分别是普通法系与大陆法系下先例的含义。然而,体育仲裁中所指的先例不同于司法系统,其既不是严格意义上具有法律约束力的先例,也不是仅具有说服力的先例。

(二)普通法系中的遵循先例原则

普通法又称判例法,是以先例为基础的一种法律。即先前案件的司法判决作为裁决案件适用的主要法律渊源。在该法系下,其先例制度相较成熟,由此衍生出了遵循先例原则(*Stare Decisis*)。"*Stare Decisis*"源于拉丁语,意思是"坚持已决定的事情"(to stand by things decided)。具体指当下级法院面对相同或相似问题时必须受上级法院或同级法院先前判决的约束,从而作出一致的判决。该原则中的先例就是具有约束力的先例。遵循先例原则是判例法区别于大陆法系下制定法的独特性规则。不同于制定法下的立法机关制定法律条文和规则,判例法是在司法过程中创造法律。但判例法中先例的核心价值并非先前案例的具体判决结果,而是形成判决结果的判决理由,或是判决中创造和确立的原则或规则。鉴于此,判例法中遵循先例原则的核心不在于后来的司法者从先前的判决中寻求指导,而在于先前的判决中确立的原则或规则被视为规范性的,依惯例,这些原则或规则在类案中必须遵循与适用。[①]

(三)大陆法系中的判理恒定概念

事实上,先例并非普通法系独有的概念。虽然大陆法系中不存在遵循先例原

---

① 参见薛波、潘汉典:《元照英美法词典》,法律出版社 2003 年版,第 197 页。

则,但是先例却广泛存在。鉴于不同法律体系下制度的不同,各体系对先例的态度也不同。在大陆法系中先例不是正式的法律渊源,其不具有强制约束力。区别于普通法系司法者创造法律,大陆法系国家是由立法者制定抽象性法律文本和规则,并在司法过程中适用和解释。因此,为避免不同法院不同法官对制定法的解释和适用不同,产生了与遵循先例原则相类似的概念——判理恒定(Jurisprudence Constante)。判理恒定,是指法院应该高度重视在一系列案件中被采纳和应用的法律规则,除非有明显的错误出现或某一特定法律规则的继续适用会造成不公正,否则法院不应该推翻或修改它们的决定。① 这一概念与遵循先例原则之间的区别在于:一是前者不像后者一样要求严格遵守过去某一判决所适用的法律原则,保留了法院在特定情况下偏离先前判决的自由;二是在后者中单一的法院判决就可以为遵循先例提供足够的基础,而在前者中判理的形成基础是一系列法院已判决案件中一致的适用或解释;三是前者中先例具有很强的说服力但缺乏约束力,只能作为次要的法律渊源,而在后者中先例是具有约束力的先例,可直接作为主要法律渊源得以适用。

三、CAS 先例适用现状分析

(一)CAS 中先例的产生及发展

根据 CAS 官网数据库,以 1986 ~ 2003 年的案例为检索范围,共检索出 164 个 CAS 处理的案例,以英语为裁决文本的有 115 个,其中兴奋剂案件共有 51 个,而在裁决文书法律适用部分援引先前裁决的案件有 35 个,占比约 70%。以 2004 ~ 2020 年的案例为检索范围,共计 535 个兴奋剂案件的英文裁决,其中援引先前裁决的案例占比约 80%。由此可知,CAS 援引先例现象普遍并且其仲裁裁决对后续案例裁决的作出发挥着重要作用。在兴奋剂案例中 CAS 首次援引先例的是美国国家轮椅篮球协会诉国际残奥会案②,其在适用严格责任原则时援引了美国射击队运动员 Q 诉国际射击联盟案③。此案是严格责任原则在 CAS 裁决中首次被提出的案例。虽然最终并没有适用严格责任原则,但该案为严格责任原则在兴奋剂案件中的适用奠定了基础。

当然,上述数据仅以兴奋剂案件为代表,在其他类案件中亦是如此。有学者专门对 CAS 援引先例的实践进行了数据统计和分析,其分为三个时间段进行研究。

① See Bryan A. Garner, *Black's Law Dictionary*, 8th edition, US: Thomson Reuters, 2004, p. 3729.

② National Wheelchair Basketball Association (NWBA) v. International Paralympic Committee (IPC) (CAS 95/122).

③ USA Shooting & Q. v. Union Internationale de Tir (UIT) (CAS 94/129).

第一个阶段是1995年之前并未出现引用先例的现象。第二个阶段是1995~2006年,CAS每年引用先例的占比范围为40%~80%,但并不存在规律性的趋势发展。第三个阶段是自2007年之后,CAS引用先例的占比浮动在80%上下,并且几乎呈现明显的一致性。① 由此可知,CAS在裁决中引用先例日益成为一个普遍现象。

(二)CAS援引先例的影响

CAS是专门为解决体育争议而设立的国际性仲裁机构,其裁决具有终局性和权威性。这意味着其对于涉及国际体育争端解决的各方面都具有很大的影响力,广泛影响着国际体育规则的制定与演变。

首先,CAS援引先例的实践催生并发展了国际体育法。在过去的30多年中,CAS处理了大量体育相关的法律纠纷,其作出的裁决对全球体育纠纷的解决至关重要,其中一些特别案例成为被经常引用的经典案例。虽然并没有成文法规定CAS有遵循先例的义务,但CAS在实践中尤其是在同类案件中高度依赖并频繁引用先前案例,进而创生出解决体育纠纷的特殊法律规则,促使了国际体育法的产生。例如,在挪威奥委会等诉国际奥委会案中,仲裁庭指出:"CAS判例显然已经提炼和发展出了多项体育法原则,如严格责任(在兴奋剂案件中)和公平的概念,这些可能被视为新兴的'国际体育法'(*Lex Sportiva*)的一部分。"②著名的国际体育法学者贝洛夫(Beloff)在其文章中也表示CAS实践中提炼出的这些原则就是"国际体育法"。③纳夫齐格(Nafziger)也认为,CAS裁决确实在创造"一个独特的法律体系,称为国际体育法"。④ 由此可知,CAS仲裁裁决的作出实际上是立法与司法过程的统一,一方面旨在解决个案的体育纠纷,另一方面在适用和解释法律的过程中提炼出独特的体育法原则,指导后面同类体育纠纷仲裁裁决的作出,同时形成了新兴国际体育法渊源。例如,兴奋剂中的严格责任原则,接受成员资格申请中的禁止反言原则,对体育比赛规则不干涉原则,以及CAS仲裁程序的一些基本原则等。⑤ 正如我们所看到

---

① See John Lindholm, *CAS Decisions as Precedent*, in The Court of Arbitration for Sport and Its Jurisprudence: An Empirical Inquiry into Lex Sportiva, T. M. C. Asser Press, 2019, p. 85 - 117.

② Canadian Olympic Committee (COC) & Beckie Scott v. International Olympic Committee (IOC) (CAS 2002/O/372).

③ See Beloff, Michael J. et al., Tim Kerr, *Sports Law*, Oxford, Hart Publishing Ltd., 1999, p. 254.

④ See James A. R. Nafziger, Stephen F. Ross, *Handbook on International Sports Law*, USA, Edward Elgar, 2011, p. 16.

⑤ 参见张文闻、吴义华:《国际体育仲裁裁决的特殊效力:以CAS的仲裁权为视角》,载《成都体育学院学报》2017年第1期。

的,在迄今为止近40年的运作中,CAS为国际体育法的产生与确立做出了重大贡献。①

其次,CAS援引先例的实践影响了《世界反兴奋剂条例》(World Anti-Doping Code,WADC)成文法规则的制定。在WADC出台之前,没有一套适用于所有运动和国家的标准化反兴奋剂规则,CAS兴奋剂案件的实体法律适用主要是各国家或各体育联合会的规则和章程。后来随着全球体育的发展,兴奋剂纠纷频繁出现,世界反兴奋剂机构(World Anti-Doping Agency,WADA)为协调世界各地体育组织和政府之间的反兴奋剂政策、规则和法规,于2003年首次出台了WADC,旨在促进各反兴奋剂组织之间的一致性。然而,WADC中的某些特殊规则并不是凭空出现的,而是源于CAS实践。例如,从CAS实践中提炼而来的严格责任原则,WADA在2021版WADC条款2.1.1释义中解释道:"依照本条款,兴奋剂违规无需考虑运动员的过错。这一规则在CAS的各项裁决中被称为'严格责任'。在依照第10条确定兴奋剂违规后果时,应当考虑运动员的过错。这一原则得到了CAS的一贯支持。"②除此之外还有特殊的证据规则,如举证责任分配、证明标准等都被WADA正式写入了WADC中。

最后,CAS援引先例的实践弥补了现有规则的不足。虽然CAS对仲裁的程序性规则和实体法律适用规则都进行了明确规定,构成了一套成文法体系,但是成文法往往具有局限性和滞后性。一方面,成文法的局限性主要体现在法律语言的模糊性和抽象性,进而使得法律的适用存在不确定性。这就需要CAS对抽象的法律规则进行解释,通过解释使得法律更加明确从而排除疑义。另一方面,成文法的滞后性体现在其不能及时满足社会发展带来的事实变化,难以避免某些问题无法可依的局面,一定程度上存在漏洞和不足。这就需要CAS在仲裁实践中根据一般法律原则对新争议的解决进行审裁。然而,上述CAS对法律规则的解释和对一般法律原则的提炼都离不开援引先例。例如,在北京冬奥会期间发生的瓦列耶娃案③,虽然WADC并没有明确未成年人在临时停赛决定中享有优惠待遇,但CAS临时仲裁庭基于一系列如公平原则、比例原则等一般法律原则最终裁定撤销针对瓦列耶娃临时

① See Ian S. Blackshaw, *International Sports Law: An Introductory Guide*, Netherland, T. M. C. Asser Press, 2017, p. 150.

② World Anti-Doping Code (2021),载WADA官网,https://www.wada-ama.org/sites/default/files/resources/files/2021_wada_code.pdf,2022年11月1日访问。

③ IOC v. RUSADA (CAS OG 22/08) & WADA v. RUSADA & Kamila Valieva (CAS OG 22/09) & ISU v. RUSADA, Kamila Valieva & ROC (CAS OG 22/10).

停赛的决定。该案中,CAS认为俄罗斯反兴奋剂规则和WADC存在漏洞或空白,并援引普尔塔诉国际网球联合会案指出:"当WADC出现漏洞或空白时,必须由仲裁庭基于所有法律体系以及WADC本身所依据的公正原则、比例原则等一般法律原则予以填补。"①因此,援引先例不仅可以帮助正确理解法律从而统一解释法律,还能在实践中弥补固有规则的不足或填补规则漏洞。

(三)CAS援引先例的性质分析

1. CAS对先例的态度

综观CAS案例裁决,仲裁庭多次在裁决中表明其对先例的态度。其中最为著名的案例为安德森等人诉IOC案(以下简称安德森案)②。在该案裁决中,CAS援引先例高达20处,但在最后裁决时,仲裁庭却特别强调CAS中不存在遵循先例原则。2000年悉尼奥运会,玛丽昂·琼斯(Marion Jones,以下简称琼斯)作为美国女子接力队的一员,参与了悉尼奥运会女子4×100米和4×400米田径接力决赛,分别获得了铜牌和金牌。2007年,由于BALCO丑闻,③琼斯被曝服用兴奋剂,在签署接受制裁的文件时,其承认在2000年奥运会之前、期间以及之后都使用了违禁物质。最后,IOC决定取消琼斯参加的2000年悉尼奥运会所有田径比赛资格。然而,美国奥委会以CAS审理的一起相似案件作为先例提出了不同意见,要求IOC终止决定并确认美国女子接力团队赛的成绩和奖牌,但IOC还是决定取消整个女子接力队的资格。最后,除琼斯外其他相关人如安德森等将IOC上诉至CAS。该案中,琼斯使用违禁物质并构成兴奋剂违规的事实无可争议,其核心争议在于琼斯的兴奋剂违规行为会不会导致美国女子接力团队赛资格的取消。CAS审理的与本案类似的案件是美国奥委会诉IOC和国际田径联合会(International Association of Athletics Federation, IAAF)案④,也是本案中仲裁庭援引次数最多的案例。

美国奥委会诉IOC等案,同样也是个人兴奋剂违规是否导致团队赛整体资格和成绩取消的问题。杰罗姆·杨(Jerome Young,以下简称杨)以及其他运动员代表美国田径队参加了2000年悉尼奥运会男子4×400米接力赛,而随后查出杨在悉尼奥

---

① Mariano Puerta v. International Tennis Federation (ITF) (CAS 2006/A/1025).

② Andrea Anderson, LaTasha Colander Clark, Jearl Miles-Clark, Torri Edwards, Chryste Gaines, Monique Hennagan, Passion Richardson v. International Olympic Committee (IOC) (CAS 2008/A/1545).

③ 湾区实验室合作社(Bay Area Laboratory Co-operative, BALCO)是旧金山湾区的一家企业,为职业运动员提供合成代谢类固醇。该事件围绕2002年美国联邦政府对该实验室的调查展开。

④ United States Olympic Committee (USOC) v. International Olympic Committee (IOC) & International Association of Athletics Federation (IAAF) (CAS 2004/A/725).

运会之前存在兴奋剂违规行为,因此裁定其丧失参赛资格,最终 IAAF 决定取消杨参与的美国男子 4×400 米接力赛成绩。同样,美国奥委会及其他运动员将该案上诉至 CAS,CAS 最终推翻了 IAAF 的决定,理由是 2000 年悉尼奥运会适用的 IAAF 规则,没有明确并且生效的条款规定接力队比赛成绩会因其中一名成员后来兴奋剂违规而被取消。该案的裁决理由与安德森案一致,但是在安德森案中仲裁庭并没有在援引该先例后直接作出裁决,而是将对先例的分析作为说服理由,然后进一步以 CAS《体育仲裁法典》规定的可适用规则即 IAAF 规则为裁判依据,推翻了 IOC 的决定。由上可知,CAS 对先例的态度是认可先例的说服力,但不承认先例的强制约束力。正如仲裁庭在 IAAF 诉美国田径运动协会案裁决中所表示的:"在 CAS 的法律中,并没有遵循先例的原则。但如果证据支持,仲裁庭将努力试图作出与以往仲裁庭结论相同的裁决。"①同时,安德森案中仲裁庭也明确表示:"在 CAS 判例中不存在具有强制约束力的遵循先例原则,尽管仲裁庭最终可能会作出与之前仲裁庭不同的决定,但它必须赋予之前的仲裁裁决实质性的先例价值,并且由主张改变先例的一方提交有说服力的论据和证据。"②类似的案例并不少见,如在普尔塔诉国际网球联合会案③中,仲裁庭在作出裁决之前援引了 11 个先例。但这些先例都是作为说服性的论据来支持仲裁庭的裁决结果,并非作为用以裁判的约束性法律依据。

2. 事实上遵循先例还是判理恒定

虽然 CAS 在众多案件中均表明其不存在遵循先例原则,但仲裁庭频繁援引先例的实践难免让人产生困惑。因此众多学者开始对 CAS 援引先例进行研究与探讨,试图分析 CAS 援引先例的影响因素和性质认定。就影响因素而言,有学者假设其与案件类型和仲裁员的法系背景有关联,但经研究后发现:(1)CAS 援引先例的情况不仅出现在兴奋剂案件中,在非兴奋剂案件中如参赛资格的确定等其他案件类型的裁决中亦广泛存在;(2)虽然 CAS 仲裁员的法律背景具有多元性,不同法系仲裁员混合组成仲裁庭,但仲裁员在裁决案件时会不约而同地倾向援引先例。④

对于 CAS 频繁援引先例做法的性质分析,学界存在两种观点:一是认为 CAS 援

① International Association of Athletics Federations (IAAF) v. USA Track & Field (USATF) & Y (CAS 2004/A/628).

② Andrea Anderson, LaTasha Colander Clark, Jearl Miles-Clark, Torri Edwards, Chryste Gaines, Monique Hennagan, Passion Richardson v. International Olympic Committee (IOC)(CAS 2008/A/1545).

③ Mariano Puerta v. International Tennis Federation (ITF) (CAS 2006/A/1025).

④ See John Lindholm, *CAS Decisions as Precedent*, in The Court of Arbitration for Sport and Its Jurisprudence: An Empirical Inquiry into Lex Sportiva, T. M. C. Asser Press, 2019, p. 85–117.

引先例的实践证明存在事实上遵循先例原则(*de facto stare decisis*)的适用,即更接近于遵循先例原则;二是认为该做法更倾向于大陆法系中的判理恒定。判理恒定是大陆法系下遵循先例原则的替代,如前所述,判理恒定的核心在于遵循一系列先前案例中形成的判例法,而不是被期望与单个的先前案例作出一致决定。在CAS数据库中,确实能找到部分案例佐以支持第二种观点,如摔跤运动员A诉国际摔跤联合会案①在分析某一争议问题时列出了一系列先前案例进行论证。此外,通过检索关键词"jurisprudence constante",查出仲裁庭曾在22个案例中明确指出判理恒定的存在。然而,这些论证是站不住脚的。首先,这些明确使用"判理恒定"一词的案例全部是法语裁决书,不排除"判理恒定"一词的使用只是语言翻译的产物。其次,虽然确有一些案例援引了一系列先例进行论证,但仍有大量案例中仲裁庭就一个争议问题只援引了单个先例佐以论证。这说明援引一系列先例作为论据并不是CAS援引先例的前提条件,而是事实上遵循先例的产物。

事实上遵循先例实则是遵循先例原则的子概念,正如贝拉(Bhala)学者将遵循先例原则做了法律上遵循先例与事实上遵循先例的划分。② 两者的区别在于:一是约束力的来源不同,前者基于法律上的约束力产生了遵循先例的义务,而后者则是基于事实上的约束力如规则适用的一致性、确定性等制度利益需求形成的约束力;二是主导作用不同,前者以强制性约束力为主导,而后者以强调说服力为主,从而产生对先例的需求。主张第一种观点的学者认为仲裁庭的实践证明了其存在事实上遵循先例原则。③ 虽然CAS形式上并不存在具有约束力的先例制度,但实践中仲裁庭承认并表现出对先例的一贯尊重。在这一点上,CAS与其他国际法院或法庭(如WTO争端解决机构)具有相似之处,即尽管WTO上诉机构的裁决中没有正式的遵循先例原则,但它确实倾向于遵循自己的"先例",从而形成事实上这种非正式但一贯的先例规则。④ 通过分析CAS实践做法,本文也倾向于第一种观点。其一,尽管CAS没有法律上的义务去遵循先前裁决,即先例不能作为实体法律得以适用,但是CAS往往基于一致性和法律确定性的需求不愿背离其以前的裁决,这在本质上创造

---

① A. v. Fédération Internationale de Luttes Associées (FILA) (CAS 2001/A/317).

② See Bhala Raj, *The Myth about Stare Decisis and International Trade Law*, American University International Law Review, 14 April 1999, p. 845 – 956.

③ See Kaufmann-Kohler, Gabrielle. *Arbitral Precedent Dream*, *Necessity or Excuse*?, Arbitration International 23. 3, 2007, p. 357.

④ See Lorenzo, Casini, *The Making of a Lex-Sportiva*: *The Court of Arbitration for Sport*, The Provider Institute for International Law and Justice, 5, 2010, p. 15.

了某种形式的先例,[①]正是这种需求证实了 CAS 先例存在事实上的约束力。其二,CAS 广泛地从事事实上的创设先例和遵循先例,体现在 CAS 仲裁员至少有时候意识到他们正在参与先例的形成过程,并且考虑创设的先例在制度层面上可能产生的影响,最后出于可预见性、一致性和连贯性等制度利益的需求,从而确立了应该遵循先例的规范性结论。[②] 其三,正是因为这种事实上的约束力并不具有法律上的强制性,从而使得仲裁庭仍然保留了其背离先例的空间和自由。CAS 将其全权审查事实和法律的权力视为在遵循先前裁决方面较少受限的体现,因此,其认为 CAS 完全可以偏离先前裁决,并且实践中他们经常这样做。[③] 其四,通过解读 CAS 仲裁程序以及相关实体法律规则的内容,可发现 CAS 审理案件更受普通法系制度的影响,如比例原则、可预测性原则、反禁言等原则的适用,因此 CAS 援引先例的做法实则受到普通法中遵循先例原则的影响。其五,CAS 无其他上级仲裁机构,其仲裁裁决具有终局性和权威性,因此为确保其权威性,仲裁庭作出的裁决需前后一致,从而形成一种事实上的约束力。另外,虽然 CAS 与各国国内的体育仲裁机构不存在垂直的上下级关系,但是其仲裁裁决仍对各国仲裁机构发挥着指导作用。

四、先例在 CAS 中的特殊价值

(一)推动实现体育仲裁的统一性

随着体育发展的全球化,体育纠纷的解决急需统一的法律体系,CAS 提供了唯一能够对国际体育具有国际适用性和一致性的体系。[④] 其中,先例发挥了不可或缺的作用,不仅对 CAS 后续类似案件的审理具有重要指导作用,还促进裁决一致化和国际体育仲裁统一化。这主要体现在:一是通过先例的指导作用,统一仲裁中的法律适用标准,尤其在适用法律存在空白或矛盾时,引领仲裁庭对仲裁规则和体育组织规则进行统一解释,从而促进仲裁庭在同类案件中就同类争议问题裁决的一致

---

① See Gregory Ioannidis, *Defending the Rights of Athletes before the Court of Arbitration for Sport (CAS): Revising Procedural and Substantive aspects of Sports Law Litigation and Practice*, International Sports Law Review 4, 2021, p. 57 - 64.

② See Johan Lindholm, *A Legit Supreme Court of World Sports? The CAS(e) for Reform*, The International Sports Law Journal 21, 2021, p. 1 - 5.

③ See James Segan, *Anti-doping Prosecutions: Are we Striking the Right Balance?*, International Sports Law Review 4, 2017, p. 71 - 75.

④ See Valloni W. Lucien, *The Pechstein decision-the end of sports jurisdiction as we know it?*, Sports and Taxation, 2012, https://sportslawandtaxation.com/news/450 - the-pechstein-decision-the-end-of-sports-jurisdiction-as-we-know-it, last visited on November 1, 2022.

化。正如在加拉塔萨拉伊案①中,仲裁庭强调国际体育运动是一个全球性的现象,需要适用全球统一的标准,只有对体育参与人适用同样的条款,体育竞赛的诚信和平等机会才得以保障。二是CAS频繁援引先例的实践催生了国际体育法,促进统一和谐的体育秩序构建,同时指导了各体育组织的规则制定,从而发展出一套全球统一的体育法律规则。三是CAS作为国际体育纠纷解决的“最高法院”,其管辖范围几乎实现了对国际体育领域的全覆盖。一方面,其通过全球性的体育组织如IOC、国际单项体育联合会的章程确认了其排他管辖的主体地位,②统一了国际体育纠纷解决方式;另一方面,其对各国国内体育仲裁制度的发展和完善发挥了重要示范作用,各国内体育仲裁机构对CAS实践的效仿和经验借鉴促进了体育仲裁纠纷解决的统一化。

(二)提升体育法制的可预测性

一致性和可预测性是影响法律发展的两个重要因素。一项法律规则只有在始终一贯地以可预测的方式适用时才是一项法律规则。③ 在国际体育仲裁中,无论CAS援引先例是事实上遵循先例还是判理恒定,都大大提升了国际体育仲裁领域裁决的可预测性,因为先例本身就为普通法系和大陆法系的判决带来了可预测性和一致性。④ 先例的可预测价值,一方面,使得人们依赖既存法律或规则的确定性来规范自己的行为;另一方面,也使得当事人依赖先例预测纠纷解决的结果,从而对案件结果产生一定的合理期待。正如在国际自行车联盟诉约格斯特等案中仲裁庭所指:尽管在仲裁中没有正式的遵循先例原则,但CAS的裁决构成了一个有价值的判例法体系,有助于加强国际体育法的法律可预测性。因此,尽管没有强制约束力,但CAS之前的决定可以而且应该被后续的CAS仲裁庭仔细考虑,以帮助在体育机构和运动员之间建立合理的期望。⑤

综上所述,CAS援引先例的实践促进了仲裁裁决的一致性,这种裁决的统一进而实现了先例的可预测性价值,如此正向循环保障了体育仲裁制度的稳定性和确定

---

① Galatasaray SK v. Frank Ribéry & Olympique de Marseille (CAS 2006/A/1180).

② 参见黄晖:《体育仲裁先例论——CAS仲裁经验的中国化》,载《武汉体育学院学报》2014年第2期。

③ See Kaufmann-Kohler, Gabrielle, *Arbitral Precedent Dream, Necessity or Excuse*?, Arbitration International 23.3, 2007, p.357.

④ See Dhawan Pulkit, *Application of Precedents in International Arbitration*, Arbitration: The International Journal of Arbitration, Mediation and Dispute Management 87.4, 2021.

⑤ Union Cycliste Internationale (UCI) v. Jogert & NCF (CAS 97/176).

性,从而推动国际体育法的整体发展。

(三)尊重和保障体育自治性的实现

体育自治性是建立在体育特殊性之上的。① 体育的特殊性体现在体育领域存在有别于一般社会生活的特殊事务,有其独有的行为准则和争议事项,为保障体育治理的有效运行,行业自治是最为恰当的治理模式。② 体育自治分为三个部分:组织自治、规则自治和争端解决自治。争端解决自治体现在体育仲裁的专属管辖权,如 CAS 通过体育组织规则中的仲裁条款确认了排他性的管辖权,使其成为争端解决的最终机构。与此同时,CAS 作为国际体育争端解决自治的产物,不受外部司法的干扰,瑞士联邦法院对其仅限于程序审查,充分保障了体育自治的实现。先例在 CAS 中的适用,一方面,是对先前裁决的尊重;另一方面,也促进了对先前裁决的自我审查,从而实现争端解决自治的自我监督。因此,先例推动了体育自治的规范化,促进有序的体育争端解决自治。

五、对中国体育仲裁制度建设的启示

2022 年 6 月 24 日,第十三届全国人民代表大会常务委员会第三十五次会议修订通过了《中华人民共和国体育法》(以下简称《体育法》),自 2023 年 1 月 1 日起施行。《体育法》增加了“体育仲裁”一章,明确国家建立体育仲裁制度,破解了长期以来困扰我国体育纠纷解决的制度障碍。虽然我国《体育法》在 1995 年就明确了体育仲裁制度,但是体育仲裁机构始终未得以建立,因此独立体育仲裁长期缺位,有关的体育仲裁实践经验相对匮乏,可供探索和总结的前期仲裁运行经验较少。值此之际,若想贯彻执行《体育法》对建立体育仲裁制度的方针,就需要充分借鉴和学习 CAS 以及其他国家体育仲裁制度的实践经验,在此基础上构建独具中国特色的体育仲裁制度。因此,我国未来体育仲裁机构的设立及体育仲裁规则的制定应重视先例在体育仲裁中的特殊价值,借鉴先例在 CAS 中适用的实践经验,充分发挥先例的指导作用,从而建设我国独具特色的体育仲裁判例体系。为此,应注意以下建设要点,为我国未来体育仲裁先例制度的建立创造条件。

第一,构建体育仲裁机构的等级性和统一性。只有同一领域内有统一的裁决机

① See Jacques Rogge, *President of the International Olympic Committee*, the First World Olympic Sport Convention in Acapulco: (2010), http://www. olympic. org/Documents/Conferences_ForumsandEvents/2010 - ACNOAcapulco/ANOC2010 - First-World-Olympic-Sport-Convention-Acapulco-eng-final - 2010. pdf, Last visited on November 1, 2022.

② 参见李智:《国际体育自治法治化路径研究》,高等教育出版社 2019 年版,第 28 页。

构,才可形成先例原则。[①] CAS 中先例的适用正得益于其统一性的特征。首先,CAS 作为体育纠纷解决的最高机构,其统一性主要体现在通过 IOC 等体育组织授权其作为终局的上诉解纷机构。其次,其仲裁机制包括两个方面:一是由普通仲裁部门和反兴奋剂仲裁部门构成的一级纠纷解决机制;二是由上诉仲裁部门构成的二级纠纷解决机制,其针对的是因体育组织内部机构作出的决定而产生的争议,从而对体育组织的内部决定进行监督。CAS 的仲裁机制形成了"金字塔式"的等级结构,体现了其等级性特征,也为其仲裁裁决作为先例指导各体育组织内部决定创造了条件。因此,我国未来体育仲裁机构的仲裁机制也应突出其统一性与等级性特征。根据《体育法》第 95 条的规定,体育仲裁机构是作为独立于体育组织内部纠纷解决机制的外部仲裁,其可针对体育组织的内部纪律处分决定进行上诉仲裁,具有二级终审机构的法律地位,从而形成了一种体育组织与体育仲裁机构的等级结构。这种等级结构为体育组织内部决定受体育仲裁机构仲裁裁决的先例指导奠定了基础,也为创设中国体育仲裁判例体系作了铺垫。

第二,提升体育仲裁裁决质量。并不是任何仲裁裁决都能成为先例被后续案件所援引或遵循。裁决自身质量的好坏极大地影响了先例的价值以及被援引或遵循的可能性。因此,提升我国体育仲裁裁决的质量是充分发挥先例价值的前提,也是构建我国体育仲裁先例制度的保障。具体建议有:首先,优化和监督仲裁员。资深且专业、客观且公正的仲裁员是保证裁决质量的基础,因此要优化仲裁员名单并对其仲裁过程进行监督。可以通过提高入册标准,严格筛选入册仲裁员,建立高质量的体育仲裁员名册,从而优化体育仲裁员进而保障裁决的质量。另外,制定仲裁员准则对仲裁员进行严格规范,以及通过制定回避制度以及公开机制对仲裁员的仲裁过程和裁决内容进行社会监督。其次,增强仲裁裁决的说服力。CAS 中最常被援引的内容往往是过去裁决的裁决理由或者某一部分的推理论证内容,而不是裁决结果。因此这就要求仲裁庭在作出裁决结果之前加强对其推理部分的论证,提高裁决推理的质量,从而增强仲裁裁决的说服力。具体建议有:一方面,仲裁庭在对个案进行审理时,其对个案裁决的着眼点不应只限于定分止争的某个具体目标,而应注意考量个案背后存在的行业秩序这一整体利益,在进行规则解释时多运用系统论的方法,这样才能保证某些个案成为先例后能够发挥积极正面的指引作用。[②] 另一方面,仲裁庭在援引先例时,应当对其援引行为进行具体的分析和说明。

---

① 参见贺嘉:《奥林匹克体育仲裁中运动员权利保障研究》,法律出版社 2021 年版,第 180 页。

② 参见杨秀清:《先例在国际体育仲裁法律适用中的指引作用探析》,载《体育科学》2014 年第 1 期。

第三,建立体育仲裁裁决的公开机制。CAS 中频繁援引先例的先决条件在于其仲裁裁决的公开透明。不同于国际商事仲裁领域的仲裁裁决私密性,CAS 仲裁裁决以公开为原则,不公开为例外,并且在其官网建立了案例数据库,将案件通过多种渠道进行公开化。这为后续案件援引先例创造了必要条件。我国未来体育仲裁制度可以借鉴 CAS 的公开机制,在尊重当事人意愿的前提下,以保护当事人的隐私信息为原则对仲裁裁决进行有效公开。有效公开仲裁裁决不仅能够充分发挥先例价值,还能够对仲裁程序和结果进行有效监督,从而使仲裁裁决更加公平公正。具体建议有:一则,建立我国体育仲裁先例数据库,从而为当事人和仲裁庭及时获取相关案例裁决提供便利。参考 CAS 官网案例数据库,根据不同的案件类型和仲裁程序对可公开的裁决进行分类,然后统一进行案例编号。对于公开的裁决内容,应该着重保留案件事实、争议要点、裁决推理等核心部分。二则,编纂并发布指导性案例,一方面,构建指导性案例制度有助于分类和筛选优质的裁决,在决策时能更恰当地发挥和利用过去裁决的先例价值;①另一方面,定期系统地整理某一时期的典型案例并进行公开出版,可供相关领域的学者等进行研究和学习。

六、结语

CAS 作为体育纠纷解决的最高机构,其独特的结构组成和仲裁实践为国际体育法的形成与发展创造了条件。通过对 CAS 仲裁裁决进行考察与分析,发现仲裁庭在仲裁过程中高度依赖其先前案例裁决。虽然 CAS 仲裁庭并不承认存在法律上的遵循先例原则,但其频繁援引先例的行为实则构成一种事实上遵循先例,即其仲裁过程实则是一种立法与司法的结合过程。这不仅体现了体育的自治性,提升了体育法律体系的确定性、可预测性以及统一性,同时影响了国际体育法成文规则的制定,填补了现有法律的空白或漏洞,进一步推动了国际体育法的发展。以此为鉴,我国在构建体育仲裁制度之时,可以借鉴 CAS 的实践经验,重视先例的适用,在具体实践中要统一体育仲裁机构,提升仲裁裁决质量,实现仲裁裁决公开透明化。

① 参见沈奕灵:《国际投资仲裁中事实上遵循先例的研究》,华东政法大学国际法学院 2020 年博士学位论文,第 109 页。

构建更加公正合理的世界反兴奋剂治理体系*

刘永平** 李 智***

晚近,与反兴奋剂有关的纠纷不断增多,给反兴奋剂规则和争端解决机制都提出了更高的公平性要求,推动世界反兴奋剂体系在治理架构和规则上持续较大变革。在机构层面,国际检查机构、国际体育仲裁院反兴奋剂仲裁庭等新机构陆续建立,兴奋剂检测和争端解决的专业化程度不断提升;在规则层面,2021 年版《世界反兴奋剂条例》及 8 项国际标准的实施进一步完善了反兴奋剂的法理根基和法治化水平。通过梳理世界反兴奋剂治理体系的发展与变革,分析反兴奋剂组织所做的努力及面临的难题,不难发现,依托国际法、国际体育组织规则、国内法,协调"公私结合"的治理模式,构建更加公正合理的世界反兴奋剂规则和治理体系,是各国达成共识、推进反兴奋剂治理法治化、公平解决争端的根本路径。

自 1999 年世界反兴奋剂机构建立开始,全球反兴奋剂组织协调行动,逐渐形成标准化、统一化的世界反兴奋剂治理体系。晚近,一些兴奋剂争议给世界反兴奋剂治理提出了新的挑战。比如,德国运动员佩希斯泰因案、中国运动员孙杨案和俄罗斯运动员卡米拉・瓦里耶娃案,对反兴奋剂治理体系的公正合理透明度提出了质疑,俄罗斯集体服药事件严重毁损了反兴奋剂组织的公信力。① 为回应反兴奋剂工

* 本文系国家社科基金项目"新时代中国特色体育法学学科、学术、话语体系建设研究"(项目编号:21BTY012)、司法部法治建设与法学理论研究课题"构建公正合理的世界反兴奋剂治理体系研究"(项目编号:20SFB2028)的阶段性成果。

** 武汉大学法学院博士研究生。

*** 福州大学法学院教授、博士研究生导师,法学博士。

① 参见刘韵:《国际体育仲裁院兴奋剂案件仲裁程序的反思及完善——以反兴奋剂部门的设立和佩希施泰因案为切入点》,载《天津体育学院学报》2017 年第 3 期;梅傲、钱力:《世界反兴奋剂体系下运动员基本人权保障的实现路径——以孙某案为引》,载《中国国际私法与比较法年刊》第 27 卷,法律出版社 2021 年版;李智、蓝婕:《"俄罗斯兴奋剂事件"的法律争议研究》,载《首都体育学院学报》2021 年第 1 期。

作的新要求,反兴奋剂组织治理架构和规则体系都作出积极改革。一方面,新机构逐步建立,厘清兴奋剂检测、结果管理、违规认定和处罚的程序规范。国际检查机构(International Testing Agency,ITA)通过反兴奋剂组织的授权独立运行,自主决定针对何人、在何地、于何时进行药检。国际体育仲裁院反兴奋剂仲裁庭(CAS Anti-Doping Division,CAS ADD)依托体育组织的授权,进行兴奋剂违规认定及处罚。① 两个机构的设立因应国际反兴奋剂治理环境所生成的最新变化,加固反兴奋剂组织体系的协同配合,使世界反兴奋剂的框架更为稳定。另一方面,世界反兴奋剂机构通过了2021年版《世界反兴奋剂条例》及8项国际标准,规范反兴奋剂实体规则,强调治理与保护的衡平,注重原则性与灵活性的统一。② 不过,在反兴奋剂治理发展的过程中,运动员主体权益保护、多元架构利益衡平等问题仍然存在,如何构建更加公平合理的反兴奋剂治理体系,是规范兴奋剂国际规则和国内立法、公平解决兴奋剂争端的重要问题。

一、世界反兴奋剂治理体系的历史变革

世界反兴奋剂治理体系是体育领域法治化程度最高的领域,经过晚近30余年的发展,已经形成了较为成熟的组织框架和规则体系。

(一)世界反兴奋剂权力架构

世界反兴奋剂权力架构经历了一个从"一家独大"到"二元治理",再到"三足鼎立"的过程。最终,世界反兴奋剂机构、国际奥委会及单项体育联合会、国际体育仲裁院形成"三足鼎立"的权力框架。

1."一家独大"

反兴奋剂运动初期,权力机构呈现体育组织"一家独大"的局面。反兴奋剂权力架构形成了以国际奥委会为首,各国际单项体育联合会为辅的"金字塔"形框架。

1928年,国际田联颁布全面禁止使用兴奋剂的规则,世界反兴奋剂运动自此拉开帷幕。③ 经过多次改革,现代反兴奋剂运动形成了以体育组织为主的基本架构。国际奥委会及单项体育联合会负责反兴奋剂规则制定、实施和纠纷解决。④ 首先,体育组织在章程中明确反对在体育运动中使用兴奋剂的行为,制定兴奋剂违规认定及

---

① 参见周青山:《国际体育仲裁院兴奋剂仲裁机制评析》,载《武汉体育学院学报》2019年第5期。

② 参见郭树理:《揆情审势、宽严相济:〈世界反兴奋剂条例〉之新发展》,载《上海体育学院学报》2021年第2期。

③ 参见胡永红:《国际反兴奋剂现状及发展趋势研究——兼论中国反兴奋剂的成就及面临的问题》,载《广州体育学院学报》2013年第3期。

④ See Ljungqvist. Arne: *Brief History of Anti-Doping*, Medicine & Sport Science 62, 2017, p.1-10.

处罚的实体规则和程序规则,建立违禁物质和违禁方法清单。其次,体育组织负责兴奋剂样本采集及检测程序。赛事管理机构根据竞赛章程计划体育竞赛中的兴奋剂样本采集和检测;赛外,运动员注册的对应单项体育联合会有权获取运动员的实时位置,并随时开展"飞行药检"。最后,经过样本采集及分析,相关体育组织会进行统一的结果管理。若所采集样本中出现违纪检测结果,体育组织随即通知运动员,通过听证程序进行违纪认定,并作出处罚决定。这一阶段的反兴奋剂治理呈多元化特色,各体育组织在秩序管理范围内行使兴奋剂违规处罚权,协同合作治理体系尚未完全建立。

2. "二元治理"

1998年,一位比利时官员在随同菲斯蒂纳团队(Team Festina)前往环法自行车赛的途中被海关官员拦下,检查后发现其行李箱中装满了兴奋剂违禁药物。这一事件让国际社会意识到,单凭体育组织的力量很难实现在世界范围内统一的反兴奋剂工作。为协调反兴奋剂规则的一致性,世界反兴奋剂机构于1999年成立,领导全球协作的反兴奋剂运动。世界反兴奋剂机构具有兴奋剂领域的"立法"职能,负责制定及更新《世界反兴奋剂条例》《禁用清单》等相关反兴奋剂规则和国际标准,并监督反兴奋剂规则在世界范围内的统一适用。

至此,反兴奋剂运动的权力框架形成了"二元"的权力划分,即世界反兴奋剂机构统一制定反兴奋剂法律文件,各反兴奋剂组织负责实施兴奋剂检测及认定、处罚工作。同时,国际体育仲裁院不断发展,以独立的外部仲裁程序对反兴奋剂组织的处罚决定进行监督。但国际体育仲裁院虽起到一定"司法审查"的作用,仍在事实认定、法律适用上受到较大限制,制衡功能有限。这也为反兴奋剂治理体系的"分权"改革埋下了伏笔。

3. "三足鼎立"

"二元治理"模式下,反兴奋剂组织集兴奋剂检测检查与违规认定、处罚于一身,存在公信力不足等问题。① 为此,各体育组织积极改革,寻求更为公正合理的治理架构。

第一,国际奥委会推动国际检查机构于2017年建立,作为非营利组织负责兴奋剂检查、检测、结果管理,自主决定何人、何地、何时参加药检。② 目前,国际检查机构

① 参见杨春然、张晓菲:《论反兴奋剂治理机制的改革:扩张违规主体抑或独立化?》,载《天津体育学院学报》2019年第5期。

② 参见韩勇:《世界反兴奋剂机构诉孙杨案法律解读》,载《体育与科学》2020年第1期。

已获得包括国际泳联、国际羽联等47个国际单项体育联合会以及重大赛事举办方的认可与合作。同时,国际检查机构还与美国、英国、加拿大、中国、日本、法国、韩国等国家的反兴奋剂机构签署了合作协议,建立反兴奋剂协作机制,委托各国国内的标准实验室对采集的样品进行分析,共享专业知识、数据和情报。随着信息共享平台的设立,国际检查机构逐步扩张覆盖网络,以更为合理、高效的方式安排样本采集及检测工作。

第二,国际体育仲裁院于2019年成立反兴奋剂仲裁庭,开展兴奋剂违规认定和处罚的"一审"程序。反兴奋剂仲裁庭充分独立于国际体育仲裁院上诉仲裁庭,其权力源于体育组织内部管理权,通过授权扮演体育组织内部纪律处罚委员会的角色。瑞士联邦最高法院也在最新判决中确认了国际体育仲裁院反兴奋剂仲裁庭作为国际单项体育联合会授权的"一审纪律法庭"(a first-instance disciplinary tribunal)的合法性,并支持其仲裁员名单的独立性。① 反兴奋剂仲裁庭的成立提高了兴奋剂案件解决的专业化、法律化的程度,有利于统一适用规则,提升兴奋剂案件处理的法律性、公平性和可预见性。

在此基础上,世界反兴奋剂治理体系开始真正的改革,形成"三足鼎立"的稳定框架。世界反兴奋剂机构"立法",统一制定《世界反兴奋剂条例》等反兴奋剂实体规则;国际检查机构通过反兴奋剂组织的授权行使"行政权",进行兴奋剂检测及结果管理等有关事项;国际体育仲裁院专注"司法",处理兴奋剂纠纷并作出终局性制裁。② 世界反兴奋剂体系在机构设置改革后的权责分配更为清晰,程序运行更为流畅,从样本采集、结果管理、违规认定到处罚作出都有更为严谨和独立的程序规范,为运动员提供了完整、便捷的维权渠道。但由于国际检查机构与国际体育仲裁院反兴奋剂仲裁庭都处于建立的起步阶段,授权处理相关业务的国际单项体育联合会并不健全。

(二)世界反兴奋剂规则体系

由于体育运动中使用兴奋剂的形式和反对使用兴奋剂的斗争随着时间的推移发生了很大的变化,反兴奋剂规则呈现从分散到统一、从简单化到合理化、从体育领域自治到国际法律认可的发展和协调趋势。

---

① A. v. International Biathlon Union (4A_232/2022).

② 参见李智、刘永平:《从孙杨案看世界反兴奋剂治理架构的完善》,载《北京体育大学学报》2020年第4期。

1. 反兴奋剂实体规则统一化

早期反兴奋剂规则是由反兴奋剂组织在“各自为政”的基础上设立的,国际奥委会、国际单项体育联合会、各国政府以及欧洲理事会等国际政府间机构都有各自的反兴奋剂规则。各体育组织之间既有平行关系也有相互包含的关系,规则统一适用困难。

世界反兴奋剂机构建立后统一制定应用于反兴奋剂治理的实体规则,于2003年颁布了第一版《世界反兴奋剂条例》。晚近,国际奥委会和世界反兴奋剂机构为更好地统一适用反兴奋剂实体性规则,做了多项尝试。第一,国际奥委会在《奥林匹克宪章》第43条规定,遵守《世界反兴奋剂条例》是整个奥林匹克运动的强制性规定,确立了《世界反兴奋剂条例》在反兴奋剂领域最高规范的地位。第二,《世界反兴奋剂条例》先后于2009年、2015年、2021年被三次修订,每次修订都经过多轮专家研讨,也收集了各体育组织和国家政府的意见和建议并进行综合研判。多次修订后的《世界反兴奋剂条例》条款从23条扩充至27条,回应世界反兴奋剂斗争的新发展和面临的新问题,以简洁的规则语言和详细的注解增强合法性和权威性,强调健康价值的维护和对运动员权益的保障。第三,反兴奋剂规则的统一适用受到严格监督。世界反兴奋剂机构有权根据《签约方条例遵守国际标准》对反兴奋剂组织内部反兴奋剂规则进行梳理和合规审查,判断反兴奋剂组织制定的反兴奋剂规则是否与《世界反兴奋剂条例》相符。目前,《世界反兴奋剂条例》共有约700个签约方,推动全球反兴奋剂行动走向标准化和统一化。①

2. 反兴奋剂程序规则规范化

《世界反兴奋剂条例》设立之初,充分强调打击兴奋剂违规行为的有效性,对管制环节中的程序性要求较低,不利于运动员的权利保障。近年来,反兴奋剂程序规则体系逐步完善,提升反兴奋剂组织管制行为的规范化标准。

第一,世界反兴奋剂机构制定了8个国际标准,加强兴奋剂检测、实验室认证制度、赛外检查程序等具体程序规范。国际标准的设置对反兴奋剂组织提出了更为详细的程序规范要求,对反兴奋剂组织具有强制约束力,为保障当事人的基本程序权利提供新的标准。② 第二,世界反兴奋剂机构设置了多项“指南”(Guidelines),类别广、规范细,在实践中不做强制要求。这类“指南”以详细示例的形式展现出反兴奋

① 参见张婵丽、郭志光、贾志强:《国际反兴奋剂治理特点、新动向及启示》,载《体育文化导刊》2021年第2期。

② 参见郭树理:《2021年实施版〈世界反兴奋剂条例〉之修订》,载《体育科研》2020年第2期。

剂运动各项程序的具体行为规范,成为反兴奋剂组织执行的建议性范本,很具有参考价值和借鉴意义。同时,世界反兴奋剂机构公布了部分国家反兴奋剂组织或国际体育仲裁院的判例(case law),为兴奋剂纠纷解决提供参考。第三,世界反兴奋剂机构于2019年发布《反兴奋剂运动员权利规则》,成为明确规定运动员在反兴奋剂活动中权利的重要文件。① 这份文件以书面的形式明确运动员在反兴奋剂治理中拥有的权利,为反兴奋剂工作规范化、合理化提供了可行性建议。

3. 反兴奋剂规则适用国际化

反兴奋剂运动涉及范围广、规则和程序复杂,仅由体育组织的力量实施很难达到成功治理的效果。因此,各国通过签订国际公约的形式将反兴奋剂运动纳入国际法范围,加强反兴奋剂领域政府与体育组织的合作。

2005年,联合国教科文组织牵头制定《反对在体育运动中使用兴奋剂国际公约》(以下简称《公约》)。《公约》以保护运动员的身心健康及维护体育公平两项原则为基础,是各国政府开展反兴奋剂工作的国际法依据。② 目前,已有191个国家或地区成为《公约》缔约方,占联合国教科文组织成员国的97.94%。③ 各国政府在《公约》基础上,吸纳适用国际反兴奋剂规则,形成相互配合、协调统一的规则体系。国家制定行之有效且可操作性强的法律、行政法规等相关规定,加强反兴奋剂运动的覆盖面与执行力。包括我国在内的部分国家将兴奋剂纳入刑法规制范畴,加强公权力对兴奋剂的管制。④

概言之,国际和国内反兴奋剂治理体系以机构设置和规则体系两大领域为基础,向制度化、统一化的法治道路上迈进。但由于权力分配不明、规则不适当、国际与国内体系衔接不稳定,反兴奋剂治理中出现了一些不公平不合理的现象。

二、世界反兴奋剂治理体系的现实困境

相较其他体育事项的治理,世界反兴奋剂治理体系的法治化程度处于高水平。但反兴奋剂治理过程中仍然存在很多争议。归结起来,有关兴奋剂的争议主要归因于反兴奋剂体系机构之间的权力分配和制衡始终在调适磨合,反兴奋剂实体规则弹

---

① 参见裘韵:《〈反兴奋剂运动员权利规则〉审思》,载《体育科研》2020年第2期。

② 参见罗思婧:《论体育法的特殊性——以体育法的最新发展趋势为视角》,载《北京化工大学学报(社会科学版)》2014年第1期。

③ UNESCO, *International Convention against Doping in Sport*, https://en.unesco.org/themes/sport-and-anti-doping/convention, 25 February 2023.

④ 参见陈艳、王霁霞:《兴奋剂入罪立法模式思考与建议——基于行为类型化的分析》,载《天津体育学院学报》2020年第3期。

性不足,国际国内反兴奋剂治理缺少跨国联结。

(一)反兴奋剂体系机构权力分配不平衡

世界反兴奋剂机构"集权"、各反兴奋剂组织"执法"能力不足、国际体育仲裁院"司法审查"有限,导致越权管辖、程序衔接难、怠于行使权力等现象,难以保障反兴奋剂治理的公正性。

1. 世界反兴奋剂机构权力扩张趋势

实践中,世界反兴奋剂机构切实发挥了其治理和监督的作用,但其权限有逐渐扩张的趋势,具体表现在:第一,世界反兴奋剂机构在兴奋剂纠纷中具有双面权力和双重身份。根据《世界反兴奋剂条例》第 13.2 条的规定,世界反兴奋剂机构有权针对反兴奋剂组织的最终决定向国际体育仲裁院提出上诉,从而成为兴奋剂争议的一方当事人。根据国际体育仲裁院案例数据库,以世界反兴奋剂机构为上诉方的案件约有 120 件,被上诉方包括反兴奋剂组织及运动员等。世界反兴奋剂机构有权制定规则,可以"立法机关"的身份解释规则,导致兴奋剂纠纷中当事双方地位不平等。第二,世界反兴奋剂机构权力不断扩张,调查权、监督权、处罚权混同。2021 年版《世界反兴奋剂条例》第 20.7 条列明了世界反兴奋剂机构的 14 项责任与义务。其中规定,世界反兴奋剂机构有权制定和执行反兴奋剂政策,监督签约方遵守《世界反兴奋剂条例》,对兴奋剂违规行为启动调查。同时,有权规制相关官员的不当行为。一方面,世界反兴奋剂机构保留检查权,在特殊情况下,如问题已经引起相关反兴奋剂组织注意,但还未得到满意解决,世界反兴奋剂机构有权自行实施检查。2016 年,世界反兴奋剂机构接到俄罗斯运动员集体服药的举报,随即展开了针对俄罗斯反兴奋剂组织的调查,并由此引发后续制裁。另一方面,世界反兴奋剂机构有权根据《签约方条例遵守国际标准》的规定对反兴奋剂组织的不合规行为作出制裁。①《世界反兴奋剂条例》签约方有义务拒绝未遵守《签约方条例遵守国际标准》的国家提出的承办、参加体育赛事的申请。这一制裁条款说明,世界反兴奋剂机构的调查和处罚决定可能直接影响奥运会、世界杯等大型赛事的主办城市以及参赛国家队伍选择。

2. 反兴奋剂组织执行能力不足

《世界反兴奋剂条例》中将国际奥委会、各国际单项体育联合会、重大赛事组织机构和国家反兴奋剂组织等统称为"反兴奋剂组织"(Anti-Doping Organizations)。该组织有权制定和实施反兴奋剂规则、开展检查与调查、实施纪律规定,承担反兴奋

① 参见李真:《签约方遵守世界反兴奋剂条例之国际标准初探》,载《体育学刊》2018 年第 4 期。

剂运动中的主要职能,在反兴奋剂运动中长期具有垄断地位。但多年来,国际体育组织内部治理和改革进程缓慢,组织内部职能及交流合作体系发展有限,外部监管制度存在短板,直接影响了体系整体运行的效率。一方面,反兴奋剂组织在兴奋剂样品采集、检查检测工作中的测试准确性和科学完整性受到挑战。由于兴奋剂检测涉及多个国家和地区,各国际单项体育联合会单独组织赛外检测的成本较大,很多单项联合会将兴奋剂检测程序授权第三方检测公司进行。授权后,体育组织在反兴奋剂"执法"过程中的应然和实然责任不符,兴奋剂样品采集流程受第三方检测公司的成本和程序规范影响,可能产生程序不严谨现象。兴奋剂检查涉及最为敏感的个人生物信息数据,反兴奋剂组织是否有足够的能力来保护世界范围内庞大的运动员信息数据,在合规的前提下实现运动员信息数据跨境传输,也是各个体育组织面临的挑战。另一方面,反兴奋剂组织相互间未有完善的信息共享平台。① 当前世界反兴奋剂机构所倡导的反兴奋剂机构间合作主要集中在反兴奋剂信息、情报和教育方面。这类局部的零散合作长期以来存在合作渠道不畅、合作范式不明、合作效果不佳等问题,缺乏内部纵向与横向机构间常态化的合作制度。各反兴奋剂组织间缺乏信息交流合作平台,大大增加了兴奋剂检查检测的成本。② 根据国际奥委会 2017 年的报道,每年全球反兴奋剂组织共采集约 30 万份兴奋剂检测样品,在药物检测方面的总支出达到了约 3 亿美元。到 2021 年,虽然兴奋剂样本采集工作在新冠疫情影响下略微减少,但总采集数仍达到 27 万余次。同时,不同机构反复对同一个精英运动员开展兴奋剂样本采集和检测工作,也容易导致短期内针对运动员的兴奋剂检测次数较多、针对同一行为评价结果不同等问题,也引发了对运动员隐私权益保护的探讨。③

3. 国际体育仲裁院审查功能有限

国际体育仲裁院的主要功能是针对反兴奋剂组织的执法进行适当的监督和补缺。反兴奋剂仲裁庭的成立适当拓展了国际体育仲裁院处理兴奋剂案件的权限,但在整个架构中仍处于相对弱势的地位。一方面,从权力来源看,世界反兴奋剂机构

① 参见杨春然、张梅:《世界反兴奋剂机构的行踪规则与法律的冲突及限制》,载《成都体育学院学报》2018 年第 1 期。

② See Maennig W., *Inefficiency of the Anti-doping System: Cost Reduction Proposals*, Substance Use & Misuse 9, 2014, p. 1201 – 1205.

③ See Dag Vidar Hanstad, *Sigmund Loland. Elite Athletes' Duty to Provide Information on Their Whereabouts: Justifiable Anti-Doping Work or an Indefensible Surveillance Regime?*, European Journal of Sport Science 9, 2009, p. 3 – 10.

并未直接赋予反兴奋剂仲裁庭违规认定和处罚的权力,而是通过反兴奋剂组织授权,获得各组织的兴奋剂违规认定及处罚权。《结果管理国际标准》第8.1条规定,结果管理机构可以授权第三方组织进行结果管理的裁决部分。这一规定也是对反兴奋剂仲裁庭授权规则的回应。授权的不完善和程序规则的不完整导致国际体育仲裁院在处理兴奋剂案件时受到较大限制,其管辖权力和管辖范围还有待进一步增强。另一方面,反兴奋剂仲裁庭在程序上仍受制于世界反兴奋剂机构,受其监督。依《国际体育仲裁院反兴奋剂仲裁规则》的规定,当体育组织向反兴奋剂仲裁庭提交兴奋剂案件时,只要世界反兴奋剂机构不是一方当事人,国际体育仲裁院需向它发出案件接收通知,便于它对案件进行监督;世界反兴奋剂机构也有权否定当事人对三人仲裁合议庭的选择,以维护自身上诉权。世界反兴奋剂机构可以充分监督反兴奋剂仲裁庭的裁决过程及结果,并在独任仲裁员的情况下向上诉仲裁庭提起上诉。两者如何相互监督制衡,还需关注未来反兴奋剂仲裁庭的发展。

(二)反兴奋剂规则体系仍需不断完善

如前所述,反兴奋剂运动规则体系逐步完善和统一,覆盖了兴奋剂检测、处罚、上诉的全过程。[①] 但在适用中,反兴奋剂实体规则对运动员课以过重的注意义务,严格责任原则的适用争议不断;反兴奋剂程序规则中的检测、处罚方法对运动员权益关照不够,各项规则缺陷仍有待完善。

1.实体规则的确定性和弹性不足

实体规则的争议主要在于兴奋剂违规认定和处罚阶段,严格责任原则太“严格”,在适用中缺乏灵活性。严格责任原则适用于违反《世界反兴奋剂条例》第2.1条、第2.2条中关于使用禁用物质或禁用方法的情形,强调兴奋剂违规认定不必要证明运动员的意图、过错、疏忽,运动员不可用主观上非故意为由规避处罚。[②] 诚然,严格责任原则的适用有利于将“干净运动员”的公平参赛权最大化,但可能导致对无辜运动员的“误伤”。有研究表明,虽然运动员意图无法量化,但对世界反兴奋剂机构数据库中的案件背景和数据信息进行分析,大约有40%受到处罚的运动员并非故

① 参见韩勇:《中国反兴奋剂的管理成效及面临的风险与对策》,载《北京体育大学学报》2020年第8期。

② 参见王少棠:《论严格责任原则的影响力——由孙杨案说起》,载《重庆理工大学学报(社会科学版)》2020年第5期。

意服用兴奋剂。[①] 晚近,反兴奋剂组织、国际体育仲裁院也意识到严格责任的局限性,尝试通过在过错认定基础上减轻甚至免除处罚的方式,适当减轻严格责任原则给运动员带来的负担。但在违禁物质来源、无过错判定等方面,对运动员举证义务的要求仍较高。可见,严格责任原则的适用需要进一步完善,在打击兴奋剂违规和运动员权益保护之间寻求均衡。

2. 程序规则的适用缺乏确定性保障

兴奋剂违规适用严格责任原则,要求运动员尽到最大的注意义务。与之相应,兴奋剂检测、处罚及争议解决等程序也应符合严格责任标准,以程序正义保障实体正义。然而,兴奋剂检测程序规则设计过分强调样本采集的随机性,运动员无法质疑检测安排的合理性。兴奋剂检查检测由国际单项体育联合会、国家反兴奋剂中心等多个反兴奋剂组织负责,运动员接受赛外检查的次数和标准,并无明确规定。运动员需要及时上报个人行踪,并保证在一小时内接受赛外检查,若 12 个月内有三次错过飞行药检,可能面临禁赛处罚。[②] 行踪信息管理机制意味着运动员几乎没有任何个人隐私和业余时间,影响运动员的日常生活。欧洲人权法院裁决的“FNASS 等诉法国案”的争议焦点即为“行踪规则”是否违反相关人权法。[③] 虽裁决结果肯定了“行踪规则”的合法性,但也体现出运动员对这一规则的不满及对自身权利保护的重视。同时,关于运动员为何被列入行踪信息的注册检查库,为何需要在特定情况下接受测试,反兴奋剂数据库运营管理系统中运动员数据如何储存和共享等问题,始终未得到解释。[④] 如何在兴奋剂检测环节重视个人数据保护,平衡兴奋剂治理和运动员权益保护,需在检测制度上进一步完善。

(三)国际与国内反兴奋剂体系的冲突亟须协调

反兴奋剂治理已不仅是体育组织内部自治事务,而且需要各国国家政府的合作

---

① See De Hon O., Van Bottenburg M., *True Dopers or Negligent Athletes? An Analysis of Anti-Doping Rule Violations Reported to the World Anti-Doping Agency* 2010 – 2012, Substance Use & Misuse 52, 2017, p. 1932 – 1936.

② 参见陈睿:《浅析国际反兴奋剂组织反兴奋剂措施的有效性》,载《当代体育科技》2021 年第 21 期。

③ 参见姜熙:《反兴奋剂“行踪规则”的合法性研究——基于欧洲人权法院“FNASS 等诉法国案”的分析》,载《天津体育学院学报》2020 年第 2 期。

④ 参见徐伟康、田思源:《反兴奋剂活动中个人数据保护的研究》,载《天津体育学院学报》2020 年第 3 期。

与协助。① 但在政府打击兴奋剂的过程中,由于各国对反兴奋剂运动的态度不一,对《世界反兴奋剂条例》的吸纳程度不同,适用能力有别,国内法律体系各异,导致国际与国内反兴奋剂体系衔接困难,容易产生积极冲突或消极冲突。

1. 国内法律与国际反兴奋剂规则存在冲突

国内的反兴奋剂规则是根据国际规则体系建立的,但根据《公约》,各国参照《世界反兴奋剂条例》,根据各国的情况制定符合国情的规则。由于各国政府在国际法层面上义务较少,反兴奋剂国际自治规则和国内法之间的调适并不同步,各国的反兴奋剂法律政策以及对兴奋剂采取的执法措施也不尽相同。一方面,国家反兴奋剂细则可能严于国际反兴奋剂组织规则,但无法规制国际反兴奋剂组织。有些反兴奋剂运动较为发达的国家所制定的反兴奋剂程序性规则可能涉及更为严格的规定,但具体详细的规则并不能规制国际层面的反兴奋剂组织。因此,容易产生国家范围内的规则适用不统一的问题。另一方面,考虑到各个国家法律体系和法律背景的不同,反兴奋剂全球行动的协调仍存在问题。虽然根据《公约》的规定,缔约国应该通过制定法律、法规、政策或采取行政手段来实行反兴奋剂相关措施,并建立国家反兴奋剂机构,但各国的反兴奋剂政策宽严不一。从世界范围来看,不少国家已经通过刑法典或附属刑法等方式设立了兴奋剂犯罪,但同时有些国家排斥将兴奋剂违规行为纳入刑法管辖范围。各国国内法对兴奋剂的规制程度不一,使得在举办国际性体育竞赛时,容易产生法律适用冲突。②

2. 国内反兴奋剂权力机构与国际反兴奋剂组织对接不畅

当前的反兴奋剂体系合作多属于零散合作,成形的国内外规范合作模式还不够完善,主要存在合作渠道不畅、合作范式不明、合作效果不佳等问题。一方面,反兴奋剂国际体系与国内体系尚没有形成完善的衔接架构,各国现有的反兴奋剂组织并不能完全与国际层面的反兴奋剂架构平行,导致在现阶段,无法完全实现既不重复处罚又不漏罚的目标。国家反兴奋剂机构可能因政府介入而导致独立性不足,发生功能上的异变,引发俄罗斯集体服药案等反面案例,影响国家反兴奋剂机构公信力。③ 另一方面,政府部门与反兴奋剂组织合作沟通渠道不完善,双方取证的路径和

---

① 参见宋彬龄、曾捷:《反身法理论下政府与体育组织合作的兴奋剂治理新范式》,载《上海体育学院学报》2021 年第 2 期。

② 参见詹朋朋:《非政府间国际组织规则之国际法意义——都灵冬奥会反兴奋剂法律冲突引发的思考》,载《行政与法》2007 年第 6 期。

③ See Duval A., *The Russian Doping Scandal at the Court of Arbitration for Sport: Lessons for the World Anti-Doping System*, The International Sports Law Journal 16, 2017, p. 177 – 197.

手段互通困难。德国等国家已为反兴奋剂成立特别机构,以行政或刑事司法手段介入反兴奋剂调查。① 国家部门依职权实施监管活动的对象范围可能大于体育组织内部监管对象,不仅仅局限于运动员、运动员辅助人员等体育竞赛的参与者,而是针对制造、贩卖、使用兴奋剂的所有实施者,但管辖范围部分与体育行业反兴奋剂组织重叠。若国家部门与体育组织无合作交流渠道,可能导致证据采信等方面的相关问题,造成执法资源的浪费。

综上所述,虽然各体育组织和多个政府都致力于反兴奋剂运动,但现阶段全球反兴奋剂运动仍呈现独立分散状态,全球协作的治理体系有待加强。因此,借助反兴奋剂治理领域内多个新组织的建立以及新规则的发展,构建全球范围内协调合作的反兴奋剂治理体系,是反兴奋剂组织和各国政府未来的工作重点。

三、公正合理的世界反兴奋剂治理体系构建路径

构建公正合理的反兴奋剂治理体系,需加强权力的均衡分配,确保多元化主体合作参与,明确规则适用规范,并推动国际与国内体系协调统一。

(一)构建平衡的反兴奋剂权力架构

沿袭目前的反兴奋剂权力框架体系,未来反兴奋剂组织应注意权力分配上的平衡性和公正性,在规则适用和执行上兼顾各方权限。

1. 规范世界反兴奋剂机构的"立法权"

世界反兴奋剂机构的主要工作应集中在制定和监督反兴奋剂规则在世界层面的统一实施,减少兴奋剂检查、调查等相关执法工作,从而实现权力分配与制衡。第一,明确世界反兴奋剂机构制定及修改实体规则的权力。世界反兴奋剂机构应进一步完善"立法"工作流程,及时调整《世界反兴奋剂条例》及各项国际标准,回应反兴奋剂实践中产生的新问题。同时,世界反兴奋剂机构应同步更新反兴奋剂领域的示范案例,为各反兴奋剂组织和国际体育仲裁院的兴奋剂认定和处罚工作提供参考,逐步形成反兴奋剂领域内的"判例法"。第二,监督反兴奋剂规则在世界范围内的统一适用。世界反兴奋剂机构应根据《签约方条例遵守国际标准》对反兴奋剂组织展开监督,检查《世界反兴奋剂条例》签约方对反兴奋剂规则的适用工作,形成对反兴奋剂"执法机关"的制衡机制。② 第三,协调调查权和处罚权的行使。世界反兴奋剂

---

① 参见[德]克劳斯·费维克、唐志威:《德国体育法导论:协会自治与法律规制之间(下篇)——体育法中的兴奋剂与民事责任》,载《体育与科学》2020 年第 6 期。

② See Savarese K. L., *Judging the Judges: Dispute Resolution at the Olympic Games*, Brook. J. Int'l L. 30, 2004, p. 1107.

机构需及时安排与国际检查机构、国际体育仲裁院的监督衔接程序。将兴奋剂检查、调查等"执法"程序交由国际检查机构统一安排,并将结果管理移交至国际体育仲裁院审查,避免以"立法"机关的身份过多介入"执法""司法"相关工作。

2. 划分反兴奋剂组织"执法权"

目前,在国际检查机构及国际体育仲裁院反兴奋剂仲裁庭完成最终授权谈判前,各体育组织对兴奋剂案件的"执法权"分配尚未清晰,在兴奋剂检测、结果管理及兴奋剂违规认定方面,职权较为混乱。建议各国际单项体育联合会及国家反兴奋剂组织及时与国际检查机构建立联系,将兴奋剂检测等程序交由国际检查机构统一安排执行。国际检查机构可以根据运动员参赛、获奖、训练等具体情况分析运动员的兴奋剂样本采集频次,设计运动员的兴奋剂检测安排。采集的样本可通过各国国内认证的实验室进行检测,并由国际检查机构完成结果管理流程。结果管理流程结束后,反兴奋剂组织应做好反兴奋剂仲裁庭的权力授予工作,完善兴奋剂认定及处罚的程序规则。相关组织各负其责,形成链条完整的兴奋剂样品采集、检测、结果管理程序,保障程序正义。世界反兴奋剂机构作为监督方有权介入每一个流程,防止反兴奋剂组织的包庇行为。

3. 加强国际体育仲裁院"司法权"

国际体育仲裁院需进一步加强"司法权",充分发挥审查和监督功能,强调反兴奋剂治理法治化。一方面,国际体育仲裁院可以适当对实体规则进行审查,防止反兴奋剂规则与基本原则的冲突。北京冬奥会临时仲裁庭审理的俄罗斯运动员瓦里耶娃案件中充分审查了《世界反兴奋剂条例》的合理性,指出条例中受保护人员临时停赛规则的不恰当之处。国际体育仲裁院可以充分发挥一般法律原则在审理案件时的补缺和矫正功能,对实体规则进行审查,保证反兴奋剂规则适用的合理性和规范性。① 另一方面,加强仲裁程序正义的实现,以严格的程序规范倒逼裁决公正。国际体育仲裁院应在原先的基础上加大对兴奋剂案例公开听证程序的运用范围,在运动员一方提出公开的情况下尽可能为公开听证提供便利。② 同时,建立先例数据库,既保证仲裁员根据个案的特性适用兴奋剂规则和原则,又适当增加裁决的确定性和可预见性。

---

① 参见李智、肖永平:《论国际体育仲裁中一般法律原则的适用》,载《武汉大学学报(哲学社会科学版)》2012年第6期。

② 参见徐磊、于增尊:《国际体育仲裁中当事人辩论权的类型化研究——以兴奋剂违规案件中的运动员为视角》,载《天津体育学院学报》2018年第1期。

综上,世界反兴奋剂机构有权制定和修改反兴奋剂规则并监督反兴奋剂组织统一实施,对不规范的管理行为提起上诉;国际检查机构负责兴奋剂样本采集、检测、结果管理程序;国际体育仲裁院有权解释世界反兴奋剂机构制定的规则,并以独立地位监督反兴奋剂组织工作规范。各组织在世界反兴奋剂权力架构体系中各司其职、相互监督,权属明确,程序规范。

(二)构建公平的反兴奋剂规则体系

世界反兴奋剂机构应充分考虑运动员等利益方提出的建议,加强对兴奋剂检查、认定、处罚中程序规则的严格化设置,保证反兴奋剂规则在维护"干净体育运动"的同时,保护运动员合法权益。具体改革方案如下。

1. 以相称性原则调适严格责任原则的适用

适用严格责任原则应以适度为标准,发挥"相称性原则"等一般法律原则的补缺和矫正功能。① 一方面,以公平公正原则为基础,适当调整严格责任原则适用比例。在运动员主观过错不同的情况下,所承担的责任大小也应区别对待,弱化"严格责任"对无辜者的"严酷"对待。根据运动员的过错程度对责任进行认定,实施过责相当原则,确定处罚力度。另一方面,根据个案情况适当调整处罚方式的灵活性,以延迟处罚启动时间、提高临时禁赛的认定标准等方式缓解严格责任原则对运动员参与体育竞赛的影响。针对案件争议较大等例外情况,可适当延迟禁赛的启动时间,避免严格的临时禁赛,或在争议解决过程中为运动员先提供临时参赛资格。通过灵活的处理方式尽可能减少对运动员参加重大赛事的影响。

2. 规范兴奋剂程序规则

2021年版《世界反兴奋剂条例》中充分强调反兴奋剂运动需从"权力"本位向"权利"本位发展,各反兴奋剂组织也应充分保障运动员权利,并在具体程序规则中予以落实。② 第一,反兴奋剂组织需要有与严格责任原则相称的严格程序规范。运动员对每一次样本采集的授权方、样本采集机构资质、检查官身份、检测流程等具体信息有知情权,确认所采集的样本完整性不受外力破坏。第二,在一定限度内实施"行踪规则"等兴奋剂检测措施,严格规范适用对象、适用时间、适用机构,并针对具体流程进行充分的反兴奋剂教育。以国际检查机构为核心,建立国际国内信息互通交流平台,统一安排兴奋剂检测时间、地点。相关样本采集及结果管理应以安全的

① 参见姜世波、张洪振:《"相称性原则"在国际反兴奋剂案件中的适用探析》,载《北京体育大学学报》2014年第3期。

② 参见罗小霜:《〈世界反兴奋剂条例〉的最新发展与中国的应对》,载《体育科学》2020年第5期。

形式储存在数据库内,并同步开放给运动员所属体育协会、国家反兴奋剂机构及赛事管理单位,以便相关组织及时更新运动员采集数据,避免短期内对同一运动员重复采集样本。运动员生物数据等相关资料的处理需严格遵守个人信息保护法的相关要求,在信息使用、传输、销毁等环节应严格规范程序,加强外部监管。

(三)"公私结合"发挥国内法律体系的补缺和矫正功能

除依托上述体育组织内部的"私法框架"外,世界反兴奋剂体系应加强国际与国内的衔接,将体育自治与国家公权力相结合,构建"公私结合"的反兴奋剂治理框架。各国政府既要维护现有体育体系内部的反兴奋剂框架运作模式,又要在《公约》基础上充分发挥国家"公法框架"的补缺和矫正功能。

第一,立法确定国家在反兴奋剂中的国际合作义务,构建反兴奋剂的"公法框架",形成国内反兴奋剂多维法治体系。国家根据有关国际公约内容,开展反兴奋剂国际合作,履行反兴奋剂国际义务。目前《公约》效力不完全涉及《世界反兴奋剂条例》及国际标准。未来应不断细化国际标准,将反兴奋剂规则体系纳入缔约国大会审核范围,保证反兴奋剂规则在国家层面的认可度。第二,通过行政或刑事执法发挥国内法的补缺功能。体育组织对兴奋剂违规只能采取禁赛、取消成绩等处罚措施,处罚对象仅为运动员等赛事参与者,无法从源头根治兴奋剂违禁药品的制作与传播。国家可采取行政或刑事手段,以体育、海关、工商、公安等多部门联动的模式多方位加强兴奋剂打击力度,扩大规制对象,对反兴奋剂体系予以补缺。《公约》缔约方会议主席团应在职责范围内监督缔约方根据本国立法原则完善国内反兴奋剂法律法规,并促进加强所有相关利益攸关方在反兴奋剂运动方面的趋同协调合作。第三,当体育内部治理结果影响到运动员权益或社会利益,国家司法可以发挥矫正功能。在实体正义方面,法院主要关注运动员权益保护,维护公平正义原则。在程序正义方面,司法监督主要审理反兴奋剂工作程序的正当性。司法介入应设定统一标准,对兴奋剂案件的审查进行量化处理,形成合理的审查模式,在尊重体育自治的前提下进行监督,不滥用司法权力。

四、结语

针对现有世界反兴奋剂治理体系中存在的不合理、不公平现象,反兴奋剂组织不断对规则和组织架构进行优化。但是,完善的世界反兴奋剂治理体系还应遵循兴奋剂违规制裁与保护运动员权益衡平的思路,进一步调整和发展。这一进程不仅需要世界反兴奋剂机构、各反兴奋剂组织及国际体育仲裁院加强协调合作,共同维护反兴奋剂实体规则和程序规则公平合理地适用,还需要各国政府积极配合,通过国内法的形式，推进反兴奋剂工作的法治化进程。

目前，我国新修订了《中华人民共和国体育法》，将反兴奋剂单列成章，在构建国内体育仲裁制度时也关注了与反兴奋有关的纠纷的特殊性，进一步加强了我国反兴奋剂机制的体系化构建，在立法、执法及国际合作方面与国际反兴奋剂机制互相衔接，协同推进，为构建更为公平合理的反兴奋剂治理体系贡献中国方案。

比较法研究

美国《外国主权豁免法》恐怖主义例外的正当性考察*

郭玉军** 陈毅颖***

美国创设国家主权豁免的恐怖主义例外,允许其公民对恐怖主义资助国进行民事索赔。通过单边法律域外适用措施创设一项国家主权豁免的例外以补偿恐怖主义受害者,在抽象层面并未违反其国内法与国际法,因为在国家主权豁免恐怖主义例外中,国会立法、法院司法、行政执法的模式并未违反美国宪法原则且处于国际法规制的真空地带。但是,其条款具体内容的演变,如适格当事人的扩张和惩罚性赔偿等,法院在具体案件中对相应条款的适用,如缺席判决、滥用惩罚性赔偿与证据不足导致事实认定错误等,以及相关判决的执行等方面却违反了其国内"三权分立"和正当程序原则,同时违反了国际法。

美国开创了国家主权豁免恐怖主义例外的先河,通过《反恐怖主义法》《反恐怖主义和有效死刑法》《恐怖主义资助国行为的民事责任法》《针对恐怖主义资助国的正义法》等法律确定了这一规则,并将其整合到《美国法典》中的国家主权豁免例外部分。① 恐怖主义例外自1996年创设至今,为美国公民提供了向所谓恐怖主义的资助国进行索赔的民事请求权基础。然而,该例外尚未引起我国学界足够的重视。

习近平总书记在党的二十大报告中指出:要健全反制裁、反干涉、反"长臂管辖"机制……加强海外安全保障能力建设,维护我国公民、法人在海外合法权益,维护海

* 本文系国家社科基金重大项目"国际私法视域下中国法域外适用的制度构建研究"(项目编号:20&ZD203)阶段性成果。

** 武汉大学国际法研究所教授、博士研究生导师,武汉大学国际法治研究院核心团队首席专家。

*** 武汉大学国际法研究所国际私法专业硕士研究生。

① See 28 USC. 1605A.

洋权益,坚定捍卫国家主权、安全、发展利益。[①] 以总体国家安全观为视角,回顾美国此规定的立法历程并比较相关国际法规则,不难发现该例外实质上是美国法的单边域外适用规则,然而其正当性却经不起推敲。本文首先梳理了在关键案件推动下的美国恐怖主义例外立法进程的演变;其次归纳了相关司法实践中存在的问题,随后通过美国宪法中的“三权分立”与正当程序原则分析其在内国法上的合宪性,接着从国际法的角度分析其理论基础与正当性;最后通过对比该例外的目的与实施效果并结合国际社会的态度对其进行评价。

一、美国恐怖主义例外的立法演变

在1989年阿根廷共和国诉阿梅拉达·赫斯案(Argentine Republic v. Amerada Hess)和1993年沙特阿拉伯诉纳尔逊案(Saudi Arabia v. Nelson)中,美国联邦最高法院认为《外国主权豁免法》(Foreign Sovereign Immunities Act, FSIA)是在美国法院起诉外国国家的唯一法律依据,该法并没有剥夺所谓严重侵犯人权的国家的豁免权,进而没有支持原告的请求。[②] 因此,1993年一些国会议员提出修订《外国主权豁免法》,增加外国国家对美国公民实施酷刑或法外处决的豁免例外。但由于美国国务院的反对,该法案最终没有通过。[③]

1996年,在俄克拉何马城爆炸事件发生后,国会迅速通过了《反恐怖主义和有效死刑法》,将先前在国家主权豁免例外中加入恐怖主义例外的提议整合到国家主权豁免法体系中。具体规定为:因酷刑、法外处决、破坏航空器、劫持人质造成的人身伤亡而向外国国家寻求金钱损害赔偿的前提是,该国官员、雇员或职员在工作范围内向实施上述行为者提供了支持。但是在行为发生时,该国不是国务院根据《出口管理法》或《对外援助法》确定的恐怖主义资助国的,法院不予受理,除非此类行为结果发生后该国被国务院追加为恐怖主义资助国。此外,即使一国在国务院指定的恐怖主义资助国名单内,[④]但涉案行为发生在该国境内且原告没有根据公认的国际仲裁规则向其提供进行仲裁合理机会的或原告不是《移民与国籍法》下规定的美

---

① 参见习近平:《高举中国特色社会主义伟大旗帜为全面建设社会主义现代化国家而团结奋斗——在中国共产党第二十次全国代表大会上的报告(2022年10月16日)》,人民出版社2022年版,第53页。

② See Argentine Republic v. Amerada Hess, 488 U. S. 428 (1989); Saudi Arabia v. Nelson, 507 U. S. 349 (1993).

③ See Allan Gerson and Jerry Adler, *The Price of Terror*, New York, Harper, 2001, p. 213 – 214.

④ 目前清单包括伊朗、朝鲜、苏丹和叙利亚。https://www.state.gov/j/ct/list/c14151.htm,2021年11月20日访问。

国公民的,法院不得受理。①

此后国会多次修正这一例外以方便当事人判决的产生与后续执行,甚至为了使某一当事人受益就修正该例外,导致其适用呈现越发宽松的趋势。

(一)萌发:被告和请求权范围的扩大

恐怖主义例外使得大量案件涌入美国联邦和各州法院。其中,留学以色列的美国人弗拉陶在一次由伊朗资助的自杀式恐怖主义爆炸中身亡。其家属针对伊朗的起诉遇到了被告不适格以及无法寻求惩罚性赔偿的障碍。② 在此例外仅生效实施5个月后,美国国会受弗拉陶亲属及律师游说的影响,颁布了《恐怖主义资助国行为的民事责任法》,又称为"弗拉陶修正案"。该修正案被整合到FSIA的注释部分中:恐怖主义资助国名单中国家的官员、雇员或代理人在其职责范围内实施资助恐怖主义行为造成美国国民伤亡的,不享有豁免权。原告寻求的损害赔偿包括经济损失、抚慰金、精神损害赔偿以及惩罚性赔偿。③ 简言之,"弗拉陶修正案"除加入惩罚性赔偿外,还进一步扩大了恐怖主义例外的被告范围,涵盖到为国家行事的个人。

(二)扩张:适格原告范围扩大

美国公民史密斯的非美国籍妻子在洛克比空难中死亡,当时法律规定只有遇难者为美国公民,其家属才可通过恐怖主义例外主张赔偿。因此,法院驳回了其诉讼请求。④ 为此,国会于1997年通过了《美国法典第28卷关于对恐怖主义国家提起诉讼的管辖权技术性修正》,将恐怖主义例外的适格原告的表述为:原告或受害者为美国公民。⑤ 即只要受害人或其亲属之一为美国公民便可起诉恐怖主义支持国,不再要求受害者为美国公民。这为史密斯的诉讼扫清了障碍,其最终获得了有利判决。⑥

(三)波动:限制个人诉权后的反弹

恐怖主义例外的适用也曾短暂地被限缩过。在2004年西奇皮奥·普埃洛诉伊朗案(Cicippio-Puelo v. Islamic Republic of Iran,以下简称"西奇皮奥案")中,第七巡回法院便对此进行了限缩性解释。法院认为FSIA只是列举了四项恐怖主义行为资助国不享有豁免的情况,但并未赋予个人相应的诉权。以恐怖主义例外为由起诉外

① See Pub. L. No. 104 - 132, 110 Stat. 1214, sec 221.

② See Flatow v. Islamic Republic of Iran, 999 F. Supp. 1 (D. D. C. 1999).

③ See Omnibus Consolidated Appropriations Act, Pub. L. No. 104 - 208, § 589, 110 Stat. 3009, 3172.

④ See Smith v. Socialist People's Libyan Arab Jamahiriya, 101 F. 3d 239 (2d Cir. 1996).

⑤ P. L. 105 - 11; H. Rept. 105 - 4 (Apr. 10, 1997).

⑥ See Rein v. Socialist People's Libyan Arab Jamahiriya, 568 F. 3d 345 U. S. App (2d Cir. 2009).

国国家需要在其他实体法上找到对应的依据。[①] 但随后国会在2008年通过的《国防授权法》中明确规定:个人可以直接依据FSIA起诉资助恐怖主义的国家,以获得民事赔偿。[②] 在其后的莱布维奇诉伊朗案(Leibovitch v. Islamic Republic of Iran)中,第七巡回法院便放弃了"西奇皮奥案"中确立的原则,直接将恐怖主义例外视为原告的请求权基础。[③]

(四)再扩张:传统路径外的新路径

在"9·11事件"受害者家属针对沙特阿拉伯的诉讼中,法院因沙特阿拉伯不在美国国务院制定的恐怖主义资助国名单中而驳回了原告的起诉。[④] 2016年国会否决了奥巴马总统的否决,通过了《针对恐怖主义资助国的正义法》,使得有关沙特阿拉伯的诉讼被重新提起。[⑤] 该法对恐怖主义例外作出了进一步扩张:只要外国在美国实施了国际恐怖主义恶行;该国或其政府官员、雇员或代理人无论在何地实施的侵权行为或国家行为造成了美国境内的人员伤亡,便不再享有豁免权。[⑥] 其不再要求相关国家在国务院制定的恐怖主义资助国名单内。这就意味着在美国境内的任何人,只要因他国实施的恐怖主义行为遭受了损失便可向美国法院提起诉讼,而无论该国是否为美国官方认定的恐怖主义资助国。

该法将恐怖主义定义为:"违反美国或任何州刑法的暴力行为或危及人身安全的行为,或在美国或任何州的管辖范围内故意实施的恐吓或胁迫平民人口,以恐吓或胁迫的方式影响政府的政策或通过大规模毁灭、暗杀或绑架来影响政府行为的构成犯罪的行为,且此行为或完成这些行为的手段主要发生在美国领土管辖范围之外。有意恐吓或胁迫的人或犯罪者活动或寻求庇护的地点跨越国界。恐怖主义行为不包括战争行为。"[⑦]

可见,恐怖主义例外在发展的过程中呈现逐步扩张的趋势并发展出了向外国国家提起民事诉讼的两条路径:一是传统路径,即原告因被告资助的组织实施的酷刑、法外杀人、飞机破坏、劫持人质四种行为遭受人身或财产损失而提起诉讼,且该国在

---

① See Cicippio-Puelo v. Islamic Republic of Iran, 353 F. 3d 1024, 1028 (D. C. Cir. 2004).

② See National Defense Authorization Act for Fiscal Year 2008, Pub. L. 110 – 181, section 1083 (c), 122 Stat. 3.

③ See Leibovitch v. Islamic Republic of Iran, 697 F. 3d 561, 562 (7th Cir. 2012).

④ See Burnett v. Al Baraka Inv. & Dev. Corp., 349 F Supp 2d 765, 793 – 794 (SDNY 2005).

⑤ See Theodore Hammers, *The Foreign Sovereign Immunities Act: Effects on the Victims and Families of 9/11*, Willamette Journal of International Law and Dispute Resolution 25, 2018, p. 101 – 120.

⑥ See Pub. L. No. 114 – 222, 130 Stat. 852.

⑦ See 18 U. S. C. § 2331 & 28 U. S. C. § 1605B.

国务院制定的恐怖主义资助国名单内。其并不要求恐怖主义行为或结果发生在美国境内。此类民事诉讼既可以在联邦法院进行也可在各州法院进行。二是2016年新增的路径,若被告在美国实施的国际恐怖主义恶行和无论其在何地实施的恐怖主义行为(不限于传统的四种情形)在美国境内造成了人身伤亡或财产损失,则无论该国是否在名单上均不享有豁免。如果被诉行为发生在被告国境内,原告必须向被告提供申请国家仲裁的机会后才可向美国法院起诉。

二、美国恐怖主义例外的司法实践

面对恐怖主义受害者的起诉,美国法院在审理案件过程中不但没有对逐步扩张的相关立法进行限缩,反而盲目支持原告的索赔,导致了其判决在事实认定与自由裁量权等方面的问题。

(一)证据不足导致的事实认定偏差

美国法院在恐怖主义例外案件中的事实认定十分牵强。在2003年史密斯诉阿富汗案(Smith v. Islamic Emirate of Afghanistan)中联邦地区法院仅凭2名专家证人的推测就判定伊拉克对袭击中遇难家属赔偿6700多万美元。[①] 而4个月后布什总统承认"9·11事件"中没有任何证据证明与伊拉克有关。[②] 2012年联邦第二巡回法院主要基于伊朗允许劫持者在伊朗境内通过的事实,便判定伊朗对"9·11事件"负有责任。[③] 然而,早在判决前一年,由政府组织的审查袭击事件的"9·11"委员会已经得出结论称没有证据表明伊朗知道相关计划。[④] 2006年欧文斯起诉苏丹的依据是20世纪90年代初本·拉登在苏丹有基地且彼时的政府曾提供帮助。事实上迫于美国政府的压力,苏丹在爆炸事件发生前两年便已经将本·拉登和其支持者驱逐出境。在该案中,美国法院在注意到苏丹支持基地组织的证据不充分且因果关系不明确的情况下,仍基于恐怖主义例外对苏丹行使了管辖权并对其作出了不利判决。[⑤] 2018年缅因州法院仅凭借原告所提供的新闻报道便判定古巴承担2100万美元的赔偿。[⑥]

---

① See Smith v. Islamic Emirate of Afghanistan, 262 F. Supp. 2d 217, 228 – 32, 240 – 41 (S. D. N. Y. 2003).

② See White House Press Release on Remarks by President after Meeting with Members of the Congressional Conference Committee on Energy Legislation (Sept. 17, 2003).

③ See Havlish v. bin Laden, 30 – MDL – 1570 (S. D. N. Y. 2012).

④ See Nat'l Comm'n on Terrorist Attacks Upon the U. S., The 9/11 Commission Report 241 (2011).

⑤ See Owens v. Republic of Sudan, 412 F. Supp. 2d 99 (D. D. C. 2006).

⑥ See Sullivan v. Republic of Cuba, 289 F. Supp. 3d 231 (D. Me. 2017).

(二)对法律规定的“扩大解释”

除了事实认定问题,法院还曲解并扩张恐怖主义例外的适用。在马丁内斯诉古巴案(Martinez v. Republic of Cuba)中,原告称其在得知其丈夫为古巴间谍时遭受了酷刑——巨大的精神痛苦与折磨而要求损害赔偿,佛罗里达州法院竟支持了她的诉求。① 显然该案原告是在传统路径下主张的权利,但无论是美国缔结的《禁止酷刑和其他残忍、不人道或有辱人格的待遇或处罚公约》,还是 FSIA,对酷刑的定义均为“在押期间经受的不合法的身体或精神上的痛苦或是因遭到死亡威胁或因身体巨大的疼痛而引发的精神痛苦”。② 该案中原告并未被羁押且未遭受任何刑讯逼供,其主张无请求权基础。但法院却将原告所谓的精神痛苦认定为酷刑,支持了其诉讼请求,是对该例外的过度扩大解释,也违反了国际法。

(三)自由裁量下的惩罚性赔偿

虽然受害者往往经受了巨大损失与痛苦,但是支持其对外国数百万美元甚至上亿美元的惩罚性赔偿诉求的合理性有待考证。美国最高法院大法官索特认为,行为人应该能够预见惩罚性赔偿制裁的严厉性,对此需要设置严格的联邦量刑指南来确定惩罚性赔偿的裁量基准,以限制法官的自由裁量权。③

然而,在恐怖主义例外的相关判决中并未显示出对法官自由裁量权的限制,且未形成统一适用的标准。几乎所有的金额都是法官个人结合原告诉求按照其自身标准评判的。阿莱扬德雷诉古巴案(Alejandre v. Republic of Cuba)中,联邦地区法院通过与案件无关的 102 架米格战斗机总价值的 1% 计算出被告应向原告支付 1.377 亿美元的惩罚性赔偿。④ 佛罗里达法院因两兄弟称其父亲 1959 年在古巴遭受折磨与酷刑而自杀,在证据不足的情况下就判决古巴承担 400 万美元的惩罚性赔偿。⑤ 在瓦姆比尔诉朝鲜案(Warmbier v. Democratic People's Republic of Korea)中,法院直接援引怀特诉叙利亚案(Wyatt v. Syrian Arab Republic)中 1.5 亿美元/人的惩罚性赔偿标准,判给 3 位原告共 4.5 亿美元。⑥ 截至 2019 年针对恐怖主义资助国

---

① See Martinez v. Republic of Cuba, No. 99 – 18208 (Fla. 11th Cir. Ct. 2001).

② See 28 U. S. C. 1350 note.

③ 参见刘志阳:《惩罚性赔偿适用中的实体正义与程序正义》,载《法制与社会发展》2022 年第 1 期。

④ See Alejandre v. Republic of Cuba, 996 F. Supp. 1239 (S. D. Fla. 1997).

⑤ See Andrew Lyubarsky, *Clearing the Road to Havana: Settling Legally Questionable Terrorism Judgments to Ensure Normalization of Relations Between the United States and Cuba*, New York University Law Review 91, 2016, p.458, 468.

⑥ See Warmbier v. Democratic People's Republic of Korea, 356 F. Supp. 3d 30 (D. D. C. 2018).

名单上国家的判决赔偿金额约有 900 亿美元。[①]

这些判决产生的原因部分在于其他国家往往不承认美国的管辖权并且拒绝到庭主张豁免,部分在于法院同国会一样热衷于展示其打击恐怖主义的强硬态度与对本国人民的保护。虽然恐怖主义例外案件当事人涉及外国国家,但无论是国会还是法院都没有采取与案件重要程度相匹配的审慎态度与措施。恰恰相反,他们甚至不惜违反国际法而支持其国民对他国的诉讼。不同于 FSIA 的其他例外,美国联邦法院和各州法院均对恐怖主义例外的相关案件有管辖权。这虽有利于原告挑选法院,却难以保证判决的一致性。

三、美国恐怖主义例外的合宪性分析

根据美国国内法,任何一项立法都必须遵守宪法。恐怖主义例外的产生在其国内也饱受争议,克林顿政府、布什政府均曾公开表达对该例外的担忧,[②]奥巴马政府甚至为此行使了总统否决权。[③]

(一)违反"三权分立"原则

正如孟德斯鸠所言,"如果司法权不与立法权和行政权分立那么则没有自由可言"。[④] "三权分立"是美国运作的基石,恐怖主义例外中国会、法院与政府之间各自权限的划分是否合宪、合理有待探究。

单纯从美国宪法文本出发,很难解释国会或法院超越了其各自的权限,因为美国宪法将处理对外事务的权力赋予了国会和政府但并未对此进行详尽列举。联邦宪法第 1 条赋予了国会立法权。[⑤] 第 2 条赋予了总统任命并接收大使以及订立条约的权力,其中包含着与他国建立外交关系的权力。[⑥] 第 3 条赋予了法院审理一州或其公民与外国政府的诉讼的权力。[⑦] 在恐怖主义例外中,国会有权通过立法创设国家主权豁免例外;法院也有权审理公民以此为由起诉外国国家的案件;这一例外也

---

① See Jennifer K. Elsea, *Justice for United States Victims of State Sponsored Terrorism Act: Eligibility and Funding*, Congressional Research Service, (Dece. 19, 2019), https://crsreports.congress.gov/product/pdf/IF/IF10341.

② See George Bush, *Memorandum of disapproval*, https://georgewbush-whitehouse.archives.gov/news/releases/2007/12/20071228-5.

③ See the White House, *Veto Message from the President*, https://obamawhitehouse.archives.gov/the-press-office/2016/09/23/veto-message-president-s2040, Last Visited on November 12, 2022.

④ See Montesquieu, *The Spirit of the Laws*, edited by Anne M. Cohler, Basia Carolyn Miller and Harold Samuel Stone, Cambridge University Press, 1989, p. 157.

⑤ U.S. CONST. art. Ⅰ, § 8.

⑥ U.S. CONST. art. Ⅱ, § 2.

⑦ U.S. CONST. art. Ⅲ, § 2.

没有剥夺政府的外事权力。因此,对于恐怖主义例外是否违反了“三权分立”的原则从形式主义的视角来看是不可行的,但是从功能主义的视角却可以看出在现行规则下法院并不适合审理此类案件。鲍威尔大法官阐释了功能主义视角下违反“三权分立”原则的两种方式:一分支不可容忍地干扰另一个分支履行其宪法赋予的职能,或一个分支承担了其他分支更适合履行的职能。①

允许法院根据恐怖主义例外在个案中决定一国是否享有主权豁免,实则是将对外政策的制定权交给了律师们。他们不断通过获取对己方有利的证据来说服法院作出有利判决,因此可能出现不同法院对同一国家豁免得出不同结论的情况。如此一来,美国对外政策的版图不再是由政府谋篇布局而是由一个个法院判决拼凑而成。② 此外,法院人员的构成为通识性的法律专业人士而非研究国际关系、恐怖主义或国家安全的专家。出于恐怖主义行为的极端恶劣性质,法官往往会带着对受害者的同情审理案件,认为越高的惩罚性赔偿越有利于打击恐怖主义,进而作出政策性禁令般的判决。③ 这就使得法院承担了其无法胜任的职能且在很大程度上干扰、限制了政府的对外职能。

冻结涉案国家的资产是美国总统重要的经济制裁手段,要求总统为协助执行相关判决而大规模扣押冻结财产,可能剥夺政府对外谈判的筹码,进而制约美国的对外政策。④ 例如,美国联邦最高法院 2020 年判决苏丹因其前政府 1998 年协助基地组织轰炸美国驻肯尼亚和坦桑尼亚大使馆承担数百万美元的惩罚性赔偿。⑤ 这一判决直接导致两国政府关于将苏丹从恐怖主义资助国名单移除的谈判被延长数月,甚至影响了苏丹的民主过渡。最终该谈判以苏丹向美国支付 33.5 亿美元换得除名且不必再承担相关判决中赔偿而告终。⑥

恐怖主义例外的立法过程尤其是 2016 年的修订展现出了国会的短视。在大选

---

① See Immigration and Naturalization Service v. Chadha, 462 U. S. 963 (1983).

② See Rachael E. Hancock, *Mob-Legislating: JASTA's Addition to the Terrorism Exception to Foreign Sovereign Immunity*, Cornell Law Review 103, 2018, p. 1317.

③ See Ronald J. Bettauer, *Claims of Victims of Terrorism Against Foreign States in U. S. Courts*, American Society of International Law 102, 2008, p. 101 – 106.

④ See Barack Obama, *Veto Message from the President—S.* 2040, *National Archives and Records Administration*, https://obamawhitehouse. archives. gov/thepress-office/2016/09/23/veto-message-president-s2040.

⑤ See Opati v. Republic of Sudan, 140 S. Ct. 1601 (2020).

⑥ See CarrieLyn D. Guymon, *Digest of United States Practice in International Law* 2020, p. 342, Accessed November 12, 2022, https://www. state. gov/digest-of-united-states-practice-in-international-law – 2020/.

年形势不明朗的情况下，其运作形式决定了哪些提案能够通过并最终成为法律。国会议员担忧在大选前被选民认为是不支持“9·11事件”受害者权利的，便匆忙高票通过了《针对恐怖主义资助国的正义法》，议员们并没有充分意识到该法对美国对外关系的负面影响。① 国会对自身能力与专业的不自信也体现在其允许总统对案件进行干预的规定中，即总统可以在诉讼过程中要求法院中止诉讼并发表意见。这属于允许政府干预司法，违反了司法独立的宪政原则。国会受受害者们的游说，为了使他们赢得案件而通过立法对未决诉讼进行干预，赋予新法对旧案的溯及力来复活那些被法院驳回起诉的已决案件，同样违反了司法独立原则。目前，国会也已经认识到了立法中的问题，也曾提议对此进行修改，但对具体内容尚未达成一致。②

法院政治敏感性的缺乏以及国会的短视使得恐怖主义例外不但难以实现其立法目的，而且制约了美国政府的对外政策，陷入了大量案件涌入法院、国会不断修改立法、二者共同阻碍政府对外政策目标实现的恶性循环。这使得立法、司法与行政三个部门承担了其并不能胜任的角色，阻碍其各自功能的充分发挥，甚至影响整个国家机器的运转。

(二)违反正当程序原则

正当程序权利是美国宪法规定的不可剥夺的权利。在恐怖主义例外案件中，外国国家极少到庭参与诉讼，绝大多数都是缺席判决，因此其中的正当程序问题值得考察。美国宪法第五修正案规定个人的生命、自由和财产未经正当程序不得被剥夺。正当程序，是指根据保护和执行私人权利的既定规则和原则进行的法律程序，包括通知以及在有权裁决案件的法庭上进行公平听证的权利。③ 杰克逊大法官指出正当程序是一种程序性事项，其基本要求是：任何被赋予终局性的程序都应当是经过合理推理的。在任何情况下，当事人都应被合理地通知、传达所需信息。通知的目的是使利害关系方知晓悬而未决的诉讼的存在，为其提供异议的机会。④

恐怖主义例外允许法院在原告通过令法院满意的证据建立其诉讼请求时，对外国国家作出缺席判决并判令其承担巨额惩罚性赔偿。“令法院满意的证据”这一标

---

① See Mohammed Cherkaoui, *The U. S. JASTA: An Asset or a Liability for America Abroad?*, AL JAZEERA (Dec. 28, 2016), Accessed November 12, 2022, http://studies.aljazeera.net/en/reports/2016/12/jasta-asset-liability-america-161228101858709.html [http://perma.cc/SX65-R3J9].

② See Perot Bissell V., Joseph R. Schottenfeld, *Exceptional Judgments: Revising the Terrorism Exception to the Foreign Sovereign Immunities Act*, The Yale Law Journal 127, 2018, p.1322.

③ See Black's Law Dictionary 8th edition, 2004, p.1521.

④ See Mullane v. Central Hanover Bank & Trust Co., 339 U.S. 306, 70 S. Ct. 652 (1950).

准的主观性再加上被告国家的缺席使得很多原告轻而易举地满足了相关证明标准。这就剥夺了被告进行交叉询问、指出原告对法律或事实的曲解并为自己辩护的权利。而原告提供的证明被告支持特定组织以及该组织实施了涉案行为的证据极有可能在质证环节被推翻,但是被告的缺席使得原告基于报纸报道等传闻证据的诉求能够获得法院支持。这显然侵犯了被告国家的正当程序权利。

美国联邦最高法院在北美宝马股份有限公司诉戈尔案(BMW of North America, Inc. v. Gore)中发展出了惩罚性赔偿裁决的正当程序考察规则。法院认为有三条准则来确定惩罚性赔偿裁决是否违反宪法正当程序:(1)被处罚行为的应受谴责性;(2)损害与赔偿关系的合理性;(3)裁决与类似案件的民事处罚之间的差异。① 在恐怖主义例外的惩罚性赔偿判决中,尽管恐怖主义活动与资助恐怖主义活动的行为应受国际社会普遍谴责,但是法院的相关判决却难以满足上述后两项标准。缺席审判与低证明标准可能使得事实上未资助的国家受到重罚。被告不出庭可能是认为自身与恐怖主义活动毫无关联。这就削弱了损害与赔偿之间的合理性,被告承担相应民事责任最起码的标准应该是其主观上存在故意或过失且能够对涉案恐怖主义行为施加影响。此外,从前文的法院司法实践中也可看出惩罚性赔偿在各州之间适用标准不一,这也难以满足第三条准则。

四、美国恐怖主义例外的国际法分析

国内法的域外效力在国际法上的正当性分析相当复杂,须在宏观视野下结合具体语境进行分析。在判断一国国内某项具有域外效力的规定是否符合国际法时适用的原则是,除非能够证明其违反了特定的国际法原则,否则应推定该条款是合法的。②

(一)恐怖主义例外的国际法基础

恐怖主义例外作为国家主权豁免例外之一,研究其国际法基础可先从国家主权豁免入手。有学者主张国家主权豁免的根据在于从国家主权平等原则衍生出来的平等者之间无管辖权,因此一国在他国法院享有管辖权的豁免,③然而这并不能充分解释国家豁免理论。事实上,国家主权豁免根源于国家主权平等和绝对属地管辖的

---

① See BMW of North America, Inc. v. Gore, 517 U.S. 559 (1996).

② 参见霍政欣:《国内法的域外效力:美国机制、学理解构与中国路径》,载《政法论坛》2020 年第 2 期。

③ 参见黄惠康:《平等者之间无管辖权——诬告滥诉难以逾越的法律程序屏障》,载《光明日报》2020 年 5 月 28 日,第 14 版。

冲突。[①] 根据国家主权平等原则并不能推导出国家主权豁免是一国的固有权利，因为国家主权平等是指各国在国际社会的法律秩序中是平等的，国家有独立自主地处理其内外事务的权力。当其突破自己的领域范围进入他国领域时，甚至构成对他国的侵犯时，仍主张不受他国管辖便显得不甚合理。所以与其说国家主权豁免是主权国家的固有权利，不如说是他国出于礼让原则以及为了维护国际社会的共同利益而对自身属地管辖权的限制。关于国家豁免，目前只有国家主动放弃豁免、外交豁免以及国家元首和军舰的豁免已经通过国家间的一致实践与国家同意成为习惯国际法。

因此，在管辖豁免问题未经广泛的国际协定加以确定前，应当认为各个案件是受有关国家的国内法支配的。[②] 在没有明确国际法渊源的情况下，美国单边地创设恐怖主义例外无可厚非。[③] 例如，美国2016年增加的“在美国实施恐怖主义恶行”和“在美国境内造成了人身伤亡或财产损失”就涉及其自身的属地管辖权。可以认为，在上述条件下美国对发生在其领土内的恐怖主义行为的资助国不予豁免不违反国际法。

(二)恐怖主义例外对国际法的违反

总体而言，国家主权豁免恐怖主义例外处于国际法规制的真空地带，但是该例外的具体规定仍存在违反国际法的可能。

1. 违反国家主权平等原则

恐怖主义例外违反国际法最突出的地方在于美国国务院制定的恐怖主义资助国黑名单。通过给某些国家贴上恐怖主义资助国的标签，剥夺其主权豁免权。而如果名单以外的国家实施了与名单上的国家相同的行为后未被追加到名单上则仍享有主权豁免。这便构成了一套双重标准，对不同国家的相同行为区别对待，是对相关国家人格的不尊重，[④]构成了对名单上国家的歧视，违反了平等原则。允许政府决定名单上国家的增减，甚至存在使恐怖主义例外沦为行政部门打击对美国不友好国家的政治工具的风险。

---

① See Lee M. Caplan, *State Immunity, Human Rights, and Jus Cogens: A Critique of the Normative Hierarchy Theory*, The American Journal of International Law 97, 2003, p. 744.

② 参见[德]拉萨·奥本海：《奥本海国际法》，王铁崖等译，商务印书馆1989年版，第208页。

③ See William S. Dodge, *Does JASTA Violate International Law?*, Just Security (Sept. 30, 2016), Accessed November 12, 2022, https://www.justsecurity.org/33325/jasta-violate-international-law-2/.

④ 参见梁西主编：《国际法》(第3版)，武汉大学出版社2011年版，第57页。

2. 违反习惯国际法

通过恐怖主义例外的相关规定可以看出,该规则实质上是美国法律域外适用的条款,即美国对于发生在其领土之外的事项享有管辖权。在不存在国际法调整的领域中,通过单边措施制定合理适度的法律域外适用条款是不违反国际法的,反而还能为各国提供借鉴从而推动国际法的发展。但是如果国家的单边域外适用措施违反国际法或对此不加限制都会冲击现有的国际秩序。① 恐怖主义例外最初的适用比较严格,包括仅美国受害者能够起诉,恐怖主义行为发生在境外的当事人需要先向被告国家提供根据国际规则进行仲裁的机会,且只有在列明的四种情形下才能起诉等条件。② 但是随着这一例外的发展,这些条件逐渐放宽甚至被废除,突破了域外适用条款的必要限度。

法律域外效力的基础是国际法中的管辖权规则。从恐怖主义例外的规定及实践来看,其域外管辖权是基于属人原则的,也就是说其目的是保护境外的美国人。但该规定却突破了属人原则,因为只要原告或受害者为美国公民,便可以据此向外国国家进行民事索赔。这就意味着如果美国公民的非美籍亲属在美国境外的恐怖主义活动中罹难,其也可以在美国法院起诉。根据上述条件试举一例,假设一叙利亚公民在当地一场恐怖主义活动中遇难,其在美国 40 年未曾联系的美籍兄弟便可以根据恐怖主义例外在美国法院起诉叙利亚政府,因为叙利亚政府容许了恐怖主义分子在其国内活动且其在美国政府的黑名单上。这显然超出了保护本国国民人身财产安全的必要限度。

不同于国家主权豁免的其他例外,恐怖主义例外是唯一需要通过域外管辖来实现其效力的。而不违反国际法的域外适用条款中应规定真实有效的联系,这也是对其适用范围的限制。真实联系主要表现为国家与被规制对象之间的具体联系,如该行为发生于一国领土之上,或由其国民实施或针对其国民实施。在存在真实有效联系的情况下,习惯国际法允许一国行使立法管辖权。③ 美国国内有学者早已认识到不受限制的域外适用条款带来的负面影响,而主张通过效果原则对此加以限制,即要求原告证明被告支持的恐怖主义行为针对的对象是美国或美国平民的人身或财

---

① 参见廖诗评:《中国法域外适用法律体系:现状、问题与完善》,载《中国法学》2019 年第 6 期。

② See Ruthanne M. Deutsch, *Suing State-Sponsors of Terrorism under the Foreign Sovereign Immunities Act: Giving Life to the Jurisdictional Grant After Cicippio-Puleo*, The International Lawyer 38, 2004, p. 899.

③ 参见郭玉军、王岩:《美国域外管辖权限制因素研究——以第三和第四版〈美国对外关系法重述〉为中心》,载《国际法研究》2021 年第 6 期。

产。对于在境外非针对美国的恐怖主义活动中遭受伤亡的美国公民没有必要通过剥夺他国主权豁免权的方式进行救济。

真实有效的联系不仅体现在美国与其国民之间,还体现在恐怖主义资助国与恐怖主义行为之间。联合国国际法院在尼加拉瓜诉美国案(Nicar. v. U. S.)以及波斯尼亚和黑塞哥维那诉黑山和塞尔维亚案(Bosn. & Herz. v. Serb. & Montenegro)中确立了国家只有在对非本国的行动者实施了有效控制时才能被主张责任的原则。[①]而美国的法律只要求外国国家为恐怖主义行动提供了物质或资源,并不论该国客观上是否能控制该行动,主观上是否知道或放任恐怖主义行为。美国也有学者认为恐怖主义例外作为美国的单边政策直接剥夺其他国家的主权豁免是违反国际法的。其将导致美国违反保护和尊重他国外交和领事财产豁免的国际条约义务,并将美国在世界各地的外交和领事财产置于类似的扣押的风险中,进而影响国际关系。[②]

3. 民事惩罚性赔偿违反国际法律规则

美国官方认为,恐怖主义例外违反国际法的声音首次出现在布什总统对《国防授权法案》的反对备忘录中,他说道:"惩罚性赔偿违反了国际法律规则,也是美国历史上首次要求外国国家承担惩罚性赔偿责任。"[③]惩罚性赔偿在国际上往往被认为是一种用于刑事制裁的措施,因此在针对国家的民事诉讼中不宜适用。[④] 可以说,它是与一般国际实践不一致的美国例外观的体现。这就使得美国的做法很难发展成为一项国际实践,甚至会引起他国的报复性立法,引发相互滥诉,冲击现有国际政治秩序。即使在美国国内,惩罚性赔偿的标准是由各州决定的,这也就导致了美国国内惩罚性赔偿方面的严重区际法律冲突。[⑤] 而各州法院恰恰有权审理恐怖主义例外的相关案件,这也就意味着不同州的原告在各自住所地法院因同一事件起诉同一国家可能产生不同的结果。由此作出的判决在国内的承认与执行都将举步维艰,更不论其在外国的承认与执行。

---

① See Military and Paramilitary Activities in and Against Nicaragua (Nicar. v. U. S.), Merits, 1986 I. C. J. Rep. 14 (June 27) & Bosn. & Herz. v. Serb. & Montenegro, Judgment, 2007 I. C. J. Rep. 43, (Feb. 26).

② See Kristina Daugirdas, *The Restatements and the Rule of Law*, in Paul B. Stephan and Sarah H. Cleveland, The Restatement and Beyond, Oxford University Press, 2020, p. 544.

③ See George Bush, Memorandum of Disapproval, Accessed November 12, 2022, https://georgewbush-whitehouse. archives. gov/news/releases/2007/12/20071228 – 5. html.

④ See Ruthanne M. Deutsch, *Suing State-Sponsors of Terrorism Under the Foreign Sovereign Immunities Act: Giving Life to the Jurisdictional Grant After Cicippio-Puleo*, The International Lawyer 38, 2004, p. 899.

⑤ 参见许凯:《惩罚性赔偿的国际私法问题研究》,法律出版社 2018 年版,第 69 页。

五、对美国恐怖主义例外的评价

以补偿恐怖主义受害者为出发点,恐怖主义例外是人道的、大胆的。它在一定程度上挑战了传统国际法上国家主权豁免规则,超限度地支持恐怖主义受害者不仅无法达到其设立的目的,还引起了国际社会的反对。

(一)恐怖主义例外目的难以实现

美国国会的立法说明文件中称恐怖主义例外的立法目的是打击恐怖主义活动,为受害者及其家属提供赔偿并使恐怖主义资助国承担责任。[①] 但其不断修正的立法以及司法实践中的窘境反映出其目的难以实现。

1. 恐怖主义活动的打击难

设立恐怖主义例外的初衷是通过剥夺外国国家的豁免权,支持受害者巨额索赔来增加相应国家支持恐怖主义活动的成本,从而阻止其资助行为,进而间接打击恐怖主义活动。然而,在该国无法控制恐怖组织的活动或不能对其产生直接影响时往往难以有效打击恐怖主义。美国为了打击那些支持恐怖主义活动的国家已经采取了经济制裁、军事行动和外交孤立等措施。如果这些措施都无法阻止相关国家支持恐怖主义,那么追究相应国家的民事责任更显得单薄无力。[②] 退一步讲,即使所谓恐怖主义资助国能够控制恐怖组织的活动或对其施加重大影响,此规则打击恐怖主义的目的也难以实现。因为相关国家在美国可被执行的财产有限,通过恐怖主义例外直接判决其承担巨额赔偿一方面可能使该外国放弃有限的在美资产而更加明目张胆地资助恐怖主义活动,另一方面切断恐怖组织的财路也可能引发其更激烈的报复。

2. 恐怖主义受害者有利判决的执行难

为恐怖主义受害者及其家属提供寻求金钱损害赔偿的途径是美国恐怖主义例外创设的最主要目的。[③] 但受害者即使获得了有利判决,在实践中也面临着执行难的问题,这一制度因此饱受恐怖主义受害者诟病。此类判决往往是由各州法院作出,联邦地区法院执行。如前所述,因为各州间关于事实证据、惩罚性赔偿等的认定标准不一,不同州的法院可能对同一事件的不同受害者作出不同的判决,导致许多判决无法在联邦层面得以承认与执行。许多受害者经过前期不断努力得到的有利

---

① See 144 Cong. Rec. 95 H5710, H5712 (July 16, 1998).

② See U. S. Dep't of State, *Patterns of Global Terrorism* 1989 *iii* (1990).

③ See *Seventh Circuit Holds that FSIA Does Not Provide Freestanding Basis to Satisfy Judgment Against State Sponsors of Terrorism*, Harvard Law Review 130, 2016, p. 761 – 768.

判决还可能因可执行的外国资产有限而成为一纸空文。

针对判决无法执行的情况，国会还采取了相应的立法措施来推动相关判决的执行。最初外国可被执行的财产仅为外国在美国与案件相关的商业资产或依美国法律被冻结的相关资产。2002 年国会创设了由被冻结的外国资产支撑的基金来执行相关判决。[①] 2008 年在联邦政府反对的情况下，又将属于外国国家代理人以及机构被冻结的资金囊括进来。[②] 2012 年国会通过《减少伊朗威胁和叙利亚人权法》，允许1983 年在黎巴嫩海军自杀式炸弹袭击中遇难者家属执行属于伊朗中央银行的特定账号。[③] 2015 年国会通过《扎德罗伽法》建立了赔偿基金，其资金来自对违反各种制裁者的罚款，以赔偿由恐怖主义例外胜诉的原告和伊朗人质。[④] 2019 年时任总统特朗普签署了国会高票通过的《永不忘记英雄们：詹姆斯·扎德罗伽、雷·菲佛和路易斯·阿尔瓦雷斯 9·11 受害者赔偿基金永久授权法》，为受害者赔偿基金提供逾百亿美元资金。[⑤]

不断修正立法扩大可执行资产的范围逆向证明了相关判决的执行难。外国资产不足以覆盖恐怖主义受害者的索赔金额，只能通过立法不断扩张可执行资产的范围，甚至以美国自身的资产设立相关基金弥补受害者。上述各类赔偿基金只允许有利判决持有者执行一般性赔偿而不允许执行惩罚性赔偿。其理赔遵循的原则是先到先得，而不是公平地将有限的资金按比例支付给受害者，[⑥]这就更加大了受害者取得赔偿的难度。

3. 恐怖主义资助国责任的追究难

这一立法目的凸显了美国恐怖主义例外这一单边措施越界的问题，其意图使相关国家意识到资助恐怖主义需要付出相应的代价。但是美国作为一个主权国家与世界上任何其他国家一样都是平等主体，其没有通过惩罚性赔偿来使恐怖主义资助国付出相应代价的权力。忽视政府间谈判的作用而直接以法院判决的方式要求外国国家承担责任，不仅会影响国内政府与法院关系的平衡，还会影响对外关系。退

① 28 U. S. C. § 1610 note.

② See Allison Taylor, *Another Front in the War on Terrorism? Problems with Recent Changes to the Foreign Sovereign Immunities Act*, Arizona Law Review 45, 2003, p. 141.

③ 22 U. S. C. § 8772.

④ 34 U. S. C. § 20144.

⑤ P. L. 116 – 34, 133 Stat. 1040, 49 USCS § 40101 nt, 29 July 2019.

⑥ See White House Press Release on Remarks by President after Meeting with Members of the Congressional Conference Committee on Energy Legislation, (Sept. 17, 2003).

一步讲,惩罚的前提是有错。美国将资助恐怖主义活动视为外国的违法行为争议不大,但是若不对资助恐怖主义活动的行为进行界定或限制,如恐怖组织、资助行为的范围,资助与恐怖主义活动之间是否存在实质上的联系,是否存在主观过错等,便有可能对外国国家造成错误打击。仅"9·11 事件",美国受害者及其家属就纷纷起诉了伊朗、沙特阿拉伯、苏丹和阿富汗等国,在没有充分证据的情况下对上述国家作出不利判决,很难真正实现使恐怖主义资助国承担责任的目的。

(二)国际社会的反对

目前,国际社会对恐怖主义的定义尚未达成一致,劳特利奇出版社出版的《恐怖主义研究手册》中对恐怖主义的定义就有 260 种。① 虽然国际法上已经形成了较为完备的反恐条约体系,但没有定义恐怖主义,只是通过列举的方式对劫持人质、劫持航空器等行为作出了"或起诉或引渡"的规定。② 在这种情况下,美国超出国际共识直接将违反美国联邦或各州刑法的危及人身安全的暴力犯罪定义为恐怖主义行为,并允许其国民起诉资助相关行为的国家,引起了他国的不满。

在美国 1996 年创设恐怖主义例外后,2004 年联合国大会通过的《联合国国家及其财产管辖豁免公约》中并没有类似条款,表明国际社会并未就此达成共识。目前除了美国,仅加拿大的《国家主权豁免法》中有与美国传统路径类似的规定。③ 英国及欧盟在司法实践中也未曾支持相关诉求。④ 欧盟称恐怖主义例外与国际法的基本原则,尤其是与国家主权豁免原则相冲突。⑤ 海湾合作委员会、摩洛哥、俄罗斯、法国、荷兰和英国等国家和组织也纷纷表达了不满。⑥ 沙特阿拉伯外交部长阿德尔·朱拜尔称美国国会所做的一切是在无视国家豁免的原则,并要将国际法的

---

① See Alex P. Schmid, *The Routledge Handbook of Terrorism Research*, London; New York, Routledge, 2011, p. 39.

② 参见王蕾凡:《美国国家豁免法中"恐怖主义例外"的立法及司法实践评析》,载《环球法律评论》2017 年第 1 期。

③ See Gissou Nia, *Canadian Civil Authorities: Closing the Accountability Gap on Human Rights Violators in the Islamic Republic of Iran through Global Civil Litigation Strategies*, Atlantic Council (2020).

④ See Al-Adsani v. Kuwait, 107 ILR 536 (C. A. 1996), Al-Adsani v. United Kingdom [GC], No. 35763/97, ECHR 2001.

⑤ See European Union Delegation to the United States of America (Sept. 19, 2016).

⑥ See Carmen-Cristina Cîrlig & Patryk Pawlak, European Parliamentary Research Service, Justice against sponsors of terrorism: JASTA and its international impact 8 – 9 (Oct. 2016).

世界变成丛林世界。① 与美国签订了双边判决承认与执行协议的卢森堡和意大利等国也均因美国法院判决中对该例外的适用而拒绝承认并执行其相关判决。② 可见，美国此例外在管辖豁免与执行豁免层面均遭到了国际社会的反对。

在恐怖主义活动向全球蔓延、国际反恐合作亟须加强的大背景下，美国通过单边主义的方式创设恐怖主义例外，赋予其域外效力未违反国际法；国会通过立法创设这一例外，允许法院受理相关以国家为被告的案件在其国内法层面也无可厚非。然而，恐怖主义例外的具体内容以及法院的适用等方面均存在对国际法与国内法不同程度的违反，缺乏正当性。这也就导致美国公民只要针对所谓恐怖主义资助国提起了诉讼便是开始了长期的赔偿拉锯战，胜诉判决甚至可能无法执行。问题的根源不在于创设此例外本身，而在于其规定并不合理。在国内层面，未充分考虑三权的定位，限制了各机构功能的发挥；在国际层面，其规定过于宽泛且缺乏必要限制，未能谨慎对待相关诉讼，忽视了外交保护的作用，从而给国际关系与秩序造成了负面影响。

① See *Geneva-Saudi Minister Confirms Warning On Proposed U. S. Law On* 9/11, 2 May 2016, https://www. vosizneias. com/237570/2016/05/02/geneva-saudi-minister-confirms-warning-on-proposed-u-s-law-on -911/.

② See In re Republic of Iran, Judgement civil 2019TALCH01/00116, No. 177266 (2019); Thomas Weatherall, *Flatow v. Iran*, American Journal of International Law 110, 2016, p. 540.

印度拒绝执行仲裁裁决制度研究*

杨 陶** 张 炯***

1996 年《仲裁与调解法》为印度拒绝执行仲裁裁决的主要法律依据。该法整合了执行国内仲裁裁决、国际商事仲裁裁决和外国仲裁裁决的相关规定,明确了基于仲裁协议效力问题、纠纷不具可仲裁性或公共政策例外拒绝执行仲裁裁决的条件和程序。实践中,印度法院采宽松的标准解释仲裁协议的效力,确立"四要素"审查标准认定纠纷不具可仲裁性,采"狭义"解释方式认定执行国际商事仲裁裁决和外国仲裁裁决中的公共政策,采"广义"解释方式认定执行国内仲裁裁决中的公共政策。上述实践做法符合当前国际商事仲裁的实践发展特征,使得仲裁裁决能否在印度获得执行具有一定的可预测性。

印度制定 1996 年《仲裁与调解法》(Arbitration and Conciliation Act 1996,以下简称 1996 年《仲裁法》)以来,其仲裁制度几经修正,现已较为完善,且符合国际商事争议解决机制的发展规律,为印度拒绝执行仲裁裁决提供了法律依据。① 本文从仲裁协议效力、纠纷可仲裁性以及公共政策适用三个方面,研究印度拒绝执行仲裁裁决的法律依据和司法实践。

一、印度仲裁法下的仲裁裁决

(一)印度仲裁法的法律渊源

为执行 1923 年《日内瓦仲裁条款议定书》(Protocol on Arbitration Clauses 1923)

---

* 本文系新疆维吾尔自治区高校科研计划项目"新疆企业参与'中巴经济走廊建设'的法律对策研究"(XJEDU2021SY039)的研究成果。

** 喀什大学法政学院教授,法学博士。

*** 喀什大学法政学院助教,法学硕士。

① 参见张建:《评印度仲裁制度改革的得与失——以 2016 年〈仲裁与调解法(修正案)〉为中心》,载《印度洋经济体研究》2017 年第 4 期。

和 1927 年《日内瓦执行外国仲裁裁决公约》(Convention on the Execution of Foreign Arbitral Awards 1927),印度 1937 年颁布了《仲裁(议定书和公约)法》[Arbitration (Protocol and Convention) Act 1937]。1940 年,印度通过了主要调整国内仲裁的《仲裁法》(Arbitration Act 1940)。① 1961 年,为执行 1958 年《承认及执行外国仲裁裁决公约》(New York Convention on the Recognition and Enforcement of Foreign Arbitral Awards,以下简称《纽约公约》),印度制定了《外国裁决承认与执行法》[Foreign Awards (Recognition and Enforcement) Act 1961]。后来,为统一仲裁法律规范,印度制定了 1996 年《仲裁法》,同时废除《仲裁(议定书和公约)法》、《外国裁决承认与执行法》和 1940 年《仲裁法》。②

印度 1996 年《仲裁法》合并和修订了上述与执行仲裁裁决有关的法律。③ 该法第一部分"仲裁"(第 2 ~ 43 条)和第二部分"承认与执行外国仲裁裁决"(第 44 ~ 60 条)规定了执行仲裁裁决的条件和程序问题。该法是印度调整国内仲裁和国际商事仲裁的主要法律,也是在印度寻求执行外国仲裁裁决的主要法律依据。④

(二)印度仲裁法下仲裁裁决的区分

1. 国内仲裁裁决

印度 1996 年《仲裁法》第 2.7 条明确,依据第一部分作出的仲裁裁决为国内仲裁裁决。有印度学者认为,国内仲裁是指发生在印度的仲裁。据此,国内仲裁的判定标准为:标的物、纠纷实质以及仲裁程序都由印度法调整;或诉因发生在印度;或商业交易的各方在其他方面受印度司法管辖。⑤

2. 国际商事仲裁裁决

印度 1996 年《仲裁法》第 2.1(f)条界定了国际商事仲裁的含义以及涉外因素的范畴。国际商事仲裁,是指依印度法被认为是商事(无论其为契约性与否)法律关系纠纷有关的仲裁,且至少一方当事人是:国籍或习惯居住地为印度之外的任何国家的自然人;印度之外的任何国家设立的法人团体;核心管理和控制权在

---

① 参见杨陶、张炯:《巴基斯坦仲裁法律制度述评》,载《商事仲裁与调解》2022 年第 3 期。

② The Arbitration and Conciliation Act 1996, Section 85(1).

③ The Arbitration and Conciliation Act 1996, Purpose.

④ 其中 2015 年修正案被认为给印度商事仲裁制度带来了重大变革。该修正案促进了仲裁裁决确定之赔偿的兑付,缩短了案件在法院滞留时间,亦进一步明确了仲裁裁决的效力,以间接鼓励外商在印度的投资和经济活动。参见杨翠柏、张雪娇:《印度商事仲裁裁决执行制度》,载《南亚研究季刊》2017 年第 2 期。

⑤ See S. C. Tripathi, *Arbitration and Conciliation Act*, 1996 *India with Alternative Disputes Resolution ADR*, Central Law Publications, 2012, p. 30.

印度境外的任何国家的公司、社团或自然人组织;外国政府。就商事关系的界定,1996年《仲裁法》虽未阐明"商事"一词的概念,但在印度1961年《外国裁决承认与执行法》时期,印度法院就明确,应宽泛解释该词。例如,在R. M.投资贸易公司诉波音公司案①中,印度最高法院以咨询服务为例,认为"商业"一词内涵广阔,包括与贸易和商业有关的各种活动,如促进销售、协助资料整理等咨询服务。此外,还需注意,在印度进行的国际商事仲裁,虽然裁决性质为国际商事仲裁裁决,但可依1996年《仲裁法》第一部分在印度得到执行。② 因为印度采用仲裁地标准,将仲裁裁决区分为仲裁地在印度的内国仲裁裁决和仲裁地在印度以外国家或地区的外国仲裁裁决。③ 即内国仲裁裁决除国内仲裁裁决外,还包括仲裁地在印度的国际商事仲裁裁决。

3. 外国仲裁裁决

印度1996年《仲裁法》第44条规定,外国仲裁裁决是指当事人之间产生于1960年10月11日以后或之后按印度有效法律被认为是商事法律关系纠纷的裁决,无论是否为合同性质:(1)按照附录一《纽约公约》提交仲裁的书面协议;(2)位于中央政府认为符合已经做出的互惠条款后在《官方公报》以公告方式宣布所述公约适用于一国领土之内。依据该条的规定,结合《纽约公约》,可得出印度外国仲裁裁决应满足下列四个关键要求。

(1)必须是仲裁裁决。根据1996年《仲裁法》第2.1(c)条的规定,仲裁裁决包括临时裁决(interim award)。有学者将该条"interim award"解释为"部分裁决"(partial award),并依据该条认为:虽然严格来讲第2.1(c)条并不适用于该法第二部分第一章有关《纽约公约》下仲裁裁决的规定,但出于维护该法总体一致性目的,印度法院很可能会执行外国部分裁决。④ 但这种解释混淆了"interim award"和"partial

---

① R. M. Investments & Trading Co. v. Boeing Co., AIR 1994 SC 1136. para. 6.

② Bhatia International v. Bulk Trading S. A. (2002) 4 SCC 105; AIR 2002 SC 1432.

③ 参见杨翠柏、张雪娇:《印度商事仲裁裁决执行制度》,载《南亚研究季刊》2017年第2期。

④ See Ashutosh Kumar et al., *Interpretation and Application of the New York Convention in India*, in Bermann, G. eds., Recognition and Enforcement of Foreign Arbitral Awards, Springer, 2017, p. 448.

award"在 1996 年《仲裁法》下的真正含义。①

(2)必须涉及商事法律纠纷。虽然 1996 年《仲裁法》并未界定商事法律纠纷,但可参考前述国际商事仲裁下对"商事"一词的解释,对其作广义解释。

(3)必须满足《纽约公约》第 2.2 条、第 2.3 条和第 5.1(a)条对书面仲裁协议的要求(详见后文仲裁协议规则)。

(4)必须在"中央政府认为已制定互惠条款的地区之一"作出,可通过官方公报通知,宣布为上述公约适用的领土。② 基于互惠,即使是《纽约公约》缔约国,若未获印度官方公报刊登,在该国作出的仲裁裁决也不能在印度获得执行。

还需明晰的是,1996 年《仲裁法》第一部分仅适用于国内仲裁和仲裁地位于印度且至少一方当事人为非印度国籍的国际商事仲裁。因此,当仲裁双方均为印度当事方,且仲裁地在印度外时,③仲裁应为外国仲裁,仲裁裁决应为外国仲裁裁决。典型案例为 2017 年 Gmr 能源有限公司诉印度斗山电力私人有限公司案④。

二、基于仲裁协议效力问题拒绝执行仲裁裁决

作为现代商事仲裁制度的基石,一项有效的仲裁协议是当事人将争议交付仲裁和仲裁机构对仲裁案件行使管辖权的依据,也是法院执行仲裁裁决的前提。⑤

(一)印度仲裁法下仲裁协议的构成要件分析

依据印度 1996 年《仲裁法》第 7.1 条⑥的规定,仲裁协议是指双方将已发生或可能发生的有关特定法律关系的全部或某些争议提交仲裁的协议,无论其是否为契约

---

① 1996 年《仲裁法》第 31.6 条允许仲裁庭在仲裁程序期间的任何时候"就其可能作出最终仲裁裁决的任何事项作出临时仲裁裁决(interim arbitral award)"。但需要指出的是,临时裁决不是最终裁决,仅是过渡性的裁决。而裁决的最终性是承认和执行的决定因素,临时裁决不符合终局性要求,因此不可执行。据此,也可以认为,外国临时仲裁裁决,无法在印度得到执行。有学者认为,虽然 1996 年仲裁法没有规定部分裁决。但结合该法第 2.1(c)、32 和 35 条,仍可确定存在这种仲裁裁决,认为该法接受具有终局性和约束性的部分裁决。只有部分裁决,才可能会使法院出于维护该法的统一性和一致性目的承认外国部分仲裁裁决。See Ashutosh Kumar et al., *Interpretation and Application of the New York Convention in India*, in Bermann, G. eds., *Recognition and Enforcement of Foreign Arbitral Awards*, Springer, 2017, p. 448; Dushyant Dave et al., *Arbitration in India*, Kluwer Law International, 2021, p. 178 – 179. 参见钟妙:《"中间裁决"的概念有待明确——兼与部分裁决、先行裁决、临时裁决比较》,载《仲裁研究》2005 年第 1 期。

② See Ashutosh Kumar et al., *Interpretation and Application of the New York Convention in India*, in Bermann, G. eds., *Recognition and Enforcement of Foreign ArbitralAwards*, Springer, 2017, p. 447 – 448.

③ 当事人可以自由约定仲裁地。See The Arbitration and Conciliation Act 1996, Section 20.

④ Gmr Energy Limited v. Doosan Power Systems India (2017) SCC Online Del 11625, para. 22.7.

⑤ 参见李钦:《印度仲裁法精要》,中国法制出版社 2020 年版,第 75 页。

⑥ See The Arbitration and Conciliation Act 1996, Section 7(1).

性法律关系。该法第7.2~7.5条对国内仲裁和国际商事仲裁下仲裁协议的形式要求作了补充说明:(1)可以采取合同中的仲裁条款形式或单独的协议形式;(2)应为书面形式;(3)如果仲裁协议记载于当事方签署的文件,或载于往来的书信、电传、电报或提供协议记录的其他电讯手段中,或在申请书和答辩书的交换中当事人一方声称有协议而其他当事方不否认,则也被视为书面协议;(4)合同中援引载有仲裁条款的一项文件也构成仲裁协议,只要该合同是书面的,且这种援引足以使该仲裁条款构成合同的一部分。该法第34.2条对仲裁协议的实质要件进行了界定,明确仲裁协议存在以下情形,则法院可撤销仲裁裁决:(1)仲裁协议当事人有某种无行为能力情形;(2)根据当事各方所同意遵守的法律,或未指明何种法律,则根据现行有效的法律,仲裁协议无效(not valid)。

印度1996年《仲裁法》第44(a)条、第45条和第48.1(a)条则可视为对外国仲裁裁决下仲裁协议的要求:(1)按照《纽约公约》提交书面仲裁协议;(2)根据第45条的规定,司法机构有要求当事人提交仲裁的权力:尽管本部分或1908年《民事诉讼法典》(1908年第五部立法)中有任何规定,司法机构受理涉及当事人已经达成第44条规定协议的事项的诉讼时,经一方当事人或通过其或按其提出主张的任何人的请求,应当要求双方当事人提交仲裁,除非法院基于表面证据,认定所述仲裁协议无效(void)、失效(inoperative)或不能执行(incapable of being performed);(3)根据第48.1(a)条的规定,若第44条规定协议双方当事人按可适用于他们的法律已是无资格,或按双方当事人已经遵从的法律该协议无效,或裁决作出地国法律未就此作出任何指示,则经一方当事人请求,且在该当事人向法院提供证据时,可拒绝执行外国裁决。实际上,上述规定基本复刻了《纽约公约》第2.3条和第5.1(a)条的规定。

(二)印度仲裁法下仲裁协议的司法实践

根据印度司法实践,印度法院采取较为宽松的标准解释仲裁协议的效力问题,以有利于仲裁协议效力的认定。1996年《仲裁法》也承认仲裁条款的可分性规则以及仲裁庭自裁管辖权规则,为分析仲裁协议有效性提供了基本框架。

1. 仲裁协议效力的解释方法

印度2015年《仲裁与调解法修正案》[Arbitration and Conciliation(Amendment) Act 2015,以下简称2015年修正案]和2019年《仲裁与调解法修正案》[Arbitration and Conciliation(Amendment) Act 2019,以下简称2019年修正案]分别对第8.1条和第45条作出修正,明确法院审查仲裁协议效力前,需解决的先决问题:法院认定仲裁协议无效、失效或不能执行时,仅进行表面审查(*prima facie* finds),还是须进行全面审查(full trial)? 通过梳理信越化学工业株式会社诉阿克什光纤有限公司(Shin-Etsu Chemical Co. Ltd. v. Aksh Optifibre Ltd. & Anr.)、绿控私人有限公司诉赛维特伦特水净化有限公司[Chloro Controls (I) Pvt Ltd. v. Severn Trent Water Purification Inc. & Ors.]以及 SBP 公司诉帕特尔工程有限公司(SBP & Co. v. Patel Engineering Ltd. & Anr.)三个判例,有印度学者认为:司法机关只需进行表面审查,得出初步结论即可,但若司法机关根据初步结论将当事人之间的纠纷提交仲裁,仍需进行全面审查确定仲裁协议的有效性。但两个修正案均确定表面审查方式,全面审查方法不再适用。[①] 这不仅体现了印度支持仲裁的立法态度,而且明确了尽量使仲裁协议有效的基调。

2. 仲裁协议的可分性

印度 1996 年《仲裁法》第 16.1(a)和(b)条规定,构成合同一部分的仲裁条款应视为独立于合同其他条款的协议,仲裁庭作出合同无效的决定不应导致仲裁条款在法律上(*ipso jure*)的无效。这实质上即承认仲裁协议的可分性。该法第 16.1 条[②]被认为包含了仲裁协议的可分性和仲裁庭自裁管辖权两个支柱仲裁理论,为仲裁庭行使权力提供了程序框架。[③] 信卫星大众有限公司诉 Jain 演播有限公司案(Shin Satellite Public Co. Ltd. v. Jain Studios Limited)中,印度最高法院确立了实质可分性标准(substantial severability),即法院有责任将任何琐碎或技术性的部分与主要或实质性的部分相分离,并在后者合法、可执行的情况下,赋予其效力。但在这种情况下,法院必须考虑,在双方知道其他条款无效或非法的情况下,他们是否可以就协议的有效条款达成一致。如果对该问题的回答是肯定的,那么可分性原则将适用,协议的有效条款将被强制执行。[④] 印度 Enercon 公司诉 Enercon 股份有限公司案[Enercon (India) Limited & Ors. v. Enercon GmbH & Anr.]中,印度最高法院强调可分性原则是仲裁的固有特征,有必要确保当事各方通过仲裁解决争议的意图不会

① See Ashutosh Kumar et al., *Interpretation and Application of the New York Convention in India*, in Bermann, G. eds., Recognition and Enforcement of Foreign Arbitral Awards, Springer, 2017, p.451 - 454.

② 1996 年《仲裁法》第 16.1 条规定,就有关仲裁协议的存在或有效性的任何异议而言,仲裁庭可依其自身所享有的管辖权作出裁决。这实质上即是承认仲裁庭自裁管辖规则(the competence-competence rule)。这一规则通常被认为是可分性原则的直接结果。印度最高法院在多个案件中已经澄清。See Enercon (India) Ltd. v. Enercon Gmbh (2014) 5 SCC 1, para. 83; Swiss Timing Ltd. v. Commonwealth Games 2010 Organising Committee (2014) 6 SCC 677, para. 25.

③ See Dushyant Dave et al., *Arbitration in India*, Kluwer Law International, 2021, p.90 - 91.

④ See Dushyant Dave et al., *Arbitration in India*, Kluwer Law International, 2021, p.33.

随着对基础合同的合法性和有效性的质疑而消失。[①]

3. 仲裁协议的效力认定

第一,无效和失效的仲裁协议。在普通法系,“null and void”是一个法律术语,是指无效。无效仲裁协议是指该协议自始无效。典型抗辩理由包括欺诈、欺诈性利诱、不道德、非法或错误。[②] 印度Enercon公司诉Enercon股份有限公司案[③]中,印度最高法院认为,仲裁协议并未违反印度1872年《合同法》(Indian Contract Act 1872)第14条(自由同意)、第15条(胁迫)、第16条(不当影响)、第17条(欺诈)、第18条(虚假陈述)和第20条(错误)的规定,因而不应被视为无效、失效和无法履行。印度最高法院虽然援引了印度1872年《合同法》的规定,但并未详细区分无效、失效和无法履行间的差异,而巴基斯坦仲裁司法实践中,巴基斯坦法院却依据巴基斯坦1872年《合同法》第14~20条[④]对无效仲裁协议进行审查。[⑤] 因此,为区分目的,可将违反前述条款订立的协议认定为无效仲裁协议。此外,仲裁协议也须满足一般合同法对当事人应具有订立合同行为能力的要求。根据印度1872年《合同法》第11条的规定,如果自然人已成年,且心智健全,则具有订立仲裁协议的资格。最后,需指出的是,未经签署的仲裁协议在印度并不一定无效。印度最高法院在卡拉维尔航运有限公司诉顶级海产品进出口私人有限公司案(Caravel Shipping Services Private Limited v. Premier Sea Foods Exim Private Limited)中判定,仲裁协议只要是书面即可,是否签署并不影响仲裁协议的有效性。其实,早在贾加尔·基肖尔·拉梅什沃德诉古尔拜·霍尔木斯吉女士案(Jugal Kishore Rameshwardas v. Mrs Goolbai Hormusji)中,印度最高法院就已明确,仲裁协议只需以书面形式记载且双方完成了换约即可,不一定非要签署。[⑥] 这实质是对书面形式的宽泛解释,是当下不同法域实

---

① See Sai Ramani Garimella, *Issues of Jurisdiction, Choice of Law and Enforcement in International Commercial Arbitration: An Indian Perspective*, in Sai Ramani Garimellaand Stellina Jolly eds., Private International Law: South Asian States' Practice, Springer Singapore, 2017, p.329.

② See Chishti I. Ali, *Enforcement of Foreign Arbitral Award: Law and Practice of Pakistan*, Manzoor Law Book House, 2017, p.40-41.

③ Enercon (India) Ltd. & Ors v. Enercon GmBH & Anr (2014) 5 SCC 1. para.75.

④ 印巴分治后,印度和巴基斯坦都大量承袭了通过于英属印度时期的法律,其中就包括1872年《合同法》。

⑤ See Chishti I. Ali, *Enforcement of Foreign Arbitral Award: Law and Practice of Pakistan*, Manzoor Law Book House, 2017, p.38-49.

⑥ 参见李钦:《印度仲裁法精要》,中国法制出版社2020年,第83页。

践中的主流解释方法。[1] 此外,也有高等法院认为,如果当事人援引民事法院或其他法院的管辖权而放弃仲裁协议,则仲裁协议即为无效或无法履行。[2] 失效仲裁协议,是指该协议曾有效而后失去效力。失效的典型情况包括免除、撤销、废除或终止仲裁协议。[3] 在印度,仲裁协议可因当事人不遵守期限或因当事人行为暗示撤销仲裁协议而失效。此外,仲裁条款失效也可能是由于法律变更禁止履行仲裁协议,或是由于仲裁协议中指定的机构解散导致。

第二,不能执行的仲裁协议。在仲裁领域内,不能执行的仲裁条款通常被称为"病态"仲裁条款(pathological arbitration clauses),是指因起草不当而存有缺陷的仲裁条款,如合同既约定仲裁又约定法院管辖、指定的仲裁机构或仲裁规则不准确等。[4] 这可被称为法律障碍。此外,"病态"仲裁条款还包括身体障碍,如仲裁协议指定的仲裁员死亡,或仲裁员拒绝接受委任,且当事人明确排除替代仲裁员。在印度,有学者认为,"病态"仲裁条款是指缺乏一个或多个基本要素,但不影响其正式有效性的条款。[5] 是否产生效力取决于"病态"仲裁条款能否得到补救。根据御用大律师迪彭·萨班瓦尔的统计,[6]典型"病态"仲裁条款包括:(1)援引不存在的仲裁规则。例如,在国际代理机构诉拉胡尔车身制造私人有限公司案[7]中,当事人约定仲裁依据印度1956年《公司法》(Indian Company's Act 1956)或《国际贸易法》(International Trade Laws)进行,但实际上并不存在这两部规则。(2)援引不存在的仲裁机构。例如,在Pricol有限公司诉江森自控企业有限公司案[8]中,当事人约定将纠纷提交至新加坡商会(Singapore Chamber of Commerce),但实质上该机构并不存在。(3)不完整的仲裁条款。例如,在威灵顿联合有限公司诉吉里特·梅赫塔案[9]中,当事人约定任何争议可提交仲裁,法院认为这种许可性措辞难以确定当事人是

① 参见扬帆译著:《商事仲裁国际理事会之1958纽约公约释义指南:法官手册》,法律出版社2014年版,第37页。

② See Ashutosh Kumar et al., *Interpretation and Application of the New York Convention in India*, in Bermann, G. eds., Recognition and Enforcement of Foreign Arbitral Awards, Springer, 2017, p. 54.

③ 参见扬帆译著:《商事仲裁国际理事会之1958纽约公约释义指南:法官手册》,法律出版社2014年版,第44页。

④ 参见扬帆译著:《商事仲裁国际理事会之1958纽约公约释义指南:法官手册》,法律出版社2014年版,第45~46页。

⑤ See Dushyant Dave et al., *Arbitration in India*, Kluwer Law International, 2021, p. 28.

⑥ See Dushyant Dave et al., *Arbitration in India*, Kluwer Law International, 2021, p. 28–30.

⑦ System for International Agencies v. Rahul Coach Builders Pvt. Ltd. (2015) 13 SCC 436.

⑧ Pricol Ltd. v. Johnson Controls Enterprises Ltd. (2015) 4 SCC 177.

⑨ Wellington Associates Ltd. v. Kirit Mehta (2000) 4 SCC 272.

否有同意将争议提交仲裁的意图。(4)约定的仲裁员死亡。例如,在 ACC 有限公司诉环球水泥有限公司案①中,当事人任命的 2 名仲裁员在争端发生后死亡。(5)既约定仲裁又约定法院管辖。例如,在 AEZ 基础设施私人有限公司诉 SNG 开发商有限公司案②中,当事人约定将纠纷提交仲裁解决,但另一份协议又约定将纠纷提交法院管辖。在印度,法院通常采取以下方式解决"病态"仲裁条款问题:③(1)因含混不清等原因,而认定仲裁条款无效或无法执行;(2)从通过仲裁解决争议的部分中,删除病态部分并强制执行仲裁条款的有效部分;(3)提供在仲裁条款背景下最合理的含义,重写仲裁条款病态部分。有学者认为印度法院实质上采用了"协调解释"原则,即处理"病态"仲裁条款时,尽量使当事人的意图生效。例如,在前述 Pricol 有限公司诉江森自控企业有限公司案中,最高法院审查了当事方的真正仲裁意图,认为尽管约定在一个不存在的机构仲裁,但仍确定仲裁程序不因进一步的诉讼而无效。④实际上,只有有足够证据确定当事方有将争议提交仲裁的共同意图时,法院才会认可"病态"仲裁条款的效力。

三、基于纠纷不可仲裁拒绝执行仲裁裁决

可仲裁性(arbitrability)关系到一个国家对审判权排他性管辖范围的界定,关系到一个国家的司法政策。⑤ 在当代仲裁实践中,纠纷是否具有可仲裁性决定仲裁裁决能否得到执行。

(一)印度仲裁法下纠纷不可仲裁的内涵分析

可经由仲裁解决的纠纷被视为具有可仲裁性的纠纷。不同国家和地区的司法实践中,可仲裁纠纷的内容和范围存在一定差异,且其通常与一国的政策有一定的关联,而政策会不断改变。同时,出于不同考量目的,各国通常不会以立法形式详列不可仲裁或可仲裁的具体事项,这使可仲裁性的具体内容难以明确。印度 1996 年《仲裁法》第 2.3 条规定,第一部分的规定不影响任何其他禁止某些争议进行仲裁的法律,如反垄断纠纷不能提交仲裁。但该法也未详细指明可仲裁纠纷的范围,仅大

---

① ACC Limited v. Global Cements Ltd., AIR 2013 SC 3824.

② AEZ Infratech Pvt. Ltd. v. SNG Developers Ltd., 2014 (143) DRJ 616.

③ See Dushyant Dave et al., *Arbitration in India*, Kluwer Law International, 2021, p. 30.

④ See Sai Ramani Garimella, *Issues of Jurisdiction, Choice of Law and Enforcement in International Commercial Arbitration: An Indian Perspective*, in Sai Ramani Garimellaand Stellina Jolly eds., Private International Law: South Asian States' Practice, Springer Singapore, 2017, p. 329.

⑤ 参见金春:《"一带一路"背景下国际商事仲裁与破产法的协调——兼议〈企业破产法司法解释(三)〉》,载《人民司法》2019 年第 13 期。

致规定任何商业事项可提交仲裁解决,包括由合同关系引起的侵权诉讼。[①] 该法第34.2(b)(i)条和第48.2(a)条规定,若纠纷不可仲裁,则印度法院根据仲裁裁决的性质有权撤销国内仲裁裁决、国际商事仲裁裁决或者拒绝执行外国仲裁裁决。

(二)印度仲裁法下纠纷不可仲裁的司法实践

印度最高法院在博思艾伦汉密尔顿公司诉 SBI 住房金融公司案[②]中列举了六种公认的不可仲裁纠纷。印度学者[③]结合该案补充列举了三种不可仲裁的纠纷,共九种:(1)引起刑事犯罪或源于刑事犯罪的权利和责任的纠纷;(2)涉及离婚、司法分居、恢复夫妻权利或子女监护权的婚姻纠纷;(3)监护权有关的纠纷;(4)遗嘱(遗嘱认证、遗产管理等)相关的纠纷;(5)破产和清算事项相关的纠纷;(6)由特别法规管辖的驱逐或租赁事项,在这些事项中,租户享有防止驱逐的法定保护,并且只有特定的法院被赋予批准驱逐或裁决纠纷的管辖权;(7)与信托有关的纠纷;(8)公司签订仲裁协议的,有关扣缴工资的纠纷;(9)在《公共信托法》(Public Trusts Act)下建立和管理的信托争议。在 A. 阿亚萨姆伊诉 A. 帕拉玛西瓦姆案[④]中,主审法官则对以下不具备可仲裁性的纠纷进行了说理:(1)专利、商标和版权相关的纠纷;(2)反垄断与竞争法案件;(3)破产和清算案件;(4)案涉贿赂、腐败的行为;(5)案涉欺诈行为;(6)刑事事宜。

在判断纠纷是否具有可仲裁性时,上述博思艾伦汉密尔顿公司诉 SBI 住房金融公司案具有里程碑意义。该案中,印度最高法院再次强调了"通过区分对物之诉(actions *in rem*)和对人之诉(action *in personam*)来判断纠纷可仲裁性"这一方法的意义。[⑤] 印度最高法院认为,对物之诉是相对于对人之诉而言的,前者是一种可针对整个世界行使的权利,而后者则仅针对特定的、可识别的个人权益。一般情况下,所有与对人权利(rights *in personam*)有关的争议都被认为是可接受仲裁的,而所有与对物权利(rights *in rem*)有关的争议则相反。[⑥] 该案中,印度最高法院认为,前述六种不可仲裁的纠纷都是对物权利纠纷。同时,印度法院也承认该判断方法的局限性

---

① See Sai Ramani Garimella, *Issues of Jurisdiction*, *Choice of Law and Enforcement in International Commercial Arbitration*: *An Indian Perspective*, in Sai Ramani Garimella and Stellina Jolly eds., Private International Law: South Asian States' Practice, Springer Singapore, 2017, p. 330.

② Booz Allen and Hamilton Inc. v. SBI Home Finance Ltd. And Ors. (2011) 3 SCC532. para. 22.

③ See Dushyant Dave et al., *Arbitration in India*, Kluwer Law International, 2021, p. 34 – 35.

④ A. Ayyasamy v. A. Paramasivam and Ors. (2016) 10 SCC 386, para. 5.

⑤ Booz Allen and Hamilton Inc. v. SBI Home Finance Ltd. And Ors. (2011) 3 SCC532. para. 23.

⑥ See Dushyant Dave et al., *Arbitration in India*, Kluwer Law International, 2021, p. 28.

和简易性,如难以处理涉及知识产权的纠纷。维迪亚・德罗利亚诉杜尔迦贸易有限公司案①中,印度最高法院回顾了以往判例对可仲裁性形成的判断方法后,提出“四要素”(four-fold test)审查标准,明确若诉因和纠纷标的具有以下情形,则不具可仲裁性:(1)涉及对物权利;(2)涉及第三方权利;(3)涉及国家不可被剥夺的主权和公共利益职能;(4)根据法的强制性规定不可经由仲裁解决。印度最高法院虽明确这些审查方法具有局限性,但此四项标准无疑有助于法院判断纠纷是否具备可仲裁性。

四、基于公共政策例外拒绝执行仲裁裁决

(一)印度仲裁法下公共政策的内涵分析

印度1996年《仲裁法》未界定公共政策的概念。该法和作为公共政策主要内容来源依据的印度1872年《合同法》均仅规定了违反公共政策的后果。在学理层面,印度学者多引用英国判例霍尔曼诉约翰逊案(Holman v. Johnson)阐明公共政策的内涵,认为“不法诉因不准予起诉”(*ex dolo malo non oritur actio*)原则为公共政策提供了最基本的依据,并认为该原则也反映在印度1872年《合同法》第23条中。② 在印度,一个普遍的共识是无法精确定义公共政策。但印度法院注意到将公共政策作为废除合同和仲裁裁决的工具所存在的危险,认为公共政策是一个可得到控制的概念。③

梳理印度司法判例,可得出公共政策在印度的一些基本内涵。(1)公共政策并非政府某一时期的政策,而是涉及公众利益的事项。中央内陆水运公司诉布罗霍・纳特・甘古利案④中,印度最高法院依据印度1872年《合同法》的相关规定进一步解释了公共政策在印度的内涵:公共政策并非某个政府的政策,而是一些涉及公共基本利益的事项。但什么是公益,或者说什么会对公共利益造成损害,则因时而异。(2)公共政策旨在某些情况下限制有害案件(harmful cases)和有害倾向(harmful tendencies)的案件。在根鲁拉尔・帕拉诉马哈迪奥达斯・迈耶夫案⑤中,印度最高法院认为,公共政策或法律政策(the policy of law)是一个虚幻(illusive)的概念,被描述为“不值得信赖的指南”。但是,公共政策理论不仅适用于(对社会公共利益)有害的案

① Vidya Drolia & Ors. v. Durga Trading Corporation. (2021) 2 SCC 1, para. 45.

② 根据该条,如果法院认为合同对价(consideration)或合同订立目的违背公共政策,则其为非法。

③ See Dushyant Dave et al., *Arbitration in India*, Kluwer Law International, 2021, p. 204 – 205.

④ Central Inland Water Transportcorporation Ltd. & ANR. ETC. v. Brojo Nath Ganguly & Anr., 1986 AIR 1571, 1986 SCR(2)278. para. 2. 6.

⑤ Gherulal Parakh v. Mahadeodas Maiyev 1959 AIR 781, 1959 SCR Supl. (2) 406 para. 22.

件,还适用于有害倾向的案件。(3)公共政策指的是印度的公共政策,而不是国际公共政策(international public policy)。在雷卢塞加电力公司诉通用电气公司案①中,印度最高法院指出,鉴于国际公共政策缺乏可行的定义,我们发现很难将《纽约公约》第5.2(b)条中的“公共政策”一词解释为国际公共政策。笔者认为,上述表达必须被解释为所欲寻求承认与执行仲裁裁决地的法院所适用的公共政策。

(二)印度仲裁法下公共政策的司法实践

2015年修正案出台前,公共政策的司法实践主要涉及公共政策具体内容的界定以及由此产生的解释方法的争论。据此,可将印度仲裁法下公共政策的司法实践分为印度2015年修正案出台前后两个时期。

1. 2015年修正案前的司法实践

在印度1996年《仲裁法》之前,印度最高法院在雷卢塞加电力公司诉通用电气公司案②中,从英国国际私法对公共政策的解释中汲取了灵感,在印度1961年《外国裁决承认与执行法》背景下,解释公共政策在印度涉及:(1)违背印度法律的基本政策;(2)有悖于印度的利益;(3)有悖于基本的正义或道德观念。在石油天然气公司诉SAM管道有限公司案③中,印度最高法院扩宽了前述公共政策的范围,认为1996年《仲裁法》第34.2(b)(i)条中使用的“印度的公共政策”这一短语,必须根据上下文,被赋予更广泛的含义,除雷卢塞加电力公司诉通用电气公司案对“公共政策”赋予的狭义含义外,还需认定,裁决是否明显不合法(patent illegality)。④ 至此,印度法院在公共政策适用层面形成了两类解释方法:(1)雷卢塞加电力公司诉通用电气公司案确定的“狭义”解释方法,即依据《仲裁与调解法》第48.2(b)条审查外国仲裁裁决时,不讨论明显违法问题;(2)石油天然气公司诉SAM管道有限公司案确定的“广义”解释方法,即依据1996年《仲裁法》第34.2(b)(i)条审查国内仲裁裁决和国际商事仲裁裁决时,讨论明显违法问题。虽然后来的普尔昌出口有限公司诉OOO爱

---

① Renusagar Power Co. Ltd. v. General Electric Co. (1994) Supp 1 SCC 644, para. 76.

② Renusagar Power Co. Ltd. v. General Electric Co. (1994) Supp 1 SCC 644, para. 64.

③ Oil & Natural Gas Corporation Ltd. v. SAW Pipes Ltd. (2003) 5 SCC 705, para. 31.

④ “明显违法”的三层含义:(1)如果裁决违反法律的实质性规定或法案规定或合同条款,则该裁决将明显非法;(2)违法行为必须追根究底,如果违法行为性质轻微,则不能认定裁决违反公共政策;(3)如果裁决不公平或不合理,法院也可以将其作废。See Sai Ramani Garimella, *Issues of Jurisdiction, Choice of Law and Enforcement in International Commercial Arbitration: An Indian Perspective*, in Sai Ramani Garimella and Stellina Jolly eds., Private International Law: South Asian States' Practice, Springer Singapore, 2017, p. 343; Ashutosh Kumar et al., *Interpretation and Application of the New York Convention in India*, in Bermann, G. eds., Recognition and Enforcement of Foreign Arbitral Awards, Springer, 2017, p. 467.

国者公司案①中,印度最高法院偏离了该标准,运用"广义"解释方法,审查了外国仲裁裁决是否"明显违法"问题。但此项偏离随后即在Shri Lal Mahal有限公司诉麦子项目公司案②中得以纠正。

2.2015年修正案后的司法实践

印度在雷卢塞加电力公司诉通用电气公司案等案件的基础上对1996年《仲裁法》进行了修订,通过了2015年修正案。该修正案第18条和第22条分别对1996年《仲裁法》第34.2(b)(i)条(依据公共政策例外撤销国内仲裁裁决和国际商事仲裁裁决)和第48.2(b)条(依据公共政策例外拒绝执行《纽约公约》下的外国仲裁裁决)下适用公共政策例外的依据进行了统一,认为法院只能在下列情况下适用公共政策例外:(1)仲裁裁决因欺诈、腐败或受这种因素的影响订立,或违反1996年《仲裁法》第75条或第81条;(2)仲裁裁决违反印度法的基本原则;(3)仲裁裁决违反基本的道德或正义标准。此外,该修正案还明确,法院审查是否存在违反公共政策的情形时,不得再对案件的实体(merit)进行审查。该修正案的通过,被认为是"狭义"解释方法的胜利。但根据该修正案第18.2条的规定,在国内仲裁背景下,如果法院发现裁决因明显违法而无效,则也可撤销该裁决。

就2015年修正案对公共政策内容确定的三项标准而言,有学者认为很难详尽定义任何一项标准,但违反印度有关监管的法律(如外汇管理法)可能被认定构成印度的公共政策例外。③ 在克鲁兹市毛里求斯控股公司诉United公司案(Cruz City 1 Mauritius Holdings v. Unitech Ltd.)中,德里高院认为,违反印度《外汇管理法》并不绝对地被视为违反印度法律的基本原则和政策,因为只有印度法中那些最基本、最核心的政策才是基本原则和政策,而印度《外汇管理法》的基本政策是外汇管制,目的是保证印度国内的外汇储备量从而保证印度经济的发展,但近期外汇管制的重点已经从限制交易转变为营造一个较为宽松的外商投资环境。外国仲裁裁决的承认与执行必然会牵扯到资本流进流出等外汇管理问题,而一国的外汇管理政策在一定程度上具有灵活性。因此,违反一国外汇管理法的规定,是否构成对公共政策的违反应当根据具体案情予以具体深入的分析。④

---

① Phulchand Exports Ltd. v. OOO Patriot. (2011) 10 SCC 300, para. 16.

② Shri Lal Mahal Ltd. v. Progetto Grano SpA. (2014) 2 SCC 433, paras. 27, 28, 29 and 30.

③ See Ashutosh Kumar et al., *Interpretation and Application of the New York Convention in India*, in Bermann, G. eds., Recognition and Enforcement of Foreign Arbitral Awards, Springer, 2017, p. 469.

④ 参见李钦:《印度仲裁法精要》,中国法制出版社2020年版,第187~188页。

五、结语

仲裁是现代社会不可或缺的纠纷解决机制，是与民事诉讼并行的纠纷解决方式，是 ADR 纠纷解决机制的柱石之一，是当下主流的商事纠纷解决机制之一。有印度学者调查后指出，仲裁等非司法纠纷解决程序更具吸引力，不仅外国投资者，许多印度本地商业团体也不愿接受联邦法院和州法院的管辖。① 此外，《印度宪法》(Constitution of the Republic of India)第 51 条规定：国家鼓励通过仲裁解决国际争议。虽然这一规定主要指向国际关系层面，但其也直接为印度加入《纽约公约》等多边国际争议解决公约提供了最直接的法律依据。② 总的来说，印度商事仲裁法律制度较为完善，且自 1996 年以来，多次出台修正案对实践中有争议的事项和解释标准予以立法确认。

在执行仲裁裁决方面，印度 1996 年《仲裁法》合并和修订了执行国内仲裁裁决、国际商事仲裁裁决以及外国仲裁裁决的有关法律，使其项下的仲裁裁决在仲裁协议效力的认定、纠纷的可仲裁性以及公共政策例外方面基本趋于一致，且未设置过多法律障碍，也未增添本地化特色内容。在司法实践中，印度更多是从法律规定和学理角度，探讨某一问题的冲突观点以及解决冲突。整体而言，印度拒绝执行仲裁裁决制度符合当下商事仲裁的发展趋势和实践特点，也使仲裁裁决能否在印度得到执行具有一定的可预测性。最后，考虑到印度 1996 年《仲裁法》第一部分和第二部分程序规定上的差异，建议中方当事人明确印度国内仲裁裁决、国际商事仲裁裁决和外国仲裁裁决在印度 1996 年《仲裁法》下的关系，确认应依据的执行规则。

---

① See Robert T. C. *Indian Conflicts &Non-judicial Dispute Settlement*, Arbitration Journal, 33, 1978, p. 28.

② 参见李钦：《印度仲裁法精要》，中国法制出版社 2020 年版，第 16 页。

船舶污染环境损害限制性赔偿困境及其国内法解决

——探寻完全赔偿之适用*

张耀元**

《国际油污损害民事责任公约》所确立的船舶污染限制性赔偿模式导致了环境损害赔偿范围和赔偿数额受限、以私益损害赔偿为中心难以兼顾环境公共利益等弊端,而国际立法的滞后性、协调困难等问题使公约难以及时有效地予以改进。对此,可以尝试通过在国内法中确认船舶污染环境损害适用完全赔偿原则进行解决。环境损害完全赔偿符合国内外立法趋势,这一做法在我国不存在国内法障碍,在船舶污染领域适用具有正当性。完全赔偿的妥当适用还需要认真对待其可行性问题,包括对环境损害与经济性损害的范围进行区分和认定,确定船舶污染环境损害完全赔偿的范围;明确国内法与公约的适用关系,确认可以通过国内法对公约的不足予以补充;对完全赔偿进行缓和适用,并与责任限制制度相调适,解决完全赔偿与责任限制制度的冲突问题。

近年来,随着全社会对环境问题的高度关注,我国立法也越来越重视对环境的保护与救济,生态环境损害赔偿原则呈现追求完全赔偿的特征。① 但是,现行立法对船舶污染造成的环境损害却仍坚持限制性赔偿模式,有悖于当前环境立法趋势,也

---

* 本文系国家社会科学基金重大项目"整体系统观下生物多样性保护的法律规制研究"(项目编号:19ZDA162)的阶段性成果。

** 武汉大学国际法研究所讲师,法学博士。

① 参见蔡守秋、张毅:《我国生态环境损害赔偿原则及其改进》,载《中州学刊》2018 年第 10 期。

不符合现代环境法的精神。[①] 这种赔偿模式并非单纯国内立法选择的结果，还受到相关国际公约的影响。“托利·堪庸”号（Torrey Canyon）溢油事故所引起的灾难性污染后果促使国际社会力图建立统一的损害赔偿机制，形成了以《国际油污损害民事责任公约》（以下简称《油污责任公约》）为代表的船舶油污赔偿模式。[②] 我国是《油污责任公约》1992 年议定书的缔约国。最高人民法院借鉴公约规定出台了《关于审理船舶油污损害赔偿纠纷案件若干问题的规定》（以下简称《油污规定》），以司法解释的方式明确了船舶油污损害赔偿的国内规则，填补了国内法在调整船舶油污损害赔偿领域的缺位，建立起与国际公约赔偿模式高度相似的船舶油污损害赔偿模式。然而，这种赔偿模式存在内在缺陷，无法为受损的海洋环境提供充分救济。因而，剖析现行船舶污染损害赔偿制度的不足及成因，反思国际公约赔偿模式在当前海洋环境保护不断强化背景下的不适应性，探讨如何在国内法中为船舶污染环境损害赔偿问题提供更完善的解决路径，对发展海洋经济、保护海洋环境而言具有重要现实意义。

一、船舶污染环境损害限制性赔偿制度的不足

（一）环境损害赔偿范围受限

《油污规定》遵循国际公约的赔偿精神，在赔偿范围上与《油污责任公约》基本一致，都将环境损害赔偿范围限于“采取或将要采取的合理恢复措施费用”。[③] 此外，由于污染事故发生后必然需要采取相应的预防措施，因此所产生的费用也被《油污责任公约》和《油污规定》认为属于环境损害赔偿范围。调查评估费用作为评估环境污染损害的必要支出，尽管《油污责任公约》和《油污规定》没有明确，但在实践中已被普遍接受。除上述赔偿类型外，《油污责任公约》和《油污规定》均未明确对其他类型环境损害的赔偿。

现行船舶污染环境损害赔偿范围与我国国内一般性环境立法相比存在显著差别。最高人民法院《关于审理海洋自然资源与生态环境损害赔偿纠纷案件若干问题

---

① See Dramé Ibrahima, *Recovering Damage to the Environment per se Following an Oil Spill: The Shadows and Lights of the Civil Liability and Fund Conventions of* 1992, 14 Review of European Community & International Environmental Law 14, 2005, p. 64.

② 船舶污染损害赔偿领域的国际公约还包括 1996 年《国际海上运输有毒有害物质损害责任及赔偿公约》、2001 年《燃油污染损害民事责任国际公约》（以下简称《燃油公约》）等，同时包括作为《油污责任公约》补充的《设立国际油污损害赔偿基金公约》（以下简称《基金公约》）有关的但此类公约所规定的赔偿模式与《油污责任公约》大致相同，本文具体以《油污责任公约》展开论述。

③ 参见《油污责任公约》第 1.6 条与《油污规定》第 17 条。

的规定》(以下简称《海洋环境损害规定》)第7条明确海洋自然资源与生态环境损失赔偿范围包括预防措施费用、恢复费用、恢复期间损失、调查评估费用四项。《中华人民共和国民法典》(以下简称《民法典》)第1235条规定的生态环境损害赔偿范围共五项,包括修复期间服务功能丧失导致的损失、功能永久性损害造成的损失、调查评估费用、清污及修复费用、防止损失发生和扩大的费用,将环境损害赔偿范围进一步扩大。尽管《海洋环境损害规定》与《民法典》第1235条的规定存在区别,但相比现行船舶污染损害赔偿制度,总体上两者确定的环境损害赔偿范围比较全面。相关公约、法律和司法解释的差异如表1所示。

表1 不同法律文件中环境损害赔偿范围比较

法律文件	调查评估费用	恢复费用	预防措施费用	恢复期间损失	永久性功能损失
《油污责任公约》	√	√	√		
《油污规定》	√	√	√		
《海洋环境损害规定》	√	√	√	√	
《民法典》1235条	√	√	√	√	√

很明显,有关船舶污染的国际公约与国内法涵盖的环境损害类型主要是调查评估费用、恢复措施费用、预防措施费用三类。这三类费用多是基于环境本身受损产生的外围性损害费用,而恢复期间损失、永久性功能损失等由于环境本身受损产生的直接性损害却被排除在外。这种限制性赔偿模式在我国海事司法实践中被长期沿用,明显有别于《民法典》第1235条以及《海洋环境损害规定》等一般性环境立法充分赔偿的救济理念。

(二)环境损害赔偿数额受限

海商法中的责任限制制度是船舶污染环境损害赔偿数额受限的直接原因。从赔偿数额来看,责任限制制度使责任人最终的赔偿额度被限制,确定了责任人最高赔偿限额。船舶污染损害赔偿领域采用限制责任的做法一定程度反映了某些学者所坚持的严格责任的利益平衡原理。① 结合国际船舶污染损害赔偿制度发展历程来看,最初引入责任限制制度的确在私人受害主体与责任人之间形成了利益平衡。但

① 参见张湘兰:《船舶污染损害赔偿责任的理论、实践及我国船舶污染法律制度的建构》,载《武汉理工大学学报(社会科学版)》2008年第1期。

之后，环境损害开始纳入船舶污染损害赔偿范围，继续通过责任限制制度维护责任人利益，本质上却是以牺牲海洋环境利益为代价。尤其是船舶污染所造成的海洋环境损害多是灾难性的，有限的环境赔偿责任本就难以有效弥补环境利益损失，环境损害在赔偿范围被限制的基础上，可获赔偿的部分环境损害又通过责任限制制度再次被限缩。

建立多层赔偿机制是国际社会应对船舶污染损害赔偿的通行做法。《油污责任公约》确立了责任人的第一层赔偿责任，《基金公约》确定了国际油污基金的第二层赔偿责任。船舶所有人赔偿责任经限制后，虽然剩余赔偿部分由国际油污基金予以分摊，但实践中国际油污基金也并非百分之百给予赔偿。① 因此，即使存在多层赔偿机制，也无法完全满足赔偿需要，而这一问题的根源仍在于第一层赔偿中责任限制制度的存在。另外，在特定海事事故中产生船舶污染时，责任人可能通过申请设立海事赔偿责任限制基金以限制其所造成的环境损害责任。《中华人民共和国海商法》（以下简称《海商法》）对油污问题并无直接规定，但在第 11 章“海事赔偿责任限制”中有所涉及，“与船舶营运或救助作业直接相关的，侵犯非合同权利的行为造成其他损失的赔偿请求”。油污损害赔偿请求与船舶营运直接相关，而环境损害赔偿也是油污损害赔偿请求的一个方面。由于现行船舶污染损害赔偿制度未能涵盖全部环境损害类型，导致不在赔偿范围内的环境损害可能被主张为一般海事债权而受限制，同样会使环境损害赔偿数额被限制。

（三）船舶污染损害赔偿以私益损害赔偿为中心

现行船舶污染损害赔偿制度源于 1969 年《油污责任公约》，公约缔结的最初目的主要是为船舶污染造成的私益性质损害提供救济。根据公约规定，油污损害包括人身损害或死亡、财产损害与预防措施，但环境损害是否包含在公约之中并不明确。至少根据公约最初实践来看，环境损害赔偿很难被接受。② 随着船舶污染造成的海洋环境问题凸显，国际公约回避处理环境损害赔偿问题的做法已无法满足各缔约国环境保护的现实需要。1984 年《油污责任公约》议定书对“污染损害”的概念进行扩张，纳入了“环境损害”，并在 1992 年《油污责任公约》议定书中予以沿用。然而，这

---

① See IOPC Fund, *Annual Report* 2019, Accessed December 29, 2022, https://iopcfunds. org/wp-content/uploads/2020/03/Final-Annual-Report_2019_e – 1. pdf.

② See Mans Jacobsson, Norbert Trotz, *The Definition of Pollution Damages in the* 1984 *Protocols to the* 1969 *Civil Liability Convention and the* 1971 *Fund Convention*, Journal of Maritime Law and Commerce 17, 1986, p. 469 – 481.

种"环境损害"本质上仍是私益损害的一种表现形式,主要是指与环境损害有关的索赔,并非严格意义上的对环境本身的损害。虽然国际社会为解决环境损害问题作出了不懈努力,但未真正触及纯环境损害问题,①未从根本上改变国际油污公约中以私益救济为中心的赔偿责任体系。

现行船舶污染损害赔偿制度以经济性损害赔偿为核心,受害人经济利益遭受损失是获得赔偿的前提。根据国际油污基金的一般赔付做法,任何索赔若想通过公约获偿,索赔人必须遭受可量化的经济损失,且在国内法中具备合法索赔权利。② 实践中,通常要求索赔人所拥有的经济利益系依据这一合法索赔权利取得,而此种权利也多被认为是所有权。③ 这适用于国际公约赔偿体系下的所有请求,同样包括环境损害索赔。污染所造成财产性损害通常属于有形损失,在认定过程中具有客观性,且具有可计量的市场价值,权利归属较为明确。显然,这一标准更能满足对财产性损害等有形损害认定的需要,而将其运用到环境损害认定时,并不能真实、全面地反映环境损害。以私益赔偿为中心的赔偿理念带来的长期影响是,船舶污染损害赔偿制度中环境损害赔偿长期按照传统民法逻辑进行处理,无法充分关照到环境损害的公益性,容易忽视环境利益中的非经济价值。这种赔偿机制习惯于处理经济损失或损害,而在无法用经济或市场价值衡量的环境资源损害索赔领域中却陷入了困境。④

综上所述,国际公约建构起的船舶污染损害赔偿模式有三方面不足:其一,在赔偿范围上,使部分环境损害游离于赔偿范围之外,与一般法所确定的环境损害赔偿相比表现出极大的特殊性,难以为海洋环境提供全面的保护。其二,在赔偿数额上,在目前环境损害限制性赔偿的基础上,责任限制制度使责任人享受到最高赔偿额的保护,可获赔偿的环境损害进一步被缩减。其三,在赔偿理念上,船舶污染损害赔偿制度以私益赔偿为中心,未区分私益损害与公益损害,用经济性损害的标准认定环境损害无法妥善顾及环境利益。国内船舶污染损害赔偿机制对国际公约赔偿模式存在严重的路径依赖,上述种种不足同样体现在我国国内赔偿机制之中。因此,思

---

① 参见童光法:《环境侵害的归责原则》,载《东方法学》2015 年第 3 期。

② See Neil Hawke, *Oil Pollution of the Sea and the Concepts of Pollution and Environmental Damage*, Business Law Review 11, 1990, p. 140.

③ See IOPC Fund, *Criteria for the Admissibility of Claims for Compensation-Environmental Damage Claims*, Accessed December 29, 2022, https://documentservices.iopcfunds.org/download/63061/en/71FUND-WGR-7-4_en.pdf.

④ See Willem Oosterveen, *Some Recent Developments Regarding Liability for Damage Resulting from Oil Pollution-From the Perspective of an EU Member State*, Environmental Law Review 6, 2004, p. 231.

考如何在国内法中恰当地实现环境损害完全赔偿或许是更为务实的做法。

二、船舶污染环境损害完全赔偿的实践正当性

本文所言的"完全赔偿"是对生态环境恢复成本理论的表达,旨在填补环境公共利益损害的生态环境恢复实际措施(包括基本恢复措施和补偿性恢复措施)的成本。① 通过"完全赔偿"改变船舶污染环境损害领域限制性赔偿之现状,希冀船舶污染环境损害能够与国内一般环境立法所确立的环境损害赔偿范围保持趋同。船舶污染的完全赔偿限于法律层面,目的是纳入更为完整的环境损害赔偿类型。具体来说,船舶污染环境损害完全赔偿的构想是在原有赔偿范围基础之上,将恢复期间损失和永久性功能损失纳入船舶污染环境损害赔偿范围体系,防止在规范层面产生责任漏洞。同时,本文所言"完全赔偿"并不指涉绝对的完全赔偿。当然,环境损害范围确定与价值评估,随着科学技术的进步、仪器设备精确度的提升、研究方法的进展,会越来越接近海洋生态损害客观存在的实际损失,但仍很难达到全部损失。适当界定"完全赔偿"后,船舶污染环境损害赔偿适用完全赔偿的实践正当性可以从以下两方面认识。

(一)环境损害完全赔偿符合国内外立法趋势

环境损害实现完全赔偿是当前国内外环境立法的整体发展趋势。从国外立法的角度来看,美国与欧盟等国家或地区在各自立法中扩大了环境损害赔偿范围,为环境本身损害提供了更为全面的赔偿。美国1990年出台的《油污法》(Oil Pollution Act)为环境损害设定了更高的赔偿责任,其中包括对环境本身损害的赔偿,即"自然资源损害"。② 美国1990年《油污法》确定的自然资源损害索赔涉及生物以及非生物资源,且无须考虑其商业价值,具体包括:(1)恢复、修复、替换或取得相当于受损资源的费用;(2)在恢复之前自然资源价值减损;(3)评估这些损害的合理成本,③无法原址进行恢复时允许通过替代方案予以替代性恢复。④ 欧盟基于对环境保护重要性的认识以及有效、长期保护的迫切需要,将欧盟《环境责任指令》引入自然资源损

① 参见王小钢:《〈民法典〉第1235条的生态环境恢复成本理论阐释——兼论修复费用、期间损失和永久性损失赔偿责任的适用》,载《甘肃政法大学学报》2021年第1期。

② See Louise Angélique de La Fayette, *New Approaches for Addressing Damage to the Marine Environment*, International Journal of Marine and Coastal Law 20, 2005, p.172.

③ See Craig R. O'Connor, *Natural Resource Damage Actions under the Oil Pollution Act of* 1990: *A Litigation Perspective*, Baylor Law Review 45, 1993, p.443.

④ See Charles B. Anderson, *Damage to Natural Resources and the Costs of Restoration*, Tulane Law Review 72, 1997, p.476 - 477.

害的环境责任规则之中。[①] 从欧盟《环境责任指令》的规定来看,其将调整的范围限定在纯粹的环境损害,排除对私人权益受损的适用。欧盟《环境责任指令》主要是通过基本性、补充性、补偿性的补救方法,将环境恢复到基线状态。基本性救济是要求对环境的救济达到基线状态,补充性救济是补充在基本性救济之下未能完全恢复的自然资源和服务,补偿性救济措施是对期间损失进行补偿。[②] 欧盟《环境责任指令》同样关注到恢复期间损失与无法恢复情形下的环境损害的救济。总体上,美国《油污法》、欧盟《环境责任指令》都极大地拓展了环境损害的赔偿范围,朝着完全赔偿的方向发展。

从我国国内环境立法的角度来看,环境损害的赔偿范围也在逐步扩大,在救济对象上从单一的私益转向私益与公益的双重保护。[③] 我国最初处理环境损害主要依据《中华人民共和国侵权责任法》(以下简称《侵权责任法》)(已失效)第 65 条明确环境污染责任。但由于《侵权责任法》保护的主要是民事权益,环境污染行为人主要对因环境污染所造成的民事权益的侵害承担赔偿责任,而生态环境作为一项公共利益不属于《侵权责任法》第 2 条所指的民事权益。《中华人民共和国环境保护法》(以下简称《环境保护法》)虽然为生态环境建立了专门的立法保护,但第 64 条规定,因污染环境和破坏生态造成损害的,同样要求应当依据《侵权责任法》承担相应的侵权责任。换言之,依据《环境保护法》所能要求的损害赔偿仍限于民事侵权。2015 年《生态环境损害赔偿制度改革试点方案》(以下简称《方案》)的出台标志着我国开始在只注重生态环境损害导致的人身和财产损害赔偿的基础上,突出生态环境破坏对生态环境自身损失的赔偿与修复。[④] 其中,明确了生态环境损害赔偿范围包括清除污染的费用、生态环境修复费用、生态环境修复期间服务功能的损失、生态环境功能永久性损害造成的损失以及生态环境损害赔偿调查、鉴定评估等合理费用。这一方案的提出奠定了我国后来环境损害赔偿的发展方向。《民法典》与《方案》中关于生态环境损害赔偿的范围基本一致,将生态环境损害纳入环境侵权责任

---

① See Malte Petersen, *The Environmental Liability Directive-Extending Nature Protection in Europe*, Environmental Law Review 11, 2008, p. 6.

② See Hannes Descamps et al., *International Documents on Environmental Liability*, Springer, 2008, p. 16 – 17.

③ 参见吕忠梅、窦海阳:《以"生态恢复"论重构环境侵权救济体系》,载《中国社会科学》2020 年第 2 期。

④ 参见刘画洁、王正一:《生态环境损害赔偿范围研究》,载《南京大学学报(哲学・人文科学・社会科学)》2017 年第 2 期。

的范畴。这种从仅限财产权、生命权等受害的民事权利赔偿到明确承认环境损害赔偿的立法转变反映了国内社会对更为全面的环境损害赔偿的接受。

在环境损害赔偿问题上国内外立法呈现完全赔偿趋势，对船舶污染环境损害限制性赔偿的做法提出了挑战。国内外环境立法的普遍趋势正反映出当前人类社会正面临愈加紧迫的环境保护形势。船舶污染作为海洋环境污染的主要方面，需要采取更加积极主动的立法加以应对。但现行赔偿机制使一部分极为重要的环境损害游离赔偿体系外，实际上是消极地相信环境可以自愈，①会不合理地免除污染者部分责任。

（二）环境损害完全赔偿在我国不存在国内法障碍

我国国内法有关船舶污染环境损害赔偿的规定，实质上忽略了国际公约的规定是缔约国间相互妥协的产物，这种赔偿方式不能满足我国国内社会实际发展需要。随着各国海洋环境保护意识增强，当前国际赔偿机制相对滞后的环境损害限制性赔偿方式正逐步与社会发展脱节，《油污责任公约》和《基金公约》规定的环境损害赔偿范围正受到来自缔约国法院的挑战。②

国际赔偿机制采用限制性赔偿有其内在原因。前文述及，经济利益遭受损失是获得赔偿的前提，而生态服务功能与环境非使用价值等环境价值由于价值理论不成熟和市场化程度很低，缺乏市场价值，此种环境损害难以被认定为经济利益损失。基于量化的困难，国际油污基金的 3 号决议明确规定国际油污基金支付赔偿的评估不以理论模型的抽象量化为基础，③否定了缺乏市场价值的环境损害在国际赔偿机制中获偿的可能性。对于国际油污基金而言，环境损害难以量化以及各国的抽象量化模型之间可能存在的巨大差异，都容易造成认定的困难与赔付的混乱。但我国并非《基金公约》缔约国，国际油污基金的决议对我国无任何约束力。由于我国最初环境立法技术不成熟，实践中直接借鉴国际公约赔偿模式，事实上接纳了这种赔偿方式并将其制度化。然而，这更多的是一种实践选择，而非规范理性。

随着我国立法技术的提升，国内赔偿机制已能够实现制度自足，国际赔偿机制

---

① See Louise Angélique de La Fayette, *New Approaches for Addressing Damage to the Marine Environment*, International Journal of Marine and Coastal Law 20, 2005, p. 217.

② See Sophia Kopela, *Civil and Criminal Liability as Mechanisms for The Prevention of Oil Marine Pollution: The Erika Case*, Review of European Community & International Environmental Law 20, 2011, p. 320.

③ See IOPC Fund, *Record of decisions of the Assembly*, Accessed December 29, 2022, https://documentservices.iopcfunds.org/download/57062/en/71FUND-A-ES-1-13_en.pdf.

的妥协因素在国内赔偿制度中无须考虑。在同样造成环境损害情况下,仅由于污染源或污染方式不同却差异化适用不同责任体系,会在不同责任人之间形成法律上的不公平。固守海商法制度的特殊性实际上已经偏离一般环境立法的发展趋势,已与当前环境保护的时代价值逐渐背离。因此,有必要重新审视国际赔偿机制下的环境损害部分赔偿的做法,以完全赔偿为中心重塑我国船舶污染环境损害赔偿制度。除目前已认可的恢复措施费用、恢复费用、调查评估费用外,恢复期间损失包括的海洋资源损失、生态服务功能损失以及生态环境无法恢复情形下的永久性功能损失等环境损害也应当予以赔偿,防止产生责任漏洞。

三、船舶污染环境损害完全赔偿模式下环境损害与经济性损害的区分与认定

国际公约赔偿模式以私益损害赔偿为中心,过度强调对损害提供经济性赔偿,容易忽视对非经济性的环境损害的救济。因此,对环境损害与经济性损害进行识别,进而将两者相分离是实现环境损害充分、有效赔偿的重要条件。

(一)经济性损害的范围与认定

经济性损害是目前船舶污染损害赔偿制度的主要内容,具体包括财产损失、间接损失以及纯粹经济损失等内容。财产损害主要是指对渔船、渔具、游艇、海滩、码头以及堤岸等的损害。在大陆法和普通法国家都属于"可赔偿损害"的范畴,此种损害类型在当前的船舶污染损害赔偿制度中并不会引起特别问题。[①] 间接损失与财产损害有所关联,通常是作为财产损害的直接结果而存在。当财产损害在公约之下可以获得赔偿时,只要能够满足近因测试(Proximate Cause Test),即污染与索赔人遭受的损失或损害之间有合理的接近程度,间接损失便可以得到赔偿。与间接经济损失不同,纯粹经济损失独立于任何相关的财产损失。纯粹经济损失典型的形态包括收入损失、利润损失以及获得收入机会的损失。[②] 纯粹经济损失是否可以得到赔偿是国际油污损害赔偿制度中另一个重要问题,在实践中产生了不同的观点。无论是在大陆法系国家还是在英美法系国家,一般都不愿承认这类索赔要求,担心产生"在

---

① See Mans Jacobsson, Norbert Trotz, *The Definition of Pollution Damages in the* 1984 *Protocols to the* 1969 *Civil Liability Convention and the* 1971 *Fund Convention*, Journal of Maritime Law and Commerce 17, 1986, p. 471.

② See Proshanto K. Mukherjee, Mark Brownrigg, *Farthing on International Shipping*, Springer, 2013, p. 311 - 312.

不确定的时间、不确定的数量、不确定的类别上打开责任的闸门”的风险。① 但其中商业渔民捕鱼的损害类型作为船舶污染中最为常见的纯粹经济损失，大部分国家都给予赔偿。②

（二）环境损害的范围与认定

环境损害相比于经济性损害较为抽象，其认定应当结合特定情形分析。预防措施费用、恢复措施费用以及调查评估费用等类型的环境损害，能够客观量化。公约强调这一类型损失通常以在环境损害发生时必要合理的支出费用为标准。在船舶油污领域判断某项恢复措施是否合理，需要通过合理性测试，满足三个要求：措施的费用应当是合理的；措施的费用不应当与取得的结果或合理预期的结果不成比例；措施应当是适当的并能产生合理的成功前景。③ 同时，赔偿应当以实际修复成本为基础。④ 这一部分损害可以通过实际支出加以确定，较容易识别。

而恢复期间损失、永久性功能损失等类型环境损害通常难以量化，认定较为困难。前文已提及，抽象理论模型在国际赔偿机制中被拒绝使用，导致这一部分损失在实践中被忽略。对于理论模型的排斥，国际油污基金较早在“安东尼奥·格拉姆西”号案（Antonio Gramsci Case）中进行了讨论。苏联政府基于当时苏联立法提出了生态损害索赔，具体的索赔数额是通过一系列数学公式计算而得。⑤ 国际油污基金执行委员会表示反对，认为此项索赔不属于《油污责任公约》《基金公约》中“污染损害”的范畴，指出公约不接受无视特定事故中损害的发生地、处于风险中的环境资源、油类的成分及其在海洋环境中未来影响等问题和因素，而通过数学模型计量而得的损害索赔。污染损害索赔应以可计量的损失为基础，这些损失可归咎于某一特定事故。从国际油污基金的观点来看，一方面，抽象理论模型的应用缺乏与争议案件的具体联系，难以保证所认定的损害与公约要求的污染损害之间的相关性，容易

---

① See Maria do Carme Garcia Negr et al., *The Prestige Oil Spill in Galicia: Analysis of Legal Compensation Systems and Economic Assessment of Damages to Commercial Fisheries*, Ocean Yearbook 22, 2008, p. 447.

② 参见黄芬：《海洋油污损害中纯粹经济损失的识别与赔偿》，载《中国海商法研究》2015 年第 4 期。

③ See IOPC Fund, *Annual Report* 1994, Accessed December 29, 2022, https://iopcfunds.org/wp-content/uploads/2018/12/1994_ENGLISH_ANNUAL_REPORT.pdf.

④ See Peter Wetterstein, *Remedying of Environmental Damage Caused by Shipping*, in Jürgen Basedow et al., eds., The Hamburg Lectures on Maritime Affairs 2009 & 2010, Springer, 2012, p. 181.

⑤ See IOPC Fund, *Record of Decisions of the Twenty-second Session of the Executive Committee*, Accessed December 29, 2022, https://documentservices.iopcfunds.org/download/60815/en/71FUND-EXC-22-5_en.pdf.

忽略不同案件的差异。另一方面,囿于损害评估的科学技术手段不足,单纯通过理论模型计算所得的环境损害无法保证其准确性。实质上,国际油污基金是通过否定抽象理论模式来否定难以直接量化损害的赔偿。

上述顾虑的核心在于环境损害难以量化。然而,国际油污基金这一赔付理念形成于上一世纪,难免具有时代局限性。当前科学技术的发展已经能够为环境损害的评估提供更加多元、可供依赖的手段,有条件将个案中的具体影响因素纳入考量。退言之,计算损害大小,归根结底是法律问题而非数学问题,虽然计算损害大小,应尽量与数学原则相符合,但特别情形下并无绝对与数学原则一致之必要。[①] 法律上对损害大小的认定需要主客观相结合。客观标准虽然具有一定的可信赖性,但总可能受制于社会经济、科技发展水平等各种因素,无法完全真实地反映损害。特别是一些损害数额甚至损害事实本身证明非常困难,却客观存在时,也可以通过法院使用损害额酌定方法予以解决。[②] 因此,环境损害的认定作为一个法律问题,不应因存在客观认定困难而拒绝认定,否则不利于法律正义的实现。鉴于国内司法实践中认定其他类型的海洋环境损害已存在多种量化方式,借鉴运用到船舶污染领域并无不妥。

四、船舶污染环境损害完全赔偿模式下国内法与国际公约的适用关系

船舶污染环境损害赔偿不只是一个简单的国内法问题,若意图实现环境损害完全赔偿,必然涉及对现有船舶污染赔偿模式进行突破,难免会触及我国作为缔约国在《油污责任公约》等公约下承担的义务。我国作为相关公约缔约国,虽然有条约信守义务,但在国内法中对公约确定的赔偿义务作出更为严苛的规定,实行完全赔偿,并不构成对条约义务的违反。

第一,《油污责任公约》之类的条约不排斥通过更严格方式实施。承担国际义务的国家,必须在其立法中作出必要的改变,以确保所承担的义务的履行,各国虽然能够对执行条约自由决定,但不得滥用其自由决定权以违反其善意履行条约的义务。[③] 因此,条约在国内的具体执行仍以善意原则作为基本要求。将国际条约在国内转化适用,会涉及对条约本身规定作出相应的变通,而如何变通同样需要秉持善意原则。

---

① 参见曾世雄:《损害赔偿法原理》,中国政法大学出版社2001年版,第169页。

② 参见周成泓:《船舶油污损害数额的诉讼认定》,载《中国海商法研究》2013年第3期。

③ 参见李浩培:《条约法概论》,法律出版社2003年版,第314页。

遵从条约义务要求当事国除正当理由外不得解除条约的义务。[①] 条约遵守最核心的要求在于缔约国不能减损条约本身规定,但能否在条约规定之外施加额外义务并无硬性要求。缔约国将国际条约中的最基本要求纳入本国国内法后,便已完成了条约履行义务。若缔约国出于更高的价值目标的追求,为自身设立了相较于条约义务更为严苛的行为标准,并不违反条约信守原则。这种在国内以高于条约要求强化实施的方式在我国条约实践中也已经出现。[②]

第二,公约没有明确否认环境损害的可获偿性,扩大环境损害的赔偿范围不损及公约的宗旨和目的。结合公约实践与发展历程来看,公约选择限制性赔偿是由于缔约国之间对环境损害赔偿的巨大分歧,无法形成普遍共识而产生的一种无奈之举。这一观点在"埃里卡"号案(Erika Case)之后的国际油污基金大会中得以印证。法国代表在大会上提出了需要对当前国际赔偿制度中生态损害赔偿作出改进的进一步思考。对环境损害予以赔偿的正当性问题上,法国代表认为存在不同的法律依据,多个国际环境公约已经逐步扩大了所涉损害的范围,普遍认为对石油污染事故造成的损害赔偿包括对生态损害的赔偿,并列举了诸多立法予以佐证。[③] 以日本、韩国为代表的反对理由在于,对基金索赔标准的修改只能是对目前一般标准的补充,而不可朝着扩大公约定义的方向发展。环境损害赔偿范围取决于对《油污责任公约》和《基金公约》的解释。只有缔约国保有此项解释公约的权利,国际油污基金赔偿标准必须以不侵犯这项权利的方式作出。[④] 反对扩大环境损害赔偿范围的观点本质上是要求国际油污基金在拟定新的环境损害赔偿标准时,只能限于对恢复措施进行相应的细化,减少含混不清的表达,使之便于索赔人索赔。另一些代表则从基金承受的索赔限度角度出发,不支持将"污染损害"的定义扩大到包括抽象概念的环境损害。扩大这一定义可能导致索赔的泛滥,并导致对其他更合理的索赔赔付减少。

① 参见[英]詹宁斯、瓦茨修订:《奥本海国际法》(第1卷第2分册),王铁崖等译,中国大百科全书出版社1998年版,第652页。

② 参见万鄂湘、余晓汉:《国际条约适用于国内无涉外因素的民事关系探析》,载《中国法学》2018年第5期。

③ See IOPC Fund, *Review of the International Compensation Regime-Compensation for Ecological Damage to be Paid by the International Compensation Regime-Submitted by the French Delegation*, Accessed December 29, 2022, https://documentservices.iopcfunds.org/download/65868/en/92FUND-WGR-3-5-6_en.pdf.

④ See IOPC Fund, *Review of the International Compensation Regime-Environmental Damage-Submitted by Japan and the Republic of Korea*, Accessed December 29, 2022, https://documentservices.iopcfunds.org/download/66000/en/92FUND-WGR-3-11-4_en.pdf.

如果要扩大这一定义,就必须对这类索赔的应付款额设置一个上限。[①]

不难发现,在国际法、各国国内法等不同层面上,海洋环境损害赔偿接受度已然得到提升,特别是一些国家国内法中的环境损害赔偿的范围相比于《油污责任公约》和《基金公约》的赔偿范围要广得多。实际上,即使反对改变现有国际赔偿机制中环境损害赔偿标准的缔约国也不一定否认对环境损害的赔偿。在国际赔偿体制中扩大环境损害赔偿范围的阻碍不是来自确认环境损害本身的可赔偿性,而是集中在赔偿标准修改权限以及基金所能承受的索赔限度两方面。如此一来,公约本身为国内法处理这一问题留下了空间,国内法中确立完全赔偿不会构成对公约义务的背离,相反为环境损害获偿提供了一条国内法路径,也有助于公约目的的实现。

具体适用时需要结合条约在我国的适用规则来对环境损害的概念进行正确理解。我国《海商法》第268条第1款规定了国际条约与国内法的适用关系,即在国际条约与国内法之间存在不同规定时需要适用国际条约的规定。但在我国立法、司法实践中尚未对何为"不同"进行明确、一致的规定。在讨论国内法与国际公约的规定是否存在不同之前,应当保证不同法律文本的规则适用于同一对象。若两者所调整的对象不同,那么关于这一规则适用的讨论则会变得毫无意义。通过对比可以发现,公约中"环境损害"是一种狭义概念,不能等同于环境本身所遭受的损害。在完全赔偿的国内立法下,国内法与国际公约各自所指向的对象存在差别。此时,由于前者调整对象比较宽泛,国内法与国际公约的适用并不会产生冲突,而应将两者视为特别法与一般法的关系,具有平行适用的可能。那么,针对公约无法涵盖的部分环境损害可以适用作为一般法的国内法补充,从而填补公约的责任漏洞。

五、船舶污染环境损害完全赔偿的缓和适用与责任限制制度的调适

承认船舶污染环境损害适用完全赔偿原则并不意味着环境损害在实际赔偿上可以严格地得到满足。完全赔偿导致高昂赔偿额的情况在民事侵权领域时有发生,但在生态环境损害赔偿领域表现得尤为突出。而保护航运业发展作为海事海商立法领域一项长期坚持的政策,在环境损害完全赔偿问题上需予以考虑,避免过于沉重的环境赔偿责任阻碍航运经济发展。

(一)船舶污染环境损害完全赔偿的缓和适用

在船舶污染环境损害问题上对完全赔偿原则进行缓和适用是由环境的公共产

---

① See IOPC Fund, *Report on the Second Meeting of the Third Intersessional Working Group*, Accessed December 29, 2022, https://documentservices.iopcfunds.org/download/65884/en/92FUND-WGR-3-6_en.pdf.

品属性决定的。一方面,在量化问题上,不同财产损害的赔偿具有长期的法律实践,判断损失大小能够从实际损失出发予以确认,环境利益的稳定性及可固定性并不存在,①其实际损失的确定仍存在困难。虽然当前随着海洋生态价值评估、海洋生态损失评估等系列科学证据的引入,损害赔偿的计算更具科学性,但可能与实际损失存在偏差,故而绝对的完全赔偿能否实现在实践中是存疑的。另一方面,从坚持绝对的完全赔偿的法律效果来看,应当赔偿的受损环境利益与责任人实际赔偿能力可能存在过于悬殊的情况,若苛责责任人承担绝对意义上的完全赔偿,最终会造成极端的情形,即责任人不堪重负以致无法赔偿,法院所作出的赔偿决定最终成为一纸空文。

完全赔偿原则的适用需要从两个层次认识,即责任范围与赔偿数额。责任范围本质上是对法律正义的体现,是责任人的行为后果在法律上的应然表达;赔偿数额则属于责任人最终所承担的不利后果大小。赔偿数额与责任范围之间是表里关系,责任范围是责任人损害责任的内核,赔偿数额则是损害责任的外化。责任范围这一内核在损害发生后通常即具有确定性,不会在不同裁判者之间产生差异。而在赔偿数额问题上,近来完全赔偿原则已经发生了一定的嬗变,出现了缓和适用的趋势,允许出于法政策的考量、为实现实质正义对最终的赔偿数额进行相应的生计酌减、公平酌减。因此,在对船舶污染造成的环境损害赔偿时,从赔偿额的角度出发,采用"应赔但可少赔"的应对思路可能更加妥当。② 因而,环境损害完全赔偿的缓和适用可予以考虑。

(二)船舶污染环境损害完全赔偿与责任限制制度的关系

论及完全赔偿,海商法的责任限制制度从表面来看不可避免地会与其产生冲突,两者之间似乎存在不可调和的矛盾,在实现环境损害完全赔偿过程中需要澄清两者之间的关系。

从现行规定的角度来看,与船舶污染环境损害赔偿有关的责任限制制度可能涉及两种类型:一是海事赔偿责任限制制度,二是油污赔偿责任限制制度。前者无法适用于环境损害赔偿。以 1976 年《海事赔偿责任限制公约》为例,其中规定的六项限制性海事请求仍以传统侵权中的财产、人身损害赔偿为主,但未承认环境损害赔

① 参见吕忠梅、窦海阳:《以"生态恢复"论重构环境侵权救济体系》,载《中国社会科学》2020 年第 2 期。

② 参见徐银波:《论侵权损害完全赔偿原则之缓和》,载《法商研究》2013 年第 3 期。

偿请求的可限制性,缺乏专门处理环境索赔的特别条款。[①] 因此,若责任人意图以碰撞责任等限制性海事请求涵盖海事事故中的环境损害赔偿责任,从而通过海事赔偿责任限制制度来限制自身责任,这在实践中并不可行。故而,海事赔偿责任限制制度不会影响环境损害完全赔偿的实现。对于后者,在油污损害方面,国际社会建立起了单独的油污责任限制机制。油污责任限制制度所涵摄的可限制赔偿请求仅限于公约中认可的"污染责任"。公约"污染责任"之外的恢复期间损失、永久性功能损失等类型的环境损害的赔偿责任则无法限制。这会导致作为整体的环境损害责任被割裂处理,产生规则适用上的不统一。虽然减少责任限制制度的适用符合完全赔偿原则的理念,但基于法的内部结构协调一致的要求,这种区别适用的做法却容易招致合理性怀疑。因而,对船舶污染环境损害追求完全赔偿过程中,是否应当继续适用责任限制制度、应当如何适用责任限制制度需要进行反思。

从价值取向的角度来看,完全赔偿与责任限制制度之间并不必然冲突。我国《海商法》中的责任限制制度与完全赔偿原则缓和适用是契合的,仅涉及对海事债权的数额进行限制,并不会影响到对海事债权的法律评价。责任限制制度所产生的最高责任限额构成了赔偿数额的衡量标准,责任人应然的责任范围并不受干预。故而,从完全赔偿的缓和适用的角度来看,若所设定的责任限额并非过度保护责任人,达到公平原则或衡平责任所接受的利益平衡时,责任限制制度并不构成对完全赔偿的必然违反。

在确认完全赔偿在环境损害赔偿领域缓和适用的基础上,需要进一步考虑不同环境损害类型适用责任限制制度的可能与路径。如若因循当前立法,对调查评估费用、恢复措施费用、预防措施费用等环境损害相关费用适用责任限制,而对恢复期间损失、永久性功能损失等环境本身损伤所产生的直接环境损害不适用责任限制,可能造成不良的法律后果。在环境损害中,直接环境损害赔偿通常远超于环境损害相关费用。若仅对其中较低的损害赔偿进行限制,较高的损害赔偿反而不予限制,当两者在数额上相差悬殊时,从最终赔偿的效果来看,针对较低赔偿的责任限制可能会失去意义。另外,环境损害本身作为一个整体,尽管存在不同类型之分,但不同类型环境损害的权利基础、法益性质都是环境利益受损的表现形式,刻意区分不同类型损害进而差别适用责任限制并无明确的法理基础。另外,从其他国家的立法来看,责任限制的适用与损害赔偿通常是伴生关系,即环境损害赔偿无差别适用责任

① See Sarah Fiona Gahlen, *Civil Liability for Accidents at Sea*, Springer, 2015, p. 185.

限制。以美国《油污法》为例,其没有对责任限制的适用进行特别限制,责任限制适用于任何根据美国《油污法》所提出的损害赔偿。[①] 因而,在确立环境损害完全赔偿过程,宜同样拓展现行立法中责任限制制度的适用范围。

(三)责任限制制度在环境损害完全赔偿下的重塑

责任限制机制为责任人设定最高赔偿额,旨在损害赔偿与保护航运业发展之间取得平衡。但在实现对环境损害完全赔偿过程中,由于不断强化对环境利益的保护,原有责任限制制度可能无法与新的损害赔偿责任相匹配。因此,应当重塑责任限制制度,使之随着环境赔偿责任的扩大调整到相互协调的状态。

第一,明确船舶污染环境损害赔偿的可限制性。环境损害赔偿责任能否被限制在我国现行立法中尚未明确,明确环境损害赔偿的可限制性是适用责任限制制度的前提。在海商法领域,责任限制应是一项适用于船舶所有人所有责任领域的传统规则。[②] 船舶所有人责任范围并非一成不变。随着经济、社会关系的复杂化,不同利益冲突进一步显现,责任体系中也会吸收进新的内容。海事责任机制也应该在经济和社会问题上保持与时俱进。[③] 环境利益是晚近以来才在海事领域得到重视,但船舶污染造成的环境损害已通过国际公约、国内立法被确认为船舶所有人的责任。因而,确认环境损害赔偿的可限制性是对责任限制制度的时代发展要求,强化环境损害赔偿的同时要将责任人的责任限制在合理的范围之内,避免过分挤压航运业的发展空间。海商法的发展具有鲜明的自发性特点,其制度设计是法律与政策互动的产物,因而航运公共政策要求对船舶所有人进行适当利益倾斜也具有合理性。

第二,提高船舶污染损害赔偿责任限额。在船舶污染环境损害赔偿领域确立完全赔偿,必然需要扩大责任人的赔偿责任。尽管主张完全赔偿的缓和适用,承认责任限制制度的必要性,但继续使用原有的责任限额,不仅不会改变责任人现有的责任状态,提高其注意水平,相反还会侵害私人索赔主体在原有赔偿体系下的受偿权利。因此,环境损害赔偿范围的扩大,同样需要随之提高赔偿责任限额。

六、余论

环境损害的后果常常十分严重,而责任人的赔偿能力通常有限,仅依赖责任人

---

① See William M. Duncan, *The Oil Pollution Act of 1990's Effect on the Shipowner's Limitation of Liability Act*, University of San Francisco Maritime Law Journal 5, 1993, p. 308.

② See Ling Zhu, *The Bunkers Convention and Limitation of Liability*, Aegean Review of the Law of the Sea and Maritime Law 1, 2011, p. 181.

③ See Graydon S. Staring, *The Roots and False Aspersions of Shipowner's Limitation of Liability*, Journal of Maritime Law and Commerce 39, 2008, p. 332.

的赔付能力可能无法真正实现对受害人的赔偿。因此,环境损害赔偿领域建立强制保险和赔偿基金制度显得尤为必要。

一方面,责任保险制度是保证污染损害受害人获得充分赔偿的一项重要手段。目前,船舶污染领域已有的赔偿机制均承认强制保险的重要地位,在实现船舶污染环境损害完全赔偿过程中也需要考虑强制保险的适用。当对环境损害作出完全赔偿时,扩大环境损害的赔偿范围,必然增加责任人的赔偿义务。若对环境损害赔偿责任缺乏必要保险保障,可能使责任人再次陷于潜在的巨额索赔风险之中,甚至反而会使环境损害完全赔偿的目的受挫。显然,目前船舶污染保险制度没有较为全面地覆盖环境损害,为环境损害赔偿留下了缺口。因而,实现环境损害完全赔偿可以考虑通过建立专门的强制环境责任保险加以保障。

另一方面,尽管我国已经建立起了国内的油污责任赔偿基金,但现有赔偿基金的赔偿范围有限。在赔偿的具体项目上,这一赔偿基金针对环境损害的赔偿仅指已采取的恢复海洋生态和天然渔业资源等措施所产生的费用以及实施监视监测所发生的费用,不包括将要采取的恢复措施,更不包括对环境本身损害的赔付。同时,现有的国内油污基金将私益性损失与环境损害并列,然而如果在同一基金中进行按比例进行分配,环境损害赔偿与一般财产损失赔偿相比,可能占据明显优势,导致一般财产性损失在基金下分配的份额会被压缩,可获得的损害赔偿相对减少,容易影响到其他受害人的获偿权益。因而,为弥补我国船舶油污基金赔偿范围的局限性,为环境损害设立独立的赔偿基金比较可行。

总而言之,船舶污染损害赔偿虽然是海商法领域的传统问题,但目前的研究对环境损害赔偿问题关注有限。无论是学界还是实务界似乎都已习惯了国际公约所建立的赔偿机制,这一点可以从我国《海商法》(修订意见稿)无意对环境损害赔偿进行突破,继续沿用原有赔偿模式得以验证。然而,这种赔偿模式是国家间相互妥协的结果,已经不适应我国日趋严格的环境保护立法发展趋向。因此,为填补船舶污染环境损害赔偿领域责任空白,解决环境损害限制性赔偿困境,有必要强化国内法的作用与价值,避免落入国际公约确定的赔偿模式的窠臼。

我国《个人信息保护法》规范对象的解释论

——以“个人信息处理”为中心

徐梦梦*

个人信息处理,是我国《个人信息保护法》的核心内容,也是落实个人信息保护的核心环节。但《个人信息保护法》中关于个人信息处理的相关规定存在适用范围较为宽泛,内涵缺乏统一的概括式规定,具体类型规定上的层次不清以及“等”的含义模糊等问题,应当从解释论的角度对个人信息处理的适用范围和内涵进行完善。具体来说,应当将个人信息处理的适用范围限定于大规模处理个人信息、以电子化的方式处理个人信息、以识别为目的处理个人信息和处理敏感个人信息等情形。确定个人信息处理的内涵,应当将“传输”作为不具有实际意义的技术概念,将“提供”理解为个人信息处理者以免费或者付费的方式向特定相对人提供信息的行为,将“等”限定在“等内等”的概念范围之内。

现今社会对个人信息保护的重视程度已不同往日,当下个人信息保护的核心议题是如何选择个人信息保护的实践路径。尽管我国于2021年颁布了《中华人民共和国个人信息保护法》(以下简称《个人信息保护法》)以更好地保护个人信息、促进经济发展,但是对《个人信息保护法》的具体落实问题,以及对个人信息法律保护体系的完善仍旧是当前理论与实践研究的重点和难点。

在我国,个人信息保护具体落实在个人信息处理的相关环节之中。从立法上来看,我国《个人信息保护法》第1条从立法宗旨的角度明确要对个人信息处理活动予

* 南京师范大学法学院博士研究生,伊犁师范大学法学院讲师。

以规范,[①]第3条也突出了个人信息保护的着眼点在于个人信息处理活动。从规制内容上看,个人信息保护的规范体系也是基于个人信息处理行为构建起来的。因此,个人信息的处理行为自然是《个人信息保护法》的核心。在此背景下,个人信息保护的限度和尺度都与个人信息处理活动的范围紧密相关,如何界定个人信息处理的法律规制范围影响着《个人信息保护法》立法目的的实现。在我国既有的立法与理论研究中,尽管有不少学者围绕个人信息处理进行了探讨,[②]但是对个人信息处理在《个人信息保护法》中的应然定位与具体内涵却未有定论。因此,基于《个人信息保护法》中有关条文的规定,尝试构建个人信息处理行为及其项下的个人信息法律保护规范体系,明晰个人信息处理的应然含义及其可能存在的问题,在个人信息保护问题日益突出的当下具有极大价值。本文将立足于《个人信息保护法》的既有体系规范,分析个人信息处理在我国《个人信息保护法》中的应然定位,并从解释论的角度提出具体的完善建议,以求教于方家。

一、现行法下"个人信息处理"的规范构造

在个人信息保护的规范体系中,首先针对的是个人信息处理行为,因此其在《个人信息保护法》中也有着重要的地位。[③] 应当厘清个人信息处理的概念范围,完善个人信息处理规则体系,以更好地理解现行法中的个人信息处理的规范构造。

(一)个人信息处理的界定

我国现行法律体系中已有对个人信息处理概念的规定。为了进一步厘清个人信息处理的行为概念,应当对"个人信息""个人信息处理"两者的概念予以明确。

从体系上看,个人信息保护的基础是明确"个人信息"。用比较法的视角来看,虽然各国对于个人信息(或个人数据)的概念内涵早有规定,但在具体的规定上并不统一。[④] 在我国法律体系中,《个人信息保护法》、《中华人民共和国民法典》(以下简称《民法典》)、《中华人民共和国网络安全法》(以下简称《网络安全法》)、《最高人民法院、最高人民检察院关于办理侵犯公民个人信息刑事案件适用法律若干问题的

---

① 参见程啸:《个人信息保护法理解与适用》,中国法制出版社2021年版,第12页;高飞主编:《中华人民共和国个人信息保护法解读》,中国法制出版社2022年版,第4页。

② 参见高富平:《个人信息处理:我国个人信息保护法的规范对象》,载《法商研究》2021年第2期;张新宝:《个人信息处理的基本原则》,载《中国法律评论》2021年第5期;程啸:《论公开的个人信息处理的法律规制》,载《中国法学》2022年第3期;刘权:《论个人信息处理的合法、正当、必要原则》,载《法学家》2021年第5期。

③ 从体系上来看,除第一章"总则"、第六章"履行个人信息保护职责的部门"和第八章"附则"之外,《个人信息保护法》的其他章节均围绕个人信息的处理展开。

④ 参见程啸:《个人信息保护法理解与适用》,中国法制出版社2021年版,第54~55页。

解释》、《信息安全技术　个人信息安全规范》等对个人信息的概念均有规定，但在具体规定上却存在不同。在理论上，对个人信息的定义也存在识别说、关联说和隐私说等多种观点。上述观点基于界定依据的不同，从概念范围角度论证了不同学说下个人信息之间的差异。① 但从事实上看，我国采用的识别说与关联说在本质上对个人信息的定义范围并不存在太大区别，其主要的区别在于定义的角度。识别说从信息的角度出发，探讨信息与自然人之间的关联性，将可以直接或间接识别特定自然人的信息界定为个人信息；而关联说则从自然人的角度探讨信息与自然人之间的关系，主张个人信息是与已识别或可识别的自然人相关的信息，强调个人信息的相对性。② 因而，无论是秉持关联说还是依循识别说，就个人信息而言，其范围基本是相同的。

我国《个人信息保护法》对个人信息处理行为的界定与《民法典》基本一致，但存在细微差别。在《个人信息保护法》尚未出台前，有关个人信息处理的概念规定在《民法典》中，如《民法典》第1035条列举了包括收集、储存、使用、加工等个人信息处理行为，此项规定在《个人信息保护法》面世之前一直承担着保护个人信息的功能。刚刚颁布的《个人信息保护法》第4条仍未使用单一明确的下定义方式来界定个人信息处理行为，而是继续采取不完全列举模式，列举了主要的个人信息处理行为。但《个人信息保护法》在列举的类型中增加了“删除”。因而，在我国现有的法律体系中，《个人信息保护法》所规定的个人信息处理至少包括具体列举的八种类型。

（二）个人信息处理的原则

个人信息处理行为应当遵循的基本原则，是贯穿于该行为全程的。虽然在理论上个人信息处理原则的内涵存在争议，但我国通过立法在《个人信息保护法》中明确了我国的个人信息处理原则。从规定来看，个人信息处理的原则主要规定在《个人信息保护法》第5条至第10条。具体来说，《个人信息保护法》将合法、正当、必要和诚信原则，目的原则，公开透明原则，质量原则，责任原则以及依法处理原则规定为我国个人信息处理原则。个人信息处理原则在后续的具体条文中也得到了相应的体现。但是个人信息处理原则在个人信息保护中的具体功能和定位，有待理论与实践的进一步探讨。

个人信息处理应当以“合法、正当、必要和诚信原则”为基本原则。数据已成为

---

① 关于识别说、关联说和隐私说之间的具体差异，可参见赵迟迟：《试论〈个人信息保护法〉与〈民法典〉的协调适用》，载《学理论》2022年第6期。

② 参见程啸：《个人信息保护法理解与适用》，中国法制出版社2021年版，第63页。

数字经济中的关键性生产要素,为平衡数据要素市场利用与个人信息安全保护关系,真正落实日益流于形式的告知同意原则,解决正当、必要原则在个人信息处理法律规则中存在模糊性、不一致性、滞后性等问题,填补个人信息处理法律规则的漏洞,最大限度保护个人信息,将上述原则作为个人信息处理的基本原则有其必要性。其中,正当原则是合法处理个人信息的首要条件,要求处理个人信息应当以目的特定、明确为前提,同时具备目的合理性;而必要原则却要求个人信息处理手段不得超出特定、明确、合理的正当目的,要求以最小损害的方式合法收集、处理个人信息,兼顾对个人信息的收集与保护,保护个人隐私。

正当、必要原则要求分类专门管理个人信息。《个人信息保护法》第51条虽然规定要对个人信息进行分类管理,但实际上个人信息保护类型较广、类型划分的合理性有待商榷、敏感个人信息与一般个人信息及隐私权在法律层面存在混同等,都是个人信息处理坚持正当、必要原则面临的现实问题。

(三)个人信息处理的规范对象

个人信息处理的规范对象在《个人信息保护法》中存在三个层次。首先,个人信息处理的规范对象已经将那些经过匿名化处理的部分排除;其次,对个人信息处理行为的主体进行了限定,即一般认为是非个体主体进行的;最后,规范对象还区分公开信息和非公开信息,《个人信息保护法》第27条中规定个人的公开信息,个人若没有明示拒绝便可以进行处理,而对个人的非公开信息,需要进一步对一般的价值无涉的信息和带有个人隐私的敏感信息进行识别并加以区分,分别适用不同的规定。

(四)个人信息处理者的法律责任

个人信息处理者的法律责任,是指违反《个人信息保护法》中的有关规定应当承担的民事责任和行政责任。在行政责任方面,《个人信息保护法》主要对违反个人信息保护的行为进行了详细规定;不过在民事责任的承担上,除规定个人信息处理者共同处理个人信息应当承担连带责任以及实行过错推定责任外,并没有特殊的规定。因而,在个人信息民事损害赔偿领域,一旦发生侵权,则需要从侵权责任的角度进行规制。

故而,个人信息的处理行为,在其概念内涵、规范对象、原则与规则和法律责任上都已经被《个人信息保护法》囊括,并在此基础上构建了完备的法律体系。基于我国基本国情,《个人信息保护法》开创了全新的法律体系,但关于个人信息处理的规范体系至少仍存在三个问题。第一,个人信息处理的规范对象过宽;第二,个人信息处理类型的合理性有待进一步探讨,即在《个人信息保护法》第4条列举的八种个人信息处理的行为是否合理,是否需要进行进一步的划分,以及如何进行区分;第三,个人信息处理的内涵具有模糊性,即"等"具有"等内等"和"等外等"两层含义,[①]《个人信息保护法》第4条规定的"等"是"等内等"还是"等外等",在具体的条文规范上无法被清晰地认知。在上述问题中,第二个问题和第三个问题都指向了个人信息内涵的确定,进而影响着《个人信息保护法》的适用,在理论和实践中均需要对这两个问题予以特别关注并加以解决。

二、个人信息处理规范的不足

大数据时代下,互联网经济的高速发展使得个人信息保护越发困难,个人信息利用与保护的平衡问题面临新的社会需求。《个人信息保护法》刚刚出台,无论是自身规范内容还是实际适用效果都存在不足与缺陷,需要审视其规范效果并分析成因,以此推动个人信息保护的法律发展。

(一)个人信息处理的适用范围过宽

对于个人信息处理的适用范围,学界就所谓个人信息处理指的是处理全部的个人信息还是处理部分的个人信息存在较大争议。有观点称个人信息处理行为应限缩在以识别为核心的个人信息处理行为之上。[②] 但也有学者认为,对个人信息的概念应当从广义上进行理解,以应对未来可能出现的个人信息侵权行为的新样态。[③] 从比较法的视野来看,日本对个人信息处理的范围采取了限制的模式;[④]但我国在法律文本上并没有类似的限制规定,个人信息处理中的"个人信息"因而就存在法教义学解释的可能性。虽然我国没有对个人信息进行限定,但若以此将"个人信息"认为是广义上所有的个人信息,那么这种解释在《个人信息保护法》的体系中会带来诸多问题。

首先,应当明确个人信息的狭义范围。如前所述,《个人信息保护法》在字面意义上并未对个人信息处理行为进行限制,但从体系上却对个人信息的处理范围进行了一定的排除。《个人信息保护法》第4条将匿名化处理的信息排除在该法规范范围之外,第72条也将自然人因个人或者家庭事务处理个人信息的情形排除在外。除第4条和第72条外的个人信息,便应当依照第27条的规定,以广义的处理个人信

---

① 参见刘小冰、张思循:《地方立法权规定中"等"字的法律规范解读》,载《江苏行政学院学报》2018年第2期。

② 参见高富平:《个人信息处理:我国个人信息保护法的规范对象》,载《法商研究》2021年第2期。

③ 参见程啸:《个人信息保护法理解与适用》,中国法制出版社2021年版,第12页。

④ 《日本个人信息保护法》第2条规定,《日本个人信息保护法》规范的个人信息处理行为仅限于为了容易检索而将特定个人信息予以体系化构建的行为。

息为原则,限制处理为例外。而对于第27条规定的公开信息范围之外的非公开信息,或者是不在合理范围内对个人信息进行公开,需要在个人同意的前提下进行。这背后蕴含的立法意图在于实现保护个人信息与促进信息流通之间的平衡。但从实际来分析,如此规定却隐藏着极大的风险,不但难以在个人信息保护与个人信息流通之间实现有效协调,反而加剧了信息稳定保护与加速流通之间的矛盾对立。究其根源,是对个人信息处理对象没有体系化的认识,《个人信息保护法》中的相关规定不明确,其作为大数据时代下回应时代要求的法律产物,并没有充分考虑到时代条件。事实上,个人信息的保护问题在传统社会便已存在,只不过囿于科学技术水平限制,个人信息保护问题并未如此凸显。而在大数据和人工智能时代,由于技术的发展,个人信息整合能力增强,个人信息保护问题日益引起社会关注,个人信息保护立法成为当务之急。[①] 故此,大数据时代并非苛求法律保护做到无孔不入的程度,只需要规制实际造成个人信息损害的数据行为即可。但是在既有的法律体系中,个人信息保护产生的时代背景被忽略,笼统的、杂糅的个人信息处理规定导致个人信息保护法律体系丧失把握重点问题的能力,并造成了法律体系的混乱。

其次,个人信息处理中对个人信息的广义解释在体系上不符合《个人信息保护法》自身的逻辑严谨性。表面上看,将所有的个人信息处理情形纳入个人信息的保护范围,不仅能在最大限度上实现个人信息保护,同时似乎带有面向未来可能出现个人信息保护新情形的前瞻性。但是,将所有的个人信息处理情形纳入保护范围并进行严格保护的情形下,必然会产生一种情况,即为了促进个人信息的利用,需要给个人信息利用制定专门的例外条款。在《个人信息保护法》中,主要体现为公开数据以处理为原则,限制为例外,非公开数据则通过知情同意的方式进行处理。

然而,此种规定也产生了两个问题:一是公开的个人信息处理规则体系在具体建构上存在困难,能够获得法律认可的信息处理行为,必然也要受到法律的监管,所以作出明确的界定就较为困难。因而,《个人信息保护法》第27条在允许公开的个人信息被处理的同时,使用了“合理范围”作为关键词进行限制。但是何为“合理范围”,在既有的法律体系中并没有明确规定,在理论上对“合理范围”的判断也存在差异。有学者认为,如何判断“合理范围”在于个人信息公开的目的为何,即如果个人信息处理没有公开信息的目的则应当认为在“合理范围”之内。[②] 也有学者认为,因为公开信息的性质,在“合理范围”的判断上,应当向个人信息处理者倾斜,即只要

① 参见程啸:《论公开的个人信息处理的法律规制》,载《中国法学》2022年第3期。

② 参见周光权:《侵犯公民个人信息罪的行为对象》,载《清华法学》2021年第3期。

没有明显的超越处理者和第三方利益的情形，都应当认为属于“合理范围”。①从现有规定来看，在理论上未形成统一认识之前，对于“合理范围”的判断只能交由司法实践去把握，由此造成法律在具体适用中的模糊性。二是将个人信息处理的所有情形涵括在个人信息保护范围之内，很大程度上会给立法活动增加难度，致使个人信息保护立法不仅要处理传统的个人信息侵权行为，还要处理好大数据和人工智能时代背景下个人信息的处理行为，要在一部法律之内实现各种利益之间的平衡。由此也造成个人信息保护在立法形式和逻辑结构上的混乱。如前所述，在进行个人信息规制的同时，须在《个人信息保护法》第27条为个人信息的利用开辟一条特殊途径便是明证。

最后，《个人信息保护法》也需要留意个人信息概念的广义范围。在传统法律体系内，尽管对于个人信息保护并未制定单独系统的法律规范，但由于传统法律体系的包容性，在传统的法律体系内可以找到相应的法律条文来规制个人信息处理行为，如侵权法对个人信息的概括保护。而在《个人信息保护法》将所有的个人信息纳入保护范围时，在具体的条文中也需要对传统的个人信息保护问题进行规制。由此便会产生一个问题，即《个人信息保护法》与其他法律之间如何进行协调，如《民法典》与《个人信息保护法》对个人信息的定义以及其他具体规则就存在差异。对此，《个人信息保护法》未有相应的规定。在实践中，《网络安全法》等法律为适应《个人信息保护法》的规定，正在着手进行相应修改，但是对于《民法典》等基本法律来说，如何协调与《个人信息保护法》之间的关系，成为一个新的问题，将引发理论界的新一轮讨论。②

上述问题将会对个人信息保护带来不利影响，但在《个人信息保护法》已然颁布且生效的情况下，修改《个人信息保护法》不符合经济效益最大化原则，从解释论的角度进行完善更为可取。

（二）个人信息处理内涵界定上的不足

厘清个人信息处理的概念内涵是个人信息处理的前提与根本。上文已述，《个人信息保护法》第4条已经列举了个人信息处理的方式，但实际上这些内容在我国传统法律体系并不当然存在。即便从比较法的角度考量，个人信息保护的相关立法

---

① 参见刘晓春：《已公开个人信息保护和利用的规则建构》，载《环球法律评论》2022年第2期。

② 参见常鹏翱：《〈民法典〉与〈个人信息保护法〉的规范适用关系》，载《中国社会科学报》2022年7月6日，第4版；姚佳：《〈民法典〉与〈个人信息保护法〉的适用逻辑》，载《中国社会科学报》2022年7月6日，第4版。

也不必然要明确个人信息处理行为相关概念。日本立法中只涉及个人信息处理的概念而未明确其具体方式便是例证之一。《民法典》首次界定了个人信息处理的内涵,不过具体的个人信息内涵在理论上存在争议。有学者认为,应当在技术与法律的区分上审视个人信息处理行为,从技术概念和法律概念的角度分开讨论个人信息处理行为,进而应当将《个人信息保护法》中个人信息处理的概念内涵分为收集、控制、分享、分析和应用等5种行为。① 也有学者主张对个人信息处理具体列举的类型进行进一步细分。当前,在我国现有的个人信息保护体系中,个人信息处理在概念内涵上存在以下三个问题。

首先,个人信息处理在概念界定上,缺乏整体性指导思维。通常而言,对于概念的界定存在三种方法:一是用抽象定义进行概括;二是用具体列举的方式;三是用抽象概括加具体列举的方式。《个人信息保护法》第4条具体列举了个人信息处理的八种不同类型,并在具体列举后运用"等"来防止无法穷尽的不足。《个人信息保护法》采取的具体列举的方式存在两个问题:一是对于个人信息处理本身未有相应定义,导致个人信息处理定义不明,不利于实践中把握具体列举的定义。尽管《个人信息保护法》第73条对个人信息处理者的概念进行了界定,但其并没有明确和细化个人信息处理的概念。二是在具体列举的八种处理个人信息的情形中,处理个人信息的技术概念和法律概念是并存的。个人信息保护的立法本意是想通过对个人信息全过程的列举来涵盖个人信息处理的各个环节,但此举也导致个人信息处理在概念层次上的不清晰。

其次,个人信息处理具体列举的类型存在层次不清晰的问题。前已述及,《个人信息保护法》列举了八种具体的个人信息处理行为,但从上述八种个人信息处理行为本身来看也存在问题。一是在具体列举的情形中,并未明确具体类型区分。如"使用"作为个人信息处理的一类重要行为类型,在具体概念中,却并未清晰地呈现。从内涵上来说,"使用"有广义和狭义两种。从广义的角度来说,一切对个人信息进行操作的行为均属于对个人信息的使用,如《互联网个人信息安全保护指南》中列举了使用个人信息的方式,即通过自动或者手动的方式,以收集、记载、组合、传播或其他方式对个人信息进行操作。从微观上讲,这种使用聚焦于分析与利用之上。从《个人信息保护法》的规范体系来看,个人信息"使用"的含义显然不可能是广义上的"使用"。但从狭义角度来看,个人信息的"使用",与后续的加工、传输、提供、公

① 参见高富平:《个人信息处理:我国个人信息保护法的规范对象》,载《法商研究》2021年第2期。

开等概念也存在交叉,难以完全地分离开来。二是在具体列举的概念类型上,依然存在缺漏。与《个人信息保护法》草案(一审稿和二审稿)相比,正式颁布的《个人信息保护法》中明确列举了“删除”。但未将之前有学者主张的记录、检索等内容涵盖其中。从具体列举来看,《个人信息保护法》与《民法典》相比具有一定的改进。但从《个人信息保护法》的规范来看,依然存在问题。例如,《个人信息保护法》第10条规定不得买卖个人信息,《中华人民共和国刑法》(以下简称《刑法》)第253条之一规定的侵犯公民个人信息罪中,也包括向他人出售或者提供公民个人信息的情形,那么此处中的“出售”或者“买卖”是否属于个人信息处理行为,在《个人信息保护法》中并未进行具体列举。

最后,个人信息处理概念界定中的“等”含义不清。“等”在我国既有立法体系中属于一个较为模糊的概念,对于“等”的概念界定存在“等外等”和“等内等”两种情形,围绕“等”的确切内涵时常产生争议。《个人信息保护法》第4条在对个人信息处理的具体类型进行列举后,又采用“等”进行收尾,因而个人信息具体列举中的“等”属于“等内等”还是“等外等”便存在争议。个人信息处理作为《个人信息保护法》的核心内容,对“等”的不同理解直接关系到《个人信息保护法》的规制范围。故此,《个人信息保护法》采用具有模糊性的“等”这一概念,极易导致在实际中出现不同理解。同时,“等”这一模糊性概念的使用,更进一步放大了个人信息处理行为抽象概念缺失的不足。

三、解释论视野下个人信息处理制度的完善

在既有的个人信息保护体系下,作为《个人信息保护法》规范核心的个人信息处理的概念依然存在极大不足,需要从解释论的角度进行完善。具体而言,需要从个人信息保护的适用范围和概念内涵两个角度进行思考。

(一)解释论视野下个人信息处理的适用范围

正如前述,个人信息处理的适用范围在立法条文中并未进行明确限制,但是将个人信息处理适用于全部的个人信息又会存在不足。因而,在既有的法律体系下,需要进行一定的限制,而如何划定个人信息处理的限制范围却是一个极其困难的问题。对此,本文认为,应当根据大数据和人工智能时代的特点,将个人信息处理的适用范围限定于大规模处理个人信息、以电子化的方式处理个人信息、以识别为目的处理个人信息和处理敏感个人信息等情形。具体来说,将个人信息处理的适用范围限制在上述四种情形具有如下三个理由。

首先,将个人信息处理的适用范围限制在上述四种情形可以实现个人信息的合

理利用。个人信息处理行为的适用范围在《个人信息保护法》中存在明显不足。具体来说,个人信息处理规则适用范围应当立足于平衡个人信息保护的法律规范与个人信息流通的经济效益之间的平衡。需要仅将会切实损害自然人个人信息安全的行为纳入个人信息处理规制的范围内,如果将个人信息处理适用的范围规定过宽,在既有法律对个人信息处理限制如此严格的情况下,将会导致数据企业可处理的数据或个人信息范围受到极大限制。为避免范围过宽,数据保护影响评估(Data Protection Impact Assessment)将个人信息保护中的"风险"界定为"根据严重性和可能性进行估计后果描述事件及其后果的情形"①。而落实到个人信息的具体保护,其主要分为两类情形:一是会损害单个人的个人信息安全;二是一旦发生个人信息泄露,其带来的社会影响将是无法估量的。损害个人信息安全主要体现为对个人敏感信息的处理、以电子的方式处理个人信息和以识别为目的处理个人信息;个人信息的泄露主要是大规模处理个人信息的情形。

对处理敏感个人信息进行特别规制的理由在于敏感个人信息本身的重要性,一旦发生敏感个人信息泄露将会对自然人的人身财产安全产生重大影响。将以电子的方式处理个人信息的情形进行特别规制的理由则在于在电子化处理的情形下,一旦发生侵害个人信息的行为,基于电子化手段的易传播性,容易给自然人造成重大影响。对以识别为目的处理个人信息的情形进行特别规定,也是因为在以识别为目的处理个人信息的情形下,对自然人造成的影响更大。因为这种带有识别目的的个人信息处理行为,背后隐含的是一方面通过识别自然人个人信息来实现个体识别,另一方面是通过数据分析对自然人的兴趣、行为和偏好等进行更深层次的理解和运用。而将大规模处理个人信息的情形纳入个人信息处理规制的范围,则是因为在大规模处理个人信息的情形下,一旦发生个人信息侵害,由于涉及人数众多,将会对社会产生重大影响,甚至危害社会稳定。除此之外的其他类型,要么本身并不需要甚至不应该纳入法律规制范围之内,要么已经被传统的法律体系所涵盖。与此类似,在理论上,也有不少学者对当前个人信息保护法律规范体系过度保护个人信息提出了批评。② 而前文也已经论述当前个人信息保护的局限,因此在上述四种范围内对个人信息处理行为的适用进行限制能够实现两者之间的协调。

其次,将个人信息处理限制在上述四种情形,符合个人信息保护的时代背景。

① See Art 29 WP. WP 248,(2017).

② 参见高富平:《个人信息流通利用的制度基础——以信息识别性为视角》,载《环球法律评论》2022年第1期。

无论是在传统社会还是在现代社会均存在个人信息保护。在传统社会中,囿于时代特征个人信息传播范围较为狭窄,对于个人信息保护的可操作性和可控性较强;而在大数据和人工智能时代,对数据和个人信息的处理日益增多,既有的个人信息保护手段无法满足时代要求,因而才有《个人信息保护法》诞生的必要,这也是有学者认为《个人信息保护法》与其他法律规范在保护范围上存在交叉的原因。将个人信息处理的适用范围限制在上述四种情形,则能够完美协调《个人信息保护法》和其他法律之间的关系。在大数据和人工智能时代,基于时代发展要求和信息技术发展对于个人信息一般采用电子方式进行处理。因而,将电子化的处理方式纳入个人信息处理规则的适用范围,迎合了大数据和人工智能时代的时代特点,弥补了既有法律体系在数据保护方面的不足。同时,在传统法律体系内,对识别性的个人信息处理、大规模处理个人信息等情形并未有专门规定。在个人信息保护日益突出的当下,对其进行专门规定,以弥补既有法律体系在规制上的不足。部分敏感个人信息在传统法律体系中,可以通过隐私权的相关规则进行保护。但在我国传统的隐私权体系中,由于隐私权规范具有狭隘性,无法满足自然人对个人信息保护的需求,因而,需要用更宽泛的敏感信息的概念,从而实现对个人信息进行进一步保护。

最后,将个人信息处理限制在上述四种情形,并不会降低对个人信息的保护力度。个人信息保护是《个人信息保护法》的立法目的之一,特别是在大数据和人工智能时代,由于算法分析等智能技术的发展,对个人信息安全进行特别关注则十分有必要。但从实际来看,无论《个人信息保护法》如何严密预防侵害个人信息的情形,个人信息保护在现有实际中依然面临着重大挑战。例如,《个人信息保护法》通过知情同意制度来控制个人信息的社会利用,但知情同意制度存在的不足已经成为社会共识。而笔者主张将个人信息处理的情形限制在上述四种情形下,并不会对个人信息安全产生影响。一是从范围来看,在上述四种情形外,仅存在一种特殊情形应当被排除在个人信息处理规则的适用范围之外,即以非电子化的形式小规模处理个人信息的情形。这一情形很难对个人信息安全产生不利影响。在传统的法律体系内,对此种个人信息的侵害行为本身也并未予以特别规制。二是在传统法律体系下,以非电子的方式小规模处理个人信息,如果造成财产损失或者严重精神损害,依然可以通过侵权方式来获得救济。三是从实际社会效果来看,对以非电子的方式小规模处理个人信息的情形进行规制弊大于利,毕竟个人信息的保护与利用是一对永恒的矛盾,过度保护个人信息将对个人信息的社会利用产生不利影响。因而,应当将此类情形排除在个人信息处理的范围之外。

（二）解释论视野下个人信息内涵的完善

前已述及,个人信息处理在概念内涵的确定上,存在个人信息处理抽象概念缺失、列举的个人信息处理情形层次不清以及"等"的含义不明确等问题。针对上述情形,从解释论的角度出发,应当采取以下措施进行完善。一是将"传输"理解为一项单纯的技术概念;二是应当对"提供"进行限缩性解释,将"提供"理解为个人信息处理者以免费或者付费的方式向特定相对人提供信息的行为;三是"等"应当理解为"等内等"。

首先,对个人信息处理的内涵进行上述理解,符合个人信息处理的特点。个人信息处理实质上无非是个人信息从"出生到死亡"所历经的全过程。① 因而,在这一环节中,不可避免地涉及个人信息的收集、利用和删除三个环节。而在利用的过程中,又涉及个人信息的存储。同时,利用又可以分为利用收集到的原始数据和对原始数据进行加工后的利用。对原始数据和加工数据的利用,又可以分为自己利用以及将数据出让给第三方利用,而在数据出让给第三方利用的情况下,无论是有偿交易还是无偿提供,对于个人信息的保护都不应该存在区别。故此,理论上个人信息处理应当由以下几个部分组成:一是收集;二是存储;三是使用,此处的使用是指个人信息处理者自己使用没有经过加工的数据;四是加工;五是提供,此处的提供既包括有偿提供的买卖,也包括无偿提供的情形,提供的主体既可以是特定主体,也可以是不特定主体;六是删除。对照我国《个人信息保护法》第 4 条可以发现,在该条的概念内涵中,增加了传输、公开两个概念,并且"等"为"等外等"还是"等内等"存在不确定性。对此,从解释论的角度来说,可以按照以下方式处理:一是依然保留"传输"作为没有实际意义的概念。事实上,在《个人信息保护法》中,"传输"本身也并没有专门的条文进行规制,其仅仅是一个技术上的概念。而在其他环节中,也会涉及个人信息的"传输",因而"传输"中的个人信息保护也涵盖在其他环节之内,并不需要单独列出。而在已经单独列出的情况下,通过解释论的方式将其作为一个不具有实际意义的技术概念也具有合理性。二是在既规定"公开"又规定"提供"的情况下,将"提供"的概念进行限缩性解释,即"提供"是指个人信息处理者以免费或者付费的方式向特定相对人提供信息的行为,这样能够协调"提供"和"公开"之间的关系。三是在扩大"使用"概念范围的情况下,将"等"限缩为"等内等",即个人信息处理的内涵应当限缩在《个人信息保护法》第 4 条具体列举的八种类型之内,从而避免

① 《中华人民共和国国民经济和社会发展第十四个五年规划和 2035 年远景目标纲要》将其归纳为数据采集、标注、存储、传输、管理、应用等六项全生命周期产业体系。

个人信息处理在适用范围上的泛化,为个人信息的社会利用提供更广阔的接口。

其次,将个人信息处理的内涵进行上述解释,具有现实的可能性。一是“传输”本身为一个技术性概念。在既有的理论中,就有学者主张应当将“传输”作为一个技术概念,从个人信息处理的内涵中剔除。① 而在《民法典》《个人信息保护法》明确将“传输”作为一类独立的个人信息处理的类型后,只能从解释论的角度将“传输”作为一个不具有实际意义的技术概念予以保留。二是“提供”的解释具有广义和狭义两种解释空间。如在《刑法》第 253 条之一规定的侵犯公民个人信息罪中,并未区分提供和公开两种不同的类型,而是统一使用“提供”这一概念。② 但是在《个人信息保护法》颁布后,学界普遍对“提供”和“公开”进行了明确区分。③

最后,将《个人信息保护法》第 4 条规定的“等”解释成“等内等”具有必要性。前已述及,从字面来看,“等”至少包括“等内等”和“等外等”两层含义。在我国学界,普遍认为《个人信息保护法》第 4 条中的“等”应当是“等外等”。如此理解的理由在于,“等外等”的包容性可以用来应对未来可能出现的新的个人信息侵权类型。④ 但是,将第 4 条中的“等”解释成“等外等”却不可避免地存在如下问题:一是我国对于个人信息处理的内涵缺乏抽象式的概括定义,对于个人信息处理的概念内涵没有一致的标准,如果将“等”解释成“等外等”将导致无法准确把握个人信息处理的外延;二是从我国既有的规范来看,在《个人信息保护法》第 4 条的规制范围内,已然能够将目前所有的情形囊括其中,没有必要再用“等”来扩充;三是随着科技的发展和商业模式的改变,如果未来真的出现现有个人信息处理规范无法涵盖的个人信息处理情形,那么极有可能需要重新修法,仅仅通过“等”的含义来试图将其纳入规制范围,可能无法实现对个人信息的保护。因而,将“等”解释成“等外等”的实际意义可能远比我们想象的要小。

四、结语

随着大数据和人工智能时代的到来,个人信息保护已经成为社会关注热点和社

---

① 参见高富平:《个人信息处理:我国个人信息保护法的规范对象》,载《法商研究》2021 年第 2 期。

② 参见高富平、王文祥:《出售或提供公民个人信息入罪的边界——以侵犯公民个人信息罪所保护的法益为视角》,载《政治与法律》2017 年第 2 期。

③ 参见杨合庆主编:《中华人民共和国个人信息保护法导读与释义》,中国民主法制出版社 2022 年版,第 39 页。

④ 参见江必新、李占国主编:《中华人民共和国个人信息保护法条文解读与法律适用》,中国法制出版社 2021 年版,第 16 页;孙莹主编:《个人信息保护法条文解读与适用要点》,法律出版社 2021 年版,第 13 页。

会治理难点。我国《个人信息保护法》的颁布标志着我国在个人信息保护上迈出了重要一步。个人信息处理作为《个人信息保护法》的核心,在制度设计上不可避免地存在不足,需要从解释论的角度进行完善。从个人信息处理本身来看,个人信息处理的适用范围和内涵有待进一步完善,由此导致个人信息处理适用存在不确定性,使得行政执法与司法审判常常面临保护范围过宽或过窄的问题,也使信息处理者的合规活动变得过于谨慎或者过于疏忽。对此,本文从个人信息处理的体系构造出发,以实现个人信息保护与社会利用之间的平衡为目的,从解释论的角度提出了改良建议。除此之外,个人信息处理中的基本原则、具体规则之间也具备完善空间,但囿于文章篇幅所限,只能另外探讨。

信息与资料

乌拉圭2020年11月27日《国际私法通则法》*

宗　昊** 叶子雯*** 邹国勇**** 译

第19920号法律通过了《国际私法通则法》。

立　法　权

乌拉圭东岸共和国参议院和众议院在国民大会召开会议,颁布:

第一章　总　　则

第1条　[国内法以及国际条约中的国际私法规定]

1. 案件情势与多个国家的法律制度有关联的(法律)关系,依照国际公约之规定;无国际公约的,依照本法及其他国内法渊源的国际私法之规定。

2. 为解释、补充本法及其他国内法渊源的国际私法规定之目的,应适用《民法典》序集的规定,并顾及所涉私法关系的国际性质。

第2条　[外国法的适用]

1. 依职权适用和解释外国法时,必须以与该法所属国法院相同的方式进行。

2. 如果该外国法所属国的法律制度由多个法域构成,则由该国法律确定应适用哪一法域的法律。该国无此种法律的,适用连结点所在法域的法律。

---

* 国家社科基金一般项目"《民法典》时代我国国际私法典编纂国际民事程序研究"(批准号21BFX157)的阶段性成果。乌拉圭东岸共和国第19920号法律《国际私法通则法》于2020年11月27日通过,并公布于乌拉圭东岸共和国2020年12月16日第30586号《官方公报》(Diario Oficial)第4~10页,于2021年3月16日生效。本法系根据其官方西班牙语文本,并参照于尔根·萨姆特勒本(Jürgen Samtleben)博士的德文译本[资料来源:RabelsZ 85 (2021) S. 907-925.]翻译。——译者注

** 华东政法大学国际法学院硕士研究生。

*** 华东政法大学国际法学院博士研究生。

**** 武汉大学国际法研究所副教授、法学博士。

第3条　[外国法的查明]

1. 所适用的外国法的文本、效力和解释,必须由法院或者其他主管机关依职权进行调查和确定,但不妨碍当事人或者利害关系人在必要时予以协助。

2. 法院或者其他主管机关得采取本共和国或者应适用的法律所属国所允许的任何适当的信息手段。

3. 在解释所获得的信息时,法院或者其他主管机关必须考虑本法第2条第1款的规定。

第4条　[程序性法律救济的许可]

当根据规定应适用外国法时,亦应准许采取国内法所规定的任何法律救济措施。

第5条　[国际公共秩序]

1. 如果外国法律的规定严重、明确、显然地违背本共和国司法制度赖以存在的国际公共秩序的基本原则,则法院或其他主管机关必须通过附具理由的裁决来宣告不予适用该外国法律的规定。

2. 除此之外,如果经证明,适用外国法不符合本共和国宪法以及本共和国加入的国际公约所载明的基本权利时,亦应依照前款情形处理。

第6条　[强制适用的规范]

1. 本共和国为执行社会和经济政策而颁布的强制性规定所调整的国际私法关系,不受冲突规范的约束。

2. 法院在其认为适当时,得适用与案件有重大联系的另一国法律的强制性规定。

第7条　[法律规避]

故意规避本共和国法律制度的基本原则的,则通过冲突规范所援引的法律不予适用。

第8条　[不熟悉的法律制度]

如果外国法律包含一些对其适用而言至关重要的制度或者程序,而这些制度或者程序不在本共和国立法体系范围内,只要本共和国存在类似的制度或者程序,则法院或者主管机关得以适用上述法律。在任何情况下,均不得造成拒绝司法之情形。

第9条　[既得权利]

在外国依照该外国法律规定有效成立的法律关系,在本共和国应当得以承认,但前提是该法律关系成立时应当与该外国有相关联系，且不得违背本共和国的国际公共秩序。

第 10 条 ［先决问题或者附带问题］

主要问题可能产生的先决问题、首要问题或附带问题，分别由每一问题各自应当适用的法律调整。

第 11 条 ［协调适用］

为调整某一特定法律关系的不同方面而适用的相关法律规则应当以协调的方式予以适用，并顾及各种法律所追求的立法目的。在解决任何可能出现的困难时，均应考虑到个案的公正。

第 12 条 ［反致］

1. 应适用的法律为外国法时，应被理解为是指该国的实体法，而不包括其冲突规范。

2. 如果其他条款中有任何明文规定，或者在具体案件中该国实体法的适用违反本法第 11 条和本共和国缔结的人权公约所涉冲突规范的根本目的，则不适用前款规定。

3. 合同事项不适用反致。

第 13 条 ［国际商法的特殊性］

1. 国际商法是公认的具有特殊性质的法律。

2. 有关国际商事关系的问题，国际公约、特别法规或者本法未作规定的，应通过适用本法第 1 条第 2 款所规定的填补漏洞的程序，优先寻求国际商法的其他法律渊源予以解决。

3. 国际商事惯例、适用于国际商事合同和其他商事关系的一般原则、普通法院或者仲裁机构的判例以及乌拉圭法律和比较法中的主流法律学说，均应视为国际商法的实体渊源。

4. 必要时，应适用公认的、被国际商事交易当事人一贯遵守的或在交易中普遍接受的惯例，以及本共和国所加入的国际组织所认可的国际商法一般原则。

第二章　自然人的住所地

第 14 条 ［有行为能力的自然人的住所地］

有行为能力的自然人的住所地应当视情况根据下列地点依次确定：

（A）经常居所地；

(B)与其共同生活的主要家庭成员的经常居所地;

(C)其工作或者营业的主要中心地;

(D)临时居所地;

(E)所在地。

第15条　[外交官、执行公务人员和国际组织官员的住所地]

1. 外交官员的住所地是指其在派遣国领土内的最后住所地。

2. 为其政府服务或者受其政府委派而临时居住在国外的自然人,其住所地是指其在委派国的住所地。

3. 国际组织官员的住所地应是指其所在组织的驻在地,但有关驻在地协议另有规定的除外。

第16条　[无行为能力的自然人的住所地]

1. 处于亲权之下的未成年人由其父母实际行使代理权时,其住所地位于其父母所居住的国家。在其他情况下,上述父母居住在不同国家的,无行为能力的未成年人的经常居所地应视为其住所地。

2. 处于监护、照料或者其他类似保护制度下的无行为能力人,其经常居所地应视为其住所地。

第三章　自然人的存在、(民事)地位和行为能力

第17条　[自然人的存在、(民事)地位和权利能力]

1. 自然人是指人类中的全部个体。所有自然人均享有权利能力。

2. 有关特殊权利能力的存在与否的特别规定,依照适用于相应范畴的法律确定。

3. 自然人的(民事)地位,适用其住所地法律。

第18条　[同时死亡]

在同时死亡的情况下,死亡顺序依照适用于需要明确死亡顺序的法律关系的法律确定。

第19条　[失踪]

1. 宣告自然人失踪的条件以及此种宣告对其人身和财产关系所产生的法律效力,适用失踪者的最后住所地法律。

2. 宣告失踪对失踪者的不动产及其符合登记条件的财产所产生的法律效力,视情况适用该财产所在地法律或者财产登记地法律。

第 20 条 ［行为能力］

1. 自然人的行为能力，适用其住所地法律。在确定自然人是否具有行为能力时，其经常居所地应视为住所地。

2. 行为能力不得由于犯罪性质、种族、宗教、性别、国籍或者观点原因而不予认可。

3. 既已取得的行为能力不因其住所地的改变而受到限制。

第 21 条 ［对无行为能力人的保护］

1. 对无行为能力人的保护、亲权、监护和照料，适用依照本法第 16 条所确定的无行为能力人的住所地法律。

2. 上述住所地法律亦适用于无行为能力人与其父母、监护人或者照料人之间的人身权利和义务，但扶养义务除外。无行为能力人有关财产方面的一切权利和义务，也同样适用上述住所地法律，但财产所在地法律对纯属物权关系另有禁止规定的除外。

3. 在紧急情形下，本共和国法院可根据其国内法，临时向在本共和国境内无居所的无行为能力人提供仅限于当地的保护。

第四章 家 庭 法

第 22 条 ［结婚］

当事人缔结婚姻的能力、缔结婚姻的形式、婚姻的存续以及缔结婚姻行为的效力，适用婚姻缔结地法律。

第 23 条 ［婚姻住所地］

婚姻住所地为夫妻双方共同居住地所在国或者双方各自住所的所在国。不属于上述情形的，视为双方无婚姻住所地，夫妻各自以本法第 14 条所确定的住所地为自己的住所地。

第 24 条 ［夫妻之间的人身关系］

1. 夫妻之间的人身关系，适用婚姻住所地法律。

2. 无婚姻住所地的，夫妻之间的人身关系适用最后的婚姻住所地法律，前提是夫妻一方仍在该地居住。

3. 除上述情形外，因夫妻之间人身关系而发生的纠纷，适用各方的住所地法律。在法庭审判中发生争议的，原告可以选择适用其中任一住所地法律。

第25条 [婚姻财产关系]

1. 约定婚后财产制度的婚姻协议,适用该协议的订立地国法律。

2. 无婚姻协议的,此种财产关系适用最初婚姻住所地国法律。

3. 无婚姻住所地或者无法确定婚姻住所地的,财产关系适用缔结婚姻时夫妻双方各自的住所地国法律。

4. 除上述情形外,夫妻之间的财产关系适用婚姻缔结地国法律。

5. 上述法律得适用于前述各款所述情形,但财产所在地法律对纯属物权关系另有禁止规定的除外。

6. 如果夫妻双方都将其住所迁往本共和国,则其得以用公文书载明选择适用乌拉圭法律。该文书自在相关登记簿登记时生效。

7. 第6款所规定的选择在双方当事人之间不具有溯及力,但双方有明确约定的除外。在任何情况下,不得影响或者限制第三人的既得权利。

第26条 [分居和离婚]

1. 夫妻分居和离婚适用婚姻住所地法律。

2. 夫妻双方住所地在不同国家的,分居和离婚依照原告的选择适用原告或者被告的住所地法律。

第27条 [非婚同居关系]

1. 当事人的同居能力、同居的形式、存续和效力,适用其登记地或者主管机关认可地法律。

2. 因非婚同居关系产生的法律后果,适用提出非婚同居关系的主张所在国的法律。

3. 非婚同居关系的解除,适用伴侣双方的共同住所地法律。

4. 伴侣双方的住所地在不同国家的,非婚同居关系的解除依照原告的选择适用原告或者被告的住所地法律。

第28条 [出身]

1. 出身,适用子女出生时父母的婚姻住所地法律。

2. 没有婚姻住所地的,适用子女出生时母亲的住所地法律。

3. 在不影响上述规定的情况下,出身也可以同样方式依照如下法律确定:

(A)出身所涉的当事人为未成年人的,适用其经常居所地国法律;

(B)出身所涉的当事人为成年人的,适用其住所地法律;

(C)被告死亡的,适用被告住所地国法律或其最后住所地法律。

第 29 条 [扶养义务]

扶养义务以及扶养权利人和扶养义务人的身份,根据扶养权利人的选择,由扶养权利人的住所地国或者经常居所地国法律调整或者适用扶养义务人的住所地国或者经常居所地国法律。

第五章 继　　承

第 30 条 [继承]

1. 遗嘱继承和法定继承,适用被继承人死亡时的财产所在地国法律。

2. 继承准据法适用于继承人或受遗赠人的继承能力和法定权利、法定继承份额的存在和比例、继承的顺位、可自由处分的份额、遗赠、赔偿义务、遗嘱的效力以及所有涉及该继承的事项。

第 31 条 [遗嘱]

1. 在国外订立的书面遗嘱,在形式上符合遗嘱设立地法律的,在本共和国成立且有效。

2. 设立遗嘱的能力,适用遗嘱人在设立遗嘱时的住所地法律。

第 32 条 [债务继承]

1. 必须在本共和国清偿的债权,对被继承人死亡时位于本共和国境内的财产享有优先权。

2. 与被继承人遗产所设立的担保物权有关的债权,无论其权利在何处设立,均不适用前款规定。

第六章 法　　人

第 33 条 [准据法]

1. 私法上的法人,其存续、法律性质、享有权利和承担义务的能力、经营方式、代表、解散和清算,适用其设立地法律。

2. 设立地法律,是指满足设立此类法人所需的形式和实质要件的国家的法律。

第 34 条 [所在地]

1. 私法上法人的所在地,是指其主要管理机构所在地。

2. 由所在地在另一国的法人设立的营业所、分支机构或代表处,其住所应视为其开展业务行为的经营地。

第 35 条 [外国国家及公法上的法人]

1. 外国国家和外国公法上的法人,在本共和国依法予以承认。其在私法性质活动中的行为应在一定程度上服从本共和国相关法律。

2. 本法规定应在可适用的范围内适用于外国国家和外国公法上的法人参与的国际私法关系。

第 36 条 [对私法上的法人的承认]

依照其设立地法律成立的私法上的法人,在本共和国依法予以承认。它们可以实施与其目的相符或者相关的行为,如出庭以及符合公司目的的个别行为。

第 37 条 [私法上的法人的行为]

1. 私法上的法人旨在以通常方式实施公司目的所涵盖的行为的,应当通过设立某种形式的常设代表来进行,并且必须满足国内法所规定的设立要求。

2. 私法上的法人在本共和国境内设立总部所在地或者实际管理机构所在地,或者要在本共和国实现其特定目的时,应当满足本共和国法律所规定的设立要求。

3. 本法所称总部所在地,是指有关法人的最高决策机构所在地。

第 38 条 [例外]

本章规定不适用于受特别法调整的商业公司。①

第七章 物 权

第 39 条 [准据法]

有关物的属性、占有、绝对或者相对不可剥夺性,以及其他所有的具有物权性质的法律关系,适用物之所在地国法律。

第 40 条 [物之所在地的确定]

1. 运输中的物,以设立或者转让权利为目的的,以其目的地为所在地。

2. 应收账款和有价证券的权利,无论是否已获得,以下列地点为其所在地:

(A)所涉义务的履行地;

(B)设立权利时无法确定此种地点的,则视为位于所涉义务的债务人当时的住所地;

(C)仍不能确定的,则依照该权利请求人的选择,视为位于上述债务人权利设立前的住所地或者当前住所地。

---

① 参见 1989 年 9 月 4 日第 16060 号法律即《商业公司法》(Ley de Sociedades Comerciales),公布于 1989 年 11 月 1 日《官方公报》第 192 ~ 198 条规定。——译者注

4. 载有股份、分红证明或者公司债券的有价证券，视为位于发行该有价证券的公司的设立地。

5. 一国领水或者领空以外的船舶和飞行器，视为位于其登记地。

6. 一国领水或者领空以外的船舶或飞行器装载的货物，视为位于该货物的最终目的地。

第 41 条 ［动产所在地的变更］

1. 动产所在地的变更，不影响取得动产时依照该物之所在地法律既已取得的权利。

2. 第三人如果能够证明原受让人明确同意运输，且动产的转移未满足新所在地法律对原受让人权利保全所作的要求，则第三人在所在地变更后根据该物的新所在地法律在同一动产上取得的权利应优先于原受让人的权利。

第 42 条 ［分割］

1. 无论致使不分割状态的原因为何，分割适用分割协议订立地法律。

2. 无论致使不分割状态的原因为何，共有物的权利人可以约定分割一切共有物，即使该共有物位于不同国家也是如此。

3. 依照司法裁判分割共有物的，适用受诉法院所在国法律。

第八章 （法律）行为的形式

第 43 条 ［（法律）行为的形式与有效性］

1. 决定法律行为有效性和法律效力的书面文件，其性质依照适用于该法律行为的法律确定。

2. 法律行为的外在形式，适用该行为的实施地或者设立地法律。

3. 登记和公示行为，适用各该行为实施地所在国法律。

第九章 债　　法

第一节 合同之债

第 44 条 ［合同的国际性］

1. 合同的国际性是指当事人双方的经常居所地或者营业地位于不同的国家，或者合同与一个以上的国家有重要的客观联系。合同不能仅依据当事人的约定而确定其国际性。

2. 本法在适用于国际性合同时,应尽可能进行广义解释。

第45条 [当事人协议选择的准据法]

1. 国际合同得以适用当事人协议选择的法律。

2. 根据本法第13条和第51条的规定,当事人可以选择国际上公认的法律规定作为中立、公允的规则予以适用,但所选规则出自乌拉圭东岸共和国未参与的国际组织的除外。

3. 对一国现行法律的指引,并不包括其中的冲突法规范。

4. 当事人就法律选择达成的合意必须是明示的,或者能明确无歧义地从整个合同条款中体现出来。上述法律选择可以适用于整个合同或者仅适用于其中一部分。

5. 法律选择可以随时作出或者变更。合同订立后进行法律选择的,其效力溯及至合同成立之时,但涉及第三人权利和根据当时应适用的法律已经履行的义务除外。

第46条 [协议选择的范围]

选择应适用的法律不得推定为包含对管辖法院的选择,同样,选择管辖法院也不得推定为包含选择应适用的法律。

第47条 [远程合同]

远程订立的合同,其成立适用已被接受的要约的发出人的经常居所地法律或者营业地法律。

第48条 [当事人未协议选择时的准据法]

未依照本法第45条的规定选择应适用的法律,或者该法律选择被证明为无效或者失效的,有关国际合同的存在、其整体或者部分的有效性、解释、效力、义务的终止以及与之有关的一切事项,适用合同履行地法律。合同履行地应依照下列规则进行解释:

(A)关于特定和个别标的物的合同,适用订立合同时该标的物的所在地法律。

(B)标的物具有可替代性或者是种类物的,适用履行义务能够体现合同特征性的一方债务人在订立合同时的住所地法律。

(C)涉及服务的合同:

1)服务指向标的物的,适用订立合同时该标的物的所在地法律;

2)其效力与某一特定地点有关的,适用其效力发生地法律;

3)除上述情况外,适用履行义务能够体现合同特征性的债务人在订立合同时的住所地法律。

第 49 条 ［补充规则］

1. 依照本法第 48 条的规定无法确定法律行为完成时或者合同订立时的相应法律的，适用法律行为完成地或者合同缔结地法律。

2. 无法根据本条第 1 款确定应适用的法律时，适用与该合同有最密切联系的国家的法律。

第 50 条 ［特殊情形］

下列合同，即使其依照本章上述条款具有国际合同的性质，也不适用上述规定，而应适用如下规定：

（A）涉及本共和国境内不动产物权的设立、变更或者转让的合同以及有关该不动产的租赁合同，适用本共和国法律。

（B）源于自然人的民事地位并涉及继承、遗嘱、婚姻财产制或者家事关系的合同义务，适用调整相应法律关系的法律。

（C）由有价证券产生的义务以及基于该有价证券而承担义务的能力，适用该义务的产生地法律。

出票、背书、担保、代兑代付、承兑或者拒付信用证票据的形式，适用上述各项行为的实施地法律。

权利票据未注明义务产生地的，适用其权利实现地法律；权利实现地不明显的，适用其出票地法律。

（D）因在资本市场上出售、转让或者推销商品而产生的义务，适用发行地法律，但双方选择法律且该法律认可此种选择的以及特别法另有规定的除外。

（E）在消费者关系中订立的合同，适用：

1）消费者获取商品地或者享用服务的提供地法律；

2）在一个以上国家获取该商品或者享用该服务的，或者因其他情况不能确定上述法律的，适用消费者住所地法律；

3）远程订立的消费者合同，以及以旨在消费者住所地发出具体要约或者广告的，适用消费者的住所地国法律，但消费者未对此表示同意的除外。

（F）具有从属关系的个人雇佣合同，除有关远程工作的雇佣合同外，适用劳务进行地法律，或者依照受雇佣者的选择适用受雇佣者或者雇佣者的住所地法律。但是，一旦确定了应适用的法律，则应当适用于雇佣关系的所有方面。

（G）保险合同，适用 2018 年 10 月 26 日第 19678 号法律即《关于保险合同的法律》。

(H)海上运输合同,适用2014年8月15日第19246号法律即《海商法》。

第51条 [惯例和原则]

必要时,应适用普遍承认的或者本共和国参与的国际组织所编纂的国际合同法惯例和原则(本法第13条第4款),但不得影响本法第45条第2款的规定。

第二节 非合同之债

第52条 [准据法]

1. 非合同之债,适用据以产生该债务的事件或行为的发生地法律——无论该事实或者行为是否合法——或者依照被侵权人的选择适用损害发生地法律。

2. 因该侵权事实而被起诉的被告和因该事件而提出请求的人住所地在同一国的,适用该共同住所地国法律。

3. 在不受一国主权专属管辖的海域、河流或湖泊区域飞行或航行中发生的侵权事件,应视同发生在船旗国或者飞行器登记国内,但特别法律另有规定的除外。

4. 基于法律规定而产生的非合同之债,适用调整相应法律关系的法律。

第53条 [准据法的适用范围]

适用于非合同之债的法律,调整承担义务的范围和条件,包括确定对其自身行为承担责任的人、责任免除的理由、责任限制、责任的分配和划分、可赔偿损害的存在和性质、损害赔偿的方式和数额、赔偿请求权的可转让性、有权主张损害赔偿的主体、对第三人行为的责任、消灭时效、权利丧失和任何其他形式的责任消灭,包括各自期间的开始、中止和中断之规定。

第十章 代 理 权

第54条 [国外授予的代理权]

国外授予的代理权需要在本共和国境内行使的,适用《美洲国家关于国外行使代理权的法律适用公约》(巴拿马1975年)第1条至第12条,该公约已通过1976年6月24日第14534号法律批准。

第十一章 占有时效和消灭时效

第55条 [占有时效]

1. 动产或者不动产的占有时效,适用该物之所在地法律。

2. 如果该物为动产并且其所在地发生变动的,其占有时效适用该项占有所必需的时限已经届满时该物之所在地法律。

第56条 [消灭时效]

1.人身关系请求权的消灭时效,依照该相关义务所适用的法律。

2.物上请求权的消灭时效,适用该物之所在地法律。

3.如果该物为动产并且其所在地发生变动的,其消灭时效适用所必需的时限已经届满时该物之所在地法律。

第十二章 国际管辖权

第57条 [一般规定]

在不影响国际公约规定的情形下,本共和国法院在下列国际民事领域享有管辖权:

(A)被告方当事人是在本共和国居住或者在本共和国设立了契约性住所的自然人或者法人的。

(B)被告方当事人在本共和国境内设有营业所、代理机构、分支机构或任何其他形式的代表机构,且通过这些机构订立涉诉的合同或者参与涉诉的行为的。

(C)根据本共和国的冲突规范,构成诉讼标的之事项适用乌拉圭法律的。

(D)审理基于同一诉求提出作为反诉标的的诉讼请求,且法院对本诉具有国际管辖权的。

(E)审理诉讼第三人提出或者反对的担保请求或代兑代付请求,且各诉求之间有充分联系以及不影响被传唤的第三人的答辩权的。

(F)审理与本共和国已经享有国际管辖权的案件有密切关系的其他诉讼或者请求,并且为了避免因在不同管辖法院单独起诉而作出不一致的判决,因而有必要一并审理并作出判决的。

(G)在人身关系诉讼中,被告在起诉后出庭应诉,并积极采取答辩行为,在相关的诉讼程序时间内未对本共和国法院的国际管辖权提出异议的。

(H)虽然不具有本法其他条款所规定的国际领域中的管辖权,但累计满足以下要求的:

1)法院有必要介入,以防止出现拒绝司法情形的;

2)法律争议显然无法在另一个国家得到解决,或者要求在外国起诉显然不合理的;

3)案件与本共和国存在重大联系的;

4)该法院能够保证正当程序的;

5)将要作出的判决能够得到履行或者执行的。

(I)虽然没有权限对该案的实体事项作出裁决,但根据《通用诉讼法典》第535条有权采取临时措施或者保全措施的。

第58条 [未决诉讼]

相同当事人就同一诉讼标的和诉讼事由先前提起的诉讼在外国尚未审结,并且可以预见该外国法院作出的判决将在本共和国得以承认时,本共和国法院应中止审理所受理的诉讼。

第59条 [特殊情形]

此外,本共和国法院还在下列国际民事领域享有管辖权:

(A)为保护在本共和国境内的无行为能力人而采取保全或者紧急措施的;

(B)在未成年人送返和国际贩卖儿童方面,责令经常跨国送返的未成年人的经常居所在本共和国境内的;

(C)在夫妻之间的人身关系、分居和离婚方面,原告住所地在本共和国境内的;

(D)在消费者关系方面,消费者是原告,并且合同是在本共和国订立的,或者作为消费关系标的的服务或者商品交付是在本共和国实施的;

(E)在雇佣合同方面,诉讼请求人是受雇佣者并且居住在本共和国的。

第60条 [合同事项的管辖权]

1. 在合同之债方面,合同当事人书面约定受其管辖的国家的法院应在国际领域内享有管辖权,但在具体情况下以滥用权利方式达成这种合意的除外。

2. 对于有关本法第50条所涉事项的合同,双方不得约定国际管辖权。

3. 法院管辖协议可在有关法律行为完成时、有效期间内或者法律纠纷发生后订立。

4. 未达成管辖协议的,适用本章规定的其他一般解决方案。

第61条 [专属管辖权]

1. 本共和国法院的专属管辖权具有例外性,必须进行限制性解释,并不得作为因同一事项可能产生的其他问题的管辖依据。

2. 本共和国法院的专属管辖权特别包括但不限于下列事项:本共和国境内财产上的物权,本共和国组织的登记制度、本共和国境内的知识产权及工业产权的法律保护制度以及本共和国境内受法律制度约束的不动产租赁。

第十三章　最后条款

第62条　[废止]

1. 废止1941年12月3日第10084号法律(《民法典》附录)。

2. 在不影响与本法未涉及事项相关的某些法律关系的特殊规定的情况下,所有与本法相抵触的规定应同时废止。

第63条　[生效]

本法自《官方公报》上公布90日后生效。

布基纳法索《个人与家庭法典》*(节录)

邹国勇** 李一腾*** 译

第三卷 法典在空间与时间上的适用

第一编 法典的适用与空间上的法律冲突

第一章 司法与行政管辖权冲突

第一节 布基纳法索法院与行政机关的国际管辖权

第988条 布基纳法索法院与行政机关的国际管辖权,依照布基纳法索国内有关属地管辖的规则确定,但法律另有规定的除外。

第989条 如果某外国法院就针对布基纳法索人提起的诉讼行使管辖权时,所依据的管辖标准根据布基纳法索法律不能用于确定布基纳法索法院的国际管辖权,则在以该外国国民为被告的诉讼中,布基纳法索法院可适用此类标准确定管辖权。

第990条 起诉时原告或者被告具有布基纳法索国籍的,布基纳法索法院对于任何有关个人身份的诉讼均具有管辖权。

在不违反第1000条规定的情况下,此种管辖权不得妨碍在布基纳法索境内承认和执行符合承认和执行条件的外国判决。

---

* 武汉大学(人文社会科学)自主科研项目"《民法典》时代我国国际私法典编纂路径研究"(2021PT061)的阶段性成果,受到"中央高校基本科研业务费专项资金"资助。布基纳法索《个人与家庭法典》(*Code des personnes et de la famille*)系根据1989年11月16日《关于在布基纳法索制定和适用〈人法和家庭法典〉的第AN VII 0013号法律》制定,并自1990年8月4日起施行。——译者注

** 武汉大学国际法研究所副教授、法学博士。

*** 武汉大学法学院涉外律师方向硕士研究生。

第 991 条 如果由于当事人一方具有布基纳法索国籍，而不能根据国内有关地域管辖的规则确定管辖法院，则应按照情势，向依照通常的司法行政原则而特别指定的布基纳法索法院提起诉讼；没有这种情势的，则向瓦加杜古民事法院提起诉讼。

第 992 条 适用上述关于布基纳法索法院国际管辖权的规定时，须遵守对布基纳法索具有约束力的关于司法管辖权的条约以及关于外交和领事代表、君主、外国元首与外国国家豁免的规定。

第二节 对外国法院判决和公文书的承认和执行

第 993 条 外国的民商事判决和裁定，不论其是否具有财产性质，均只有在执行程序中被宣告为可予执行后，才在布基纳法索具有约束力，但存在司法合作条约的除外。

第 994 条 外国法院所作的判决和裁定，只有在满足本法典第 90 条所规定的条件时，方可载入民事身份登记簿。

第 995 条 外国的民商事判决和裁定，不论其是否具有财产性质，只要符合下列条款所规定的有关执行的实质性条件，则在布基纳法索自动予以承认，无须履行执行宣告程序。

第 996 条 要获得承认的外国判决和裁定，必须根据其作出国法律具有既判力。

要在布基纳法索获得可执行宣告的外国判决和裁定，必须在其作出国也具有可执行性。

第 997 条 外国判决和裁定要在布基纳法索获得承认或可执行宣告的，其副本必须满足其作出国法律有关真实性的所有必需条件。

第 998 条 要在布基纳法索获得承认或可执行宣告的外国判决和裁定，必须由具有国际管辖权的法院作出。

外国法院在下列情形下具有国际管辖权：

(1)布基纳法索法院对案件不享有专属管辖权的；

(2)争议与受诉法院所属国具有明显联系的；

(3)对管辖法院的选择不是欺诈性地作出的。

第 999 条 下列情形下，应当拒绝承认和执行外国判决或裁定：

(1)该外国判决或裁定违背布基纳法索的公共秩序原则的；

(2)当事人未经合法传唤或者未被依法地作出缺席判决，或者当事人未能得到

合法代理或陈述、答辩机会的;

(3)相同当事人之间因同一争议先前在布基纳法索法院提起的诉讼尚未审结或已在法院审结,或者该争议已在另一国家作出司法裁决,并且该裁决可在布基纳法索得到承认的。

第1000条 就个人身份和行为能力而言,如果外国法院对布基纳法索人的身份或能力问题作出裁决,并在这一问题上得出与适用布基纳法索冲突规则不同的结果,则可拒绝承认或执行该裁决。

这一拒绝理由不得依职权提出,而必须由布基纳法索国民明确援引。

第1001条 在制作国可执行的外国公文书,如果满足其制作国有关真实性的必要条件,并且被要求执行的公文书条款不违背布基纳法索的公共秩序,则应宣告在布基纳法索可予以执行。

第二章 空间上的法律冲突

第一节 一般规定

第1002条 在不违反国际公约的情况下,与一个或者多个外国法律体系有一种或者多种联系的私法关系所应适用的法律,依照本章规定予以确定。

第1003条 前条所述的法律关系,适用与其联系最密切的法律。

本章的法律冲突规则,应视为第一款所述一般原则的表达。

如果本章的规定有任何瑕疵或者不足,法官应遵循第一款所述原则。

第1004条 法官应依职权适用本章规定的法律冲突规则和由这些规则所指引的外国法律。

第1005条 就个人身份而言,应在下列条件下适用依照本章规定所指引的法律中的法律冲突规则。

如果本章规定所指引的法律中的法律冲突规则又指向布基纳法索法律,则应适用布基纳法索法律的实体规则。

如果本章规定所指引的法律中的法律冲突规则指向另一国家法律,且该另一国法律接受这种指定的,则应适用该国法律的实体规则。如果本章规定所指引的法律中的法律冲突规则所指向的法律不接受这种指定,则应适用本章所规定的法律冲突规则。

第1006条 在允许法律选择的情况下,如果当事人已指定了外国法律,并且反致将违背法律冲突规则所追求的行为或身份的有效性、效力和合法性的目的，此时不适用前条的规定。

本章第1041条所规定的义务，同样不适用前条规定。

第1007条 如果宣告应予适用的外国法律是一个法律制度不统一国家的法律，且并未指明在该国并存的法律制度中应适用哪一个，则应适用该国调整内部法律冲突的规则。否则，应适用与所涉法律关系联系最密切的法律。

第1008条 外国法律的内容应依职权查明。为此，法官可以责令由专家出具鉴定意见或要求当事人予以协助；法官自主评估向其提供的证据。

可适用的外国法律条款应根据其所属体系和该体系规定的解释规则予以解释。

如果不能确定外国法律的内容，则适用布基纳法索的法律。

第1009条 如果一个法律关系的不同方面由不同法律调整，则必须以和谐的方式适用这些法律，以实现各该法律所追求的目标。

第1010条 宣告应予适用的外国法律，如果其在具体案件中的适用结果将严重违背布基纳法索国际私法意义上的公共秩序基本原则，则应予排除适用。

根据本条第一款规定排除外国法律时，仅限于其适用将导致上述不相容的规定。

外国法律规定被排除适用的，可代之以适用布基纳法索法律。

第1011条 当事人以欺诈方式制造涉外要素而指引的法律应予排除，应代之以不考虑欺诈性联系因素时根据本章规定本应适用的法律。

第1012条 时效，适用调整法律关系实体问题的法律。

第二节 关于个人身份的法律冲突规则

第一目 一般规定

第1013条 人的身份与能力、婚姻财产制、继承和某些赠与，由当事人的本国法调整，但须遵守下列各条款所述的区分和所作的保留。

第1014条 有关授予国籍的任何个人身份上的先决条件问题，均须遵守所涉国籍所属国的国际私法。

第1015条 在下列条款指定适用本国法的情况下，无国籍人适用住所地法律；无住所地的，适用法院地法律。

第1016条 本章规定所指的住所，是指一个人通常居住的场所，但其依赖于另一人的情形除外。

本章规定所指的共同住所,是指夫妻双方共同的经常居所地。

第二目　自　然　人

第1017条　自然人的一般权利能力和行为能力,由其本国法调整。此规定也适用于行为能力因婚姻而扩展的情形。

对一般行为能力的剥夺和限制,由所涉行为能力的自然人的本国法调整。

适用于一般行为能力的本国法,决定对该行为的所作的处罚以及这种处罚的性质。

第1018条　订立合同的各方当事人在一国境内的,自然人不得援引另一国的国内法或者另一国的个别行政或司法措施主张自己无行为能力,但对方当事人在订立合同时知道或者应该知道其无行为能力的情况除外。

该项规定既不适用于家庭法方面的法律行为,也不适用于与位于他国境内的不动产有关的处分行为。

第1019条　失踪或者死亡宣告,由当事人失踪时的本国法调整。

不在或者失踪的人身效力,由当事人的本国法确定;不在或者失踪的财产效力,由继承法确定。

第1020条　自然人姓名的确定、保护和自愿更改,由当事人的本国法调整。

身份变更引起的姓名更改,适用调整新身份效力的法律。但是,当事人可以要求适用其本国法律。

第1021条　不论前条所指引的法律为何,本法典第33条的规定应予适用。

第三目　婚姻、依法分居与离婚

第1022条　婚姻的实质性条件,由准夫妻双方在结婚时的共同国籍国法律调整。

准夫妻双方在结婚时国籍不同的,则对各方当事人而言,婚姻的实质性条件由其结婚时的国籍国法律调整。

违反了法律所规定的一个或多个条件的,此种违法行为的后果由所违反的法律决定。

第1023条　婚姻的形式,适用婚姻缔结地法律。在婚姻缔结地国法律许可范围内,也可以根据外交或领事机构所属国的法律,在外交或领事处缔结婚姻。

违反了法律所规定的一个或多个条件的,此种违法行为的后果由所违反的法律决定。

第 1024 条 婚姻的人身和财产效力,由夫妻双方的共同本国法调整,但与法定婚姻财产制和约定婚姻财产制有关事项的除外。

夫妻双方国籍不同的,婚姻的人身和财产效力由其共同的住所地国法律调整;没有共同住所的,则由其最后的共同住所地国法律调整,前提是夫妻一方仍保留着该住所。

夫妻双方从未有过共同住所的,婚姻的人身和财产效力由法院地法律调整。

国籍或者共同住所发生变更的,应直接适用新的实质性联系因素所指定的法律。

第 1025 条 不论第 1024 条指定何种法律,本法典第 299 条、第 300 条、第 301 条、第 302 条、第 304 条和第 305 条的规定均应予以适用。

第 1026 条 (法定的)婚姻财产制,由结婚时夫妻双方的共同本国法调整。

夫妻双方国籍不同的,上述财产制由夫妻双方的第一个共同住所地法律调整。

夫妻双方没有在本条第 4 款规定的范围内选择法律的,约定婚姻财产制由前两款所述的法律之一调整;如果前两款之一所指定的法律规定夫妻双方可以选择适用于其婚约的法律,则应适用其所选择的法律。

夫妻双方得以选择其任意一方的本国法作为适用于其婚约的法律。

共同国籍发生变更,或者夫妻一方获得另一方所属国的国籍,或者共同住所从第一个共同住所地迁出的,则协议修改婚姻财产制的权利以及此种修改的实质性条件,应适用新的实质性联系因素所指定的法律。

第 1027 条 婚姻财产制适用外国法律的,而且夫妻一方在布基纳法索有住所并在布基纳法索从事商业活动,则适用本法典第 310 条规定。

第 1028 条 离婚或者依法分居的原因和后果,由向法院起诉时夫妻双方的共同本国法调整。

起诉时夫妻双方国籍不同的,离婚或者依法分居的原因和后果,由夫妻双方的共同住所地法律调整;没有共同住所的,则由其最后的共同住所地国法律调整,前提是夫妻一方仍保留着该住所。

夫妻双方从未有过共同住所的,适用法院地法律。

第 1029 条 离婚或者依法分居后的扶养义务,由适用于离婚或者依法分居的法律调整。

离婚或者依法分居在婚姻财产制和继承法的后果,分别由适用于这些制度的法律调整。

第四目　原生亲子关系与收养关系

第1030条　法定母子关系的确立,由所涉母亲在子女出生之日的本国法调整。

第1031条　法定父子关系的确立,由所涉父亲在子女出生之日的本国法调整。

如果根据父亲的本国法无法确立法定父子关系,则可以根据子女出生之日父母的共同住所地法律确立;父母没有共同住所的,根据法院地法律确立。

第1032条　意定亲子关系的确立,由子女的本国法调整。

意定确立亲子关系的行为的形式,由子女的本国法或者行为实施地法律调整。

第1033条　亲子关系的司法认定和否认,由子女的本国法调整。

子女国籍发生变更的,其可选择对其最有利的时间来确定应适用的法律。

第1034条　父母结婚后,父母与子女间的法律关系由适用于有关婚姻效力的法律调整。

父母没有结婚或者已解除婚姻的,子女与其生理学上父母之间的法律关系由子女的本国法调整。

第1035条　收养的可行性和条件,重叠适用收养时收养人和被收养人的本国法。

夫妻双方申请收养的,收养的许可性与条件,重叠适用被收养人的本国法和收养时调整收养人婚姻效力的法律。

第1036条　收养的效力,由收养人的本国法调整;夫妻双方共同收养的,由适用于其婚姻效力的法律调整。

第1037条　撤销收养的条件,适用调整收养效力的法律。

撤销收养的效力,由被收养人的本国法调整。

第五目　保护无行为能力人

第1038条　父母对未成年子女行使亲权时,应遵守第1034条所指定的法律。

第1039条　有关无行为能力人的任何私法保护措施,均由该无行为能力人的本国法调整。

此类措施,可以由未成年人的国籍所属国当局委托该未成年人的住所地国或者财产所在地国当局予以执行,但须经这些当局同意。

第 1040 条 无行为能力人的人身或财产受到严重威胁的，其住所地国或者财产所在地国当局得以采取必要的保护措施。

在紧急情况下，无行为能力人或者其财产的所在地国当局得以临时采取必要的保护措施。

在已采取本条所述措施的情况下，无行为能力人的住所地国或者财产所在地国或者无行为能力人所在地国当局应毫不迟延地通知无行为能力人国籍所属国当局。

第六目 扶养义务

第 1041 条 扶养义务，适用扶养债权人现行住所地的实体法。

债权人住所发生变更的，自发生变更之日起适用新住所地法律。

债权人根据该法不能获得扶养的，适用扶养债权人和扶养债务人的共同本国法。

债权人根据前几款所述的法律均无法从扶养债务人处获得扶养的，则应适用布基纳法索法律。

就血亲间和姻亲间的扶养关系而言，扶养债务人可以根据共同的本国法，或者在没有共同国籍时根据其住所地法律，以不存在扶养义务为由对债权人的债权提出抗辩。

扶养债权人和债务人都具有布基纳法索国籍，且债务人的住所地在布基纳法索的，适用布基纳法索法律。

第 1042 条 适用于扶养义务的法律应特别决定下列事项：

(1)债权人能否、能在多大程度上以及向谁主张扶养请求权；

(2)谁有权提起扶养诉讼以及提起诉讼的时效；

(3)向债权人提供扶养费的公共机构要求偿还债务时，对债务人义务的限制。

即使应适用的法律另有规定，在确定扶养费数额时也必须考虑债权人的需要与债务人的经济状况。

第七目 继 承

第 1043 条 继承，由死者死亡时的本国法调整。

死者死亡时与其住所地国显然有更密切联系的，则继承由死者死亡时的住所地国法律调整。

第 1044 条 一个人可以指定一个国家的法律来调整其全部遗产；此种指定只

在该人死亡时具有该国国籍或在该国有住所时方才有效。

此种指定必须以死因处分(遗嘱)的形式进行明示宣告。

对这种指定的同意之存在和有效性,适用被指定的法律。如果根据该法,前述指定行为无效,则应根据第 1043 条确定适用于继承的法律。

指定人撤销对法律所作指定的,在形式上必须符合有关撤销死因处分行为(遗嘱)的条件。

除非死者另有明确规定,否则所指定的法律适用于其全部遗产继承,而不论死者去世时无遗嘱还是通过遗嘱处分了其部分或全部财产。

第 1045 条 在分割部分位于布基纳法索、部分位于国外的财产所组成的遗产时,共同继承人如果以任何理由被排除在位于外国的财产份额之外的,将从位于布基纳法索的财产中优先取得同等的份额。

第八目 遗嘱和赠与

第 1046 条 立遗嘱的能力,由死者立遗嘱时的国籍所属国法律调整。

第 1047 条 一份遗嘱,即使是由几个人在同一份文件中订立,只要其符合下列任一法律的规定,则在形式上有效:

(1)死者立遗嘱时或者死亡时的国籍所属国法律;

(2)死者立遗嘱地法律;

(3)死者立遗嘱时或者死亡时的住所地国法律;

(4)所涉不动产的所在地法律;

(5)适用于继承的法律或者立遗嘱时本应适用的法律。

本规定也适用于撤销先前遗嘱处分的遗嘱处分行为。如果该撤销符合第一款所指的据以使被撤销的遗嘱处分行为有效的任何法律之一,则该项撤销在形式上亦属有效。

对所许可的遗嘱处分形式的限制以及与遗嘱人的年龄、国籍或者其他个人资格有关的规定,应视为属于形式范畴。遗嘱处分有效性所需的证人资格也是如此。

第 1048 条 生前赠与,在实体上由当事人所选择的法律调整,在形式上由行为实施地法律或适用于赠与行为实体方面的法律调整。

当事人没有选择应适用的法律时,且案件情势没有指向另一法律,则赠与行为由订立合同时赠与人的本国法调整。

第 1049 条 夫妻之间的赠与,由适用于婚姻效力的法律调整。

第 1050 条 自留份、继承人的特留份、减少赠与的方式与顺序由适用于继承的法律调整。

第二编 法典的适用与时间上的法律冲突

第一章 时际法律冲突规则与过渡条款

第一节 一般规定

第 1051 条 本法典自 1990 年 8 月 4 日起生效。

第 1052 条 本法典的规定适用于其生效后的法律行为和事件,以及根据习惯或法律已确立了其合法地位的先前行为和事件所产生的法律后果。

第二节 姓 名

第 1053 条 每个人都保留他现有的姓与名。此姓氏为其父姓。

关于确定姓氏的新规则,仅适用于本法典生效后的新生儿。

父母可以为自己或者为将要出生或者已经出生的未成年子女申请使用共同祖先的姓氏,前提是他们现在没有使用这位祖先的姓氏。

第三款的规定只适用于其被法令终止前的时期。

第三节 民事身份登记簿

第 1054 条 在本法典生效之日前正式制作的民事身份登记簿和正式作出的补充判决应继续有效。应按照本法典规定的形式和条件提供民事身份登记簿、判决的副本或者摘录。

第四节 国 籍

第 1055 条 本法典关于授予布基纳法索原始国籍的规定亦适用于在本法典生效之日前出生的人,前提是该人在当日尚属未成年人。

此种适用并不影响利害关系人已实施的行为的有效性,也不影响第三人根据以前的法律所取得的权利。

第 1056 条 出生后取得和丧失布基纳法索国籍的条件,适用据以取得或丧失该国籍的事件和行为发生时所施行的法律。

第五节　婚姻、离婚与依法分居

第 1057 条　在本法典生效之日前按照习俗及《民法典》缔结婚姻的，其婚姻的有效性仍应符合确立婚姻关系时有效的实质要件和形式要件。

在本法典生效后，上述法律的效力根据下列区分由新法调整。

按照习俗缔结的婚姻，其有效性适用本法典有关一夫多妻制婚姻的规定。

根据《民法典》缔结的婚姻或者选择一夫一妻制的婚姻，其有效性适用本法典有关一夫一妻制婚姻的规定。没有婚姻契约的，选择一夫一妻制的婚姻，适用共同财产制规则。

第 1058 条　要解除在本法典生效前缔结的婚姻关系的，适用新法的规定。

本法典生效前的离婚和依法分居，将产生婚姻关系破裂或解除时所施行的法律或习俗所规定的效果。

在本法典生效时尚未审结的离婚或分居诉讼，应根据起诉之日所施行的规定继续进行。

第六节　亲 子 关 系

第 1059 条　父子关系或母子关系，由确立此种关系时的现行法律调整。根据先前有效规定所确认的亲子关系，不得予以否认。对于新规定生效后出生的子女或者在其生效前出生但尚未确认亲子关系的子女，依照新规定确立亲子关系。

所有子女的原生亲子关系的效力，依照新法确定。

收养的条件和效力，以作出判决时所施行的规定为准。

第七节　亲权与无行为能力人

第 1060 条　关于亲权的规定适用于所有未成年子女，不论其何时出生。

第 1061 条　本法典的规定应立即适用于已成年的无行为能力人及其财产管理。

第八节　血亲与姻亲

第 1062 条　血亲和姻亲关系应根据新法的规定建立并产生效力，而不论产生家庭关系的事件发生于何时。

第九节 继　　承

第 1063 条 有关继承人指定、继承人的顺位、向继承人转移资产与债务以及继承人的选择权等遗产继承事项,由继承开始之日所施行的法律调整。

关于资产分割和债务分配的继承规则,由分割行为发生之日所施行的法律调整。

第十节 遗　　嘱

第 1064 条 遗嘱的形式要件,由制作遗嘱时所施行的法律调整。

立遗嘱人的行为能力、自留份和特留份继承人的权利,依照继承开始之日所施行的法律确定。

第二章 修改和废止的法律条文

第 1065 条 《民法典》第 1384 条第 4 款修改如下:

"父母应对与其同住的未成年子女所造成的损害负责。"

第 1066 条 对于本法典所调整的事项,习俗不再具有法律效力。

第 1067 条 与本法典相抵触的所有先前规定应予以废除,特别是:

(1)《民法典》第 3 条第 3 款、第 7 条至第 515 条、第 718 条至第 1100 条和第 1387 条至第 1581 条;

(2)法兰西第一共和国 11 年芽月 11 日[①]《关于姓氏和更名的法律》;

(3)1952 年 7 月 25 日《关于私生子姓氏的法律》;

(4)1933 年 5 月 29 日《关于土著人民事身份的一般法令》及其修正或补充文本;

(5)1950 年 8 月 16 日《关于服从当地习俗者的民事身份的第 4602 A. P. 号法令》及其修正或补充文本;

(6)1961 年 12 月 1 日通过《伏尔泰国籍法》的第 50 - 61 号法律及对其进行修正或补充的文本;

(7)1939 年 6 月 15 日《关于规范法属西非土著人之间婚姻的法令》及其补充

---

① 法国于 1793 ~ 1805 年使用法兰西共和历代替公历,以 1793 年为共和国元年,以芽月(公历 3 月 21 日至 4 月 19 日)为共和历中的 7 月,法兰西第一共和国 11 年芽月 11 日对应公历 1803 年 4 月 1 日。——译者注

文本;

(8)1951年9月14日《关于在法属西非拥有个人身份者结婚的某些安排》的第51－1100号法令;

(9)1907年7月13日《关于已婚妇女薪酬自主和配偶共同承担家庭开支的法律》;

(10)1880年2月27日《关于转让未成年人和禁治产人名下证券并将其转换为无记名证券的法律》及其修正文本。

约 稿 启 事

《中国国际私法与比较法年刊》(以下简称《年刊》)是由中国国际私法学会、武汉大学国际法研究所主办,法律出版社出版发行的学术出版物,也是中文社会科学引文索引(CSSCI)法学学科来源集刊。《年刊》在中国法学刊物中享有较高的学术声誉,在推进我国国际私法的科学研究、繁荣发展和学术交流中发挥了十分重要的作用。

《年刊》坚持学术自律、自主和自尊的方针,一切采稿、编辑活动坚持学术标准。栏目设置以国际私法专论、冲突法研究、国际统一私法与比较法研究、区际法律问题研究、国际民商事争议解决机制研究等栏目为主,还设有电子商务与国际私法研究、国际私法实务研究、《海牙公约》研究、国际私法教学、评介与资料等栏目。《年刊》自 2017 年卷开始,每年出版 2 卷,面向国内外征集稿件,热忱欢迎广大专家学者赐稿。

稿件要求如下:

一、来稿体裁和字数不限,要求选题新颖、立论科学、论据充足、论证严密、层次清晰、语言流畅。

二、来稿必须包括:题目(包括英文译名)、作者简介(姓名、所在单位、职务或职称、邮编、联系电话、电子邮箱)、摘要(约 300 字)、正文。

三、来稿必须是未经发表的学术论著,请勿引用未公开发表的资料,勿一稿多投。根据我国《著作权法》的有关规定,编辑部对来稿有权做文字性和技术性的修改、删节。

四、来稿文责自负,《年刊》所载文章仅代表作者个人观点,并不必然反映编辑部或者主办机构的观点或立场。

五、为适应我国信息化建设,扩大《年刊》及作者知识信息交流渠道,《年刊》已被《中国学术期刊网络出版总库》(CNKI)及重庆维普等数据库收录,免费提供作者文章引用统计分析资料,其作者文章著作权使用费与本刊稿酬一次性给付。如作者不同意文章被收录,请在来稿时声明,《年刊》编辑部将做适当处理。

六、来稿注释格式请严格参照《法学引注手册》。

七、经《年刊》采用的来稿,会敬奉稿酬及样书。所有来稿 3 个月内未收到录用通知,作者有权对稿件另行处理,编辑部一般不予退稿,请作者自留底稿。

八、任何来稿视为作者、译作者已经知悉并同意《年刊》的约稿条件。

来稿请采用电子文本。电子文本请发送电子邮件至 ybpil@ whu. edu. cn。

《中国国际私法与比较法年刊》编委会

2023 年 1 月